現代中小企業の存立構造と動態

福島久一

新評論

序　中小企業研究の方法と課題

1　20世紀型中小企業から21世紀型中小企業へ

　経済学は大きく分類すると，近代経済学とマルクス経済学の2つの潮流があり，経済学の一特殊研究としての中小企業研究にもこのことはあてはまる。しかし，どのような立場，視角に立つにせよ，一国の国民経済を解明する場合，中小企業の国民経済に占める比重の大きさや役割を考慮すると，中小企業を考察の対象から外しては経済の全面的分析にはなりえない。

　20世紀は，大企業体制の確立・発展・変貌の世紀でもあった。すなわち，資本主義の自由競争段階では，産業革命をつうじて機械制大工業が出現し，これを基礎に産業資本が確立し，大資本と小資本との自由競争を展開した。市場における資本間の自由競争は，ますます大規模な企業への資本と生産の集積・集中を促進し，19世紀末から20世紀初頭において独占を生み出した。資本主義経済は，自由競争段階から独占資本主義段階に転化し，独占ないし少数の大企業が経済総過程を支配する大企業体制になった。中小企業は，独占・大企業の「支配関係およびそれと関連する強制関係」のもとで「競争・淘汰」されたにもかかわらず，一方的に消滅・没落していく存在としてではなく，独占利潤の収奪対象者として「残存・利用」され，絶えず新たに再生産されてきたのである。こうして20世紀は，独占・大企業が支配する経済社会ではあったが，その中で一部の中小企業にも活発な成長が見られ，中小企業が「層」・「群」を形成すると同時に，「国民経済構造矛盾」として広範に存立・存続したのである。こうして「総体としての中小企業」は，独占資本主義の再生産構造の中に深く組み込まれた存在となっていたのである。

　しかし，1990年代に入ると，米ソの2大国を軸にする冷戦構造の崩壊に伴い世界の経済体制が大きく転換した。とくに経済のグローバル化，世界経済の市場経済化と情報・通信革命の進展が，中小企業問題を「グローバル経済構造矛

盾」へと止揚・転換させると同時に，世界資本主義の危機的状況の中で中小企業の存在を積極的に評価する見方が登場してきている。独占の確立・存在による「市場の失敗」に対して，中小企業は自由競争の原動力であり，独占・大企業への対抗勢力と位置づけることによって「市場の社会的構築者」であるとする見方である。中小企業は，競争単位の多数性から競争促進的存在として考えられるからである。21世紀の中小企業の存在意義と役割の重要性が増しているのである。

2　中小企業の見方と研究の意義

　経済学の潮流が多様であると同様に，あるいはそのことを反映して中小企業に対する見方も多様である。一方では中小企業の発展性を重視する「積極型中小企業観」があるのに対し，他方では中小企業の問題性を重視する「問題型中小企業観」もある。また，中小企業の可能性に対して「期待論」がある一方で，「悲観論」も存在する。いずれの見方も部分的把握であり，中小企業を全面的に把握することが求められる。この多様な見方が存在する根拠には，たしかに中小企業が中小規模企業の総称であるとはいえ「異質・多元」の存在であることにもとづいている。中小企業の全面的な把握は，中小企業がどうして大企業と区別するかの必要性と重要性を認識するかにあり，このことが「中小企業とは何か」の本質に関わっており，最初にして最後の問題であると同時に，最大の難関である。研究方法や研究内容は，この中小企業の対象範囲・対象規定をいかに把握し，明確化するかによって規定される。

　中小企業研究は，中小企業を対象とするものではあるが，単なる中小企業のみの研究ではない。むしろ，中小企業は社会的総資本の一部として国民経済の再生産構造に組み込まれており，独占・大企業とは密接不可分の関係にあり，その相互関係がどのようなものであるかの構造分析を媒介にして中小企業の問題性とその解決方法を見出すことにある。したがって，中小企業研究は，中小企業に分析の焦点をあてながら，それをつうじて独占資本主義の展開，その構造的特質と社会の発展法則に則した中小企業の発展傾向に関する法則的把握を解明することである。中小企業の発展傾向は，資本主義の発達，とくに歴史的性格や経済・社会の発展の動きの中で中小企業の存立・発展だけではなく，国民生活の安定と質的向上・発展に対する独自の存在意義と役割を位置付けるこ

とである。この場合，研究の対象は，個別中小企業の経営自体を対象—経営学的方法—にすることではなく，むしろ中小企業を一つの「階層・群」として国民経済構造の中で把握—経済学的方法—し，この「階層・群」を対象として，中小企業の総体的存在（経営と生活の総体）とその発展傾向を解明することにある。ここに中小企業の研究の意義と重要性がある。

3 中小企業問題の特質と分析方法

　中小企業問題を歴史的性格からみると，自由競争段階においては，資本や企業規模の大小にもとづく競争上の優劣から生じる「小企業」問題や単に「大企業」に対立する「中企業」と「小企業」とを一体にした「中小企業」の問題として存在していた。しかし独占の成立は，自由競争段階とは質的に違った問題として，独占資本が非独占資本＝一部大企業を含むがとくに大量存在としての中小企業を直接・間接に支配・強制＝収奪・利用することによって，そして中小企業が淘汰・消滅していった事実によって中小企業問題を登場させたのである。それは，小企業と大企業との，技術的に遅れた企業と技術的に進んだ企業との単なる競争戦ではない。独占資本主義段階では，独占の支配・強制によって中小企業が何らかの「問題性」を持ちつつ，常に再生産されながら，広範に存続することになる。但し，独占の中小企業への支配・強制への進化過程は，現実には競争と独占とが交錯する「条件と場」のなかで展開していくことになる。
　中小企業の「問題性」といっても，そのあらわれる現象は極めて多岐に亘っている。今日，我が国において具体的にみると，転廃業問題，倒産問題，輸出入問題，下請再編成問題，金融問題，労働問題，組織化問題等々のマクロ的問題と同時にミクロ的問題に直面している。しかも，これらの問題は，経済問題としてだけではなく，社会的・政治的な問題を含んでいるのである。まさに独占資本主義の経済構造における中小企業群への矛盾の集中的現れである。
　こうして認識される中小企業問題の分析方法は，第1に，中小企業問題が資本主義一般の問題ではなく，独占資本主義に特有の問題＝すぐれて「歴史的存在」であるということである。それゆえ，けっして日本資本主義にのみ特有な問題とされる性格のものではなく，独占が成立している先進資本主義国はもとより，多国籍企業が活動展開している発展途上国においても存在している。し

かし，その問題のあらわれ方は，各国に何らかの形で共通する一般的な性格とともに，各国それぞれの経済発達の程度や歴史的・構造的特質におうじて異なっていることも否定できない。

第2に，中小企業問題は，資本の蓄積過程における独占利潤の法則が貫徹する過程での国民経済構造上の矛盾の一つとしてあらわれる経済的・社会的問題である。しかも，21世紀の現段階では多国籍企業・世界独占が存在している中での「グローバル経済構造矛盾」へと進展しているのである。中小企業から見た日本経済での国民経済構造的矛盾は，1）独占資本による中小資本の収奪関係，2）中小資本によるその労働者の搾取関係，3）独占資本による中小企業労働者の収取関係，すなわち，中小資本を結節点にした独占資本による中小企業労働者の迂回的搾取関係（＝低賃金利用），という三つの関係がある。そして4）21世紀型の「グローバル経済構造矛盾」の関係を図式化すると，①多国籍企業・世界独占―②国内独占資本―③国内中小資本―④発展途上国地場資本―⑤国内外労働者，という多層の関係が形成されてきている。たしかに，中小企業問題は，独占資本対非独占資本，とりわけ中小資本の関係として現象しているが，その根底には資本主義における資本対労働の基本矛盾を基盤にして形成されたいわば従属的矛盾の一つであり，特殊な存在形態といえる。ここに，中小企業問題は，たんなる中小資本の問題だけではなく労働の問題をふくむものとして，したがって経済構造上の矛盾の一つとして把握されるのである。そしてこの矛盾を解明するために，資本主義経済あるいは日本経済の経済構造上における中小企業の位置と役割を明らかにすることである。こうした構造的分析方法が，現実の多様な形態で存在する中小企業を把握することを可能にする。

第3は，高度に発達した資本主義においても，なお中小企業が大量かつ広範に存続していることをいかに認識するかである。この中小企業の大量存在は，資本の蓄積運動における資本と生産の集積・集中と，中小企業を独占資本主義の再生産構造における社会的総資本の一環として位置づけ，統一的に把握することが重要である。独占は，自由競争を排除せず，自由競争と並存しながら，中小企業を絶えず独占の再生産機構に強く深く組込み，再編を繰り返してきたのである。「資本の論理」は，けっして「競争・淘汰」の方向のみで直線的に進むものではなく，収奪対象の絶えざる拡大・強化とその「近代化・高度化」を追求しているのである。

以上のような中小企業問題の分析方法は，現実に生じている中小企業の諸問

題を解明するうえでの基本的な視座であると同時に，問題解決のための政策提起を可能とする。

4　本書の課題と構成

　日本の中小企業研究は，その歴史も古く，膨大な業績が蓄積されていてその水準も極めて高いと言われている[1]。しかし，中小企業研究が，『中小企業論』または『中小企業学』として一つの完結した独自の学問体系を整えているかと言えば，必ずしも確立されているとは言えないのではないであろうか。中小企業研究の総合化・体系化が立ち遅れている要因には，中小企業論が対象とすべき中小企業の対象範囲・対象規定に不確定の要素が少なくなく，そのため固有の方法論の確立を困難にしているといえよう。

　そこで本書では，中小企業の本質論・構造論，中小企業の現状分析，中小企業の政策論・経営論の大きく三つの構成を考えている。まず第1は，国民経済構造と関連して中小企業の独自の存立理由＝存立理論を構築することである。ここではまず「中小企業とは何か」の本質論，そして「中小企業がなぜ大量に存続するのか」の存立理論の学説史的検討を通じて，現代資本主義の経済構造における中小企業の独自存在を2つの側面から分析する。1つは効率性・発展性の面である。もう1つは問題性・停滞性の面である。中小企業はこの2つの側面＝「二面的性格」をもち，それがからみ合いながら現代資本主義の競争と独占の「条件」と「場」に規定されて存立している。中小企業群の存在の解明はこの両者を統一的に把握することである。

　第2はこの存立論を前提にして，中小企業がどうして「問題」として認識されるかを課題とする。この場合経済構造の中核的存在である独占・寡占資本と中小資本との関係は，問題としての中小資本が国民経済の構造的矛盾の存在であると認識する。もっとも，中小企業には独立形態と従属形態がある。前者は経済構造に規定されているものの独占・寡占資本との関係が間接的であるのに

---

1)　①大阪経済大学中小企業経営研究所編『中小企業研究—潮流と展望—』日外アソシエーツ，昭和53年12月。②同『中小企業季報』通巻第1号～第122号（1973年4月～2002年7月）。③中小企業事業団・中小企業研究所（編集代表　瀧澤菊太郎）『日本の中小企業研究』有斐閣，1985年。④同（編集代表　小川英次・佐藤芳雄）『日本の中小企業研究—1980～1989—』同友館，1992年。⑤(財)中小企業総合研究機構編『日本の中小企業研究—1990～1999—』同友館，2003年。

対し，後者は経済構造の中核的存在である独占・寡占資本に直接的に規定される問題の対象である。これがいわゆる中小企業の問題性論である。この分析視点は，第1に独占・寡占資本と中小資本との関係で資本の存立形態が，第2に中小資本と労働との関係が，そして第3は中小資本を媒介にした独占・寡占資本と中小企業労働者との関係が問題になる。問題性は，資本，労働，商品の各市場，技術格差，経営形態，地域構造，国際経済構造等の展開と結合して表れる。中小企業が経済構造の中でどうなっているかの現状分析を行うことが必要である。

第3は中小企業政策論である。中小企業が独自の存在意義を持つとすれば，中小企業それ自体の政策を確立することである。しかし中小企業は経済構造の仕組みと関連づけた総合的理解が求められることからすると，中小企業政策論を経済政策といかに関連づけ，位置づけるかにある。中小企業の問題性が，経済構造・産業構造によって規定され，従属性展開を一般的性格としているが，政策論は，この問題性の内容を政策主体である国家＝政府，さらには地方自治体がどのように把握し，政策的対応が必要であるかどうか意識化することである。問題性が，政策的に解決しなければならないという意味で政策矛盾に転化し，政策矛盾の解決形態として中小企業政策が形成される。もとより中小企業問題は，資本主義の枠内で根本的に解決できるものではないが，同時に，中小企業政策はそれ自体が社会主義をめざすものではない。戦後日本の国家の中小企業政策の展開を政策理念と実態との関連から整理し，中小企業政策の方向性を明示する。

第4は，第3の国レベルまたは地域レベルの政策に対し，個別中小企業政策論ないし経営論である。政策矛盾の解決形態として個別中小企業の組織化・共同化と問題性の主体としての運動論を考察することが必要である。そして以上のような国民経済構造との関連を前提としつつ，個別中小企業の独自の経営論ないし経営戦略論を展望することである。

中小企業研究の総合化と体系化は，経済構造論としての存立論，存立形態論における問題性論，そして政策論・経営論を以て独自の完結した体系となると考える。

最後に，本書の構成を簡単に述べると，序，第Ⅰ部から第Ⅴ部の本論が19章，補論9篇からなっている。第1章は，日本中小企業問題の生成・形成・登場・展開を日本資本主義の発達と関連づけて戦前と戦後60年にわたる期間を分析し

ている。第2章は中小企業の大量存在，その存立・存続がどうして起こりうるのかをA・マーシャルとK・マルクスを取り上げて，現代の中小企業の存立を理論的・構造的に分析している。第3章から第19章までは，戦後の中小企業の諸課題，問題展開と現状分析，政策を解析し，第1章，第2章を補完している。補論は，取り上げた中小企業課題の問題状況の中で，争点になった議論の内容と問題点を明らかにすることによって本論を補強している。末尾の第19章の補論は，外国の中小企業（英国・米国・中国）を取り上げ，中小企業の国際比較研究の素材を提供している。本書は，全体的には一連の研究課題から戦後の日本中小企業の存立構造とその変化，動態を解明しており，その中からさらに深めるべき新たなる課題を生み出している。

現代中小企業の存立構造と動態
目次

序　中小企業研究の方法と課題 …………2

第Ⅰ部　日本資本主義と中小企業 …………19

第1章　日本の独占資本と中小企業問題の展開
　　　──戦前と戦後60年── …………20

　1　はじめに　20

　2　戦前の中小企業問題の生成と登場　21
　　（1）殖産興業政策と在来産業・小企業問題　21／（2）独占資本の成立と中小企業問題　22／（3）準戦時・戦時体制下の中小企業問題　23

　3　戦後中小企業問題の登場と展開　25
　　（1）中小企業問題の登場と独占資本の復活（1945〜60年）　25／（2）高度経済成長と中小企業構造の変化（1960〜85年）　28／（3）異常円高・バブル経済と中小企業の存立構造の危機（1985〜2000年）　33／（4）冷戦体制・バブル崩壊下の東アジア経済圏の形成と下請生産体制の崩壊・変容　36

　4　現段階の中小企業問題と政策の大転換（2000年以降）　39
　　（1）世界独占の形成と中小企業問題の世界化　39／（2）中小企業政策の大転換　41

　5　民主的中小企業政策へのパラダイム転換
　　　──結びに代えて──　44

第2章　現代資本主義と中小企業の存立理論
　　　──A・マーシャルとK・マルクスの検討を通して── …………47

　1　はじめに──問題の所在と課題──　47

2　中小企業とは何か──本質論の検討──　48
　　　3　中小企業の存立論の再検討　52
　　　　（1）A・マーシャルの小企業存立論　53／（2）マルクス経済学の中小企業存立論　62
　　　4　中小企業存立の新しいステージとパラダイム・シフト　69
　　　　（1）中小企業の新しいステージ　69／（2）中小企業分析のパラダイム・シフト　70

第Ⅱ部　中小企業近代化の政策展開　73

第3章　中小企業の「近代化」の展開と政策　74

　　　1　中小企業の近代化への萌芽　74
　　　2　「二重構造論」の内容と問題点　77
　　　3　中小企業の近代化政策の内容と問題点　80
　　　　（1）中小企業基本法（中基法）の役割とねらい　80／（2）中小企業近代化促進法による施策と問題点　82／（3）「指定業種」の実態　85
　　補論：　下請・系列化について　90
　　　　1　下請制　90／2　企業系列化　92

第4章　経済の国際化と中小企業構造改善政策の展開　95

　　　1　中小企業「近代化」政策の限界　95
　　　2　国際化の進展と中小企業「近代化」政策の矛盾　96
　　　3　中小企業「構造改善」政策の内容と問題点　101
　　　　（1）「構造改善」政策の特徴　101／（2）「構造改善」業種の実態　104
　　　4　「協業化」政策の内容と限界　106
　　　5　「産業構造」政策と70年代中小企業政策の基本的方向　110

補論1： 中堅企業論について　115
　　　　1　中堅企業の群生とその根拠　115／2　中堅企業論の問題点　117
　　補論2：ベンチャー・ビジネス論について　119
　　　　1　ベンチャー・ビジネスの群生とその根拠　119／2　ベンチャー・ビジネス論の問題点　121

第5章　中小企業の国際競争力と知識集約化政策 ……………123

　　1　円高と輸出中小企業の実態　123
　　2　経済の国際化と国際化した中小企業問題　126
　　3　中小企業性製品の国際競争力低下とその要因　130
　　4　発展途上国の追上げと日本の中小企業性製品との競合関係　137
　　5　産業調整と中小企業の知識集約化政策　144
　　補論：　中小企業の活力論　150
　　　　1　中小企業に対する基本的視座　150／2　「活力」論の内容と問題点　152

第Ⅲ部　中小企業の存立形態と構造転換 … 157

第6章　都市型中小企業の存立形態
　　　　——東京の中小企業を中心に—— ……………158

　　はじめに　158
　　1　都市型中小企業論の検討　159
　　　（1）都市型中小企業論の生成　159／（2）都市型中小企業論の諸説　160／（3）都市型中小企業論の特徴と問題点　162
　　2　東京の産業構造と中小企業　167

（1） 産業構造の変化と中枢管理機能の集中・強化 167／（2） 東京の工業構造の変化と地域特性 169／（3） 中小・零細企業の増加と小零細化 172
  3 都市型中小企業の類型と存立実態 175
    （1） 都市型中小企業の類型と下請制 175／（2） 城東地区にみる問屋制下請の存立実態 176／（3） 城南地区にみる工場制下請の存立実態 180
  4 中小零細企業振興の基本的方向 185
    （1） 専属化と浮動化の再編過程 185／（2） 東京都『中小企業対策のあり方』をめぐって 187／（3） 中小零細企業振興の視角 188

第7章 分解する都市自営業者と日本経済の国際化 …………190

  はじめに 190
  1 東京の産業構造の変化 191
  2 自営業者の階層分化と分解——円高・地価高騰—— 196
  3 日本経済の国際化と自営業者の新しい役割 202

第8章 産業構造の転換と先端技術 ………208

  1 産業構造の転換と技術革新の役割 208
  2 産業技術政策と先端技術 212
    （1） 70年代の産業技術政策 212／（2） 80年代の産業技術政策 215／（3） 先端技術と先端技術産業 218
  3 コアテクノロジーとしてのME技術 223
    （1） 産業技術の原動力としてのME 223／（2） ファクトリー・オートメーション 231／（3） 産業用ロボット 235
  4 産業構造の再編と研究開発体制 243

第9章 日本的経営と下請構造の変化…………246

  1 国際競争力強大化の一因としての下請制 246

(1) 中小零細企業の増加の意味　246／(2) 日本型下請生産構造と下請企業比率の上昇　247
　2　下請管理の「近代化」の推進　250
　　　(1) 管理システム化と下請管理の二面性　250／(2) 下請管理の「近代化」　252
　3　下請企業比率の低下とその背景——80年代後半——　257
　4　独占大（親）企業の海外生産拠点の拡大と下請企業　261
　　　(1) 中小企業の海外進出，とくに下請・系列企業の海外進出　262／(2) 現地部品調達の拡大と部品メーカーへの影響　263／(3) 輸入増大による圧迫・競争激化　264
　5　ME化を軸にした国内生産体制の見直しと下請体制の強化　266
　　　(1) 生産の自動化と生産管理の高度化　266／(2) 中小製造業の生産ME化と単価問題　268
　6　下請取引のあり方は変ったか
　　　——新たな下請再編成——　271

第10章　中小企業の海外進出と国際的下請生産 …………273

　1　中小企業の海外投資の動向と特徴　273
　　　(1) 急増する海外直接投資　273／(2) 中小企業の海外直接投資の動向と特徴　275
　2　中小企業の海外投資の動機と形態　278
　　　(1) 海外投資急増の要因と投資動機　278／(2) 中小企業の海外投資の形態　281／(3) 海外進出中小企業の撤退　282
　3　国際的下請生産システムの展開　284
　　　(1) 日本型下請生産の国際的移転　284／(2) 海外生産と部品の現地調達の拡大　288／(3) 国際的下請生産システムの構築　290
　4　資本輸入国での国際的下請生産の二重性
　　　——結びに代えて——　294

補論1： 中小企業の海外進出の動因と必然性 296
　1　中小企業の海外進出 296／2　過剰資本の形成 297／
　3　中小資本の進出の必然性 298
補論2： 国際的下請生産の概念と課題 300
　1　国際的下請生産の概念 301／2　国際的下請生産の課題と問題点 304

第11章　日本型下請生産構造と経済民主主義
　　　　　——問題性・効率性と閉鎖性・普遍性—— ……307

1　はじめに——問題の所在—— 307
2　日本型下請生産の光と影——効率と支配—— 310
3　下請制問題と社会的分業の方向 315
4　法律的表現の下請概念と経済民主主義
　　——下請制の変革を求めて—— 319

第12章　中小金属部品工業の構造変化
　　　　　——東京ネームプレート工業の実態調査を通して——
　　　　　…………326

1　はじめに 326
2　ネームプレート製造業の加工技術と産業構造 327
　（1）ネームプレートの定義と産業の形成 327／（2）ネームプレートの加工技術 329／（3）ネームプレート製造業の産業構造 333
3　東京ネームプレート製造業の構造変化 337
　（1）東京の業界概要 337／（2）エンドユーザーとの企業間関係 338／（3）ネームプレート業の存立形態 340／（4）納入単価の設定見直し 342／（5）納期の短縮化見直し 344／（6）品質の評価と技術力・開発力 346／（7）需要企業の海外展開 349
4　ネームプレート産業の課題と方向性 351

第Ⅳ部　グローバリゼーションと中小企業の新展開 ……… 357

第13章　グローバル化時代における中小企業の構造問題と新展開
　　　　──21世紀への展望── ……… 358

　　はじめに　358
　　1　アジア産業構造の形成と日本中小企業　359
　　2　現段階の中小企業の構造問題とその評価　361
　　3　中小企業の構造再編と新たな課題　365
　　4　経済民主主義の確立と中小企業政策の展望
　　　　──どのような中小企業の構造をめざすのか──　368

第14章　持株会社解禁と中小企業の新たな再編成 ……… 373

　　はじめに　373
　　1　持株会社全面禁止の原点　373
　　2　独占禁止法の目的と持株会社解禁の経緯　376
　　3　持株会社解禁の内容と問題点　379
　　4　企業系列化の進展と中小企業の新たな再編成　384
　　5　結び──経済民主主義の確立をめざして──　389

第15章　独占禁止政策と適用除外制度
　　　　──中小企業等協同組合を中心に── ……… 391

　　1　規制緩和と独占禁止政策　391
　　2　アダム・スミスの独占論　392
　　3　適用除外制度と中小企業等協同組合　396

4 結びに代えて──協同組合制度の問題── 404

第16章　地域産業集積と中小企業構造の変化
　　　　　──集積と分散── ……………………407

1 経済のグローバル化と地域経済の自立性　407
2 産業集積論の先行研究　409
3 地域産業集積の形成と衰退　414
4 産業集積の存立構造とその変容　416
5 東京・大田区の工業集積の形成と展開　420
（1）大田区の産業的位置と構造変化　420／（2）産業集積の形成と変遷　421
6 地域産業集積政策──結びに代えて──　427

第17章　東アジアの産業政策と日本中小企業
　　　　　──中小企業の国際的融合に関連して──………431

1 アジアにおける産業政策への関心の高まりと暗転　431
2 産業政策とは何か
　──概念の諸説に関する若干の検討──　433
3 東アジアの「奇跡の成長」
　──産業政策に対する世界銀行の考え方と評価──　439
4 アジア経済危機後の国際的連携
　──日本中小企業の国際的融合──　444

第Ⅴ部　中小企業政策の方向と国際比較 ……………449

第18章　中小企業政策の大転換と21世紀の方向性
　　　　　──中小企業基本法をめぐって── ………450

1 戦後の中小企業政策の展開と分析課題　450
2 中小企業政策の転換への道程　453
（1）中小企業政策審議会中間報告（平成5年6月）の概要と意図　453／（2）中小企業政策審議会最終答申（平成11年9月）までの経緯　455／（3）中小企業政策の転換を先導する政策実態と産業再生政策　457
3 中小企業政策の大転換
　　──中小企業基本法の全面改正と意図──　458
（1）「二重構造論」思想からの転換　459／（2）中小企業像の転換　465／（3）政策理念の転換　467／（4）政策目標の転換　470／（5）中小企業者の範囲の拡大　472／（6）小規模企業政策の配慮と放置　474／（7）政府の政策役割の転換　474
4 21世紀中小企業政策の方向性　476

第19章　中小企業政策の国際比較
　　──分析方法と比較基準をめぐって──　……478

1 激変する世界と日本──問題意識──　478
2 中小企業政策への期待の高まり　480
3 国際比較の方法と基準　483
（1）中小企業の範囲・定義の多様性　483／（2）グローバル矛盾としての中小企業　484／（3）政策主体と中小企業政策の位置　485／（4）国際比較のための政策類型化　487
4 中小企業政策の評価基準と民主的中小企業政策の構築　490

補論1：イギリスの企業構造と中小・零細企業の位置
　　──1970年以後の統計的分析──　493
1 はじめに　493
2 産業構造の変化
　　──製造業の地位低下とサービス産業の肥大化──　494
3 会社統計からみたイギリスの企業構造
　　──激しい企業交替と高率の廃業──　500

4　VAT統計からみたイギリスの企業構造
　　　　——中小・零細企業の大量存在と短い生存期間——　509
　　5　失業吸収の場としての自己雇用＝自営業者
　　　　——産業・企業の苗床かそれともモミ殻か——　519
　　6　果たして中小・零細企業の経済的位置は？
　　　　——結びに代えて——　528
補論2：　イギリス製造業における中小企業の構造と展開
　　　　　——1970年以後の統計的分析——　535
　　1　『ボルトン報告書』当時と90年代の問題　535
　　2　中小企業の定義問題と意識の変化　542
　　3　製造業における中小企業の構造変化　548
　　　　（1）企業構造の全体的概観——中小企業の顕著な増大——
　　　　548／（2）製造業における事業所数，企業数及び従業者数
　　　　の動向　550／（3）製造業における業種構造の変化　554／
　　　　（4）製造業における中小企業の構造変化　571
　　4　結び——課題と方向——　581
補論3：　米国と中国の中小企業の現状　586
　　1　21世紀のドリームを実現する中小企業　586
　　2　アメリカの中小企業の現状　587
　　　　（1）超大国アメリカの転機　587／（2）アメリカも小企業
　　　　(small business) が再び台頭　588／（3）1993年基準の量的
　　　　規定　588／（4）1996年時点でのアメリカの中小企業の実態
　　　　——日本とアメリカの比較——　589／（5）アメリカンド
　　　　リームの再現か　590
　　3　中国の中小企業　591
　　　　（1）社会主義市場経済の時代へ　591／（2）個人企業，私
　　　　営企業等非公有企業の急成長——民営経済化——　591／
　　　　（3）中小企業に関連する法制整備　592／（4）私営企業・
　　　　個人業者の急成長　593／（5）壮大な実験としての社会主義
　　　　市場経済　593

あとがき　595

第Ⅰ部
日本資本主義と中小企業

第1章　日本の独占資本と中小企業問題の展開＊
――戦前と戦後60年――

1　はじめに

　灼熱の晴れわたった夏，1945年8月15日，日本の帝国主義・軍国主義国家が崩壊した。この日を転換日に，それ以前の戦前には5度の戦争―日清戦争，日露戦争，第1次世界大戦，満州事変・日中戦争，第2次世界大戦―を経験した。20世紀の前半は，まさに戦争の世紀であった。敗戦から60年が経過した今日，日本は世界第2位の「経済大国」になり，半世紀余にわたり平和が続いているものの，自衛隊のイラク派遣が強行されて「いつか来た道」へのきな臭さが懸念されるようになってきている。

　平和の世紀が希求された21世紀に入って5年，戦後から急速な資本主義的発展を遂げてきた日本経済は，バブル崩壊に伴う90年代の長期不況とデフレーションをいまだ脱出できずに一体どうなるのかの不透明性・不安定性を増幅している。そして中小企業の重要性と役割への期待が世界的に認識される一方，国内では地域に基盤をもつ中小企業の存立が厳しさを増して中小企業に新たなる問題性と発展性を醸成している。中小企業の大量存在や存立形態，その「問題」と「発展」の展開は，日本資本主義の発達史に反映しており，とりわけ資本主義的競争による資本の蓄積法則によって貫かれている。それは中小企業がどのように形成され，どのような問題が発生し，展開していくのか，そしてどのように再編成が進展していくのかということが重要である。

　本章では日本中小企業に焦点を当て，戦前，戦後と現段階の3つに大きく時期区分して歴史的・構造的・世界的視点のなかに位置づけながら，その変化と

　＊本章は，福島久一「日本の独占資本と中小企業問題の展開―戦前と戦後60年―」『経済』新日本出版社，2005年8月，NO.119，所収の初出掲載論文である。

発展の軌跡を明らかにし，民主的中小企業政策への転換を提示する。

2　戦前の中小企業問題の生成と登場

（1）　殖産興業政策と在来産業・小企業問題

　日本中小企業の問題性と発展性は，日本資本主義の構造的特質と関連し，新生と消滅を繰り返しながらの中小企業の広範な存在，その過小過多性，極端な低賃金というそれ自体著しい特殊性を持っている。この問題の特殊性は，明治維新を起点として始まる日本の近代資本主義国家の建設を背景に，イギリスより100年，ドイツより50年と遅れて出発した後発資本主義国としての日本が，欧米先進国へのキャッチアップを御旗に先進国への仲間入りをはたしていくため，「上からの資本主義化」を強力かつ急速に推し進める歴史的過程の中で，経済構造上の矛盾の集中的形態として生成・形成・発現し，展開してきた。

　明治政府は，殖産興業，富国強兵策による欧米先進国から綿紡績，機械製糸等近代的機械制工業やメリヤス，洋傘，石鹸等の外来産業を移植導入し，殖産興業政策を展開する一方，軍事的官営工場（砲兵工廠，造船，鉱山等）の創設をはかり，「上からの資本主義」を推し進めた。ところが政府にとってこの移植・育成は大きな財政的負担となり，多くの官営工場（鉱山，製糸，紡績，造船等）が民間・政商へ払い下げ（官営払下政策1880年）られ，軍国主義的傾向と結びついて三井・三菱等の特権的財閥資本の形成の基礎を作っていくことになった。こうした「上からの政策」は，その後の日本資本主義の特殊性を形成することになる。とりわけ，軍需工業を主軸とする近代的大工業と伝統的な固有在来産業とが並存・拮抗しているが，本源的蓄積の総仕上げとして強行される松方デフレ政策（1881年）によって在来産業が問題として課題にのぼるのである[1]。すなわち，機械制大工業の移植と保護・育成の過程で製糸，製綿，綿織物，絹織物，陶磁器，製糖等では一部に自生的発展を遂げていく企業も見られたが，在来産業が圧倒されるという形で再編成（地主制的農業にもとづく低賃金基盤の創出）が行われ，「上からの資本主義化」と移植された近代的大工業の本格的展開の条件を整えていくのである。しかし，在来産業は大きな影響を受けながらも壊滅することなく残存し，移植産業とともに現代では地場産業

---

1) 前田正名編纂『興業意見』，1884年。

として存続している。この在来産業の根強い残存性こそ日本資本主義の顕著な特徴である。

　殖産興業政策を通じての移植大工業は，機械設備や技術の輸入によりその資本蓄積の条件を確保すると同時に，軍事工業と関連重工業（機械，金属）及び軽工業（紡績，製糸等）を中心にした再生産構造が確立されていく。産業資本の形成・確立は，綿織物業では手織機から力織機へと次第に移行して近代化していく一方，日清戦争（1894年），日露戦争（1904年）を通じて鉄鋼，機械，綿紡績，製紙，製糖，肥料等には近代工業としての産業独占的性格の大企業が現れ，その関連において日本的中小企業の先駆的なものが出てきた。

（2）　独占資本の成立と中小企業問題

　第1次世界大戦（1914～1918年）による空前の好況を画期として，日本経済は飛躍的に発達し，金融資本が形成され，三井，三菱，住友といった財閥へと発展していくと同時に，在来産業や移植産業も動力化や小型機械を取り入れた工場工業化が次第に浸透していき，家内工業的形態の小企業を残存せしめつつも全体として中小企業の実体を形成していくのである。勧業銀行調査課刊行の『東京府下中小工業の状況』（1917年）において初めて「中小工業」という用語が使用され，また，日本社会政策学会第11回年次大会（17年）では「小工業問題」がテーマにとりあげられた[2]。この開会の辞では「過去に於て政策の誤てる結果として本来善く適する所の小工業を其の適する種類の工業から奪って，若しくは大工業の勃興に依って駆逐してしまって，資本の力と之に伴う所の一種の暴力とを以って，小工業を一隅に押付けてしまった」と指摘している。こうした小工業問題は「移植大工業に対する在来産業問題」とは異なった，大企業の小工業支配が次第に強化されるという新しい問題性の意識化であった。しかし大戦を契機にした特権的大資本や主要産業における資本の集積・集中による独占資本の成立・確立は，大戦反動不況（20年）とそれに続く慢性的不況，とくに関東大震災（23年）以降の不況を通じた経営合理化過程で遅れて自然的に成長してきた広範な中小企業（第1次大戦前では従業員数100人以下）が，保護・育成されてきた独占大企業に支配され，従属してその発展を阻止されるとともに，寄生地主的土地所有制度の下での遅れた農村と結びついて，その前

---

　2)　日本社会政策学会第11回年次大会，1917年。社会政策学会史料編纂委員会監修第11巻『小工業問題』御茶の水書房，1977年。

期的・停滞的な性格を露呈し，近代的部門の大企業と前近代的部門の中小企業との「二極集中的構造」の中小企業問題として発生し，成立するのである。そして東京渡辺銀行の休業に始まる金融恐慌（27年）による銀行合同，中小銀行の没落が，中小企業への資金供給の困難に拍車をかけ，独占大企業と中小企業との賃金，生産性，技術等格差を拡大させながら，中小企業問題を本格化させ，日本経済は昭和恐慌として世界経済恐慌（1929～1932年）の中へ突入していくのである。

（3） 準戦時・戦時体制下の中小企業問題

満州事変（柳条湖事件＝1931年）を契機にして日本資本主義は，恐慌と国内市場の狭隘性を脱却する方途として海外市場と対外侵略に求める，いわゆる「準戦時体制」に入っていく。世界恐慌が日本に波及するにつれて，産業合理化が本格化すると共に，物価は下落し，鉄鋼，肥料，セメント，綿紡績，絹紡績，製紙等の産業界は操業短縮を迫られ，企業倒産が増加して不況がいっそう激化・深刻化していく。そして金輸出の解禁，金本位制への復帰（1930年1月）が実施されるが，満州事変の勃発，イギリスの金本位停止の影響から急転して金本位制離脱，金輸出再禁止（31年）を決定し，為替・通貨の管理制へと移行していく。この国家独占資本主義体制の新たなる政策は，繊維，雑貨等の中小企業が担う輸出商品にとっては，為替相場の低落により世界市場への好条件を作り出し，ソシャル・ダンピングとしての「輸出中小工業問題」を内包しながらも輸出伸長を果たすのである。この輸出中小工業は，価格競争力を強め，外貨を獲得することによって基礎資材や機械設備の輸入を行い，軍需工業，重化学工業の生産の拡大を可能にするという，まさに準戦時段階での中小工業の体制的利用・動員であった。この中小企業の大量動員，組織化政策は，独占資本の集中と産業合理化運動の一環に位置づけられた国家統制的色彩を持った「重要輸出品工業組合法」（1925年）とそれを輸出品だけではなく一般中小企業の組織化にまで適用し，改正した「工業組合法」（31年）そして重要産業部門における国家権力によるカルテル統制の強力な推進を図る「重要産業統制法」（31年）で補強した。

さらに，準戦時体制での見過ごすことのできないことは，独占大企業に強蓄積をおこなわせるために，昭和恐慌の回復過程で軍備拡充・軍需発注の増大によって重化学工業化が推進されたことである。軍需工業が発展する中で，中小

機械金属工場数は1920年代から1940年まで一貫して増加している。しかし，重化学工業化のなかでも機械金属工業における独占大企業の基盤は弱く，軍需発注が拡大するにつれて中小機械工場を，低賃金を利用する形で次第に下請工場として組み込みこんでいった。軍需関係の機械工業における生産体制の発展は，「多様な分野で増大していた中小工場の存在が，37年以降の戦時体制下で再編を迫られることになる」[3]のである。

日中戦争（盧溝橋事件＝1937年）が本格化するに伴い軍備拡充・軍需生産の重点政策が強力に推進され，軍事費は増大の一途をたどり，戦時経済体制として1945年の第二次世界大戦敗戦まで続くことになる。戦時経済・統制経済下では，戦争遂行に必要な物資を生産供給するために企業は民需から軍需への転換が不可避となり，企業整備の面からも中小企業の再編成が強行されることになる。中小企業は，物資統制強化（「改定物資動員計画基本要綱」＝38年）の中で，資材配給統制を行う工業組合に組織化され，整理・淘汰の転・失業と軍需関連の下請・協力工場へと分化し，編成替えされていく。「物資動員計画」では，「転・失業」対策が問題になり，失業対象として「事業主6万6,000，失業者45万8,000が見込まれ」[4]，経営不振や技術力の低い中小企業は，整理・淘汰され，転業・失業によって生まれた労働力や資材は軍需産業へと動員・利用されていくことになる。他方，転業対策の対象として優れた技術と設備を持つ中小企業は，資材配給統制の強化が進む中で，独占大企業や軍事工廠の下請企業（集団利用工場，単独利用工場，民間企業の下請工場）に組み入れられる。そして日独伊三国同盟調印，大政翼賛会発足，大日本産業報国会設立が相次ぐと共に，「経済新体制要綱」の閣議決定（40年）によって下請工業全体への統制を一層強め，下請工業，下請企業を「協力工業」，「協力工場」（協力工業整備実施要綱＝1941年）の名の下に再編成されていくのである。大工場と中小工場との間は「技術及び資力の点において全く隔絶し」，「救い難き迄に深刻」な「技術的経済的隔絶」が存在していた。中小企業は「非近代性」と「非支配性」という2つの性格を有した「二重の隔絶性」の問題をもっていたのである[5]。

戦時動員体制は，「国家総動員法」（1938年）を41年に大幅改正して政府権限

---

3) 植田浩史『戦時期日本の下請工業』ミネルヴァ書房，2004年，39ページ。
4) 植田浩史，前掲書，140ページ，注（2）参照。
5) 小宮山琢二『日本中小工業研究』中央公論社，1941年，38—43ページ。

の強化を図ると共に、日米開戦に伴って「戦力を急速かつ高度に増強する目的」から「戦力増強企業整備基本要綱」(43年) が閣議決定され、戦局悪化に対応した企業整備政策が取られることになる。それは、工業部門を第1種（繊維や金属回収等の労務提供、工場転用可能な部門）、第2種（鉄鋼、アルミ、船舶、飛行機、機械工業等の戦力増強部門）、第3種（日用品、雑貨等）の部門に分け、とりわけ第2種部門への重点化を進めて、中小企業を転業、下請・協力工場へと転換させ、協力工場を選別・専属化して企業整備を本格化し、総力戦に向かっていく。そして軍需総動員体制が整備されていく中で、戦力増強の重点部門を強化するための「第2種工業部門企業整備措置要綱」(44年) と「機械工業整備要領」(44年) が発表され、生産体制は、軍需一色の下請・協力工場の再編・従属化と企業系列の整備・統合による動員・利用へと急がれた。こうした中小企業の「企業整備」＝転廃業政策を遂行するために、「国民更生金庫」(1940年12月) が設立されたが、同金庫の企業整備取り扱い件数は敗戦までに100万件余に上ったという。

　いずれにせよ、戦前日本の中小企業の問題と発展の特質は、遅れて出発した日本資本主義が「上からの資本主義化」によって急速に独占資本主義に発達しながら、経済・産業構造に半封建的な天皇制・地主制土地所有による農民・農村が存在（全人口の約50％）し、広く纏いついていたこと、そして日本資本主義の遅れと弱さを代位・補完したのが軍事力と、農村と結びついた広範な低賃金・低所得と長時間労働の存在であることに規定されている。欧米への急速なるキャッチアップの過程は、軍国主義・帝国主義と長い戦争への道であったが、敗戦によってそれらは崩壊し、国土は灰燼に帰したのである。

3　戦後中小企業問題の登場と展開

(1)　中小企業問題の登場と独占資本の復活 (1945～60年)

　1)　**戦後混乱期と中小企業問題の登場**　大戦は、無条件降伏とともに、国土の荒廃を生み、鉱工業生産力を戦前水準 (1934年) の3割に低下させた。国民の生活は、食料不足、住宅不足、資材不足、転業・廃業と大量失業で奈落の底に落ち込んでいた。敗戦直後の混乱する中、日本はアメリカの単独全面占領下におかれる中で、一切の軍需生産を禁止する非軍事化と戦後改革における一定の「経済民主化」がすすめられた。主権在君の天皇制から主権在民＝国民主権へ、

半封建的土地所有制（地主制）の廃止と小作農民の解放による農地改革，軍国主義と訣別する戦争放棄，労働三法の制定，財閥解体・経済力集中の排除・独占禁止等である。これら一連の民主的改革は，一部に不徹底さがあったものの，明治以来の軍国主義的性格を根底から覆し，国民や中小零細企業を戦争と空爆による被害の跡地から立ち上がらせ，中小零細企業には大企業の支配力を弱化する民主的規制によって経営の復活・発展に有利に作用する条件であった。たしかに日本独占資本主義のピラミッド構造は一時的に解体された。だが，銀行資本に集中排除法が適用されなかったことは，その後の独占資本復活の体制を作り上げるのに役立った。こうした戦後改革と敗戦直後からの激しいインフレが進行する中で，政府は，石炭，鉄鋼，肥料，電力等重点産業に資材，資金を重点的に投入する傾斜金融・傾斜生産方式を実施した。基幹産業の再建と大企業が復興軌道にのる反面，中小企業は資金難，資材難に陥り，経営基盤を大きく揺さぶった。

さらに，この間，アメリカの対日経済政策が大きく転換し始め，インフレを終息させるためにドッジ・ライン政策（単一為替レートの設定等）（1949年4月）が強行された。ドッジ・ラインはアメリカの対日占領政策ではあるが，「たんなる経済政策ではなく」，社会主義陣営に対抗して，アメリカを支配者とする世界資本主義を維持・拡大するために，日本の独占資本主義をアメリカへの従属のもとで復活させる役割をもっていた。ドッジ・ラインのもとでのデフレ政策による合理化と重点産業の大企業への集中金融・集中生産方式が展開され，中小企業は資金困難に陥り，経営危機に追い込まれ，戦後の中小企業問題の登場となった。中小企業は整理・倒産を続出すると共に，下請けに組み入れられ，独占的大企業の収奪を受けながら低賃金による経営維持の立場に追い込まれた。

2）**独占資本の復活と下請・系列化**　朝鮮動乱の勃発（50年6月）による特需と輸出急増で中小企業の一部に立ち直りもみられたが，動乱ブームは1年ほどで挫折し，大企業を含む中小企業の激しい倒産，賃金不払い現象等が全般に及んだ。この不況過程で，中小企業は選別され，繊維，鉄鋼の加工分野で下請として強力に組み入れられ，下請・系列問題を強く意識させた。この時期までの中小企業政策は，中小企業庁の設置（48年），「中小企業等協同組合法」（49年）以外は実質的な政策は実現されず，独占復活の踏み台の役割でしかなかっ

た。「中小企業者の5人や10人が倒産自殺しても止むをえない」という大臣放言は当時の政策姿勢を端的にあらわしている。

サンフランシスコ体制（51年9月）が確立することによって，日本経済は「経済自立」をめざす重化学工業化が推進され，中小企業政策は転換をみて，重化学工業化を担う大企業を補完する機能としての下請企業の育成と輸出中小企業を対象にした「近代化」政策へと傾斜していく。産業合理化策としての「産業合理化促進法」（52年3月），中小企業の不況カルテルを容認する「中小企業安定法」（53年8月）の成立，それと引き換えに大企業間のカルテル活動の容認や合併禁止規定の大幅緩和をはかった「独占禁止法」の改正（53年9月）そして親企業の生産力展開に桎梏となってきた下請・系列企業の設備老朽化を近代化する「中小企業設備改善補助金制度」（54年）等である。とりわけ中小企業設備近代化のための設備補助金制度は，独占大企業の基盤整備をはかり，企業系列化を進展させた。系列化は，戦時中の「企業系列」思想を継承したものであるが，1950年代中頃には機械金属工業全体へと拡大し，ピラミッド型の企業階層的収奪構造を定着させ，この系列化をめぐって下請と系列の異同に関しての「下請・系列化論争」が起きるのである[6]。

3）「二重構造」問題と「近代化」政策への萌芽　「神武景気」と謳われ，「わが国経済はもはや戦後ではない」（56年版『経済白書』）とされた55年を境として，生産力水準は戦前を超えた。独占資本が復活し，旧財閥系グループの中心である銀行は，グループ企業への融資を集中する系列融資の強化をはかると共に，大企業による中小企業の下請・系列化が支配的傾向となりはじめた。設備近代化のための補助金制度として「中小企業振興資金助成法」（56年5月）が制定されると共に，大企業の発展に必要な補完者としての中規模企業を育成対象にした「機械工業振興臨時措置法」（56年），「繊維工業設備臨時措置法」（56年），「電子工業振興臨時措置法」（57年）が成立した。大企業と中小企業との生産力格差（設備，技術水準）は拡大し，「二重構造」を形成し，中小企業問題が「二重構造問題」として提起され，新たに注目をあびることになる。

『経済白書』（57年度）での「二重構造」とは「一方に近代的大企業，他方に前近代的な労使関係に立つ小企業および家族経営による零細企業と農業が両極

---

[6] 論争の整理・評価は，中小企業事業団編『日本の中小企業研究，第1巻』有斐閣，1985年を参照。

に対立し，中間の比重が著しく少ない」「いわば一国のうちに，先進国と後進国の二重構造が存在するのに等しい」と規定した。大企業の近代的分野と中小企業の前近代的分野とにわかれ，両者には大きな断層があると同時に，後者は非近代的・停滞的であるという。事実，大企業と中小企業との間には先進国には見られないほどの大きな賃金格差，生産性格差が存在していた。しかし，この「二重構造」把握は，大企業と中小企業の並存を指摘するのみで，両者の不可分な支配・従属関係，同時存在・相互規定的関係を解明しない理論的誤りを含んでいた。格差は，たんに経営力の差によるものではなく，階層的収奪構造という独占大企業の蓄積方式から生じたものである[7]。こうした「二重構造的中小企業問題」は，「経済の近代化と成長のうちに二重構造の解消をはかること」，そのために大企業と補完関係にある「中規模経営の近代化」が政策課題となった。中小企業政策は，産業構造適応政策へと転換し，「中堅企業」の育成を重点とする選別・差別が導入され，中小企業の近代化へと本格的に展開していく。

（2） 高度経済成長と中小企業構造の変化（1960～85年）

1） 開放経済体制の進行と中小企業の近代化・「中堅企業」の簇生　1950年代後半から始まった高度経済成長は，神武景気・岩戸景気・オリンピック景気・いざなぎ景気・列島改造景気と続き，未曾有の高成長（実質経済成長率は55年～73年まで10％に近い率）を実現すると同時に経済構造を激変させた。

新安保条約批准（60年6月）につづく「貿易・為替自由化計画」（60年6月），「国民所得倍増計画」（60年12月），「ガット11条国」移行（63年2月，国際収支の理由による輸入制限措置の禁止），「IMF8条国」移行（64年4月，国際収支の理由による為替制限措置の禁止），OECD加盟（64年4月，貿易外取引，資本取引の自由化義務を負う）を契機に，先進国への仲間入りを果たし，本格的な開放体制に入っていく。高度成長政策は，重化学工業の確立による産業構造の高度化と国際競争力の強化を目標に，経済成長を実現することにあった。基幹産業である鉄鋼，造船，電力そして新産業である石油化学，乗用車，電気・電子産業等の独占大企業は，外貨の優先割り当てを活用して革新的な外国技術の導入や重要な機械設備の導入をはかり，巨大な設備投資を強行して大量生産

7） 市川弘勝編著『現代日本の中小企業』新評論，1968年を参照。

体制を構築していった。技術革新による設備投資は国内需要を創出し，関連生産部門の生産拡大を通じて更なる設備投資を誘発するという「投資が投資を呼ぶ」形での拡大再生産・高度成長を実現していき，国際競争力を持った重化学工業を基盤とする大企業体制が確立した。市場の持続的拡大は独占大企業を相次いで出現させ，新市場獲得と新産業部門への参入による激しい独占間競争を展開して「ワンセット主義」と6大企業集団が形成されていく。こうして1960年代半ばには，産業構造が軽工業部門から重化学工業部門へと転換していくとともに，68年には国民総生産（GDP）が1428億ドルに達し，米国に次いで世界第2位になる。

　独占大企業の技術革新と大量生産体制の確立は，下請中小企業に対しても大量生産体制に即応するための高性能・高品質かつ低廉な部品生産をおこなう技術改良・技術水準向上の設備投資や経営の合理化・近代化による生産体制が求められてくる。とくに，高度成長過程で未曾有の設備投資をおこなった自動車，電機等の機械組立加工産業では，独占大企業が下請・系列の再編成を行い，一部の優良下請中小企業を選別し，技術指導，金融的援助，原材料供給等を通じて下請・系列化を促進・強化し，日本型下請生産構造を定着・確立していく。そして高度成長，産業構造高度化の過程で，若年労働力不足と賃金格差の縮小傾向がみられると同時に，「中小企業の枠をこえた成長を示す企業グループの群生」＝「中堅企業」が現れてきたのである。この「中堅企業」の群生は，独占大企業の支配力の拡大・強化，その生産力水準に照応しえる特定中小企業の底上げによる下請・系列の階層的差別構造の再編成を基礎にした下請系列中規模企業の増大であった[8]。

　高度成長政策は62年頃より破綻を示しはじめ，過剰生産の局面が成長産業部門をも巻き込み，構造的矛盾を露呈し，このため「高度成長」から「安定成長」への政策転換が叫ばれる。そして産業構造の高度化と国際競争力を強化し，高成長を中小企業の近代化により保障する観点から「中小企業基本法」（63年7月）と施策を実行していく「中小企業近代化促進法」「中小企業近代化資金助成法」等を制定する。中小企業基本法は，「中小企業の進むべき新たなみち」を明らかにし，従来の個別的施策から総合的かつ体系的に講じるべき政策の基本理念と方向を定めたものである。中小企業政策は，産業構造の高度化と

---

[8]　「中堅企業論」の批判は，中山金治『中小企業近代化の理論と政策』第2章，千倉書房，1983年を参照。

国際競争力の強化に寄与することを上位目的に，大企業との生産性等格差是正を独自目標に設定することによって産業構造政策の一環に組み込まれる。具体的目標には，①格差是正，②事業活動の不利是正，③従業者の経済的・社会的地位の向上の3つを掲げるが，②と③は後景におかれる。そして①の格差是正は，中小企業構造の高度化をめざし，企業規模の適正化，事業の共同化，事業の転換を規定し，適正規模＝「中堅企業」の育成，小零細企業の整理・淘汰による「上層育成・下層淘汰」の路線整備と労働力流動化を促進する「近代化」の徹底化を図るのである。中小企業の近代化政策は，スケール・メリットの追求と個別企業の設備近代化を柱に第1次近代化促進政策（第1近促）として展開するが，中小企業の設備投資による生産力拡大は，膨大な過剰生産と過当競争の激化を招き，「65年不況」のいわゆる「証券不況」の中で，大企業をも含む中小企業の「近代化倒産」を表面化させた。中小企業近代化政策は，その後個別企業のレベルから「業種ぐるみ・親子ぐるみ」のスクラップ・アンド・ビルド政策の「構造改善政策」（69年，第2近促）へと展開するが，ドル・ショック（71年），オイル・ショック（73年）によって，設備拡大というハード面からの規模利益追求政策が破綻し，「近代化・構造改善政策」は，ソフト面を重視する知識集約化政策（第3近促）へと大きく転換していく。この知識集約化政策は，中小企業政策審議会意見具申『70年代の中小企業のあり方と中小企業政策の方向について』[9]で具体化されているが，知識集約型産業構造に適応する「意欲ある中小企業」＝先進国型中小企業の育成をはかりながら，意欲のない，非効率の中小企業を整理・転換の対象とするというものであった。

2）　開放経済体制第2ラウンド＝経済の国際化と小零細企業の増大・ベンチャー・ビジネスの登場　高度成長の破綻から「持続的成長への道」（『経済白書』66年）が追求され，「いざなぎ景気」（65年10月〜70年7月までの最長の景気拡大）による景気上昇と共に，貿易・資本の自由化，ケネディラウンドの妥結（67年6月）そして特恵関税問題の登場等の経済の国際化が進展し，開放経済体制第2ラウンドに入っていく。経済の国際化の進展は，独占大企業がより大きな飛躍をするためには，高度成長を可能にしたこれまでの経済枠組みでは桎梏と化しつつあった。とりわけ中小企業の「近代化」の遅れが，単に中小企業

9）　中小企業庁編『'70年代の中小企業像』通商産業調査会，1972年。

の問題だけにとどまらず，日本経済全体の発展を制約，阻害するという問題意識が醸成され，独占大企業の世界企業化への基盤を強化する「国際的に闘える企業・産業を作り出す」産業再編成と中小企業の構造改善政策が打ち出されるのである[10]。

　中小企業の近代化・構造改善政策は，「二重構造」の解消を建前にして展開してきたが，指定業種，特定業種を繊維・雑貨等輸出貢献度の高い業種や重化学工業下請業種に集中しつつも結果的には多数化したために総花主義となり，「二重構造」が解消しないばかりか，65年ごろより賃金・生産性等の格差は拡大傾向をみせ，中小企業内部での階層分化・分解を激しくした。とくに，60年代後半からの「いざなぎ景気」の景気拡大過程で，大都市を中心に高度な専門能力を持ち，企業家精神に富む，高収益・急成長する小零細企業が新生，増大してきたのである。この新しいタイプの「研究開発集約的企業」がいわゆる「ベンチャービジネス」[11]と名づけられ，第1次ベンチャーブームを巻き起こすが，その概念の曖昧さに加え，資金不足や第1次石油危機を契機に沈滞化する。そしてこのベンチャー・ビジネスは，70年代後半からのＭＥ化の進展によって80年代に第2次ベンチャーブームを到来させるが再びブームは消失し，次いでバブル崩壊に伴う経済再生と活性化の担い手として93年頃から第3次ベンチャーブームを迎えることになる。第3次ブームは，政策支援ブームで97年以降にはＶＢの倒産が増加するのみならず，店頭公開する企業も減少し，むしろ今日では「起業」「創業」への期待と政策支援になっている。

　3）石油危機と中小企業の構造変化　ニクソン大統領の新政策である「金・ドル交換」の一時停止（71年8月），ＩＭＦ体制の崩壊による国際通貨危機，ドル危機回避の多国間為替相場調整＝スミソニアン体制（金1オンス＝35ドルから38ドルへの切り下げ，円の対ドルレート16.88％の切り上げ），為替の固定相場制から変動相場制（73年2月）への移行そして第1次石油危機（73年10月）は，日本経済の国際化と危機を程度と内容において深化・拡大し，緊密化させた。石油危機は，世界的な持続的成長を終焉させ，世界同時不況（74年，75年）を発生させて，日本経済も戦後初めてのマイナス成長（74年＝実質マイナス

---

10)　市川・岩尾編著『70年代の日本中小企業』新評論，1972年参照。
11)　清成・中村・平尾『ベンチャー・ビジネス―頭脳を売る小さな大企業―』日本経済新聞社，1971年。

0.5%）に陥ると同時に，卸売物価は31.4%，消費者物価が24.5%という先進国の中で最も高率の物価高騰＝狂乱物価を生じさせた。世界同時不況とスタグフレーションの下，鉄鋼，造船，アルミ，化学，石油精製等の「重厚長大型産業」が構造不況業種へと転落し，長期不況に陥る一方，自動車，電機・電子，機械，鉄鋼等の重化学工業製品の輸出拡大によって経済回復をはかっていく。輸出拡大は，カラーテレビ，VTR，IC等電機・電子，乗用車，工作機械といった「組立加工型産業」と鉄鋼の一部品目の集中豪雨的な輸出で，輸出先はアメリカ，EC市場であった。特定製品の抜群の国際競争力の強さは，①大量の人員削減，年功序列型賃金体系の見直しによる人件費削減，QC活動やZD活動による品質管理等の労働面，②生産過程におけるME機器導入による生産の効率化，③下請企業の再編成と階層的格差構造の利用，自動車では「カンバン方式」にみる部品，部材等納入のジャスト・イン・タイム，といった徹底的な「減量経営」を行い，「大量生産システム」と結合させたことにある。

　また，この集中豪雨的輸出は，アメリカへの「従属的加工貿易」の性格を備えているものの，日本が世界の「供給基地化」したことを意味すると同時に，欧米諸国に大量の失業を発生させ，新たな矛盾を作り出し，日米貿易摩擦として深刻化することになる。繊維，鉄鋼にはじまり，カラーテレビ，VTR，工作機械，自動車（81年）半導体（85年）等の日米摩擦とその対米輸出自主規制は象徴的である。それは特定製品の低賃金と下請利用に依拠する「従属的加工貿易」の輸出第一主義の破綻を示すものであり，それ故，それを克服し，独占大企業の再生産を維持・拡大するために，国際分業の再編成＝国際的産業調整を通じての産業・事業転換と輸出中小企業が担ってきた軽工業部門のスクラップ化を進めていくことになる。

　こうした特定分野での独占大企業の日本型経営，とりわけ日本型下請生産構造が「効率性」―高品質・低価格―と「国際的普遍性」を持つ生産システムとして皮肉にも讃美される。中小企業は，全体として良好なパフォーマンスを示し，近代的な性格をそなえて，合理的，積極的に発展してきた「活力ある多数」として自立した「中小企業活力論」が展開され，中小企業像の転換がはかられることになる[12]。確かに，中小企業は全体として技術力，生産力を向上させ，「活力ある多数」の存在にはなったが，問題は，独占大企業が近代的・合

---

[12] 中小企業庁編『中小企業の再発見―80年代中小企業ビジョン―』通商産業調査会，1980年。

理的存在としての中小企業を蓄積機構に深く組み入れ，利用・支配している階層的収奪構造と二重構造が解消したわけではなかったことである。

このような「効率的分業論」「積極型中小企業」が主張される一方，石油危機以後の過程での輸出関連中小企業は，輸出減少や発展途上国の追い上げによる製品の輸入拡大と日本企業の海外進出・現地生産の拡大による逆輸入の増加，輸出市場での競合といった問題が大きかったのである[13]。現実の中小企業は，問題を担う企業群と情報産業のような新産業の創出と共に成長・発展する企業群とが混在しながら，ME機器を使いこなし，高度の専門性をもった「知識集約的中小企業」も群生したのである。

ともあれ，独占大企業は，徹底した減量経営とME化の製造業，流通業等への積極的導入をはかり，日本型下請構造の構築により抜群の国際競争力を発揮し，70年代末には日本経済は，米・独と共に「世界の機関車」としての役割を担い，80年代には世界のフロントランナーグループの舞台に躍り出たのである。

（3） 異常円高・バブル経済と中小企業の存立構造の危機（1985～2000年）

1） 異常円高・国際的産業調整と輸出関連・下請系列中小企業　G5（85年9月，先進国5ヵ国蔵相会議）のプラザ合意以降の異常円高と定着化は，日本産業・企業の国際的競争条件を激変させることになる。G5直前の1ドル＝242円を底に86年8月には152円，87年4月には136円と円高が進行し，さらに既往最高値として95年4月には79円75銭を記録している。この断層的な円高・ドル安の異常な進展は，日米貿易・経済摩擦を軸にした世界資本主義の矛盾深化の反映であり，為替面での日本の犠牲による経済構造調整政策の面が強いものであった。この犠牲は，とくに輸出関連中小企業や下請企業に前回円高（77～78年，180円）以上に大きな打撃を与え，輸出型産地での企業の休業・廃業・倒産を続出させた。しかも倒産の規模は大型化し，なかでも第2次ベンチャーブームとしてもてはやされたベンチャー・ビジネスの倒産が増加して，ブームは消失するのである。異常円高は，独占大企業分野である電機・電子，自動車といった特定商品の対米従属の輸出構造・巨額の貿易黒字・経常黒字の恒常化に起因しているが，輸出関連産業・下請中小企業の転・廃業，倒産を生じさせたのみならず，日本型下請生産構造の再編成へと展開し，中小企業の存立条件を根本

13）　福島久一「国際競争力と中小企業」『経済』新日本出版社，1977年10月。

的に激変させる要因の一つであった。

　日本独占資本にとっては，このような異常円高・ドル安の矛盾をどのように克服するのかが焦眉の急となった。だが，86年末から景気回復に向かい，87年初めからの低金利・金融緩和政策と転換社債の発行を中心にしたエクイティ・ファイナンスでの大量資金調達等による株価高騰，土地・住宅や絵画，金等の投機的購入による資産価格の異常高騰のバブルを招き，ついに株価は史上最高値の38,915円87銭（89年12月29日）を記録し，海外直接投資も急増していった。首相の私的諮問機関である「国際協調のための経済構造調整研究会」＝いわゆる前川リポート（86年4月）は，「今や我が国は，従来の経済政策及び国民生活のあり方を歴史的に転換させるべき時期を迎えている。かかる転換なくして，我が国に発展はありえない」として日本の経済構造を「輸出指向型経済構造」から「国際協調型経済構造」への転換を提唱した。その実現のために，「内需主導型の経済成長」と「国際的に開かれた日本」としての「市場の全面開放」を謳い，一方で海外直接投資の促進，他方では製品輸入の促進を柱に「産業構造の転換と積極的産業調整の推進」を強調した。さらに経済審議会報告書『構造調整の指針』（新前川リポート，87年5月），『世界とともに生きる日本―経済運営5ヵ年計画―』（88年5月）による内需拡大政策（財政赤字，公共投資拡大）への転換によって経済・産業構造調整を政策的に加速させることになる。このような「経済構造調整」は，アメリカへの国家的従属を基本にしつつ，アメリカ独占資本と対立・協調を進める日本独占資本の本格的多国籍企業への体制づくり，「輸出自主規制の段階から海外生産の段階」への移行を意図したものであった。

　2）　海外進出・海外生産の活発化と国際的下請生産の形成　大幅な円高・定着化と貿易摩擦は，国際的競争条件を根本的に変化させ，日本経済を不況に陥らせたが，それへの対応として企業の海外進出・海外生産を加速化させ，「産業・地域の空洞化」を懸念させた。独占大企業は，国内ではME機器・装置の導入による抜群の国際競争力を誇る最新鋭工場を保持・強化しつつ，他方では国内外を同一の生産・市場と認識することによって生産体制を再編・統合し，生産拠点を国内から海外現地生産へと移行する生産・市場の国際化，多国籍企業としての世界的展開に本格的に乗り出すことになる。すなわち，日本の海外直接投資は1951年に再開され，60年代後半には資本輸入国から資本輸出国へと転化

し，70年代前半には繊維・雑貨・電気部品等の労働集約産業等での第1期ブームを迎えるが，石油危機により減退する。80年代に入ると，自動車，電機，機械等の高度組立産業への投資が拡大し，異常円高を契機に第2期ブームになる。対外直接投資は，80年代前半には80～100億ドルであったのが，85年度には122億ドル，87年度には334億ドル，89年度には675億ドルとピークに達し，その後バブル崩壊と共に減少に転じているが，85年には海外直接投資残高ではアメリカ，イギリスに次ぐ世界第3位，対外純資産では世界第1位の債権大国になった。こうした海外直接投資，海外生産の拡大は，最適地調達・最適地生産・最適地販売を一体化する世界的拠点網作りを進める独占大企業を主導にしているが，中小企業もこうした世界戦略に対応するために海外進出を活発化させることになる。全体の海外投資件数は85年の1,023件から，88年には2,725件に達し，中小企業の占める割合も，31％から60％へと急増している。この中小企業の直接投資の特徴は，第1に，投資件数の量的比重が他国に類例を見ないほどに比重が大きいこと，第2は製造業投資が多く，中でも軽工業分野から，輸送機，電機等の組立加工型産業へ移行していること，ただしアジアでは低賃金を利用する軽工業分野である，第3は，投資先がアジアと欧米に二極化し，アジア地域の中でも80年代後半にはアジアNIEsからASEANへ，90年代にはASEANから中国へ変化していること，第4は親企業である独占大企業に随伴する船団型進出のサポーティング・インダストリーが，日本型下請生産の国際的下請生産へと形成・展開していくことである[14]。

　中小企業を含む日本企業の海外進出の活発化，海外生産比率の拡大，国際的生産分業体制の進展は，投資面・雇用面での「海外拡大・国内縮小」をもたらし，国内産業・企業の再編成へと結びついていく。この再編成を促進させた要因は，第1に，独占大企業の生産過程におけるハイテクノロジーを軸にした技術革新の展開が，中小企業，下請中小企業にもME化（NC・MC機器，CAD/CAMシステム，各種産業用ロボットの導入）を波及させ，導入・適応できる企業とできない企業との間に技術格差，情報格差を生み出したこと，第2は独占大企業の大量生産から多品種少量生産（大規模生産を基礎にしているが）への移行に対応して下請企業の技術水準（品質・精度，価格，納期，開発力等）や設備内容，経営内容を基準にランクづけする選別化の進展，第3は独占大企

---

14) 渡辺・中山・二場・福島編『90年代の中小企業問題』新評論，1991年，第3章を参照。

業（親企業）の海外生産の拡大による輸出の削減・減少，そのことから生じる下請受注量の減少，下請生産品目の調整・変更や取引停止・地位の変更等，第4は急激な円高に伴う輸出入構造の変化，とくにアジアからの繊維，雑貨のみならず，事務用機器，電器，電機・電子部品等の製品・部品の輸入増加や逆輸入の拡大等である。こうしてME技術革新と情報ネットワークの中小企業における進行過程のもとで，一部中小企業に「研究開発型企業」，「試作型企業」を輩出させながら，国際的産業調整・再編成と産業構造の転換が推進されていくのである。

（4） 冷戦体制・バブル崩壊下の東アジア経済圏の形成と下請生産体制の崩壊・変容

第二次大戦後に約半世紀続いた「米ソの冷戦体制」は，90年前後の東欧（89年8月ポーランド，11月ベルリンの壁崩壊，12月ルーマニア，90年東西ドイツ統一），ソ連（91年11月の「独立国家共同体」）の「社会主義諸国」の崩壊によって終焉し，世界は大きな歴史的転換期にはいった。世界資本主義は，動揺と危機を深めながら，世界の市場経済化，経済のグローバリゼーションと大競争の進展，情報・通信技術や交通・航空アクセスの高度化・高速化が進展する中で，新しい世界秩序の構築が迫られることになる。そして日本経済は，バブル経済の膨張と欧米へのキャッチアップを完了したこの同時期の90年，株式大発会からの株価急落，土地等資産価格の低落，公定歩合の引き上げ等による投機の破綻で金融・土地バブルが崩壊し，不動産業を始めとする大企業には膨大な不良資産，金融機関には膨大な不良債権を発生させる。不動産業，ノンバンク，銀行等の破綻，倒産が激発して，バブル経済は崩壊する。こうして90年代には，戦後最大未曾有の深刻かつ長期不況を生み，経済が停滞・沈下する，いわゆる「失われた10年」が続くことになる。

バブル経済崩壊と同時進行するグローバル経済は，世界の市場経済化を軸に，情報・通信技術の革新と結合して一国経済の枠組みを超えて地球規模大の経済一体化をもたらしていることである。しかも，アメリカの市場原理至上主義を基準に，ヒト，モノ，カネ，情報・知識の経済資源の利用・移動のみならず，取引慣行，慣習をも含めた規制緩和や市場開放がアングロアメリカ型のグローバル・スタンダードとして世界的に普遍化しようとしている。

欧・米・日の各独占資本は，資本の支配領域を拡大するサバイバルをかけて

の大競争によって，いかにグローバル企業への一層の飛躍と国際的競争優位を確立するかを追求し始めたのである。このような先進資本主義諸国間の対立・矛盾を内包しつつ，日本の独占大企業は，世界大での競争に勝ち抜き，グローバル企業へ飛躍するためにも，戦後の日本の企業制度の根幹を成し，日本経済の成功要因であった日本型システムといわれた終身雇用制，年功序列賃金，企業別組合，株式の相互持合い，企業集団や企業間の長期継続取引，下請系列制等の修正・再編と解体が課題になる。日本的経営の讃美論から，一転して，いかにして日本経済を再生・活性化するかという再構築論へと転回するのである。とくに95年の急速な円高を契機に，中国等からの輸入増による物価の下落とバブル崩壊による資産デフレ等の複合的要因によって，「古典的デフレ」（松方デフレ，昭和恐慌時の金解禁，戦後のドッジ・ライン）とは異なる「現代デフレ」＝「平成デフレ」に陥り，2005年の現在もデフレを脱却しえていないのである。こうして日本的企業制度は，バブル崩壊，円高，資産デフレ，世界的供給構造の変化等の複合的要因による「平成長期不況」を梃子に，諸制度の解体と崩壊の過程に入った。中小企業構造は，「『戦後中小企業構造』の『解体』過程が顕著な情勢」[15] となり，中小企業の様相にも新たな問題を現出させることになる。

　独占大企業を中心にした直接投資の増加，投資先地域の移動（94年度の製造業投資は，北米39.6％，中国を中心にしたアジア42.8％と逆転），現地生産比率の拡大（85年度3.0％，92年度6.2％，96年度11.6％，01年度16.7％）等を媒介に，日本の産業構造は，アジアの産業連関と緊密化して，国内では製造業の縮小と情報・サービス産業の肥大化を招くと同時に，東アジア大の産業構造，東アジア経済圏を形成する。この東アジア大の産業構造の形成と国際的生産分業体制の進展は，国内の生産構造，貿易構造に影響を及ぼし，中小企業は，その存立構造，存立自体が問われる重大な局面に立たされることになる。その第1は，輸出中小企業のかつてのダンピング，低価格輸出といった輸出問題とは異なり，中国をはじめとするアジアからの製品・部品・部材等の輸入と逆輸入の増加による軽工業品を中心にした輸入問題である。これは独占大企業主導の国際的産業構造調整（国内の比較劣位産業の縮小・撤退と先端技術主導産業への転換）を基本的要因にしたもので，国内製造中小企業には輸入品との競合で

---

15) 大林弘道「中小企業政策の新しいパラダイム」，佐藤芳雄編著『21世紀中小企業はどうなるか』慶応大学出版会，1996年，73ページ。

その存立を困難にした。第2は,「長期不況」を梃子にした産業構造調整・転換は,膨大な不良債権を抱えた銀行の信用収縮と結びついた中小企業への資金の「貸し渋り」「貸し剥がし」を生み,中小零細企業の休廃業と倒産の激増,そして80年代後半からの開業率の低下・廃業率の上昇傾向と廃業率が開業率を上回る逆転現象(78～81年＝開業率5.4％・廃業率1.0％,81～86年＝開業率4.4％・廃業率2.0％,96～99年＝開業率3.8％・廃業率5.3％,99～01年＝開業率2.8％・廃業率4.1％,『2005年版中小企業白書』より)を生じさせ,企業数の減少となって現れてくる。この開廃業の逆転問題は,地域産業集積問題と連動していて,大きな課題である。それは,とくに戦後一貫して増加してきた小零細企業＝自営業者の廃業が激増(68年を100とした場合,83年は118.2倍に増加,その後低下傾向を辿り,04年にはマイナス88.5倍へと減少)するにつれて,全国各地に存在する製造業の集積地域(繊維,陶磁器等の地場産業集積,日立市のような大企業城下町型集積,東京・大田区のような都市型集積)の衰退・壊滅,全国各都市に起きている空き店舗・シャッター通りの増加に伴う商店街の衰退・崩壊そして地域経済の疲弊化,空洞化を進展させたのである。

　第3は,中小企業の構造問題ではもっとも先鋭的に顕在化した日本型下請生産構造の変容である。高度成長期に確立した日本独自の重層的下請生産構造は,度重なる再編成の結果,独占大企業には中小企業を利用する最も高度で先進的な蓄積機構として存在したが,1次下請中小企業の専門化や技術力の高度化をはかり,自らが技術開発力を持ち,デザイン・インに見られるような企画提案力を持つ企業も現れたのである。日本的経営の代名詞にもなったトヨタ・カンバン方式(リーン生産方式)は,重層的下請生産構造を利用することによって抜群の国際競争力で世界を席巻し,欧米ではジャパナイゼーションが言われさえした。しかし,90年代の海外生産の本格的展開は,国内下請生産構造の国際的再編成の新しいステージの中で,大企業の相次ぐリストラクチャリングによる大量の雇用削減,子会社の完全子会社化や協力会の見直しによる優良企業の系列強化をはかる一方,2次,3次下請企業の改編と整理・切捨てを進行させた。他方では,親企業に随伴して海外進出をした日系中小企業の生産力が増強するに伴い,日本の下請生産構造を国内に限定することもなくなり,東アジアを範囲とする広がりを持った企業再編成を可能にした。こうしたことは,日本の海外進出した中小企業が東アジア圏内の地場産業・企業との生産分業体制,とりわけ国際的下請生産を形成・構築することになる。こうして日本型下請生

産構造は，国内では下請生産構造の裾野部分を縮小し，海外では拡大するという，いわば裾野部分である中小企業の「海外代替化」が進行したのである。したがって，日本型下請生産構造は，中小企業の全面的見直しを通じて解体・崩壊したのではなく，東アジア産業構造の形成と枠組みの中で，むしろ流動化しつつ海外へと拡大し，国内ではこれまでよりも鋭角的でスリムなピラミッド型下請構造へと国際的に再編成され，変容することになる。

日本型下請生産構造を含む国際的産業構造調整・転換は，国内産業・企業の「勝ち組」と「負け組み」とに選別・差別し，「勝者を選び出す」（ピッキング・ザ・ウィナー）独占大企業のグローバル戦略を補強・補完したのである。産業・企業の「成長と停滞・没落」，同じ産業分野でも高水準の利益率を確保する企業とそうでない企業との「二極化」が進行したのである。

4　現段階の中小企業問題と政策の大転換（2000年以降）

（1）　世界独占の形成と中小企業問題の世界化

日本経済の20世紀は，戦前・戦後を通じて欧米へのキャッチアップを命題に大発展を遂げ，世界のフロントランナーグループの舞台に飛躍した世紀であった。だが，20世紀の最後の10年で，金融バブルを形成し，未曾有の深刻かつ長期の不況を招く「失われた10年」を経験し，赤字国債の増発による数次にわたる公共投資の拡大にもかかわらず，マイナス成長と低成長を繰り返しながら，2005年5月現在でもデフレ経済から脱却しえず，名目国内総生産は95年水準の500兆円強にとどまっている。金融政策は，ゼロ金利の量的緩和で，日銀がベースマネー（流通日銀券＋日銀への当座預金準備金）を増やしても，マネーサプライ（M2＋CD）は「貸し渋り」となって，その伸び率は2％以下と低い。700兆円を超える財政赤字とゼロ金利の下での財政政策と金融政策が，実体経済に有効に機能していないにもかかわらず，04年の秋以降，自動車，鉄鋼，電機等の輸出増加で景気回復に向かっている。しかし，この景気回復は，中国，米国への大企業主導の輸出依存によるものであり，国内の消費需要に支えられたものではないのである。

こうした日本経済の状況の中で，日本の独占大企業は，経済のグローバル化と情報・通信の高度化を積極的に受容しながらグローバル戦略を推進し，グローバル企業をめざした企業の合併・買収・提携による世界的再編の本格化と

世界独占の形成を促迫させている。独占大企業の事業再構築や業界再編の動きは，企業のM&A（日本企業間，日本企業による海外企業のM&A，海外企業による日本企業のM&A）の激増（98年＝898件，99年＝1,251件，2000年＝1,762件，01年＝1,786件，02年＝2,242件，野村證券金融研究所『日本企業に関連するM&Aの動向』03年7月）となって現れている。この背景には，独占資本の世界独占への跳躍台として「独占禁止法」（1947年制定）が改正（1997年）され，50年振りに純粋持株会社が解禁されたことがある。憲法第9条と並んで「もう一つの9条」と呼ばれた独禁法第9条では「持株会社は，これを設立してはならない」という全面禁止規定を，「事業支配力が過度に集中することとなる持株会社」と根本的に改変して「事業支配力が過度に集中しない持株会社」の設立を原則自由にしたのである。各国独占資本間の競争を制度面から支援する舞台装置を作り上げ，戦前の財閥とは異なったコンツェルン活動の場と条件を整備するものとなった[16]。こうした制度的条件の整備を前提にしたM&Aの活発化と多国籍企業の東アジア大の産業構造に伴う世界独占体制の形成は，従来の商品輸出中心から転換して，過剰資本の克服手段としての資本輸出へ，とりわけ直接投資による海外での生産拠点づくりと海外生産比率の拡大を推進することになる。

　日本経済団体連合会は，2003年の年頭に『活力と魅力溢れる日本をめざして』と題する新ビジョンを発表し，「メイド・イン・ジャパンからメイド・バイ・ジャパンへ」の転換を宣言している。つまり，国内で製品を作って輸出するという輸出主導型経済の方向から，日本企業が外国で製品を作って世界中に販売し，世界の力を活用して「価値を最大化」するという独占大企業のグローバル企業への戦略転換である。こうした方向は，経済のグローバル化と世界の市場経済化が国内独占の存在と共に，日本多国籍企業の本格的展開，国際資本連合としての世界独占の登場・形成を促進し，日本資本主義を高度に発達した「高度独占資本主義」へと転位させた。まさに「資本と生産の世界的集積の新しい段階」であり，多国籍企業間の世界的競争と新しい「帝国主義」への段階に入ってきていることを物語っている。この新たなる現段階は，日本中小企業の新たなる問題展開，中小企業問題の「世界化」でもある。「『一国の国民構造矛盾』としての中小企業問題はいまやグローバルな構造矛盾になっている」[17]

16）福島久一「持株会社解禁と系列・下請の進展」『政経研究』日本大学法学会，第34巻第4号，1998年1月。

のである。「グローバル構造矛盾」としての中小企業問題は，多国籍企業・世界独占―国内独占大企業―国内中小企業―発展途上国地場資本―国内外の労働者の相互関係から生じることになる。この四層の資本の構造は，「資本の世界性」と「資本の国民性」とのかかわりを持ちながら，日本国内の支配・収奪構造（問題性）と協調・競争構造（発展性）のあり方を規定することになる。

21世紀の日本の高度独占資本主義段階において直面している日本中小企業の構造問題は，①下請・系列制の解体・崩壊に伴う再編成，②中国等発展途上国との競合製品の輸入問題，③地場産業や企業城下町に見られる産業集積の崩壊・衰退と地域経済の疲弊化，④大店法廃止による商店街や中小小売業の衰退，⑤80年代後半以降からの開業率の低下，廃業率の上昇傾向と廃業率が開業率を上回ることによる企業数の減少傾向，とりわけ自営業者数の激減，⑥ME技術革新と情報・通信技術の高度化を利用した産業融合による新産業・新事業分野・新製品・新技術の創出と担い手としてのベンチャー・ビジネスを中心にすえた新企業の創出・創業への促進等である。

（2） 中小企業政策の大転換

東アジア大の産業構造の形成・高度化に見られるこうした独占大企業の資本世界の支配・進化は，総体としての中小企業構造を変容し，再編成して，国内産業・地域の「空洞化」をもたらしていると同時に，それが故に，経済危機の克服を図る新たな産業・企業の創出・促進への期待と「日本経済の新生」＝新しい「帝国主義」を意図することになる。この新しい変化に対応して中小企業政策は大転換を遂げることになる。先述したように戦後日本の中小企業政策は，中小企業庁の設置（1948年8月）を理念にする民主的中小企業政策から，「中小企業基本法」（1963年）の制定による中小企業の「近代化・構造改善・知識集約」政策を展開する産業構造政策へと転回し，さらに「中小企業基本法」の全面改正（99年12月）によって，中小企業をこれまでの構造政策（問題性認識）から市場競争原理に基づく産業政策としての産業創出政策・個別経営政策（発展性認識）へと大転換したのである。「新中小企業基本法」での中小企業政策は，「経済の活力の維持及び強化に果たすべき重要な使命」を有し，「経済のダイナミズムの源泉」である中小企業の「多様で活力ある成長発展」を図るこ

---

17) 日本中小企業学会編『大転換する市場と中小企業』同友館，1998年4月，「はしがき」より。

とを基本理念に掲げている。そして中小企業の役割は,「新産業の創出」,「就業機会の増大」,「市場競争の促進」,「地域経済の活性化」を担う存在であるとしている。この新たな中小企業政策の方向の特徴は,①「二重構造論」思想からの転換,②中小企業像の転換,③政策理念の転換,④政策目標の転換,⑤中小企業者の範囲の拡大,⑥小規模企業への「必要な考慮」への転換,⑦政府の政策役割の転換等である。この政策大転換の思想は,国内独占の存在と世界独占の形成という認識が全く欠落していること,したがってその具体的政策は,経営革新・創業・創造的事業活動を促進するベンチャー・ビジネスやオンリーワン企業を重点支援する一方,圧倒的多数の既存中小企業にはセーフティネットの整備という大義名分によって事業転換・廃業を誘導するものになっている[18]。

しかし,このような中小企業政策の大転換は,中小企業基本法の全面改定以前にすでに政策転換を先導する施策を進行させていたのである。主要な政策をみると,2005年4月から中小企業関連法制を整理した「中小企業新事業活動促進法」(05年4月)の制定による中小企業同士が事業連携する施策が展開されているが,これには先行する施策があった。具体的には,①創業・新事業開拓支援をおこなう「中小企業創造活動促進法」(95年4月制定―計画認定件数約1万800件＝04年8月),②中小企業技術革新制度(日本版SBIR)を柱に関係省庁が連携して新産業の創出につながる新技術開発を行う特定中小企業(ベンチャー企業)への補助金等支援を図る「新事業創出促進法」(98年12月制定―会社設立数約1万5,600件＝04年8月),③業種ぐるみの「近代化・構造改善」によってスケールメリットを追求してきた「中小企業近代化促進法」(63年施行)と新業種への進出,新製品開発を支援する「中小企業新分野進出等円滑化法」(93年11月制定)の両法を廃止・統合し,新製品開発と新技術導入による経営革新を図る「中小企業経営革新支援法」(99年6月制定―承認企業数約1万5,000件＝04年8月)である。

これら施策が共通していることは,新産業創出と創業,経営革新支援による競争を活発化させることにあり,実態的に先行させることによって中小企業政策の理念の大転換を実現させたのである。これら中小企業支援三法は,施策の重複性もあり,「中小企業基本法の政策理念をより直接的・効果的に具現化」(中小企業政策審議会経営支援部会『今後の中小企業支援の在り方について』

---

18) 福島久一編『中小企業政策の国際比較』新評論,2002年,第9章参照。

04年12月）する必要から整理・統合され，「中核的なリーダー企業の存在」を中心にした「新連携」＝ネットワークを施策の柱にした「中小企業新事業活動促進法」（05年4月）へと一本化されることになったのである。この政策は，創業・経営革新・新連携を三本柱に据えて，競争促進と産業構造転換の推進力となる「果敢に市場に挑戦する中小企業」のみを「選択と集中」によって育成する個別企業対象のスクラップ・アンド・ビルドの競争推進策となってきている。

　さらに，主要な中小企業政策としては，経済のグローバル化の進展と長期不況の中で，地域の疲弊・跛行性や地域間格差の拡大，地域産業集積の崩壊・空洞化の懸念から地域の活性化をいかに図るかが重要課題となっている。中小企業の活力を通じて地域の再生・活性化を図る方策として「特定中小企業集積の活性化に関する臨時措置法」（92年）を発展的に解消し，総合的な地域産業集積における空洞化対策として「地域産業集積活性化法」（97年6月施行，10年間の時限立法）が制定された。ここでの支援は，ものづくりの特定基盤的技術の高度化を図る「基盤的技術産業集積（A集積）」と特定分野への進出を目指す「特定中小企業集積（B集積）」の機能を強化・活用して地域産業の自立的発展基盤の強化を図ることを目的にしていた。「特定中小企業集積活性化計画」の承認件数は198件（92年～04年），「活性化計画」に従い新分野への進出のための新商品開発，販路開拓等の事業を行う「進出計画」，「進出円滑化計画」の承認件数は497件（97年～04年）であるが，いずれの施策も当初計画目標（出荷額や中小企業数）を上回った地域は全体の1割以下であり，産業集積活性化への成果が上がっていないのが実態である。もっとも，産業集積や全国413産地ある地場産業の中核的役割を担うのは地域特性を熟知している地域の中小企業の存在であるが，集積の縮小や企業の倒産・整理，転・廃業，休業（2000年4万7,097企業から04年3万5,403企業へと1万1,694企業（24.8％）の大幅減少，全国中小企業団体中央会『全国の産地』05年3月）が進展しており，施策の転換が求められている。

　この他に，経済産業省は「地域再生産業集積（産業クラスター）計画」（2001年6月）を創設し，全国を9ブロックに分けて19プロジェクトを展開している。これは，地域の産官学がネットワークを形成してTLO（大学等技術移転機関）やコンソーシアム（共同研究体制）等を通じて「世界市場をめざすハイテク分野の先端的産業・企業」を支援対象に，新分野・新事業の創出を図

ることによって産業クラスターを形成しようとするものである。地域の比較優位性を基準に産官学（約5,800社，約220大学が参加）が連携し地域特性を活かした技術開発や新製品開発を推進するハイテク企業やベンチャー・ビジネスの創出・育成を重点にしているが，活動が低迷し見直しが迫られている（『日本経済新聞』05年5月24日）。事業規模は，予算額で見ると16年度198.4億円，17年度241.8億円と大きく，総力を挙げて支援しているのに対して，地場産業（16年度12.2億円，17年度11.9億円）や産業集積（16年度7.4億円，17年度4.9億円）の地域活性化事業ははるかに少額である。我が国の経済・産業構造の活性化に果たす中小企業の役割は大きいにもかかわらず，財政支援は，圧倒的多数の既存分野・中小企業と少数のハイテク分野・ベンチャー・ビジネスとへの「選択と集中」が貫徹しているのである。また，「中小企業挑戦支援法」（03年2月），「構造改革特区制度」（03年4月），「地域再生推進プログラム」（04年2月）等の施策により創業・起業や新事業分野開拓を展開しているが，「笛吹けど踊らず」，その成果は遅々としてあがっていない。

　こうした産業・企業の創出と個別経営を支援対象の重点にする中小企業政策は，中小企業とその分野への「選択と集中」を軸にした競争と選別を激化させ，大企業と中小企業との規模間格差（特に収益格差は顕著）を拡大し，中小企業の階層分化（上向移動より下向移動が多い）と階級分解を促進させている。そして1990年代からの廃業率が開業率を大きく上回る逆転現象の進行，同時に，新規開業・創業も政策意図のようには増加せず低開業率を続けており，全体として企業数は減少傾向をたどっている。経済のグローバリゼーションとローカリゼーションとが直結・進展する「場」にある中小・零細企業は，政策では一部の特定中小企業を除いて「育成」の側面よりも，むしろ「淘汰」の側面を強制されているのである。

5　民主的中小企業政策へのパラダイム転換——結びに代えて——

　市場経済・競争を行動原理にするアメリカ型グローバル経済の展開と多国籍企業の本格化は，地球規模大の環境，人口，地域間格差，所得格差・貧困，文化問題や戦争等を現出・深刻化させて「人間尊重」を根底から揺り動かし，「反グローバリゼーション」運動を湧出させている。こうした地球規模の問題拡大は，一国を単位にした国家や経済の枠組みでは解決を妨げるのみか，国民

の自由と裕さの達成，人間の尊厳を守ることさえ困難にしている。すなわち，これらの問題が，従来は一国内での問題であったのが，地球全体の共通問題へと転化しており，国家主権の制限，多国籍企業の規制と国家を超えた普遍的な意思決定が求められている。アメリカ型グローバル・スタンダードから「人間の顔」をした「グローバル・ヒューマン・スタンダード」（例えば，企業のグローバル・コンパクト＝世界的誓約）へのパラダイム転換の要請である。

　翻って戦後60年，日本は時代の変遷に対応した重要産業（60年代以前は繊維→60年代は鉄鋼・造船→70年代後半以降は電器・自動車・半導体等）を育成して産業構造を転換・高度化し，国際競争力の強化，輸出拡大によって経済成長・発展を遂げ，欧米先進国へのキャッチアップ過程を完了したかにみえる。この過程では，独占大企業本位の「規模の経済」が追求され，産業政策の基準として効率性・競争力が最優先されてきた。したがって，この効率性・競争力の基準に達しない産業・企業は，常に合理化と再編成の対象にされ，とりわけ中小産業・企業は「競争・淘汰」と「支配・強制」の中に置かれながら存続・発展してきた。しかしながら，90年代の「米ソの冷戦体制」が崩壊し，世界が市場経済＝競争原理を軸に情報・通信の高速・高度化と結びついた経済のグローバル化と大競争へ突入するに伴い，日本の独占大企業は多国籍企業として本格化させ，東アジア経済圏と世界独占の形成へ突き進んでいる。他方，日本中小企業は独占大企業の一段とスケールの大きな再編成の対象に置かれ，グローバル経済構造矛盾としての新たな問題を担うことになった。こうして現段階の日本の中小企業問題は，国際的経済諸関係，とりわけ東アジア経済圏の形成によるグローバル構造矛盾として国際的に顕在化し，この国際問題が波及して国内中小企業問題を新たに醸成し，中小企業構造のパラダイム転換を促している。

　このパラダイム転換は，中小企業が世界独占・グローバル寡占の下での従属的発展をするのか，それとも情報・通信や輸送の高度化による技術的・競争的条件の変化を中小企業の有利性・優位性と捉え，世界とくに東アジア諸国をパートナーとする平等・互恵の自立的関係を確立する中で自立した中小企業構造を構築するのか，という2つの方向がある。いうまでもなく後者への転換が追求されねばならない。この構造転換の政策基準は，20世紀の大企業本位型の「規模の経済」と経済のグローバリゼーションを基準にする効率性・競争力を最優先する原理（経済性・グローバル企業性の原理）ではなく，21世紀には人

間尊重の「個人」と企業規模の大小を問わない「ネットワーク」(連携)を基準にする公平性・社会性を採用した原理(人間性・地域性の原理)への転換が不可欠である[19]。換言すれば，企業の私的利潤を追求する「私的効率性」から，企業の社会的責任を追求する「社会的効率性」への転換であり，一言でいえば，大企業優位の仕組み・制度を転換させることである。

このような政策基準の転換に基づく民主的中小企業政策の方向は，全ての国民に平等に保障されるナショナル・ミニマム(国民生活基準＝生活権，労働権，環境権)を基礎にして，「ビジネス・ミニマム」[20](①市場基準＝独占禁止法強化による競争促進，公正取引の確保，②社会経済基準＝社会資本への平等なアクセス権，③経済活動保障＝営業権等平等な機会確保)を質的に強化し，それを多国籍企業・国際資本の活動規制・管理と結び付けて「グローバル・ヒューマン・スタンダード」を作り上げていくことである。こうした方向での中小企業政策の理念を実現する方途は，中小企業を独占に対抗する競争の担い手，経済民主主義の形成者と位置づけ，いわば「市場の社会的構築者」としての役割を明確化することである。中小企業は，経済のグローバル化における競争的市場を媒介にしながらも，地域に密着し地域の社会性を存立基盤にしているが故に，自らの個性や潜在的能力を社会の発展傾向に沿って引き出し，事業活動を活発化することを可能にする。中小企業のこのような自立性を誘導する民主的中小企業政策は，中小企業の「選択と集中」の選別政策ではなく，独立した健全な中小企業の育成・強化をはかり，地方分権・自治に基づく経済民主主義の社会的枠組みの制度的整備をすること，そして中小企業・業者，労働組合，地方自治体，NPO 等の政策形成主体の政策策定過程への積極的参加と連帯が必要不可欠である。

EU では『欧州小企業憲章』(2000年6月)が制定され，「小企業が政策の優先課題」に据えられることの重要性が宣言されている。圧倒的多数である中小企業が真に活力ある存在に発展するための経済政策は，これまでの大企業本位の経済政策から「シンク・スモール・ファースト」への経済政策へ転換させること，このことが「均衡ある経済社会構造」と「持続可能な発展社会」を構築する道へとつながることになる。

---

19) 全商連・中小商工業研究所編『現代日本の中小商工業—国際比較と政策編—』新日本出版社，2000年，序章参照。
20) 寺岡 寛『中小企業政策論—政策・対象・制度—』中京大学，2003年，23〜24ページ。

第2章　現代資本主義と中小企業の存立理論*
——A・マーシャルとK・マルクスの検討を通して——

1　はじめに——問題の所在と課題——

　20世紀最後の10年は，第2次大戦後ほぼ半世紀続いた「米ソ冷戦構造」が崩壊して世界を市場経済化に向かわせると共に，資本主義経済が高度のかつ新しい発展段階に入った。資本主義対社会主義という体制間対抗から旧「社会主義国」をも巻き込んだ資本主義体制間競争へのこの大転換は，情報・通信の高度化を軸に経済のグローバル化と大競争の展開を急速に促進させた。こうしたメガトレンドの流れの中で，多国籍企業の活動の世界化が本格化し，それに伴って巨大資本間の世界的競争が1国の国民経済のみならず，世界経済の不安定性の増幅と「21世紀型危機」を内包化させている。この世界経済の不安定性への対応として，また自国経済の再生や経済の活性化をはかる経済問題解決の鍵として，世界では中小企業への関心とその果たす役割への期待の高まりが活発化している。ILO（国際労働機関）やOECD（経済協力開発機構）のような国際機関をはじめ，EU（欧州連合）やASEAN（東南アジア諸国連合）等の国際組織，先進資本主義諸国，旧「社会主義」諸国そして発展途上諸国のいずれの国々でも，中小企業の経済的・社会的・地域的な存在意義と役割の重要性を認識し，そのダイナミックな成長・発展への期待と可能性の追求，さらには歴史的・構造的視点にくわえて世界的視点からの新しい中小企業政策の必要性と施策の強化等が新たな課題となっている[1]。

　＊　本章は，福島久一「中小企業存立論の新しいパラダイム転換—A・マーシャルとK・マルクスの検討を通して—」日本大学経済学研究会『経済集志』第71巻第1号，2001年4月，初出掲載論文である。

　1）　福島久一「世界化のなかの中小企業政策」全商連付属・中小商工業研究所編『現代日本の中小商工業—国際比較と政策編—』序章，新日本出版社，2000年4月，9—15ページ。

中小企業への世界的な関心の高まりは，国際比較研究を通じて対象の範囲・領域の相違や問題の量的・質的変化という事実を次第に明らかにすると同時に，中小企業研究の視点を「世界化のなかの中小企業」へと拡大しつつ，従来の研究枠組みである国民経済構造の局面から，多国籍企業の展開による「世界独占化」の登場・形成とグローバル経済化が世界経済構造の局面へと視点転換を迫っている。日本中小企業の存立条件と存立形態にも大きな変化が起き，中小企業構造問題の国内的展開から世界的拡延を遂げてグローバル矛盾に転化している。

　中小企業研究は，中小企業という膨大にしてかつ「異質・多元」の複雑な企業群を対象にしている。この中小企業研究に関する基本的課題は，その第1に中小企業とは何か，中小企業がいかなる主体として存立しているのかという中小企業の定義を科学的に定立することであり，そして第2には，いずれの国にも見られるように，中小企業がどうして存立し，大量に存続しているのか，という一般的命題，その存立の原因ないし条件を明らかにする問題である。

　これら二つの問題は，相互に有機的に関連し，経済構造における中小企業の構造を規定する性格をもっている。そこで以下では，このような問題意識と理解の上で，中小企業の存立とその動態をあきらかにする方法を資本主義の経済構造の変化と関連させながら検討していくことにする。

2　中小企業とは何か——本質論の検討——

　二つの課題設定のうち，第1の問題は，「中小企業とは何か」を問う本質問題である。「中小企業とは何か」の理論的概念規定においては各人の立場の相違，課題設定への問題意識や視角，問題内容の重点の置き方，そして各学説によって異なっていて多様である。中小企業概念の各種の見解を見るならば，1）中小企業の「近代性・合理性」を主張する見解とその「非近代性・非合理性」「資本としての未成熟性」「組織性の欠如」を強調する見解，2）「独立性」「発展性」や「貢献性」を主張する見解に対して大資本に対する「従属性」「資本としての非独立性・依存性」や「問題性」を強調する見方，3）ある国の発展段階における生産力水準や当該産業の「適正規模」以下の企業という見方，4）「層・群としての中小企業」ないし「総体としての中小企業」を対象にする場合と個別資本としての個別中小企業を対象にする場合の把握と視

座の相違，等々である。こうした対立した見解や研究方法の相違は，「中小企業研究」の多様性を示すものであるが，同時に，中小企業研究の対象である中小企業の概念が科学的に必ずしも十分に納得のいく共通の成果になっていないことにも一因がある。中小企業を研究対象にする以上，「中小企業とは何か」の設問に対して一定の解決を与えておくことは不可欠のことである。

　瀧澤菊太郎氏は，「中小企業とは何か」の設問に答えることは，研究の「入口」であると同時にその「到達目標」であるという[2]。そして「中小企業とは何か」を明らかにすることは，1）中小企業政策を具体的に実施すること，2）中小企業の国際比較を可能にすることのために重要な意味を持っていると指摘している。そこで氏は，なぜ「大企業」と区別して「中小企業」を認識する必要があるのかを問い，中小企業認識の必要性に基づいて考える見解を「認識型中小企業本質論」と呼んで，中小企業を歴史的・世界的視野の下で統一的に理解する試みをしている。この「認識型中小企業本質論」は，2つに大別される。第1は，中小企業が持っている問題を重視する「問題型中小企業認識論」であり，1）淘汰問題型，2）残存問題型，3）格差問題型の3タイプに分類する。第2は，中小企業が経済・社会において果たす役割・貢献を重視する「貢献型中小企業認識論」であり，1）開発貢献型，2）需要貢献型，3）競争貢献型，4）苗床貢献型の4タイプに分類している。中小企業研究の多様性の強調でもある。こうした各タイプの中小企業認識論に基づいて氏は，大企業とは違った「中小企業だけが」できる役割・貢献を認識することの重要性を強調する。そして大企業とは区別した中小企業の役割・貢献を課題とする「研究対象としての中小企業」＝各タイプで認識される「中小企業の集合体」と，「政策対象としての中小企業」＝「問題を持った中小企業」とに区別している。

　しかし，瀧澤氏のこうした主張は，第1に，中小企業が「問題型」と「貢献型」とに2分割していることの二元的説明であること，第2には「研究対象としての中小企業」と「政策対象としての中小企業」とに2分割して，前者は一種の「企業類型」論として位置付け，「放置しておいてもその役割・貢献を十分に果たしうる企業」＝「問題を持たない中小企業」を含めているのに対して後者は「問題を持った中小企業」のみに限定していて，両者には中小企業の対象範囲に不一致が生じており，中小企業概念を科学的に使用することの厳密性

---

[2] 瀧澤菊太郎「中小企業とは何か―認識型中小企業本質論―」小林靖雄・瀧澤菊太郎編『中小企業とは何か―中小企業研究55年―』所収, 有斐閣, 1996年, 1―34ページ。

に欠けているきらいが見られる。さらに,第3に,中小企業が「問題を持つ」とか「問題を持たない」とかいう場合,「問題」とは何かが問われると同時に,中小企業の「問題」と中小企業の「存在」とは理論的には必ずしも同一ではないのである。現実に存在する中小企業は,資本主義経済の内的編成を構成する諸資本の相互作用—自由競争と独占—を通して実現される「問題としての中小企業」の論理と「役割・機能としての中小企業」の論理とが並存・共有したまま,しかも現実的諸条件と場によって二つの論理がせめぎ合い,結合して存立している。「存在としての中小企業」はこの二つの側面が現実的に体化したものである。

たしかに「中小企業とは何か」への解答は,当然のこととはいえ認識対象として「中」と「小」とを中小企業としてどうして一括するのか,また何故に大企業と区別して認識する必要があるのかという問題である。研究対象がどうして「小企業」でもなく,また「中企業」でもない,「中小企業そのもの」なのであるのか,さらにいえば,「大企業」とはいかなる意味で大企業であるのか,ということである。この問題は,資本主義的生産の展開過程の中で近代的大規模企業が出現したことにある。山中篤太郎氏は中小企業概念を「『中』は『大』と『小』の中間ではなく,むしろ『小』と一体になって,『大』に対する『中小』企業なのである」[3]と指摘している。資本主義的競争において「競争・淘汰」されるはずの小資本のみならず,小から中に成長した中資本とが一体になって同時に存在し,大資本の圧力に対する中小資本を形成したのである。このように大企業と区別して中小企業を認識することは,産業資本主義段階における「大」に対する「小」の把握でもないのみか,また「中」と「大」とが一括される『中大』の概念でもない,まさに「中小」企業というべきすぐれて「歴史的」に規定された概念なのである。

しかしながら,資本主義が高度に発達した今日の独占資本主義段階では,歴史的存在である中小企業は,単なる「大」企業に対する「中小」企業ではなく,独占ないし寡占に対する中小企業なのである。つまり,資本主義的生産における諸資本間の自由競争は,「規模の経済」と信用制度の発展によりますます大規模な企業への生産と資本の集積・集中を促進し,必然的傾向として独占・寡占を生み出した。資本主義経済は,19世紀末から20世紀初頭において自由競争

---

[3] 山中篤太郎「中小企業本質論の展開」藤田敬三・伊東岱吉編『中小工業の本質』有斐閣,昭和39年1月,再版第4刷,7ページ。

段階から独占資本主義段階に転化し，独占ないし少数大企業による寡占が経済総過程を支配するようになった。この独占・寡占の資本の運動法則──独占的超過利潤の取得──が支配し，作用する中で，中小企業という一群を形成しているのである。この独占・寡占の成立は，すべての資本がいわば対等・自由の競争関係にあった自由競争段階とは異なり，少数大企業の独占的支配力による資本の大きさの区別を通じて，独占資本・寡占資本と中小資本という相互に区別された「支配関係およびそれと関連する強制関係」の質的規定の関係を作り出すこととなる4)。ここに資本の大きさを区別することの重要性が求められる。マルクスは言う。諸資本は種々の大きさをもつが，「相互に区別された二つの資本を考察するときには，それらの大きさの区別による質的諸規定という一関係がはいってくる。それらの大きさそれ自体が，それらを区別するそれらの質となる。これは本質的な観点，すなわち，資本それ自体の考察は，他の資本との連関における資本の考察，あるいは実在性における資本の考察から，どのように区別されるのか，という観点」5)なのである。資本の大きさによる質的区別である。こうして諸資本の現実的形態は，少数の大企業による独占資本と多数の個別中小企業が全競争者として存在する「群ないし総体としての中小資本」との区別と分化・分解を生み出し，単に規模の大小という量的側面以外の質的側面を含んだ本質的区分を必要とすることになる。

したがって，中小企業群ないし「総体としての中小企業」は，あらゆる段階の資本主義に共通する，いわば「資本一般」6)や「企業一般」を意味するのではなく，独占・大資本に対する特殊かつ相対概念である。もっとも，独占資本主義も資本主義である以上，中小企業といえども「資本一般」の規定を含んでおり，それを前提とした「資本の特殊性」のなかにあって，独占と中小企業との区別と相互関連・関係を構造的に明確化することである。換言すれば，「中

---

4) 一般的には，独占とは，売り手（monopoly）又は買い手（monopsony）が単に単独あるいは少数であることを意味するだけではない。むしろ独占とは売り手（買い手）の多寡にかかわらず，独占的大企業あるいは少数の巨大企業が，生産や市場の経済過程全体を独占的に支配することで，価格支配を通じて独占的高利潤を取得できる状態が存在していることを本質にする。独占体（monopolies）は，生産や市場を独占的に支配することを目的にカルテル，トラスト，シンジケート，コンツェルン等の独占的結合体または組織をいう。独占資本（monopoly capital）は，独占的支配力を持つ個別資本または独占体や独占体を構成する個別資本を意味するが，産業の独占資本と金融の独占資本とが融合・癒着した金融資本をもさす。
5) K.マルクス，資本論草稿集翻訳委員会訳，『マルクス資本論草稿集②『1857—58年の経済学草稿，II，第2分冊』』（『経済学批判要綱』），大月書店，1993年3月，461ページ。

小企業とは何か」の本質を解く鍵は，独占資本と中小資本というこの2つの「特殊な現実的資本」の区別を前提にして，中小資本が独占資本とは異なる「資本の差異性」，独占的大企業では持ち得ない中小企業そのものが持つ特定の内容・性格，すなわち中小企業の独自性を解明することにある。この独自性は，独占資本主義段階における中小企業の存在の必然性ないし存在意義と役割がどこにあるかの問題である。勿論，中小企業の存在それ自体がただちに中小企業問題を形成するということではない。この意味では，「中小企業とは何か」という命題は，独占資本主義段階における独占大企業に対抗・関連して全体として一つの「特殊な資本」としての性格を持っており，その独自性の展開によって必然的に存在するものとして一群を形成する，まさに一体化した「群・総体としての中小企業」が存立・存続することになるのである。そこで以下では，中小企業が何故に必然的に存立を可能にするのかという問題，先に設定した第2の課題に移ることにする。

3 中小企業の存立論の再検討

資本主義経済では，一般的論理として，同一市場では，自由競争を通じて，大資本が中小資本を競争により駆逐・淘汰していくと考えられる。このことは歴史の経験則でもあるが，しかし，現実の経済では，大資本が発展していく中で，淘汰されるはずの中小資本が同時にかつ広範に存立し，存続して，中小企業という一群を形成している。どうして広範に中小資本が存続しているのか，その存立の根拠とその構造を明らかにすることが第2の課題である。

このような中小企業の存立論は，よく知られているように多くの先達の優れた業績があり，基本的に2つの異なるアプローチ——近代経済学からのアプローチとマルクス経済学からのアプローチ——が存在している[7]。何故また存立論なのかは，今日，経済のグローバル化の中で国民経済の構造的展開の質的変化が

---

6) 資本は，資本の一般性，特殊性（諸資本の競争，蓄積，集積），個別性（信用資本，株式資本，資本それ自体の価値としての資本）に区別できよう。

「資本一般」という場合，その概念は多義的で，したがって多様に使用されている。例えば，1）総資本と総労働と区別して，資本家階級の一般的経済的土台としての資本一般，2）社会的総資本としての資本一般，3）代表的一資本としての資本一般，4）特殊な諸資本と区別された資本一般，5）貨幣から区別された資本としての資本一般，等である。中小資本は，資本一般を含むが，同時に一つの特殊な現実的形態である。

起きており，そのことが中小企業の構造のあり方や存立条件を規定しているが故に，改めて日本を含めた各国経済に適用しうる存立論を模索し，構築することが問われているからである。換言すれば，中小企業問題の世界的視野からの検討をするためである。そこで以下では，2つの経済学の先駆者であるA・マーシャルとK・マルクスを手掛かりに，両者が共通している企業規模の大小がもつ優劣についての分析に焦点を当てて，中小企業の存立がどのようにあるかをとりあげてみる。

(1) A・マーシャルの小企業存立論

1)「マーシャル問題」と小企業存続　近代経済学からの中小企業の存立に関する問題の端緒を与えたのはおそらくA. Marshallである[8]。彼は生物学的説明（経済生物学）を重視し，中小企業の存立の論点を1つには大規模生産の利益（The advantages of production on a large scale）の限界と，2つには「森の比喩」による絶えざる新企業の出現や「下より上への上向運動」をする企業の成長との関連で問題提起した（もっとも，中小企業の存立を明らかにすることが彼の理論体系全体の中では中心部分を構成するものではなかった）。まず最初の論点では，マーシャルは「大規模生産の利便は製造工業をとってみると最もよく示されよう」と指摘し，「大規模生産の利益」（主要なものとして技能，機械使用，原材料利用，大量購入・販売の4つの経済利益）を，外部経済（ex-

---

7)　三井逸友氏は，中小企業の存立論を4つに分類している。1)「企業成長論」的アプローチ，2)「企業規模論」的アプローチ，3)「不完全競争論」的アプローチ，4)「社会論」ないし「行動論」的アプローチである。しかし，氏は「こうした説明は，部分的な自称の解釈や，極めて制限された条件下での議論にとどまる傾向がつよく，それだけでは十分説得的ではない」とする。「中小規模の企業がなぜ存在し続けるのか」という問いよりも，むしろ「なぜ『中小規模の企業』を共通して取り上げる必要があるのか」が大切であるとしている。『現代経済と中小企業』第2章，59—66ページ。青木書店，1991年。また，佐竹隆幸氏は，5つに分類している。1) 問題性論としての中小企業論，2) アングロサクソン系の中小企業存立論，3) 企業間競争，市場構造に基づいた産業組織論による中小企業存立論，4) 企業間関係，経営組織に基づいた中小企業経営論による中小企業存立論，5) 歴史的・文化的なイエ社会を前提とした社会学的中小企業存立論，である。「中小企業存立論の変遷と今後の展開」日本中小企業学会編『新中小企業像の構築』同友館，2000年4月，3—28ページ。この2氏でも存立論の分類が異なるように，その視点，研究は様々なかたちで取り上げられている。

8)　瀧澤菊太郎氏のA・マーシャルのスモール・ビジネス論研究を参照。同氏「中小企業の残存と適度規模」末松玄六・瀧澤菊太郎編『適正規模と中小企業』所収，第7章，191ページ，有斐閣，昭和42年。

ternal economies）――産業の全般的発展に由来する経済（最も重要なものはたがいに補完しあう産業部門の相関的な発達から由来するもの。例＝情報・通信，運輸等）――と内部経済（internal economies）――生産に従事する個別企業の資源，その組織と経営能率に由来する経済――との２つに区分している。そして「大規模経済の利益」＝大規模生産の経済ないし「収穫逓増傾向」のもとでは，生産規模が拡大すればするほど利益が増加し，したがって大企業は小企業を圧倒し，駆逐して不利な立場に追い込み，独占の成立に導くことを認識する。ところが，「すくなくとも製造工業においてはほとんどすべての個別企業がよく管理されているかぎり，その規模が大きければそれだけ強力となり，したがって一見すると大企業はその小さな競争相手を産業のいくたの部門から完全に駆逐してしまうだろうと思われるのに，実際にはどうしてそうならないのか，その理由も探究しなくてはならない」9)と問題提起をするなかで，現実に小企業が存続する事実を指摘している。たしかに一般的な経験的事実では，企業の収穫逓増（費用低減）は，大規模生産の経済（economies of production on a large scale）として発生する10)。それは，市場価格がほぼ一定のものとして与えられるならば，収穫逓増の下では生産規模を拡大するインセンティブが働き，企業の生産規模が大きくなるにつれて，大量生産に適した設備や組織の改善が進み，生産物単位当たりの費用が減少（利益が増大）することを意味する。し

---

9) Alfred Marshall, *Principles of Economics*, Ninth (variorum) edition, London, 1961. マーシャル，馬場啓之助訳『経済学原理（Ⅱ）』，東洋経済新報社，昭和41年3月，264ページ，281ページ。

10) 大規模経済の利益は，通常では「大規模生産の利益」と「大規模経営の利益」が問題になる。前者は費用の問題で，大企業と中小企業との関係は「コスト差」としてあらわれ，後者は市場問題，特に価格支配力や資金調達問題で，大企業と中小企業との関係は大企業のが「有利性」をもつことが主張される。この二つは，一産業部門全体あるいは一経営の規模とも考えることができるが，一経営規模とみた場合，二つは同一のものではない。二つの観点を総合的に把握したのが「規模の経済性」である。しかし「規模の経済性」は，「大規模生産の利益」として論じられることが多い。「規模の経済性」とは生産に必要な資本，労働等の生産要素の投入以上に生産量が増加することをいう。したがって，生産要素の投入規模と比例する以上に収穫が増加するという意味で「収穫逓増」ともいう。また収穫逓増は，生産1単位当たりの費用（平均費用）が生産量の増大とともに低下していくことを意味するので「費用低減」として把握することができる。もっとも，費用低減を論じる場合，生産設備や技術等生産要素の一部が固定的である短期と，すべての生産要素が可変的である長期とを区別する必要がある。「規模の経済性」は，長期の平均費用が低減的（＝長期平均費用曲線が右下がり）である状態をいう。

たがって，生産規模の拡大による市場が独占化・寡占化される傾向が強まり，独占化傾向を阻止する点はどこにも見出し得ないことになる。

このようにマーシャルがおこなった理論的な問題提起は，「大規模生産の経済」または「収穫逓増傾向」が完全競争状態を破壊し，小企業を消滅して独占をもたらすという理論的帰結を見い出しながら，他方，現実の経済社会では「収穫逓増傾向」の作用する企業が「完全独占」にまで至らず，それ故に小企業が残存・存続するという「完全競争の矛盾」，この「完全競争の仮定」が妥当しないことの矛盾をどう解決するかにあった。いわゆる「マーシャル問題」の発生である。マーシャルの視角からいうと，「大規模生産の経済はどの程度まで内部経済によらなくてはならないのか，またどの程度までは外部経済によって得られるか，ということ」[11]である。

さてこの「大規模生産の利益」または「収穫逓増傾向」の事実は，二つの観点から分析されるという[12]。その一つは競争的市場形態を想定しながら，大量生産による費用の節減の効果，すなわち生産効率の増進に着目するという観点である。いま一つは，市場形態それ自身の変革すなわち独占的市場形態の形成をとりあげるという観点である。すなわち，「大規模生産が競争的市場を破壊して独占を生み出す傾向があるのではないかという観点である。一方を『効率』の観点とよぶならば，他方は『独占』の観点である」[13]。マーシャルは前者の「効率」の観点を重視し，後者の観点である大規模生産の利益が完全競争を破壊し，独占成立の可能性が現実化しないことを考えたのである。

マーシャルは，独占を，「条件つき」独占ないし限定的「独占」——正常利潤を加算した支出を償うために必要な水準をいちじるしく超過した価格を設定することをしないで始めてその力を維持できる独占（『経済学原理』では「制約された独占体」——あまり価格を引き上げると競争相手の生産者が進出してくるだろうという考慮によって制約されるという意味——「訳Ⅱ，274ページ」）と絶対的独占（政府事業の郵便や鉄道等で現代企業においては重要性が小さい）に区分している。そして個別企業の「条件つき」独占の独占化傾向を認識しながらも独占価格と競争価格の間の関係を論じる中で，独占と競争に関し次のよう

---

11) マーシャル，馬場啓之助訳『経済学原理（Ⅱ）』262ページ。
12) 菱山　泉『近代経済学の歴史——マーシャルからケインズまで——』講談社，1997年，62ページ。
13) 菱山　泉『前掲書』62ページ。

に述べている。「もっとも激烈で,最も露骨な競争の形態は,もはや完全に自由ではない,すでにある程度独占的な支配下にある市場において見出されるからである。真に自由な市場においては,競争はしばしば建設的であって,卑劣ではない。ところが,巨大企業が独占を獲得しようとしている時には,換言すれば,自らの勢力範囲にしようと欲する地域からすべての競争者を排除しようとしている時には,残忍で,憚るところを知らない手段に訴えても,競争者の破滅を図ろうとする強い誘惑を感じる」[14]として競争的状態と独占的状態が対照的であることを述べている。だが,現代の世界においては,「独占と競争は観念的には遠く離れているが,実際には見分けがたい度合いでもって一方から他方へ移っており,ほとんどすべての競争的な企業のなかに独占的な要素が存在しており,また,現代において実際上の重要性を何ほどか持つようなほとんどすべての独占は,その力の多くを不確かな条件のもとで保有しているに過ぎず,したがって,直接間接の競争の可能性を無視するならば,遠からずして独占力を失う」[15]と述べて,独占と競争との交錯,相互浸透により独占が「限界につきあたり」現実化しないことを指摘している。また,「絶対的独占」に関しても,「絶対的と見えるものでもなおある程度間接的な方法による攻撃に曝されており,したがって不完全であり,独占者がその力を極端に濫用する行動に出て,その結果他のものが障害を排除して競争を開始することが起こらないという,『条件』に服さなければならない」[16]という。このように「条件つき独占」ないしは「限定的独占」と「絶対的独占」のいずれにたいしても独占が不完全な存在であることを証明している。

　こうしてマーシャルは,「完全競争の矛盾」＝独占化が現実化しないことを検証しつつ,その解決を,大規模生産の経済のうちの内部経済にではなく,外部経済に求めたのである。「集計的な生産の規模が増大すればもちろん,個々の事業体の規模に直接は依存しない外部経済は拡大していく」[17]と。それでは独占化を制約する要因は何か,すなわち,内部経済にもとづく大規模経済の限界,別の視角からいうと小企業の存続の根拠を次のような点に求めている。

---

14) Alfred Marshall, *Industry and Trade*, Fourth Edition, 1923. マーシャル,永澤越郎訳『産業と商業』(第3分冊)信山社,昭和61年,2—3ページ。
15) マーシャル『前掲書』4ページ。
16) マーシャル『前掲書』5ページ。
17) マーシャル『経済学原理(Ⅱ)』313ページ。

1）大規模生産の経済の担い手である企業者能力の衰退である。「一見するとかれの拡張（企業者の事業拡張—筆者）をどこでやめるべきか，はっきりした限界はなさそうである。……しかしやがて限界につきあたる。かれの拡張は，よしその性能は衰えないとしても，精力的な仕事にたいする愛が衰退していくことによって抑制されるであろう」（同書，274ページ）と。2）「大規模な工場が機械の経済からひきだす利便も工場がある相当な規模に達するまでのことで，それ以上大きくなっても別に新しい利便は得られない」（同書，267ページ）とする機械の経済の限界，3）生産集中における輸送費の存在と規模拡大に伴う販売の困難性・市場の限界があること，このことは逆に「販売の困難の少ないような業種ではかなり小さな規模の企業でも大規模生産の経済を利用できる」（同書，275ページ）ことを意味するのである。4）独占化の条件そのものが新しい企業の潜在的参入の可能性を生み出す，ということを強調している。「とくに大規模生産の強力な経済が新しい装備および新しい方法と結びついているところでは，その台頭をささえた非凡な活力を失ってしまった企業は遠からず衰退していくかたむきがある。大企業の最盛期がそう長く続くようなことはほとんどない」（同書，274ページ）と。

　そして5）規模拡大に伴う経営能率低下の可能性と管理費の増大，逆にいえば，小企業の方の経営が能率的で，管理費も節約されることである。マーシャルは，企業の生産的側面に関して技術が企業単位に与える影響について次のように結論している。「一定の時点において，一定の産業技術の状態のもとで，それを越えていかなる規模の増大も経済と能率のそれ以上の増大をほとんど生まない一点が存在するように思われる。そしてこのことは望ましいことである」（邦訳『産業と商業2』，91—92ページ）として「完全独占」の形成が困難であることを指摘する。したがってそのことの根拠として次のように断言する。「なぜなら小企業は総じて産業進歩の主要な源泉である創意心と多面性の最良の教育者であるからである」（同書，92ページ）と，小企業の企業家精神を最大の要因として強調している。また，企業の科学的管理の適用に関して「小親方は，きわめて僅かな努力と支出とによって，懶惰と浪費に対して極めて有効な抑制を加えることができるのに対して，大企業は，伝統的な方法によって運営される時には，惜しみなく費用を注ぎ込んでもなおそのような効果を達成できない」（邦訳『産業と商業2』，239ページ）等である。これらの諸要因が独占化傾向を阻止し，小企業の存立を可能にするのである。他方，外部経済にお

いては，生産における専門化，協同化，文明の一般的発達等が小企業の存立に有利に作用するというのである。

　マーシャルはこうして内部経済と外部経済とを比較考量して個別企業の内部経済効果よりも，産業の全般的発展にともなう外部経済効果のが大きく作用することを強調し，独占化傾向が阻止されるというのである。『付録　H—収穫逓増の起こる場合における静学的仮説の用途の制限—』の中で，「大規模生産の経済が内部経済，つまり個別企業の内部組織に起こる経済であるかぎり，弱い企業は理論的には強い企業によって急速に駆逐されていくはずである。しかし実際に弱い企業が存続しているのは，強い企業もその市場の拡張が困難だとか，企業の力も永続的なものではないとかといった理由があって，その生産規模をかぎりなく拡大してはいけないからである。今日の強い企業もかつては新しい企業であったために力が弱かったであろうし，将来は古くなりすぎて力を失うであろう。産出規模が縮小しても，なお弱い企業が限界的なものとして残存していくだろう」[18]と，そして「産出規模が縮小した水準で維持されていけば，時のたつにつれて弱い企業はおそらくいっそう弱くなっていこう。外部経済もまた縮減しよう」[19]と結論している。小企業の存続は，こうした大規模経済の利益の限界が存在することによって，しかもマーシャルは内部経済よりも外部経済の効果を重視することによってその存立の根拠を求めたのである。

　このように，マーシャルの小企業存続論の特徴は，「完全競争の矛盾」を解決するために大規模経済の限界による小企業の存続と外部経済の発達による小企業自体の有利性という，いうならば独占化傾向を否定する点での消極的存続論であったといえるのである。

　2）　マーシャルの小企業成長論　小企業存立の第2の論点は，周知の「森の比喩」＝「森と木のアナロジー」による「下より上への運動」を論じた小企業成長論と新しい企業の誕生である。マーシャルは，先に述べたように産業部門の独占化傾向を認識したうえで，しかし同時に，その傾向を否定するために次の

---

18)　マーシャル『経済学原理(3)』，278ページの脚注(7)。
19)　マーシャル『経済学原理(3)』，278ページの脚注(7)。ここでは「長期」の視点から限界企業の存在とその衰退を論じているが，現実になお残存する限界企業以下の企業の存立は説明されていない。産業構造，技術革新，人口等の構造変化の「超長期」の時間概念を導入したならば，限界企業以下の企業は消滅していくのであろうか。

ように指摘している。「われわれは森の若い木から教訓をひきだすことができよう。若い木はまわりの古い木のさしかける陰，陽光と空気をさえぎるあの陰のなかを突きぬけて伸びていこうとして，苦闘をつづける。若い木々の多くは途中でたおれ，わずかな木だけが生き残る。生き残った木は年1年と強くなり，高く伸びるにつれて陽光と空気をよけいに享受するようになる。そしてついにはまわりの木々を圧して空高く伸び，永久に伸び続け，伸びるにつれて強くなっていくかのようにみえる。しかしそうはいかない。木々の内には他の木よりながくその活力を衰えさせずに保ちつづけ，より大きく生長するものもあるが，遅かれ早かれどの木も老いの衰えを示しはじめる。高い木はその競争相手よりも陽光と空気をよく受けることができるが，しだいに生活力をうしなっていき，つぎつぎに，物的な力は劣っていても青春の活力にみちている木々にまけていくのだ。木々の生長はこのようであるが，事業の発展も近年巨大な株式会社の急速な台頭をみるまではだいたいこれと同じ経路をたどっていた。巨大な株式会社は停滞することはあるが，木のように容易には死滅はしない。したがって今日では木の生長に示される準則が事業のすべてに例外なくあてはまるわけではないが，この準則は多くの産業の業種ではいまなおよくあてはまっている」[20]として森を産業活動，木を企業活動に喩えている。森という産業（市場）は，規模や生産効率に優劣の差を持つ個々の事業体群によって構成されており，事業体のたえまない新生・成長と衰退とがあり，ある特定の時点をとると上昇局面にある企業もあり下降局面にある企業もあって，全体として小企業の成長も含めて絶えざる企業交替を行いながら経済発展をしていくと展望している。

　ここで注意すべきことは，「森の比喩」における「森」が異なる種類の木々ではなく同一種類の木から構成されていること，換言すれば，森という産業と木である個別企業とは区別しなければならないが，森という産業は異部門産業で構成されているのではなく，同一産業であるということである。そして森を代表する木は，大企業でもなければ小企業でもなく，「代表的企業」（Representative firm）[21]である。この代表的企業は，内部経済と外部経済をかなりよく享受していれば，収益逓増（費用低減）傾向を示し，「制約された独占」（大企業）に成長する可能性をもっていることである。

---

20) マーシャル『経済学原理（Ⅱ）』312ページ。

以上がマーシャルの小企業論に関する概略であるが，その特徴は，企業規模の大小と能率の優劣差が存在する企業群を前提にして，大規模生産の経済の限界による小企業の存続論と，森の比喩に見るように不断の企業の新生・成長と衰退の過程にともなう小企業（代表的企業）の成長論との二元論的立場をとっている。

　たしかに，マーシャルが設定する企業は，企業間における企業規模の大小や能率（効率）に優劣差が存在しないとする古典派理論とそれに依拠する中小企業論にたいするよりも現実的で実際的である。また，大規模生産の経済＝収穫逓増傾向が，独占の形成・成立（「条件付き独占」または「制約された独占」）に導く可能性を指摘したことは重要であり評価しなければならない。しかしながら，マーシャルの小企業存立論は，規模の大小と能率の優劣差を基軸に組織や企業家能力を重視して小企業の存立を説くものの，独占の成立・存在とは無関係に論じている。収穫逓増傾向を認めることと，完全競争の条件とが両立しないという「マーシャル問題」は未解決のまま残されることになる。それだけに，大規模生産の経済の考え方は，「不完全競争論」又は「独占的競争論」[22]へと転回した。マーシャルが直面した「完全競争の矛盾」に関して，P・スラッファは，マーシャルが理論的前提にした完全競争の仮設（特に供給条件である市場価格一定）を放棄し，需要条件——買手による生産者の選好（preference）——に注目し，「市場の不完全性」を明らかにすることによって「完全競争条件

---

21) マーシャルの代表的企業とは，「かなりながい社歴をもちかなりの成功をかちえており，正常な能力をもって管理されており，生産総量のこの水準に対応する外部経済と内部経済を正常に享受している企業」「注目しなくてはならない特定の平均的企業（average firm)」としている『経済学原理』（II) 314ページ。なお，『産業と商業』では，「資本が中位の規模」（『邦訳書(2)』174ページ）さらには，「任意の市場需要を満たす生産量に大きな影響を及ぼし，その生産費が，競争的な状態のもとにおいては価格の調整に際立った役割を演ずるような企業」（『邦訳書(3)』150ページ）としている。2つの書物の間の定義には「平均的」または「中位の規模」と「際立った企業」という違いが見られるが，いずれも産業の拡大にともない代表的企業の規模も能率も拡大するものとして扱われている。

22) P. Sraffa, "The Laws of Returns under Competitive Conditions," *Economic Journal*, Dec. 1926. reprinted on Readings in Price Theory, 1952. 田口芳弘訳「競争的条件のもとにおける収益法則」『経済学における古典と近代』有斐閣，1956年。

　J. Robinson, *The Economics of Imperfect Competition*, London, 1933. 加藤泰男訳『不完全競争の経済学』文雅堂書店，1956年。

　E. H. Chamberlin, *The Theory of Monopolistic Competition*, Cambridge, 1933. 青山秀夫訳『独占的競争の理論』至誠堂，1966年。

と収穫逓増傾向の非両立性」という問題を解決した。スラッファのこの見解は，需要の面から生産者のすべてが多かれ少なかれ一定の独占性をもっているとする点で，イギリスではJ・ロビンソンによって，アメリカではE・H・チェンバリンに継承された。不完全性競争論において共通して認める「生産物の差別性・個別性」の存在が特定市場を成立させることによって，売手は自己の生産物を「独占」しさえすれば大企業も中小企業も「独占者」＝「単独の販売者」（a single seller）であると認めることになり中小企業の存立を主張することになる。しかし，大企業の生産と資本の集積・集中を基礎にして成立した大企業の独占と，大企業が進出しない生産領域の中小企業の「独占」とは「質的差異」がある。しかも，「生産物の差別化」という概念は，「生産物の差別性」にもとづく独占性と代替品の代替可能性から生じる競争性の二つの面を持っており，前者を極限化すると，各生産者間での同一商品・同質商品の存在は現実にはほとんどあり得なく，ほとんどの生産者が独占的地位をもつことになる。したがって1商品が1業種，1産業となり，同一財・サービスでグルーピングした産業概念すら否定され，産業部門内あるいは産業部門間における企業間の関係，とくに中小企業の問題が単なる企業の相互依存関係に解消されるという問題を含んでいる。

　他方，マーシャルの代表的企業の考え方は，「適正規模論」[23]へと，新たな方向への理論展開を導くことになった。ロビンソンのいう「最適企業」とは，完全市場・完全競争を条件に，「単位当たりの平均生産費が最低となるような規模で稼動している企業」を指していて，最大規模企業が必ずしも適正規模ではないところに中小企業の存立理由が求められる。しかし「適正規模」概念は，理論的には曖昧かつ静態的である。山中篤太郎氏[24]は，適正規模を客観的計量的に検出することは「企業一般について甚だしく困難である」とともに，「破られるために一度かつ理念上存立する企業の1局面」にすぎず，「作られては破られる壁」，「一つの過程概念，経過概念」（36ページ）であることを指摘している。

---

23) E. A. G. Robinson, *The Structure of Competitive Industry*, London, 1931. 黒松　厳訳『産業構造の基礎理論』有斐閣，昭和32年。同『産業の規模と能率』有斐閣，昭和44年。この書は，「企業規模と構造とを決定する諸要因」が何であるかを問題としており，中小企業の適正規模を直接的に論じてはいない。なお，適正規模論の研究に関しては，末松玄六・瀧澤菊太郎編『適正規模と中小企業』有斐閣，昭和42年参照。
24) 山中篤太郎「適度規模概念と中小企業」末松・瀧澤編『前掲書』第1章。

中小企業の存立論の近代経済学における以上のような展開にもかかわらず，マーシャルの「小規模な生産者は絶えず絶滅する危険に曝されており，実際に多くの産業において若干の部門から駆逐され，他の部分からは駆逐されかかってはいるが，しかし彼らはなお生き残る」[25]のは何故かという問題設定が今なお重要であり，絶えざる中小企業の駆逐・淘汰と新生・成長の再生産と広汎な存在という事実は，現代資本主義においてますます大規模化していく企業との関連で，とくに独占との関連で追究することが必要である。

(2) マルクス経済学の中小企業存立論

1) 小資本の駆逐・淘汰＝資本の集積・集中　マーシャルの中小企業の存立に関する認識は，彼の理論体系全体の中では中心的な地位を占めているとは言えないが，「完全競争の矛盾」を解決するために大規模経済の限界を証明することによって，中小企業の存立＝存続と成長を提起したのであった。これに対して，マルクスは，大規模経済が，競争と信用とを２つの強力な槓桿として「諸資本の集中または資本による資本の吸引の諸法則」を見出している。資本の集中が生産の集積を結果し，大規模生産の経済を実現するが，それとの関連で小資本はどのように位置づけられているのであろうか[26]。『資本論』の第23章「資本主義的蓄積の一般法則」第２節「蓄積とそれに伴う集積との進行途上での可変資本の相対的減少」の中では，「諸資本の集中または資本による資本の吸引の諸法則」の展開に関して「事実を簡単に示唆しておくだけで十分である」として，大資本の小資本に対する優越，大資本による小資本の駆逐・破滅が指摘されている。有名な箇所であるので長文であるが引用する。

「競争戦は商品を安くすることによって戦われる。商品の安さは，他の事情が同じならば，労働の生産性によって定まり，この生産性はまた生産規模によって定まる。したがって，より大きい資本はより小さい資本を打ち倒す。さらに思い出されるのは資本主義的生産様式の発展につれて，ある一つの事業をその正常な条件のもとで営むために必要な個別資本の最小量も大きくなるとい

---

25) マーシャル，訳『産業と商業(2)』90ページ。
26) マルクス経済学における中小企業存立論の先行研究として北原　勇氏の一連の優れた業績がある。北原　勇「資本の集積・集中と分裂・分散―中小工業論序説」『三田学会雑誌』第50巻第７号（1957年７月号），「資本の集積・集中と独占―中小工業論序説」『三田学会誌』第51巻第５号，「資本の集積・集中と中小企業」日本経済政策学会『年報』Ⅶ，「資本蓄積運動における中小企業」『講座　中小企業２』有斐閣，『独占資本主義の理論』有斐閣，1977年。

うことである。そこで，より小さい資本は，大工業がまだまばらにしか，または不完全にしか征服していない生産部面に押し寄せる。ここでは競争の激しさは，敵対し合う諸資本の数に正比例し，それらの資本の大きさに反比例する。競争は多数の小資本家の没落で終わるのが常であり，かれらの資本は一部は勝利者の手に入り，一部は破滅する」[27]と。

この文脈で指摘していることは，第1に，大資本と小資本とを区別したうえで，生産における規模経済は小資本よりも大資本に優位性を与え，大資本が小資本を駆逐・淘汰することである。第2は，競争は一産業内での敵対する諸資本の数と諸資本の大きさ（規模）によって条件づけられるということ，第3は，資本主義の発展に伴い，個別資本の最低必要資本量が大きくなるということ，第4は，小資本は，最低必要資本量が比較的小さくてすむ産業部門または生産部面に移動すること，すなわち小資本分野が存在すること，そして最後に，大規模経済の論理が働くことによって経済全体と個別産業内さらには生産部面内で資本の集積と集中が促進される，ということである。

このように自由競争的資本主義段階では，資本主義的蓄積の発展過程において大資本による小資本の駆逐＝資本の集積と集中が進展し，そこに小企業問題を登場させる一方，大資本の独占化傾向を示唆している。しかし，大資本による小資本の駆逐・破滅というこの一面の事態の把握に関して，一部の論者には，マルクスを「小資本敗退論」「衰退論」と位置付けたり，さらには資本の集積・集中が一方的・直線的に進展する，と誤った理解をしていることが見られる。

2）**新資本の形成と資本の分裂** たしかに資本の集積・集中が資本主義的蓄積の基本的傾向であり，大資本による小資本の駆逐・淘汰が資本主義発達の重要な契機とはなるが，しかしマルクスはこのことがただちに個別資本の数の減少を意味するものではないことを蓄積，集積，集中の概念と関連させて指摘している[28]。「社会的資本の増大は多数の個別資本の増大によって行われる。他の事情はすべて変わらないと前提すれば，個別資本は，またそれらとともに生産手段の集積は，それらの資本が社会的総資本の加除部分をなしている割合に応じて増大する。同時に，元の資本から若枝が分かれて，新しい独立な資本とし

---

27) Karl Marx, *Das Kapital*, 1867. カール・マルクス著，岡崎次郎訳『資本論3』国民文庫，大月書店，210—211ページ。

て機能する。そのさい，とりわけ，資本家の家族のあいだでの財産の分割は，一つの大きな役割を演ずる。したがって，資本の蓄積につれて資本家の数も多かれ少なかれふえるのである。このような集積は，直接に蓄積にもとづくものであり，またはむしろ蓄積と同じなのである」（訳，(3)，209ページ）という。このように，資本の集積傾向の反対作用として，「蓄積と同じ」意味の集積＝「すでに形成されている諸資本の集積」では，新資本の形成と旧資本が新たな諸資本へ分裂することによって小資本をたえず生み出すのである。したがって，「蓄積とそれに伴う集積」でも，機能資本の増大と交錯して同様に新資本の形成と旧資本の新資本への分裂を結果することもあり，小資本を生み出すのである。「蓄積とそれに伴う集積とが多数の点に分散されているだけではなく，現に機能している資本の増大と交錯して新たな資本の形成や古い資本の分裂が行われているのである。」（訳，同，209ページ）。

　こうして資本の集積による大資本の優越性は必ずしも絶対的なものでもなければ直線的に進む単純なものでもない。資本の集積の過程でつねに小資本の新生・残存を伴うのである。それだからこそ「蓄積は，一方では生産手段と労働指揮との集積の増大として現れるが，他方では多数の個別資本の相互の反発として現れるのである。」（訳，同，209ページ）。もっとも，新資本の形成と旧資本の新資本への分裂による小資本の増加は，「相互反発」そのものではないが，「相互反発」を促進することにもなる。この「相互反発」は自由競争の激化によって起こること，時には小資本分野では「過当競争」をも生み出すが，これは集積の増大が社会的富の一定限度によって制限されていることの結果である。

　さらにつづけて，「相互反発」とその反作用としての「吸引」の関係につい

28）　蓄積（Akkumulation），集積（Konzentration），集中（Zentralisation）についての関係は次のように理解される。蓄積とは剰余価値の一部を再び資本へ繰り入れることで，剰余価値の資本としての充用，または剰余価値の資本への再転化をいう。したがって，「蓄積は，一方では生産手段と労働指揮との集積の増大として現れる」というこの側面は資本の集積の一般的規定である。集積とは資本の蓄積を通じて，機能資本または生産単位の規模が大きくなることである。この場合マルクスのいう集積とは「蓄積とそれに伴う集積」と「蓄積と同じなのである」との表現の間に不一致があるかに見えるが，集積は旧資本の新たな資本への分裂と新資本の形成とをおこなうこともある。「蓄積は……他方では多数の個別資本の相互の反発として現れる」のも集積の特徴である。集中とは既存の諸資本が自立性を失い合併・吸収または合同の形で少数のより大きな資本への多数のより小さい資本が転化することである。すなわち「すでに形成されている諸資本の集積」「既存諸資本の単なる配分の変更」「社会的資本の諸成分の量的編成の変更」である。こうして蓄積と集中とが集積を実現する。

第2章　現代資本主義と中小企業の存立理論　65

てマルクスはいう。「多数の個別資本への社会的総資本の分裂，またはその諸部分の相互の反発にたいしては，この諸部分の吸引が反対に作用する。」（訳，同，210ページ）この事態は，もはや「蓄積と同じ意味の集積ではない。それは，すでに形成されている諸資本の集積であり，それらの個別的独立の解消であり，資本家による資本家からの収奪であり，少数のより大きな資本への多数のより小さい資本の転化である。」（訳，同，210ページ）として「蓄積および集積とは区別される本来の集中」を指摘している。つまり，資本の集中は，諸資本の個別的自立性の止揚，既存の大資本による劣弱小資本の吸収・併呑・合併や多数の小資本の少数の巨大資本への転化として現れ，個別資本の絶対数が減少する。

こうして資本主義的生産と資本主義的蓄積との過程における資本の集積・集中の発展は，たえざる小資本の駆逐・吸収と新資本の形成・旧資本の新資本への分裂・分散等を伴いながら，生産の集積を結果し，独占化をもたらすに至ることを示唆しているのである[29]。このマルクスの指摘は，独占化を否定ないし現実化しないとして規模経済の限界による小企業の消極的存在を主張するマーシャルの考え方とは根本的に異なっていることに留意しなければならない。レーニンによると，「マルクスは，資本主義の理論的および歴史的分析によって，自由競争は生産の集積を生みだし，この集積はその発展の一定段階では独占に導くということを証明したが，官学はこのマルクスの著書を黙殺という手段によって葬りさろうと試みた」[30]と指摘している。資本の集積・集中の運動は独占を生み出したのである。

3) 独占の成立と中小企業の存立の二面性　新しい資本主義が古い資本主義に

---

29) マルクスは，資本の集中に関して「仮定」として次のようなことを指摘している。「かりにある一つの事業部門で集中が極限に達することがあるとすれば，それは，その部門に投ぜられているすべての資本が単一の資本に融合してしまう場合であろう。」（訳，同，212ページ）と資本集中の極限を規定している。しかし，静態的経済において純粋な抽象あるいは論理上はともあれあり得ても，動態的経済や現実社会においては「単一の資本」の独占の存在はあり得ないであろう。また，レーニンは『帝国主議論』における「7　資本主義の特殊の段階としての帝国主義」のなかで，カウツキーの「超帝国主義」に関する「一つの全世界的独占」，「一つの全世界的トラスト」を無内容と批判している。

30) V. I. Lenin, *Imperialism, the Highest Stage of Capitalism*, 1917. レーニン『資本主義の最高の段階としての帝国主義—平易な概説—』（レーニン全集22），大月書店，1957年，229—230ページ。

最後的にとってかわった時期，それは20世紀の初めである。まさに生産の集積（生産設備と生産規模の拡大，労働生産性の質的向上）にもとづく資本主義的競争がそれ自らの展開から独占を成立し，今や少数の独占資本の存在と多数の競争的中小資本の存続とからなる独占資本主義が事実となったのである。レーニンは次のように書いている。「独占は自由競争の直接の対立物である。ところが，この自由競争は，大規模生産をつくりだし，小規模生産を駆逐し，大規模生産を最大規模の生産によっておきかえ，生産と資本との集積を，そのなかから独占――カルテル，シンジケート，トラスト，および，これらのものと融合して幾十億の金を運用している10ばかりの銀行の資本――がすでに発生し，また現に発生しつつあるというほどに導き，こうして，いまやわれわれの目のまえで独占に転化しはじめたのである。しかも，これと同時に，独占は，自由競争から発生しながらも，自由競争を排除せず，自由競争のうえに，これとならんで存在し，そのことによって，幾多のとくに鋭くて激しい矛盾，軋轢(あつれき)，紛争を生み出す」[31)]と指摘している。自由競争的資本主義に「資本主義の発展における最新の局面」としての独占的資本主義がとってかわったことを，そして事態の本質が自由競争のもとではなかったような「支配関係，またそれと関連する強制関係」への転換を，したがって独占資本の支配への転換を示している。しかも，独占は自由競争と併存しながら，そのことによって独占段階における新しい矛盾，軋轢，紛争の経済的諸事実を生み出すのである。このことは自由競争的資本主義の論理である自由競争と独占資本主義の論理である独占というこの二つの論理の併存とその統一的把握が不可欠であることを意味している。

　独占がひとたび成立し，幾十億の資本を自由自在にするようになれば，独占資本は社会生活のあらゆる側面に不可避性をもって浸透していくことになる。独占資本の成立・支配は単に小資本だけではなく，非独占資本である多数の中小資本を包摂・支配することが可能になっていくのである。「われわれが見るのは，もはや小企業と大企業との，技術的におくれた企業と技術的にすすんだ企業との競争戦ではない。われわれが見るのは，独占に，その抑圧に，その専横に服従しないものが，独占者によって絞め殺されるという事実である」[32)]と，独占との関連で中小企業問題を指摘している。ここで明らかに現れている特徴は，独占資本による非独占，とりわけ中小資本への「支配関係，またそれと関

---

31)　レーニン，『前掲書』307ページ。
32)　レーニン，『前掲書』237ページ。

連する強制関係」の形成とそれを本質とする中小企業問題がおのずから起こってくることである。ここに，自由競争的資本主義での大資本と小資本とに生じる小企業問題とは異なる独占段階ではじめて現れた関係—独占資本（独占的巨大企業）と非独占資本（非独占大企業，中小企業，零細企業）との質的区別とそこでの独占資本による支配・強制関係＝独占的超過利潤の収奪・被収奪の関係過程における矛盾としての中小企業問題の登場を見るのである。

しかし，自由競争的資本主義段階から独占資本主義段階への移行と発展転化の中においても，独占は自由競争を排除せず，自由競争と併存する限り，より大なる資本によるより小なる資本のたえざる駆逐・淘汰と新生・残存の傾向は貫徹している。つまり，独占資本主義段階でも中小資本が競争により駆逐・淘汰される存在だけではなく，むしろ，支配的資本である独占資本の「合理的集中としての経済法則」の貫徹・作用の中で，「残存・新生」し，全体としてたえず再生産される必然的存在であることを改めて確認しておかなければならない。

これまでA・マーシャルに焦点をあてた近代経済学とK・マルクス，レーニンのマルクス主義に関する中小企業の存立論を検討してきた。両者に共通しているのは，中小企業は消滅・崩壊していく存在ではなく，資本主義生産と結合してたえざる淘汰と新生との展開をはかりながら，全体として存立・存続する存在と把握していることである。しかし両者の主張の異なる点は，前者が独占を否定し，完全競争的経済ないし自由競争的経済を想定して大資本と中小資本との関係を分析しているのに対し，後者は独占を捨象することなく自由競争的経済のうえに独占的経済を想定して独占資本と非独占資本，とりわけ中小資本との関係を中心に据えていることである。中小企業の存立の解明は，単なる競争論的アプローチではなく，競争と独占の「二元論的説明」とその統一としての総合的把握を必要とする[33]。

ところで中小企業存立の理解は，従来多かれ少なかれ，「競争・淘汰」か，それとも「残存・利用」—従属性の展開—のいずれかを専ら強調する傾向を

---

[33] 「二元論的」といっても，競争と独占とが並列的であったり，隔絶した関係ではなく，資本主義の構造変化にもとづき，両者の結びつき，かかわり合い，絡み合い方によってダイナミックに両者の内部構造の変態を遂げていくと考える。なお，競争論的アプローチに立って，中小企業を複眼的視点から「発展性と問題性の統一物」として把握する考え方がある。佐藤芳雄「日本中小企業問題の到達点と研究課題」『三田商学研究』26巻5号，1983年12月。黒瀬直宏「複眼的中小企業理論の試み」『豊橋創造大学紀要』第4号，2000年。

もっていたといえる。また，マルクス主義の一部には独占資本の意図と政策によって中小資本が「温存・存続」させられると理解し，資本の集積・集中の例外として説明されてもいた。しかしこのような方法は，現代資本主義における競争と独占とを分離した理解であり，競争と独占との関係が見失はれて中小企業の必然的な存在を明らかにすることができない。現代資本主義は，たしかに経済生活の基礎が独占にあり，それゆえ資本主義は独占資本主義として特徴づけうるが，独占は自由競争を排除せずにそれとは併存している。しかも，独占資本主義も資本主義である以上，資本主義のあらゆる段階に共通する「資本一般」の規定を受けており，それと並んで独占段階の新しい経済的事実である独占と非独占，とくに広汎に存続する中小資本との区別とその強制関係が新たに付加されたのである。この意味では独占資本主義段階における中小企業は，資本一般と区別された中小資本としての特殊的性格を持つことになる[34]。換言すれば，独占段階における総体としての中小資本は，諸資本間における自由競争の執行者・担い手としての面と独占資本による中小資本の支配・強制・収奪関係という面の二面から関係づけられ存立している。いわば中小企業の「存立の二面性」である。したがって，中小企業の存立・存続は，自由競争の中での論理（平均利潤の法則）と独占の中での論理（独占利潤の法則＝平均利潤＋独占的超過利潤）の2つの論理を含んでおり，その区別の必要と二つの相互作用を通じた現実的諸条件と場の中で実現される。中小企業の存立のこうした競争と独占との複眼的視座を設定したうえで，独占段階における中小資本の競争性と独占資本の支配・強制とがいかに相互に結びつきあっているか，またかかわり合って何をもたらしているかを「競争力」と「独占力」との対抗関係として，したがってまた，「発展性」と「問題性」との対抗を明らかにすることの中から，総体としての中小企業存立の新しい問題と発展傾向を分析することが出来るのである。

　こうして独占段階における中小企業の存立の必然性は，現実には競争による発展・淘汰と独占による支配・収奪との2つの側面が相互規定的な同時存在の関係として交錯し，輻輳しながら，その両者の側面のいずれが強く作用するかの一定の「条件と場」にかかわって規定されている。現実の経済状態は，競争と独占の絶対的な形態はなく，ましてや完全競争でもなければ完全独占でもな

---

34) 中小企業問題は，資本主義一般の問題ではなく，独占資本主義段階に特有の問題である，といわれる所以である。

い，両者がたえず相互浸透しながら，より巨大なる企業規模への資本の集積・集中を基本的傾向として展開しているのが常である。

4　中小企業存立の新しいステージとパラダイム・シフト

（1）　中小企業の新しいステージ

　戦争の世紀，激動の世紀だった20世紀が終わり，21世紀が始まっている。第2次大戦後に約半世紀続いた「米ソの冷戦体制」の崩壊，それに伴う世界の市場経済化，経済のグローバリゼーションと大競争の進展，情報技術革命が加速化され，今や地球環境を重視する価値観が世界の潮流となっている。この市場経済化，グローバル化，情報化の奔流が相互に規定し促進しあいながら，多国籍企業のグローバル企業をめざした合併・買収・提携，合従連衡の世界的再編を招き，国境を越えた「資本連合」としての世界独占の登場・形成を促迫させている。グローバル企業の活動は，購買，製造，販売，研究開発等の事業展開を世界大で展開し始めているのである。まさに「資本と生産の世界的集積」の新しい段階，資本の世界的競争の段階にはいっている。米・欧・日の3極を軸にしたこうした多国籍企業の世界独占体制の形成は，資本が支配する新しい国際的ステージへの進化である同時に，日本経済を大きく揺さぶり，経済構造・産業構造の変革を迫っている。

　たしかに，日本経済は，80年代に欧米へのキャッチアップのプロセスを完了したものの，資源依存型の経済が大量生産，大量消費の産業構造を限界まで押し上げた。しかし，90年代のバブル経済崩壊後の「失われた10年」の中でさえ，グローバル化時代に対応する経済システム転換を果たしえず，深刻な経済構造の問題に直面している。日本の企業制度の根幹をなし，成功要因であった日本型システムといわれた終身雇用，年功序列，企業別組合，株式の相互持ち合い，企業間の長期継続取引や企業集団，下請・系列制等が修正・再編と崩壊の過程に入り，企業の倒産・廃業が開業を上回る事態が続いている。こうした中，一部の中小企業を含む日本の独占大企業は，国内では生産の縮小，雇用削減，下請・系列企業の切り捨て・再編といった合理化を推進する一方，過剰生産，過剰資本を克服する手段として，アジアを中心に積極的な海外直接投資を行っている。独占大企業は，グローバル企業をめざして活発な生産拠点の海外移転や海外生産の拡大，製品・部品・資材の国際調達や日本への逆輸入の拡大等を通

じて世界的視野での資本蓄積・再生産構造の再編成を展開している。

　日本の独占大企業の本格的なグローバル化の進展と世界独占体制の形成は，国内独占と世界独占との対抗と協調を基調としているが，これまでの国民経済構造に規定され，その枠内で発展してきた日本中小企業の存立の条件と場を世界経済構造から直接的に規定されることに変化させた。中小企業は世界経済に組み入れられ，深く関連し，その存立を世界市場から規定されることになる。とりわけ情報通信革命は，市場の場の空間的拡大—例えば，インターネット取引に見られる「仮想市場」—を加速させ，その結果，中小企業といえども世界市場という新しい市場と結びつき，投げ出され，影響を受けることになる。インターネットを媒介にした製品・部品・部材の国際調達や国内の地域産業集積の崩壊と新たな創出の動き等に現れ，グローバル経済とローカル経済とが直結する段階に入っている。こうして国内外を一体化した新しい国際的ステージの下での日本経済の構造的矛盾が中小企業・労働者に集中的に転嫁され，総体としての中小企業に新たな構造問題を現出させているのである[35]。

（2）　中小企業分析のパラダイム・シフト

　総体としての中小企業は，まさに多様性・複雑性と「異質多元性」をもった集合体である。この中小企業世界が，21世紀を特徴づける市場経済化，グローバル化，情報技術化の新しいメガトレンドの世界化の中で，一国の国民経済構造の問題局面から世界経済構造に規定された新しい問題局面に転換し，「中小企業問題はいまやグローバルな構造矛盾」[36]に転化したのである。こうして現段階の日本中小企業問題は，国民経済構造の矛盾の一局面であるだけではなく，グローバル経済構造の矛盾の一局面へと転廻し，分析視座のパラダイム・シフトが起きているのである。この座標軸の転換は，具体的には，20世紀に支配的であった国民経済市場から21世紀のグローバル経済市場へ，大量生産・大量消

---

35) 福島久一「グローバル化時代における中小企業の構造問題と新展開—構造変化の評価と中小企業政策の展望—」日本中小企業学会編『中小企業　21世紀への展望』同友館，1999年4月，日本大学経済学研究会『経済集志』第68巻第3号，1998年10月参照。

36) 佐藤芳雄「はしがき」日本中小企業学会編『大転換する市場と中小企業』，1998年4月，同友館。なお，同氏編『21世紀，中小企業はどうなるか—中小企業研究の新しいパラダイム—』慶応義塾大学出版会，1996年5月，第1章では，パラダイム・シフト（座標軸の転換）を組織，市場，技術の3軸の転換から整理し，その転換の内容とスパイラル的連関発展を論じている。

費の生産主導から個別ニーズ・個別生産・個別サービスを軸にした顧客・消費主導へ，ハード技術からソフト技術へ，固有技術・技能の専門化と技術開発指向へ，下請・系列制の垂直型組織から企業のネットワークによる水平型組織へ，企業行動の効率性・競争性・利益優先基準から人間性・地域性・環境保全基準へ，一部の産業を除く規模の経済性からネットワークの経済性へのパラダイムの転換である。そしてこのグローバル経済の中のパラダイム転換における中小企業の存立・存続に対して，グローバルで普遍的な中小企業研究の視座と方法の確立が問われているのである。

かつて山中篤太郎氏は「国際性のある」中小企業理論への転廻を，「経済の国際化」と「世界の中の中小企業」との二つの視野に区分し，前者の動向は後者の動向が一つの推進要因になっているという。その意味で，「世界の中の中小企業」を，各国の中小企業認識の相違を認めた上で，「なおこれを統一して一体として認識する統一的理解法則」[37]をもつことが，科学的な中小企業認識となるにいたることを指摘していた。中小企業の世界化を認識した上での国民経済構造と世界経済構造との区別とその連関を統一的に把握することを含意している。また，三井逸友氏は日本中小企業研究を「一方的『輸入学問』から，現実事態と社会経済システムの多義性をふまえ，新しい普遍的視座を確立すべき時」[38]と指摘して，普遍的視座と方法をグローバルスケールで展開する可能性を示唆している。

経済のグローバル化と世界の市場経済化は，国内独占の存在と共に，国境を越えた日本多国籍企業の本格的展開，国際資本連合としての世界独占の登場・形成を促進し，日本資本主義を，高度の発展段階に到達した高度独占資本主義へと転位させたといわねばならない。この「資本と生産の集積・集中」の高度な進展こそが「資本と生産の世界的集積の新しい段階」であり，世界独占を可

---

37) 山中篤太郎「経済の国際化と世界の中の中小企業」，藤田敬三・藤井　茂編『経済の国際化と中小企業』有斐閣，昭和51年11月，第2章，31ページ。ここでの「世界の中の中小企業」とは，各国中小企業の存在と中小企業認識の形成，そしてそれを貫くものとしての世界化（その要因は，1）中小企業の重要性認識，2）大企業展開との対比における認識，3）中小企業相関についての国内的視野の国際的拡大）が与えられることである（30-31ページ）。

38) 三井逸友「グローバルに見た中小企業の新パラダイム」佐藤編『前掲書』第2章，42ページ。氏は，日本と欧米の中小企業研究を時代的に整理した後，独自の展開として「中小企業システム」のグローバリゼーションを立脚点に，グローバルスケールの「社会システム工学」と中小企業の企業連関の視点を踏まえて，中小企業の「国際」社会経済学・「国際」政治経済学の方法と課題の研究を主張している。

能にするのである。この「資本と生産の世界的集積」の運動のあり方が，基本的には多国籍企業・世界独占と国内独占大資本そして多数の競争的非独占資本，とくに中小資本，さらに発展途上国の地場資本とからなる世界資本主義の構造を生み出している。中小企業分析の視点から簡単に図式化すると，多国籍企業・世界独占―国内独占大資本―国内中小資本―発展途上国地場資本―国内外の労働者の関係である。そしてこの四層の資本の構造は，資本の世界性と資本の国民性とのかかわりを持ちながら，支配・収奪構造（問題性）とそれらの対抗・協調，競争構造（発展性）のあり方，資本の存立と存立形態のあり方を規定しているのである。日本の高度独占資本主義における中小企業の構造と動態，変化と発展は，こうした総資本の構造分析から全体的に明らかにすることが求められている。

　21世紀に入り，中小企業の重要性と役割が世界的に認識される一方，中小企業問題が先進資本主義国であれ，発展途上国であれ，世界資本主義に共通する矛盾の一つと認識されてきている。山中氏の表現を借りると，「経済のグローバル化」と「世界の中の中小企業」が一体として進行し，「世界的中小企業」の認識を可能にしているのである。

第Ⅱ部
中小企業近代化の政策展開

第3章　中小企業の「近代化」の展開と政策*

1　中小企業の近代化への萌芽

　戦後の日本経済は，混乱する中でのアメリカ占領政策のもとで，非軍事化と一定の「民主化」がすすめられた。1945年の「財閥解体指令」にはじまり，46年に「商工協同組合法」，47年「私的独占禁止法」とつづき，さらに，農地改革の実施と労働三法の公布は，明治以来の軍国主義的統制を一掃することになった。中小企業については，47年11月「中小企業対策要綱」が発表され，ついで48年8月に「中小企業庁」の発足をみた。だが，傾斜生産方式による特定産業偏重の再建政策と，インフレの高進によって，中小企業の経済基盤はたえず揺るがされていた。

　やがて経済安定9原則の具体化として49年4月「ドッジ・ライン」が実施され，戦後の「中小企業問題」を登場させた。ドッジ・ラインは，「竹馬経済からの脱却」（アメリカの対日援助の打ち切り）とハイパー・インフレを収束するために日本経済の「安定化」と「自立化」を政策目標に掲げた。その内容は，超均衡財政の確立，傾斜生産方式から集中生産方式への移行，企業合理化そして単一為替レート（1ドル＝360円）の強権的設定等であった。とりわけ単一為替レートの設定は日本経済をアメリカが主導する資本主義世界体制に包摂することを意図した。それと同時に，「たんなる経済政策ではなく」，反共の防壁としてのアメリカの対日占領政策であり，日本の独占資本主義を復活させる役割をもっていた。農地改革と財閥解体とによって，民主的な発展を期待されていた中小企業は，ドッジ・ライン政策による集中生産と差別的融資によって，中小企業の販売額が激減し，たちまち整理・倒産が激増していった。ここに，中小企業は失業者のプールとして，独占収奪に甘んじながら低賃金による経営

　＊　本章は，中山金治・福島久一共稿「中小企業の近代化政策」市川弘勝編『現代日本の中小企業』新評論，1968年，所収のものを基礎にして加筆・修正している。

を維持する立場に追いこまれた。

　49年に「中小企業等協同組合法」が制定され，朝鮮戦争（50年6月）による特需景気で一部中小企業の立ち直りもみられたが，動乱終結とともに大企業をも含むはげしい倒産，賃金不払い，首切りの現象がすすんだ。なにもない助成，あるのはただ独占復活の踏み台としての役割だけであり，「5人や10人の中小企業者が倒産自殺しても止むをえない」との当時の池田通産大臣の放言は当時の政策姿勢を象徴している。この過程で，アメリカ占領軍の支持をとりつけた日本独占資本は，政治的にも経済的にも支配を確立した。このため，中小企業の多くは独占下請として直接支配下にはいり，ピラミッド型の階層的収奪構造を形成・復活するようになった。戦時中の「協力工場」，「企業系列」思想が導入されたのである。また51年以降の恐慌状態の過程で「中小企業安定法」が成立した。これは，独禁法に対する例外的な中小企業不況対策だとされ，業界の調整（統制）規定が含まれていた。だが，この中小カルテルの本当の役割は，官僚の産業統制の強化にあり，かつ独占資本のための独禁法改正への布石でもあった。52年の「企業合理化促進法」によって，診断制度が法制化され，中小企業の「合理化」政策が出発した。すなわち，53年9月に「原始独禁法」が改正され，不況カルテル，合理化カルテルが認められ，合併禁止規定も大幅に緩和された。54年にはじまる「企業診断」は唯一の中小企業対策であったが，中小企業の経営難を救う役割はもたず，経営管理技術の存在を宣伝するだけのものであった。

　こうした官僚統制への動きと，独占支配の基盤整備のねらいは，53年以降に始まる繊維・鉄鋼業における企業系列化と中小企業の系列診断とを結びつけた。「企業合理化促進法」による全国的な診断指導機関の整備は，同時に診断対象を従来の個別企業から，しだいに産地，下請系列，商店街などの集団へと移行し，産業合理化政策としての色彩をこくしていった。系列化の進展は，中小企業内部に分裂をもちこみ，系列融資にみられる差別政策は非系列の下請中小企業の金詰まりをはげしくした。こうして，中小企業の「合理化」政策は，系列企業の生産形態の向上と，安定法による業界統制の強化とをうみ，他方では，52年暮れの「下請中小企業に対する支払促進決議」（次官会議）にみられる大企業の悪辣なしわよせが，中小企業を苦しめていた。中小企業研究では中小企業への新しい管理としての企業系列化に関する論争が起きるのである（補論1参照）。

やがて，中小企業の設備改善のための補助金制度（「中小企業設備改善補助金制度」）が54年から実施されはじめた。これは，系列下請企業の設備の老朽化が親企業の生産力展開の足をひっぱる事態に注目しはじめたことを意味し，やがてこの面の施策が中小企業対策の重点へ移行しはじめる端緒となった。だが本制度は，協同組合員を対象とするものであり，かつ県の施策にたいする補助という形式をとり，そのため，有力親企業の保証がえられる系列優良企業に有利なものであった。この性格は，大企業からみて補完的役割の重視されるものが，いつでも助成の対象となるのである。

この間に，旧財閥系企業を中心とする巨大資本はアメリカ独占体と結合しながら，独占的地位を確立し，さらに国家機能による財政資金の援助，租税特別措置法や輸出減税をはじめ，さまざまな方法で資本を集中した。特に力があったのは，アメリカの技術と資本の導入および日銀を通じる信用である。ピラミッドの頂点にたつ独占体は，アメリカ独占との提携によって，裾野にある膨大な中小企業を支配し，収奪して，急速に蓄積を進めていった。

このような独占本位の政策と，MSA受入れ体制確立に対抗し，中小業者の運動も53年から拡大していった。ミシン，パン，飲料水，石綿など多くの業界でアメリカ商品進出への反対運動がおこり，中小企業市場の拡大をめざす日中貿易運動が全国的な規模で拡がった。53年の事業税撤廃運動や下請代金遅払反対運動，国産品愛用運動，百貨店法制定運動など，中小企業の反独占運動が本格化した。だがこの動きも，労働者との協力で展開されず，54年の近江絹糸の「人権ストライキ」にみられる労働者の無権利，低賃金の状態が問題とされるに及んで，むしろ中小企業家の反労働者的性格が問題となっていた。

55年のいわゆる「神武景気」は，生産力の急速な展開とともに資本の集中・集積を全領域でおしすすめ，それとともに，中小企業の系列化が支配的傾向となりはじめた。中小企業の設備改善もより一層いそがれた。まず55年2月に「日本生産性本部」（現：（財）社会経済生産性本部）がアメリカの資金で設置され，生産性向上運動が展開された。神武景気のもとで量的拡大をみせつつある中小企業にたいし，アメリカ的経営管理技術の導入による新たな搾取方式と労資協調思想を系統的にうえつけはじめた。さらに56年の，「中小企業振興資金助成法」と「機械工業振興臨時措置法」，「繊維工業設備臨時措置法」，57年の「電子工業振興臨時措置法」等の成立は，助成対象を明確に見定め，合理化カルテルの指導を強化するという近代化政策の道をつくった。輸出振興と重化

学工業化のチャンピオンとしての機械工業，なかでもその基礎部門と部品企業の合理化が施策の中心であった。そして57年「中小企業等協同組合法」の改正と「中小企業団体の組織に関する法律」（団体法）がこの政策を推進した。これらは，中小企業相互が大企業に対抗して共同事業をいとなむという方向よりも，上からの収奪を組合内の自主的調整によって受けとめ，下層へ転嫁する体制へと向かうものであった。業界上層と官僚との癒着・結合が強化され，さらに，上層企業への計数管理制度の導入がいそがれはじめた。あたかも，本格的な「貿易の自由化」が近づき，政治とイデオロギーの面でも，アメリカとのより緊密な結合が独占体の要求となってきた時期である。

　中小企業政策もこの頃から多様となってくる。この事情を「日本中小企業政策小史」（中小企業庁編集『月刊中小企業』65年12月号）は，つぎのように説明している。「1956年に『中小企業振興審議会』の答申が政府に提出されるにおよんで，これを契機にいくつかの重要な中小企業政策が実施されることとなった。中小企業政策の発展という見地からみると，この答申が提出された時期が一つのエポックを画するのである。」と，指摘している。

　たしかに，「わが国経済は，もはや戦後ではない」（56年度『経済白書』）とされた55年を境として，巨大企業の生産力は戦前水準を越したが，中小企業の生産力との格差が急速に拡大し，輸出業種・重化学工業下請業種における中小企業の生産性向上は急務となってきた。はじめにこの見地を代表したのが，57年度の『経済白書』であり，はじめて中小企業に関する特別の一章を設け，いわゆる「二重構造論」を提起したのである。

2　「二重構造論」の内容と問題点

　日本経済の二重構造問題は有沢広巳氏によって最初に指摘された。有沢氏は「わが国の雇用問題を考え，これを解決するにあたって問題になるのは，経済の二重構造の問題である。……日本の経済構造は，欧米先進国のように単一な同質の構造をもたない。いわゆる二種の階層的な構造から成立っている。すなわち近代化した分野といまだ近代化しない分野とに分かれ，この両分野との間にかなり大きな断層があるように考えられる。近代化している分野は，たしかに先進諸国の企業にくらべてそう劣らない分野であるが，これに対して近代化していない前期的な分野が—中小企業，小型経営—広汎に存在している。この

近代化した分野は，どんどん前進しているが非近代的な分野は停滞的である。この非近代的分野の停滞性が，就業者構造を停滞的たらしめている基盤ではなかろうか」[1]として，就業構造の面から経済の二重構造を取り上げたのである。

こうした問題意識を中小企業問題として具体的に分析したのが『57年度経済白書』である。『同白書』は，わが国の就業構造は，①家族労働者と自営業者の比重が他の先進国に比べ高いこと，②農業と中小企業への就業人口の比重が大きいこと，この部門では失業の顕在化が少なく，全部雇用である，③一方に近代的大企業，他方に前近代的な労使関係に立つ小企業および家族経営による零細企業と農業が両極に対立し，中間の比重が著しく少ないこと，④企業規模別賃金格差が大きいこと，⑤こうして「一国のうちに，先進国と後進国の二重構造が存在するに等しい」とし，同時に，系列化による中小企業の階層分化—格差の拡大を政策課題として取り上げ，「経済の近代化と成長のうちに二重構造の解消をはかる」ことを政策目標にした。このさい「零細規模の経営までを対象として二重構造を積極的に解消することはむずかしい」ので，「中規模経営の近代化」を進めることで，格差の解消と産業合理化をはかるべきであるとし，この見地が後の「高度成長政策」にうけつがれていった。

この問題提起を契機に，経済の二重構造に関する広範な論議が展開された[2]。二重構造論の論理的な誤りと問題点はつぎの点にある。第一は，近代と前近代との把握である。確かに戦前の日本経済は近代と前近代（半封建制）とが同居していたが，戦後の日本経済は一部に封建的残滓が見られたものの，基本的には近代そのもの＝資本主義経済である。第２は，日本資本主義の構造矛盾を「二重構造」に単純化している。経済構造は「二重」ではなく，一重一層であり，この中での独占と非独占との関係が問題である。第３に，格差は中小企業内部の経営力の差，資本装備率の差から生じたのではなく，格差構造が問題で

---

1) 日本生産性本部『日本の経済構造と雇用問題』1957年，14ページ。
2) 近代経済学の立場から分析した代表的論者として篠原三代平氏がいる。篠原氏は，二重構造とは「一国経済の中に，近代的産業と前近代的産業とが併存し，両者の間に大きな賃金差ないし所得差が存在している状態」という。そして賃金格差の原因を，①労働市場（大企業の年功序列制・終身雇用制による労働市場の封鎖性），②生産物市場（中小企業の競争的生産物の価格＝原料高・製品安と大企業の寡占的生産物の価格との価格差），③資本市場（大企業への資本の融資集中機構の存在→労働の資本装備率格差→付加価値生産性格差→賃金格差）の３側面から分析している。資本市場に最大の原因を求めているが，これら３市場は互いに補完しあって賃金格差成立に作用しているとする。篠原三代平編著『産業構造』春秋社，1959年。篠原三代平『日本経済の成長と循環』創文社，1961年。

ある。格差構造は，階層的収奪構造による生産力展開という独占の蓄積方式から生じたものである。したがって第4に，一部のものの近代化（独占化）が，同時に多数の中小資本の遅れを規定してきたことである。したがって，「進んだもの」と「遅れたもの」が別々に存在するのでなく，たえず「同時存在・相互規定」的な関係として存在しており，「進んだもの」は「遅れたもの」の存在を前提とし，それの残存・利用を通じて展開しうるのである。

日本経済の二重構造をめぐるこのような問題を含みながら，二重構造論的問題意識は，貿易の自由化に迫られて中小企業の「近代化」政策へと展開していく。「所得倍増計画」（60年11月）は中小企業対策の基本目標を生産性の向上におき，そのためには「中小企業がそれぞれの業種業態に応じて適正規模化してゆくことは，中小企業近代化への最も集約された方向といえよう。このため，各業種において，中堅企業の育成をはかり，また小規模ないし零細企業層も組織化等によりかなり適正規模化の成果をあげることができる」[3]とした。つまり施策の重点は，「適正規模化＝中堅企業の育成」にあり，小・零細企業は整理・転換を誘導するという発想なのである。この目的のため，「近代化」へのガイドポストとして「中小企業業種別振興臨時措置法」（60年4月，後に「中小企業近代化促進法」に受け継がれる）が制定されるとともに「中小企業振興資金助成法」（61年3月）の改正による中小企業集団化助成が実施され，これまでのような，漠然とした合理化施策をやめて，設備近代化資金，効率の高い部分への金融上の優遇措置や特別償却等の税制を進めていくのである。特に注目されるのは，工場等集団化貸付補助の新設であり，61年の自動車独占の下請・系列再編成にはじまる工場団地化は，いまや企業系列から企業集団化による企業整備の促進へと発展した。こうした集団的近代化への政策転換は，「適正規模」を基準にして一部の上層下請・系列企業を育成し，「適正規模」に達しない企業は企業集団化からはずすというものである。加えて小零細企業対策として，「商工会の組織等に関する法律」（60年5月），「商店街振興組合法」（62年8月）が制定された。こうして中小企業の上層と下層との政策分化，製造業から商業にいたるまでの政策の浸透と統制の強化など「近代化」政策展開の条件が徹底化していくのである。

---

3) 大来佐武郎『所得倍増計画の解説』236ページ。

3　中小企業の近代化政策の内容と問題点

（1）　中小企業基本法（中基法）の役割とねらい

　1963年に,「中基法」およびその具体的施策を担当する「近促法」など, 10件をこえる関連法法律（中小企業近代化促進法＝近促法, 中小企業近代化資金助成法, 中小企業高度化資金融通特別会計法, 中小企業投資育成会社法, 中小企業指導法, その他）の制定によって, 中小企業「近代化」政策は準備段階を終えて新しい段階にはいった。これまでの個別的施策も総合化と体系化がはかられ, かけ声ばかりで実効ある施策が皆無にひとしかった零細企業対策も中基法の中に組みこまれた。

　たしかに「中基法」を中心とする諸施策の幅広さは, 諸外国にみられぬほど「キメの細かい」ものとなり, 対象も製造業のみでなく流通機構からサービス業まで全般にわたっている。しかし, 中小企業一般の「バラ色の未来」をえがきだすことはできず, むしろ思いきって大胆な「構造改善計画」の必要なことを強調している。つまり, 下層の集約化によって体質改善をはかろうとする業種には思いきって資金をつぎこむが, 停滞業種の役に立たない企業にはビタ一文出さぬばかりか, 上から「とり潰し」ていこうとする姿勢を明らかにしている。近代化という言葉のかもしだす「バラ色の幻想」をふりまき, 弱小企業群を「イバラの道」へ駆り立てることを隠そうとしなくなった。

　「中基法」は,「従来までは場当り的な不況対策であったり, 中小企業だけの問題をはかるものだった傾向に対し, 産業構造政策の一環として, 産業構造の高度化に中小企業も有力な構成員として即応させようとするものである」（中小企業庁『中小企業政策小史』）との言からわかるように, 単なる中小企業政策にとどまらない性格のものである。その政策理念は, 社会政策と経済政策の分離, 保護主義脱皮と経済合理性の追求, 優良企業育成と非能率小零細企業の整理・転換という政策の意図を明確にした。独占資本体制のもとでの中小企業政策といえるだろう。

　中小企業の規模規定も, 資本金5,000万円（商業, サービス業は1,000万円以下）と, これまでより5倍も拡大する一方, 小規模企業（従業員数20人以下, 商業, サービス業は5人以下）を規定して中小と小零細とを区別することによって差別政策を明らかにした。そして施策の適用に当たっては, 施策ごとに

中小企業の範囲を定めることを併記し，これまで以上に弾力的な運用の可能性を残している。つまり上層部分と下層部分を差別して扱う施策がありうるという意図を鮮明にしたわけである。同法は第一条において，「物的生産性の向上と価値実現性（取引条件）の向上」をはかることをあげているが，この方向づけにしたがう施策に関連して，「近代的経営管理方法の導入による合理化」が強調されるとともに，「中小企業の規模の適正化」（12条）をはかり，「需給構造等の変化に即応して行なう事業の転換」（15条）もはっきり規定された。さらに，「事業の共同化・集団化」「労働関係の適正化」など細かな規定が第2章の各条項に書き加えられている。

これに対し，「事業活動の不利の補正」（第3章）は抽象的な項目の羅列におわっており，中基法の二本柱の一方たる中小企業の取引条件の是正には，本気でとりくむ姿勢がないことをはっきりさせた。事実，その後の「下請取引の是正」や「官公需の確保」など，独占資本の利害とぶつかる施策については，言葉だけの法律を作ってお茶を濁しているのである[4]。また第4章に「小規模企業」なる規定を設けて，零細層への特別の配慮を加えるとしているが，これも体裁のよい転廃業助成策にすぎない。

中基法の具体化は主として「近促法」による施策にあるが，他の関連法規たる「中小企業近代化資金等助成法」は，従来の「中小企業振興資金等助成法」にかわり，県の貸付資金を通じて行なう工場集団化の範囲を商業集団化にまで拡大し，補助金制度から貸付金制度に変更し，「中小企業高度化資金融通特別会計」を設置するものであった。これが後に「第2中小企業庁」として機能する「中小企業振興事業団」（現：中小企業基盤整備機構）に吸収されていく。ただ特定業種の「設備近代化資金」はそのまま継承されている。こうして，中堅企業の育成強化のために，従来の協同組合事業から特定企業の集団化がはか

---

[4] 構造高度化のための施策に対する資金準備にくらべて，下請企業の地位向上，中小分野の拡大・安定に関する施策には，予算はゼロに近い。たとえば65年度新設の「下請企業振興協会」の予算はたったの460万円から出発し，68年度でさえやっと2,300万円に過ぎず，「支払遅延防止」等を取り扱う「下請企業対策費」も68年度で2,700万円しか組まれていない。
「官公需確保法」にしても，予算的裏付けは900万円（67年）であり，しかも「組合を契約の相手方として活用」するように（第3条）として，協業化のテコ入れに利用しようとしている。とくに，これが個別中小企業の「発注の確保・増大」のための施策でなく，「機会の確保」にすぎないとし，高度化に努力し，良質廉価なものを供給するように中小企業を助長することが法の目的だとされている。つまり，助成でも保護でもなく，見せかけの「近代化」促進法なのである。

られ，これに重点的に財政資金を投下する路線がしかれた。

さらに「中小企業指導法」は，「企業合理化促進法」にもとづく診断業務を継承して，中基法のいう「経営管理の合理化」の方向に沿って内容を拡大し，指導事業を集約化することとした。「日本中小企業指導センター」は，この趣旨からつくられた全額政府出資の特殊法人であり，国の代行機関としての機能が強化された。この意味は，独占資本の採用する「アメリカ式の経営管理」を中小企業にまで延長するとともに，その「長期計画」にしっかりと結びつけようとするものである[5]。それだけでなく，中小企業の世界に，アメリカの経営者イデオロギーを注入して，資本の世界の統一をはかろうとするねらいもある。それは単なる計算技術の指導でなく，計数管理を媒介とする「労資協調」思想の導入にむしろ力点がおかれていた。

つぎに「中小企業投資育成会社法」は，中堅企業をもっぱら対象とする，企業資本の証券化の促進策であり，増資・社債の引受けを通じて中堅企業の資金と利益計画を管理指導する役割をもつ。これは，すでにある系列企業の再編成や，独立中堅企業の掌握に関係するものと考えられている。こうして，いわゆる「中堅企業育成，下層切捨て」の路線は整備された。以下，「近促法」の内容をやや詳しくみていこう。

(2) 中小企業近代化促進法による施策と問題点

近代化促進法による業種指定は，資金助成を重点とした産業再編成の促進策であったが，めだっている特徴は，業界内部の統制で下層切捨てをとくにいそがせるやり方である。もともと，同法の対象となるのは中小企業一般ではなく，「業種別振興臨時措置法」の精神をうけつぎ，「産業構造の高度化または産業の国際競争力の強化を促進し，国民経済の健全な発展に資するために特に必要であると認められること」（第3条）が業種指定の前提であった。中小企業政策は，産業構造の高度化と国際競争力の強化という産業構造政策を上位の目的に組み込まれたのである。したがって，この上位目的を達成するために，「中小企業の業種別近代化を総合的，効率的に促進することを目的として，事業活動の相当部分が中小企業者によって行なわれており，かつ，経済政策上とくに近

---

[5] 中小企業への経営管理技術の導入が独占資本の要求から出ているものであることは，敷田礼二氏の労作「中小企業の統一原価計算制度の普及運動について」『立教経済学研究』第18巻第1号～第4号に，すべて明らかにされている。

代化をはからねばならない業種について，中小企業近代化基本計画を定め，設備の近代化，企業規模の適正化等の近代化施策をその計画の下に総合的，有機的に実施していこうとするものである」[6)]とされている。

　指定業種に選ばれたものは，製造業のみで63年度23業種，64年度34業種あり，この頃までは，「輸出振興」，「産業構造高度化＝重化学工業下請」に役立つ業種に限られていた。それ以降，65年度34業種，66年度22業種，67年度23業種と対象が拡大するにつれて，「物的流通機構の高度化」および「輸入防圧」業種に重点がおかれるようになってきた。この結果，指定業種の全中小企業（製造業）分野に占める比重は，37～40％に達し，出荷額でも約4割を占めるにいたっている。

　指定業種は，業界の構造改善をめざす「近代化基本計画」を自主的に策定すること，この計画には(1)目標年度における製品の品質向上，(2)生産費の引下げ，(3)適正規模もしくは適正生産方式のいずれかを具体的に算定すること，その計画が「中小企業近代化審議会」[7)]を通じて主務官庁の承認をえたばあい，行政指導のもとで実施が義務づけられる。計画実施にともなう優遇措置として，①中小企業金融公庫の「特利資金」の借入れ，②指定機械の三分の一特別償却，③合併，不動産取得時の課税特例が適用されるほか，④事業転換を行なう業者に対し，資金融通，就職あっせん等の援助を行なうことを規定している。

　しかし，近促法施行後の運営をみるかぎり，その業種全体の中小企業の安定と経営力の増強に役立っているとはいえない。むしろ，「適正規模」に達しえない小・零細企業を放置したままで差別したり，転廃業促進を上から押し付けるばあいが多い。そこでの問題は，第1に，業界が基本計画を策定するさいに，上層業者が官僚の指導のもとで自分たちのみに都合のよいプランを作り，それを下層に押し付ける弊害がみられること，しかも，業界の実態調査費用を首切り対象者の末端業者からまで徴集しているのである。それゆえ当然に官僚統制がきびしくなり，下請業種のばあい，独占的大企業の要望を基礎に「近代化計

---

6)　川崎弘「中小企業政策と経済法」『通商産業研究』128号。
7)　中小企業近代化審議会は，通産大臣の正式の諮問機関であり，「中小企業の近代化に関する重要事項を調査審議する」（近促法第11条）ことを任務としている。現在，総合部会はじめ12部会のもとに，各業種別の分科会にわかれ，委員40名，専門委員10名の指導のもとで，業種指定と近代化基本計画の検討を行なっている。そのメンバーは2～3人の例外をのぞき，中小企業とはおよそ関係のない財界人・高級官僚あがりによって占められ，いわば現場の中小企業経営の苦しみを知らない独占資本の代弁者のグループにすぎない。

画」がつくられることとなる。

　第2は、生産および輸出の見通しの甘さであり、目標年次の需要予測を誤ると容易に過剰生産をひきおこす結果となる。第3は、品質の目標と生産費引下げ目標のきびしさである。基本計画の承認を左右する項目は主としてここにあり、「近代化」すなわち「コスト引下げ」でなければならないこととなっている。コスト引下げが、中小企業のばあい受注単価の切下げ、もしくは販売価格の低下にしかつながらないことは自明の理であろう。

　第4に、基本計画のなかで、もっとも問題の多いものとして「適正生産規模」の算定がある。もともと「適正規模」という概念は、近代経済学、経営費用論の立場から中小規模企業の合理的存続を説く場合に使われた用語である[8]。経済政策の要請からこれが利用されることは、非現実的であるのみならず、独占・政府の利害から、好ましくない階層を切捨てる「合理的」基準として用いられかねない。この点について、山中篤太郎氏は「公共政策は、企業の適度規模の策定上の反履する難点にかえりみ、企業の外部から一定の適度規模を政策的に定め、これを強制すべきでない。（中略）　中小企業近代化促進法は、そのなかで適度規模の推進にふれている。企業がそのリスクにおいて設定し追求すべき適度規模概念を、政策が企業の外部から設定し適用するが如きことは、政策のなしうべき限界を越える」[9]と批判されている。

　所得倍増計画、中基法から近促法における、「近代化」路線の中核にすえられてきた「適正規模企業づくり」は、現実において、その非科学性から否定されざるをえないところに追いこまれている。なによりも政策担当者の明確な規定がみられず、「大型化・集約化＝適正規模化」という政策的判断が独走するにとどまっている。実際に適正規模算定に協力した学者も、「終日春をたずねて春を得ず、ではないが、全国に適正規模を求めて適正規模を得ず、空しく帰って適正規模らしいものの一端を心の中に見出した。正直なところ全国400有余の工場（和紙製造業）で適正規模はおろか模範工場と考えられるものさえ見出しえなかった」[10]とのべているほどである。これまでのところ、一応は

---

8)　佐藤芳雄・中山金治「わが国における『適正規模』中小企業論の批判」『講座中小企業』第3巻所収、および佐藤芳雄「中小企業『近代化論』批判」　市川弘勝編著『現代日本の中小企業』新評論、1968年所収を参照のこと。

9)　山中篤太郎「適度規模概念と中小企業」末松・瀧澤編『適正規模と中小企業』有斐閣、1967年、42—43ページ。

「付加価値生産性」や「利益率」などを中心に算定してはいるが、いずれの業種でも、中堅企業に適正規模を見出だすことができず、適正生産方式の表示によって「基本計画」を策定しているものが多い。

以上のような問題点をもつ、近促法の指定業種は、その後どうなっているだろうか。二、三の事例をみながら検討してみよう。

(3)「指定業種」の実態

ねじ製造業のばあい、1956年「機振法」の指定業種とされてから、通産当局の強力な指導による「合理化」がすすめられてきた。生産費の引上げ実績は、60年度末において、55年にたいして20％の引下げを実行し、さらに65年度末の第二次五カ年計画では15％引下げられている。この間に、63年「近促法」の初年度指定をうけ、自動車・電機業界を中心とする需要業界からのきびしい値下げ要求を受けとめてきた。いま進行中の「振興基本計画」における70年度末の生産費は、65年度にたいし平均10％以上引下げることを、通産当局は目標としている。三次にわたる、通算45％という苛酷なコスト引下げの要求は、開銀や中小企業金融公庫からの低利特別融資を伴うとはいえ、そろそろ限界に近づかざるをえない。そのため、通産省は合併、業務提携、グループ化などによる企業の集約化—規模の拡大をはかることを重点施策としている。

この基本計画の最終的なねらいは、現在約2,500社のねじメーカーを、将来100社程度に集中することにある。「日本ねじ工業協会」の構想によれば、従業員100人以上、年間生産額2億4,000万円以上の中堅企業をグループ化の中核として地区別・品種別に配置しようとしている。この結果、92％を占める50人未満の小・零細メーカーは、大手ねじメーカーの下請け的地位に転落することが必至となり、またすでに、廃業を余儀なくされた工場が、東京の葛飾区だけでも5～6社でているといわれる[11]。

このねじ業界の例からわかるように、「近代化」は、各企業の経営力を増大させることを目的とするのではなく、戦略産業に役立つ下請けの合理化＝コスト・ダウンの余地開拓に目標がしぼられている。自動車メーカーのばあい、大手ねじメーカー数社に集中発注する方法をとり、これら100社たらずの大手ね

---

10) 細野孝一「適正規模と適正生産方式」末松・瀧澤編『適正規模と中小企業』有斐閣、1967年、150ページ。

11) 野田信一「近代化指定後のねじ業界」『全商連資料』68年2月号。

じメーカーには莫大な特別融資が与えられ，その結果，合理化された一部上層と，合理化しえない大多数の零細層との格差が，いちだんと拡大していく。これだけでも「近促法」・「機振法」の恩典に浴するものが特定のものだけだということがはっきりし，零細層たちは「自分たちの税金が，自分たちの首をしめる政策に使われている」と怒っている。

　だが，設備合理化に成功した「近代的」中小企業も，その地位が安定するわけでは決してない。「近代化」は，「底上げ」したもの同士のより激しい競争をひきおこす理由となる。なぜなら，「近代化」計画は将来の需要にみあった生産目標を基礎に作られるというよりは，むしろ，「生産費の引下げ」に必要な設備の合理化を基礎的な前提として作るように，政府当局と需要先である独占資本から圧力がかけられるばあいが多いからである。

　みがき棒鋼製造業（63年近代化指定）のばあい，特別融資にみあう生産計画目標は，64年度49万トン，65年度56万トン，66年度63万トンにされたが，実際の業界の年間生産能力は設備投資競争のため，64年度末ですでに最高99万トンにものぼり，平均稼動率は58％に落ちこんでしまった。特別融資をうけることができたのは，74社中12社にすぎなかったが，他の企業も対抗上，「生き残るための投資」をやったのである。つまり，「近代化」指定をきっかけに，過当競争を誘発し，なによりもコスト・ダウンをという危機感をつくりだすことが，独占体のねらいなのである。過剰生産によって，多数の中小企業が脱落しても，政策担当者はなんら責任を負う必要を感じていない。むしろ，それを契機に，協業化，系列化をおしすすめ，独占資本を頂点とする業界秩序の再編成を容易ならしめるのである。

　同様の事態は，零細企業ばかりの業界でも生じている。64年1月に「近代化指定」を受けたレンズ双眼鏡業界は，94％までが零細企業であるが，輸出専門の業種として注目されていた。同業界の近代化基本計画によると，従業員30名，月産300万円以上の規模とし，そのためには，業務提携と協業化を促進し，業界の高度化をはかるというものであった。しかし，大多数が家内工業である同業界では，「近代化」指定の恩恵に浴しうるものはわずかで，結局，融資を受けえたものは3社にすぎなかった。だが，「近代化」指定とともに，それまでの生産制限，販売方法規制の撤廃が行なわれ，野放しの「設備合理化」競争が強制された。結果として，63年に160万個であった生産数量が67年には400万個を越し，単価も67年3月には，66年春の半値近くに下落し，たちまち10社が倒

表3－1　1964・65両年度の計画目標対実績比率

(数字は業種別のパーセンテージ)

ランク \ 目標年度	性能・品質		生産費		生産額		輸出額		設備投資額	
	1964	65	64	65	64	65	64	65	64	65
A	5	3	4	8	13	11	11	12	9	21
B	39	52	39	72	74	69	55	51	9	17
C	0	6	4	8	9	12	28	30	74	58
D	56	39	52	12	4	8	6	7	8	4

(注)　A：目標を上回った業種（目標の110％以上）
　　　B：目標をおおむね達した業種（目標±10％未満）
　　　C：目標を下回った業種（目標の90％以下）
　　　D：実績の把握困難，または不明の業種
(資料)　中小企業庁編『月刊中小企業』1967年6月号

産した（『全商連　資料』67年8月号参照）。

　現在すでに「近促法」にもとづく指定業種は，製造業だけでも136業種におよび，うち100業種で「基本計画」が策定されている。だがその内容は，以上にのべたように，きわめて恣意的な根拠からつくられており，しかも，いったん策定された「基本計画」は，現実の政策の推進過程で大きな影響力を発揮する。たとえば，計画における「生産費引下げ」目標の表示を理由として，ただちに単価引下げを強要する親企業もあり，育成の対象とされる中堅企業も競争の激化に悲鳴をあげるものが多い。

　中小企業庁の報告によって，64，65両年度の「近代化」計画の実績をみると（表3－1参照），生産面では8割程度の業種がほぼ目標に達しているが，設備投資と品質面では目標を大きく下回っている業種の多いことが指摘される。とくに注目されるのは，65年度において「生産費」の引下げ目標達成率が，8割もの業種においてみられることであり，この点からも，「近代化」計画が「コスト引下げ」にもっぱら重点がおかれていることがわかる。その反面，報告には経営面の変化，たとえば生産増大にみあう利潤の動向などについては，一切ふれていない。「生産費の引下げ」が「利潤率もしくは利潤量の拡大」につながらぬとしたら，中小企業の「近代化」は誰のためのものであろうか。

　それではつぎに，金融・資金助成の実績をみることにしよう。中小企業者は「金ほしさ」に業種指定の運動を行ない，近代化計画づくりに協力する傾向が強かったのである。これまでの助成総額は，中小企業金融公庫の「近代化促進法による低利別枠資金」と「特別以外の貸し出し＝準近促資金」をあわせて，

243億6,100万円の貸付を行っている。そのうち「近促＝特利分」が168億円を占めている。

だがその内容をみると，特定業種に資金が偏っていること，および，業者総数に比べてあまりにも貸付対象件数の少ないことが目立っている。たとえば，印刷業（25億5,600万円），メリヤス製造業（17億1,600万円），普通合板業（12億4,250万円），綿スフ製造業（11億1,300万円），清酒業（10億6,500万円），生パン業（8億3,300万円）等が大口融資の業種であり，これはいずれも「近促法」にもとづく合併促進の中核業種とみなされているところである。この大口融資業種でも，小・零細企業はほとんど貸し付けの対象からはずされている。65年3月以来，67年6月までの「近促融資」168億円の貸出し件数はわずか1,172件にすぎず，1件当たり貸出額は1,426万円という大きな単位になっている。もちろん，その中には2度以上の融資を受けた上層企業がはいっている。反面，このことは零細企業の設備改善に役立っていないことを意味する。「中小企業近代化資金助成法」による都道府県の貸出しも同様な状況である[12]。

以上の事実は，明らかに資金助成を目玉にして，事実は上層に偏った援助によって，「構造改善」を促進しょうとするものである。そのような差別をやっておきながら，「体質改善」のできない，したがって「生産費の引下げ」が見こまれない小・零細企業を前近代的経営だとして転廃業を強制しようとしている。「発展と停滞」，「近代と前近代」という政策担当者の「二重構造論」の二元論的見地は，実は上から作りだされた「階層的差別構造」の再編成にほかならない。

中小企業の近代化政策の展開は，戦後の60年代はじめまで「階層的収奪構造」の底辺を形成してきた小・零細企業層の存在が独占資本にとって直接的に生産力の展開に対し桎梏と化したかにみえるところにあり，したがってこの部分をいかなる強制によって，どのように再編成するかに政策の存在がある。

しかし，近代化政策が「上層育成・下層淘汰」の政策といっても，部門別，階層別，地域別に問題とされている内容は多様とならざるをえず，とくに膨大

---

12) 近代化資金助成法による特定業種への設備近代化資金貸出し限度は，原則として300万円以下（所要費の二分の一）で，特例として600万円まで認められているにもかかわらず，300万円以上の大口融資が15.4％を占め，うち600万円以上のものが1.8％になっている。従業員3人以下の零細企業に対しては，100万円以上の融資は皆無にひとしいことが中小企業庁の調査でも明らかである（『月刊中小企業』67年9月号参照）。

な零細下請・内職群の浮動的存在が，中小企業全体の差別支配と大企業のコストダウンのために，いままでも不可欠な条件をなしているというところに矛盾だらけの現実がある。それゆえ，「近代化」政策の進行方向を規制するものは，第1に若年低賃金労働力の不足という事態の展開のテンポにあり，第2には，「上からの整理・淘汰」に抵抗する零細企業層の闘争力，さらに第3として，「近代化」とうらはらに進む過剰生産恐慌への危険にある。中堅層と巨大企業相互のとどまることを知らない投資競争が，「生産過剰」の芽を育てており，この点からも，弱小企業群の排除が問題となってくる。

　ポンド切り下げとドル危機にあらわれる，資本主義の経済的危機の影響もしだいに大きくなってきている。いわゆる「日米経済協力」にもとづく米日独占体の進出も中小企業の利害を無視して強行されているのであり，とくに資本の自由化の強制は，たとえば，アメリカ独占体の強い要求のもとで施行されようとしている「特恵関税」は，後進国援助という美名のもとに行なわれるドル防衛であり，アメリカ商品進出の武器である。そのあおりで，わが国中小企業の550品目にものぼる商品市場があらされ，転廃業，再編成が迫られる。国の内外をとりまく危機のもとでの中小企業問題の反動的な解決の方法が，「近代化」政策であり，構造改善事業なのである。

補論： 下請・系列化について

　中小企業の存立は,「独立性・従属性」を基準に, 独占・大企業との関係がどのようになっているかに求められる。とりわけ, 製造業全体における下請企業の割合は, 戦前・戦後一貫して高く, また, 業種別にみると繊維, 衣服・その他の繊維製品, 一般機械, 電気機械, 輸送用機械および精密機械での下請企業比率は高い割合を示している。このように, 製造業における中小企業は独占・大企業との関係では下請として存立しているのが圧倒的であり, 中小企業の類型化において核心をなすと同時に, これまで存立形態論として論じられてきている。そこで, 下請企業が, 中小企業の存立形態においてどのような視点から把握され, また類型化されているかの代表的諸見解を取り上げて検討する。したがってここでは, 諸見解をめぐる論争自体ではないことに留意されたい。

1　下請制

　小宮山琢二氏によると「中小工業と呼ばれるものは渾沌たる総体」[1]であり, その内容は「異質的」＝「複雑な構成層」[2]であると把握する。そして, 中小工業問題を「工業生産上の問題」としたうえで,「19世紀英国を中心にして展開された産業資本の古典的確立過程が, 日本の工業生産が負はされた歴史的社会的諸条件のなかで, どう特殊化され歪曲化されているであろうか」(7ページ) という産業資本確立の視点から, 中小工業の存立諸形態を次のように分類している。

---

1) 小宮山琢二『日本中小工業研究』中央公論社, 1941年, 3ページ以下。同書からの引用頁数の表記は, 引用箇所で ( ) で示す。
2) 小宮山氏は, 中小工業問題を「工業生産上の問題」と捉えるのに対して, 有沢広巳氏は次のように捉えている。すなわち,「中小工業問題は, 工業生産上の問題というよりもむしろ人口問題であり, 更にかかるものとしてむしろ小工業問題である。そして小工業問題たるところに, 我々はそれが人口問題たる以上に, 労働問題であり, 社会問題である」(『日本工業統制論』有斐閣, 昭和12年) として総構造論的把握をしたが, その本質が労働問題に還元されている。

（A）　中小工業の独立形態
（B）　中小工業の従属形態
　(1)　支配者が問屋あるいは商業資本，輸出貿易資本，百貨店資本等たる場合（問屋制工業）
　　（a）　下請業者の生産が資本家的生産たらざるもの（旧問屋制工業あるいは家内工業）
　　（b）　下請業者の生産が一応資本家的生産の内容を備えているもの（新問屋制工業）
　(2)　支配者が大工業あるいは工業資本たる場合（下請工業）

以上のように中小工業の存立形態を分類するが，そのうち独立形態は「それ自体としては問題にならず」（7ページ）として，分析の中心を従属形態に置き，「近代性と前期性を篩い分け推転の基本的方向をつかむこと」（8ページ）に主眼が注がれる。

ところで従属形態のうち，支配主体は，問屋制が問屋あるいは商業資本で，それらは全然あるいはほとんど直接生産に従事しないのに対して，支配主体が工業資本である場合の下請工業は「もっとも形式的には工業資本がその製品の組立又は製造に必要な部分品の製作或は工作の一部又は全部を『外業部』に行はしめることであり，その従属形態が生産上の根拠に基いている点で問屋制工業とはっきり区別される」（30ページ）のである。そして「最も純粋に現はれた場合を想定して下請工業の属性」すなわち「範疇としての下請工業」を次のように規定している（30ページ）。

　(1)　支配者たる大工業は生産の内部的主導者であり，下請は生産工程そのもののなかでの係り合いであること，
　(2)　支配の根拠が生産外の前期的収取ではなく，巨大資本による小資本の圧倒であること，
　(3)　親工場と下請工場とが生産工程上の関係をもって多かれ少なかれ有機的に結合すること，
　(4)　したがってその生産分化が社会的分業あるいは生産部門内の特殊分業の実現であるかぎり，生産物は価値通りに交換され得ること，

等であるとしている。このような特徴をもつ下請工業について，さらに下請を「下請生産の場合に限定して」，次の3つに類型化している（32—34ページまたは250ページ）。

（A）　包括的下請　　大工場が自己工場本来の製作範囲内の完成品をそのまま下請せしめる場合（完成品の下請）
　（B）　混成的下請　　社会的分業あるいは特殊分業として一応分化された工程または部分品の下請（部品の下請）
　（C）　有機的下請　　市場性なき部分品または部品工程の下請（加工下請）
　このような下請の3類型に加えて，下請生産関係を基準にして①浮動的下請と②専属的下請とに区別する（98—106ページ）。そして「範疇としての下請」の成立を専属的下請の進行と位置づけ，その発展の中に，技術的向上（中小工業の「二重の隔絶性」＝ア）先進工業国より技術的に遅れている日本の大企業—「非近代性」と，イ）その大企業より更に遅れている中小企業—「被支配性」）の契機を見出し，「価値通りの交換」＝等価交換が行われる社会的分業を展望している。いずれにせよ，小宮山氏は，中小工業を産業資本確立の視点から，独立形態と従属形態に区分し，従属性にこそ中小工業存立の特質を見出しているところに特徴がある。
　このような中小企業の存立形態は，わが国中小企業研究において，はじめての本格的分析であり，いまでは古典的性格をもっているといえる。しかし，この小宮山氏の分析については藤田敬三氏との間に下請制をめぐる論争が展開されたのみならず，多くの論者から種々の批判や論争の成果が提示されたのである[3]。そして両氏に代表される論争は，戦後の企業系列化をめぐる議論へと継承・展開されることになる。

2　企業系列化

　戦後の中小企業問題は，アメリカの対日占領政策の転換，ドッジ・ラインの強行のもとで意識化され，登場すると同時に下請制も復活した。「戦後改革」のなかで経済民主化を促進する担い手として期待されていた中小企業群は，再び独占資本の収奪対象となったのである。そして下請中小企業の選別・淘汰は，朝鮮動乱後の1952年頃より企業系列化という形で，繊維，鉄鋼産業から推進せ

---

[3]　小宮山氏と藤田氏との論争とその整理・評価については次の著作を参照されたい。①中小企業事業団編『日本の中小企業研究』（第1巻，成果と課題）所収の渡辺幸男「下請・系列中小企業，20」有斐閣，1985年，②加藤誠一・水野武・小林靖雄編『経済構造と中小企業』第4章，同友館，1976年。

られたのである。企業系列化の形成・進展は，朝鮮動乱後の52〜53年頃から57年頃を第1段階に，55年頃からの高度成長時に加速化し，60年代半ばに定着する。それは，独占・大企業が自らの生産力・技術水準に照応させるために，既存の下請中小企業を選別・育成し，専属化させるものであった。

藤田敬三氏は，こうした戦後の事態に対して，戦前の氏の主張をふまえて[4]，「系列という語は下請の単なる代名詞ではない」[5]として，企業系列は，「本質的には主として流通の枠内における浮動的な関係に止まる下請の場合とは異なり，流通，資材，設備，技術，人的要素，資本等の全面または少なくとも2つ以上の面において恒久的に結び合い，系列企業は親企業の経営の中にかなり深く組み入れられている一方，親企業が系列企業の経営内容にも立ち入るような関係にあることを原則とする」（同書，275ページ）と規定している。そして企業系列の本質的特徴は「問屋制家内工業から下請制を経ていわばその弁証法的発展を遂げた生産面の外部からする優位資本の劣位工業支配の最高の形態であるから，前記二者の系譜を承けつつ，段階的に新たなる資本の要求に応ぜんとする企業結合形態たる点」（同書，283ページ）であるとする。

図式化すると，問屋制家内工業→下請制→企業系列というコースを「弁証法的」に発展させることによって「企業系列」を類型化したものである。したがって下請制の内部から発生したものでありながら下請制とは異なった「いっそう次元の高いもの」すなわち「下請制のあたかも完全な反対物である」（同書，284ページ）ことを強調している。

このような藤田氏の企業系列の主張に対して，小林義雄氏と市川弘勝氏は，下請制＝専属下請と企業系列とを特に区別し，両者を異質なものとする理由はなく，むしろ下請関係の「より組織的であり，より緊密なもの」[6]と位置づけて，系列を下請制の一種としたのである。そしていわゆる「企業系列」には，①第1形態として独占資本の中小企業に対する支配利用の関係にあるもの—下請制に属する不等価交換によるもの，②第2形態として独占資本内部の企業の相互関係，あるいは「業務提携」「グループ化」とよばれる等価・平等の関係によるもの，との2つの企業結合形態があることを実態上から分析・解明したのである[7]。

---

4) 藤田敬三編『下請制工業』有斐閣，1943年。
5) 藤田敬三『日本産業構造と中小企業』岩波書店，1965年，264ページ。
6) 小林義雄編『企業系列の実態』東洋経済新報社，1958年，13ページ。

ともあれ従属型中小企業の存立形態である下請制や企業系列化に関する見解の相違は，方法論的違いにもとづいているが，具体的には，下請制をどのように理解するかという問題のなかに見解の違いがあるといえよう。なお，下請制は，国内的下請生産ばかりではなく，経済の国際化の進展と企業の多国籍展開にともなって国際的下請生産が形成されており，その区別と関連性についての類型化も意義がある。

---

7) 企業結合形態は種々の基準によって類型化しうる。例えば，縦の関係としての垂直的結合，横の関係としての水平的結合である。さらには，資本支配の形態から，系列化を①銀行系列，②メーカー系列，③商社系列に区別できる。また，各種の基準＝指標から，資本系列，人的系列，生産技術系列，流通系列，原材料系列等々に区別できる。なお，わが国の企業構造は，資本の支配形態からみると，独占資本を頂点にしたピラミッド型の階層的収奪構造を形成しているという特徴がある。

第4章　経済の国際化と
　　　　中小企業構造改善政策の展開*

1　中小企業「近代化」政策の限界

　「進むべき新たな道」としての「中小企業基本法」は，従来の個別的施策から総合的かつ体系的に講じるべき政策の基本理念と方向を定め，中小企業の近代化・高度化をめざしたものである。中小企業政策は，従来の不況対策や中小企業のみの問題施策だった傾向に対し，中小企業を産業構造の高度化と国際競争力強化に即応させようとする産業構造政策の一環として位置づけられた。したがって政策理念は，社会政策と経済政策の分離，保護主義脱皮と経済合理性の追求，優良企業育成と非能率小零細企業の整理・転換という政策の転回を鮮明にした。独占体制のもとでの中小企業政策を意図したのである。
　このような政策的意図をもった中小企業政策は，「中小企業構造の近代化・高度化」をめざして，「適正規模化＝中堅企業育成」と小零細企業の整理，淘汰の促進を政策の重点にすることによって，「育成」政策と「転廃業」政策という政策の分化をおこなった。「上層育成・下層淘汰」の路線を整備し，これに対応する「近代化」を徹底するための具体的施策を担当する「中小企業近代化促進法」(63年3月)は，スケール・メリットの追求と「業種別近代化＝個別企業の設備近代化」(第1近促)を展開したのであった。そこではまず，「産業構造の高度化または国際競争力の強化」を促進するのに特に必要と認められる業種が指定され，「指定業種」ごとに政府が実態調査し，「目標年度における製品の性能又は品質，生産費，適正な生産の規模または方式」を含む「近代化基本計画」を策定する。「指定業種」に対しては，中小企業金融公庫の融資，特別償却や減税措置などが講ぜられ，業種別「近代化」を促進しようとするも

　　＊　本章は，福島久一「中小企業政策の現状と課題」市川弘勝・岩尾裕純編著『70年代の日本中小企業』新評論，1972年5月，所収のものを加筆・修正している。

のであった。だが，中小企業の設備投資，生産力拡大は，膨大な過剰生産と過当競争の激化をまねき，とくに「65年不況」のいわゆる「証券不況」の中で，大企業をも含む激しい倒産を発生させた。「高度成長」過程における「中堅企業の群生」と発展を一面的に強調した「中堅企業論」も現実の企業倒産状況を前に無残にも「破産」した[1]（補論1を参照）。こうして，「中基法」登場以来，好不況にかかわらずの倒産，中小企業の「近代化倒産」を表面化させ，激増した[2]。

「高度成長」政策にもとづく「上層育成・下層淘汰」を内容とする中小企業「近代化」政策の強行，内外独占資本の中小企業分野への進出と専制支配の強化は，日本資本主義の構造的矛盾を深化させずにはおかなかった。とくに，若年労働力不足と初任給を中心にした賃金水準の上昇傾向は，国際競争の激化が予想されるなかで，独占資本自身の「世界企業化」，強蓄積運動にとって隘路となってきた。したがって，低賃金労働力をいかに析出するかという観点から産業全般の再編成をはかり，「国際的に闘える企業集団」と産業分野を育成しつつ，中小企業の新しい支配・収奪の方法の採用とその対象の拡大が重要な課題となってきたのである。いまや，個別企業単位の「近代化」政策をこえた「業界ぐるみ・産地ぐるみ」のビルド・アンド・スクラップ路線を強行することによって内外からの危機をのりきろうというのである。「構造改革」という名の自主的強制による転廃業政策が強引なまでにすすめられてくる。

2　国際化の進展と中小企業「近代化」政策の矛盾

『昭和42年度版中小企業白書』は，「国際化の進展と中小企業」という一章をもうけ，中小企業が重大な転機にあることを指摘している。そこでは，「30年代後半以降の第一次の開放経済化の後をうけて，わが国経済は『国際化時代』

---

1) この種の見解を代表する者に中村秀一郎『中堅企業論』東洋経済新報社，1964年がある。「中堅企業論」に対する批判として，中山金治「中小企業『近代化』の思想と背景—いわゆる『中堅企業論』をめぐって—」日本大学『商学集志』34巻1～4号合併号，1964年および『中小企業近代化の理論と政策』千倉書房，1983年。佐藤芳雄「中小企業近代化論批判」市川弘勝編『現代日本の中小企業』新評論，1968年がある。
2) 63年に1,738件であった倒産件数は，65年—6,141件，66年—6,187件，67年—8,269件，68年—10,776件，69年—8,523件，70年—9,765件と増加し，銀行取引停止処分や廃業を含めれば数倍になる。

に入りつつあり，これはわが国経済にとって第二ラウンドの国際化であり，第一次開放体制とはちがった意味で，わが国経済の体質，構造に根本的な検討をせまっている」という。たしかに60年以来貿易の自由化が急速に進められ，64年にはほぼ全面的な貿易の自由化を実施した。その後も経済の「国際化」は進展し，資本自由化，ケネディラウンドの妥結（67年六月），特恵関税問題の登場など，戦後世界経済史での画期的でき事が生じ，いまや日本独占資本のより大きな飛躍にとっては60年代前半の「高度成長」を可能にした経済の枠組みでは桎梏と化しつつあった。「国際競争力強化」と「産業構造高度化」を大義名分に，独占支配の基盤を飛躍的に強めるための「国際的に闘える企業・産業をつくり出す」産業再編成がいそがれた。したがって進展する資本自由化，特恵関税問題という「国際化」のもとで，中小企業の「近代化」の遅れは，単に中小企業だけの問題にとどまらず，日本経済全体の発展を制約，阻害するという危機意識が醸成された。この危機意識の醸成こそ，独占資本が産業秩序の再編成を容易ならしめるためにねらったものであった。独占的大企業の「世界企業化」への動きに対応して業種そのものの「構造改善」という新しい段階＝「近代化」政策の第二ラウンドを迎えることになる。

　この事情を「経済社会発展計画」（67年２月）では，日本経済全体の視点から「経済の効率化を推進するにあたって，中小企業の近代化が重要な課題となる。昭和30年代にも中小企業の近代化はかなりの進展をみたが，大企業のめざましい発展にくらべ立ち遅れがめだっているので，昭和40年代には，近代化の努力をいっそう強めなければならない」としている。「近代化」の推進にあたっては，「構造改善の推進に主眼をおいた施策」とし，「経済全体の効率化のためには，一部企業の事業転換の円滑化をはかる」ことが「不可欠の要件」と強調して，転廃業を軸とした「業種・業界ぐるみ構造改善」をうちだしてきた。ここでの認識は，これまでのような個別企業の「近代化」では限界があり，それゆえ，「業界・産地ぐるみ」の「総合的近代化」をはかることにより「近代化」を徹底化することにある。施策の重点は，当然に，「上層育成・下層淘汰」にとどまることなく，上層中小企業をも含めた産業全般にわたるスクラップ・アンド・ビルド政策を強力に推進することにある。問題は，独占資本が中小企業をどのように収奪・利用するかの新しい方法を追求すること，そのためにこれまでの「階層的収奪構造」を編成し直すことが重要な課題となった。

　こうして日本経済全体の経済効率を高めるという観点から，従来の設備近代

化資金から高度化資金に重点移行するために「中小企業構造改善準備金制度」（66年4月）が創設され，税制上から事業の共同化・集団化と零細企業の転換促進がはかられた。さらに，従来からあった「中小企業高度化資金融通特別会計」と「日本中小企業指導センター」とを統合し，中小企業の「構造改善」を促進するため資本面と指導面とを総合的に助成する機関として，62年7月「中小企業振興事業団」（現：中小企業基盤整備機構）が設立された。この「振興事業団」の設立は，これまでの中小企業政策のうえで画期的ともいえる「第二中小企業庁」の役割を果たし「業界ぐるみ構造改善」の計画策定から実行までの管理の集中と統制に役立てられた。「業界がその自主性と責任に基づき構造改善計画を策定する場合には，中小企業振興事業団等の資金の優先的確保を図る」とともに，金融，税制の両面から助成を強化することにより，「協業化，共同化を中心とした中小企業の効率的な構造改善」をいっそう強力に推進する，というのである（『42年度版中小企業白書』4ページ）。また，協業化の促進をはかるため，「協業組合制度」（67年7月）が創設された。しかし，これは自主的結合を前提とする「協同組合原則」[3]とは全く異質で，企業の合併・合同を志向するための資本集中の促進政策であった。

「近促法」にもとづく「指定業種」は前章で述べたようにその範囲を拡大し，すでに五年の満期に達した業種に矛盾が表面化していた。「指定業種」は，71年度までに142業種におよび，出荷額（製造業）は中小企業業種全体の大部分をカバーするに至っている[4]。「近促法」にもとづく中小企業の「近代化」政策は，「中小企業のなかの1割にもみたない少数の，中小企業の上層部分を

---

3) 協同組合法の第5条では協同組合原則を規定している。ここでの活動上の基準及び協同組合原則は，いわゆるロッチデール原則（Roch-dale Principle）に依拠したものである。ロッチデール原則とは，1844年にイングランド北部のマンチェスターの近郊ロッチデールにおいて採択された「ロッチデールの9原則」と呼ばれるもので，次のような原則である。①組合員の議決権は平等であること（一人一票の原則），②政治及び宗教に対して中立であること（政治，宗教上の中立の原則），③組合員の教育に力を注ぐこと（教育の尊重），④資金は寄付によらず，組合員の出資によること（自助主義の原則），⑤出資金に対しては利子を支払うが，利子は一定率以下であること（利子制限の原則），⑥剰余金が出たときは，購買高に応じて配当すること（購買高配当の原則），⑦商品は市価で販売すること（市価販売の原則），⑧現金で販売すること（現金主義の原則），⑨品質優良なものを正確な名目で販売すること（良質主義の原則）。

4) 指定業種は，63年―16業種，64年―18業種，65年―21業種，66年―22業種，67年―24業種と対象を拡大するが，68年―12業種，69年―10業種，70年―11業種，71年―8業種と68年を境に急減している。

『中堅企業』にそだてあげることによって独占・大企業の補完的役割をになわせ，その反面では，圧倒的大多数を占める中小・零細企業を整理し，事業の転換をせまり，上からの協業化，集団化をおしつけ，企業の合併，合同を実現させることによって独占支配の『産業秩序』を確立しようと企図」[5]したものである。事態の進展は，「近代化」政策の本質とその政策的強行が反動的な解決の方法であったことをますますはっきりさせている。

その矛盾の第1は，「中小企業構造の高度化」が「二重構造」の解消につながるという「近代化」命題自体においてである[6]。「前近代部門」（中小企業）と「近代部門」（独占・大企業）とが別々に存在し，「前近代的なもの」の「近代化」の確立，それゆえ，「近代化」の実質的意味は，独占・大企業に役立つ「近代化」の基盤となる「中堅企業」の育成，小・零細企業の整理・淘汰という生産力拡大視点にある。しかし，独占・大企業は膨大な中小・零細企業群の存在と階層的収奪を前提に成立し，それへの寄生を通じて展開している。したがって「近代化」には一部企業の上向と小・零細企業の没落・縮小という不均等の発展を内容としているところに「近代化」命題の矛盾がある。「上層育成・下層淘汰」を軸とした「近代化」政策は，結果的には従来とかわらぬ総花主義となり，「二重構造」は解消しないばかりか，65年頃より賃金・生産性等の格差は拡大の傾向にさえある。「近代化」は中小企業の独占・大企業への従属を深化させ，階層分化・分解を激しく進行させた。

第2は，「近促法」の運営そのものから生じる問題である。(1)「近代化基本計画」の策定は政府がおこなうというものの，業界上層業者と官僚の行政指導のもとですすめられ，業界の民主的運営が阻害される半面，計画と強制的実行との矛盾をなくすため，官僚統制が厳しくなっている。(2)目標年度の需要見通しの誤りが，多くの業種で過剰生産・過当競争をまねき，とくに65年以降「近代化倒産」を表面化させている。政策的強制の客観的所産を意味する。(3)品質

---

5) 渡辺睦「中小企業の『近代化』と『構造改善』の新段階」『経済』1968年9月，26ページ。
6) 中小企業庁編によれば，中小企業の近代化とは，「総体としての中小企業層の近代化を意味する広い概念である。わが国の中小企業は総体的にみて，多分に前近代的な性格から脱却しえない面を残しているので，このような前近代性を払拭して近代的な中小企業層を確立することが中小企業の近代化の本旨である」としている（『中小企業施策のあらまし』1971年度版，408ページ）。したがって，政策課題たる「二重構造」の　解消策は「高度成長によって自然的に解決されるものではなく，政策的に十分な配慮を加えることが必要」（中小企業庁編『日本中小企業政策小史』）となる。

向上と生産費引下げ目標は，中小企業の受注単価の切下げとなり，独占大企業のコスト引下げに役立った。そこには，「近代化した中小企業同士」の過当競争の激化，経営の不安定性，独占大企業への従属の深化としてしか残っていない。(4)「適正規模」概念の理論的あいまいさがある[7]。かりに，恣意的に「適正規模企業」を求めたとしても，「高度成長」のもとでは「絵にかいた餅」と化し，設備近代化投資競争のみをもちこんでも中小企業の安定と成長には結びつかない。むしろ事態は，設備近代化→過剰設備→過剰生産→過当競争→経営悪化をまねき，「近代化下請」と「切捨て近代化」「近代化倒産」の醸成となっている。

　第3は，「基本計画」の実行は個別企業であり，個別企業単位の設備近代化が主眼となったことから，政府・独占資本の意図した設備のスクラップや転廃業を積極的に促進するまでにいたっていない。ここに「業界ぐるみの構造改善」がさけばれる理由がある。第4は，業種別「近代化」とともに「高度化」政策のもう一つの柱であった「事業の集約化＝協業化・団地化」政策が，後でみるようにそれほどの成果をあげていない。

　こうした問題点があるにもかかわらず「指定業種」の範囲は拡大され，五カ年計画の最終年度をむかえた業種の「近代化基本計画」の進捗も当初予期したほどその効果をあげていない。いまや，近代化推進論者からも「現行の体制においては，①計画の内容がなお形式的であることを免れず，個々の企業に浸透しにくい。②設備のスクラップあるいは企業の転廃業，集約化等に対する考慮が欠けており，計画が不徹底である。③資金面，指導面，税制面の助成措置が不十分であり，また，計画と助成措置との有機的な連携が欠けている。④計画遂行の中核となる業界組織が弱い，等の事情により，必ずしも所期の効果をあげていない面がある」[8]との「批判」が強調されざるをえなくなったのである。

　さし迫る特恵関税供与と資本自由化に対処するため，まず先導的に「特定繊維工業構造改善臨時措置法」（67年8月）が施行され，特定紡績業および特定織布業の「構造改善」がスタートし，ついで，染色業，メリヤス製造業にも拡

---

[7]　佐藤芳雄「中小企業『近代化』論批判」市川弘勝編著『現代日本の中小企業』新評論，1968年。佐藤芳雄・中山金治「わが国における『適正規模』中小企業論の批判」『講座・中小企業』有斐閣，第三巻所収，60年を参照。また，諸見解を集成したものに末松玄六・滝沢菊太郎編『適正規模と中小企業』有斐閣，1967年。

[8]　総合政策研究会著，有沢広巳・土屋清監修『資本自由化・本質と対策』1967年，172ページ。

大した。同時に，中小企業業種一般，とりわけ「産業構造の高度化」と「国際競争力強化」を促進する業種に対して，「近促法の一部改正」（69年5月）をはかり，中小企業「構造改善」制度（第2近促）が新設され，「業界ぐるみ構造改善」政策を本格化した。また，下請中小企業については，「親子ぐるみの構造改善」が企図され，「下請中小企業振興法」（70年12月）の制定をみるにいたった。これは「業種別『近代化・構造改善』といういわばヨコ割り『近代化』の進展を足場に，直接独占・大企業を施策の軸にしたタテ割り『近代化』を十文字にからみあわせ，独占資本の支配・収奪の網の目に中小企業をからめあげてしまうことをねらったもの」[9]である。

こうして「業界ぐるみ構造改善」と「親子ぐるみ構造改善」とを結合させた中小企業政策は，すべて「構造改善」政策に集約され，その裏づけとなる法体系の整備・総仕上げが確立したのである。

では，「構造改善」政策がどのようなものであるかを次にみることにしよう。

3 中小企業「構造改善」政策の内容と問題点

（1）「構造改善」政策の特徴

69年「近促法改正」による「構造改善」制度の創設をみたとき，中小企業「近代化」政策は，これまでの「上層育成・下層淘汰」政策から産業全般にわたるスクラップ・アンド・ビルド政策へと重点移行し，「国際化」の進展と照応して新しい段階にはいった。71年度までに指定された「特定業種」は22業種で，63年，64年に「指定業種」となった繊維，雑貨等の輸出貢献度の高い業種と重化学工業下請業種に集中している（表4—1参照）。

「構造改善」制度の特徴は，「近促法」による「近代化」政策と較べると三つに要約しうる。第1は，従来では，「近代化計画」の作成主体が国であったのに対し，業種・業態に即した「構造改善計画」を業界が「自主的」に作成すること，第2は，個別企業の「近代化」の枠をこえて，「業界ぐるみ」，「産地ぐるみ」で計画をたて，それを「緊急かつ徹底的」に実施すること，第3は，「構造改善計画」の最終的目標が「適正規模の実現」にあり，したがって「生産規模・経営規模の適正化」—スケール・メリットの追求—を通じて，「国際

---

[9] 上田勝彦「『下請中小企業振興法』案のあらまし—その制定の目ざすもの—」『全商連資料』1970年4月号，2ページ。

表4―1　中小企業構造改善の特定業種

1969年度	70年度	71年度
みがき棒鋼 (63年)	ね　ん　糸 (64年)	ね　　じ (63年)
織　布　業 (63年) 〔絹・人絹織物 綿スフ織物〕	毛　　　布 (70年)	歯　　車 (63年)
	メリヤス (63年)	細幅織物 (64年) （織布業の中に追加）
洋　傘　骨 (63年)	輸出縫製品 (64年)	
マ　ッ　チ (64年)	機械染色 (64年)	印　　刷 (64年)
合　　　板 (63年)	薄　葉　紙 (63年)	製　　革 (63年)
金属洋食器 (63年)	みそ・しょうゆ (64年)	自動車分解整備 (64年)
清　　　酒 (63年)	銑鉄・鋳鉄 (63年)	
作　業　工　具 (63年)	潤　滑　油 (64年)	

注）　1.　（　）内は，中小企業近代化促進法にもとづく指定業種となった年度。
　　　2.　中小企業庁編『中小企業施策のあらまし』(1971年度版）より作成。

的に闘える企業集団」を育成すること，を主な特徴としている。「特定業種」となる選定基準は，(1)「近促法」指定業種であること，(2)「国際競争力強化」が緊急に必要で重要業種であること，(3)業界が組織的に「構造改善」を進める体制が整っていること，によって特定される。「特定業種」に対する優遇措置として，①振興事業団資金の優先的使用，②設備近代化のための助成策（中小企業金融公庫の構造改善貸付制度（年7％，「近促融資」では7,7％），2分の1割増償却（従来は三分の一など），③事業転換融資制度と事業転換積立金への課税の繰延べ措置の新設など，金融面，税制面において「第1次近促」よりはるかに徹底，多様化し，ビルド・アンド・スクラップの積極的な推進がはかられている。

「構造改善」事業の内容は，まず第1に，協業化，共同化，合併，業務提携や事業転換などの「業界構造の集約化」による「適正規模」の実現，第2に，新鋭設備の導入や旧設備の廃棄によるスクラップ・アンド・ビルド方式の採用，第3に，取引改善，技術改善などを特色としている。

中小企業「構造改善」政策は，「近促法」の精神をうけつぎながらいちだんと高次のものになっている。すなわち，これまでの個別企業単位の設備近代化方式から同一業種内における企業と企業とが結びつく集約化と適正規模を眼目にした。このことについて「中小企業を横にとらえるのではなく産業別に縦からとらえて，業種，業界ぐるみで企業構造を改善し，業種，業界全体として総

合的な生産性向上を図る」[10]とか,「産業の構造改善」は「現在のみならず将来にわたって『国際的に闘える企業』の育成(本格的世界企業化)」[11]をねらいとすることをあきらかにしている。それは「産業構造政策と中小企業政策の一体化」をすすめることによって,産業全体のスクラップ・アンド・ビルドの徹底化と独占資本にとって「秩序ある産業統制」の確立を推進しようというのである。「構造改善」政策が総合的かつ効率的に実施されるためには,業界の「自主性」と「責任」,中小企業者の「強固な自助努力」と高い政策受容能力が不可欠の前提としてわかちがたく結びついているのである。この前提を満たす企業・業界のみが育成対象であり,中小企業全体のレベルアップを考えていないのが特徴である

だが,「画期的」といわれる中小企業「構造改善」政策も,「近代化」政策の諸矛盾を克服するためのものとはいえ,「構造改善」の美名の下にはこれまで以上の問題を含んでいる。問題の第1は,「業界ぐるみ」で「計画」を「自主的」に作成するといっても,実際には,業界上層部と官僚の行政指導のもとですすめられる弊害がある。業界自身の「自主性」と「責任」のうえで,特定上層業者に有利な「計画」がつくられ,これまで不徹底であった企業の集約化や転廃業を,「自主」という名をかりて強制的に促進しようとするところに「自主的計画」の意味がある。しかも,参加しうる企業は,上層中小企業が大部分である。したがって第2は,「計画」に参加した中小企業にたいしては,「適正規模については,原則として構造改善計画終了時(5年後)において到達すること」(『中小企策施策のあらまし』1971年度版,123ページ)が「計画承認基準」の条件となっている。国際的視野での「適正規模企業」であることはいうまでもない。その結果,計画終了時に,「適正規模」を実現していない企業は「問題のある」中小企業として排除され,業者の「自助努力」と政策受容能力の不足に原因が転嫁される。「産業全体の近代化」,「業界構造の合理化」のためには,業界自らの手で「合理と不合理」の中小企業を判断し,選別・差別をする。

第3は,「特定業種」の選定基準が,「国際競争力の強化」にとって緊急かつ重要業種としていることである。この場合「国際競争力」とは「総合的な企業

---

10) 経済審議会中小企業・流通問題研究委員会編『70年代の中小企業・流通』1970年,208ページ。
11) 有沢広己監修『産業の構造改善と企業合併』1969年,6ページ。

力」をさし,「単に同一商品との競争力のみならず,代替品との競争力」や「関連業種,下請業種等日本経済全体の国際競争力の強化につながる業種」(『中小企業施策のあらまし』116ページ)にあてはめられている。誰にとっての「国際競争力強化」であり,緊急かつ重要業種であるかはすでに明らかである。すでに指定されている「特定業種」は,輸出関連,重化学工業を補完する関連業種,下請業種が選定の中心であった。さらに,重要なことは,日本経済全体の観点から「国際競争力強化」に役立つ業種を重点的に育成し,業種全体を独占・大企業の下請化に整備・強化するという,従来にみられないほどのスケールの大きさで中小企業全体の再編成をはかろうとしていることである。大幅な優遇助成措置もここをねらったものである。設備ビルドへの大幅な構造改善融資,しかも上層企業への融資の集中とは裏腹に,設備のスクラップ化や余儀なく転換をせざるをえない企業には「競争・淘汰」を前提に,差別ないし放置し,新たな低賃金労働力基盤をつくりだすのである。

中小企業「構造改善」政策は,「国際競争力強化」を錦の御旗にしながら,世界資本主義の矛盾の進行という新しい段階での経済の全機構と機能をフルに利用して中小企業の階層分化・分解を全面的に押し進め,その基礎のうえに独占資本の専制支配を実現するための大がかりな「産業再編成」の強行,「官僚統制」の強化をねらうものといえるであろう。

(2) 「構造改善」業種の実態

「構造改善」事業の中心は織布関係である。「中小企業振興事業団」の繊維対策融資が213億円(71年度)で「高度化事業」助成額584億円の37％を占めていることからも明らかである。織布業は「特定繊維工業構造改善臨時措置法」(67年8月)にもとづき,5カ年計画で設備近代化と過剰設備の廃棄,企業の集約化と転廃業をおしすすめることをねらいとしてきた。70年までに41産地組合が計画に参加している。具体的には,「計画」は,5年間に織機17万4,000台,約1,288億円の設備ビルド投資(うち,「事業団」から70％〔金利2.6％〕の融資)をおこないながら現有織機66万7,000台のうち15万7,000台を廃棄する。設備廃棄は,「転廃業者の設備買取り廃棄」として3万7,000台を,「設備上のせ廃棄」(設備を新設する際の条件として,一定率の旧設備を廃棄)として12万台を処理し,半額を国家が補助することによって上層企業への資本と生産の集積・集中と下層企業のスクラップ化を強制するというものである。また,「計

画」は企業規模を綿スフで現在の43台を71台に，絹人繊で現在の24台から42台に高め，企業の集約化，グループ化を促進することによって，企業数を綿スフの約1万7,000社と絹人繊の約2万8,000社をそれぞれ約半数にし，転廃業をはかるとしている。すなわち，「計画」は「中堅企業」を育成し，生産性を2倍にあげることによって中小・零細企業の約半分を転廃業するというのである。

ところがその実績を全国の絹人繊生産の40％強（70年）を占める福井産地にみると，同じ期間に180億円（政府資金など）を投じて「過剰」織機の大幅廃棄を意図しながら，実際には逆に1万台ちかい増加をきたして構造改善事業の失敗を明らかにした。それは，原糸メーカーの大増設を放置する反面，機屋の増設を誘導したことにあるが，その結果は産地中小・零細業者の原糸メーカー，産元商社への従属を深めることになった（『経済』新日本出版社，72年2月号）。同じような事態は石川産地織布業にもみられる[12]。こうして「構造改善」によるスクラップ・アンド・ビルド政策は，「繊維産業の『構造的矛盾（『過剰』生産原因と若年労働力不足）を少しも『解決』しなかったばかりか，『過剰』生産と市場問題激化のあたらしい原因を累積させ」[13]，対米輸出「自主規制」（71年5月），特恵関税供与（71年8月），ドル・ショック，円の対ドルレート切り上げという事態の中で，それらを契機に中小企業者や労働者に犠牲を転嫁しながら，いっそうのスクラップ化がおしかぶせられたのである。

69年度の「特定業種」になった洋かさ骨製造業は，63年の「指定業種」以降，「合理化」が進められ，当時174社の企業数は67年に134社へ減少し，転廃業企業のすべては従業員50人以下というはげしさであった。しかも，下請・内職利用の拡大がはかられ，企業間格差の拡大は，上位企業への生産の集中度を急激に高めている[14]。「構造改善計画」への参加企業は107社であるが，計画終了時には134社中，個別企業として8社を残し，協業組合，企業合同，共同化などで16グループにし，企業の集約化と品種別配置をしようとしている。その結果，68年以来すでに5つの組合が生まれ，108企業が参加して，グループ化が進展している。ところが，一貫メーカーがなく，複雑な分業体制が成立しているこの業界では，小・零細企業がグループ化したものの，有名メーカーの下請け的

---

12) 丹野平三郎「高度経済成長過程における北陸機業の変貌と再編成—殊に石川産地を中心として—」『日本経済政策学会年報1971』125—130ページ。
13) 明野　進「日本繊維協定が売りわたしたもの」『経済』1971年12月，118ページ。
14) 国民金融公庫調査部『調査月報』1970年10月，33—34ページ。

地位に転落する可能性があり、すでに「計画」段階で10数社の転廃業が出ている。また、アメリカでの輸出額シェアの低下、とくに香港の追い上げや円切り上げは、コスト・ダウンを要請され、親企業の圧力のもとでグループ化が急速にはかられている。「従属的グループ化」と転廃業の促進、ここに独占・大企業のための「構造改善」が急がれた理由がある。

同様な事態は、ねじ製造業（71年度「特定業種」）にもみられる。ねじは、「高加工度化」をおしすすめる機械工業にとっては基礎部品であり、機械工業に強く影響を受ける。機械工業の資本と生産の集積・集中にくらべ、ねじ製造業は圧倒的に中小企業（1,217社で63年当時より約半分に減少、300人未満企業は98.7％）で、技術・生産面等で発注元方である機械工業に照応しえない状態にある。生産費も55年から70年にいたるまで3次にわたり通算45％もの引下げを実行してきた。もはや、コスト引下げは限界に近づきつつあることから、企業合同、協業組合、業務提携などにより企業の集約化と転廃業をはかるというのである。そして、電器、自動車、航空機、計測器や建設機械などの機械工業からの厳しい「合理化」要求にこたえようというのである。業界の「自主性」という名目でつくられた「計画」も、その内容は、通産当局の「行政指導」のもとで、「70年代の機械産業政策」[15]の方向にそったものとなっている。

以上のような状況は、「構造改善」政策が、「業界ぐるみ産業再編成」のもとで、国家独占資本主義的な危機克服策の新しい形態として考え出されたものの、業界上層部と圧倒的多数の中小・零細企業者および労働者との利害を対立させ、政策そのものが新しい矛盾を拡大するものであることを示したのである。

4　「協業化」政策の内容と限界

「構造改善」政策のもう一つの柱に、「企業の集約化＝適正規模の実現」をはかるための「集団化・協業化」施策がある。協業化は、『昭和38年度版中小企業白書』で、はじめて「協業化の動き」、「協業化の推進」としてとりあげられ、「国民経済的にもきわめて効率的な方法」と考えられた。『白書』でいう協業化

---

15)　産業構造審議会重工業部会（植村甲午郎会長）は、70年7月『70年代の機械産業政策』の答申を通産大臣におこなった。そこでは、「わが国機械産業の現状と将来の方向」、「今後の機械産業政策について」の二本を柱に、「企業合理化」と新たなる産業体制の再編・整備が強調された。

とは，共同化，団地造成による集団化（工場団地，商業団地），共同会社（後の「協業組合制度」），合併などの総称をさしている[16]。そこでの協業化の必須条件は「共同化が高度に進み，各中小企業者の事業統合による事業主体の転換」が起こることにあり，したがって協業化は一部協業→全部協業→事業の統合→合併・合同への資本集中の促進をねらいとしている。「協業化」は，中小企業政策における中小企業再編成のいわば切り札なのである。

　こうした点からすると，「協業化」こそが中小・零細企業の総動員体制による低賃金基盤の再編・強化をおこない，日本独占資本の"弱さ"を補強する最高の手段，最後の資本政策にほかならない。それは，これまでの「近代化」政策が，設備近代化投資を主軸としたため過剰生産・過当競争の激化をまねき，過当競争は独占価格支配をおびやかした。そこで，需要に見合った設備投資をおこないうるよう，「投資主体を集約化」することによって，独占資本にとって「秩序のある統制」が必要となる。「投資主体の集約化」によって，独占資本は，「国際競争力」に打ち勝つための大規模設備投資が可能となるとともに，スケール・メリットを追求することによって投資効率を高め，他方では，独占資本の発展にとって桎梏と化しつつある小・零細企業を整理・淘汰することに役立ちうる。この意味から，「近代化」政策の矛盾は，「投資主体の集約化＝協業化」を必然性ならしめたのである[17]。ここに資本集中策としての「協業化」政策の存在もある。

　このような「上からの協業化」は，企業の合併・合同を目的にした「構造改善」政策の一手段であり，短期間に「構造改善」を達成するための政府・独占資本の最後のよりどころである。協業の効果には，「規模の利益・集積の利益・分業の利益」の三つがある[18]，といわれる。具体的には「設備の近代化と生産性の向上」，「経費の節約」，「技術の開発と品質の改善」，「資金調達力の拡大」，「販路拡大と売上げ増加」，「労務対策の確立」，「大企業等の進出防止」，「過当競争の防止」，「収益の増大と生活環境の改善」，「事業転換の円滑な実施」などが期待できる。また，デメリットには，「過剰生産，過当競争誘発」，「業者の自主性喪失」，「階層分化の促進」などがあるが，「デメリットは，見方

16) 中小企業庁編『38年度版中小企業白書』216—228ページ。
17) 福島久一「中小企業の協業化問題」日本大学経済学研究会『経済集志』，第40巻第2号，1970年7月。
18) 稲川宮雄『中小企業の協同組織』71年，170ページ。

表 4 ― 2　事業別年度別貸付先指定件数（新規分）

事業の種類＼年度別	1961	62	63	64	65	66	67	68	69	70	合計
工場等集団化	10	20	25	25	14	10	2	15	13	12	146
店舗等集団化	―	―	5	6	2	6	11	16	13	11	70
貨物自動車ターミナル等集団化	―	―	―	―	―	―	―	―	―	1	1
倉庫集団化	―	―	―	―	―	―	―	―	―	1	1
商店街近代化	―	―	―	1	1	1	1	1	3	3	11
工場共同化	―	―	―	―	―	―	21	13	25	19	19	97
小売商業店舗共同化	―	―	30	38	16	17	22	23	21	18	185
計算事務共同化	―	―	―	―	―	―	―	3	1	4	4	12
小売商業連鎖化	―	―	―	―	―	―	2	4	1	2	4	13
共同施設	402	449	532	733	680	752	727	602	580	505	5,962
企業合同	―	―	―	1	9	19	14	13	19	22	97
共同公害防止	―	―	―	―	―	―	―	4	2	3	9
合計	412	469	592	804	722	828	797	701	676	603	6,604

資料：『中小企業施策のあらまし』(1971年度版)，179―190ページ。

によっては必ずしもデメリットでない場合」があるという。ここでの問題は，協業についての単なる「メリット論」ではなく，官僚統制と差別をもちこむ「上からの強制的協業化」であるかどうかにある。したがって，中小企業者の自主的・民主的な協業化の育成こそが展開されることによって，中小企業者自身が協業の効果を享受できるのである。

ところで，協業化を達成するには莫大な資金と強力な指導を集中させることが要請され，「中小企業振興事業団」（現：中小企業基盤整備機構）がそれにあたっている。「事業団」の助成対象事業は，工場団地，商業団地の建設を中心にしているが，立地問題，公害問題が発生するにつれ，しだいに事業対象を拡大してきている[19]。70年度までの資金助成件数をみると，共同施設が圧倒的に多い（表4―2参照）。資金助成金額は，71年度584億円（うち繊維対策分36.5％）にものぼっている。

「協業化」のチャンピオンは，工場団地であり，業種別には，下請の多い機

---

[19] 「事業団」の助成対象事業には，①工場等集団化事業，②店舗等集団化事業，③貨物自動車ターミナル等集団化事業，④倉庫等集団化事業，⑤工場共同化事業，⑥商店街近代化事業，⑦小売商業店舗共同化事業，⑧小売商業連鎖化事業，⑨計算事務共同化事業，⑩共同施設事業，⑪企業合同化事業，⑫共同公害防止事業，⑬特定繊維工業構造改善事業，⑭特恵対策事業がある。「事業団」予算は，67年当初は118億円であったのに対し，71年には328億円と約3倍になり，中小企業対策費の70％強を占めている。

械・金属製造業に助成の重点がおかれている。そして，独占大企業の補完的役割を担う「中堅企業」の育成・強化をねらっている。だが，「集団化の利益というものが助成金であり，地元の援助金というだけで，たんなる企業の集積地となっている面」があるとともに「独占・大企業の下請工場育成費用を，国および地方自治体が資金の肩替りをし，推進している」[20]と，指摘されていることは注目しなければならない。中小企業の団地化・協業化が中小企業に多大の利益をもたらすかのような宣伝がなされていたが，その内実は，「新全国総合開発計画」（1969年）にもとづく独占・大企業のための「地域開発」，「都市再開発」の一環として位置づけられていたのである。

こうして「団地化」政策は，団地に参加するものとしないものとの差別・分裂をおこない，団地に参加しえたものの，「近代化投資競争」による資本負担の増大，さらには，コスト・ダウンの成果さえ単価切下げの強要で親企業に吸収されてしまう。栃木県の足利トリコット団地では「この十年間に，団地に進出した半分以上は経費負担にたえられずにやめ，残る大部分もやっと維持しているのが現状」，しかも敷地を「ボウリング場」にするというところまで追い込まれ，団地参加企業の階層性をはっきりさせてきている（『全国商工新聞』72年1月31日）。

では，協業化の組織的中核である「協業組合」（67年7月創設）の実状はどうであろうか。協業組合は「生産性の向上を狙った自己変革の論理ともいうべく，非常事態に対処した戦略的手段であり，すぐれて日本的産物」[21]だといわれる。70年末までに665組合が設立され，そのうち，小売業，食料品，繊維工業の3業種で三分の一以上を占めている。しかし，鳴物入りでつくられたこの制度も，満4年が経過したものの「所期の目的を達成することなく不振に陥った組合は数多く」休眠中のものやすでに解散したものも出はじめていたのが現実である。

協業組合は，(1)中小企業者以外のものが組合員数の四分の一以内において加入でき，(2)事業の全部または一部を組合に統合し，(3)議決権が出資数に比例する，などの特徴をもっている。そこには，従来の「協同組合」に部分的に残されていた民主的規定を取除き，「協業」という名で合併・合同をおしすすめ，

---

20) 逸見啓「地域開発における中小企業対策の一考察」『中小企業と組合』71年10月，9—10ページ。
21) 吉岡靖夫編『協業組合制度の解説』「はしがき」3ページ。

中小・零細企業を独占資本の支配道具=「従属的協業」にしようとするねらいがある。協業への発展の結果が，中小企業者を単なる株主か賃金労働者の地位に転化させる問題を含んでいた。

　要するに，この段階での「協業化」は，「近代化・構造改善」政策の重要な手段であると強調されるわりにはあまり進展していないし成果も不十分である。その真因は，中小企業者の「協業意識の欠如」や「一国一城の主」意識の根強さだけではない。もちろんそうした面があることは否定しがたい。しかし，重要なことは，中小企業の協業化が，日本独占資本主義の構造的矛盾の集中的産物としてあらわれた資本集中政策=「産業再編成」の総仕上げの一環なのであり，資金助成を口実にした「業界ぐるみ・産地ぐるみの従属的協業化」とスクラップ・アンド・ビルド政策の徹底化をはかるところに原因がある。したがって，中小企業者が直ちに「上からの協業化」に向かわず，警戒し，批判的態度をとるのは当然であろう。また，賃金水準が低く，社会保障が充実していない現実では，小型機械の導入，需要の多様化などと結びつけて家族労働力に依拠しながら，営業をつづけることができる客観的条件がある。ここに「協業化」の限界と「構造改善」政策の矛盾がある。

5　「産業構造」政策と70年代中小企業政策の基本的方向

　中小企業政策は，「高度成長」政策の一環として中小企業を「近代部門」へくみ込んでいく「上層育成・下層淘汰」の「近代化」政策から，「国際的に闘える企業集団」を育成するための「構造改善」政策へと重点移行してきた。しかし，中小企業の「近代化・構造改善」政策自体は，日本独占資本主義の構造的矛盾を解決しえないばかりか，より深刻な過剰生産と過当競争の激化を累積させ，中小・零細企業の整理・淘汰と労働者への「合理化」を強行したのである。そして，いまやまた，近代化推進論者は，産業構造の新展開が「大規模時代の終わり」をつげ，中小企業に有利な条件を生み出していると現状評価し，「構造改善」政策に対して，「スケール・メリット論は現実に一歩立ち遅れた後ろ向きの論理となり，その根拠を失うにいたった」として政策の有効性を疑問視するにいたっている。とくに，60年代後半から大都市を中心に高収益・高成長する小・零細企業が簇生し，いわゆるベンチャー・ビジネスブームを生むのである（補論2参照）。こうした経済背景から，中小企業を対象とする今後の

「構造」政策のあり方は，まず第1に，特定産業業種の枠内で既存の企業を存続させようとする発想方法から完全に脱却すること，つまり新たに生まれた伸びる中小企業＝ベンチャー・ビジネスを育成するということであり，第2に，国民経済全体の労働生産性向上のために，新旧企業の交代によって全体としての近代化を達成する，第3に，脱落する中小企業者には補助金と雇用機会を提供して事業の転廃業を促進すること，として「ベンチャー・ビジネス＝知識集約型産業」の拡大・転換と積極的な小零細の転廃業を打ち出している[22]。

70年代の中小企業政策の基本的方向は，中小企業の「残存・利用」の「近代化・構造改善」を前提に，「経済の国際化」と「経済効率」の観点から「従来の育成とか助成とかいう発想方法を捨て去り」，新たなる中小企業政策として「産業構造政策と中小企業政策の一体化をすすめること」[23]が独占資本から要請されていたのである。この中小企業政策の特徴は，「経済の効率化＝資源の最適配分」をすすめる政策の一環として，「低生産性部門」を切り捨て，中小資本，中小企業者および労働者を「高生産性部門」へ転換・誘導する「産業転換」政策を基本路線とした「構造改善」政策のいっそうの促進と，こうした方向での中小企業「構造改善」を「新全国総合開発計画」[24]（69年5月），「新経済社会発展計画」[25]（70年4月）「70年代の通産政策」[26]の答申（71年5月）のなかに組み入れ，推進されつつあるところにみられる。

日本独占資本主義は，60年代に軽工業中心から重化学工業中心の経済構造を確立し，国民総生産で世界第2位になった。いまや70年代にむかって「特有の条件と課題」（『70年代の通商産業政策』）を達成するためには，従来のような重化学工業の単なる量的拡大ではなく，質的高度化が目標となり，それゆえ，中小企業の「産業転換」をどう促進するかが問われたのである。「知識集約型産業構造」[27]への推進も，その内実は，喧伝され育成の対象となっている中小

22) 中村秀一郎「新しい中小企業政策の方向」『エコノミスト』，71年4月25日号，157―160ページ。
23) 日本経済調査協議会（代表理事，植村甲午郎・永野重雄ほか）『1970年代に対処する中小企業』70年，「政策当局に対する提言」。
24) 「新全総」は，全国を7ブロック（北海道，東北，首都圏，中部，近畿，中国四国圏，九州）にわけ，情報通信網，新幹線鉄道網，高速道路網等の整備をはかり，それら地域を結びつけることによって，巨大工業基地，流通基地，畜産開発基地，観光開発基地を建設し，また，都市開発，「産業転換」地域の再開発などをおこなおうとするものである。これは，60年代の「高度成長」過程であらたに重大問題となった過密・過疎，公害，土地利用，交通難などを独占資本本位に是正し，70年代の新たな「高度成長」，強蓄積をねらいとしている。

企業の「ベンチャー・ビジネス」がそうした方向の裾野の一端を担うものにほかならない。そして,「低生産性」といわれる中小企業全分野にわたって,「中小企業特恵対策臨時措置法」(71年4月)と「国際経済上の調整措置の実施に伴う中小企業に対する臨時措置に関する法律」(「中小企業国際経済調整法」71年12月)を主軸に,全面的な「産業調整」を意図した転廃業政策がおし進められてきたのである。

ともあれ,国際通貨危機と円切り上げで幕あけした70年代は,世界資本主義の矛盾の爆発・危機の進行という条件のなかで,日本独占資本がアメリカ経済への従属を維持しつつ,軍国主義・帝国主義への復活・強化とあわせて,いかに強蓄積を保障するかという課題の追求に,その特徴が求められる。したがって,そこでは,「70年代の通商産業政策」に照らした「わが国産業・経済の国際的位置づけとわが国産業の国際化の方向」が追求され,これを積極的におしすすめ,「もっとも効率的な産業構造の革新」をはかるための「産業構造政策

---

25) 「新経済社会発展計画」は,ねらいの重要な柱の一つに「経済社会の国際化の急速な進展」に対応した「経済構造の自主的な革新」,「国際社会とのより積極的な協調」をかかげ,「国際的視点にたつ経済の効率化」を重点課題の一つに取りあげて,「対外経済政策全般の総合的展開」,とくに対外援助の増大と「産業構造の絶えざる革新」による徹底したスクラップ・アンド・ビルド政策を強調している。そしてこの課題と計画の中での中小企業政策は,2つの革新政策,すなわち「産業構造の革新」と「中小企業の革新」を掲げている。「産業構造の革新」の観点からは,「構造改善を推進し,労働力の有効活用」をはかるために,「低生産性分野の近代化と転換を誘導する」ことによって中小企業分野の労働集約的産業の業種ぐるみ,産地ぐるみの「産業転廃業」を強行する一方,「情報集約化,高度加工化された方向に工業構造を誘導する」ことによって「高加工度・知識集約型産業」を育成することにある。また「中小企業の革新」の観点からは,「高度の技術をもち,生産性,賃金水準において大企業にも劣らない」,「中堅企業」を育成,誘導することが独占資本にとって「不可欠な要件」となる。この場合注目すべきことは,「中小企業や流通にシステム思考をもちこんで,その効率化を一段と促進しょうとする意図」に特徴をもっている。すなわち,時間,費用,手段といった「合理化」要素を経済効率化の判断にもちこみ,その「最適化」をめざして中小企業政策を確立する,というのである。したがって,中小企業政策自体も,国民経済というトータル・システムの一つとして捉えられ,このことによって,中小企業を独占・大企業の主導するシステムへと組み込ませる。

26) 産業構造審議会編『70年代の通商産業政策—中間答申—』71年参照。

27) 70年代の産業構造ビジョンとして,まず,①所得弾力性基準,②生産性上昇率基準,③過密・環境基準,④勤労内容基準の四つを産業構造の基準とし,この基準から「知識集約型産業構造」が指向される。知識集約産業の具体的内容は,①研究開発集約産業(電子計算機,航空機,原子力関係,新鋭合成化学,新金属など),②高度組立産業(通信機械,数値制御機など),③ファッション型産業(住宅,電気音響器具など),④知識産業(情報産業,ソフトウェアなど)である。『70年代の通商産業政策』参照。

と中小企業政策の一体化」が中小企業政策として提起されたのである。

　中小企業政策は，これまでの「近代化」政策から，「国際分業」体制の確立と「産業調整」の円滑化をはかる観点での「産業転換」政策へと重点がおかれ，すべて「構造改善」政策に集約されてきている。この方向は，独占資本の生産力の展開，国際化の進展に適合した中小企業への新しい利用・収奪をどこまでも追求するため，「低生産性部門」の資源を「高生産性部門」に吸収・移転し，再編成し直すことにある。具体的には，独占資本が中心となるエレクトロニクス，軍事産業への可能性をもつ重化学工業，航空機産業，原子力産業などのいわゆる「高加工度・知識集約型産業」を産業の中核にすえ，これら産業の開花のための条件整備に中小企業をくみこんでいこうとする政策志向である。

　したがって，「労働集約的産業」，「技術停滞的産業」の中小企業にたいしては，「国際分業」を名分に，「労働力流動化政策」とからみあわせて，独占資本主義のあらゆる支配と強制によって徹底的な転産業を促進させようとしてきているところに，この段階での中小企業問題の複雑さと深刻さの原因がある。中小企業政策はきめ細かくなるとともに転廃業のかけ声は大きく本格化し，中小企業への窮迫と強制が総合的・計画的に推進されようとしているのである。

　しかし，こうした方向での中小企業「構造改善」政策は，政府・独占資本の意図どおりに進展しえないばかりか，中小企業問題を根本的に解決する内容と力をもちえないであろう。むしろ，中小企業のビルド・アンド・スクラップの全面的進行は，生活と営業をめぐって，政府・独占資本と中小・零細業者，労働者との矛盾を先鋭化させるだけでなく，中小・零細業者をいちだんと闘争にたちあがらせずにはおかないであろう。

　もともと中小企業問題は，独占・大企業による中小・零細企業の支配・収奪の問題であり，「競争・淘汰」と「残存・利用」が作用する「場」での経済構造的矛盾として発生した。それがゆえに，膨大な中小・零細企業群の「矛盾」の存在が問題とされ，中小企業政策は，経済政策というよりは，社会政策的なものが強かった。京都府知事であった蜷川虎三氏は「中小企業の政策というのは，いかにも経済政策のようですけれども，実際はむしろ，社会的な諸矛盾のかたまりみたいなものです。だから，それを解消していくには，社会政策的なものが強くなければならない」[28]，として，社会政策と経済政策との融合を強

---

　28)　蜷川虎三・島恭彦対談「革新政治に科学的経済学を」『経済』1971年7月，29ページ。

調している。

　だが，現実に進行する中小企業「構造改善」政策は，「経済の効率化」のみが先行し，米日独占資本による中小・零細企業の圧迫と排除をおしすすめようとしている。したがって，こうした上からの政策をやめさせることが中小企業問題を解決するための前提であり，そして上からの強制ではなく，自主的なものの育成・保護こそが真の中小企業政策への道を開かせるのである。

補論1： 中堅企業論について

　中堅企業あるいはベンチャー・ビジネスなる用語は，規模のうえでは中小企業同等でありながら，もはや中小企業概念の枠内で取り扱うことができない企業群を類型化するうえで用いられた呼称である。三井逸友氏は，中堅企業とベンチャー・ビジネスについて，次のように指摘している[1]。

　「それは，『中小企業』概念のうちから出て，これに対置されるべきものとして取扱われていると言えるのであり，それだけに中小企業研究の潮流からのこれに対する評価もさまざまに分れる。『中小企業』という観念の否定の根拠としてこれを用いる見解，部分的例外的な企業例としてこれを取扱う見解，さらにこれを一つの非現実的な仮想であるとして，イデオロギー批判をする見解に到るまで，さまざまなみかたが現実に混在している。加えて，概念が社会通念としてひとり歩きをはじめると，その本来の定義づけ位置づけを離れ，『中小企業』という呼び方の与えるイメージを払拭するために，意識的に『中堅企業』や『ベンチャー企業』という呼称を用いる傾向が近年顕著であり，ますます混乱が生じている」と。

　まずは，中堅企業とは何かをみることにする。

1　中堅企業の群生とその根拠

　中堅企業は，1960年代の高度成長過程に展開した中小企業の近代化政策と容易に結合したが，この先駆的役割と影響力をもつ代表的論者として中村秀一郎氏をあげることができる[2]。中村氏は，「3年間にわたる」「10数業種約40の企業のケース・スタディ」によって中堅企業を立論し，「中小企業の枠をこえて成長している企業群」あるいは「もはや中小企業ではなく，しかし大企業規模にはいたっていない第三の企業グループ」を「中堅企業」と名付けた[3]。問題

---

1) 三井逸友「中堅企業，ベンチャー・ビジネス」中小企業事業団編『日本の中小企業研究 第1巻＜成果と課題＞』有斐閣，1985年，449ページ。
2) 中村秀一郎『中堅企業論』東洋経済新報社，1964年。

の核心は、「中小企業の枠を超えて成長を示す企業グループの群生」が中小企業問題の本質と存立条件を質的に変化したとみるかどうかにある。

　中堅企業の基本的特徴は、①巨大企業の別会社，系列会社ではなく，資本的にもとより，企業の根本方針の意思決定権をもっている独立企業である，②証券市場を通じての社会的な資本調達が可能となる規模に達した企業（資本金１億～10億円），③個人，同族会社としての性格をもっていると同時に，社外重役制の導入，経営と所有の分離などの近代的経営体制をとっている企業，④独自の技術や高い生産集中度・市場占有率をもった独占とは質的に区別される，「独占的性格」を付与した企業，⑤革新的な組織者・管理者としての経営者資質を持った優れた経営者の存在，である。

　こうした特徴をもつ「中堅企業」が１つの範疇として理念化され，一種の企業類型として登場することになる。

　では，この中堅企業の群生とその急激な拡大の根拠はどこに求められたのか。それは，図式化すると，①高成長のもとで，②産業構造の高度化が急激に進行し，③それが再生産構造―各産業部門，業種の地位，その相互間の連関―を変化させ，④これに対応して需要，消費構造を「近代化」させ，また⑤社会的分業が深化・多様化し，⑥特殊な製品，技術をもって，⑦独自な新市場，新分野を開拓したことが，中小企業の発展の条件をつくり出し，中堅企業群を簇生させたのである。まさに「高度成長」による構造変化―市場の量的拡大と市場の質的変化―の結果としての所産であるといえる。そして中村氏は「典型的な中堅企業の存立それ自身は，現代日本資本主義の本格的工業社会―大衆社会化現象の集中的表現の一つ」とし，「中堅企業が，日本資本主義構造に定着し，今後も存続，発展する」、「この発展は完全に合法則的である」という。したがって「中小企業の発展は、……実は，わが国の独占資本主義研究や中小企業論では、……処理しきれない急激な構造変化が，現実に進行していること」を意味するという認識から，特異な資本主義観＝大衆社会化論と中小企業成長観に立脚することになっている。こうして中堅企業の群生・拡大を高度成長と産業構

3）　この「中堅企業」概念は、かつて伊東岱吉氏が独占の身内として位置づけていた「非独占大企業」から転用したものである。伊東岱吉『中小企業論』日本評論社，1957年，40ページ。中村氏が非独占大企業を中堅企業と改めた理由は、①このグループ企業の中で、独占的な市場集中度を持つものが多く「独占的性格」を評価するため、②この企業群の中間的・過度的性格を強調するため、③大企業グループを直ちに独占企業と定式化するのは誤りであり、かつ大企業と巨大企業を分けて考察するため、という。

造の高度化のもとでの量的・質的な市場構造の変化から主張し,「中大規模企業層」の増大を積極的に評価するのである。

2 中堅企業論の問題点

このような内容をもつ「中堅企業」論に対し,幾多の論者によって問題点が指摘されている[4]。

問題の第1は,「中堅企業」論が「大衆社会化」「高度産業社会」という資本主義把握自体に関しての問題である。その社会観は,現実のダイナミックに発展する資本主義を,独占資本の蓄積運動と矛盾の発展から分析するのではなく,中堅企業が肥大化してゆけば,資本主義は自動的・平和的に,永久に発展するかのように分析している。したがって,階級闘争の矛盾の激化,独占対非独占,さらには非独占内部の諸階層間の対立・矛盾をあいまいにしている。

第2は,一般に中小企業研究では,中小企業を階層ないし群としてとらえていたが,「中堅企業」論では階層・群としてとらえず,企業レベルから1つの新しい企業範疇にまで高め,企業類型として把握していること,第3は「中堅企業」範疇を,非独占大企業ではあるが,必ずしも「中堅規模企業」ではない「典型的な中堅企業」として理念型化し,成長する特定中小企業像を描いていること,第4に,概念自体の曖昧さ,すなわち中堅企業は資本の社会的性格と個人的性格を合せもち,同時に「独占から収奪をうけない」という意味での独占的企業に転化しながら,しかし独占ではない,という不明確な概念であること,すなわち独占企業との質的差異,資本の量的差異をあいまいにしている,第5に,中堅企業を独立形態と位置づけることによって独立中堅企業の成長・拡大を論じるものの,高度成長過程での独占資本の強化とその支配力の増大としての下請・系列化の進展=階層的収奪構造の再編成という視点からの下請中小企業問題が欠落していること,第6に企業類型であるために,中小企業の「問題性」を分析するのではなく,「成長・発展」を一面的に強調して経営戦略論ないし企業のあり方論になっていること,第7に企業が成長するかどうかは「生産力発展への主体的対応性」の問題,すなわち経営者の資質,能力の問題

---

4) 中山金治『中小企業近代化の理論と政策』千倉書房,1983年,第2章。佐藤芳雄「中小企業『近代化論』批判」,市川弘勝編『現代日本の中小企業』新評論,1968年,第10章。福島久一「体制『革新』のカンバンにみる反革新性」『経済』新日本出版社,1980年5月号等。

に解消されていること，したがって，経営者の「革新的精神」によって問題の自主的解決をはかるという経営主体を強調しすぎていること，第8に，「経済政策と社会政策との峻別と両者の徹底が必要」と主張することによって「革新的中小企業政策」を展開し，そのことが「上層育成・下層淘汰」の「積極的近代化政策」に結びついていること，等々である。

このような「中堅企業」論は，65年不況の中での一部中堅企業に生じた「近代化倒産」によってもはや立論ができなくなり，破綻せざるをえなかった。[5) そして積極的に適応する特定中小企業に光を当てた「中堅企業」論は，「ベンチャー・ビジネス」論と容易に結合していったのである。

---

5) 中村秀一郎『倒産の経済学』日本経済新聞社，1966年。

補論2： ベンチャー・ビジネス論について

1　ベンチャー・ビジネスの群生とその根拠

「ベンチャー・ビジネス」論は，「中堅企業」論の裏返しの論理として，60年代後半からの小零細企業の新生・増大という現象を「新旧企業の交代」としてとらえ，「中小企業の新たなローテーションと社会的対流現象」[1]を強調することによって開花した。

まず，中小企業，とりわけ小零細企業の増加とその内部の企業交替についての検出が，国民金融公庫調査部の「実態調査」[2]によって大々的に取り組まれた。その調査にもとづいて「新しい経営資源を蓄積し，高い生産性をあげ，高い賃金を支払いうる」新しいタイプの中小企業が検出され，ベンチャー・ビジネス論が登場したのである。さらには「研究開発能力，デザイン開発能力，あるいは高い加工技術や組立て技術，さらにはマーケティング能力や組織力といった各種の経営資源の全部または一部を，多かれ少なかれ蓄積した新しいタイプの企業が輩出」しており，「その最右翼がベンチャー・ビジネス」[3]であるというのである。

それではベンチャー・ビジネスとは何か。ベンチャー・ビジネスとは「研究開発集約的，またはデザイン開発集約的な能力発揮型の創造的新規開業企業」[4]のことを意味する。具体的には，①小企業として出発するが，独自の存在理由をもち，②経営者自身が高度な専門能力をもち，③企業家精神に富み，④高収益，急成長の企業群である。こうして新しい企業観，産業観を有する特

---

1)　清成忠男『日本中小企業の構造変動』新評論，1970年，30ページ。
2)　国民金融公庫調査部，①「小零細企業新規開業実態調査」(調査時期：昭和44年5月〜45年2月)，『調査月報』1970年3月号。②「都市型新規開業実態調査」(調査時期：昭和45年6月〜46年3月)，『調査月報』1971年7月号。
3)　清成忠男『現代中小企業の新展開』日本経済新聞社，1972年，174ページ。
4)　清成忠男・中村秀一郎・平尾光司『ベンチャー・ビジネス』日本経済新聞社，1971年，10ページ。

殊なタイプの企業と経営者像を強調すると同時に、新タイプ企業の増加は「『二重構造』解消の所産である」[5]とするところに特徴をもっている。ただし、先のような内容をもった新タイプ企業を「ベンチャー・ビジネス」とよぶのであるが、これは和製英語であり、英語では New Business Venture, New Technology Company, Small Business Venture, Innovative Enterprise, New Technology-based Firms 等の語が当てはまることに留意する必要がある。

それではベンチャー・ビジネス群生の根拠はどこに求められるか。それは「マス・プロとマス・マーケティング時代の終わり、研究開発集約性の強化を意味する日本経済の『脱工業化』段階への移行、および生活水準の上昇、完全雇用の実現という客観的条件に適合」[6]したことであって、「ベンチャー・ビジネスの輩出は、産業史の流れのなかで一つの画期的な意味をもつ」[7]と主張している。そしてベンチャー・ビジネスの登場は「大規模組織におけるテクノストラクチュアの一つの崩壊現象」で「硬直的な大企業体制に新風を吹き込むもの」[8]、「新時代の旗手」[9]として礼讃される。

さらに「ベンチャー・ビジネス」論の展開は、資本主義論として「ベンチャー・キャピタリズム」の台頭を謳いあげる。それは「イノベーターとしてのベンチャー・ビジネスによってリードされ、さらにベンチャー・ビジネスの発展を促進するベンチャー・キャピタル・ファームによってバック・アップされる新しいタイプの企業家資本主義である」[10]と。ここではすでに中小企業問題を超越した、しかもまったく特異な資本主義観、体制認識になっている。

ところで、中堅企業とベンチャー・ビジネスの群生の経済的背景は1960年代と70年代とで異なっているが、両者はともに新タイプの成長企業を内容とする企業類型であり、1つの理念型であるという共通した性格をもっている。両者の本質的な相違は、「両者が中小企業の自立的存在でありながら、企業規模の規定を受けるか受けないかというところに求められる。しかも重要なことは、……少なくとも理論的に両者は本来並立しえないもの」[11]なのである。

---

5) 清成忠男『現代中小企業の新展開』日本経済新聞社、1972年、183ページ。
6) 清成忠男・中村秀一郎・平尾光司『ベンチャー・ビジネス』日本経済新聞社、1971年、139ページ。
7) 清成忠男・中村秀一郎・平尾光司『前掲書』、1ページ。
8) 清成忠男・中村秀一郎・平尾光司『前掲書』、12ページ。
9) 清成忠男・中村秀一郎・平尾光司『前掲書』、75ページ。
10) 清成忠男『ベンチャー・キャピタル』新時代社、1972年、13—14ページ。

ではベンチャー・ビジネスの類型化基準は何か。「ベンチャー・ビジネス」論では「規模視点ではなく，類型的把握を主要な分析用具として採用」する。すなわち，企業規模別類型化に代わる類型化基準は，①市場・立地・社会的分業基準，②立地条件，③企業性，④独立性，⑤参入動機，⑥資本・労働・知識集約度，⑦就業形態等々の多様な基準が用いられることになる。こうした多様な類型化基準を用いること，したがって「企業規模の大小を指標として採用していない」理由は，「中小企業の活発な階層変動は，それ自体企業規模の大小と企業の優劣とが必ずしも結びつかない」[12]からである。こうしてベンチャー・ビジネスという新しい中小企業観は，「中堅企業」概念と同様に中小企業を階層・群としてとらえないのみか，「中堅企業」概念とは異なって企業規模視点を完全に放棄する概念となっている。そしてベンチャー・ビジネスをして，これまでの中小企業観の転換を迫ると同時に中小企業観の「革新」を唱え，ベンチャー・ビジネスの登場は，「大規模時代の終わり」であり，スケール・メリット追求の反省として，「産業構造の知識集約化推進の旗手」[13]の役割を果たすものとして積極的に評価し，政策に導入する。

2 ベンチャー・ビジネス論の問題点

このような新しい企業としてのベンチャー・ビジネスはその後の中小企業研究において大きな反響をよび起こし，「都市型中小企業」というようにタイプ論からする中小企業分析へと展開していった。またその概念は，極めて多様に使われていて曖昧性はぬぐえないが，共通している点は，研究開発型，新規開業企業，新技術応用型，急成長企業であることに特徴が見られる。しかし，このベンチャー・ビジネス論での問題の焦点は，中小企業の構造変化が新タイプ小企業の群生という一面的事実から出発し，「企業規模視点」を否定しているところにある。つまりベンチャー・ビジネスと一般の中小企業とは，概念としては根本的に異質のものとなっていることである[14]。それにもかかわらず，ベ

---

11) 北沢康男『中小企業成長論の研究』世界思想社，1975年，149—150ページ。
12) 清成忠男『現代中小企業の新展開』日本経済新聞社，1972年，59ページ。
13) 中小企業庁編『70年代の中小企業像』通商産業調査会，1972年，78ページ。
14) 佐藤芳雄「中小企業近代化政策とベンチャー・ビジネス論」『商工金融』商工組合中央金庫，第22巻第11号，35ページ。

ンチャー・ビジネスという理念型の,しかも1類型である「問題のない」新タイプ企業のみをクローズ・アップし,それをもって中小企業全体のあり方,さらには中小企業観の転換,さらには「知識集約化」としての中小企業政策を論じるところに問題がある。

　このような「ベンチャー・ビジネス」論には,独占と非独占の基本的視角も,「問題を担う中小企業」の位置づけもない。そこにあるのは,エリート的新タイプ企業を積極的に評価するがゆえに,現実のうちにある矛盾としての中小企業が,いかにも問題解決しているかのように問題の核心をそらせ,また中小企業家に幻想をいだかせる役割を果たしていることである。ベンチャー・ビジネス論は賞揚されたものの,石油危機を契機にした日本経済の構造的危機の中で,ベンチャー・ビジネスの存立自体が問われ,その破綻を余儀なくされた。

第5章　中小企業の国際競争力と知識集約化政策*

1　円高と輸出中小企業の実態

　1977年にはいって欧米諸国の"円安批判"が強く燃えあがり，円高基調がつづいていたが，ついに6月末，円の対ドルレートは1ドル＝260円台になった。石油ショック直前の10月末の水準に切り上がったのである。

　このような円高にたいし，自動車，家電など抜群の国際競争力の強さに自信をもつ業種はもちろん，鉄鋼，重電，プラントなどの「主要輸出産業は動揺の色をほとんどみせていない」[1]という。たしかに，通産省が4月時点で産業界約470社を対象に「対ドル為替レートがいくらになったら輸出が採算割れになるのか」を調査した結果によると，自動車，電機，精密機器が強い"御三家"で，10社ちかくが1ドル＝230円以下になっても赤字輸出にならない，と回答している[2]。円高がおもな業種の輸出競争力にあたえる影響をみたのが表5―1であるが，これら業種は少々の円高にも対応できる競争力をもつにいたっているのである。

　たとえば，燃費，補修コスト，耐久力など非価格競争力の強い自動車業界では，為替差損を補うために輸出価格を引き上げており，「多少値上げしても日本車の競争力はそがれまい」という。事実，自動車の輸出は今年上半期（1～6月）に早くも203万台（前年同期比11パーセント増）をこえ，半期としては史上最高を記録している。このような状況は，カラーテレビが7月1日より対米輸出自主規制がはじまったものの，家電業界においても同様である。

　＊　本章は，福島久一「国際競争力と中小企業」『経済』新日本出版社，NO.162，1977年10月，「中小企業政策と『活力』論」，的場徳造編著『現代農業論』第2部7，御茶の水書房，1982年，所収のものを基礎に加筆・修正している。
　1)　『日本経済新聞』1977年7月3日。
　2)　『日本経済新聞』1977年7月29日。

表5—1　円高と主な業種の輸出競争力

	輸出伸び率 (前年比%, ▲減)		影響の度合い			
			1ドル=265円		1ドル=260円	
	75年	76年	数量	採算	数量	採算
鉄鋼	▲ 7.9	4.1	○	△	○	△
自動車	20.5	44.5	○	○	△	△
オートバイ	14.3	▲ 8.9	○	○	△	△
カラーテレビ	11.1	74.9	○	△	●	●
電子部品	13.2	60.1	○	△	●	●
カメラ	34.3	21.1	○	△	○	△
時計	5.2	44.8	○	△	○	△
合成樹脂	12.1	20.3	△	●	●	●
化学肥料	34.2	▲74.1	△	●	△	●
繊維	▲ 7.6	22.2	×	×	×	×

（注）○影響なし△若干影響あり●かなり影響あり×非常に影響あり（山一証券経済研究所調べ）。
（出所）『日本経済新聞』1977年7月29日。

　しかし他方，輸出依存型の構造不況業種，とくに繊維，雑貨などの輸出中小企業では，「採算割れは必至で，もはや限界にきた」とされており，また，商社から為替差損の負担を強いられたり，輸出引合い，商談のストップ，キャンセルにあうなど，輸出不振にくわえ，深刻な事態に追いこまれている。

　中小企業庁は7月に全国22産地を対象に『産地における円高調査』をおこなった。これら産地は輸出比率（生産額に占める輸出額の割合）が高く，家庭用ミシン，眼鏡のように9割も輸出に依存している産地がある[3]（表5—2）。

　この『調査』によると，「最近の円高相場は繊維，雑貨など輸出関連中小企業に被害を与えており，出荷契約が大幅に落ち込んでいる」という。すなわち，商社が新規契約を手控えているため，「適正受注残6か月に対して，現在の受注残は2か月」（燕市・金属洋食器）と，受注残が半減ないし3分の1に落

---

[3] 産地は全国各地に散在している。いま1972年の『工業統計』から見た中小企業庁の産地指標によれば，全国の産地総数313産地，そのうち輸出比率が10パーセント以上の輸出指向型産地数は98産地，一方，内需指向型産地は215産地で，業種別には繊維および同製品がもっとも多く113産地（36パーセント）を占めている。事業所数は約8万（うち輸出指向型事業所数は約3万1,000）で中小企業製造業における事業所数約64万の12.5パーセントを占め，また，中小企業出荷額41兆4,550億円のうち約17パーセントを占めている。

表5―2　全国22産地の輸出比率

(単位100万円，比率は％)

	産地	製品	76年見込み輸出額	輸出比率
繊維	桐生	織物	6,100	55
	桐生	繊維製品	10,800	26
	磐田	綿・スフ織物	10,000	38
	遠州	綿・スフ・合繊織物	19,000	38
	一宮	織物	6,200	26
	高島（滋賀）	綿・スフ織物	2,000	18
雑貨	東京	シガレットライター	30,000	75
	東京	アンチモニー	2,400	75
	東京	おもちゃ	15,000	50
	名古屋	弦楽器	11,500	50
	瀬戸	陶磁器	28,000	80
	瀬戸	陶磁器製置物		
	多治見	食卓用陶磁器	12,500	35
	関	刃物	17,500	70
	燕	金属ハウスウエア	8,900	48
	燕	金属洋食器	25,300	75
	鯖江	眼鏡わく	10,900	31
	大阪	眼鏡	6,000	90
軽機械	東京	双眼鏡	14,300	83
	三条	作業工具	6,700	44
	大阪	家庭用ミシン	23,000	92
	堺	自転車・同部品	41,500	67

(出所)　『日本経済新聞』1977年7月29日。

込んだり，既契約分の為替差損にたいし「商社とメーカーの折半」（大阪・眼鏡），「2～3割をメーカー負担」（鯖江・眼鏡わく）など差損分の負担を強いられている。本来ならば，産地メーカーはドル建ての間接貿易（商社があいだに立った輸出）が大半であるため，為替差損を受けることはないのである。さらに，帝国興信所の調査によると，円高による為替差損が引き金になって，7月に初の円高倒産が出た[4]，という。

このように輸出中小企業や産地としては「大企業が獲得した外貨のために，ツケを払わされる」ハメになり，「円高を招いた元凶は，わが国の輸出上位ランクにある数品目の洪水的輸出のせいで，そのシワ寄せが，輸出関連中小業界にきた」と円高で苦しむ中小業者のあいだから強い非難の声があがっている。

---

[4]　『読売新聞』1977年7月22日。

そして今後，円高相場はつづくと予想されるため，輸出の先行き見通しは暗く，経営不振に拍車をかけている。

円高への対応はこのように業種間，企業間によって異なっており，「強い業種はますます強く，弱い業種はますます犠牲がふえるということになりかねない」[5]のである。事態の進展は，まさに弱い業種・企業に大打撃をあたえ，重化学工業と軽工業，大企業と中小企業とのあいだに二極分化の傾向を生じさせている。輸出比率の高い産地や輸出中小企業は，停滞をなんとかみずからの努力によって輸出に活路を見出そうとしていたが，円高による輸出価格の引上げが輸出競争力を完全に喪失しかねず，くわえて，発展途上国の工業化の進展と低賃金を武器にした中・低級品の海外市場，国内市場での増大，欧米諸国の輸入制限措置の強まりなどの輸出環境の変化が，中小企業の市場問題を激化せしめている。それがゆえに，中小企業はいまではみずからの産業調整の途を見出さねばならない立場に追い込まれている。

こうして日本の中小企業問題とその問題性の解決は，国内的な視点のみならず，国際的な視点から問われねばならない段階にきている。そこで以下では，中小企業の市場問題を明らかにするため，経済の国際化の進展，中小企業性製品の国際競争力の変化，発展途上国の追上げ問題，その対応としての知識集約化政策の内容と問題点を検討することにしたい。

2　経済の国際化と国際化した中小企業問題

高度成長過程での貿易・為替・資本の一連の自由化への歩みは，産業構造の重化学工業化による輸出構造の重化学工業化をおしすすめた結果，わが国経済を，世界経済とくにアメリカ経済に深く組み入れていく過程でもあった。とくに，この点で，経済の国際化が進展したのであった。藤井茂氏によれば，経済の国際化とは「一国の国民経済が国際経済社会に組み入れられること」であり，同時に「国際化は単に一回限りの事象ではなく，その程度と内容において不断に深化し拡大する過程」[6]をとるものであるとしている。

ところで，経済の国際化は，「貿易為替自由化計画大綱」(1960年)の決定を

---

5) 『日本経済新聞』1977年7月29日。
6) 藤井茂「日本経済の国際化とその課題」，藤田敬三・藤井茂編『経済の国際化と中小企業』有斐閣，1976年，33—34ページ。

契機に，これまでの保護貿易政策から大きく離脱して自由貿易政策へと転換したことから始まるのである。やがて，ガット11条国（63年，国際収支の理由による輸入制限措置の禁止），IMF 8 条国（64年，国際収支の理由による為替制限の禁止）への移行，OECD 加盟（64年）によって，日本は先進国の仲間入りをし，本格的な経済の国際化への突入を余儀なくされていった。商品貿易の自由化率は77年では97パーセントにまでたっするとともに，資本の自由化は67年 7 月から73年 5 月にかけて 5 次にわたり実施され，一部特定業種をのぞき原則100パーセントにいたった。さらに，わが国の対外投資にかんしても69年10月から自由化措置がとられ，72年 6 月には資本比率にかかわらず全面的に自由化された。

　しかし，こうした経済の国際化の急進展は，アメリカを先頭とする世界企業の世界市場制覇戦略と緊密に結合しており，外資の対日侵入を推進する一方，日本の独占大企業はアメリカ資本に従属・依存の関係をたもちながら，国際競争力を強化し，海外市場への進出と世界企業への飛躍をめざしたものであった。したがって，経済の国際化の内実は，たんなる貿易・資本の自由化ではなく，搾取基盤を国際的に拡大していく過程であり，したがって日本独占資本主義そのものが国際競争場裡に侵入していくことにほかならない。そのことが自由貿易を名分にした独占大企業の重化学工業製品の輸出を第一に，その見返りとして軽工業品の輸入の拡大をはかったのであった。つまり，輸出構造は，50年頃の繊維，雑貨などの中小企業性軽工業品の輸出からしだいに変化して，60年代には家電，70年代になると鉄鋼，機械，船舶，自動車などの独占的大企業の重化学工業製品が主役になるにいたっている。ちなみに，輸出に占める重化学工業製品のシェアは，65年の66パーセントから75年には87パーセントになり，重化学工業製品の上昇と軽工業品の凋落ぶりとの対照はいちじるしい，といえる。

　経済の国際化にともなう重化学工業化は，その製品の国際競争力を抜群の強さにし，世界市場を席巻さえしている。74年の鉄鋼の輸出比率は約37パーセント，乗用車約46パーセント，テレビ約54パーセントにもたっし，輸出先はアメリカ，EC 市場であった。

　この"集中豪雨的"といわれる主要商品の輸出は，日本がいまや世界の「供給基地化」したことを意味しているが，輸出急増の要因は，欧米諸国にくらべて品質・性能も向上し，くわえて価格がいちじるしく低廉であったことに求められる。通産省西山貿易局長は「鉄鋼については，数量というよりもむしろ値

表5—3　日米鉄鋼企業の総原価の対比

(単位　トン当たりドル)

		1972年		1974年	
		US Steel	A社	US Steel	A社
総収入		65.5	46.9	92.8	71.6
原価	原材料・諸経費	28.1	31.7	44.9	52.4
	人件費	28.9	5.8	32.8	8.9
	減価償却費	3.9	4.1	3.8	4.2
	支払利息	0.8	3.3	0.9	4.0
	法人税	1.9	0.3	4.1	0.8
	計	63.6 (100.0)	45.2 (71.1)	86.5 (100.0)	70.3 (81.3)
税引後利益		1.9	1.6	6.3	1.3

(注)　1ドル＝300円
(出所)　US Steel Annual Report, A社有価証券報告書, 千村　明「日米鉄鋼業の国際競争力の比較」『鉄鋼界』1976年2月号, 20ページより引用。

段の問題があるのではないか。それを直ちにダンピングとはいわないまでも, 米国の鉄鋼業界が想定している価格との関係で若干のトラブルがあるようだ」[7]と発言している。

そこで, 石油危機以前と以後との日米鉄鋼大企業の鋼材1トン当たりの原価をみたのが表5—3である。73年の原油, 鉄鉱石などの原燃料費の値上がりにもかかわらず, 74年には, 日本A社は, USスチール100にたいし, なお81.3パーセントという優位をたもっている。この優位性は, 新鋭大型設備による高い生産性と高い技術水準のほかに, 人件費水準がUSスチールの32.8ドルにたいして日本A社が8.9ドルという圧倒的な賃金格差に負っている。

したがって, 日本の重化学工業の国際競争力は, 非価格競争力の優位性もさることながら, あくまでも「低廉・豊富な労働力と広範な下請的格差構造に依拠しての賃加工方式を競争力強化の基本にすえた」[8]ものであった。すなわち, 独占大企業は, 石油危機以後の長期的な構造不況が進行するなかで, 不況を口実に, パートタイマー, 臨時工など, 「縁辺労働力」の大量解雇, 一時帰休, 高年齢層と婦人層を重点にした希望退職・配置転換などの人員「合理化」と, 年功序列型賃金体系の見直しによる賃金原資の減少との組み合わせによる人件

---

[7]　『日本経済新聞』1977年8月8日夕刊。
[8]　古川哲「現代日本資本主義の危機構造—その国際的条件と国内的条件の交錯」『世界経済評論』1977年4月号, 55ページ。

費節減を強力に押しすすめた。こうした「地ならし」のうえで，大がかりな生産「合理化」と下請企業の再編成，格差構造の利用という「徹底的な『合理化』対策」[9]をおこない，「大量生産システム」に結合させたことが大きく競争力強化に寄与したのである。

しかしながら，鉄鋼，自動車，家電などの輸出産業の確立と国際競争力の強化は，はじめからアメリカの世界戦略に組み込まれ，従属的加工貿易としての位置をあたえられていたとしても，欧米諸国におけるこれら基幹的重化学工業の基盤をほりくずし，破壊しはじめるとともに大量の失業を発生させることになった。そしてこうしたことが他国を犠牲にした「近隣窮乏化」政策として国際的非難のマトになったのである。

したがって，重化学工業製品の輸出の拡大は，あきらかに先進資本主義国間に新たな矛盾，危機をつくり出す要因に転化し，それがために，重化学工業製品の低賃金にもとづく「従属的加工貿易」の輸出第一主義は破綻せざるをえなくなっている。しかも国際競争力があまりにも強くなったがゆえに，国際的非難をそらし，みずからの再生産を維持・拡大するために，いまでは国際競争力の基盤になった膨大な中小企業の存在が桎梏と化し，それが国際分業の再編成のなかで新たな矛盾の焦点になってきている。もともと，経済の国際化による重化学工業製品の"集中豪雨的"輸出と，対米貿易収支の大幅黒字が問題であるにもかかわらず，重化学工業の矛盾を国際競争力の低下した軽工業の犠牲で解決をはかろうとしているのである。

こうして軽工業を中心にする日本の中小企業は，「世界の中の中小企業」[10]としていま，国際化の激浪のなかに沈められようとしているのである。経済の国際化が，ほかならぬ輸出構造の重化学工業化であってみれば，重化学工業の拡大再生産は，原材料輸入の拡大と輸出市場を確保するために，それと引換えに中小企業をスクラップ化するとともに根本的に再編し，軽工業品の輸入拡大をはかって国際的産業調整という新しい問題を提起せざるをえないのである。ここに国際化した中小企業問題が登場し，「問題を担う中小企業」が輸出関連中

---

9) 池田正孝「大企業の生産『合理化』と外注管理体制の変貌」『経済』1977年2月号，120ページ。拙稿「独占の支配体制の強化と下請再編成・管理の新展開」日本大学経済学研究会『経済集志』，第47巻第1号，1977年6月。

10) 山中篤太郎「経済の国際化と世界の中の中小企業」，藤田敬三・藤井茂編，前掲書，17ページ。

小企業を中心に激増しているのである。

3 中小企業性製品の国際競争力低下とその要因

　経済の国際化が，鉄鋼，自動車，家電など特定の重化学工業製品の国際競争力を強め，輸出に強くなったこれらの産業はみずからの再生産と蓄積をはかるためにますます生産システムを「合理化」し，競争力を強めてきている。一方，繊維や雑貨など労働集約的な軽工業品は国際競争力を弱め，輸出シェアを急速に低下させている。

　こうした対照的な産業の盛衰がみられるなかで，その盛衰をさえ決定する国際競争力とはいったいどういうことを意味するのであろうか。現在，日本経済は内需の停滞が輸出ドライブとなり，特定産業では"集中豪雨"輸出となって新しい矛盾をひきおこしているが，輸出の動向を決定する要因は，外国の需要（外需）と国内需要（内需）にくわえるに，国際競争力が重要な要因である。外需は輸出にプラスするが，内需はマイナスの相関関係をもち，両者は輸出の動向を決めるうえでは短期的要因である。これにたいし，国際競争力は輸出を持続的に拡大する点でむしろ長期的要因といえよう。そして国際競争力という場合，商品，産業，国民経済の三つのレベルが考えられる。

　それでは，国際競争力の強弱はなによって決まるのか。第一は，貿易商品の価格である価格競争力である。第二は，品質，性能，デザイン，販売網の整備，販売代金の支払条件，アフターケアなど価格面以外の非価格競争力である。そしてこの両者の総合力が国際競争力の強弱を左右するのであるが，従来，もっとも重視されてきたのは価格競争力であった。とくに，ドル・ショック以前は，為替相場が1ドル＝360円に固定されており，輸入原材料価格も安定していた場合には，価格競争力は賃金コストと資本コストに依存していた。しかも各大企業は資本コストより変化の激しい賃金コストの上昇分を労働生産性の向上によって吸収し，価格競争力を強化してきた。ところが，ドル・ショックによって円は大幅に切り上がり，為替相場が変動相場制に移行し，また石油危機後，輸入原材料価格が高騰した結果，現段階では賃金コストにくわえるに，それらの要因が価格競争力に大きな影響をあたえているのである。

　こうした価格および非価格両面をふくめた総合的国際競争力は，輸出市場において，その国あるいは第三国の商品よりも安く販売しうる能力を輸出競争力

といい，国内市場における外国商品との競合状態において，外国商品よりも安く販売しうる能力を輸入競争力という。したがつて，国際競争力とは，一般に，個々の商品が世界市場でしめす競争力にほかならず，国際競争力の強弱は，同一商品が世界市場において比較優位をそなえているか，比較劣位にあるか，をいいあらわしたものである。

そこで各国の輸出商品の競争力を比較する場合，その指標としては，輸出商品の相対比価が用いられる[11]。たとえば，国際競争力を国民経済のレベルで考えると，日本の輸出相対比価は，日本の輸出価格（工業製品）の世界の輸出価格（工業製品）にたいする相対比であって，この指数が有利化するか不利化するかが，現実の輸出入の増減につながる。いま世界の輸出価格（工業製品）と日本の輸出価格（工業製品）との動きをみたのが図5－1である。すなわち，世界の工業製品の輸出価格が，75年には前年比で12.3パーセント上昇したのにたいし，日本の輸出価格（ドル建て）はわずか0.4パーセントの上昇にとどまった。76年においても世界の輸出価格は0.5パーセントの微騰であったのにたいし，日本のそれは2.4パーセントも下落したことから，日本の相対価格比は75年後半から76年にかけて有利化し，輸出急増となったのである[12]。

このように日本経済の国際競争力は強化したのであるが，それでは中小企業の国際競争力はどうであろうか。中小企業の国際競争力の強弱は，輸出市場におけるわが国中小企業性製品の輸出動向と，国内市場における中小企業競合製

図5－1　輸出相対価格比（製品）の動き

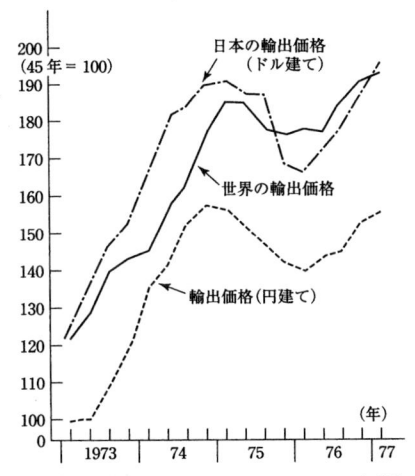

（出所）　国連 Monthly Bulletin of Statistics，大蔵省「外国貿易概況」などにより作成，『経済白書』（1977年版）より引用。

---

11) 輸出価格指数は，輸出産業の競争力の強弱を必ずしも反映しないという欠点がある。すなわち，卸売物価等の国内物価の指標が，国際的な競争関係にない商品の物価上昇をふくんでいたり，また，世界需給のいかんによっては，輸出価格の上昇が必ずしも競争力の低下とならず，逆に輸出価格の下落が競争力の改善を意味しないことがある。さらに，同じ指数であっても各国ごとに指数の作成方法が同じではないという統計技術上の問題もある。
12) 昭和52年版『経済白書』「週刊東洋経済（経済白書特集）」臨時増刊1977年8月19日号，173ページ。

132　第Ⅱ部　中小企業近代化の政策展開

表 5 — 4　工業製品の輸出入の規模別構成比と輸出入比率の推移

(単位　％)

輸出入項目 年	輸出				輸入				輸出入比率（輸入／輸出）			
	総額（億円）	中小企業性業種	共存業種	大企業性業種	総額（億円）	中小企業性業種	共存業種	大企業性業種	総比率	中小企業性業種	共存業種	大企業性業種
1972	86,131	21.7	24.3	54.0	27,441	32.4	24.4	43.2	31.9	47.6	32.0	25.5
1973	97,185	18.2	26.3	55.5	39,309	37.4	25.1	37.5	40.4	83.1	38.6	27.3
1974	156,817	15.2	25.8	59.0	60,271	31.9	22.1	46.0	38.4	80.7	32.9	30.0
1975	160,598	15.5	28.3	56.2	51,283	33.3	21.8	44.9	31.9	68.6	24.6	25.5
1976	195,474	15.0	26.8	58.2	60,471	34.3	20.0	45.7	30.9	70.7	23.1	24.3

(注)　中小企業（大企業）性業種とは，中小企業（大企業）の出荷額が70％以上（73年基準）を占める業種の製品をいい，共存業種とは，この両者に分類されない業種の製品をいう。
(出所)　『中小企業白書』を利用作成。

品の輸入動向をみることによって明らかにすることができる。

　そこで，わが国の工業製品輸出入を中小企業性製品，共存業種製品，大企業性製品に分類し，推移をみたのが表5—4である。まず，輸出についてみると，中小企業性製品の工業製品輸出額に占める割合は，72年の21.7パーセントから年々低下の傾向をしめし，76年には15.0パーセントへと大幅に低下した。一方，大企業性製品のそれは，54パーセントから58.2パーセントに上昇している。

　つぎに，輸入についてみると，中小企業性製品の工業製品輸入額に占める割合は，72年の32.4パーセントから76年には34.3パーセントへと上昇，とくに73年には37.4パーセントに上昇し，わが国中小企業と競合する製品が海外から激しく流入したことをしめしている。さらに，輸出入比率をみると，72年は47.6パーセントと輸入の2倍以上を輸出していたが，76年には輸入が輸出の7割を占めるにいたっている。

　このようにわが国の中小企業性製品は，輸出が急速に低下している一方で，輸入が増大する傾向にある。このことは，明らかに中小企業性製品の国際競争力の低下をしめしている。

　それでは，中小企業性製品のうち，どのような業種が国際競争力を強め，また低下させているのかをみたのが表5—5[13]である。表からいえる特徴的なことは，第1に，重化学工業品の輸出が伸び，軽工業品が停滞していること，第2に，中小企業性製品の輸出構造が重化学工業化していることである。すなわち，70年から76年に中小企業性製品全体では2.3倍の増加となっているのに，軽工業品についてみると，わずか52パーセントの増加にすぎず，また，軽工業

第5章　中小企業の国際競争力と知識集約化政策　133

表5—5　工業製品の輸出入の規模別構成比と輸出入比率の推移

業種	項目	1970年 金額(億円)	構成比(%)	1973年 金額(億円)	構成比(%)	1976年 金額(億円)	構成比(%)	増減率 76/70	73/70	76/73
	合計	25,595	100.0	31,880	100.0	60,011	100.0	234.5	124.6	188.2
重化学工業品	小計	13,911	54.4	20,733	65.0	42,260	70.4	303.8	149.0	203.8
	化学	1,644	6.4	2,184	6.9	4,545	7.6	276.5	132.8	208.1
	石油・石炭製品	84	0.3	98	0.3	164	0.3	195.2	116.7	167.3
	鉄鋼	2,017	7.9	2,830	8.9	6,287	10.5	311.7	140.3	222.2
	非鉄金属	328	1.3	337	1.1	962	1.6	293.2	102.7	285.5
	金属製品	2,128	8.3	2,633	8.3	5,134	8.6	241.3	123.7	195.0
	一般機械器具	2,671	10.4	4,210	13.2	7,563	12.6	283.2	157.6	179.6
	電気機械器具	2,436	9.5	3,702	11.6	7,515	12.5	308.5	152.0	203.0
	輸送用機械器具	1,557	6.1	3,154	9.9	6,733	11.2	432.4	202.6	213.5
	精密機械器具	1,045	4.1	1,585	5.0	3,357	5.6	321.2	151.7	211.8
軽工業品	小計	11,684	45.6	11,147	35.0	17,751	29.6	151.9	△4.6	151.9
	食料品	1,297	5.1	1,239	3.9	1,763	2.9	135.9	△4.5	142.3
	繊維	4,661	18.0	4,811	15.1	7,456	12.4	160.0	104.3	155.0
	衣服・その他の繊維製品	1,283	5.0	747	2.3	948	1.6	△26.1	△41.8	126.9
	木材・木製品	410	1.6	301	0.9	319	0.5	△22.2	△26.6	106.0
	家具・装備品	98	0.4	105	0.3	254	0.4	259.2	107.1	241.9
	パルプ・紙・紙加工品	338	1.3	401	1.3	910	1.5	269.2	118.6	226.9
	出版・印刷	89	0.3	88	0.3	103	0.2	115.7	△1.1	117.0
	ゴム製品	364	1.4	175	0.5	367	0.6	0.8	△51.9	209.7
	皮革・同製品	291	1.1	392	1.2	626	1.0	215.1	134.7	159.7
	窯業・土石製品	688	2.7	799	2.5	1,439	2.4	209.2	116.1	180.1
	その他	2,164	8.5	2,089	6.6	3,568	5.9	164.9	△3.5	170.8

(出所)『中小企業白書』(1974年, 77年版)利用作成。

品の中小企業輸出額に占める割合も，この間45.6パーセントから29.6パーセントに激減している。しかも70年から73年のあいだにはマイナス4.6パーセントをしめし，ドル・ショック，円の大幅切上げの影響がいかに大きかったかを物語っている。こうしたことから重化学工業品の国際競争力は強いものの，軽工

---

13) この表は，統計技術上，必ずしも十分とはいえない面がある。すなわち，中小企業の業種別輸出額は，大蔵省「日本貿易月表」の品目別輸出額に，通産省「工業統計表」の業種別中小企業出荷額のウェイト（73年以降は73年基準，70年は71年基準）を乗じて算出したもので，一般的にいって，中小企業の比重は鉄鋼，機械については過小に，繊維では過大に表わされる。それは，主として輸出の最終加工段階における生産活動の比重を表すからである。

業品の国際競争力は，大幅に低下していると推測できる。業種別には，衣服・その他繊維製品，木材・木製品，ゴム製品，食料品，雑貨，出版・印刷などが競争力を低下させている。

こうしてみると，中小企業性製品の国際競争力の低下は，中小企業性製品全体にではなく，とくに軽工業品に顕著であるといえる。もとより，軽工業品のすべてあるいは軽工業に属する中小企業のすべてが競争力を低下したというものではない。しかし，全体として軽工業品の競争力が低下していることは否めず，わが国産業構造の重化学工業優先政策が中小企業性製品の輸出構造にも端的に反映している。

こうした中小企業性軽工業品の国際競争力の低下は，国内的要因と国際的要因とにもとづいている。国内的要因としては，第1に，労働力需給のひっ迫により，中小企業では労働力構成が中・高年齢化し，それだけ平均賃金水準が高められることによって賃金コストが大幅に上昇したこと。その結果，従来の低賃金にもとづく低コストという価格競争力の有利性が失われたことである。第2は，賃金コストの上昇にたいして，生産性の上昇が小さく，とくに軽工業分野の中小企業は労働集約的商品を生産していることから，生産性の上昇に限界が生じていること。すなわち，「高度成長」時代には，高い賃金上昇率を「近代化・合理化」によって高い生産性上昇率をあげ，賃金上昇分を吸収してきたが，低成長経済ではそうしたことが困難になっている。第3は，原材料価格の高騰による生産コスト・輸出価格が上昇したこと。とくに，石油など1次産品の輸入原材料価格の高騰は，わが国の交易条件（輸出価格対輸入価格の割合）を悪化させ，それを口実に，原材料を生産する独占大企業が「新価格体系」移行によって独占価格を引き上げたことが原材料価格の大幅な上昇となった。第4は，公害防止，福利厚生施設の充実など生産設備投資以外の投資の増大による資本コストの上昇である。

これらの要因は，もちろん業種によって受ける影響の度合いが異なるものの，これまでに存在していた発展途上国とのあいだの価格格差をいっそう拡大させることによって，価格競争力を低下させたのである。いま，中小企業性軽工業品の代表的な綿織物，合板，洋傘，双眼鏡のアメリカ市場における輸入単価比較をみたのが図5—2である[14]。わが国からの輸入単価を100とした場合，韓

---

14) 中小企業庁『中小企業白書』(1977年版)，98—99ページ。

図5－2　アメリカにおける輸入単価比較

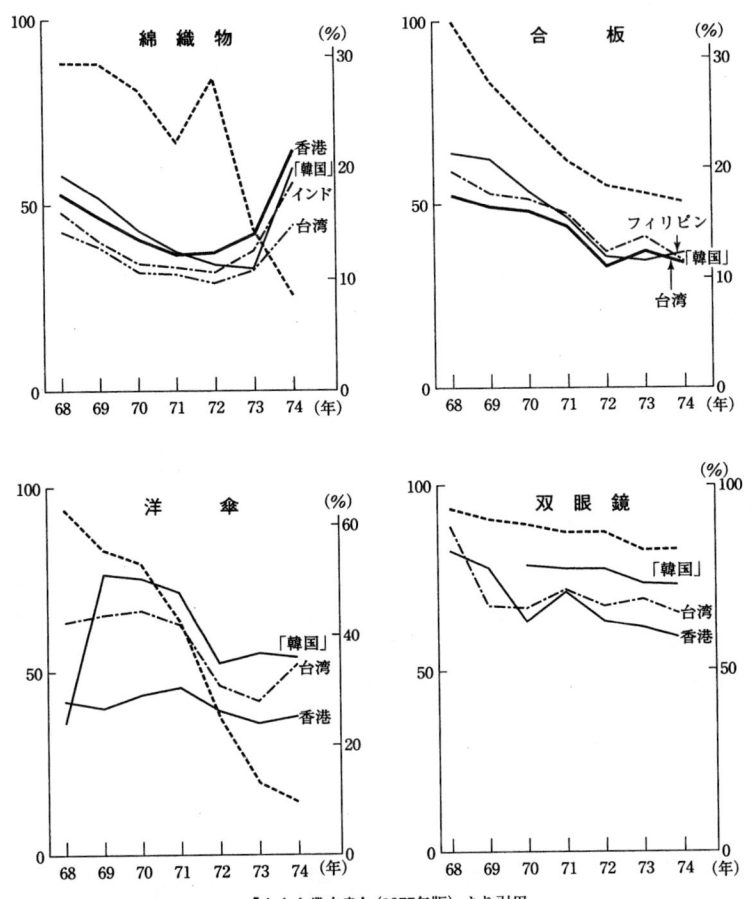

(出所)　U. S. General Imports,『中小企業白書』(1977年版) より引用。
(注)　──はわが国の単価を100とした場合の各国単価（左目盛）。
　　　……はアメリカ輸入に占めるわが国のシェア（右目盛）。

国，台湾などとの価格差は74年には一部縮小した品目もみられるものの，年々拡大傾向をしめし，価格面において競争力がきわめて弱くなっていることがわかる。

　つぎに，国際競争力低下の国際的要因としては，第1に，為替レートの変動，すなわち円の大幅切上げである。ドルを基軸通貨とするIMF国際通貨体制の崩壊による円の大幅切上げとその後の変動相場制への移行は，石油ショック後

136　第Ⅱ部　中小企業近代化の政策展開

図5―3　対ドルレートの推移

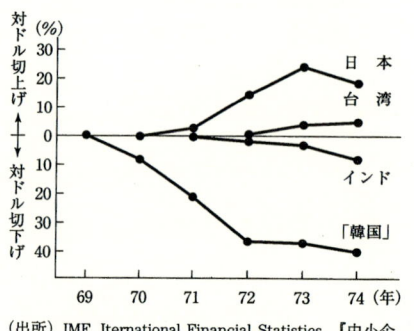

対ドル切上げ↑↓対ドル切下げ

日本
台湾
インド
「韓国」

69　70　71　72　73　74（年）

（出所）IMF, International Financial Statistics,『中小企業白書』（1977年版）より引用。
（注）　69年基準による。

に一時円安であったものの，円高基調をたどった。そして77年6月末頃から一段と円高を強め，7月5日には3年11カ月ぶりに265円を割った。

　かりに円の対ドルレートを1ドル＝265～270円と想定したにしても，1ドル＝360円の固定レート時と比較すると，数年間に大幅な円の切上げがなされたことになる。為替レートの上昇は，石油など一次産品を取り扱う独占大企業にばく大な為替差益をもたらしたが，中小企業性軽工業品のドル建て輸出価格を引き上げたのである。これにたいして，発展途上国通貨の対ドルレートは低下もしくはわずかな上昇にとどまり，その結果，発展途上国通貨と日本円とのレート差が拡大し，価格競争力は不利化した（図5―3）[15]。

　こうして為替レートの大幅切上げは，軽工業品を中心とする中小企業の国際競争力に決定的なダメージをあたえた。

　第2は，欧米（ECは71年7月，アメリカは76年1月）や日本（71年8月）が特恵関税制度を実施したこと。これは，先進国が発展途上国の製品，半製品を輸入する場合，関税率を無税あるいは低い率で適用しようとする制度である。したがって，わが国と発展途上国との競合製品が同一価格であるならば，引き下げられた税率分だけ発展途上国の製品が相対的に安くなり，競争力が強くなることになる。

　第3は，発展途上国の追上げである。すなわち，韓国，台湾，香港などの一部発展途上国において，急速に工業化がすすみ，これら諸国がわが国の賃金に比し3分の1から5分の1という低賃金を武器にした強い価格競争力をもつ軽工業品を生産するようになったことである。

　このように，わが国中小企業の国際競争力はきわめて不利な環境下にある。そしてわが国にとって軽工業品の輸出の大半がアメリカ向けであるだけに，アメリカ市場での発展途上国の追い上げによる競合は無視できない事態を迎えた

15）　同上，100ページ。

のである。

4 発展途上国の追上げと日本の中小企業性製品との競合関係

　戦後，工業化を推進してきた発展途上国は，60年以後，軽工業を中心にした急速な工業化の結果，国内市場での自給率向上にくわえ，輸入品を国内産品に代替するとともに，一部製品は国際競争力を形成し，強力な輸出能力をもつにいたっている。

　いまや，発展途上国のなかでも，中進工業国となった代表的な国である韓国経済を例にその工業化をみると，62年を初年とする「経済開発五カ年計画」を本格的な経済開発の足がかりにして，すでに第三次計画を終えている。62年から74年のあいだの年平均実質経済成長率は10.3パーセントで，わが国の高度成長期に匹敵するほどの成長率を実現した。しかもわが国がマイナス成長となった74年にも8.8パーセントの成長率を達成しているのである[16]。そして77年からは「経済自立の最終段階」として第四次計画を発足させている。

　この工業化の推進力となったのは輸出産業を中心にしてであり，輸出は67年の3億2,000万ドルから75年には50億8,100万ドルと15.9倍もの驚異的な増大をしめした。その結果，輸出依存度は11.6パーセントから29.7パーセントにまで上昇した。輸出に占める工業製品のシェアは，67年の65.9パーセントから75年には76.8パーセントとなり，その主要商品は繊維および繊維製品，合板，ラジオ・テレビなどである。そして輸出工業製品のなかでは国際的な競争が可能な軽工業製品，とくに相対的に賃金コストの低いことを利用しての労働集約的製品がその大部分を占めている[17]。それがゆえにわが国の中小企業性製品と競合するものが多い。

　しかし，韓国経済の輸出増大の内容は「国内産業の発展によりもたらされたものではなく，米・日独占資本の直接投資業体または借款導入業体によるものであり，さらに大幅なダンピングによるものである」[18]ことを見落としてはな

---

16) 『経済』1977年8月号の（特集）「『韓国』経済と日本」は，「韓国」経済の高度成長の現象に目をうばわれることなく，その対米対日への従属性と脆弱性を指摘しているので参照されたい。
17) 通産省『通商白書』(1977年版) 140—142ページ。
18) 張善玉「"輸出立国"の虚構」『月刊朝鮮資料』1977年7月号，59ページ。

表5―6　「韓国」における輸出に占める中保税加工輸出の比重
(単位　100万ドル，%)

年	輸出総額(A)	保税加工輸出					
		合計(B)	B/A	アメリカ(C)	C/B	日本(D)	D/B
	ドル	ドル	%	ドル	%	ドル	%
66	250.3	28.8	11.5	14.7	51.0	3.7	12.8
67	320.2	49.8	15.6	25.8	51.8	11.2	22.5
68	455.4	87.0	19.1	57.8	66.4	10.8	12.4
69	622.5	130.7	21.0	87.9	67.3	12.0	9.2
70	835.2	152.3	18.2	105.5	69.3	21.8	14.3
71	1,067.6	208.8	19.6	146.6	70.2	29.1	13.9
72	1,624.1	285.3	17.6	173.6	60.8	40.4	14.5
73	3,225.0	703.1	21.8	323.5	46.0	177.0	25.2
74	4,460.4	1,064.8	23.9	448.5	42.1	282.5	26.5
75	5,081.0	1,101.5	21.7	444.7	40.4	227.9	20.7

(出所)　『月刊朝鮮資料』1977年7月号，60ページより。

らない。それは，輸出の増大が，米・日独占資本による保税加工輸出[19]の増大（表5―6）と，外資が労働集約的な軽工業部門に集中していることからくる軽工業製品の輸出急増にあらわれている。そしてダンピングをせざるをえないのは，輸出産業が米・日資本に育成され，輸出市場をアメリカ，日本に限定されているところにある。このダンピング輸出を可能にしているのが極端な低賃金なのである。

このように"輸出偏重型"といえる韓国経済の工業化ではあるが，発展途上国の工業化は，たんに低賃金を武器に低輸出価格で競争力が強くなっているというだけではなく，技術水準の向上や設備の近代化が進行してきていることにも注目しなければならない。

たとえば，綿織機と金属洋食器についてみたのが表5―7と表5―8である。

19)　韓国では「輸出自由地域設置法」（70年1月）が制定され，馬山地域が指定されている。保税加工輸出とは，「加工貿易または賃加工制の一形態で，圏内の遊休施設ならびに豊富かつ低廉な労働力と，外国から輸入した技術，資本とを結合させ，同じく外国から輸入した半製品，原材料等を加工もしくは製造した後，その製品を再輸出し，その加工賃によって外貨を獲得しようとする貿易形態」（韓国産業経済研究所「韓国の保税加工貿易制度」）である。この場合，外国から輸入した原材料などの関税は免税とされ，また，そこで生産された製品を，特恵関税制度を実施している国に輸出する場合，当然，特恵の恩典を受ける。なお，「輸出自由地域」のヨーロッパ等との比較については，鈴木長年編『アジアの経済発展と中小工業』アジア経済研究所版の第6章「東南アジアにおける中小工業振興策としてのフリー・トレード・ゾーン」を参照されたい。

表5―7 綿織機台数および自動化率の比較

	設備台数（1,000台）				自動化率（％）			
	66年末	70年末	73年末	74年末	66年末	70年末	73年末	74年末
日本	388.5	368.3	323.2	338.4	25	33	37	37
「韓国」	21.8	21.6	11.3	14.1	31	27	95	95
台湾	20.5	35.9	15.5	50.4	59	83	57	100

(出所) 日本紡績協会資料、『商工金融』第27巻第7号より引用。

表5―8 金属洋食器におけるわが国と「韓国」・台湾の比較

国名	企業数	従業員規模	生産形態	生産能力	輸出実績	製品コスト	品質	労賃	ステンレス鋼材調達
日本	265	4人以下44.7 5～9人29.5 10～29人17.1 30～49人 7.6 100人以上1.1 (除く研磨業)	元請（一貫メーカー、製造問屋）と下請（生地、研磨）の分業生産	年間8,000万ダース	50年実績5,630万ダース	100（指数）	Aクラス Bクラス (中下級品)中心	平均賃金49年76,700円	国内調達
「韓国」	7	最大約2,800人 最小約300人 平均1,000人	一貫メーカー	年間2,000万ダース	49年実績2,007万ダース	85	Aクラス (下級品)中心	日本の1/3	日本から輸出
台湾	12	平均300人前後	一貫メーカー	年間1,200万ダース	49年実績960万ダース	99	Aクラス(下級品)中心であるが一部Bクラス(中級品)あり	日本の1/3	日本から輸出

(注) 日本輸出金属洋食器工業組合調べ。
(出所) 第7表に同じ。

綿織機の台数は、韓国、台湾の合計がわが国の2割弱を占め、しかもその自動化率はわが国で4割弱であるのにたいし、両者ともにほぼ100パーセント自動化されている。生産形態もわが国の産地にみられるような紡績・織布の企業形態ではなく、紡績一貫体制をとっているところが多い、という。したがって商工中金調査部[20]によると、「織機台数の差以上に生産能力はわが国に追いついてきて」おり、「今や綿・合繊織物ともにわが国の輸出市場であったものが、最も強力な競争者に変ぼうしてきている」と指摘している。また、金属洋食器についてみると、韓国、台湾の一社当たりの企業規模、生産能力はわが国をはるかに凌駕し、生産形態ではわが国が元請と下請の分業生産であるのにたいし、

[20) 商工組合中央金庫調査部「国際化の進展と中小企業の対応―9業種にみる発展途上国追い上げの影響―」『商工金融』第27巻第7号、27―28ページ。

一貫メーカーによる連続プレス方式を中心に自動化,量産化体制がはかられている。織物と同様に金属洋食器にかんしても「韓国と台湾は低価格,量産品の分野では強みを発揮し,かつてわが国が米国市場で米国の洋食器メーカーを駆逐したようにわが国を急追している」のである。

このような発展途上国の工業化の進展にくわえるに,特恵関税の実施によって,軽工業品を中心にする発展途上国製品(発展途上国自体の製品と,発展途上国に進出した外国資本の製品をふくむ)は国際競争力を強め,わが国中小企業性製品と価格上,品質上はげしい競争を展開し,わが国中小企業の市場問題を激烈なものとしている。市場問題の第1は,先進国市場,とくにアメリカにおける発展途上国製品とわが国製品との競合による輸出市場の縮小であり,第2は,わが国市場における発展途上国製品の流入あるいは進出した日本企業製品の逆輸入の増加である。

そこで,わが国中小企業性製品の地域別輸出の動向をみたのが表5―9である。アメリカへの輸出が全体では70年の35.5パーセントから75年には18.9パーセントと激減し,なかでも軽工業品は重化学工業品よりも減少がいちじるしい。輸出の対米依存度が高かったがゆえに,ドル・ショックにみられるような輸出環境の変化は,資本集約的な大企業性製品の輸出を増加させたものの,労働集約的な中小企業性製品の輸出減少をもたらし,対米従属貿易の不安定性と破綻をしめしている。逆に,東南アジア,中近東など発展途上国への輸出割合は増加し,市場の多角化をはかっているが,このことは,中小企業性製品のなかにはまだまだ発展途上国製品よりも総合的な国際競争力で優位にあることをしめしている。

ところで,日本貿易振興会はアメリカ向け主要軽工業品55品目を対象に,同国市場における発展途上国と日本のシェアを分析している(表5―10)。表からみて,55品目についての発展途上国のシェアは激増しているのにたいし,わが国は対照的に激減している。先進国は微減にとどまっているので「発展途上国品が日本品を駆逐して進出している」[21]ことは明らかである。事実,かつてはわが国製品の独占市場であったものが,輸出額,シェアともに低下し,完全に発展途上国製品の独占市場に変わったものがある(表5―11)。

これら品目のほとんどは,一般に加工度が低く,低賃金を利用する韓国,台

---

21) 玉井忠男「中小企業の輸出と発展途上国の追上げ」『中小企業と組合』1976年7月,27ページ。

表5－9 中小企業性製品の地域別輸出構成比の推移

(単位 %)

	全体		軽工業品		重化学工業品	
	70年	75年	70年	75年	70年	75年
北　　米 (うちアメリカ)	39.7 (35.5)	21.5 (18.9)	40.4 (36.0)	20.7 (17.4)	37.7 (34.1)	22.6 (21.0)
ヨーロッパ	12.4	12.5	13.5	14.7	8.8	9.3
大 洋 州	4.8	5.0	5.1	5.6	3.8	4.2
東南アジア	25.2	28.4	23.8	28.1	29.7	28.8
中 南 米	4.8	6.1	4.1	4.5	7.1	8.5
ア フ リ カ	6.0	7.6	6.4	9.1	4.5	5.4
中 近 東	3.4	11.5	3.6	12.7	2.9	9.8
共 産 圏	3.7	7.4	3.1	4.6	5.5	11.4
計	100.0	100.0	100.0	100.0	100.0	100.0

(注) 中小企業性製品とは，中小企業の出荷額ウエイトが70％以上を占める業種の製品をいう。
(出所) 『中小企業白書』(1977年版) を利用作成。

表5－10 アメリカの輸入 (55品目) の変化

(単位 1,000ドル，( ) は構成比)

年	アメリカの輸入額	日　　本	先　進　国	発展途上国
65	836,115 (100.0)	346,422 (41.4)	308,924 (37.0)	180,769 (21.6)
70	2,045,524 (100.0)	653,862 (32.0)	830,608 (40.6)	561,054 (27.4)
74	3,734,048 (100.0)	936,105 (25.1)	1,228,557 (32.9)	1,569,386 (42.0)

(出所) アメリカ輸入統計FT－246,『中小企業と組合』76年7月より引用。

表5－11 日本品市場を蚕食した発展途上国品

(単位 %)

品　目　名	日本品のシェア		発展途上国品のシェア	
	65年	74年	65年	74年
衛 生 陶 器	91	13	3	80
バドミントン・ラケット	95	5	3	93
ゴム・プラスチックはきもの	87	3	9	74
グローブ・ミット	98	19	2	81
洋　　　　傘	74	9	18	84
人形・動物玩具	68	7	24	90
メカニカル玩具	64	21	16	64
木製食卓用品	56	12	21	73
合　　　　板	40	17	44	75

(出所) アメリカ輸入統計FT－246,『中小企業と組合』76年7月より引用。

湾，香港などの生産力の拡大によって，価格競争力を弱め，市場を失ったのである。そしてこれらの品目にくわえるに，円高基調やアメリカの特恵関税の実施（76年1月実施，供与品目は2,724品目，対象品目はすべて無税，エスケープ・クローズ＝免責条項を採用）によって，輸出の減少という苦しい事態に見舞われる業種がふえることになったのである。

表 5-12　工業製品輸入増加率(円ベース・対前年比)
(単位　％)

		74年	75年	76年
重化学工業	中小企業性製品	50.8	△ 2.4	△ 7.4
	全体	66.4	△18.9	12.2
軽工業	中小企業性製品	23.1	△16.2	38.9
	全体	34.6	△ 7.9	26.8

(出所)　『中小企業白書』(1977年版)

　こうした中小企業性軽工業品のアメリカ市場での後退ばかりではなく，国内市場においても発展途上国製品の輸入が激増し，わが国中小企業の競合製品が後退を余儀なくされているのである。すなわち，工業製品の輸入増加率をみたのが表5-12である。軽工業品のなかでも中小企業性製品は，76年に対前年比で38.9パーセントと高い輸入増加率をしめし，重化学工業品はもとより軽工業品全体をも上回っており，軽工業品の輸入急増ぶりが明らかである。そこで中小企業性製品の軽工業品のみの輸入先をみると，発展途上国地域のシェアが増大（70年37.9パーセント→75年54.4パーセント）し，先進国地域はシェアが縮小（59.0パーセント→41.0パーセント），共産圏は微増（3.1パーセント→4.6パーセント）している。そして発展途上国地域のなかでも，とくに東南アジアの増大（23.8パーセント→28.1パーセント）がいちじるしい。

　山崎充氏は輸入が急増している製品の地域を3つのグループにわけ具体的に品目を列挙しているので，これら品目をしめすとつぎのとおりである[22]。
　① 発展途上国からの輸入急増品目
ゴム履物（韓国，台湾），プラスチック履物（台湾，韓国），革手袋（韓国），洋傘（韓国，台湾），メリヤス下着（韓国），くつ下（韓国），布帛下着（韓国，台湾），マッチ（韓国），人形（台湾），食卓台所用品（韓国）
　② 欧米先進国からの輸入急増品目
革製衣料（イタリア），眼鏡（西ドイツ），金属洋食器（西ドイツ，フランス），利器工匠具（西ドイツ，アメリカ），装身具，装飾品（フランス），ボタン（イ

22) 山崎充「国際化と中小企業」『地域金融』1977年4月号，30-31ページ。

タリア），運動用具（アメリカ），毛織物（イギリス）
　③　発展途上国と欧米先進国からの輸入急増品目
革製履物（イタリア，韓国），タイル（イタリア，韓国），照明器具（香港，アメリカ），ピアノ（韓国，アメリカ），娯楽用玩具（香港，イギリス），モデル模型（台湾，西ドイツ），綿織物（アメリカ，韓国）
　これら輸入急増品目は，高級品，ブランド品が欧米先進国から，実用的な標準品，低価格品が発展途上国から輸入されているのである。
　しかしながら，こうした国内市場における軽工業品の輸入の増大あるいは輸出市場におけるわが国軽工業品の後退の背景には，欧米資本のみならず日本の独占大企業，一部上層中小企業が韓国，台湾などの東南アジアに生産拠点を移動させ，進出企業が豊富で安価な労働力とすぐれた技術とを結合させて生産した製品を，特恵をも利用して，対米対日市場へ輸出していることも看過できない。このことがわが国中小企業の市場を侵食し，また日本の中小企業問題を複雑化させているのである。
　とくに，国内市場における発展途上国製品の輸入増大の内容は，日本企業の海外進出先からの「逆輸入」製品が多く，さらには大手商社やスーパー，百貨店などが進出先企業と提携したり，買付け事務所を設置するなどして，わが国へ輸出してきていることによるものである。たとえば，韓国に駐在している日本商社が取り扱う輸出額は，75年の場合，韓国総輸出額の52.7パーセント，輸入では64.2パーセントを占めているのである[23]。また，大手スーパーでは，1企業年間ワイシャツ販売量400～500万枚のうち，ダイエーは40パーセント，ニチイ30パーセント弱，ジャスコ30パーセント強を輸入ワイシャツに依存し，とくに特価品売場ではニチイが90パーセント，ダイエーが80パーセントにも達しているという[24]。
　以上のように発展途上国の追上げによるわが国中小企業性製品の輸出入構造の展開は，輸出関連中小企業のみならず，いままで過当競争が問題になっていた中小企業分野をさらに一段ときびしく深刻な事態に追いこんでいる。「輸出市場を失ない輸入品の氾濫する製品分野は，まさに"寿司詰め"状態の競争となる。……国際化の進展は，わが国中小企業の過剰競争を加速する傾向にある」[25]のである。つまり，輸出市場を失った企業は内需転換をはかり，輸入品

---

23)　張善玉，前掲論文，65ページ。
24)　久永一行「繊維業における『韓国』商品の"逆輸入"問題」『経済』1977年8月号，80ページ。

の増加は国内企業のシェアをせばめる結果,過当競争がいっそう激化することになる。こうして中小企業性製品の市場問題は,国内中小企業の過当競争の拡大再生産となっているのみならず,「新しい国際分業＝国際的産業調整」という名のもとに,産地産業,伝統産業を破壊し,業種ぐるみ,産地ぐるみの転廃業として問題化しているのである。

5　産業調整と中小企業の知識集約化政策

大企業性重化学工業製品が世界市場を席巻し,先進国とのあいだに新たな矛盾,摩擦の度合いを強めている一方で,中小企業性製品の一部では,発展途上国の追上げや進出した日本企業製品の「逆輸入」の増大によって,輸出市場,国内市場の両面での激しい挟撃を受けている。同時に,不況,円高というトリプルパンチに襲われている輸出関連中小企業およびその他の中小企業は,かつてない苦境に立たされており,こうした危機は,いまではたんに市場問題にとどまらず,業種・業界・産地ぐるみの転廃業をふくんだ危機となっている。

こうした日本資本主義の国際的・国内的矛盾の激化は,すでにみてきたように経済の国際化の名のもとでおしすすめてきた対米従属・依存の産業構造の重化学工業偏重とその貿易構造が到達した経済構造の矛盾の深まりの表徴である。それゆえ,重化学工業製品の輸出第一主義と,それとひきかえに中小企業を犠牲にした軽工業品の輸入拡大,とりわけ日本独占資本を中心にする製品の「逆輸入」拡大は破綻せざるをえなくなっている。なぜならば,原燃料等の資源の輸入や特定重化学工業製品の市場を確保していくために,中小企業分野製品や農産物,さらには労働者を犠牲に供することは,けっして国民経済の発展と向上の基軸にはなりえず,それが「一種の飢餓輸出の体系」[26]にすぎないからである。

それにもかかわらず,日本資本主義が内外の矛盾にぶつかりながらも,重化学工業の高度化を基軸展開にした再生産構造を維持していく方途を追求していくには,先進資本主義諸国との資源の争奪戦と市場の再分割闘争をともなわざ

---

25) 日本学術振興会産業構造・中小企業委員会「競争条件の変化と中小企業」『商工金融』第27巻第5号,10ページ。
26) 古川哲「現代日本資本主義の危機構造――その国際的条件と国内的条件の交錯――」『世界経済評論』1977年4月号,61ページ。

るをえない。これらの問題は，国際競争場裡のもとにおかれて矛盾をいっそう鋭くするものの，一時的にせよ，資本主義間の矛盾を緩和するためには，国際的場面においてでなければ解決しえなくなっている。そしてこの矛盾を克服するために，国際的には新植民地主義的海外進出を軸にした「国際的産業調整」と，国内的には，大規模な産業再編成による資本の国際的集積・集中と中小企業の根本的再編＝新たな支配対象の創出をはかることが，日本独占資本によって提起・推進されているのである。

　このような観点から70年代の中小企業政策は，これまでの中小企業の近代化・構造改善政策のゆきづまりの結果として知識集約化政策へ大きく転換したものであった。

　知識集約化政策が取り上げられたのは，産業構造審議会中間答申『70年代の通商産業政策』（1971年5月）においてであった。ここでの産業構造の知識集約化とは「知的活動の集約度の高い産業（知識集約産業）を中核とし，これを支える基礎的産業やその他の周辺産業においても可及的に知識集約度を高めるような産業構造の姿，すなわち知識集約型産業構造が志向されるべきもの」[27]とされた。「知的活動」とは，「研究開発，デザイン，専門的判断，各種マネージメント等のほか，高度な経験知識に支えられた技能の発揮等をも含み，広く経済活動における人間の知的能力の行使を指すもの」という。そして知識集約型産業を，研究開発型産業，高度組立産業，ファッション型産業，知識産業の4類型にし，60年代の重化学工業とはちがった，70年代の望ましい産業群であることを強調した。

　こうした知識集約型産業構造への転換の考え方は，中小企業政策審議会『70年代の中小企業のあり方と中小企業政策の方向について』（1972年8月）に受け継がれ，4類型の産業は中小規模に適した分野を提供するので，「産業構造論の観点からいえば，とりもなおさず中小企業の『知識集約化』を推進すること」[28]として70年代の中小企業政策を方向づけたのである。そこでの中小企業の知識集約化は，「知識集約産業として発展する企業の可能性に着目すると同時に，いわば，これら中核産業が開花するための畠の土壌ともいうべき，その他の基礎的な中小企業部門の知識集約化」の「知的活動」の集約度を高めるように努力するもので，「平たくいえば，企業経営で，なるべく『知恵を使い，

---

27) 産業構造審議会編『70年代の通商産業政策』通商産業調査会，1971年，29―30ページ。
28) 中小企業庁編『70年代の中小企業像』通商産業調査会，1972年，16ページ。

頭を使った』やり方に移行することだ」といっている。そして中小企業の知識集約化は，生産品種の転換，高級化，市場の多角化，海外への事業範囲の拡大など，「『事業転換』をその一部に含む広義の『転換』」[29]と，いわば不即不離の関係にあることを強調するのである。

従来の重化学工業化とは異なる内容を担う中小企業の知識集約化政策は，ベンチャー・ビジネスに「産業構造の知識集約化推進の旗手」の役割を果たすものとして積極的な意義をもとめ，中堅企業やベンチャー・ビジネスを除く中小零細企業の「業種転換，事業転換，産業構造転換の発想」[30]となって根こそぎの転廃業を課題として追求することになる。

同様な方向づけは，産業構造審議会『産業構造の長期ビジョン』（1975年度）では「まず第一は国内の産業構造の高度化を積極的に推進することを通じて，貿易構造の高度化を図り，世界における財およびサービスに対するニーズに的確に対応していくことである。第二は，資本及び経営資源等の生産要素の移動によって，海外において生産を行い，現地の直接需要に応えるとともに，その所得効果，開発効果を通じて，広くその地域の発展に寄与することである。同時に，労働力，原材料等が比較優位にある地に海外投資を行うことによって，世界及びわが国に対する物資の効率的供給を図ることができる。第三は，これら産業の発展基盤の整備及び発展途上国の工業化に資するよう政府開発援助の推進を図ることである」[31]。こうした基本的方向に対応して，中小企業の「新たな課題の克服」には，①国際分業の進展への対応，②省資源・省エネルギーの要請，③立地環境問題，の三つを要請し，とくに「国際分業の進展要請に正面から対応」していくために「産業転換」をはかることの必要性を強調している[32]。また，『経済白書』（1977年版）は，「節度ある輸出」を唱えながら，自由貿易主義を旗印にして，「国際的な競争力をなくしているものについては，国内産業の体質改善を進めるとともに，国内産業構造の再編成を通じて水平的分業を進めていく必要がある」[33]としている。

---

29) 中小企業庁編『前掲書』62ページ。
30) 佐々木佳代「産業構造高度化と『知識集約化』再考—中小企業発展への模索」『社会科学』同志社大学人文科学研究所，第25号，1979年10月，176ページ。なお，知識集約化政策を批判的に考察したものとして，政治経済研究所編『転換期の中小企業問題』第10章，新評論，1975年を参照のこと。
31) 産業構造審議会報告『産業構造の長期ビジョン』（1975年度版），303ページ。
32) 同上，265ページ。

このような国際分業＝「国際的産業調整」をつうじての産業転換が低成長経済での課題として提起されているのである。しかし，「国際的産業調整」は，対米従属貿易が破綻し，また資源の制約，公害環境問題，労働力不足などに対応できなくなった日本独占資本が，政府開発援助をテコにして発展途上国とは労働集約的産業を中心にした垂直的分業を，先進国とは資本の相互乗り合いによる資本集約産業での水平的分業を促進するというような産業調整をはかり，そうした方向での対外進出を促進することをねらいとしている。そのため，日本独占資本は，対外的には，世界的な生産拠点づくりのために海外進出することをつうじて「企業内国際分業」を展開し，利潤の極大化を実現させながら，対内的には，産業再編成＝独占体の強化をはかり，中小企業分野に知識集約化の名で産業転換を強制しているのである。海外進出を軸にした「国際的産業調整」は，「国内的産業調整＝産業転換」と結びついているのである。中小企業の産業転換を促進する総仕上げとして，76年11月に「中小企業事業転換法」が制定された。これは，従来タブーとされていた事業転換に本格的に対処しようとするもので，政策の大転換を意味するものであった。

だが，中小企業にとって事業転換をはかることは，"清水の舞台"から飛び降りるほどの覚悟を必要とする。かりに事業転換をはかったにしても，その転換先はすでに過剰状態にあることもある。また「知識集約的産業」の一つの有力な成長業種に転換できたとしても，多くは独占大企業のサブ・システムとして甘んじざるをえないし，しかもその業種に成長可能性があればあるほど，企業の新規参入はすすみ，過当競争をひきおこすことになる。海外進出をはかっている独占大企業や一部上層中小企業とはちがって，海外進出もできず，転換したくとも転換しえぬのみか，転換先さえ十分に保障されない膨大な数の中小企業にとっては，「産業調整」はたんなる事業転換ではなく，いまでは新たな低賃金基盤析出の対象になっているのである。中小企業の事業転換は，渡辺睦氏が指摘するように，まさに「産業の構造的転換を目標とした業種，業界ぐるみの転換を強行しようとするものであり，非能率・非効率的な弱小資本を大胆に切り捨て，整理を行なって，低賃金基盤を新たな角度から再編成することを意図するものである」[34]といえる。

---

33) 『経済白書』（1977年版）『週刊東洋経済―経済白書特集―』1977年8月19日号, 201ページ。
34) 渡辺睦「事業転換の現状と問題点」政治経済研究所編『転換期の中小企業問題』新評論, 1975年, 225ページ。

こうして70年代に始まった産業構造の知識集約化の方向をより確実なものとするために，80年代においては，「より高次の創造的知識集約化」が指向されることになる。産業構造審議会『80年代の通産政策ビジョン』(1980年3月)は，望ましい産業構造を選ぶ基準として，①動態的比較優位基準，②国民ニーズ充足基準，③省エネルギー，省資源基準，④セキュリティー基準の4基準を掲げ[35]，これらに合う産業構造ビジョンとして，「創造的知識集約化」を示したのである。そしてこの知識集約化の方法として，①ソフトウェア化，②システム化，③スペシャリティー化，④ファッション化，⑤フィードバック化，⑥フレキシビリティー化，の6つの手法による多角的展開を強調する。同時に「創造的知識集約型産業構造」を実現するために「産業調整政策」が前面に掲げられる。その施策内容は，①業種別の縮小，転換見通しの明確化，②人的資源の再配置，③過剰設備の処理に加えて，④他事業分野への転換，⑤産業再編成，⑥地域対策である。「市場機構に委ねるのみでは，長期的視点からみて望ましい産業構造の実現が困難」[36]であるがゆえに，これらの施策を通じ，政策的に強制執行するというのである。

こうした産業調整政策の方向は，中小企業政策審議会意見具申『1980年代の中小企業のあり方と中小企業政策の方向について』(1980年7月)に引き継がれ，中小企業政策として具体化される。すなわち中小企業を「活力ある多数」として「再発見」することによって「企業活動や産業政策は国内国外を同一平面において考えなければならない」[37]という（補論参照）。このことは，いわば国際的産業調整と国内的産業調整とを同時に促進しょうとするものである。したがって，一方では，一部優良中小企業を含む独占大企業を中心にした海外進出による国際的展開をはかりながら，国内的には産業再編成を通じて，中小企業に転廃業を強制することが展開されようとしている。

こうして中小企業政策は，知識集約化に資する一部の「活力ある自立型中小企業」の育成を重視する一方，圧倒的多数の中小・零細企業がいまでは単なる個別大資本にたいする問題としてだけではなく，体制的レベルの問題として展開されはじめようとしている。このことは同時に「世界の中の日本」という日

---

35) 産業構造審議会編『80年代の通産政策ビジョン』122ページ。
36) 産業構造審議会編，前掲書，131ページ。
37) 中小企業庁編『中小企業の再発見―80年代中小企業ビジョン』通商産業調査会，1980年7月，15ページ。

本資本主義を座標軸にした新しい世界経済秩序づくりのなかで,中小企業が国際的矛盾の焦点になってきていることを意味する。それは,まさにわが国中小企業問題の国際的展開を示している。

補論： 中小企業の活力論

1 中小企業に対する基本的視座

　わが国中小企業は，他の資本主義諸国に比し，その比重は高く，それゆえ，その果す役割とその活動領域が大きかった。しかも，中小企業，とりわけ小零細企業を中心に，60年代後半以降より，一面では倒産の激発がみられたものの，他面では大量に存続し，拡大再生産されてきている。その点では他の先進資本主義国とは著しく異なる例外的な国でさえある。

　しかし，中小企業の増大傾向は，決して単なる直線的な増大を意味するのではなく，その背後には，中小企業の分化・分解とそのうえでの新生，参入の過程をともなったものであるということ，しかも独占大企業の再生産機構の中に深く組み込まれながら，独占の蓄積基盤の対象拡大と再編の対象のもとにおかれたものであるということに留意する必要がある。

　こうした中小企業の増大傾向は，資本主義の発展とは逆行しているかにみえるが，むしろ他国にはみられない特殊な展開によって，独占大企業を頂点とする重層的，階層的構造を定着・強化している。その点では重化学工業化を基軸として展開した高度成長過程は，最も資本主義らしさを発揮した段階であり，そこに完成された日本資本主義の姿をみることができる。

　ところで，自由競争を基本原理とする資本主義経済においては，一般に，中小企業と大企業との競争は，前者が競争に敗れ，淘汰・消滅する存在と考えられる。しかしながら，現実の経済では，中小企業は一方的にいわば直線的に駆逐・淘汰されることなく，階級分解と分化を繰り返しながらも，なお依然として大量に存続している。この大量の存続・再生産の理由がどこに求められるのかは，わが国中小企業の大量存続と拡大再生産を解明するうえでも，また中小企業とは何かの原点を探り，中小企業観を確立するうえでも重要である。

　かつて，アルフレッド・マーシャルは「規模が大きければそれだけ強力となり，したがって一見すると大企業はその小さな競争相手を産業のいくたの部門

から完全に駆逐してしまうだろうと思われるのに，実際にはどうしてそうならないのか」[1]と問題提起をした。マーシャルの問題提起は，高度に発達した日本資本主義において，マーシャル当時とは問題性の質が異なるとはいえ，解決しなければならない課題である。とくにわが国中小企業問題が，古くかつ新しい問題であるのみならず，他の発達した資本主義国と著しく異なる理由の一つとして，中小企業の大量存続という歴史的性格，日本的特殊性が指摘されているからである。とりわけ，日本では戦後一貫して中小・零細企業は増加してきたのである。

したがって，問題の核心は，現実に大量に存続する中小企業群が，果して「合理的・近代的」な存在であるのかどうかが問われなければならない。

中小企業を非合理的，非近代的な存在とする見方に，第3章で見た「二重構造」論と，第4章補論での「中堅企業」論，「ベンチャー・ビジネス」論がある。前者は中小企業を「二重構造」の底辺，前近代的なものとし，したがって「前近代的なものを近代化」するという考えになる。後者の二つは，新タイプという類型化された，しかも理念型の特定成長中小企業を中小企業像として描いている。とりわけ「ベンチャー・ビジネス」論での新タイプ企業の増加は，「『二重構造』の拡大」ではなく，むしろ「『二重構造』解消の所産」であって，「評価のうえでも望ましく」「新旧企業の交替によって，中小企業全体の近代化がすすむ」[2]といわれる。したがって「伝統中小企業とは『断絶』的ともいうべき相違がある。『中小企業』という観念が『劣悪企業』という意味内容と結びつくならば，ベンチャー・ビジネスは『脱中小企業化』した存在」[3]だと断言するのである。この中小企業観に潜む根本思想は，「既存の，伝統的中小企業群をいかに変化し，近代化しても，しょせん，無意味である」[4]ということである。したがって，既存の膨大な一般中小企業は，非合理的，非近代的な存在であって，近代化の対象にもなりえない不適応層として差別されることになる。

こうした中小企業観では，現実の中小企業の大量存続のみならず，その増大

---

1) アルフレッド・マーシャル，馬場啓之助訳『経済学原理Ⅱ』東洋経済新報社，1965年，281ページ。
2) 清成忠男『現代中小企業の新展開』日本経済新聞社，1972年，183ページ。
3) 清成・中村・平尾『ベンチャー・ビジネス』日本経済新聞社，1971年，73ページ。
4) 佐藤芳雄「中小企業近代化政策とベンチャー・ビジネス論」商工組合中央金庫『商工金融』，第22巻第11号，36ページ。

を説明することが不可能であることはすでに明白である。しかし，それにもかかわらず，これらの延長線上のものとして，「中小企業の再発見」を謳いあげ，新しい装いをした中小企業の「活力」論が，80年代の中小企業観として登場してきている。そこで，この「活力」論とはいかなるもので，どのような問題点をもっているかを考察することにする。

2 「活力」論の内容と問題点

中小企業を「活力ある多数派」と位置づけ，自由競争の維持・拡大，反独占の勢力として積極的に評価しているのはアメリカ[5]やイギリス[6]においてである。

わが国において，「中小企業の見直し」が「単なる修辞」ではなく「活力ある多数」として位置づけられたのは『80年代の通産政策ビジョン』[7]における第10章「活力ある中小企業の展開」の中においてである。ここでは「総じていえば，80年代は『不安定な多様化の時代』であるが，中小企業が新たに発展しうる要因も多いという意味において『機会の時代』でもある」とし，「80年代においてもわが国経済社会が活力を維持し，一層の健全な発展を遂げるためには，活力ある多数としての中小企業の維持発展が必須の課題」[8]となったのである。ここで提示された観点は，『1980年代の中小企業政策のあり方と中小企業政策の方向について』（中小企業政策審議会意見具申，以下では意見具申という）に全面的に受け継がれ，より具体化された。

意見具申では，80年代中小企業問題を考える観点として，70年代における中小企業をどのように評価するかにあった。この点についての意見具申は，「中小企業は個々にみれば多くの問題をはらみつつも，全体としては良好なパフォーマンスを示してきたといえる。大企業と中小企業の賃金面，生産性面における格差は総じてゆるやかな解消の過程をたどっており，もはや過去におけ

---

5) Deane Carson, "The Vital Majority ― Small Businesses in the American Economy ―" 商工組合中央金庫訳『ザ・バイタル・マジョリティー』商工組合中央金庫，昭和53年。
6) The Committee of Inquiry on Small Firms, "Small firms". 商工中金『英国の中小企業（ボルトン委員会報告書）』商工中金，昭和49年。拙稿「イギリスにおける中小企業構造の変化」『経済集志』第44巻3・4合併号，1974年10月。
7) 通産省産業構造審議会編『80年代の通産政策ビジョン』通商産業調査会，1980年4月。
8) 通産省産業構造審議会編『前掲書』150ページ。

るほど鋭角的には存在しなくなっている」[9]という認識に立っている。したがって，中小企業観は，「こうした，中小企業の良好なパフォーマンスは，中小企業が本質的にはわが国経済社会の前近代的体質に依存した衰退の運命にある存在ではなく，近代的な性格をそなえて，合理的，積極的に発展してきた，また発展していきうる企業活動の分野であるという認識」となり，「このことは，わが国中小企業問題を考える際の基本視点」であり，「いま一度中小企業の存立基盤の再発見として確認されるべき点である」[10]ということになる。すなわち，中小企業は非近代的な存在ではなく，近代的存在である。その結果，「日本経済の発展を支える不可欠の要素」で，これまでの「修辞」に対し，「単なる修辞ではない」とする中小企業観の修正・再発見がなされる。

こうして「活力ある多数として中小企業を積極的に評価すべきであるという認識」に加えるに，中小企業の活動形態は「時代適合的な面」をもっていることを強調する。したがって，「政策的対応においても，一面的に中小企業を弱者として把えるべきではなく，自立して発展していける活力ある多数としての中小企業の育成をめざしていくべきである」[11]という自立型中小企業「活力」論が展開される。

それでは，中小企業の「活力」とは何を指すのか。意見具申では，それは「産業構造の変革，技術の進歩，人的能力の発揮等の苗床であり，経済社会の進歩と発展の源泉」[12]だと抽象的に述べられているにすぎない。この意見具申を補完・補強して「活力」論を展開しているのが昭和55年版『中小企業白書』である。

『白書』は，中小企業の役割を，「中小企業の内部にはかなり活発な流動性が内包されており，それが経済社会の活力の一つの源泉となっている」[13]という「社会活力の源泉ないし主体」として位置づける。

社会活力の源泉としての中小企業の機能には3つある[14]。第1は，経済社会の生成発展を支えるもの，すなわち産業構造における流動性の保持ないし変革

---

9) 中小企業庁編『中小企業の再発見―80年代中小企業ビジョン―』通商産業調査会，1980年7月，6ページ。
10) 中小企業庁編『前掲書』7ページ。
11) 中小企業庁編『前掲書』10ページ。
12) 中小企業庁編『前掲書』10ページ。
13) 中小企業庁編『昭和55年版　中小企業白書』大蔵省印刷局，1980年，332ページ。
14) 中小企業庁編『前掲書』，332―354ページ。

である。この意味から,「中小企業は正に産業の誕生及びその発展,成長の母胎」としての,いわば「産業の苗床としての機能」——①成長産業を輩出する形で産業の規模面での量的拡大,②新規分野の開拓,産業の水平的拡大,あるいは質的転換・向上——をもっている。第2は,市場における競争条件の維持と活性化の機能である。それは,中小企業間のみならず,大企業との競争においても,有効な競争関係を実現し,「適切な競争状態を支えることにより,製品の高度化や生産技術の進歩等の優れた市場成果を生み出している」という。第3は,経済社会の効率的分業体制を支える機能である。それは「例えば,下請企業に典型的にみられるように,我が国特有の高度に発達した社会分業体制の基盤を形成することにより,我が国経済の柔軟性,効率性の維持に大きく寄与」していることを評価する。

　これらの機能を有する経済社会の活力としての中小企業は,個々の中小企業自身の活力[15]——小回り性,機動性,企業家精神,パイオニア性——の存在というすでに言い古された中小企業観を前提にし,中小企業自身の自主努力が不可欠であるということに結びついているのである。

　こうした「活力」論の展開により,全体としての中小企業を積極的に評価し,中小企業は近代的・合理的存在と位置づけたことは一定の意義があるといえよう。すなわち,層としての中小企業を,これまでの二重構造の底辺,前近代的存在としての中小企業観から,階層としてのみならず,「二重構造」問題としても位置づけずに,企業規模視点を放棄する「ベンチャー・ビジネス」への一大転換に対し,いまはじめて中小企業に対する「正当」な評価を行ないえたからである。この点でまさに中小企業の活力の発見といえよう。

　だがしかし,意見具申や中小企業白書にみられる「活力」論による中小企業観には幾つかの問題点がある。その第1は,中小企業を「全体としては良好なパフォーマンスを示した」とするが,その前提には,大企業と中小企業との格差は「解消の過程をたどっており,もはや過去におけるほど鋭角的には存在しなくなっている」という認識があることに対してである。格差が解消過程をたどっているかどうかにも問題があるが（石油危機後の長期不況の中では,労働省『毎月勤労統計調査』でも僅かではあるが拡大している）,規模別格差自体が厳存していることと,その格差構造たる重層的,階層的企業構造への分析視

---

15) 中小企業庁編『前掲書』,334—370ページ。

角が欠落しているのである。第2は，中小企業が近代的・合理的存在と把握するものの，独占・大企業の市場行動の分析を捨象して独占・大企業と中小企業とを同質にとらえ，独占の中小企業に対する支配・従属関係を欠落させて生産力論に堕していることである。その点で「効率的分業体制」は，いわゆる企業間システム論であり，わが国に鋭く存在する搾取，収奪構造に目をつぶることにつながっている。したがって，第3に，「活力」論は単なる産業の苗床，自由競争の担い手として展開されているのみで，アメリカやイギリスにみられるような独占大企業への対抗勢力，反独占者として位置づけられないという誤りをおかしている。その点で中小企業を「近代的・合理的な存在」だと位置づけても，「単なる修辞ではなく」真に中小企業を正当評価したことにはならないであろう。

したがって，意見具申や中小企業白書のような中小企業観は，「活力」論の導入によって新しい装いをしているものの，いまだ中小企業を非近代的・非合理的存在と把握する思想につながっていく。それがゆえに，中小企業政策では「活力ある自立型中小企業」の育成に重点が置かれることになり，これまでの中小企業の「近代化・構造改善」政策の延長ないし一層の積極的展開が主張されることになっている。なお，こうした政策とは逆に，中小企業は弱者——決して社会的強者ではないが——であるがゆえに保護が必要だとする弱者論＝保護論が一部論者で展開されるが，ここからは中小企業の近代性，合理的存在としての位置づけはみられず，単なる保護政策論にすぎないことを附言しておこう。

ところで，いまや明白なごとく，わが国の中小企業は近代的・合理的な存在である。それゆえに，中小企業は増大さえしているのである。中小企業の増大は，単にめぐまれた存立条件や存立分野が与えられたということではなく，家族従業員に支えられた長時間労働や低賃金，さらには大企業に較べ劣悪な労働条件という非合理的なものを基盤にしていること，また，独占大企業が中小企業を大量に動員し利用したことが強く作用したことに留意しなければならない。この意味から，非近代的・非合理的な中小企業を独占大企業が利用・支配の対象としたのではなく，むしろ近代的・合理的な存在としての中小企業を独占大企業が利用・支配した結果が，中小企業の低生産性，低賃金という非合理性を招き，それが非近代的，非合理的な存在と映るにすぎない。この点で，非近代的，非合理的な存在だから低生産性，低賃金というのではないのである。事態はまったく逆である。中小企業は独占大企業の蓄積機構に深く組み込まれ，生

産物価値を直接・間接に収奪されるという独占大企業の利用・支配形態にこそ非近代性・非合理性が存在しているのであり，まさにわが国特有の重層的・階層的な収奪構造こそが問題なのである。

　日本資本主義が資本主義国第2位の生産力を短時期でもつまでに成長しえたことは，中小企業が活力ある近代的・合理的存在であったからにほかならない。

　しかしながら，中小企業が近代的・合理的存在であるからといって，安定の条件がつねに与えられているわけではない。中小企業の存立自体をおびやかす政策的強制がたえず生じてくることを留意すべきである。つまり，日本資本主義の再生産を維持・拡大するためには，これまで独占大企業の蓄積と国際競争力の手段になった大量の中小企業の存在が，80年代においては，「新しい国際分業」「新しい世界経済秩序づくり」という名目のもとで国際的産業調整と国内再編成の対象とされ，大量存在自体が桎梏と化し，中小企業や業種・業界ぐるみの整理・淘汰が問題になってきているからである。

第Ⅲ部
中小企業の存立形態と構造転換

第6章　都市型中小企業の存立形態*
―― 東京の中小企業を中心に ――

　　　はじめに

　都市化の進展と都市への中枢管理機能の集積・集中，そして産業構造の第3次産業化・サービスの経済化がいわゆる都市型産業を形成し，わが国産業の「新しい担い手へ」と期待され，熱いまなざしが寄せられている。

　だが，都市型産業の勃興がいわれる場合，都市型産業群の多くはサービス産業を実態としているが，この肥大化の意味が問われることが少ないのみならず，担い手たる企業を一部の研究開発型企業やベンチャー・ビジネスの礼讃へとつなげていく主張が多くみられる。都市型産業の概念自体が明確にされることのないままムード的に先行しているが，それは，80年代半ばまでに見られた都市での中枢管理機能（本社企業）の集中・強化とサービス経済化・小零細企業の増加という「新しい都市化の動き」を前提にした工業再配置による都市活力論に統一され，政策展開がはかられようとしている。

　本章では，都市型産業とは何かを諸説の批判的検討を通じて明らかにした後，巨大都市東京を分析の対象にした中小・零細企業（群）の存立形態・実態と今後の振興方向を明らかにしたい。

　＊本章は，福島久一「都市型中小企業の存立形態」渡辺睦・中山金治編著『中小企業経営論』日本評論社，1986年，「巨大都市東京の産業と中小零細企業」『経済』新日本出版社，1984年12月，「東京の中小・零細企業分析」『経済評論』1986年3月，所収のものを基礎に加筆・修正している。

1 都市型中小企業論の検討

(1) 都市型中小企業論の生成

いわゆる都市型中小企業の問題は，戦後日本資本主義の高度成長過程における重化学工業化の進展にともなう産業構造の変貌とそれによる地域構造の変化のなかで，とくに60年代後半以降における都市問題が深刻化するなかで，大都市を中心に中小零細企業の新規開業が多くみられ[1]，小零細企業層の著しい増加という状況展開を，いかに評価するかという課題として提起された。すなわち，独占資本の強蓄積過程における，一方での資本の都市への集積・集中＝都市化の進展は，地価の急上昇による土地・住宅問題，交通問題，公害問題といった深刻な都市問題を現出させ，これらの矛盾を解消し，都市機能の再生と効率化をはかるための再開発上の課題として，他方この産業構造の変貌が，都市における製造工業の停滞・地位低下と第3次産業化，サービス経済化を進行させ，都市への極端な中枢管理機能の集積・強化と結びついた新しい産業＝都市型産業を形成させると同時に，従来はあまりみることのできなかった新しいタイプの中小企業が簇生し，都市機能に即したあるべき工業分野の発展を期するという政策的意図があったからである。簡明にいえば，都市型中小企業の問題は，都市問題に起因する中小企業問題の解決をめぐる政策的志向とのかかわりからの問題意識化であった。

三井逸友氏は，都市型産業あるいは都市工業といった存在をめぐる対象論題を，次の4点に整理している。「(i)大都市で小零細工業はなぜ存続し，増加するのか，(ii)大都市と小零細工業の存在は，たがいにどのようなインパクトを与えあっているのか，(iii)存続・増加する小零細工業はどのような質のものか，そこに『新旧』交代が生じているのだろうか，(iv)都市問題に対する政策は，中小企業とりわけ小零細経営層の存在をどう扱うべきなのか」[2]といった諸点である。

こうして70年代の高度成長の終末において，大都市における製造工業の停滞

---

1) 小零細企業の増加，その内部における新旧企業交替，そして新しいタイプの中小企業の実態的捕捉が行われ，その後の都市型中小企業の議論と研究の緒となったものに，国民金融公庫調査部「小零細企業新規開業実態調査」『調査月報』1970年3月，「都市型新規開業実態調査」『調査月報』1971年7月がある。

ないし相対的地位低下と中小企業とくに小零細企業の増加をめぐって，都市型産業ないし都市型中小企業の議論が中小企業論，経済地理学そして都市問題研究者等から展開されたのである。

それでは小零細企業を担い手とする都市型産業論ないし都市型中小企業論とは何であるのかをみることにする。

(2) 都市型中小企業論の諸説

「都市型産業」「都市型中小企業」という概念は，大都市における生産力の維持や地方中核都市での地域開発の起動力としての都市先端産業の導入・育成という政策的関心から議論されているが，その定義，内容については必ずしも明確ではない。それは都市型産業の問題が都市のもつ性格・機能の複雑さ，都市機能と産業とのかかわりの多様性，そして都市型産業自体の業態の複雑さなどが相互に関連し，中小企業論的立場や経済地理学的立場から，また都市政策の立場からそれぞれの研究目的に応じて議論が行われているからである。すなわち，都市型産業の問題は，都市機能，とくに中枢管理機能や立地条件，立地政策との関係，さらには産業構造政策と有機的に結びついて展開されているがゆえに[3]，概念自体が必ずしも統一性をもちえていない，といえる。ここでは中小企業論的研究からの諸説を取り上げてみる。

杉岡碩夫氏は，中小・零細企業を地域の構造と結びつけて把握し，それを日本経済の全構造のなかで位置づけることによって，立地論的な中小企業の分類として，(1)地域産業，(2)地場産業，(3)都市型産業，(4)大企業関連産業，(5)地域間産業の五類型を導出している。そして「都市型産業とは，都市とくに巨大都市特有の機能に結びついた産業であって，具体的には中枢管理機能に関連するとともに，都市に住む高所得階層を対象として成立した高級消費関連の産業である」[4]と定義づけている。

---

2) 三井逸友「『都市型産業』論と大都市小零細工業―大都市の産業立地政策をめぐる議論の展開―」佐藤芳雄編『巨大都市の零細工業』Ⅸ（補論），日本経済評論社，1981年，315ページ。この論文は，都市型産業論を批判的に検討した労作として注目され，筆者は多くの関連文献を渉猟でき，負うところが大きかった。
3) 巽信晴「都市性工業の展開と地域経済構造」東京市政調査会『都市問題』第64巻第11号，1973年11月号，30―31ページ。
4) 杉岡碩夫「地域主義のすすめ」杉岡碩夫編『中小企業と地域主義』日本評論社，1973年，21ページ。

このような立地論的中小企業分類は「地域主義」を追究する発想に根ざしていたが，同様な立場から「ベンチャー・ビジネス」簇生の主張の一環として都市型産業論を展開したのが清成忠男氏である[5]。清成氏は都市の発展と中小企業の関連性から「都市が発展すればするほど，中小企業が増加する。中枢管理機能の強化は，まさに中小企業増加の過程でもある」。しかもこの増加は「都市経済への適応をめぐって活発な企業交替を繰り返しながらの増加である」とする調査仮説を提起することによって，都市型産業と都市型中小企業という概念を提示する。

清成氏による都市型産業とは「都市の経済に適合する産業」「都市の経済機能とは切り離せない産業」で，都市における外部経済の集積，とりわけ中枢管理機能にかかわる産業である。都市型産業の類型を具体的にみると，
① 中枢管理機能関連産業
　（イ）中枢管理機能を担うソフトな産業（都心立地型）——研究開発産業，デザイン開発産業，情報産業，各種の専門サービス業，マーケティング産業
　（ロ）中枢管理機能関連・補助産業（準都心立地型）——印刷・製本業，縫製加工業，皮革加工業，機械加工業，労務提供業
② 住民の生活関連産業
　（イ）基礎的消費に関する産業（分散立地型）——基礎的消費財の製造業，小売業，対個人サービス業
　（ロ）高級消費に関する産業（都心・準都心への集中立地型）——専門店，百貨店，一部のレジャー産業
③ 知識集約的重化学工業生産関連産業
　（イ）投資財・耐久消費財生産関連産業
　（ロ）上のための生産財生産関連産業
などに分けられている。

このような類型化は，氏自身も指摘するように「理念型であり，現実にはそれらがしばしばオーバーラップしている」のであるが，中枢管理機能関連産業の肥大化傾向が東京における産業の大きな特徴として示される。中枢管理機能の拡大・多様化は，①多数の専門中小企業への分散・増加とベンチャー・ビジ

---

5) 清成忠男『現代中小企業の新展開——動態的中小企業論の試み——』日本経済新聞社，1972年，Ⅳを参照。

ネスを輩出し,②ソフトな産業とハードな産業が地域的にも有機的に結合して,巨大な産業コンプレックスを形成し,そのなかに後者は編成され,③産業組織をネットワーク状に展開し,問屋制や下請制を大きく変化させつつある,というのである。

清成氏は,都市型産業・中小企業論の展開の到達点として「バイタル・インデペンデンツ」(Vital Independents) の概念を提示している[6]。それは,アーバン・ビジネスとして登場しており,具体的な内容は,「所得から生きがい追求へ,ハングリーからゲームへ,他者依存から自己実現へ,モノ第一から情報集約へ,自己搾取から専門能力の発揮へ」を特徴とした「自営から自立へ」の企業,いわば「自己管理」型の独立中小企業である。このようなバイタル・インデペンデンツは,「まだ中小企業の多数派ではない」が,大都市における「中小企業の一類型,それも有力な一類型になっている」とする。

こうして新しいタイプとしてのアーバン・ビジネスは,高付加価値産業という特質をもつと同時に,企業者の生活関心・意識やライフ・スタイルといった主体性と結びつけることによって,「中小企業問題」を担わないかのような議論へ転化している。

(3) 都市型中小企業論の特徴と問題点

都市型中小企業論の生成とその諸説の内容について簡単にみてきたが,いまや都市型産業・中小企業が都市再開発や工業のあり方,とくに工業再配置政策に結合・包摂されてきている。この結合・包摂への傾向に関連して都市型産業・中小企業論を再検討し問題点を指摘することにする。

まず,第1には,都市型産業・中小企業論は立地論的な類型化把握を基本にしていることである。立地論的な分析方法は,これまでの中小企業研究分野では地場産業ないし在来産業問題としてしか取り上げられてこなかったことを考えると,地域特性による類型はそれなりに有意義な成果であるといえよう。つまり同一業種であっても大都市立地の場合と地方立地の場合とでは,市場や分業の程度,存立基盤などにおいて性格が異なっているからである。しかしながら,いわゆる都市型産業とそれに属する中小企業は,都市地域以外の地域に立地することも少なくなく,立地基準から産業・企業を区別することは必ずしも

---

6) 清成忠男「プロローグ―中小企業の新展開―」清成・稲上・安部・山本著『都市型中小企業の新展開―もうひとつの日本的経営―』日本経済新聞社,1982年を参照。

理論的に厳密さをもつものとはいえない。

　さらに，都市型といっても大都市と地方都市とは異なる。『昭和55年版中小企業白書』は，都市類型として大都市（政令指定都市，県庁所在都市）と地方都市に分け，後者の地方都市を①地場産業都市（単一業種型都市と複合業種型都市），②大企業関連工業都市（企業城下町型都市とコンビナート型都市），③商業都市・観光都市に区分している[7]。しかし，都市の人口規模が産業立地，中小企業立地を一義的に規定しえるものではない。とくに全国市場あるいは輸出市場を対象にしている産業の場合にいえるし，立地と業種とが照応するものでもない。

　また，大都市といっても，3大都市である東京，大阪，名古屋は巨大都市であり，他の大都市と比較して人口規模において段差が大きいのみならず，巨大都市および大都市のそれぞれの歴史的発展過程・性格も異なっている。東京の都市型産業と大阪・名古屋の都市型産業とは必ずしも同一業種ではなく，地域特性や技術集積，外部経済の集積によって異なっている。

　このように都市型といっても，都市は都市の歴史，性格，機能，工業の集積の規模およびその複合性などによって異なっており，産業を立地論的な類型化によって都市型産業として一括して取り扱うことは中小企業問題の解決の方向につながらない。むしろ，都市型産業は高付加価値産業であるとの前提から都市再開発，工業再配置政策のもとに産業構成の調整，選別がなされることになる。

　第2は，いわゆる都市型産業とそれに属する都市型中小企業のもつ意味である。高度成長にともなう重化学工業化，都市化の進展は，巨大都市東京において中枢管理機能の肥大化と集積をもたらし，相互補完的な産業コンプレックスの形成による新規産業と新しい専門的中小企業を増加させたことも事実である。しかし中枢管理機能とは「国家独占資本主義の，政治，経済，イデオロギーの各分野にわたる中央集権的支配の機能」[8]であり，その肥大化自体が独占資本

---

　7) 中小企業庁編『昭和55年版中小企業白書』大蔵省印刷局，1975年，244―260ページ。なお，都市規模は一般には人口規模で表される。具体的には市の総人口あるいは市の人口集中地区（DID=Densely Inhabited District）の人口によって示される。杉岡碩夫氏のグループは，都市タイプを①零細都市（DID 3万人未満），②小都市（DID 3万人以上10万人未満），③中都市（DID10万人以上20万人未満，地方中心都市），④大都市（DID20万人以上，地方中心都市以上の都市），⑤巨大都市（東京，大阪，名古屋）の5クラスにわけている。杉岡碩夫編著『前掲書』，13ページ。

主義の寄生的性格とかたく結びついているのである。こうした中枢管理機能の大都市,とりわけ東京への集積・集中は,一方での国民経済の地域的な不均等性を拡大し,他方では大都市を中心に「集積が集積を呼ぶ」企業数の増加,とくに「中枢管理機能を担うソフトな産業」部門の増加を生じさせている。

　こうした都市型産業と新しい専門的企業は,「高い付加価値を生み出せる資質やシステムをもった産業・企業」であるとするのであるが,それは独占資本主義の寄生的性格に規定された「接触の利益」を享受しえる産業・企業にほかならない。それらが,技術革新と情報化の進展といった生産力の巨大な発展を背景として形成され,いわゆる経済のサービス化,ソフト化の中心的担い手となっているものである。

　こういったタイプの都市型産業・企業の出現は,大都市といった地域的局面においての寄生性の深化を示すものであり,そのことが逆に工業活動の低下,地域の沈滞,さらには既存の産業コンプレックスにおける住工混在問題の激化を引き起こしているのである。都市型産業は単に一部の新しい産業,先端的産業だけを意味するのではなく,大都市における関連産業の集積,社会的分業の利益と企業構造の階層性を活用して現に存在し,成立している産業こそが都市型産業の実態である。そして現存する産業の地域生産体系の担い手は,地域の構造的存在としての圧倒的多数の中小・零細企業群である。都市型産業論が清成氏の指摘するようなバイタル・インデペンデンツへ転化するとき,企業者の企業観・生活観に全面的に依存する楽観的な都市型経営戦略論,企業経営指針論となっている。都市型産業は多様な業種・業態の集積と複合性の総体的・構造的存在であるといえよう。

　第3は,都市型産業論の考え方と政策展開に関することである。都市型産業論の基本的な考え方は「地域主義」を唱えることに特徴がある。杉岡氏によれば「地域主義」とは中央集権的な行政機能や社会・経済・文化の機能を可能な限り地方分権型に移すことであり,「一種の"文化革命"」[9]であるという。この地域主義の思想は,論者によってニュアンスに差があるとはいえ,市場機構を重視し,企業家精神を発揮することにより,経済社会の活力をはかるという視点に立っており,「新自由主義」の理念を理論的背景にした現代における中産階級のイデオロギーである。したがって,清成氏は「バイタル・インデペン

---

8) 野原敏雄・森滝健一郎編『戦後日本資本主義の地域構造』汐文社,1975年,167ページ。
9) 杉岡碩夫『地域主義のすすめ』東洋経済新報社,1976年,42ページ。

デンツを，中小企業の一類型」とみなすことによって，企業者を中産階級として位置づけ，主体の企業家精神の発揮による自立＝自律と，新しいタイプの中小企業の輩出による「企業家資本主義の復活再生」[10]を打ち出すという特異な資本主義観につながっている。そしてこの地域主義の思想は，分権化，参加と自由，システムづくりを主張する。そのかぎりでは，現代の独占資本主義の支配を是認し，政策当局の主張と容易に結びついていく[11]。

　地域主義の政策論における展開は，地域の視点を導入した地域主義的中小企業政策のアプローチとなっている。それは，これまでの中小企業「近代化・構造改善」政策の破綻をある程度認めるものの，その原因を全国一律の中央集権的な画一政策にあるとし，これを是正するための方策として「地方の時代」「地域中小企業の時代」，さらには「地場産業都市構想」を唱えて，独占資本主義の危機に見合った理論の手直し，政策の補完をはかっているのである。

　地域的視点からの政府・独占資本の中小企業政策は，「第3次全国総合開発計画」＝「定住圏構想」（1977年）を初発として，「新経済社会7か年計画」（1979年），「80年代の通産政策ビジョン」（1980年3月），「80年代中小企業ビジョン」（1980年7月）などで政策化され，とりわけ「80年代中小企業ビジョン」で具体化されている[12]。そこでは，中小企業が「地域経済社会発展の担い手」として位置づけられ，「地域的視点からする中小企業施策の新展開」の基本的考え方が「第1の側面は，地域経済の主要な担い手としての中小企業であり，第2の側面は，地域住民のマジョリティーとしての中小企業者及びその従業者である」という，中小企業が二重の意味をもって登場するのである。しかも中小企業を「活力ある多数」「経済社会の進歩と発展の源泉」として役割を評価しながら，その役割を現に果たしているなかでの深刻な矛盾，大企業からのしわ寄せ，経営不安等を不問にしつつ，いわば「明るい」側面，現状肯定的側面のみを一面的に強調することとなっていて，「都市型産業論者」と同一の

---

10) 清成忠男『現代中小企業の新展開』前掲，268ページ。
11) 杉野圀明「『地域主義』なるものへの批判―杉岡碩夫氏の所説について―」『立命館経済学』1978年12月，27巻5号，1―37ページ。さらに，ニュアンスの違いはあれ，清成・杉岡の両氏と同一思想の流れである中村秀一郎氏を批判したものに，福島久一「体制『革新』のカンバンにみる反革新性―中村秀一郎批判―」『経済』1980年5月号，145―155ページ，がある。
12) 中小企業庁編『中小企業の再発見―80年代中小企業ビジョン―』通商産業調査会，1980年，第3章第4節参照。

論調となっている。

　このような都市型産業論は，独占資本主義の危機の理論として，そして同時に危機に直面する政府・独占資本の経済政策，地域政策・戦略の補完・補強的役割と，あたかも中小企業問題が存在しないかのようなバラ色の幻想[13]をふりまく役割を果たしていることを見落してはならないであろう。

　以上のような基本的特徴と問題点をもつ都市型産業論は，中小企業分析と政策に地域的視点を導入した点では積極的意義をもちえようが，独占資本が主導する中枢管理機能を担うソフト産業を重視すると同時に，これら「先端産業」に属する新しいタイプの中小企業，ベンチャー・ビジネスこそが選別され，育成されるべきであるとする「ベンチャー・ビジネス論」の延長線上にある。したがって，いわゆる都市型産業論は高い付加価値を生み出すのかどうかが重要な問題になり，高付加価値基準と工業配置のあり方とが結びついて，―しかも中枢管理機能の集中・強化に役立つかどうかを基準に―これに適合する産業・企業の成長に政策的志向を集中するとともに，不適合な産業・企業は転換を含むスクラップ化というビルド・アンド・スクラップのより一層の選別の理論，独占資本主義の危機対応としての体制維持論となっている。

　しかしながら，中小企業を「地域経済社会発展の担い手」「活力の源泉」であるとするならば，単に成長する産業・企業にのみ目をむけるのではなく，現実に担い手となっているものは何か，あるいは担わされている多数存在・簇生する中小・零細企業がいかなる関係のもとに担い手となっているのかを明らかにすることが必要であろう。それは，清成氏が指摘するような産業組織における「ハードなピラミッド型からソフトなネットワーク型へ」「縦の系列支配に代わって水平的ネットワークが展開」しているとするシステム論的生産力分析ではなく，都市における中枢管理機能の集中・強化，経済のサービス化・ソフト化の進行などによる新しい課題に対して，集積している中小・零細企業（群）が独占大企業とどのように結びついているのか，またその関係がどのように変化していくのかを地域構造と結びつけて分析することが不可欠である。都市における中小・零細企業（群）は，多様な産業集積と分業の深化のなかで，一つの群としての生産集団を形成しており，業種特性，地域特性とそれに依拠した多様な存立形態をもっているからである。

---

13)　渡辺睦「80年代の中小企業問題を考える」渡辺睦編『80年代の中小企業問題』新評論，1982年，25ページ。

以下では，こうした視角から都市の産業にある中小・零細企業の存立形態を巨大都市・東京の製造業に対象をおき，その実態と変化をみることにする。

2　東京の産業構造と中小企業

(1) 産業構造の変化と中枢管理機能の集中・強化

　東京は，政治・経済・文化などの中心地であり，しかも独占大企業の中枢管理機能の拠点であると同時に，全国的にみて中小・零細企業の最大の集積地でもある[14]。

　まず，東京の産業活動の地位を概観してみると，1982年度の総生産額（名目）は，48兆円で国内総生産の18％におよぶ経済力が集中している。『事業所統計調査報告』(1981年)によると，事業所総数は79万で対全国比の12.2％を占め，就業者数でも757万人の14.7％で全国第1位の集積となっている。しかし製造品出荷額等は，71年までは全国第1位であったものの，愛知，神奈川，大阪に続いて第4位の8.1％に落ち込み，東京の工業の相対的地位の低下が進行している（表6-1）。

　このようなことは，東京の産業構造にも反映しており，第1次産業の極端な低さとは別に，工業を中心とする第2次産業の地位も事業所数では22.3％である。これに対して，第3次産業は77.6％を占め，全国平均の44.3％よりも著しく高い産業構造の第3次産業化が先行的に進行しているのが特徴である。

　このような第3次産業化のなかで，東京の経済的地位をみるうえで注目すべきことは卸売り機能や金融機能の著しい集中化である。すなわち，商業販売額(1982年)では，約165兆円で全国の3分の1を占め，とくに卸売り業販売額は37.8％で，74年の33.8％よりも4ポイント上昇させているのに対して，大阪，愛知では比重を低下させている。なかでも，総合商社の集中が顕著で，商社販売額（75兆円）中の8割弱を占めている。さらに，金融面をみると，東京における全国銀行の預金残高（83年3月末）は34％，貸し出し残高は45.1％で第2

---

[14]　以下については東京都労働経済局『東京の産業』1983年版，84年版。さらに雑誌『経済』「特集　巨大都市と中小零細企業—東京の地場産業にみる—」新日本出版社，1984年12月号の各論文を参照。また中小企業の立地特性から製造業の存立形態を調査分析したものに，東京都労働経済局『多摩地域における製造業の存立実態に関する調査報告書』(1984年3月)，『東京における中小製造業の地域環境に関する調査報告書』(1985年3月)がある。

表6―1 東京の経済集積状況

( )は構成比

		全国	東京都	大阪府	愛知県	備考
事業所数（全産業）	1981年	6,488,329 (100.0)	790,521 (12.2)	524,884 (8.1)	355,744 (5.5)	『事業所統計調査』
従業者数（全産業）	1981年	51,545,087 (100.0)	7,573,624 (14.7)	4,397,297 (8.5)	3,058,363 (5.9)	『事業所統計調査』
工場数	1980年	734,623 (100.0)	97,093 (13.2)	71,914 (9.8)	60,230 (8.2)	『工業統計表』
従業者数	1980年	10,932,041 (100.0)	1,030,984 (9.4)	931,238 (8.5)	899,424 (8.2)	『工業統計表』
製造品出荷額等 （億円）	1982年	2,146,998 (100.0)	172,953 (8.1)	190,520 (8.8)	205,983 (9.6)	『工業統計表』
卸売り業年間販売額 （億円）	1982年	3,985,727 (100.0)	1,507,480 (37.82)	629,855 (15.8)	329,147 (8.26)	『商業統計表』
全国銀行預金残高 （億円）	1983年3月末	1,865,349 (100.0)	634,115 (34.0)	232,424 (12.5)	88,382 (4.7)	日銀『経済時計月報』
全国銀行貸し出し残高 （億円）	1983年3月末	1,710,483 (100.0)	771,997 (45.13)	239,745 (14.02)	73,579 (4.3)	日銀『経済時計月報』

位の大阪と比べ3倍前後も段差があり，東京への資金集中と東京が日本の金融資本の拠点となっている。

このように東京の産業構造は第1次産業の後退，第2次産業の停滞，第3次産業の肥大化現象が進行している。わけても，大銀行・総合商社が企業集団の頭脳中枢として東京への極度の集中を遂げつつ，国家機構との癒着関係の深まりに照応して，東京は中枢管理機能が集中し，独占資本による国民経済全体に対する支配・管理の拠点となっている。

中枢管理機能の東京への集中は，一方では独占大企業の支配・管理を容易にし，資本の集積・集中を促進させる。すなわち，経済的中枢管理機能としての企業本社の集積度をみると，全国の23.1％の法人企業が東京に本社をおき，なかでも資本金10億円以上の大企業では53.7％をも集中している。また東京都企画報道室の調査によると，1981年度での東証1部上場会社973社のうち62.3％が東京に本社機能をもち，とくに千代田区，中央区，港区の都心3区への高い集積となっている（表6―2）。

このような企業本社の著しい集中は，東京による地方の支配管理を強めるのみならず，東京一極集中構造の様相を鮮明にしている。この東京一極集中化は，当然のこととはいえ，情報関連企業や事業所サービス企業を簇生させ，いわゆる経済のサービス化を進展させているのである。いわゆる都市型産業の内実は，情報の集中にともなうサービス型産業であり，こうした部門の肥大化が東京の

表6－2　本社集中の地域別変動状況（東証一部上場会社）

項目＼年度	1969年度	1974年度	1981年度	74/69	81/69	81/74
全国	581	724	973	1.25	1.67	1.34
東京	328 (56.5)	402 (55.5)	606 (62.3)	1.23	1.85	1.51
都心3区	261 (79.6)	301 (74.9)	431 (71.1)	1.15	1.65	1.43
他20区	54 (16.5)	83 (20.7)	164 (27.1)	1.53	3.04	1.98
市郡部	13 (4.0)	18 (4.5)	11 (1.8)	1.38	0.85	0.61
大阪	118 (20.3)	142 (19.6)	131 (13.5)	1.20	1.11	0.92
その他	135 (23.2)	180 (24.9)	236 (24.3)	1.33	1.75	1.31

(注) 1) （ ）内は構成比。
　　 2) 東京の内訳の構成比は東京全体を100％とする。
(出所)　東京都企画報道室調べ。

寄生的性格を強め，逆に工業の停滞・低下となっているのである。

(2) 東京の工業構造の変化と地域特性

　東京の産業構造は，中枢管理機能の集中化にともない第3次産業化が進行しているのに対して，製造工業では製造品出荷額等や従業者数といった指標でみる限り，対全国比では相対的地位を低下しつづけていることをみてきた。このような産業構造の動向から，一部に中枢管理機能純化論や工業不用論，さらには「東京には，基本的に，工業が必要であるのかないのか」といった問題が提起されてもいる。東京の製造業の事業所数および従業者数の推移を見たのが表6－3であるが，東京の工業は果たしてどのような現状にあり，また変化しているのであろうか。

　東京の工業はまさに多様な業種が集積しており，単一の工業にかたよっている地場産業地域やいわゆる企業城下町とは異なっているところに大きな特徴がある。産業中分類で事業所数の多い業種をみると（『事業所統計調査報告』1981年），①出版・印刷・同関連産業（18.2％），②金属製品製造業（14.9％），③その他の製造業（11.0％），④一般機械器具（9.1％），⑤衣服・その他の繊維製品（6.9％），⑥電気機械器具（6.8％），⑦なめしかわ・同製品・毛皮製造業（5.3％）の順となっている。少ない業種では，石油製品・石炭製品，鉄鋼

表6—3 東京の事業所数および従業者数の推移

	全体（都）		製造業		一事業所当たり平均従業者数	
	事業所数	従業者数	事業所数	従業者数	全体	製造業
1969年	573,296	5,788,048	112,104	1,862,803	10.1	16.6
構成比	100	100	19.6	32.2		
指数	100	100	100	100		
1972年	643,973	6,717,644	119,852	1,849,743	10.4	15.4
	100	100	18.6	27.5		
	112.3	116.1	106.9	99.3		
1975年	683,644	6,815,251	121,337	1,644,634	10.0	13.6
	100	100	17.7	24.1		
	119.2	117.7	108.2	88.3		
1978年	743,249	7,167,810	125,080	1,631,372	9.6	13.0
	100	100	16.8	22.8		
	129.6	123.8	111.6	87.6		
1981年	790,521	7,573,624	127,338	1,644,835	9.6	12.9
	100	100	16.1	21.7		
	137.9	130.8	113.6	88.3		

(出所) 東京都『事業所統計調査報告』。

業, 非鉄金属といった基礎素材型業種である。しかし, こうした業種構成自体も業種の不均等発展によって構造変化が生じている。産業小分類業種は武器製造業を除くと145業種あり, そのうち東京での事業所数の増加業種は51業種, 停滞・減少業種は94業種にものぼっている。

増加業種は, 出版・印刷・同関連産業の情報関連型業種, 電気機械, 一般機械・精密機械の加工組立型業種, そして衣服・その他の繊維製品, 貴金属・装身具等のファッション型業種が増加している。なかでも加工組立型業種を小分類でみると, コンピュータおよび同周辺装置の「電子応用装置製造業」や集積回路・半導体素子および電子部品の「電子機器用及び通信機器用部分品製造業」, さらには「金属加工機械製造業」や「医療用機械器具・医療用品製造業」「光学機械器具・レンズ製造業」などの業種の成長性が高い。これに対して減少業種は, 従来から高い事業所数割合を占めていた「金属製品」が著しい減少を示し, また鉄鋼・非鉄, 石油などの基礎素材型業種や, 木材・木製品, 窯業土石等のどちらかといえば低次加工型で地方資源型業種の減少傾向が生じている。

このような動向は, 日本の産業構造の変化に対応しており, 東京の工業は, 多様な業種構成を特徴としているものの機械関連業種の加工組立型業種, 繊維

製品，皮革品などのファッション型業種，出版・印刷関連の情報関連型業種へと大都市のもつ諸機能をいかした業種構造へと転換してきている。東京における業種別製造品出荷額等特化係数（＝東京都業種別出荷額等／全国業種別出荷額等構成比）を産業中分類でみると（1983年），「出版・印刷」が6.00と突出し，「皮革・同製品」の4.00，「精密機械」の3.06とつづき，さらに「電気機械」1.54,「その他製造業」1.25の5業種が特化係数1.00を超えていて，東京への集中度が高いのである。このような業種構造の変化は，需要構造の変化，高賃金・高地価，情報化，技術革新の進展，公害等の要因を当該業種が内部化し，克服できるかどうかによって増加業種と停滞・減少業種へと分化していき，このことが東京における業種間格差を拡大させている。

　東京のこのような業種構成と業種構造の変化は，都内全域で均一に存在し，進行しているのではなく，業種構成の差異や業種特性を反映して地域特性を形成している。

　表6―4は地区別による業種集積上位5位（産業中分類）までをみたものである。都心地区は独占大企業の本社部門が集積しており，中枢管理機能と結合して出版・印刷・同関連の情報関連型産業の顕著な集積とその他製造業（装身具・装飾品，プラスチック製品），衣服（外衣）といったファッション型産業が集積している。城東およびそれが外延化した城東外局地区は，住工混在地域であり，金属製品に加えて，その他製造業（玩具，貴金属，装身具），皮革，袋物，メリヤス，衣服などの日用消費財に関する雑貨型地場産業の集積地でもあり，総合的産業集団を形成している。また都内で最も小零細性が強い地区でもある。城北地区は，出版・印刷が集積しているものの，むしろ光学器具・レンズ製造や計量器・測定器などの精密機械器具の集積地である。城南地区は川崎・横浜と隣接して京浜工業地帯の中心を形成している。そして住工混在地域でもあるが，大企業も存在していて，一般機械，電気機械，輸送用機械といった加工組立型産業の集積がきわめて高い。さらに城西地区はいわば住宅地区で工業集積は低い。三多摩地区は多摩川流域に沿って城南地区の外延化として発達し，東京では大規模工場が多く立地している。業種的には電気，一般機械，輸送用機械などの加工組立産業に加えて，八王子，青梅，村山地域に代表される繊維製品の集積地でもある。

　このように東京の工業は，多様な業種が集積しつつも，都心の情報関連，城東のファッション型を含む日用消費財雑貨型産業，城南の加工組立型産業と

表6－4　東京の地区別業種集積上位5位（1981年）

順位\地区	都心	城東	城東外周	城北	城南	城西	三多摩	島部	都全体
1位	出版・印刷	金属製品	金属製品	出版・印刷	金属製品	出版・印刷	電気機械器具	食料品	出版・印刷
実数	11,669	6,468	3,769	3,057	3,937	1,428	2,263	119	23,122
％	55.7	16.4	25.3	20.8	22.0	20.6	18.6	66.1	18.2
2位	その他の製造業	その他の製造業	その他の製造業	金属製品	一般機械	電気機械	金属製品	窯業・土石	金属製品
	1,244	5,214	2,224	1,722	3,823	817	1,640	12	18,988
	5.9	13.2	14.9	11.7	21.3	11.8	13.5	6.7	14.9
3位	衣服	なめしかわ同製品	一般機械	その他の製造業	電気機械	その他の製造業	一般機械器具	その他の製造業	その他の製造業
	1,118	5,152	1,744	1,721	2,944	750	1,197	11	13,956
	5.3	13.0	11.7	11.7	16.4	10.8	9.8	6.1	11.0
4位	金属製品	出版・印刷	衣服	精密機械	その他の製造業	金属製品	その他の製造業	繊維	一般機械器具
	891	4,410	1,195	1,424	1,628	558	1,164	10	11,605
	4.3	11.1	8.0	9.7	9.1	8.0	9.6	5.6	9.1
5位	食料品	衣服	なめしかわ同製品	衣服	出版・印刷	食料品	繊維	輸送用機械（船舶系）	衣服・その他の繊維
	649	3,554	1,022	1,328	1,150	511	934	10	8,777
	3.1	9.0	6.9	9.0	6.4	7.4	7.7	5.6	6.9
事務所総数	20,945 100.0	39,552 100.0	14,895 100.0	14,720 100.0	17,931 100.0	6,935 100.0	12,165 100.0	180 100.0	127,338 100.0

（注）1）地区区分は次のとおり。①都心地区＝千代田，中央，港，新宿，文京，②城東地区＝台東，墨田，江東，荒川，足立，③城東外周地区＝葛飾，江戸川，④城北地区＝豊島，北，板橋，練馬，⑤城南地区＝品川，目黒，大田，⑥城西地区＝世田谷，渋谷，中野，杉並。
　　　2）構成比は事業所総数にたいする割合。
（出所）　東京都『事業所統計調査報告』（1981年）より作成。

いったように一定地区に業種が集積するという地域集中型をもって存立しているところに特徴がある。このような地域特性は，膨大な中小・零細企業群の存在と多様な存在形態によって，地区内連関の強い地域生産体系を形成している。

（3）　中小・零細企業の増加と小零細化

　多様な業種集積と地域性を形成しつつも，業種構造自体が転換しつつある東京の工業は，一方で中枢管理機能をもつ独占大企業の集積・集中を促進し，東京という地域的局面のみならず国民経済の支配・管理を強化してきているが，他方では社会的分業の深化と産業・企業の都市的集積を基盤にして中小・零細企業の増加が生じている。

　東京の工業は，いまや中小・零細企業の存在によって成立しているのである

が，中小零細企業の量的な動きをまずみてみよう。

『事業所統計調査報告』（1981年）による東京の製造業の事業所数および従業者数の全産業に占める割合は，いずれにおいても相対的地位を低下させている。すなわち事業所数および従業者数の割合は，1969年ではそれぞれ19.6％，32.2％であったのが，75年には17.7％，24.1％へ，そして81年には16.1％と21.7％へと低下しつづけている。しかもこの期間における従業者数の絶対数が約26万人（1969年＝190万人→81年＝164万人）減少している。しかしながら，事業所数は約1.5万（69年＝11.2万→81年＝12.7万）の微増が生じている。このような事業所数の増加は，商業・サービス業等の第3次産業の増加に比べて少ないものの，低成長期においてもみられる傾向であると同時に，すべての規模階層で生じているのではないところに特徴がある。製造業の規模構造をみたのが表6—5であるが，300人未満の中小事業所が99.6％の圧倒的多数を占めている反面，大事業所数は微減し，81年では524事業所ときわだって少ない。しかも重要な点は1〜4人規模の零細企業の増加が著しく，全国平均の51.4％よりも高い53.3％の比重を占めている。この零細企業層に5〜9人規模層を加えた小零細企業比率は78％（全国平均74.1％）ときわめて高く，また従業者数も23％を占めて全国平均の18.5％を大きく上回っている。さらに，一事業所当たり平均従業員数は，1969年に16.6人，75年に13.6人，81年には12.9人と急減しており，とくに1〜4人層では2.6人で企業というよりは「生業」的性格を強めてきている。

このように規模構造は，10〜19人規模層を分解基軸にして，二極分化の傾向を生じさせているが，東京でのこうした小零細企業の増加と小零細化の進行は，次のような要因によっている。第1は，地価の高騰や立地・公害規制の強化などの外部不経済の発生により大・中規模工場が都外流出したこと，すなわち，都市集積の利益が大企業に不利益に転化し，中小・零細企業に有利に作用したこと。第2に産業や人口の集積が，都市機能に即応した新しい産業分野としての企業関連，消費関連需要を発生させ，中小・零細企業の新規参入をうながしたこと。第3には需要の多様化，製品サイクルの短縮化，多品種少量生産にともなう社会的分業が深化し，むしろ中小・零細としての存立と多数の関連産業の集積こそが，外部経済効果を享受しえたこと。第4に高賃金，労働力不足という条件を，家族従業員で対応したこと。第5に卸し売り機能の集中が，問屋制下請にみられるように小零細企業（群）からなる工業集積を利用・強化して

表6-5　製造業の規模別・事業所数および従業者数の推移

	1975年		1978年		1981年		一事業所当たり従業者数(81年)
	事業所数	従業者数	事業所数	従業者数	事業所数	従業者数	
1～4人	62,821 51.8	157,326 9.6	65,129 52.1	165,021 10.1	67,835 53.3	174,178 10.6	2.6人
5～9	30,347 25.0	197,449 12.0	31,420 25.1	204,206 12.5	31,410 24.7	203,396 12.4	6.5
10～19	15,317 12.6	204,501 12.4	15,505 12.4	206,281 12.6	15,296 12.0	203,857 12.4	13.3
20～99	10,918 9.0	413,019 25.2	11,122 9.0	424,118 25.9	10,928 8.6	419,513 25.4	38.4
100～299	1,395 1.2	225,589 13.7	1,386 1.1	220,904 13.5	1,345 1.1	217,235 3.2	161.5
300人以上	539 0.4	446,750 27.1	518 0.4	410,842 25.1	524 0.4	426,656 26.0	814.2
東京	121,337 100.0	1,644,634 100.0	125,080 100.0	1,631,372 100.0	127,338 100.0	1,644,835 100.0	12.9
全国	813,812	12,699,232	841,311	12,543,776	872,571	12,895,945	14.8

(出所)　東京都『事業所統計調査報告』(都区市町村編)。

いること。第6に中小・零細企業労働者による企業の新生・独立などがあげられる。

　いずれにせよ，東京での小零細企業の増加と小零細化の進行は，能動的・受動的のいずれであろうとも都市集積の利益・不利益への対応による複合した結果である。したがって，小零細企業の増加と小零細化の進行は，矛盾したものではないし，またそのことが東京の工業の経済力の弱体化をただちに意味するものではなく，むしろ経済的活力，ポテンシャリティの強さを反映しているといえる。例えば，土地面積当たりの付加価値額（付加価値額／m^2）は，1979年では東京が39.2万円で第2位の神奈川23.5万円と大きな格差があり，地価が高い東京工業の地域的特性を示している。しかも東京の工業を支えているものが，ほかならぬ小零細企業（群）の多数の存在と多様な存立形態である。しかしながら，小零細企業の増加と小零細化の現象は，小零細企業独自の分野の拡大を必ずしも意味するものではなく，中枢管理機能（本社）の集積・集中過程のなかでのことであることを見落してはならない。したがって小零細企業（群）が大企業の直接・間接の支配対象として，どのような存立形態をとり，また編成替えされてきているのかが検討されるべき重要な問題である。

3　都市型中小企業の類型と存立実態

(1)　都市型中小企業の類型と下請制

　都市型産業ないし都市型中小企業といっても，その概念，内容が必ずしも確定しているわけでもないし，また産業構造の変化によって産業自体が変化していくために固定的なものでもない。しかも都市自体が固定的ではなく，流動的で絶えず変化している。したがって，都市型中小企業といっても，地域の歴史性，都市がもつ機能や企業集団の形成の有無・構造，生産する製品が消費財か生産財か，さらには全国市場か地方市場かによって，概念・内容も異なってくる。また大都市地域に立地する必然性を必ずしももたない産業・企業であっても現に存在している産業・企業もある。このような意味からすると，都市型産業ないし都市型中小企業の概念は歴史的・相対的な概念である。ここではごく一般的に，都市の集積機能とその複合性に依存した産業，中小・零細企業（群）であるとしておく。もちろん一定の地域に集積して特定の製品を生産する地場産業も包含される。

　ところですでに指摘したように，東京の工業の業種構成と業種構造が変化しつつあり，情報関連型業種，ファッション関連型業種，加工組立関連型業種のいわゆる都市型産業の企業が増加している。しかしこれらタイプの業種が大都市に立地する適性業種であり，これら業種以外の業種が不適性業種であるわけはない。業種によるタイプ分けは適性かどうかを基準にした選別・切り捨ての論理以外の何物でもなく，一部の「都市型先端産業」，「企業規模を問わない」「ベンチャー・ビジネス」礼讃につながっていく。むしろ業種の業種特性は多様な類型となってあらわれるがゆえに業種による類型は妥当とはいえない。まさに都市に立地する工業の存立形態は，業種・業態や地域性によって多様であり，都市の中小・零細企業についても同様である。

　だが，中小・零細企業の存立形態の多様性を認めたうえでも，東京の中小・零細企業は互いに関連しあいながら一つの「群」あるいは「地域生産集団」として複合的結合性をもって存立している。

　多様で複雑な存立形態をもつ都市型産業・企業は，大別すると出版・印刷・食品などの需要直結型と下請型に類型できる。下請型は機械・金属関係にみられる工場制下請と，皮革，アパレル，玩具などの中小・零細企業独自の分野で，

問屋・製造卸といった商業資本によって組織されている問屋制下請とがある。しかも需要直結型，下請型のいずれもが小零細企業（群）や内職，家族労働中心の浮動的な末端層に依存しているところに共通性があり，これら小零細企業（群）は高度成長期のみならず，低成長期にも増加しているのである。巨大都市東京の工業生産構造の最末端にある小零細企業群の集積が「都市型末端産業」[15]と位置づけられてもいるが，都市型中小企業の増加は，浮動的な下請最末端層の拡大であって，新しい支配の拡大・深化の対象としての一類型を形成している。

東京の工業は，こうした小零細企業（群）の集積と社会的分業の進展によるこれら企業群の地域生産集団によってささえられているところに生産上の強味がある。東京工業の下請企業比率は，1976年で68.8％と全国の60.7％を大幅に上回っており（中小企業庁『工業実態基本調査報告書』第5回），とりわけ，城東地区は問屋制下請として，また城南地区は工場制下請として支配的に展開する下請工業の最大集積地となっている。しかも両地区は住工混在地域としての共通性をもつものの，業種特性や地域特性を反映して生産構造にちがいがある。そこで両地区について発表されている二つの調査報告書にもとづき，存立実態を探ってみることにする。

（2）城東地区にみる問屋制下請の存立実態

城東地区は，衣料，皮革，雑貨などの日用消費財関連の生産集積地であり，戦前からこれら軽工業を中心とした小零細企業が多数集積した，まさに中小企業の街である。中小・零細企業は，製造問屋，メーカー，みなしメーカー，メーカー下職，みなしメーカー下職といった多様な業態をとっており，主に家族労働を中心にした下請・賃加工の小零細企業が多い。しかもこれら企業群は問屋主導型の下請け生産体制に組み入れられており，問屋，商社は産地問屋的性格を強くもっている。

さて墨田区『京島地区工業の実態分析と振興策──住工商混在地域の小零細工業振興のために──』[16]（1984年）では，墨田区の住工混在地域である京島地区の工業実態をとりあげている。京島地区は25.5ヘクタールの地域に400近くもの事業所が密集し，しかも繊維，雑貨や金属加工等を支える家族労働を主体と

---

15) 佐藤芳雄編『巨大都市の零細工業』日本経済評論社，1981年。

する2次・3次下請加工業者が数多く存立している。職場（作業場）と住居との職住密接度は，職住が同じ建物の中に併設されている事業所が8割，徒歩数分以内の近接事業所が14％で，まさに職住一致であるが，作業場面積は10坪未満の事業所が63％，住居が20坪未満のところは62.6％を占める小零細企業の地区である。

このような職住一致・自己雇用体制の地域的集中のみられる京島地区の工業は，大別すると繊維雑貨関連業種と金属製品加工業種とのきわめて多種多様な部分工程加工業が集積しているという特徴をもっている。

そこでこれら零細企業の受注先企業との関係をまずみると，受注先数では1社のみの事業所が37％，2～3社のところが30％を占め，3社以内のところが7割弱という専属型が多数を占めている。受注先の業態は，製品メーカーおよびメーカーの下請業者との取引が5割，同業者取引2割と多いが，問屋・商社・その他が3割を占めている。問屋・商社との取引は繊維雑貨関連業種に多くみられ，問屋制下請を形成している。受注先の地域分布は，京島地区内が6.2％，京島を含めた墨田区内が4割，これに城東地域と台東区を合わせると7割を占めていて，同一区ないし隣接区とのつながりが強い。このことは，中小企業の取引先が一般的に近接地域に限定されるという傾向を示すにとどまらず，京島地区が「城東地区に形成されている地域的産業集団の一角を占めている」（118—123ページ）ことを意味している。しかし，受注先が同一区や隣接区に限定されるということは，受注・営業活動を専任する担当者が零細企業にはほとんどみられず，それゆえ受身的で積極的に営業活動が行われていない反映でもある。これも京島地区の零細企業が事業主単独あるいは夫婦のみの従業者で構成されており，取引先も特定化されていることに起因している。しかも原材料の支給実態をみると，有償または無償で受注先より支給されるところが55.1％の過半数を占め，自己調達企業は26.3％にすぎない。

このような受注先との関係をもつ京島地区の零細企業は，一部で同一区にあるメーカーや製造問屋と取引するものの，中央，台東区に存立する製造問屋やその下位にある墨田区，荒川区内に存立する1次下請企業の末端（2次，3

---

16) 京島2・3丁目地区（25.5ha）の工業事業所474のうち387事業所を調査対象に，380事業所を回収し，有効回答376（97％）であった。調査期間は，1983年5月から8月である。以下は墨田区『京島地区工業の実態分析と振興策—住工商混在地域の小零細工業振興のために—』（1984年5月）に負うている。

次）下請加工業として位置づけられている（102ページ）。その点では受注先の地域構造に階層性がみられる。いま，京島地区工業の分業構造をみたのが図6―1である。

図は，ニット製品，布帛類，袋物・カバン，靴などの消費財に関する京島地区の分業構造を明らかにしたもので，それは問屋制下請を形成している。これら消費財は，消費者の選択性，季節性，流行性が強く，ライフサイクルが短いために小ロット多種生産が行われている。例えば京島地区では，ロングドレス，ワンピースの高級品製作（裁断―縫製―仕上）では，そのロット数は40～50着，ワイシャツ（男物）でも，最小ロット数が40着，最大が400着といわれ，さらにハンドバッグの縫製では，最小1ダース，最大12.5ダース，婦人靴では1型平均50足と指摘されているのである。このような小ロット多種生産と製品の当たりはずれによるリスク軽減・分散のために問屋制下請工業が成立しているのである。

支配的資本である製造問屋は，「企画・開発」，「販売」の機能を有し，「製造加工」機能については全くもたないか，その一部しかもたないが，多数の零細加工業者（下職）を自分の周囲に組織して「製造加工」機能を担当させている。しかし「製造加工」機能の内部でも分業が形成され，下職層は「製造加工」機能のうちの部分機能を担当しているにすぎない。

製造過程を①製品企画―②設計試作―③素材加工―④部品加工・組立―⑤完成品組立・仕上げという5つの工程に分割するならば，業種・業態によって異なるものの，製造問屋は製品の企画・開発機能を主として担い，その下部に位置する1次下請たる製品メーカーが見本づくりや完成品組立を行い，2次・3次の零細加工業者（下職層）は部品加工・部品組立・縫製加工等の部分工程加工を担っているのである。

京島地区における零細加工業者（下職）の分業構造をハンドバッグの生産過程からみたのが図6―2である。図6―1と比較参照すれば明らかなように，同一地区内に社会的分業が発達しており，さまざまな加工機能をもった企業が多数集積しているのである。まさに零細加工業者（下職層）は製造加工機能に限ればその中核的存在＝地域生産集団である。

こうした問屋制下請は，メーカー（製造問屋）と零細加工業者（下職層）との間に有機的な生産関連が成立しており，メーカーが1次下請となってコンバーター的機能を果たしている。そして零細加工業者（下職層）は，社会的分

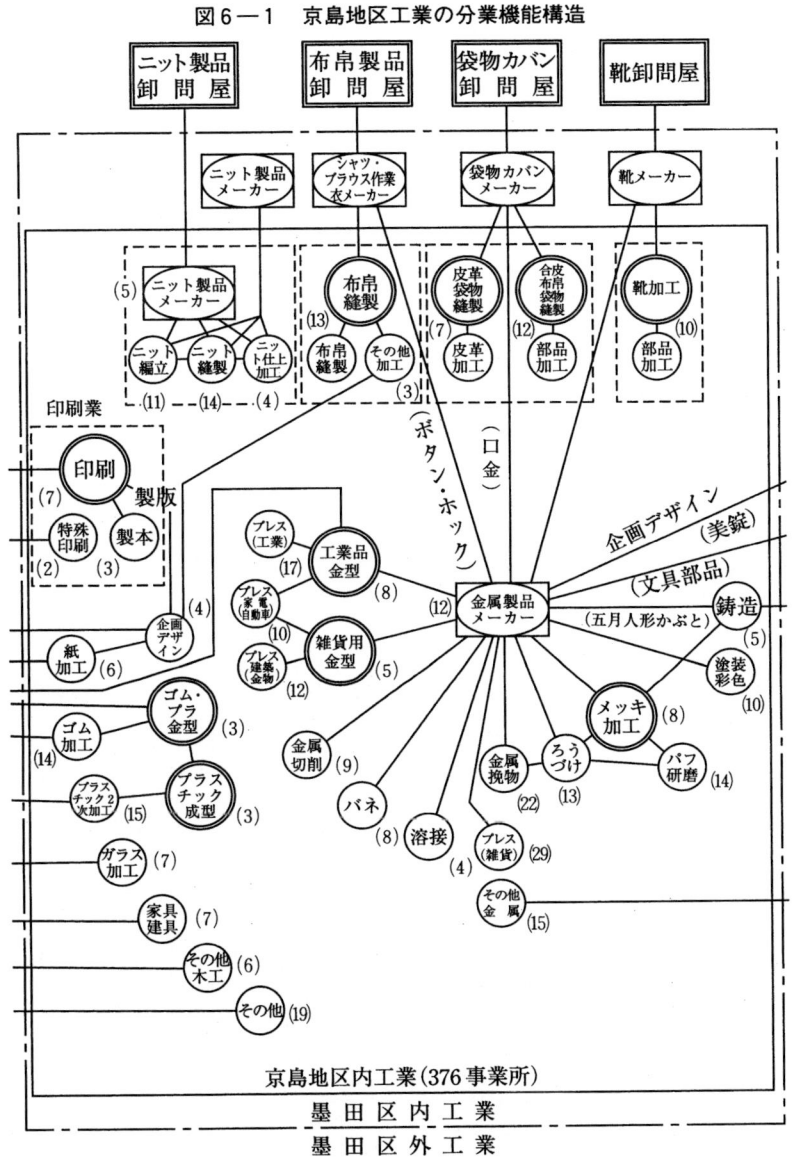

第6章　都市型中小企業の存立形態　179

図6－1　京島地区工業の分業機能構造

(出所) 墨田区『京島地区工業の実態分析と振興策』(1984年5月)、109ページより。

図6—2 京島地区工業にみるハンドバッグ・鞄・靴等の雑貨品分野での分業範囲

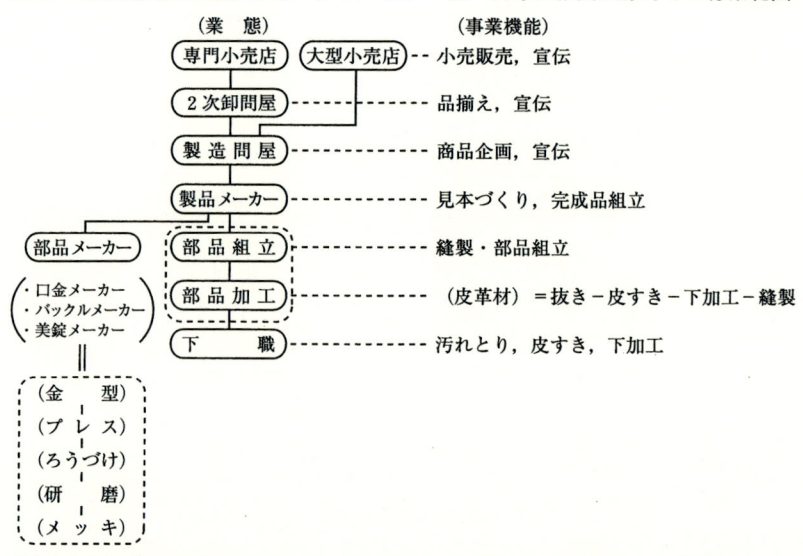

```
         （業　態）            （事業機能）
      ┌──────┐┌──────┐
      │専門小売店││大型小売店│── 小売販売，宣伝
      └──────┘└──────┘
           │    │
         ┌─────┐
         │2次卸問屋│────────── 品揃え，宣伝
         └─────┘
           │
         ┌─────┐
         │製造問屋 │────────── 商品企画，宣伝
         └─────┘
           │
         ┌─────┐
         │製品メーカー│──────── 見本づくり，完成品組立
         └─────┘
           │
  ┌──────┐ ┌─────┐
  │部品メーカー│ │部品組立 │──── 縫製・部品組立
  └──────┘ └─────┘
  ・口金メーカー  ┌─────┐
  ・バックルメーカー│部品加工 │──── （皮革材）＝抜き－皮すき－下加工－縫製
  ・美錠メーカー  └─────┘
      ‖      ┌─────┐
  ┌──────┐│下　　職 │──── 汚れとり，皮すき，下加工
  │（金　型）│ └─────┘
  │（プレス）│
  │（ろうづけ）│
  │（研　磨）│
  │（メッキ）│
  └──────┘
```

(注) 京島地区工業は，部品加工業を中心に，部品組立および下職の一部と金属部品加工の[　　]で囲まれた分野の分業を担っている。
(出所) 墨田区『京島地区工業の実態分析と振興策』(1984年5月)，35ページより。

業の深化によって部分機能を担って特化しているが，地域全体でみると地域内分業が成立しており，その集積利益を享受することによって存立しえているのである。しかし，製造加工機能のうち部分的加工工程の分業体制であるがゆえに，孤立・分散的で，市場から隔絶され，メーカー（製造問屋）さらには商社・問屋への従属度を強めることにもなっている。

（3） 城南地区にみる工場制下請の存立実態

　城南地区は京浜工業地帯の中心を形成し，機械・金属関連産業の集積がきわめて高い地区である。機械・金属工業の集積の担い手として多様な下請企業が存在し，多様な生産工程，部品生産を行う総合的加工集団を形成している。こうした加工集団としての小零細企業はメーカー依存型の工場制下請として編成され，ピラミッド型の階層的支配構造の底辺部分を構成しているのが特徴である。

　城南地区のなかでも工業地域として東京都での最大の工業集積地，とくに機

械・金属工業の集積地が大田区である（第16章参照）。大田区の機械・金属業種（一般機械，電気機械，輸送用機械，精密機械，金属製品）が区内工業に占める比重は，事業所・従業者で73％，出荷額で65％（1980年）に達している。そして零細企業（従業者1～4人）は3,306工場で全体の4割を占め，またその工場建物面積100m²未満が7割におよぶという住工混在の中小企業の街である。

大田区の機械・金属工業は圧倒的多数の小零細企業とそのうえにある中規模企業，そして少数の大企業から構成されているが，「大田区の金属・機械系工業は中規模企業にいたるまで長い歴史過程を通じて，いわゆる『下請企業』型の生産構造のなかで発展してきた」[17]と指摘されている。

さて，大田区に集積する機械・金属工業は，単に地域的集中を意味するだけではなく，それらが一つの有機的関連で結ばれた集合体，すなわち，互いに他を前提しあいながら，各業種自体がつくりだす社会的分業の相互依存関係を基礎として成立している点できわだった特質をもっている。つまり，多種多様な機械・器具の完成品生産とそれらを支える多数の部品生産，加工・組立を行う中小・零細企業の著しい生産集積においてである。それは，中小・零細企業が部品生産や部品加工・組立（切削・プレス・研磨・製缶・板金・溶接・ダイカスト鋳鍛造，部分組立・完成品組立など）において一大ネットワークを形成しており，最終組立企業を頂点とする重層的下請関係として利用されているからである。

そこで機械・金属工業の中小・零細企業が下請構造においてどのような位置をもっているかを受注先企業の態様からみてみる。大田区『大田区工業の構造変化と今後の方向』[18]（1979年3月）によると，受注先企業は完成品メーカー，部品メーカーなどの製造業が圧倒的に多いのは当然であるが，業種別にみると，一般機械，電気機器，輸送用機器では，問屋・商社を受注先とする企業も存在している。とりわけ，電気機器では問屋・商社の割合も22.8％と高く，なかでも民生用電気機器，電球・電気照明器具では4割強にも達している。このこと

---

17) 大田区『大田区産業構造の変化と今後の課題―京浜工業地帯の地殻変動―』（1984年7月），7ページ。

18) 大田区『大田区工業の構造変化と今後の方向』（1979年3月）。同調査報告書は鉄鋼，非鉄金属・金属製品・一般機械・電気機器・輸送用機器・精密機器の7業種について区内全事業所を対象に有効回答978事業所を得て分析している。124―205ページ。

表6—6　規模別生

生産分野 従業員規模別	手組立	切削	研磨	切断	その他の機械加工	溶接	プレス
1～ 4人	6.9	28.6	6.6	10.2	12.7	8.1	9.8
5～ 9人	9.4	16.1	5.6	9.2	11.0	8.1	7.6
10～ 19人	10.0	12.2	6.0	10.7	11.6	8.5	7.8
20～ 29人	8.4	10.9	4.8	9.6	11.4	9.0	9.0
30～ 49人	9.5	10.7	6.3	9.1	10.7	6.3	7.5
59～ 99人	10.4	12.4	8.4	10.4	11.4	5.0	6.5
100～199人	10.6	9.0	3.3	6.6	11.5	6.6	12.3
200～299人	13.9	8.3	8.3	8.3	8.3	5.6	5.6
300～499人	12.5	8.3	8.3	4.2	12.5	4.2	4.2
500～999人	12.5	12.5	4.2	12.5	4.2	8.3	8.3
1,000人以上	13.3	13.3			13.3		13.3
N. A.	4.2	20.8	8.3	12.5	12.5	8.3	12.5
合　計	9.0	16.9	6.1	9.6	11.5	7.6	8.4

注）1）（ ）内は件数，但し生産件数は企業が最も多く生産している第1位品目における生産分野を表す。
　　2）有効回答数932社
資料：大田区『大田区工業の構造変化と今後の方向』（1970年3月）176—177ページより。

は機械・金属工業が工場制下請を基本としながらも，問屋・商社への依存が強まっていることを示している。受注先企業の地域分布を受注先件数からみると，区内が2割強，区以外の都内が4割弱，都外が4割であるが，従業員規模別にみると，1～4人規模の零細企業では受注件数の3分の2が区内受注である。そして企業規模が大きくなるにともなって区内受注から区外受注，都外の受注先へと広がりをみせている。つまり遠距離にある親企業をもつ企業ほど規模的には大きい傾向がある。しかし小零細企業にとって区内受注が多いということは「地域内相互依存関係」が工業集積そのものとしてあらわれているのである。

さらに，受注先企業への依存度をみると，区内の機械・金属工業における1社平均の受注先件数は14.4件で分散しているが，1～4人規模では4.8件である。このことは，受注先が専属型というよりはむしろ，受注先の分散化，多角化がなされていることを示していると同時に零細企業層ではかなりの「仲間回し」，「仲間取引」があることをうかがわせている。しかし，零細企業層のなかにも，上位企業を専属的受注先とする企業が多数あること，しかもそれらを基礎に，より上位企業の専属的受注先をもつ企業（20人以上規模）は，より強い下請構造のなかに組み込まれていることを見落してはならない（146—152ページ）。

産工程別企業構成

(単位:%)

メッキ	鋳・鍛造	塗装	その他の表面処理	部品加工組立	ユニット部品	完成品	計
3.8	1.8	3.0	1.2	4.8	0.8	1.7	100.0 (605)
6.3	3.2	5.6	3.7	7.9	2.1	4.2	100.0 (620)
7.5	2.8	5.3		9.1	1.6	6.9	100.0 (319)
7.8	4.8	7.8		10.9	0.6	4.8	100.0 (166)
6.7	3.5	7.5		10.3	3.2	8.7	100.0 (253)
7.0	5.0	8.0		7.0	3.5	5.0	100.0 (201)
7.4	2.4	8.2		9.8	4.1	8.2	100.0 (122)
5.6	5.6	2.8		13.9	8.3	5.5	100.0 (36)
8.3	4.2	8.3		12.5	8.3	4.2	100.0 (24)
8.3	4.2	8.3		8.3	4.2	4.2	100.0 (24)
13.3	13.3			13.3		6.7	100.0 (15)
4.2	4.2	4.2				8.3	100.0 (24)
6.1	3.2	5.6	1.2	7.8	2.1	4.8	100.0 (2,409)

　それでは大田区の企業はどのような生産・加工工程を担っているのかを規模別にみたのが表6—6である。機械・金属工業の各工程は多岐にわたっており，業種間に共通する工程が多いものの，表は14工程に類別したものである。区内企業の生産・加工分野は切削・研磨，切断，その他機械加工とプレス加工を含めた機械加工が52.5%で最も多く，ついで部品加工・組立，ユニット部品，完成品などの組立て分野が全体で14.7%，表面処理（メッキ，塗装，特殊表面処理）12.9%，素形加工（熔接，鋳・鍛造）10.8%，そして手組立の順となっている。また，規模別では，4人以下層では部品組立，完成品組立などの組立て分野の比重が低く，機械加工を中心とした生産加工分野を担っている。こうしたことは，区内の機械・金属工業が，専門特化した小零細加工業者の総合加工集団を基盤に，高加工品を生産し，全体としての集積の利益を形成していることを物語っている。そして生産加工を担っている企業が使用している機械は，一部でNC機械，トランスファーマシン，マシニングセンターなど高額加工機が導入されているものの，圧倒的に手動，半自動機械である。ただNCマシンでは小零細企業層の方が多く導入されていることが指摘されている（178ページ）。また別の調査でも大田区における旋盤加工を主とした小規模な切削加工業において，NC化（MCを含む）が進んでいることが明らかにされている[19]

ことに注目する必要がある。

ところで,外注・下請構造をみると,金属製品の場合は,一部の機械加工,メッキ,塗装などの表面処理が中心で,外注そのものの比重は大きくない。外注・下請の多いのは,一般機械,電気機器,輸送用機器,精密機器などの加工組立型業種である。発注側企業からの外注・下請内容ごとの外注先の業態をみたのが表6—7である。「手組立」では手作業を主体とした内職型の外注・下請が利用されている。「材料支給の機械加工」は,内職型よりも複雑な加工を,機械設備を利用した熟練加工で行う必要があるが,受注企業にとってはメーカーといっても原材料を自己調達できないような零細企業であり,内職と同じく大田区内に多数存立している。これらの零細企業（群）が,加工組立型業種を支え,いつでも発注先企業に応えうる機械設備と高い加工技術とを有して集積している。

さらに「材料支給のない機械加工」や「機械加工プラス組立を行うユニット外注」の場合の受注は,メーカー間の外注・下請である。受注企業は材料支給の機械加工の担い手とみられる零細企業よりも上位企業であり,区外に立地するものが多く,区外を含めた外注・下請構造を形成することになっている。しかし注目すべきことは,「部品購買」がメーカーよりの34.5%に対して,問屋・商社経由57.8%と高いことである。大田区に問屋・商社の集積が低いことを考えると,区外の問屋・商社がその発注経路を握っていることになるからである。

いずれにせよ,外注・下請構造は,外注・下請内容の多様化にともなって多様な業態が利用されて成立している。零細加工業者も含め各下請企業は工程ごとに特化し,とりわけ零細企業群は「仲間回し」にみられるように横のつながりをもつことによって,互いの専門性を発揮し存立している。都市型産業ともいわれる組立加工型業種は,内職やこうした零細企業群によって支えられているのである。

---

19) 東京都商工指導所『業種別診断報告書—切削加工業—』(1983年度),29—31ページ。

表6—7　外注内容別外注先構成

(単位:％)

外注内容	業態別 内職	メーカー	問屋・商社	その他	計
1. 手組立	56.5	27.5	2.1	13.9	100 (581)
2. 材料支給の機械加工	2.6	66.2	0.2	31.0	100 (1,287)
3. 材料支給のない機械加工	0.1	86.3	1.4	12.2	100 (796)
4. メッキ・塗装	0.6	62.0	—	37.4	100 (482)
5. 機械加工＋組立を行うユニット外注		85.4	0.8	13.8	100 (239)
6. 部品購買	0.3	34.5	57.8	7.4	100 (2,611)
7. その他	8.9	45.8	12.9	32.4	100 (605)
合計	6.5	51.2	24.5	17.8	100 (6,601)

注) 1)（ ）内は外注件数。
　　2) 231社を対象にしているが，対象企業数は外注内容ごとに異なる。
資料：大田区『大田区工業の構造変化と今後の方向』(1979年3月) 表Ⅲ38～40より作成。

4　中小零細企業振興の基本的方向

(1)　専属化と浮動化の再編過程

　東京を代表する都市型中小企業の存立実態を城東地区，城南地区の二つの地域における下請け構造に焦点をあててみたが，いずれも多種多様な業種・業態と多数の工場が集積立地しており，地域内生産集団として一大ネットワークを形成している。しかも，小零細企業（群）は，工業集積と分業の深化，家族労働力を基盤に地域に密着した住工混在＝職住一体のなかで，一定程度「仲間取引」に支えられながらも部分的な加工工程・分野の担い手として末端的にいわゆる都市型産業を支え，補完的・補強的役割を果たしているのである。
　しかし，技術革新と情報化の進展は，都市経済に産業構造の変化，とりわけ第3次産業化，サービス経済化を促進させ，そのことが既存の工業集積，ことに中小企業の存立形態に影響を与え，再編成が強いられてきている。それは消費財関連業種については，製品のファッション化，高級品化などによる問屋と卸の「製品企画・開発」機能の一層の強化であり，機械・金属などの生産財関連業種については，多品種少量生産化に加えて，プロダクト・イノベーションとプロセス・イノベーションの一体的進行から生じている。すなわち，中小・零細企業（群）にとっては，親企業の技術革新にどう対応するかが重要となり，技術導入競争を軸に新技術に適応できる企業と適応できない企業との間に格差

が生じ，選別・淘汰のなかで専属化と浮動化の再編成が促進されている。

　しかも城東地区でみたように問屋・商社の役割の強化と完成品メーカーの多品種少量生産化のなかでの「製品企画・開発」機能の重視は，生産過程からの逃避・後退と下請企業への一層の寄生性を深め，いわば親企業である工業資本の商業資本化となってあらわれてきている。中山金治氏は「東京の零細企業の増大が，脱重工業化とともに進行してきたことは，その生産形態が『工場制下請』から『問屋制下請』主導型へと大きく転換していることを意味する」[20]と指摘している。

　ところで問屋・商社や巨大製造業の本社機能の東京への集積・集中と「製品企画・開発」機能の重視は，政府・独占の知識集約型産業政策となってあらわれ，地方自治体においても具体化がはかられている。東京都労働経済局『東京都工業立地基本問題研究会報告書』は，今後東京で発展していく工業は「最新の情報と高度な技術を使いこなすことが出来る大企業の本社工場や比較的小規模な研究開発型工業であろう」[21]として東京工業の進んでいく方向を示している。具体的には，①知識集約型・研究開発型工業，②ベンチャー型工業，③「モノ」をつくるハードな部分と，システム開発のようなソフトな部分とを併せもつ「ハイブリッド型工業」，④情報を早くキャッチし，市場からの反応に敏感に対応しうる工業，⑤高付加価値生産性工業，⑥省エネルギー，省資源，無公害型工業である。これらの「研究開発型工業」が東京の中核工業として戦略的に位置づけられ，育成対象とされている。すなわち，「単なる保護政策ではなく，既存工業を強靭な体質を持つ研究開発型工業へ変化させていく政策」がとるべき工業政策の基本的方向の一つとして指向されている。

　しかしながら，こうした「研究開発型工業」や「成長が期待できる」工業を主導しているのは，一部の大企業や中堅企業，ベンチャー・ビジネスであること，したがって，それらひと握りの企業の育成ではなく，現に東京の産業を支え生産している圧倒的多数の中小・零細企業の営業の発展を可能ならしめる振興政策がとられるべきである。

---

20) 中山金治「東京の零細工業の諸類型」佐藤芳雄編著『巨大都市の零細工業』前掲書，20ページ。なお，問屋制下請と工場制下請の相違および現代的意義については，中山金治『中小企業近代化の理論と政策』千倉書房，1983年，第9章を参照のこと。
21) 東京都労働経済局『東京都工業立地基本問題研究会報告書——新しい工業のあり方をもとめて——』(1984年9月)，21ページ。

(2) 東京都『中小企業対策のあり方』をめぐって

　東京都中小企業振興対策協議会は，83年9月に『今後における東京の中小企業と中小企業対策のあり方について』（以下，『答申』と呼ぶ）を発表した。76年4月いらいの7年ぶりの答申であったが，最大の特徴は，臨調行革に追従し，大企業本位の都市再開発を中心とするマイタウン構想実現に適応した中小企業施策の必要性を強調していること，そして国の中小企業政策審議会意見具申『80年代中小企業ビジョン』を敷衍して地域的視点を鮮明にうちだしていることである。

　答申の内容をみると，「中小企業は生産者，あるいは商品提供者であると同時に，地域住民そのものであり，地域と運命を共にしている存在である」と中小企業を位置づけ，中小企業の発展方向として「東京の持つ豊かな土壌である様々な機能の集積を最大限に強調することによって，過密に起因する諸々の不利益や制約に耐えうるよう自らの体質を高めていくことである。換言するなら……大都市に立地するにふさわしい産業としての機能をいかに強化していくかにある」[22]と今後の中小企業像をえがいている。そして，中小企業対策の基本的考え方は「中小企業の自助努力があってはじめて真にその効果を発揮するもの」と自助努力を強調したあと，「意欲ある中小企業を積極的に育成していくことが肝要である」ことが指摘されている。こうした中小企業像と中小企業対策の考え方の基本的前提として，鈴木都政が推進する東京の経済社会像であるマイタウン構想が位置づけられ，その実現にむけて「多心型都市構造」が課題とされているのである。ここに地域的視点が鮮明化され，都市再開発と中小企業対策とが結合されている理由がある。

　答申がもつ性格は，すでに明らかなように，中小企業をその地で生活する「地域住民そのもの」と新しい視点でよそおいながら，真に地域住民そのものにふさわしい中小企業，とりわけ小零細企業を重点にした都市づくりの方向を明らかにせず，むしろ大企業本位の都市再開発政策となっていることである。

　こうしたことは地域産業振興にも導入され，「多心型都市の建設は，産業の多心的配置と表裏一体をなすものであり」，したがって，ここの観点からの地域産業の振興は，「地域中核企業や研究の開発型企業を地域の産業核として育成・誘致していくこと」であるという。ここでいう「地域中核企業」がなんで

---

22) 東京都中小企業振興対策審議会『今後における東京の中小企業と中小企業対策のあり方について（答申）』(1983年9月)，20ページ。

あるかは明らかにされていないが，中堅企業であることは明白である。圧倒的多数の中小零細企業には自助努力を強要しながら，ひとにぎりの中堅企業やベンチャー・ビジネスを育成し，融資制度や税制上の優遇措置など「多面的な支援体制」の強化をうちだしている。しかも，現に小零細化が進行しているにもかかわらず，小規模企業施策では，小規模企業と生業的グループとを区別し，後者を「社会政策の一環」として位置づけることによって，中小企業にいちだんと差別と選別をもちこんできている。現に生産する業者の生産と生活とを可能ならしめる方向を明確にすることこそが，中小企業を地域住民そのものとする政策の基本姿勢であるべきである。

（3） 中小零細企業振興の視角

答申は，都市問題と中小企業対策を結合させたものの，それが一部の大企業や中堅企業のための都市づくりであるならば，地域の活力低下はさけられないであろう。したがって，地域の活力を維持し，発揮していくための第1の方向は，東京の活力をささえている中心的担い手が中小企業，地場産業であるという認識から出発すべきである。成長産業はともあれ，衰退産業であろうとも，都市の雑多な工業需要をみたし，集積された機能・技術の継承と多くの労働力吸収の場となっているからである。したがって振興の主たる対象は，「成長が期待できる」産業や一部の「先進的」企業の育成だけではなく，懸命に自助努力をしつつも，経営の困難性・不安定性を克服しえないでいる圧倒的多数の中小零細企業の維持と振興にある。「健全な独立の中小企業が，国民経済を健全にし，及び発達させ，経済力の集中を防止し，且つ企業を営もうとする者に対し，公平な事業活動の機会を確保するものである」（中小企業庁設置法第1条）とする理念こそが，中小企業政策の原点なのである。効率性・先進性を基準にした育成・淘汰の方向から，公平・公正と経済民主主義を基調とした方向への振興の転換が不可欠である。

第2には，中小零細企業，地場産業は，地域経済をささえる生産集団であると同時に，地域の生活集団であるという二つの性格を統合・総合したものとして位置づけることである。

たしかに，この二つの性格のうち，生産集団としての中小零細企業の機能は，独占が支配する資本主義的生産様式のもとでは，利潤・所得をいかにあげうるかという企業行動を重視する側面が強くあらわれ，公害発生にみられるような

居住環境や消費者であることの生活集団としての役割を軽視するきらいがあり，二つの機能が対立・反発しあうかにみえる。このことは，中小零細企業者の二面的性格——独占の支配・収奪を受けながら，労働者を搾取するという——に規定づけられた，とりわけ独占支配の反映でもある。しかしながら，中小零細企業は，事実として地域で生産し，生活しており，その盛衰が，労働力吸収の場とともに地域生活をも規定する存在となっている。したがって，生産と生活とは相互促進的関係にあって，けっして対立，矛盾するものではなく，「地域産業の振興と居住環境の改善とを統一的に解決してゆく方向」[23]がもとめられねばならない。すなわち，地域経済の振興と都市問題を統一的に解決する総合的視点が中小零細企業の振興基準におかれなければならない。

こうした地域政策を一体化した中小零細企業振興の観点は，住工混在地域での中小零細企業の経営活動と生活を保障するものであり，地域の再生と活性につながるといえよう。また東京の都市づくりは，マイタウン構想にみられる大企業本位の再開発などとは異質な，地域の生活集団でもある大多数の中小零細企業とそれを基盤に存立している産業集積を破壊しない住商工一体，住商工近接の視角がもとめられている。

第3には，中小零細企業の経営と労働者の生活をまもり，発展させていくための組織化である。大多数の中小零細企業は地域性が強く，住民そのものである。したがつて，組織化の問題は，事業協同組合などを中心にした「上からの組織化」のみではなく，それの改善と同時に大きな資本の圧力に対抗しうる，その点では反独占の立場にたった，しかも住民運動や消費者運動，労働運動とも結合した「下からの組織化」づくりの条件と場をつくりだすことである。中小企業の組織化は「中小企業によって作られてくる組織への歩み，が生命」[24]であり，上からあたえられるものではなくて，経済民主主義を実現する運動のなかで中小企業者自身がたたかいとってゆくことが重要なのである。

ともあれ，中小・零細企業の振興方向は，その存立分野の多様性と地域性を活かしてこそ，巨大都市東京の再生と人間の生活を豊かにする道である。

---

23) 三河浩史他『都市計画と中小零細工業』1978年，新評論，34ページ。
24) 山中篤太郎編『中小企業の合理化・組織化』1958年，有斐閣，43ページ。

第7章　分解する都市自営業者と
日本経済の国際化*

はじめに

　日本資本主義の経済発展は，いま，技術革新，情報化と国際化というキーワードで語られている。そしてこれら要因と85年9月のG5（5カ国蔵相会議）を契機にした異常円高が，産業構造の転換を規定し，第二次産業から第三次産業への移行，とくにサービス経済化を進行させて，70年代とは質的に異なった構造を形成してきている。それは，ME（マイクロエレクトロニクス）技術を軸にしたエレクトロニクス，メカトロニクス，バイオテクノロジー，新素材，情報通信・情報処理産業等の先端技術産業を21世紀戦略のリーディング・セクターと位置づけ，その国際的産業調整にともなう国内産業構造の急速な変化となって現れている。しかも「前川リポート」「新前川リポート」と「経済運営五カ年計画」は，日本経済の輸出主導型経済構造から内需主導型経済構造への転換・定着を目標にして産業構造転換を政策的に一層加速化させる役割を果たしている。このため，産業「空洞化」への懸念が強まるとともに，とくに，中小企業問題，雇用問題，東京一極集中の加速化といった深刻な問題が生じており，その解決への展望がもとめられる重要課題となっている。
　産業構造の変化・高度化によるこのような問題の新しい展開は，日本資本主義の蓄積構造の国際化と国際的産業調整とに起因するものである。とりわけ，中小企業の新しい問題展開は，中小企業を貿易・資本の両面から国際関係に深く組み込み，一方で高度の技術をもつ「先例のない中小企業」やニュー・ビジネスを輩出しつつ，他方で厳しい構造調整に直面して転廃・休業を余儀なくされるというまさに古い問題性のうえに国際化が重畳し新たな構造矛盾を生じさ

　　＊本章は，『経済』新日本出版社，NO.298, 1989年2月, 所収の初出掲載論文を加筆・修正している。

せている。

　本章ではこのような問題意識と視点に立って中小企業構造の再編を，情報化，国際化を先導している巨大都市・東京を対象に，東京の産業構造の変化と特徴，都市自営業者の分化・分解と実態を日本資本主義の発展との関連で探ることによって，都市自営業の新しい役割を検討したい。

1　東京の産業構造の変化

　日本経済は，技術革新，情報化，国際化を軸とした産業構造の歴史的転換期にある。そのような変化が，東京の国際的・国内的地位を高め，業務中枢管理機能，情報機能，研究開発機能，国際機能等の東京への一層の集中をひき起こし，金融の国際センター化がこれに拍車をかけている。それは，日本経済の本格的国際化にともなう東京への経済諸機能の一極集中をすすめ，東京の国際都市化への道でもあるが，他方では東京の地価の異常高騰，住環境の悪化といった集積の不利益の拡大を招いている[1]。

　ところで，東京は，都心部を中核として産業，金融，情報等の中枢管理機能が集中しているが，60年代後半からの大規模工場の都外流出がつづき，その経済圏域を神奈川，千葉，埼玉の東京圏へ，そしてさらに周辺県へと外延的拡大をはかっている。なかでも製造工業でみると，東京には本社機能もしくは研究開発部門，試作設計部門を残し，量産の生産機能を隣接県さらには周辺県へと移転させており，東京と隣接県との間に産業機能の分担が進行している。このことは流通業においても同様で，都心部を中心にした流通機能から物流部門を分離し，物流施設の隣接県への配置が進んでいる。このような東京の経済圏域の拡大は，東京の経済・産業を理解し，分析するためには，これら地域を総体として把握することを必要とする。何故ならば，東京の隣接県との機能の有機的結合のみならず，隣接県への生産・物流の拡散が逆に東京集中，サービス経済化をひき起こしているからである。ちなみに，東京，神奈川，埼玉，千葉の一都三県を東京圏としてみると，そこには全人口の25％（1985年），国民総生産の3割という大きな規模に達している。東京が中核になった隣接県との経済の一体化が進行しているのであるが，以下では隣接県は検討の対象からはずし，

---

1)　「特集・東京集中の経済的深層」『経済』新日本出版社，1988年12月号，を参照。

東京を中心に産業構造の変化をみることにする。

　さて，東京の産業構造は，全国より約10年先行しているといわれる[2]。すなわち，日本の産業構造は，60年代から70年代前半までの高度成長期に鉄鋼，化学，造船から家電，自動車等の重化学工業化を進めた。これにたいし東京はすでに60年頃までに重化学工業型の産業構造となり，71年をピークに東京の工業の相対的地位が低下し，2度にわたる石油危機の転換調整期を経て，80年代以降からは中枢管理機能と情報・サービス機能とが結合して第三次産業化，サービス経済化が急速に進行している（第6章参照）。

　東京都『事業所統計調査報告』(1986年) によると（表7－1参照），事業所数は1981年の79万521から86年には79万7,483に過去五年間で6,962増加している。これを産業別にみると，第一次産業の構成比は，小数点以下の極端な低さである。しかしながら第二次産業は22.3％から21.1％へと微減するにともなって8,717件の事業所減となっている。これにたいして第三次産業は77.6％から78.9％へと微増するにともなって1万5,759件の事業所増となっている。また，従業者数では81年の757万人から86年には796万人へと増加したのであるが，そのうち第二次産業は29.2％から25.9％へと減少したのにたいし，第三次産業では70.7％から74.0％へと大幅に増加している。このように東京では製造業を中心とする第二次産業の比重が低下し，卸・小売業やサービス業などの第三次産業の割合が全国平均よりも著しく高く，いわゆるサービス経済化が先行的に進行しているのである。

　こうした東京の産業構造の進行は，一方での業務管理中枢機能（本社機能），金融機能，情報機能をもつ産業群が集積し，独占大企業の支配・集中を促進しているが，それと同時に新しい産業も生まれ，多数の中小・零細企業群の存在ともなっている。表7－1は，東京都の主要産業の事業所数を従業者規模別でみたものである。卸売・小売業・飲食店とサービス業の増加にたいし，製造業が減少しているのが明らかである。そこでまず，製造業内部ではどのような変化がおきているのであろうか。東京は，事業所数，従業者数において全国第1位を占めているが，製造品出荷額等では愛知県，神奈川県，大阪府についで第4位にある。製造業の規模構造をみると，300人未満の中小事業所が99.6％の圧倒的多数を占めているのにたいして，大事業所の比重はきわだって低い。し

　2）　東京都『東京の産業』，1987年，28ページ。

第7章　分解する都市自営業者と日本経済の国際化　193

表7-1　東京都の従業者規模別事業所数（産業大分類）

	1981年				1986年				増減率（%）			
	総数	製造業	卸・小売業，飲食店	サービス業	総数	製造業	卸・小売業，飲食店	サービス業	総数	製造業	卸・小売業，飲食店	サービス業
総数	790,521 100.0	127,338 100.0	357,367 100.0	170,433 100.0	797,483 100.0	119,694 100.0	361,416 100.0	181,193 100.0	0.9	△6.0	1.1	6.3
1～4人	504,461 63.8	67,835 53.3	241,458 67.6	112,698 66.1	493,978 61.9	65,445 54.7	235,372 65.1	112,857 62.3	△2.1	△3.5	△2.5	0.1
5～9人	158,105 20.0	31,410 24.7	71,804 20.1	30,671 18.0	162,276 20.3	28,309 23.7	74,124 20.5	35,216 19.4	2.6	△9.9	3.2	14.8
10～19人	67,681 8.6	15,296 12.0	26,693 7.5	13,085 7.7	74,453 9.3	13,914 11.6	31,192 8.6	15,933 8.8	10.0	△9.0	16.9	21.8
20～29人	21,717 2.7	4,855 3.8	7,347 2.1	4,562 2.7	24,723 3.1	4,556 3.8	8,905 2.5	5,810 3.2	13.8	△6.2	21.2	27.4
30～49人	18,207 2.3	3,645 2.9	5,266 1.5	4,444 2.6	20,567 2.6	3,521 2.9	6,305 1.7	5,514 3.0	13.0	△3.4	19.7	24.1
50～99人	11,982 1.5	2,427 1.9	3,246 0.9	3,001 1.8	12,661 1.6	2,261 1.9	3,705 1.0	3,446 1.9	5.7	△6.8	14.1	14.8
100～299人	6,370 0.8	1,345 1.1	1,302 0.4	1,532 0.9	6,802 0.9	1,229 1.0	1,486 0.4	1,900 1.0	6.8	△8.6	14.1	24.0
300人以上	1,998 0.3	524 0.4	251 0.1	440 0.3	2,023 0.3	459 0.4	327 0.1	517 0.3	1.3	△12.4	30.3	17.5

（注）1）民営の総数は86年では785,170事業所，そのうち個人経営は389,566の49.6%，法人経営が391,881の49.9%である。
　　　2）主要産業のみを掲上。
（出所）東京都『事業所統計調査報告』（1986年）。

かも86年時点ではいずれの規模階層においても絶対数で減少に転じている。しかし注目すべき点は，絶対数の減少のなかで，1～4人規模の零細企業層が相対的比重を増し，全体として小零細化が進行していることである。このことは，東京の製造業における1事業所当たり年平均従業者数が，75年に13.6人であったのが，81年には12.9人となり，86年には12.7人と減少傾向を示していることからも明らかである。

　製造業の内部構成を産業中分類でみると，事業所数と従業者数の両者で81年から86年の5年間に増大している業種は，「電気機械器具」「一般機械器具」「出版・印刷・同関連産業」で，23業種のうちの3業種にすぎない。これにたいして「家具・装備品製造業」「金属製品製造業」「衣服・その他の繊維製品製造業」の減少数が著しい。東京では戦後一貫して事業所数が増加してきたのであるが，81年から86年には転・廃業数が新規開業数を上回り，製造業全体では7,644事業所の減少となったのである。

　このような事業所数の減少は，大規模工場の都外流出とともに，都市の過密，地価の異常高騰によって，工場としての立地上の優位性がなくなってきたこと，加えて後継者難や急速な技術革新，情報化，国際化等の進展に起因している。そしてこれらを要因とする東京の産業構造の転換は，組立加工型産業へのシフトをいちだんと進めると同時に，多様な産業集積・中枢機能集積を背景とした情報関連型産業を肥大化させている。東京の業種別製造品出荷額等特化係数は，産業中分類でみると，「出版・印刷」が6.3と最も高く特化しており，ついで「皮革・同製品」4.3，「精密機械」2.6となっていて，これら3業種は全国比でも第1位を占めている。東京のこうした業種構造の転換は，業種の成長・増大と停滞・縮小という分化をまねき，業種間格差の拡大と周辺隣接県への生産機能の依存を強めている。

　つぎに，第三次産業の変化，とくに卸売・小売業・飲食店を表7－1でみると，事業所数は1～4人規模店を除いて増加し，絶対数の増加となっている（産業中分類は小売業が減少）。しかし，『事業所統計調査報告』ではなく，『商業統計調査報告』（85年）でみると，これら3業種はいずれも，前回調査の82年時点と比較して減少しているのが特徴である。卸売業では，85年の商店数は6万8,000店（全国の16.5％），従業者数85万人（同21.4％），年間販売額157兆円（36.6％）で全国第1位であるが，82年から85年までの3年間に3,885店減少し，そのうち，従業者数1～9人層の商店が3,423店減少している。これに

たいし，商店数では僅か0.3％しか占めない総合商社の含まれる「各種商品卸」は，年間販売額の42.4％を占め，東京での地位を強めていると同時に，全国の同業種の8割のシェアを占め，東京への一極集中を進めている。小零細店の没落・減少と商業独占の強化・拡大の二極化が，情報化の進展によってドラスチックな流通構造の再編となって現れているのである。

　一方，小売業の動向をみると，82年の16万2,509店をピークに，85年には7.2％（1万1,680店）も減少している。とりわけ，1～4人層は全商店数の8割強を占めているが，減少店数も1万1,992店と激増している。これにたいして中・大規模店は増加している。このような小零細小売店の激減，転廃業の多発化は，スーパー等の大規模店の進出やコンビニエンス・ストアの急伸，都市再開発による小売業の再編，後継者難等を要因にしているが，家族従業者に支えられた生業的経営の存続さえもが困難になっているところに重要な問題を含んでいる。また，飲食店（料亭，スナック等を除く）も大幅な減少となり，とくに喫茶店の減少が著しい。

　このように製造業，卸・小売・飲食店業の地位が相対的に低下しているなかで，サービス業が事業所数，従業者数とも増加させ，いわば東京経済の牽引力の様相を呈し，サービス経済化の先進地ともなっている。サービス業は産業中分類（日本標準産業分類）で25業種，小分類では113業種にものぼり，きわめて多種多様な業種によって構成されているが，サービス機能からみた場合，東京ではリース業，情報サービス・調査等の「事業所関連サービス業」の事業所数の増加が著しい。これにたいしてクリーニング，理・美容，個人用レンタル等の「生活関連サービス業」はサービス業全体の34.5％を占めて最も多いものの，そのウェイトは一貫して低下傾向にある。また規模別では1～4人層の増加率は微増にとどまっている。

　東京のサービス業の肥大化現象は，東京への企業本社や中央官庁の集積・集中によるものである。すなわち，これらの業務中枢管理機能等の集積が，全国および世界への膨大なサービス需要を生み出し，ニュー・ビジネスを含む「事業所関連サービス業」の成長をささえているのである。しかし，こうしたサービス業の肥大化自体は，単に企業業務の外部化の進行や社会的分業の深化といったものではなく，東京という地域的局面での寄生的性格と深く結びついて進行していることに注目しなければならない。

2 自営業者の階層分化と分解──円高・地価高騰──

　東京の事業所数は戦後一貫して増加しつづけてきたが，その増勢テンポは80年代に入ると急減した。81年調査時の増加率が6.4％であったのが，表7－1で示したように86年では僅か0.9％の増加にとどまったのである。しかも，1～4人規模層の零細企業が，これまでの増勢から微減へと転換したことは，産業構造調整・転換という日本経済の構造転換の変化が大きな影響を与えているといえる。すなわち，高度成長期と2度の石油危機を通じて増勢のみられた東京の小零細企業は，大都市における同業種・異業種の集積の利益を有利に利用し，需要構造の変化と都市機能とが結びついた新しい需要の存在に対応してきた。こうした需要要因は他方で，中小・零細企業労働者の賃金の低さを起点に，かれらの独立自営化を醸成・促進し，小零細企業の新規開業とその増勢をつづけてきたのである。この間，小零細企業内部では新生と没落・消滅を絶えず繰り返しながらの増加であったことは明らかである。

　しかしながら，81年を転機にした製造業事業所数の絶対的増加から減少傾向への転換は，ME技術を軸にした技術革新の急速な進行と情報化，国際化，さらには需要構造の質的変化（技術の高度化による高品質・高精度，少ロット，短納期，コストダウン）が小零細企業にどのように対応していくかを鋭く迫り，それらに適応できる企業と適応できない企業とに分化し，その結果が，階層分化・分解と格差の拡大を招いている。85年以降の円高と地価暴騰はそれに一層拍車をかけ顕在化させたのである。

　こうした製造業の減少・分解，とりわけ小零細層の減少傾向は，中小零細企業労働者の独立自営化意識と強く結びついている。すなわち，中小零細企業労働者が新規開業する場合，従来よりも数倍の開業資金を必要とするようになっているのである。また，たとえ開業したとしても，銀行の預金利子率にくらべ，それ以上の利潤をあげることのできる分野は少ないのみならず，大企業の進出・内製化と過当競争の常態化が平均利潤率をも確保できず，たえず経営不安にさらされている。換言すれば，資本・資金の限界効率の低さと新規参入障壁の高まりが，中小零細企業労働者の独立自営の意識を困難化させ，新規開業を少なくしているのである。他方で労働力不足，後継者難そして需要構造の質的変化への対応の遅れや立地コストの上昇，給与所得者と比べて自営業者所得の

相対的低下等が存立条件を厳しくし，小零細企業の転・廃業を多発化させ，全体として企業数の減少を生じさせたのである。

だが，小零細企業の減少傾向がみられるものの，この間には製造業を除いた従業者5人以上の企業では依然として増勢にある。とくに第三次産業，なかでも，サービス業において顕著である。このことは，製造業の存立条件が厳しく，新規開業を不利化させているのにたいし，サービス業ではむしろ新規開業を活発化させ，有利化する条件が作用していることを物語っている。従来からのサービス業では対応できない，また分類が困難ないわゆるニュー・サービス業の簇生がこのことを裏付けている。中小企業庁調査『ニュー・サービス業レポート』(1987年) によると，対個人サービスの分野で305事業，対事業所サービス分野で484事業が観測されている，といわれる。しかし，ニュー・サービスを含むサービス業が成長産業であり，事業所数が増加しているとはいえ，それは，他業種からの転入（製造業者の間接部門の別会社化を含む）または他業種への転出，規模移動，そして激しい開・廃業をともなったものである。一般的には，成長性の高い業種ほど開・廃業率が高いのである（図7—1参照）。そうだとするならば，サービス業における中小零細企業労働者の独立自営化も不安定なものとならざるをえないことに留意しなければならない。しかし，東京では製造業における新規開業が困難化する方向にあり，縮小・廃業が増加しているのにたいして，サービス業では新規開業の余地が大きく，新生・拡大がつづいている。こうした傾向が東京のサービス経済化を特徴づけているが，製造業とサービス業との間の立地コストを含めた存立条件と新規開業の関係が問われることになるであろう。すなわち東京でのサービス業が需要構造の変化にともなう中間需要（各産業における財生産，サービス提供の段階で発生する需要）の増加を新生・拡大の条件としているが，製造業が今後とも停滞し，空洞化していくならば，中間需要の発生は縮小し，新規開業の条件が狭まるからである。

ところで，いままでは『事業所統計調査』を中心にして東京の産業構造の変化や規模別構造，とくに小零細層の分化・分解を明らかにしてきた。しかし小零細企業の大多数はセルフ・エムプロイメントといわれるような自己労働と家族従業者に依存する面が強く，一般に「小生産者・小商人」さらには企業の所有形態から「自営業主」ともいわれている[3]。自営業主とは『就業構造基本調査報告』では，「個人で事業を営んでいる者」をいい，自営業主のうち，事業

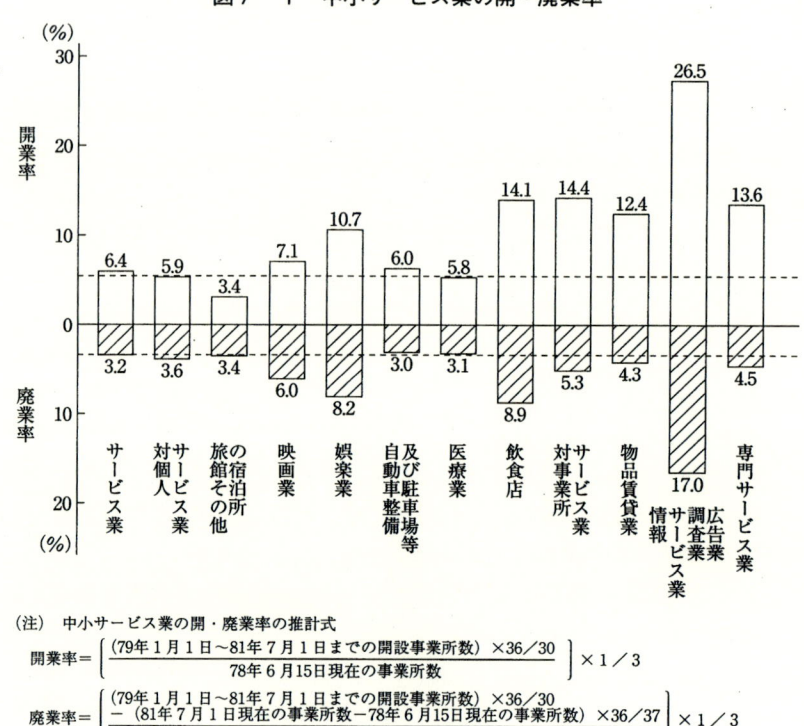

198　第Ⅲ部　中小企業の存立形態と構造転換

図7―1　中小サービス業の開・廃業率

(%)

開業率　30

20　　　　　　　　　　　　　　　　　　　　　　　　　26.5

10　　　　　　　　　10.7　　　　　　　14.1　14.4　12.4　　　13.6
　　6.4　5.9　　　　7.1　　　6.0　5.8
　　　　　　3.4

0

　　3.2　3.6　3.4　　　　　　　3.0　3.1　　　5.3　4.3　　　4.5
　　　　　　　　　6.0　8.2　　　　　　8.9　　　　　　　17.0
廃業率　10

20
(%)

　　サ　　サ　　旅　　映　　娯　　及　　医　　飲　　対　　物　　広　　専
　　｜　　｜　　館　　画　　楽　　び　　療　　食　　事　　品　　告　　門
　　ビ　　ビ　　そ　　業　　業　　駐　　業　　店　　業　　賃　　業　　サ
　　ス　　ス　　の　　　　　　車　　　　　　　　　所　　貸　　調　　｜
　　業　　対　　他　　　　　　場　　　　　　　　　　　　業　　査　　ビ
　　　　　個　　の　　　　　　等　　　　　　　　　　　　　　　業　　ス
　　　　　人　　宿　　　　　　自　　　　　　　　　　　　　　　情　　業
　　　　　　　　泊　　　　　　動　　　　　　　　　　　　　　　報
　　　　　　　　所　　　　　　車　　　　　　　　　　　　　　　サ
　　　　　　　　　　　　　　　整　　　　　　　　　　　　　　　｜
　　　　　　　　　　　　　　　備　　　　　　　　　　　　　　　ビ
　　　　　　　　　　　　　　　　　　　　　　　　　　　　　　　ス
　　　　　　　　　　　　　　　　　　　　　　　　　　　　　　　業

(注)　中小サービス業の開・廃業率の推計式

$$開業率 = \left[\frac{(79年1月1日\sim81年7月1日までの開設事業所数)\times36/30}{78年6月15日現在の事業所数} \right] \times 1/3$$

$$廃業率 = \left[\frac{\begin{array}{l}(79年1月1日\sim81年7月1日までの開設事業所数)\times36/30\\-(81年7月1日現在の事業所数-78年6月15日現在の事業所数)\times36/37\end{array}}{78年6月15日現在の事業所数} \right] \times 1/3$$

(出所)　総務庁「事業所統計」『83年版中小企業白書』346ページによる。

を営むために有給の雇用者を雇っている者を「雇有業主」，有給の雇用者を雇わず家族だけで，あるいは自分一人だけで事業を営んでいる者を「雇無業主」，そして家庭で賃仕事をしている「内職者」（pieceworker at home）に区分している。しかし「雇無業主」と「内職者」とくに専業的家内労働を形成する内職自営業主との区別は，雇用者がいず，また独立の事業所，工場，商店などをもたない「職住同居」の雇無業者の存在も考慮すると，両者を明確に区分することは困難である。この点では，『国勢調査報告』は，自営業主を「雇人のある業主」と「雇人のない業主」とに2区分し，家庭内職を後者に含ませている。なお，自営業主は，開業医，弁護士等の自由業者や行商人，大工等の「一人親

---

3)　中山金治「中小・零細企業の階級的性格と再生産条件」『季刊　科学と思想』1986年1月号。

方」を含み勤労市民とも呼ばれ，階級的性格から中小企業者とは区別される場合がある。

　さて，零細企業と自営業主との区別は形態上の区別である。両者の区別は，自営業のうちにも5人以上の雇用者を雇って雇用労働力に依存する資本制企業もあることから重要である。しかしより重要なことは，両者の区別よりもむしろその共通性にある。両者は，生産部門ではいずれも「商品生産者」であり，主として家族従業者に支えられた自家労働を存立条件にしていることである。しかもその階級的性格は，資本家階級にも労働者階級にも属さない，中間的階層としてのいわば「準階級」を構成している。もちろん，準階級といっても，中小企業者とともに，独占・大企業の支配・収奪の対象であると同時に，雇用労働に依存しない事実上の賃金労働者に近い性格をもっている。したがって，零細企業と自営業主とのカテゴリーは厳密には区別されるものの，ほぼ重なっており，代置できうる性格である。

　このような準階級としての自営業主はどのような構成変化をしてきているのであろうか。『国勢調査報告』による東京の自営業主数をみたのが表7－2である。「雇人のある業主」と「雇人のない業主」とをあわせたのが自営業主である。85年には東京に75万1,000が存在するが，表7－1の『事業所統計調査報告』による「個人事業所」数は38万9,000で，その差が36万2,000であること，さらにそのなかに「内職」が含まれていることに留意する必要がある。

　この2つの統計による差を前提に，表7－2の特徴をみると次のことが指摘できよう。

　第1は，75年から85年の10年間に自営業主数は2万9,000減少しているが，その中身をみると「雇人のある業主」が増加しているのにたいして，「雇人のない業主」が大幅に減少していることである。これを主要産業でみると，製造業ではいずれの業主も減少し，卸売・小売業・飲食店では「雇人のない業主」のみ減少しているのにたいして，サービス業ではいずれの業主も増加している。こうした傾向は全国についても妥当し，「雇人のない業主」の階級分解とサービス業での自営業主化を推測しうる。

　第2は家族従業者の激減である。東京では19.4％，全国では22.4％の減少である。そして東京の主要産業では減少しているが，全国ではサービス業家族従業者が増加しているのが注目される。

　第3は自営業主，家族従業者の激減が単純には雇用者増につながるというわ

表7-2 従業上の地位別就業者数（産業大分類）

(単位：1,000人, %)

		総数	1975年 自営業主 雇人のある業主	1975年 自営業主 雇人のない業主	家族従業者	役員	雇用者	総数	1985年 自営業主 雇人のある業主	1985年 自営業主 雇人のない業主	家族従業者	役員	雇用者
東京	総数	5,619 100.0	230 4.1	550 9.8	413 7.4	426 7.6	3,985 70.9	6,005 100.0	253 4.2	498 8.3	333 5.5	475 7.9	4,444 74.0
	製造業	1,461 100.0	44 3.0	114 7.8	97 6.6	136 9.3	1,068 73.1	1,316 100.0	39 3.0	81 6.2	68 5.2	131 10.0	995 75.6
	卸売・小売業,飲食店	1,566 100.0	87 5.6	171 10.9	203 13.0	143 9.1	960 61.3	1,690 100.0	100 5.9	141 8.3	159 9.4	157 9.3	1,130 66.9
	サービス業	1,147 100.0	53 4.6	147 12.8	60 5.2	56 4.9	828 72.2	1,520 100.00	66 4.3	163 10.7	58 3.8	81 5.3	1,150 75.7
全国	総数	53,140 100.0	1,800 3.4	7,613 14.3	6,945 13.1	2,118 4.0	34,599 65.1	58,357 100.0	2,169 3.7	6,800 11.7	5,392 9.2	2,686 4.6	41,303 70.8
	製造業	13,236 100.0	334 2.5	970 7.3	705 5.3	635 4.8	10,589 80.0	13,972 100.0	324 2.3	871 6.2	594 4.3	705 5.0	11,475 82.1
	卸売・小売業,飲食店	11,380 100.0	637 5.6	1,691 14.9	1,773 15.6	722 6.3	6,555 57.6	13,382 100.0	833 6.2	1,526 11.4	1,544 11.5	895 6.7	8,582 64.1
	サービス業	8,741 100.0	358 4.1	1,044 11.9	483 5.5	262 3.0	6,591 75.4	11,949 100.0	466 3.9	1,169 9.8	511 4.3	406 3.4	9,395 78.6

(注) 1) 主要産業のみを掲上。
2) 役員とは、会社の社長・取締役・監査役、団体の理事・監事、公社や団体の総裁・理事・監事などの役員をいう。
(出所) 総務庁『国勢調査報告』より作成。

けではないが，それらの分解・再編成がかなりの部分で賃金労働者化し，雇用者増となっていると思われる。
　このように自営業主が大量存在しているにもかかわらず，自営業主とくに「雇人のない業主」と家族従業者の分解がめだっている。しかも，製造業，卸売・小売業・飲食店の分解が著しいのに比してサービス業では，雇人のない，そして家族主体の自営業者がいまだ進行している。自営業主の分解・分化は，他方で賃労働者化の析出の条件にもなっている。
　さて，こうした自営業主ないし小零細企業の分解・分化は，産業構造の激変，とくにサービス経済化の進行を主因としているが，東京の場合には別の要因，すなわち地価高騰，都市再開発，住工混在問題等の複合によって生じていると考えられる。東京商工会議所の調査『地価高騰が商工業者に与える影響調査』（87年8月調査，23区内の商工業者で有効回答企業数1,227社）によると，地価高騰が事業活動に与える影響について，「悪い影響のみある」が37％，「悪い良い両方の影響がある」が47％で，84％の企業が何らかの形で悪い影響があると考えている。悪い影響の具体的内容（複数回答）としては，「固定資産税の負担増」39％，「事業所賃借料の負担増」35％，「事業用地確保・拡張の困難」34％などが上位を占めているが，他に「本業継続意欲の減退」，「取引先の転出」，「消費人口の減少」などがあり，注目される。
　地価高騰により「移転せざるを得ない不安を感じている」企業は，都心5区で42％に達しており，現在の事業継続にたいしても35％の企業が不安を抱いている。このように地価高騰による影響を受け，事業活動に不安を抱いているなかで，現在地での事業継続が困難となった場合の対応策として，「事業所移転」が57％，「事業転換・移転の両方」13％，「事業転換」11％，「自主廃業」7％となっており，回答企業の43％が転・廃業をあげているのが注目される。この転・廃業は，業種別には飲食業が53％，小売業が40％と高く，他の業種が20％前後であるのに比して群をぬいている。同時にこれらの業種では「自主廃業」も多い。さらに転・廃業志向を規模別でみると，小規模企業や個人事業所になるほど高率を示すと同時に，「自主廃業」を選択する比率が高くなっている。また『帝国データバンク』の調査によると，東京都内の双眼鏡，シガレット・ライター，アンチモニー製品，金属時計バンド，横編みメリヤスの五業種の組合に加盟している698社のうち，85年10月から87年5月までの1年8ヵ月の間に倒産した企業は6社であるのにたいし，自主廃業は56社にのぼり，しか

も零細企業中心から年間売上高10億円以上の中小企業にまで広がってきているという。

　このように地価高騰が中小商工業者にとって経営基盤そのものにまで影響を及ぼしているが、他方で都市再開発が地価高騰に拍車をかけ、再開発地域内や周辺事業者への転・廃業を促進するという循環になっている。『同調査』は、「事業承継時の相続税負担を考えた場合、中小企業への影響はこれから本格的に現れるものと考えられる」と指摘しているが、製造業の都外移転や商工業者の転・廃業への圧力がなくならないとするならば、東京の工業集積の喪失をまねくばかりでなく、生産・流通・消費という再生産循環を縮小させ、経済活力の低下をもたらすことが懸念される。

3　日本経済の国際化と自営業者の新しい役割

　東京における小零細企業や自営業者の戦後一貫した増大が、いまでは分解が強く作用しつつあるかの動向である。とくに製造業、卸・小売業部門の分解がこれまで以上に顕著であるのにたいし、逆に行き場を失った資本と労働がニュー・ビジネスを含めサービス業に参入しつづけている。このような事態は、産業間、企業規模間の不均等発展を反映するものではあるが、日本資本主義の一つの大きな転換期を意味しており、東京が先行する形での特有なものを現出させている。

　製造業部門では、中小企業、とくに零細層の分解が進行し、大量存在による地域集積の利益が崩壊しつつあるかにみえる。だが、他方では、工場、事業所がいまだ大量に残存し、都外に移転・流出した企業においても生産機能を分化している。とくに規模が大きく、かつ量産型工場である程、東京での生産立地を不利化させ、東京には地価負担力に耐える企画や研究開発部門と結びついた試作や多品種少量生産部門が残存し、質的高度化をはかっている。そして試作や高度な研究開発を可能とする先端技術をもった小零細企業の集積が関連業界間の技術・技能を複合・融合化し、社会的分業をいちだんと深化させ、多種多様製品の新しい生産基地を形成させている。小零細企業、とくに下請層においても、少ロット、高品質・高精度、短納期に対応しなければならず、下請加工業のあり方も試作型、研究開発型へと変化を余儀なくされているのである。だが、いうまでもなく、対応困難な企業が転・廃業の対象となっている。

こうした東京における企業の試作型ないし研究開発型への移行と地方への量産機能の移転は，逆に東京に先端技術産業を集中させると同時に東京圏への地域的拡大となって進行しているのである。このことは，東京では独占大企業が，試作ないし研究開発部門を担う中小零細企業を残存・利用し，先端技術と大企業に比して悪い労働条件を結合させることによって新しい国際競争力の強化と蓄積基盤の再構築をはかっているのである。ここに小零細企業の分解の加速的進行と先端技術産業の集中という他の地域にはみられない現象が進行しているのである。

さらにサービス業部門の肥大化は，本来追求されるべき対個人・生活関連へ向けられることが少なく，むしろ対事業所関連サービス業の著しい増大となっていわゆるサービス経済化を進行させている。すでに述べたように製造業の内部機能の変化，とくに試作，研究開発部門や情報管理部門を重視する方向，製造業部門の一部を外部化する方向——リース業やシステムハウス，人材派遣業の増大にみられる——そして製造業等の間接部門の別会社化等が需要を拡大し，全国のなかで最も進んだ経済のサービス化を生みだしているのである。しかも企業本社や中央官庁等の中枢管理機能の集中のみならず，国際化が進展するなかで，情報，金融，研究開発等のあらゆる経済諸機能が東京に集中しつつ，このことが逆にサービス化を軸にしつつ東京の再集中化を促進しているのである。

製造業の停滞・相対的地位低下とサービス業の肥大化という東京の産業構造の変化は，単に日本経済の発展の必然的潮流とはいえない異質のものである。それは，これまでの日本国内レベルでの産業構造の先行性と東京への一極集中だけではなく，国際レベルからみた国際的な機能の見直しをはかるなかでの情報サービス産業化を中心に据えた東京再集中の動きとなっていると思われる。

東京における小零細企業，自営業者の分解とサービス産業の肥大化・質的高度化，そして東京再集中化は，生産力で欧米諸国に追いつき，追い越した日本資本主義の新たな挑戦であり，独占大企業，とりわけ多国籍企業の存在とその本格的展開とに深く結合しているのである。すなわち，製造業における多国籍企業の国際的生産分業体制の構築化は，国際的戦略から超過利潤を獲得するために自己に有利な地点での生産立地が求められている。その意味では，多国籍企業がどのような国際的地域配置をするかによって，一国経済のみならず，東京経済，ひいては地域経済が規定されてくるのである。地域経済とのかかわり合いの深い小零細企業や自営業者の動向も多国籍企業の動向と鋭く結合するこ

とになっているのである。

　さて，日本経済の国際化，企業の多国籍展開は，東京の国際化と重なり合いながら，むしろ東京を中心に進展している。国際化とは一般的には，人，物，金，企業，情報の国境を越えた流れの進行過程を意味するが，85年9月のG5を契機にした円高の急騰と情報化の進展が，多国籍企業の集中する東京の国際化を加速化させているのである。

　東京における企業活動の国際化は，「内への国際化」と「外に向かっての国際化」という二面において把握することができる。企業活動の内への国際化の一つの指標として，外資系企業の東京への集中をみることができる。東京都都市計画局の『高度情報化の都市構造への影響に関する報告書』(87年3月)によると，資本金5,000万円以上でかつ外資比率50％以上の外資系企業（日本の法律で設立された企業）は，全国で1,059社あり，そのうち77.4％が東京に本社を置いている。また，外国企業の支店，営業所（外国の法律に基づき設立）は80年の856件に比べ86年には1,093件と237事業所が増加し，全国に占める東京の比率も55％と高くなっている。とくに，サービス業，金融・保険業の割合が高く，東京の国際金融センター化を促進している。

　さらに，「内なる国際化」として，注目すべきことはこのような企業進出に加えて，製品・部品の輸入増加が，東京市場を中心にした内需型産業，中小企業に大きな影響を及ぼしていることである。大蔵省『外国貿易概況』によると，87年の輸入総額は1,495億1,500万ドルで対前年比18.3％増の伸びを示し，このうち製品割合は659億6,100万ドル，対前年比25％増と急増している。その結果，製品輸入比率は44.1％とこれまでの最高水準を記録する一方で，88年上期には48.1％と5割に接近している。製品の輸入浸透度｛輸入量／（生産量－輸出量＋輸入量）｝は，たとえば，扇風機54.8％，白黒テレビ54.4％をはじめ，電卓，ラジカセ，35ミリカメラ，ニット外衣なども40％台，がん具が30％台と高いシェアを占めてきている。一方，部品輸入額は87年に59億6700万ドルとなり対前年比31.3％の増加となっている。

　このように，製品・部品の輸入急増は，アジアNIEs（新興工業経済群）を中心に急伸しており，これら諸国との競合品を生産している中小企業分野ではコストダウンや新製品の開発・高級化が迫られている。もっとも，輸入増加の背景には，円高のみならず，日本の海外進出企業による逆輸入やスーパー等大規模小売店の開発移入の増加があることを見落としてはならない。また国際的

産業構造調整政策の強行のもとでは，その増勢テンポは弱まることはないであろう。東京には日用消費財雑貨型産業の中小・零細企業が大量存在しており，輸出型から内需型へ転換させつつある産業・企業もあるが，今後は輸入の増大圧力の強まりが，その存立を左右することが予想される。

他方，「外に向かっての国際化」は，中小企業を含む独占大企業を中心にした海外進出の活発化，海外生産比率の引上げ等による多国籍企業展開の本格化である。日本の海外直接投資額は，80年代前半には80億ドル前後であったものが，85年度には122.2億ドル，86年度が223.2億ドル，87年度が333.6億ドルと急増し，51年から87年度末までの累計額は1393.3億ドルに達している。とくに85年度以降の3年間で累計額の5割弱を占め，世界最大の投資国であるアメリカの87年末直接投資残高3,088億ドルの45％に及んでいる。投資先国は北米が37.8％と高い割合を占めているものの，中小企業を含めアジア向け（19.1％）が85年以降の円高進行にともなって再び増大傾向を示しはじめているのが特徴である。

こうした日本企業の海外進出，海外現地生産の本格化は，東京都労働経済局の『東京の製造業におけるアジアNICsとの経済的交流に関する調査』（87年12月，調査回収企業420社，『東京の産業』88年版参照）によってもみることができる。同調査での企業の海外進出をみると，有効回答企業407社のうち，既に進出している企業は61社の15％である。61社のうち，「資本金1億円超」の企業が34社の55.7％，「1億円未満」の企業が27社の44.3％となっており，企業規模が小さくなるほどその割合は少なくなっている。しかし，東京の中小企業の海外進出も全国水準より高いことが推測され，積極的姿勢をうかがうことができる。問題は，企業の海外進出と現地生産の本格化が国内中小企業に与える影響である。一般的には，雇用機会の喪失，下請中小企業の再編・切り捨て，逆輸入製品の増大が問題視され，産業の「空洞化」が懸念されている。しかし，調査項目に問題を含むものの，同調査結果では，「国内生産体制は不変」（56.2％）と最も多く，ついで「生産品目を変更」（27％），「外注，下請は削減」（24.7％），「国内生産体制は縮小」（18％）といった順になっている。現在のところ影響は余り出ていないものの，今後，海外進出の活発化や既進出国での生産拡大にともない中小企業や労働者に犠牲を強いることが考えられる。

独占大企業を中心にしたこのような企業活動の国際的展開は，国内外を統合した国際的生産分業体制の構築をはかるうえでの新しい再編成であり，日本資

本主義の蓄積基盤の国際的拡大なのである。このようなことは，東京では独占大企業が試作や研究開発部門といった先端技術分野を維持・強化する一方，小零細企業や自営業者が競争・淘汰され，新たなる低賃金基盤を創出している。同時に低賃金基盤の創出にあたり見落としてならないことは，外国人労働者の移入である。企業活動の国際化は，資本のみならず，労働力の移動を不可避にし，外国人労働問題が新しい都市問題を発生させる可能性をはらんでいるのである。労働問題における大企業労働者，中小企業労働者そして外国人労働者といった労働者の三層構造の形成である。政府・自民党の国際的産業構造調整政策や臨調行革による規制緩和策等は，中小企業問題や労働問題そして東京集中問題を助長し，加速化させる役割を果たしているのである。

　こうした動向を踏まえて，中小企業者や自営業者は，これまで以上に必死になって様々な努力・模索を行っている。「変化への対応努力」は個別企業のみならず，業界ぐるみ，産地ぐるみで積極的・創造的に取り組まれている。たとえば，東京最大の産業である出版・印刷業は，コンピュータによる組版システムが普及して業界再編を進行させ，小零細層の印刷・製本業者が経営困難な状況におかれている。こうした行詰まりを打開するため，デザイナー，コピーライター，カメラマン，写植，組版，版下，印刷，製版，製本，断裁，紙器加工等の業者が結集し，「プットネット」という協同組合準備会を発足（87年12月）させて新しい仕事おこしを推進している。いわゆる同一産業内異業種交流であり，下からの自主的交流であるところに特徴がある。この「プットネット」は，提案型，地域密着型の企業集団として，そして言論・出版の自由を守ることを組合理念に，生産・営業活動を展開し，共同事業への新たな試みとなっている（中小商工業全国交流・研究集会実行委員会『中小商工業研究』第16号参照）。

　このような新しい自主的共同化が一部で取り組まれはじめているが，独占大企業の支配・強制と絶えざる競争激化は，中小・零細企業の存立条件を恒常的に不安定化させている。存立条件の安定化の方向は，一つには組織化を地域的にはかることであり，もう一つは独占大企業の民主的規制と政府及びそれを補完する自治体の構造調整政策の転換を求める中小・零細業者の運動である。

　地域における中小・零細業者の役割が「地域経済の主要な担い手」であると同時に「地域住民のマジョリティ」であるとするならば（中小企業庁編『80年代中小企業ビジョン』），中小・零細企業の「生産の場」と「居住の場」を確保

することが地域経済や東京経済の活力再生につながるであろう。両者は決して対立の関係にあるのではなく，相互補完的関係におきうるものである。また，たとえ対立的関係が生じたとしても，その判断は，中小・零細業者と労働者，地域住民の民主的な意思に委ねるべきである。国際都市化する東京では中小・零細企業者の行政への参加と経済民主主義の実現を求める運動が改めて重要性をもってきている。

第8章　産業構造の転換と先端技術*

1　産業構造の転換と技術革新の役割

　経常収支の膨大な黒字，日米貿易摩擦の激化，急激な異常円高，海外直接投資の飛躍的増加と債権大国化，そして製品・部品の輸入急増等，80年代に入って起こっているこれらの事態は，日本経済のこれまでの資本蓄積様式を根底からゆるがし，企業行動や産業構造の大きな転換を迫っている[1]。すなわち，日本経済の発展メカニズムは，60年代の高度成長期には技術革新の欧米からの導入による高率の民間設備投資を軸にして国民の最終消費と連動し，それも増加するという，いわば「投資が投資を呼ぶ」形での内需の大幅な増加によって成長がはかられてきた。しかし，第１次石油危機を契機に，民間設備投資の減少はもとより，民間最終消費，住宅投資さらには政府支出が低下し，内需が大幅に減速したため，企業の輸出インセンティブが高まり，外需主導型の成長メカニズムへと軌道修正をすることになった。独占大企業は，70年代の２度にわたる石油ショックを，一方では省資源，省エネルギーで緩和しながら，他方では徹底した減量経営，中小企業の再編と収奪，労働者の首切り，配置転換，出向，そしてパートや派遣労働者への代置等によって搾取強化をはかり，輸出の拡大に危機克服の活路を求めたのである。その点では先進資本主義国の中においても際立った対応を示したところに日本の産業・企業が抜群の国際競争力を保持する理由があった。
　ところが，外需依存とりわけ対米従属的な加工貿易に依存した成長パターン

＊本章は，福島久一「産業構造の転換と先端技術」福島・角田・三宅・斉藤編『日本産業の国際的調整』新評論，1990年７月，福島久一「産業用ロボット産業と中小企業」日本大学経済学研究会『経済集志』1984年10月，福島久一「産業用ロボットとテクノポリス」野口祐編『先端技術とテクノポリス』日本経済評論社，1988年８月，所収のものを基礎に加筆・修正している。
1)　暉峻衆三・清山卓郎編著『現代日本経済の構造と政策』ミネルヴァ書房，1989年，第６章参照。

を続けることは困難になった。それはアメリカ，ヨーロッパとの貿易摩擦・経済摩擦の激化であり，保護貿易圧力の高まり等である。70年代の繊維，鉄鋼，カラーテレビ，そして81年にはじまる自動車の対米輸出自主規制，さらには半導体，コンピュータ等の先端技術産業部門での貿易摩擦が，経済問題としてだけではなく政治問題化するに至ったのである。こうして80年代の貿易摩擦・経済摩擦は，一時的な問題から恒常的・構造的問題へと変質し，さらに国内産業への影響を考慮した通常の摩擦とは異なったアメリカの軍事技術（光電子工学等）に関係する色彩を帯びた摩擦にまで発展してきたのである[2]。日米半導体摩擦がその典型であるのみならず，東芝機械ココム違反事件や富士通のフェアチャイルド社買収事件は明らかに安全保障問題とからんだ事件であった。しかもアメリカの対日批判は，製造業，農業分野等における市場開放要求のみならず，日本の産業構造や産業政策の構造的障壁撤廃要求となってエスカレートしてきているところに深刻な問題が生じている。

こうして日本経済の発展メカニズムは行き詰まり，輸出主導型から内需主導型へと転換せざるを得なくなっている。85年9月のG5を契機にした急激な異常円高はそうした方向をいっそう加速化させたのである。内需主導型の経済・産業構造への転換はまさしく貿易摩擦，経済摩擦問題への政策として提起されているのである。86年4月に発表された「国際協調のための経済構造調整研究会報告」（前川リポート）を端緒に，87年5月の経済審議会報告書「構造調整の指針」（新・前川リポート）は，経済構造調整とくに国際協調型産業構造への転換・調整をはかる政府・独占資本のアメリカへの態度を表明するものであった。こうして日本の産業構造は，異常円高と前川リポート等の政策的強制・展開により促進させられ，歴史的転換期に入っている。

産業構造の調整・転換は，実質的には第1次石油危機後から進行しているが，80年代半ば以降の産業構造の変化は，第1次石油危機後のそれとは質的に異なっている。『1987年度経済白書』[3]は，歴史的転換期を迎える我が国産業構造の変化の特徴として次の5つの点を指摘している。

第1は，構造変化が広い業種に及んでいることである。従来，産業構造変化といえば製造業内部での業種構成変化であったが，現在進行している構造変化

---

[2] 先端技術領域での軍事技術の輸出は武器輸出三原則で厳しく規制されているが，民生技術の軍事技術への転用と利用が進んでいる。
[3] 「昭和62年度経済白書」，『エコノミスト』1987年8月31日号，228―230ページ。

をみると，製造業内はもとより，農林水産業，流通，建設，運輸，通信，金融・保険，各種サービス業等で変化に直面している。

　第2の特徴は，国際的な広がりをもって構造変化が進んでいることである。製造業，非製造業を問わず急速に増加した海外直接投資，海外現地生産の拡大，アジアNIEsを中心とする国際分業関係の展開，とくに製品を相互に輸出する水平的国際分業，企業経営のグローバリゼーション，海外からの対日市場開放要求の強まり等は，産業構造変化が国際的な産業再編成の意味合いを強く持っていることを示している。

　第3の特徴は，融業化ないし業際化の動きが強まっていることである[4]。「業際化」とは産業，業種，業態において今までの垣根が低下し，産業の相互乗り入れによる新しい競合関係あるいは協力関係が生じていることであるが，本業が成熟化した業種や，新規事業分野への進出をめざす企業の異業種への新規参入の動きが業界の垣根を越えて活発化している。そのため結果として産業間の競争を促すとともに業際化，融業化の流れをつくり出している。このことは産業構造変化が個別の業種の盛衰としてのみでは捉えにくい側面をもってきており，情報化と結合・連動して企業間情報ネットワーク化を進展させてきている。そして企業間ネットワーク化の展開は，従来の概念にもとづく産業の境界線を崩しつつある。

　第4の特徴は，産業構造変化が大都市への資源集中化を伴いながら進んでいることである。いわゆる東京一極集中の加速化による大都市と地方の産業構造の不均等発展の拡大である。

　第5は，企業の経営姿勢の転換，すなわち企業の再構築（リストラクチャリング）の動きである。それは1つには，人件費，設備投資の抑制や人員の合理化，設備の休廃棄等，新たな減量経営により既存部分の縮小・撤退を企図するもの，2つには新規事業展開による融業化と外部資源の活用，内部資源の再活

4）「融業化」「業際化」という表現は「融合化」（Fusion）を語源にしている。それは異業種交流を通じた新事業の開発あるいは開拓という動きを概念化したもので，事業分野を異にする産業・企業がそれぞれの技術や知識に関する生産要素を一体化させることにより，新しい分野（製品・サービス）を開拓していくことを意味する。この「融合化」という言葉がはじめて使用されたのは，1986年5月にとりまとめられた産業構造審議会総合部会企画小委員会の『21世紀産業社会の基本構想』において「創造的知識融合化」（91ページ）として用いられている。また，具体的な政策支援策として「異分野中小企業者の知識の融合による新分野の開拓の促進に関する臨時措置法」（中小企業融合化法＝1988年4月施行）がある。

性化をはかるもの，3つには国際分業を通じた新しい国際化戦略の展開等への動きである。

このような特徴をもって進行している80年代の産業構造の変化は，産業衰退化要因と成長要因とが重なりあって展開しているといえる。とりわけ，近年の産業構造変化の基本的要因をみると，①円高・ドル安という為替レートの変更，②技術革新（ME化，情報・通信の高度化）の進展，③貿易摩擦の激化，④アジアNIEsを中心とする発展途上国の工業化の進展・追い上げ，⑤需要構造の変化等の要因に求められる。このような要因が複合的に重なり合って産業構造の転換・調整が振興しているのであるが，産業構造の変化は次のような点から二重の意味で進行している。

その第1は，「産業の空洞化」とそれに伴って「技術の空洞化」現象が進行することである。すなわち，85年9月以降の急速な円高は価格体系の変化をもたらし，この価格体系の変化は国際価格競争力を低下させた。そのため，国内から重要な産業の一部が直接投資等を通じて海外へ流出する一方，製造業の後退とあわせて，国内の産業構造・就業構造が第三次産業化ないしサービス経済化へシフトする変化がおきている。具体的には，円高の定着は，石炭，非鉄金属，造船，鉄鋼，繊維等を比較劣位産業化させ，そのため産業調整が急速に進展し，雇用や設備を縮小させた。また抜群の国際競争力をもち比較優位にある自動車，家電等の産業は海外進出・海外現地生産体制の強化をはかり産業構造の変化を加速化させたのである。こうして遅れていた産業構造変化が加速化したのであるが，企業が海外に生産拠点を移転させることによって国内の産業とその基盤を衰退させ，やがて長期的には「産業の空洞化」が起きると同時にこれまで保持していた技術上の優位性も掘り崩されて「技術の空洞化」を招くという懸念を生じさせている。

その第2は，マイクロエレクトロニクス，新素材，バイオテクノロジー等を中心とする技術革新の展開による産業構造の長期的変化が進行していることである。第1次石油危機を契機に，それまでのエネルギー多消費型・大型設備型の重化学工業からME技術を軸とする先端技術産業への構造変化である。先端技術の開発は，製造業分野に全く新たな産業群を生み出しているのみならず，革新技術の波及効果は既存の産業領域を越えてサービス産業をも拡大させている。例えば，コンピュータの機能向上が，ソフトウェア，データベース等の需要を生み出し，情報・通信サービス業の市場を形成したのである。

このように円高という政策的強制と技術革新の展開を軸に進行している日本の産業構造の国際的再編過程は，新たな産業群である先端技術産業を形成させる一方，産業をスクラップ化し，産業の空洞化懸念を生じさせるという矛盾をはらんでいるのである。産業のスクラップ・アンド・ビルドとその結果たる産業構造の変化の方向は，国際的産業調整の今後の進展度合や需要動向そして技術革新の進展如何によって規定されざるをえないであろう。

以下では産業構造変化を規定する要因としての技術革新を，わが国の産業技術政策に位置づけながらみることにする。

2　産業技術政策と先端技術

(1)　70年代の産業技術政策

現段階における産業構造の歴史的転換を推進している起動因の一つが技術革新であることをみた。この技術革新は，わが国の場合，「科学技術」そのものが産業構造政策の展開に照応した産業技術として，とりわけ産業技術政策と結合しながら展開してきたのである。初めての「産業技術白書」といわれる通産省の『産業技術の動向と課題』は，今日を「科学技術時代」として，産業技術政策の重要性を位置づけている。それによると，わが国の産業技術は，「基礎的・独創的研究の強化と国際的貢献」への二大課題に取り組むべき転換期にあり，新しい科学的発明・発見に基づき，新たな技術を連鎖的に生み出していくような，いわば「21世紀を支える技術革新」—a. 地球的課題の解決（食料，資源・エネルギー，地球環境問題等），b. 社会及び生活の質の向上，c. 産業・経済の高度化，d. 国際的不均衡の是正，e. 宇宙，海洋等のニューフロンティアの開拓—への期待が高まっているのである[5]。しかしこうした21世紀に向けた技術革新への期待は産業技術を中軸とした資本の運動による一発展部分とりわけ先端技術産業分野の形成と編成強化として重要視されているのである。その点から産業の「知的高度化」—マイクロエレクトロニクス化の進展や情報ネットワークの形成—や産業構造の高度化とかかわる産業技術政策が注目されることになる。

このような産業の知的高度化ないし産業構造の高度化と技術が結びついた産

---

5)　通産省編『産業技術の動向と課題』通商産業調査会，1988年，227ページ。

業技術政策が意識化され、それが産業政策の一環として導入されるようになったのは70年代の産業構造ビジョンである「知識集約型産業構造」政策においてである（第5章参照）。産業構造審議会中間答申『70年代の通商産業政策』(1971年5月)では、産業経済の課題の達成を確保することを役割とする産業政策を、①産業構造政策、②産業組織政策、③産業国際化政策、④産業技術政策の4つに区分している[6]。そして産業構造政策では「知識集約型産業構造」が70年代産業構造ビジョンとして打ち出され、知識集約産業の具体的類型化が行われる。すなわち、そこでは、所得弾力性、生産性上昇率、環境過密、勤労内容の4基準を満たす産業、例えば具体的には①研究開発集約産業、②高度組立産業、③ファッション型産業、④知識産業といった産業群である。このような知識集約型産業構造への発展過程は、知識集約産業ないし既存産業の知識集約化の中核となる技術の革新を通じて主導され、その発展方向を誘導・調整する産業技術政策と結合することになる。産業技術政策は、「産業技術の課題を達成するため、市場機構を補足し、産業技術の開発、流通および利用のシステムを最適化する政策[7]」なのであるが、それは技術振興政策と技術管理政策とに区分され、それを両輪として推進することである。

知識集約型産業構造の形成を主導する産業技術振興政策の重点は、「第1に知識集約産業、特にその重要な担い手である研究集約産業の発展を主導とする技術開発を推進することであり、第2に既存の産業をふくむ産業全般の知識集約化に不可欠な技術の発展をはかること[8]」が強調される。技術の先端的分野を開拓する研究集約産業として、①電子計算機、②海洋開発、③航空機、④原子力利用、⑤新規合成、⑥ファインケミカルズがあげられる。これに対して産業全般の知識集約化に不可欠な技術として、①情報処理関連技術、②自動化、省力化技術、③省資源関連技術、④ソフトテクノロジー、⑤材料・デバイス技術、⑥信頼性技術（システム自体におけるフエールセーフ、セルフチェック等の技術）等の開発の確立が急がれたのである。

しかし、知識集約型産業構造への発展という産業戦略は、第1次石油危機によって大きく転換を迫られることになる。産業構造審議会報告『産業構造の長期ビジョン』(74年10月)は、石油危機にみられた資源、エネルギー供給の不安定性の顕在化を踏まえ、この環境変化に対応しえる産業構造の変革を提言し

---

6) 産業構造審議会『70年代の通商産業政策』大蔵省印刷局、1971年、22ページ。
7), 8) 産業構造審議会『前掲書』123ページ、131ページ。

ている。新しい産業構造への基本的視点は，①国民ニーズに対応しえる産業構造，②省資源，省エネルギー型の産業構造への変換，③動態的比較優位をもち得る技術集約産業の発展に支えられた産業構造の高度化，④産業構造の国際協調，である[9]。これらの基本的視点を基軸に産業政策を強力に実施するため，産業政策におけるガイドポストの設定，すなわち計画性の導入をはかり，「計画化の長所と市場経済方式の長所とを両立」（19ページ）させることを目指す「計画的市場経済方式[10]」が提起されたのである。

政策的誘導の強い性格をもったこのような「計画的市場経済方式」の導入は，技術革新の再生を唱えている。すなわち，従来の技術革新は生産技術にかたよっており，住宅などの人間生活に直接関連する分野＝国民生活のニーズにむすびつく分野での技術革新が遅れているという。したがって，国民生活のニーズに応え，「国民生活のニーズに結びつく分野」における「創造的技術開発[11]」の推進が提唱されたのである。ここで提唱された「創造的技術開発」ないし「創造的技術革新」という場合の産業技術とは，「人間の生活にとって有用な財，サービスを提供するため，人間社会に存在する科学的な法則や経験的知識を資本・労働と言った生産要素の組み合わせに適用することにより，人間の可能性を拡大する役目を果たすもの」と規定している。

技術革新の国民ニーズ型産業構造への対応ということ自体が技術の遅れとして問題にされたのであるが，資本の運動による産業技術政策の展開は，生産の場から国民ニーズすなわち衣食住の生活と余暇活動あるいは生きがいの充足といった人間活動の内面に応え，そしてニーズに結びつく分野における産業技術を重視した政策へと転換したのである。生産技術重視から生じた人間生活に関連する分野の技術開発の立遅れを克服する技術開発の方向が，①人間生活ニーズ直結型技術開発分野，②社会的ニーズ型基盤的技術開発分野，③将来ニーズ型シーズ指向的基礎的分野における技術開発等として位置づけられたのである。しかし，このような産業技術政策の戦略は，70年代の2度の石油危機による原油価格の高騰に対する資源・エネルギーの確保や価格体系の変化等への新たな対応が求められることになった。資源・エネルギー問題では，通産省は74年度から新エネルギー開発のためのサン・シャイン計画を発足させ，また78年度か

---

9) 通産省編『産業構造の長期ビジョン』通商産業調査会，1974年，10—11ページ。
10), 11) 通産省編『前掲書』19ページ，199ページ。

ら省エネルギー技術開発のムーンライト計画をも発足させた。このほか，海底石油掘削装置，海底石油生産システム等の省エネ・省資源によるエネルギー危機を乗り越える大型プロジェクトが展開された。他方では原油価格高騰や円高に対応する生産過程におけるコスト低減のためのマイクロエレクトロニクス技術を軸にした自動化，システム化技術の開発・確立が進められた。このような「創造的技術革新」の推進をはかる産業技術政策は，80年代に入るや一層重視されていくことになるのである。

（2） 80年代の産業技術政策

『80年代の通産政策ビジョン』（1980年）では，80年代の日本の位置は明治以来の欧米先進国水準への「追いつき型近代化の100年が終わり，80年代からは未踏の新しい段階が始まるのである[12]」として歴史的転換期にあることを指摘している。そして80年代のみならず，90年代にかけての国民的目標として，①「経済大国」の国際的貢献，②「資源小国」の制約の克服，③「活力」と「ゆとり」の両立の3つを設定し，「経済安全保障」と「技術立国」の思想が強調される。

とりわけ，80年代において目指すべきいわば「技術立国」論は，エネルギー，資源面で他の先進国に比し著しく脆弱な日本にとって，創造的な自主技術開発を推進し，自主技術分野を持つことが，バーニング・パワーを高め，経済安全保障の確保に資することになるとの考え方に立っている。したがって「経済安全保障」と「技術立国」とは相互に補完的関係にある。このような技術立国の理念にもとづき，技術パターンは「従来の欧米の苗床で育った技術を導入し改良を加える『刈り取り型技術』から，創造性を発揮する『種まき・成育型技術』へ一層傾斜すべき転機[13]」にあること，このため，自主技術開発を行うことが極めて重要だとしている。

こうして自主技術開発が意識化され，「技術立国」として理念化される。同時に80年代の技術開発課題は，①エネルギー制約の打開，②生活の質的向上及び地域社会の充実，③産業の創造的知識集約化の推進，④次世代技術革新への挑戦，という4つが掲げられる[14]。とりわけ「技術立国」に方向づけられた自

12），13） 通産省産業構造審議会編『80年代の通産政策ビジョン』1980年，通商産業調査会，3ページ。
14） 通産省産業構造審議会編『前掲書』84ページ。

主技術開発が，産業の創造的知識集約化を推進する役割を果たすのである。すなわち，70年代に始まった知識集約型の産業構造の方向が，80年代においては自主技術開発を基軸にした高次の「創造的知識集約型産業構造」を指向するというのである[15]。この産業構造の創造的知識集約化は，70年代に設定した4基準とは異なる，①動態的比較優位基準，②国民ニーズの充足基準，③省エネルギー・省資源基準，④セキュリティー基準，といった4つの基準に適合する方向で推進することにある。この場合，創造的知識集約化の方法として，①ソフトウェア化（利用技術の高度化を通じ，ハードウェアの性能，機能の向上を図ることにより，高付加価値化を実現），②システム化（異業種間，異技術間の連携・組合わせにより新機能を創出），③スペシャリティー化（技術集約化を通じ，品質，性能，機能面で，独自性を高める），④ファッション化（新しい高度な感覚を商品化し高付加価値化を実現），⑤フィードバック化（最終需要部門と中間財，素材部門との間で，新製品企画，技術開発などに関する相互の有機的連携），⑥フレキシビリティー化（多様なニーズに応じた多品種の製品を柔軟かつ自動的に組立加工できる生産方式を開発し，高付加価値化を実現）という「3S・3F」の「6つの手法」が提示され，具体化されることになる。このような具体的方向での産業の知識集約化は，技術開発においてソフト化技術，システム化技術あるいは光ファイバー，ニューセラミックス等の新材料やレーザー利用技術と言った新たな技術が基盤技術になっていて，それらの開発が求められたのである。

　このように自主技術開発を推進力にする産業技術政策は従来からの自動車，家電，半導体等の加工組立産業を中心にした高付加価値産業の一層高次の知識集約型産業構造への移行を図ることにつながった。その結果，製品においては高品質，高性能，多機能性を高めると同時に，生産工程の集約化，システム化，省エネルギー化等を促進し，抜群の国際競争力をもつようになったのである。そしてこのことがまた，日米間・日欧間の貿易摩擦を激化させ，産業構造の高度化過程での国際的産業調整の問題を生じさせ，いわゆる先端技術産業の形成による産業構造の転換が求められたのである。需要構造面からすると輸出主導型経済構造から内需主導型経済構造への転換である。85年9月のプラザ合意による急速な円高の進行と前川リポート等による政策的強制が，国際競争条件の

---

15) 通産省産業構造審議会編『前掲書』第9章，とくに121—126ページ。

変化に伴って産業構造調整を加速化させると同時にマイクロエレクトロニクス（ME）化の進展による技術革新が産業構造転換を促進させたのである。

前川リポートを継承して，新時代の通商産業政策のあり方を方向づけている『21世紀産業社会の基本構想』（1986年）では，80年代後半の産業社会には，マイクロエレクトロニクス，新素材，バイオテクノロジー等の革新技術が次々と生み出され，技術革新の新たな胎動期がみられつつあるとして，「今や第3次産業革命とも称すべき時代をむかえている」としている。それは，第2次産業革命が「規格化，大規模化，大衆化の下での『規模の利益』追及の時代であったのに対して，現在胎動しつつあるハイテク，情報化による第3次産業革命は，脱規格化，多様化，分衆化への過程の中での『範囲の利益』を求める時代への移行をつげるもの[16]」だという。このことは，産業組織面からみると，「規模の経済性」（Economies of Scale）から「範囲の経済性」（Economies of Scope）へと移行しつつ，さらに異分野技術の融合あるいは「創造的知識融合化」によるいわば「連結の経済性」（Economies of Network）が高まってきていることを意味している。とくに80年代に入ってからの基盤的，先端的分野における技術が総合化，複合化しつつあり，技術融合化が逆に新たな技術革新を生み出す可能性を強めている。いま，技術の融合化状況を「総合技術融合度指数」でみたのが表8—1である。技術の融合化は1970年においては，化学系，機械系，金属系，電気・電子系の各技術体系内での進展であったが，84年には機械系と電子系，電子系と化学系といった技術体系相互間に発展しており，製造業平均では70年の0.06から84年には0.11に上昇しているのである。

こうして技術の融合化の進展が「産業構造の創造的知識融合化」を促進する役割を果たすのである。この「創造的知識融合化」は技術と知識の融合化を通じた新しい技術体系を創造することであり，そのような技術に立脚して今後の産業のニューフロンティア拡大に向けての基本的考え方として位置づけられている[17]。この場合，「融合化」のパターンとして「技術主導の融合化」と「市場主導の融合化」が考えられている。前者はエレクトロニクス技術，バイオテ

---

16) 通産省産業政策局編『21世紀産業社会の基本構想』通産省産業調査会1986年，11ページ。
宮沢健一氏は第3の局面としてネットワークの結びつきが生む連結の経済性を強調している。宮沢健一『業際化と情報化』有斐閣，1988年，及び『制度と情報の経済学』有斐閣，1988年を参照。

17) 通産省産業政策局編『前掲書』92ページ。

表8-1 総合技術

分野 業種	化 学 系								
	食品	繊維	パルプ紙	出版印刷	総合化学	医薬品	石油石炭	ゴム	窯業
1970年（A）	0.039	0.092	0.041	0.026	0.117	0.041	0.057	0.015	0.035
1984年（B）	0.048	0.185	0.058	0.059	0.175	0.061	0.087	0.020	0.110
(B)/(A)〔増加率〕	1.224	2.006	1.435	2.273	1.492	1.493	1.526	1.360	3.169

(注) 総合技術融合度指数とはある産業と他のすべての産業との間でどの程度技術融合化が進んでいるかを示す係数。分野が広がっていることを示す。
(資料)『経済経営研究』（日本開発銀行1985年9月）における分析の考え方を参考にし，総務庁『科学技術研究調
出所：通産省産業政策局編『21世紀産業社会の基本構想』204ページより。

クノロジー，新素材技術等多様な技術の融合化によって産業ニューフロンティアの拡大，産業の高度化が進展するパターンである。後者は市場ニーズの多様性，文化性と情報技術等による供給の高率性との融合によって新たな生活文化の創造が進展するパターンである。具体的には繊維産業における CAD・CAM 等情報技術の導入を通じデザインの高度化による文化型産業としての展開，あるいは情報処理と生産を連動させた多品種少量生産方式等である。

　このように技術融合化を中心とする産業技術政策は，自主技術開発力を軸に，いわば「技術革新の波及効果」をねらっているのみならず，産業技術の主導によって「新しい生活文化」を包摂するものとなってきている。

　また，80年代の産業技術政策では次世代に通ずる技術革新への挑戦が求められたことに伴い，新素材，バイオテクノロジー及び新機能素子について研究する「次世代産業基盤技術研究開発制度」（81年）が発足し，これを契機にいわゆるハイテク・ブームを巻き起こすと同時に民間企業での積極的な研究開発投資が展開された（第4節で後述）。さらに，高度化する研究開発体制を整備し，人材育成を支援する「研究交流促進法」（86年），国内の産業技術の向上のみならず，国際共同研究を含む大規模プロジェクトを推進しえるための「産業技術研究開発体制整備法」（88年）が制定され，「新エネルギー・産業技術総合開発機構」（NEDO）を発足させて国際共同研究の推進に着手しはじめてきていることに注目しておかねばならない。

（3）　先端技術と先端技術産業

　現在直面している技術革新について二つの見方がある[18]。その1つは，現在

融合度指数の変化

金属系			機械系				電気・電子系		製造業平均
鉄鋼	非鉄	金属	機械	自動車同部品	その他運輸	精密機械	電気機械	電子・通信	
0.039	0.030	0.074	0.113	0.028	0.110	0.061	0.138	0.098	0.064
0.044	0.116	0.143	0.151	0.045	0.117	0.119	0.191	0.162	0.105
1.119	3.863	1.929	1.333	1.604	1.604	1.971	1.379	1.653	1.642

ある産業と他産業との間の技術融合度指数の平均で求められる。高ければ高いほど，異業種との技術融合
査』をもとに作成。

は技術成熟時に入り，その結果，技術進歩の内容において既存技術と新しい技術との間に格差をつけにくくなっている，とする見解である。すなわち，60年代以降の技術進歩は，全般的にそれ以前の技術革新をもとにしたシステム化や技術融合又は応用・改良によるものである。また，80年代に入ってからの新材料，エレクトロニクス，バイオテクノロジー等の技術進歩も初期の段階であり，本格的な開花・実現は90年代以降と見込まれている，とする見方である。もう一つは，現在の技術革新は，従来とは異なったソフト化，システム化あるいは技術融合を軸としたような形で進行しており，技術自体の革新も遂げつつある，という見解である。

しかし技術革新の現状についての見方や評価が異なっているものの，18世紀の産業革命期のイギリスにおいて進行した「蒸気機関＝石炭技術」等の第1次技術革新と19世紀末から20世紀にかけて進行した「自動車＝石油・電力革命」等の第2次技術革新とは根本的に異なった特徴をもったいわば第3次技術革新が進行していると位置づけることができる。

この第3次技術革新は，先端技術あるいは高度技術という概念を内包し，時間的に最新のフロンティアの技術という意味のみならず，現在の技術が持っている質的に新しい特徴を示している。先端技術あるいは高度技術が従来の技術と区別される第1は，「科学の応用」や「科学・技術」でなく，科学と技術が一体になった「科学技術」であるということ，第2は，情報加工と情報伝達を根底に持っていること，第3は，「技術の技術」がすべての技術の根底に置か

---

18) 通産省編『産業技術の動向と課題』通商産業調査会，1988年，14ページ。

れていることである，といわれている[19]。

このような第3次技術革新の特徴は何よりも「科学技術」としての科学的究明とその工学的応用との相互作用の強まりによる「科学と技術の接近・共鳴[20]」とも言うべき展開をなしている。現在産業技術の基礎研究分野における遺伝子組換え（組換えDNA）技術や超電導技術の展開がその好例である。

こうした科学と技術の接近・共鳴現象の中で，従来見られなかった新たな原理や発想をもとに技術革新の芽が開花しつつあるのであるが，「科学技術」というものが産業技術の一環として包摂され，強化されてきていることに今日の技術革新の基本的性格をみることができる。

技術革新への期待が高まる中で，わが国では創造的な自主技術開発を重視する産業技術政策が展開されてきたことは前述した。その結果，わが国産業の技術水準は，基礎研究，応用研究，開発研究の各段階別にみると，欧米との比較において開発段階で優位に立っており，一部先端技術分野を除いて，世界のトップレベルに達している。高品質・高性能と信頼性といった高度の商品化技術が国際的にも高い水準にある[21]。いま，製品がある水準に達するのに必要な技術をキー・テクノロジー（Key Technology）と呼ぶと，このキー・テクノロジーの水準を日米比較，日欧比較でみたのが表8─2である。

日本が米国と同等ないし高い水準のキー・テクノロジーは61％，欧州とは82％になっているが，キー・テクノロジーのうちでも量産技術等の応用技術，利用技術が高いのである。しかし，基礎的研究分野では相対的に劣っていることに注目しなければならない。

工業技術院の調査によると，先端技術あるいは高度技術の体化であるハイテク製品の技術水準について，ハイテク製品（40製品）の約9割がそして技術開

19) 先端技術，あるいは高度技術を英語に訳すと「high technology」あるいは「advanced technology」である。「先端技術」という語は，現在のフロンティアにある技術という意味であるから，いわば最前線の技術はいつでも先端技術である。しかし現在の先端技術は単に時間的に最前線にあるというだけでなく，従来の技術と質的に異なったものを持っている。坂本賢三『先端技術のゆくえ』岩波新書，1987年，10─11ページ。
20) 通産省編『産業技術の動向と課題』119ページ。ここで「科学と技術の接近・共鳴現象」とは，イ）科学と技術が混然一体となった研究が進展しており，また，このような中で科学的発明・発見と技術的応用とのタイムラグの短縮傾向が急増していること（接近現象），ロ）科学的発見が新たな技術開発を触発し，それに伴う技術開発の進展が新たな科学的研究を可能にする等の状況が急増していること（共鳴現象），といった状況・現象である。
21) 工業技術院編『先端技術開発の国際化戦略』通商産業調査会，1985年，7ページ。

表8—2 キー・テクノロジーの水準

キー・テクノロジーの項目数とキー・テクノロジーの水準（日米比較）

米国に比べたキー・テクノロジーの水準	材料技術		加工・組立技術					製品技術			(計)
キー・テクノロジーのタイプ	新材料開発技術	材料プロセシング技術	大容量化・大型化技術	自動化・連続化技術	高性能生産技術	試験・生産技術	生産管理技術	高機能化技術	ソフトウェア技術	設計技術	
高 い	6	4	2	6	12	1	6	13	2	2	54(29.0)
同 等	2	1	1	6	18	2	3	23	2	2	60(32.3)
低 い	8	0	4	4	7	2	1	22	4	20	72(38.7)
(計)	16	5	7	16	37	5	10	58	8	24	186(100.0)

キー・テクノロジーの項目数とキー・テクノロジーの水準（日欧比較）

米国に比べたキー・テクノロジーの水準	材料技術		加工・組立技術					製品技術			(計)
キー・テクノロジーのタイプ	新材料開発技術	材料プロセシング技術	大容量化・大型化技術	自動化・連続化技術	高性能生産技術	試験・生産技術	生産管理技術	高機能化技術	ソフトウェア技術	設計技術	
高 い	7	2	4	7	18	0	5	13	1	6	63(38.2)
同 等	5	3	2	6	16	3	3	28	2	4	72(43.6)
低 い	2	0	1	2	2	2	0	11	0	10	30(18.2)
(計)	14	5	7	15	36	5	8	52	3	20	165(100.0)

注：1 表中の数値はキー・テクノロジーの項目の数，（ ）内は構成比。
注：2 キー・テクノロジーとは，製品がある水準に達するのに必要な技術のことを言い，例えば，航空機についてみると，航空電子技術，機体設計技術，機体加工技術，エンジン技術がキー・テクノロジーとして挙げられている。
注：3 新材料開発は，その対象範囲が極めて多岐にわたっているが，本調査で対象とした材料の範囲は限られたものであり，かつ，既存材料の改良技術も含んでいる。このため，全体としては，我が国が欧米と同等又はそれ以上の技術水準という印象を与える結果となっているが，新しい材料の開発及び将来の新材料開発への先駆的取り組みという点では，欧米に対し遅れが目立っている。
（工業技術院委託調査「技術開発促進の条件調査＝科学技術と経済の会」1957年3月）
出所：工業技術院編『先端技術開発の国際化戦略』通商産業調査会，1985年，9ページ。

発力については約8割が世界のトップレベルあるいはそれに近い水準に達している，と評価している[22]（図8—1）。

80年代に提起された「技術立国」と産業構造の創造的知識集約化は，既存産業においても推進されたことはいうまでもないが，先端技術産業が創造的知識

[22] 通産省編『産業技術の動向と課題』27—35ページ。ここでいうハイテク製品とは「高度技術の集約度が高く，現在あるいは将来大きな市場が形成されると予想され，5年前に商品化又は商品化直前の段階に達していた製品（40製品）」をいう。

図8—1　ハイテク製品に関する我が国の技術水準・技術開発力の5年間の変化

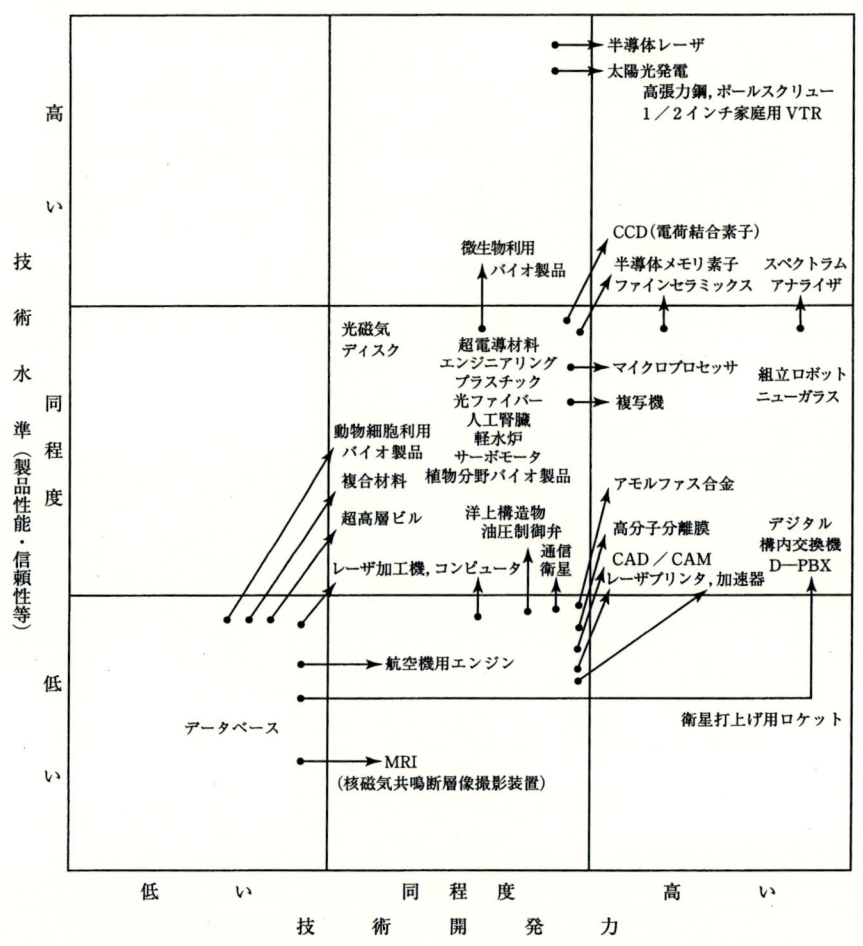

技術水準（製品性能・信頼性等）　縦軸：高い / 同程度 / 低い
技術開発力　横軸：低い / 同程度 / 高い

【高い／高い】
半導体レーザ
太陽光発電
高張力鋼，ボールスクリュー
1／2インチ家庭用VTR

【同程度／同程度以上】
微生物利用バイオ製品
CCD（電荷結合素子）
半導体メモリ素子
ファインセラミックス
スペクトラムアナライザ

光磁気ディスク
超電導材料
エンジニアリングプラスチック
光ファイバー
マイクロプロセッサ
複写機
組立ロボット
ニューガラス

動物細胞用バイオ製品
複合材料
人工腎臓
軽水炉
サーボモータ
植物分野バイオ製品

超高層ビル
洋上構造物
油圧制御弁
通信衛星
アモルファス合金
高分子分離膜
CAD／CAM
レーザプリンタ，加速器
デジタル構内交換機
D—PBX

レーザ加工機，コンピュータ

【低い】
データベース
航空機用エンジン
MRI（核磁気共鳴断層撮影装置）
衛星打上げ用ロケット

注：1. 各々の製品の水準等について，米国の水準と比した日本の水準を5年前と現在で示した。
　　2. 矢印の始点が5年前，終点が現在の水準。
　　3. 矢印が付与されていないものは，変化がないもの。
　　4. 技術開発については，開発研究（改良型）の開発力を示しており，応用・基礎研究においては概して開発研究に比べ，低い水準となる。
　　5. 枠内の位置は水準の高低とは無関係。
　　6. 調査時点は1988年2月。
資料：工業技術院調査（1988年3月）。
出所：通産省編『産業技術の動向と課題』37ページ。

集約化を主導する産業として期待されてもいる。先端技術産業がどの分野・領域であるかは必ずしも明確ではない。『80年代の通産政策ビジョン』では「技術先端産業」という用語を使用して，それは「オプト・エレクトロニクス，情報処理，半導体素子，新材料，航空機，宇宙開発，ライフサイエンス，海洋開発，新エネルギーなど，巨額の研究開発投資を必要とする巨大技術は，それ自体新しい産業を生み出すとともに，今後の技術進歩をリードし，経済発展の基盤を形成する」[23]と規定している。すなわち技術先端産業＝研究開発集約産業という規定である。しかし，今日胎動している先端技術産業は，マイクロエレクトロニクス，新素材，バイオテクノロジー等の先端技術に先導された新しい産業群である。これらを3大先端技術分野とすると，その具体的産業をみたのが表8—3，表8—4，表8—5である。そしてこのような先端技術産業の市場規模をみたのが表8—6である。三大先端技術産業の市場規模は，80年実績で61兆円であったのが，2000年には，約230兆円にのぼるものと見込まれている。当面はME化が産業発展を主導するものの，こうした三大革新技術は，既存産業の高度化，高付加価値を実現するだけではなく，新しい産業群の創出，全く新たな市場を形成する可能性を有している。先端技術産業に対する期待は産業技術政策を積極化させることにもなっているのである。

　以下では産業社会に決定的な影響を与え，先端技術の中でもコアテクノロジーとしての位置にあるマイクロエレクトロニクス，そしてその技術基盤の上で開花したファクトリーオートメーション（FA）と，産業用ロボット（IR）をみることにする。

3　コアテクノロジーとしてのME技術

(1) 産業技術の原動力としてのME

　三大革新技術のうち，マイクロエレクトロニクス技術がコアテクノロジーとして産業技術の原動力となっている。バイオテクノロジーや新素材等の技術はMEと結びついて開発され，新しく展開する点で，ME技術を基盤にしている。
　MEのもつ革新力が大きくかつ産業技術の原動力であることは次のようなこ

---

[23] 通産省産業構造審議会編『80年代の通産政策ビジョン』131ページ。久野国男「先端技術産業の展開構造」，仲村・篠原編著『現代技術の政治経済学』青木書店，1987年，IV章，116ページでは，先端技術産業を科学の生産力化を反映した産業として把握している。

表8—3 マイクロエレクトロニクス製品

	現　状	将　来
電子工業		
民生用電子機器		
映像機器	VTR，ビデオディスクプレーヤー等	ハイビジョン，液晶テレビ，CDV等
音響機器	テープレコーダー，ステレオ，ラジオ等	DAT，PCM音響製品等
その他	電子レンジ，エアコン等	ホームファクシミリ，HAシステム等
産業用電子機器		
有線通信機器	ファクシミリ，電子交換機等	携帯電話等
無線通信機器	表示装置ポケットベル等	高性能ワークステーション，AIマシーン，ハンドヘルドコンピューター等
電子応用機器	電子計算機，スーパーコンピューター，ソナー等	
電気計測器	電気測定器，工業計器等	光ディスク，音声入力ワープロ電子出版等
事務用機械	電卓，会計機械，ワープロ等レーザープリンタ等	高集積半導体（4～100M）
電子部品	半導体素子，集積回路	新機能素子（ジョセフソン素子等）
半導体周辺産業		
半導体製造装置	露光装置，イオン注入装置エッチング装置等	ドライエッチング装置，CVDイオンビーム露光装置等
半導体材料	パッケージ材料，フォトマスク金属材料等	
環境機器	クリーンルーム，超純水装置等	
航空・宇宙	慣性航法システム人工衛星等	宇宙基地，フリーフライヤ，資源探索衛星，極軌道プラットホーム等
輸送機械	カーエレクトロニクス（エンジン制御等）等	カーナビゲーションシステム
医療機械	X線装置，X線CT等	NMR老人介護ロボット等
その他の製造業	産業用ロボット，NC工作機械，CAD/CAM等	知能ロボット，CIM等
鉱業・建設	CAD等	極限環境作業ロボット等
電力・ガス		発電施設保守ロボット自動検針システム等
商業，金融	POS，ATM，電子レジスタオンライン・サービス，自動販売機等	ICカード，ファームバンキングホームバンキング，ホームショッピング等
運輸		無人倉庫等
情報サービス業	音声多重放送	衛星通信，衛星放送
ソフトウェア業	ISDN，パソコン通信	ビデオテックス，双方向CATV
情報処理サービス業	VAN等	VRS，テレテキスト等
情報提供サービス業		

出所：通産省産業政策局編『進む構造調整と産業構造の展望』通商産業調査会，1988年，178ページ。

表 8—4　新素材製品

1 〔ファインセラミックス（含，ニューガラス）〕

	現　在	将　来
素　　　材	アルミナ，ジルコニア，炭化ケイ素，窒化ケイ素，石英ガラス，希土類	カリウムヒ素，超電導体，ニューダイヤモンド
電　子　機　器	ICパッケージ，IC基板，圧電トランス，サーモグラフィ，各種センサー（サーミスタ etc.），画像記憶装置	
電　気　機　器	フェライト磁石，磁気ディスク，バリスタ等	
機　械　工　業	切削工具，メカニカルシール，エンジン・タービン部材，ポンプ・バルグ部材等	
自　動　車	触媒ペレット，点火プラグ，オートチョークヒータ	セラミックエンジン
光　学　機　器	高圧Naランプ発光管，光ファイバー等	
化　学　工　業	化学工業用機器部品，イオン交換材	
鉄　鋼　業	高炉内張，原料ホッパーライニング等	
非　鉄　金　属		
エネルギー産業	原子炉制御材（ケイ化ホウ素）	MHD発電用電極，核融合炉壁材
医　　　療	人工骨，人工関節，固定化酵素の担体	
航　空・宇　宙	耐熱タイル，航空機会体用部品	ジェットエンジン用，スペースプレーン用部品（窒化ケイ素等）
超　電　導　技　術		リニアモーターカー，電力貯蔵
レジャー・スポーツ		

2 〔高機能性高分子材料〕

	現　在	将　来
素　　　材	エンジニアリングプラスチック，吸水性樹脂，感光性樹脂（フォトレジスト），イオン交換樹脂	導電性樹脂
電　子　機　器	プリント基板，コンデンサー用誘電体，ディスプレイ，絶縁材等	高分子半導体
電　気　機　器	バッテリー，スピーカーコーン部材	
機　械　工　業	各種構造材，柔構造貯油タンク	
自　動　車	バンパー，ドア，フェンダー	

226　第Ⅲ部　中小企業の存立形態と構造転換

	現在	将来
光学機器	光ファイバー，プラスチックレンズ	
化学工業	イオン交換樹脂，気体分離膜，耐寒ゴム	
鉄鋼業		
非鉄金属		
エネルギー産業		
医療	人工骨，人工血管	人工臓器
航空・宇宙		スペースプレーン用部材（ポリイミド系樹脂等）
超電導技術		
レジャー・スポーツ		

3　〔新金属材料〕

	現在	将来
素材	チタン合金，形状記憶合金，アモルファス金属，粉末冶金合金	水素吸蔵合金，超微粉金属
電子機器	半導体素子ダイオード，太陽電池等	
電気機器	電気回路ブレーカー，低損失トランス，オーディオレッド，希土類磁石等	
機械工業	コンプレッサーカバー，切削工具，メガネフレーム	エンジン・タービン部材
自動車	カムシャフト，スプリング，ラジエター	水素自動車
光学機器		
化学工業		
鉄鋼業	クラッド鋼板	
非鉄金属	バルブ継手	
エネルギー産業		核融合炉部材（ニオブチタン，バナジウム―3ガリウム）
医療		
航空・宇宙	チタン合金，超耐熱合金，アルミリチウム合金	スペースプレーン用部材（金属間化合物等）
超電導技術	リニアモーターカー，NMR	
レジャー・スポーツ		

4 〔複合材料〕

	現　在	将　来
素　　　　材	FRP	FRM, 方向強化 FRM, FRC, C–C コンポジット
電　子　機　器		
電　気　機　器		
機　械　工　業	FRP 構造材, 耐熱コンベアベルト	揺動部材（軸受, ギア・バルブ）, 産業用機械部品（板バネ, 耐食材料, 耐熱材料）, FRM 構造材
自　　動　　車		自動車構造部材（スプリング, ロードホイル, シャフト, アーム, ボディー外板等）
光　学　機　器		
化　学　工　業		
鉄　　鋼　　業		
非　鉄　金　属		
エネルギー産業		原子力関連機器
医　　　　療		
航　空・宇　宙	航空機ドア, タンク等	航空機主翼, 尾翼, ブレーキ材, スペースプレーン用部材（C–C コンポジット等）, ロケット（羽根, タンク等）
超　電　導　技　術		
レジャー・スポーツ	ゴルフクラブ, テニスラケット, スキー板等	

出所：表8—3に同じ。

とから特徴づけられる。

　第1は技術革新のテンポが急速であるだけでなく，連続的な革新を遂げていることである。マイクロエレクトロニクスの主体は，IC（集積回路）とも，LSI（大規模集積回路）とも呼ばれる，数ミリメートルの小さなシリコン結晶をベースにした部品であるマイクロチップである。マイクロチップの源泉は，1947年から48年にかけてアメリカのベル電話研究所で行われた，「半導体の中の特異な電気電導現象の発見とトランジスタの発明」[24]，いわばこれがマ

---

24) 豊田博夫『超 LSI の時代』岩波書店，1984年，7ページ。

表8—5　バイオテクノロジーを利用した製品

応用分野	現　状	将　来
化学工業	アミノ酸，有機酸，酵素，核酸関連物質，モノクローナル抗体等の試薬，色素，香料，化粧品原料，化学工業品（アクリルアミド）のバイオリアクターによる効率的生産	汎用化学工業品生産へのバイオテクノロジーの利用
エネルギー産業		セルロース等植物バイオマスによる燃料用アルコール生産 光合成細菌による水素製造 光合成を効率よく行うエネルギー用植物栽培
医薬品工業	ヒト型成長ホルモン，ワクチン，インターフェロン，モノクローナル抗体（免疫診断薬，制癌剤等） 高性能分析機器（診断用バイオセンサー等）	その他の医薬品産生菌の育種，利用
食品工業	異性化糖，アスパルテーム食用，資料用酵母タンパク	糖，アミノ酸のバイオリアクターによる生産
農業	細胞培養技術による品種改良 農薬（放射線菌等微生物による殺菌抗生物質等の生産，殺昆虫毒素産生の微生物）	細胞融合技術，組換えDNA技術による新品種改良（やせ地に育つ空中窒素固定化能を有する新種農作物，砂漠や寒冷地で育つ新種農作物，抗病・抗虫害性の強い高品質多収穫農産物）
鉱業	バクテリアリーチング	
環境	排水処理	微生物による廃油 有害物質の分解浄化
電気電子工業		バイオセンサー，バイオチップ，バイオコンピュータ
紙・パルプ		バイオパルピング

出所：表8—3に同じ。

イクロエレクトロニクスの幕開けをなしたのである。MEの革新の産物としてのマイクロチップは，トランジスタを結び合わせながら同時に作り込むICの発明によっていっそう発達した。ICのダイナミックRAM（DRAM＝記憶保持動作が必要な随時書き込み読みだしメモリー）でみても，それは1KDRAM（1024ビット），4KDRAMそして16KDRAMから64KDRAM，256KDRAMと急進的かつ継続的に高められたのである。86年からはメガビット時代に突入し，

表8—6 先端技術分野の将来市場規模展望（1980年価格の国内生産額）

(単位：兆円)

	1980年			2000年		
	新規製品市場	応用製品市場	計	新規製品市場	応用製品市場	計
マイクロエレクトロニクス	0.5	56	56.5	31.9	131.3	163.2
新　素　材	0.5	4	4.5	5.4	52.5	57.9
バイオテクノロジー	0	0	0	5.0	1.6	6.6 (15.0)
計	1.0	60	61	42.3	185.4	227.7 (236.1)

注1) 産業構造審議会「21世紀産業社会の基本構想」による。53ページ。
　　産業構造審議会の予測は，産業構造研究会（「新素材の現状と見通し」84／3），発酵工業協会（「バイオテクノロジーの産業構造に及ぼす影響85／8」），日本電子工業振興協会（「電子工業の長期展望」85／9）の予測値をもとに，2000年産業連関表等を用いて予測したもの。なお，1980年の市場規模は，前記資料をもとに，経済企画庁総合計画局で推計した。
　2) ( ) は，生産プロセスへの革新を含む市場規模。
出所：経企庁総合計画局編『21世紀への基本戦略』東洋経済新報社，1987年，47ページ。

1メガビットから4メガビットメモリーもあらわれてきた。このように半導体メモリーの集積度（チップの中に組み込まれる素子の数）の向上は，1ミクロン（1000分の1ミリ）の微細加工技術の進歩とデバイス構造の改善，チップの大型化技術等によって初めて実現したのであるが，そのような技術を基礎に「ほぼ3年で4倍の割合で容量を増やしてきた」[25]のである。半導体メモリーの集積度の推移がIC部分の技術革新の急速なことを物語っている（図8—2）。

90年代における半導体技術は，90年代半ばには64メガビット，2000年には1Gビットの水準に達するとさえ予測されている。しかしサブミクロン領域，とくに0.5μm以下の微細加工に必要な量産技術は，技術，設備とも開発段階であることから，開発から量産へのタイムラグは大きくなり「16Mビットで4年，64Mビットで5年以上の長期間を要するようになるだろう」[26]といわれている。0.5～0.6μmを超える次世代半導体技術に大きなバリアが存在すると同時に開発期間が長期化するであろう。

しかしME技術の特徴の第2は，設計技術，微細化技術に加えて量産技術が

---

25) 日本経済新聞社編『新産業論』日本経済新聞社，1987年，11ページ。
26) 通産省電子機器課編『90年代の電子産業ビジョン』通商産業調査会，1989年，58ページ。

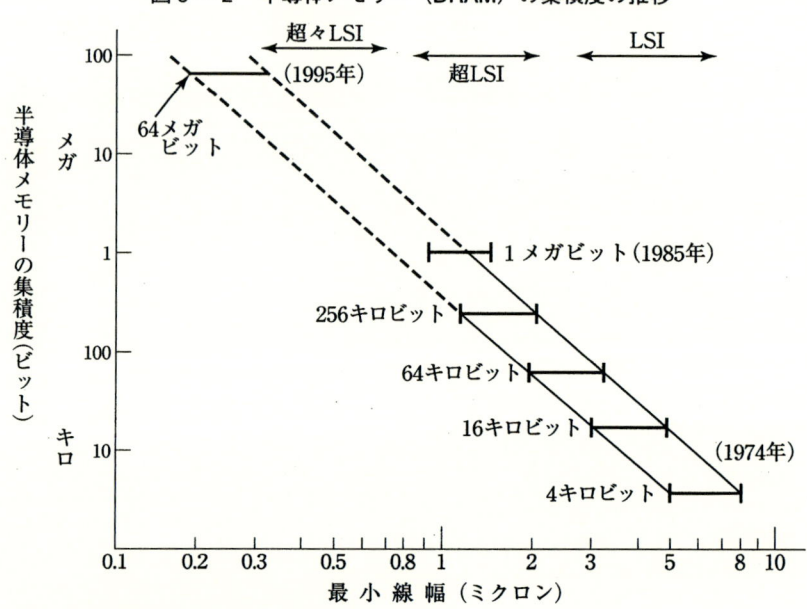

図8―2 半導体メモリー（DRAM）の集積度の推移

（資料）工業技術院電子技術総合研究所調べ。
出所：日本経済新聞社編『新産業論』1987年、11ページより。

発達し、チップの単位機能（ビット）当たりの価格が急速に低下したことである。価格の低下はICに代表される半導体需要のすそ野を広げ、「産業のコメであり、原油」としてあらゆる電子機器に幅広く用いられ「マイクロエレクトロニクス革命」をもたらしたのである。半導体分野の国内需要額は、1987年時点で約2兆円から2000年時点には12兆2,000億円（年平均成長率14.8％）に達するものと見込まれている。

　ME革新の第3の特徴は、ICから超LSIにいたる生産物としてのマイクロチップがICの高集積化に象徴されるようにプロセス・イノベーション（製造技術・製造工程の革新）を推進すると同時に新しい製品やシステムを生み出すプロダクト・イノベーション（製品技術の革新）を引き起こした。とくにマイクロチップによるマイクロコンピュータの開発は、飛躍的に利用分野を拡大し、NC（Numerical Control）工作機械やMC（Machining Center）さらには産業用ロボットというメカトロニクス機器を創出し、コンピュータの発達を促進したのである[27]。機械（メカニクス）と電子（エレクトロニクス）の結合であるこ

れらメカトロニクス機器は，単体として利用されるばかりでなく，FA（ファクトリー・オートメーション），SA（ストア・オートメーション）を推進・確立するに至っている。また，メカトロニクス機器の登場・開発はOA（オフィス・オートメーション）やHA（ホーム・オートメーション），さらに通信技術と情報処理技術とが結びついた高度情報ネットワークシステムを推進し，産業活動に大きな影響を引き起こしている。

このようにマイクロエレクトロニクスを技術基盤にした「産業のコメ」としてのマイクロチップは，プロセス・イノベーションとプロダクト・イノベーションを同時並行的に生起させながら，産業活動の原動力としての役割を果たしている。

（2）ファクトリー・オートメーション

1970年代後半以降からのわが国産業・企業のリストラクチャリングが展開される過程で，自動車，電器・電子，工作機械，精密機械等の機械工業を中心に，工場の自動化ないし無人化が急速な進展をみせている。FAは，工場の製品生産の自動化および設計・生産計画の自動化を目指したものであるが，このFAが今日問題にされているのは単に部分的自動化ではなく，ME技術の進歩に伴って，ハードウェアとしての機器群のシステム化と設計・生産計画等情報処理装置としてのソフトウェアのシステム化との結合によって質的に全く新しい，工場全体の自動化を可能にしたことである。まさにFAは生産工程の一部を人間の労働から機械に置き換えただけではなく自動制御機構を包摂した新しい労働手段として，設計段階から生産，検査，荷役段階までをトータルに自動化しているのである。

製造・生産工程では，NC工作機械，自動制御機能を持つ自動機械であるMC，産業用ロボット，さらにはCNC（Computer Numerical Control）工作機械などの機器がその性能を高め，低価格になるにつれて用途分野を拡大し，導入されている。しかもこれらメカトロニクス機器は，単体として使用されるのみではなく，センサー技術や自動搬送装置の開発に伴って，連続的・体系的な配置が行われるようになり，FMS（Flexible Manufacturing System）体制やCIM（Computer Integrated Manufacturing）体制を実現し，少品種大量生産か

27）福島久一「産業用ロボットとテクノポリス」，野口　祐編『先端技術とテクノポリス』日本経済評論社，1988年，第3章参照。

図8—3 FA技術の発展通過

ソフトウェア ↕ ハードウェア

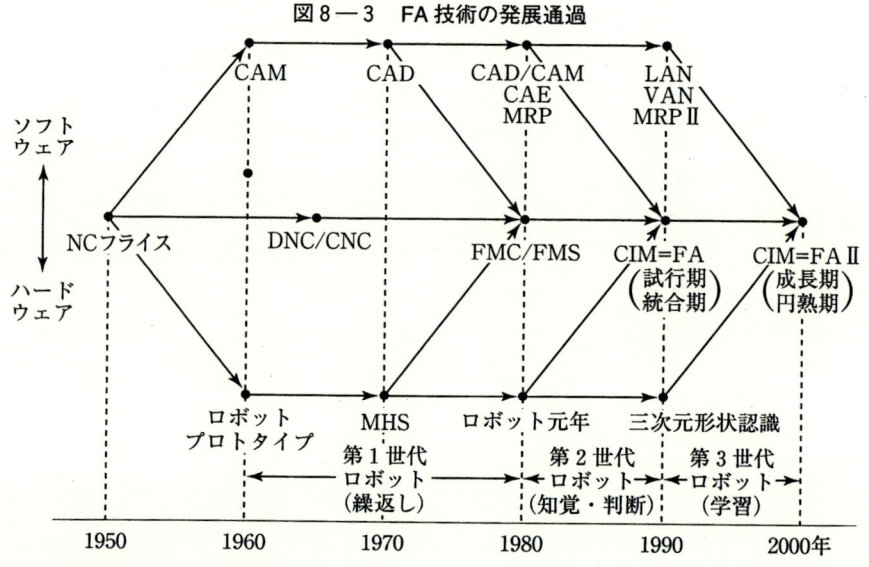

- CAM
- CAD
- CAD/CAM / CAE / MRP
- LAN / VAN / MRP II
- NCフライス
- DNC/CNC
- FMC/FMS
- CIM=FA（試行期・統合期）
- CIM=FA II（成長期・円熟期）
- ロボットプロトタイプ
- MHS
- ロボット元年
- 三次元形状認識

第1世代ロボット（繰返し） / 第2世代ロボット（知覚・判断） / 第3世代ロボット（学習）

1950　1960　1970　1980　1990　2000年

注：MHS（Manufacturing Handling System）
　　MRP（Manufacturing Resource Planning）
　　DNC（Direct Numerical Control）
　　CNC（Computer Numerical Control）
　　CIM（Computer Integrated Manufacturing）
出所：長谷川幸男・粟根洋『多品種少量生産システム』，日刊工業新聞社，1984年，217ページ。

ら多品種少量生産への転換とその自動化を進展させ，FAを確立するに至っている。

　FA技術の発展過程をみたのが図8—3である。図は生産システムの歴史的発展プロセスを示しているが，ひとたび統合されたシステムが開発・確立すると，それまでのシステムはその中に包摂されることになる。FAのなかでも現段階に注目され，関心を集めているのは70年代からのFMSや80年代後半以降からのCIMである。

　FMSとは文字どおり柔軟な生産システムということであり，多品種少量生産あるいは中量生産に適応するための柔軟性のある自動生産システムである。FMSにはME技術の体化であるメカトロニクス機器が使用され，リンクしていることが特徴である。すなわちFMSは比較的簡単なものから高度なものまで階層的な段階があるが，制御室のコンピュータの統括の下に，工作機械のDNCやCNC，MCを中心に産業用ロボット，自動検査装置，自動搬送機器，

自動・無人倉庫等を有機的に統合したシステムである。

　このような自動生産システムの革新にとどまらず，FMSと設計・生産計画等情報のシステム化とが結合し，実用化されている。CAD (Computer Aided Design) は，設計部門の合理化・省人化を図るため，コンピュータを援用した設計システムである。そしてコンピュータによるモデル解析やシュミレーションの試作過程を自動化したのが CAE (Computer Aided Engineering) である。CADによる設計がプログラム化され，それをME機器であるCNCやMCにコンピュータでリンケージするシステムが CAM (Computer Aided Manufacturing) である。そして今日ではCAD/CAMシステムが統合されて進展している。

　さらに80年代後半以降は，大型コンピュータ，産業用ロボット，とくに知能ロボットそしてLAN (Local Area Network＝企業内情報通信網) などを結びつけたCIM (コンピュータ統合システム) へと進展している。このCIMは，情報ネットワーク技術を活用して，製品の受注から製品開発，製造工程，出荷にいたるまでをコンピュータで統合した，まさに情報の一元化によるトータル生産システムでありFA化のより高次な段階である。

　図8−4は富士通館林工場のFAをみたものである。この工場はOA機器の専門工場として1983年に開設され，日本語ワープロ，POSターミナル，パソコン，オフィス・プロセッサ，各種端末機器などを一貫して生産しているが，OA機器は典型的な多品種少量生産形態である。製品の設計情報は東京都稲城市にある同社研究所と館林工場とのオンラインによって結ばれ，提供される。工場の製造ラインは生産管理システムを中心に，各種システムの有機的結合を図ったシステムネットワークが構築され，物と情報の一元化を図っている。館林工場は部品メーカー等数百社から部品を受け入れ（聴取では月間約5万点ともいう），それを組み立てるアッセンブルメーカーである。したがって工場の物の流れは，部品類の受入検査，自動倉庫を基点に，出荷業務，工場内での保管，搬送，そして組立・試験となっている。プリント板ユニットおよび各種装置の組立・試験ではコンピュータ制御による自動挿入機，ロボット，無人搬送車，自動試験装置，温度試験装置など先端技術を駆使したメカトロニクス機器を配置している。なかでも装置組立・試験・工程管理システムは人手に依存する領域で多品種製品を混流でしかも生産量も変更可能というフレキシブルな生産を行うフリー・フロー・ラインと呼ばれる生産システムがとられているが，これは自動化の限界として注目されうる。

図8—4　富士通館林工場のFA

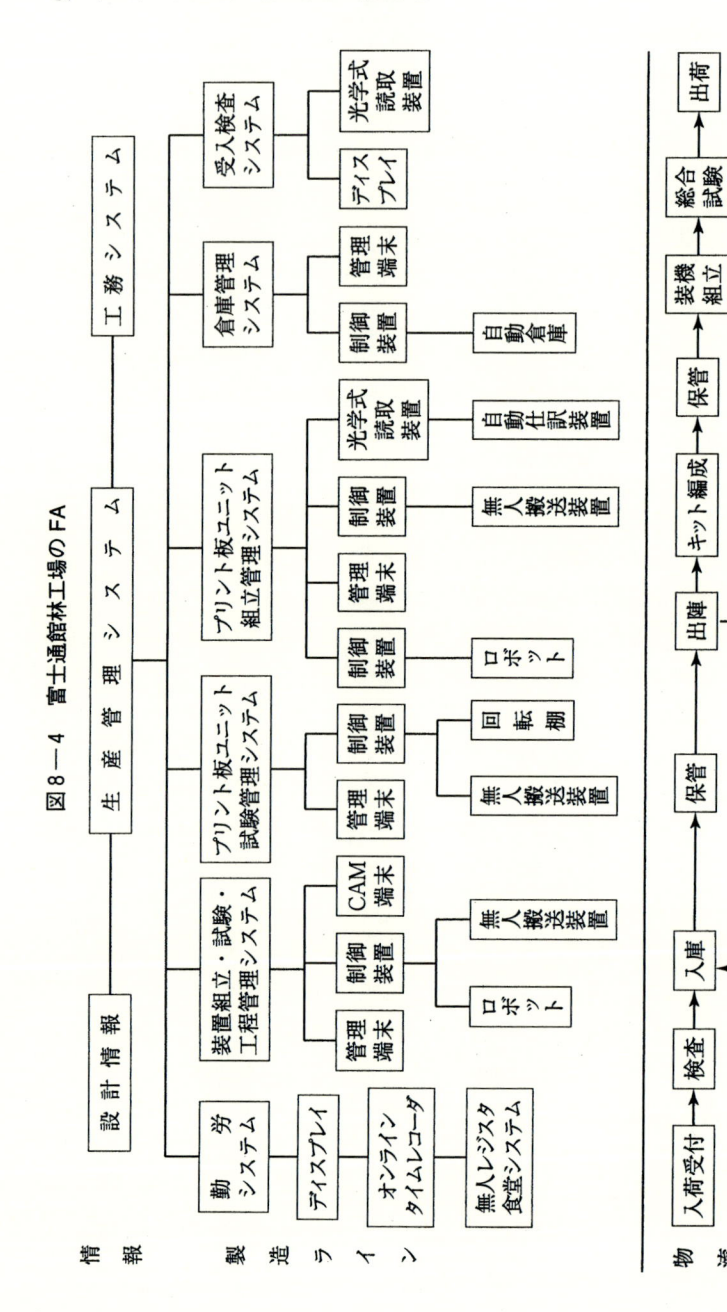

```
情報         設計情報 ─── 生産管理システム ─────────────────────────────── 工務システム
                              │                                              │
                              ├── 装置組立・試験・       ├── プリント板ユニット    ├── プリント板ユニット    ├── 倉庫管理          ├── 受入検査
                              │   工程管理システム        │   試験管理システム      │   組立管理システム      │   システム          │   システム
                              │   ├── 管理端末            │   ├── 管理端末         │   ├── 管理端末         │   ├── 管理端末      │   ├── ディスプレイ
                              │   ├── CAM端末             │   ├── 制御装置         │   ├── 制御装置         │   ├── 制御装置      │   └── 光学式
                              │   └── 制御装置            │   │   ├── 無人搬送装置  │   │   ├── 無人搬送装置  │   └── 自動倉庫         読取装置
                              │       ├── ロボット         │   │   └── 回転棚        │   │   └── 自動仕訳装置
                              │       └── 無人搬送装置     │   └── ロボット          │   └── 光学式読取装置

製造ライン   勤怠システム
             ディスプレイ
             オンラインタイムレコーダ
             無人レジスタ食堂システム

物流  入荷受付 → 検査 → 入庫 → 保管 → 出庫 → キット編成 → 保管 → 機械組立 → 総合試験 → 出荷
                                              ↑
                                         キット編成
                                              ↑
                                       プリント板ユニット組立 → プリント板ユニット試験
```

資料：富士通館林工場の「工場パンフレット」より作成。

このように物と情報がコンピュータで一元化され，統合された生産システムが進展している。森清氏によると「いわば，高度自動化機械と人間と，そして全体に張りめぐらされたコンピュータ・ネットワークによって作られているこの工場は，まるで高度情報社会を模しているかのようである[28]」と指摘している。

しかし「高度情報ネットワークシステム」へと変容してきているFA化の進展と定着過程は，雇用問題とりわけ不安定な就業形態を増大させたり，独占大企業による下請中小企業の再編成や技術・情報支配といった問題を発生させていることを見落としてはならない[29]。

(3) 産業用ロボット

1) **質的に新しい労働手段としての産業用ロボット** マイクロエレクトロニクス技術を軸にしたメカトロニクスの急進展は，その代表的機器である産業用ロボットの開発を活発化させると同時に，普及を本格化させた。そして1980年が「ロボット元年」と称せられるように，先端技術産業としてのロボット時代の到来として告げられている。それは，産業用ロボットへの関心が社会的に急速に高まったということだけではなく，産業用ロボットの導入・利用が，社会・経済に与える影響の大きいことが認識されてきたからである。

2) **メカトロニクス革命と産業用ロボット** 現在進行している技術革新はメカトロニクス革命とも呼ばれ，マイクロ・エレクトロニクス技術を軸にした製品技術革新と工程技術革新として展開している。

メカトロニクス（Mechatronics）とは，メカニクス（Mechanics＝機構学または機械学）とエレクトロニクス（Electronics＝電子工学）の合成語であり，機械系と電子系の結合を意味している。したがってメカトロニクス機械は，人間に例をとると，手足の機械的操作作用（筋肉系）たる加工と頭脳の理知的作用（脳神経系）たる制御とが結合・統合した機械装置であり，この加工と制御とが統合し自動化され，自動機械装置であるところに道具や機械（手動）とは

[28) 森　清『ハイテク社会と労働』岩波新書，1989年，107ページ。
[29) ハイテク化と生産・労働の変容については，特集『経済』1989年10月号。また，ネットワーク化による中小企業の問題として福島久一「情報化社会と中小企業」『中小商工業研究』中小商工業研究所，1986年3月，第6号を参照。

異なっている。しかしながら，機械の自動化は，「制御の方法が固定的・不連続的である場合には，個別的で専用的な自動化しか達成できない」[30]のである。その点では，従来の自動機械は単一品種量産型であった。これに対して「制御の方法が可変的で連続的なものになってはじめて生産の自動化は汎用的なものになる。この可変性・汎用性を達成したのがコンピュータという補助機械であった。ME化された機械体系は加工・制御の完全自動化体系を達成することの可能な技術」[31]なのである。すなわちメカトロニクス機器は，機械が人間によって直接的に加工・制御されるのではなく，制御労働が人間から分離して機械化・自動化され，人間は機械を制御する補助機械（コンピュータ）への指令をつうじて間接的に加工・制御にかかわる体系である。つまり，人間労働はコンピュータに内蔵する作業プログラムや指令を行なうものの，機械による制御に代替されることになる。したがって，メカトロニクスの機械体系は，機械系そのもの，あるいは機械系のエレクトロニクス化というよりも，むしろメカニックスとエレクトロニクスが結合・統合しているものの，電子系がより発達した機械で，機械系の単なる延長ではない。ここにメカトロニクス機械は，可変性・汎用性，より具体的には多品種少量生産の自動化・連続化を可能にする特徴がある。

このような機械体系を具現化した機械が，NC（Numerical Control＝数値制御）機械やCNC（Computerized Numerical Control＝コンピュータ機能をもつNC機械）機械であり，そしてこれら機械にくらべより高次な機能をもつ産業用ロボットがまさしく知能ロボットの開発である。知能ロボットは，「NC工作機械に代表されるメカトロニクスとは異なる段階のメカトロニクス」[32]として位置づけられてもいる。産業用ロボットの基礎技術は，人間の頭脳，感覚，足，腕，手に匹敵する技術要素の上に構成されており，コンピュータ技術，ソフトウェア技術，センサー技術，機構技術を結合化することによって成立するものなのである。

このようにメカトロニクス革命の代表的機械である産業用ロボットは，高次のメカニックスと高次のエレクトロニクスとが統合化しており，それ自体が製品として技術革新を体化していると同時に，生産過程の技術革新を推進する自

---

30) 坂本清「FAと熟練の進化」『和光経済』第16巻第1号，61ページ。
31) 坂本清，『前掲論文』，61ページ。
32) 野口祐編著『先端技術部門の複合連関分析』税務経理協会，1982年，93ページ。

動化機械装置なのである。

　3）　**産業用ロボットの定義と分類**　産業用ロボットの概念は[33]，アメリカのGeorge C. Devolが1954年に出願した特許「Programmed Article Transfer」（1961年登録）が初めとされ，この特許により58年にアメリカのConsolidated Control社がデジタル制御のAutomatic Programmed Apparatusのプロトタイプのロボットを開発した。つづいて，1962年にロボットの原型といわれるユニメート（Universal Automationの略）がUnimation社[34]によって，またバーサトラン（Versatile Transferの略）がAF社によって，それぞれ記憶再生装置をもつロボット第1号機として製作された。

　わが国では1967年にバーサトランが輸入・初公開され，68年には川崎航空機工業（現：川崎重工業）がユニメーション社（ユニメート）と技術提携を行ない，これ以降研究開発が活発化した。

　産業用ロボットという名称がわが国で最初に登場したのは，1971年制定の「特定電子工業および特定機械工業振興臨時措置法」（機電法）の規定に基づく「産業用ロボット製造業高度化計画」（通産省告示第361号）においてである。同計画での産業用ロボットとは「回転が可能で，かつ，物を把持または吸着することができる先端部を有するアームの伸縮，屈伸，上下移動もしくは旋回，またはこれらの複合動作を自動的に行なうことにより，人間の作業を代替することができる汎用性のある機械であって，記憶装置（固定シーケンス制御装置を含む）を有するもの」と定めている。そして1979年には産業用ロボット用語がJISで制定された。

　産業用ロボットの定義はかならずしも明確ではなく，世界的にも統一されたものとはなっていない。「アメリカロボット協会」（The Robot Institute of America）では「ロボットとは多様な作業の遂行に必要な可変プログラム動作

---

33)　最も古いロボットの出現は，ギリシャ神話に出てくる青銅人間「クロス」といわれているが，ロボットの語源はチェコの劇作家カレル・チャペック（Karel Chapek）の作品『ロッサム万能ロボット製造会社』（*Rossum's Universal Robots*＝1920年）において，ロボタ（robota＝チェコ語）＝強制労働をもじってロボットという言葉を使ったことに由来している。

34)　unimation社はアメリカにおける最大のロボット生産企業で，1980～81年にはアメリカ市場シェアの約44％，1982年には32％を占めている。またユニメーション社の世界ロボット市場シェアは約15％で，1980年では，世界のロボット保有の約20％がUnimatesであるといわれている。OECD, *Industrial Robots – Their Role in Manufacturing Industry*, 1983, p. 19.

を通して，資材，部品，加工具または専用機を移動させるプログラム変更可能で，汎用性のあるマニプレーターである」[35]とされ，この定義が広く受け入れられている。『日本産業用ロボット工業会』によれば「3次元空間において，自由度の高い多様な動作を行なうことができる機能を有するもの」と把握したうえで，「人間の上肢（腕や手）の動作機能に類似した多様な動作機能を有するか，または感覚機能や認識機能を有し，自律的に行動できるもの（知能ロボット）」[36]と定義しているが，このあたりが一般的といえるであろう。

いずれにせよ産業用ロボットは二つの基本的な構造，すなわち機構システムと電子制御システムからなる汎用性の機械である。専用自動機が単一の作業や製造に限定されて大量生産型であるのに対して，産業用ロボットは中種中量生産や多品種少量生産に有効な自動化機械といえる。

このように産業用ロボットは，その定義や意味する範囲も異なっているが，入力情報・教示および動作形態から分類した1979年2月制定のJIS–B—0134—1979によると，産業用ロボットを6種類に，すなわち①マニュアル・マニプレータ，②固定シーケンスロボット，③可変シーケンスロボット，④プレイバックロボット，⑤数値制御ロボット，⑥知能ロボットに区分している（表8—7参照）。①から⑥までの順序は，産業用ロボットの発展段階を意味している[37]。その発展段階は3区分できる。すなわち，①マニュアル・マニプレータ，固定シーケンスロボット，可変シーケンスロボットは「ロボット前段」で，メカニズムにかたよったメカトロニクスである。②プレイバックロボット，数値制御ロボットは「ロボット初期」で，ロボットのメカニズムにマイコンが結合されることによって自動制御が可能であるが，いまだ反復作業に限定される段階である。③知能ロボットは「本格的ロボット」で，高次のメカニズムと高次のエレクトロニクスとの結合によって確立される，まさに高次・高級ロボットとして位置づけられる。

この知能ロボットとは「感覚機能および認識機能によって行動決定のできるロボット」で，従来の産業用ロボットとは知能，すなわちデータ等の知識と，

---

35) OECD, *Industrial Robots*, 1983, p.14.
36) 日本産業用ロボット工業会『中小企業ロボット技術講座』1982年，1ページ。
37) 欧米では，可変シーケンスロボット，プレイバックロボット，数値制御ロボット，知能ロボットに相当するものを産業用ロボットとして取扱っていることに留意すべきである。なお，マニュアル・マニプレータ，固定シーケンスロボットは記憶再生装置をもっていない。

第8章 産業構造の転換と先端技術

表8—7 産業用ロボットの分類

1. 主分類

	用語	定義	備考
A 入力情報・教示からの分類	(1)マニュアルマニプレータ	人間が操作するマニプレータ*	
	(2)固定シーケンスロボット	予め設定された順序と条件および位置にしたがって動作の各段階を逐次進めてゆくマニプレータで，設定情報の変更が容易にできないもの	
	(3)可変シーケンスロボット	予め設定された順序と条件および位置にしたがって動作の各段階を逐次進めてゆくマニプレータで，設定情報の変更が容易にできるもの	
	(4)プレイバックロボット	予め作業を人間がマニプレータを動かして教示することにより，その作業の順序，位置およびその他の情報を記憶させ，それを再生することにより，その作業を繰返し行えるマニプレータ	
	(5)数値制御ロボット	順序，位置およびその他の情報を数値により指令された作業を行えるマニプレータ	例：せん孔紙テープカードやディジタルスイッチなどによるもの
	(6)知能ロボット	感覚機能および認識機能によって，自律的に行動決定のできるロボット	

*マニプレータとは，「人間の上肢の機能に類似した機能をもち，それ自身が回転，屈伸，上下・左右移動，振りなどの機能部分を2つ以上含み，物を把持または吸着などの方法で空間的に移動させるもの」をいう。

2. 副分類

	用語	定義	備考
B 動作形態からの分類	円筒座標ロボット	腕の自由度が主として円筒座標形式であるマニプレータ	
	極座標ロボット	腕の自由度が主として極座標形式であるマニプレータ	
	直角座標ロボット	腕の自由度が主として直角座標形式であるマニプレータ	
	関節ロボット	腕の自由度が主として多関節であるマニプレータ	
	その他の座標形式のロボット		上記に入らない形式のものをここに含ませる。

資料：JIS-B—0134—1979

それを利用し，いくつかの前提から結論を引き出す推論の能力を有しているところに質的なちがいがある。ここに知能ロボットが他の産業用ロボットに比して高次の段階にあるといえるが，もとより，知能ロボットにもソフトウェアの内容によってレベルは多様である。知能ロボットの機能構成をみると，運動機能，感覚機能，認識・判断機能（推論などにより，問題を解いたり，物事を理解したりする機能）およびマン・ロボットインターフェース機能（人間とロボットとの間の情報交換）の4機能で構成されている。これらロボットシステムは，機構技術，センサー技術，ソフトウェア技術，コンピュータ技術の要素技術を1つの有機的な全体として統合化・システム化することによって成立するのである。

さて，知能ロボットの知能の内容とレベルは，いまだ人間のそれと比べようもなく低い水準にあることはいうまでもない。しかし知能ロボットを含む産業用ロボットと自動化機械との関連と区別はどのようなものであろうか。極言するならば，ロボットオートメーション—完全自動化体系—は，自動機械体系をこえた質的に飛躍した新しい労働手段の自動化・体系化を意味するのかどうかといったオートメーションの評価にかかわっている。

オートメーションの評価については，自動機械体系に属する労働手段であるという見解と，自動機械体系とは質的に異なる新しい労働手段であるとの見解の2つに大別できる。中村静治氏は後者の立場から次のように述べている。「労働手段としてのオートメーション，たとえばロボットやNC工作機械の場合，以前に労働者が機械に対しておこなっていたのと同じ作業を自己の機構でおこなうのである。すなわち，原動機，作業機，伝導機という3要素に第4の要素として記憶，選択，計算，情報処理などの機能をもつ電子制御機構が加わり，自らの運動と原料の不正常を検知し，自己修正するのである」[38]と。このことは，フィード・バック機構＝自動制御機構を「電子化したオートメーション」と機械・自動機械とが質的に異なることを意味している。すなわち後者の場合は，直接的生産過程において機械を監視したり，機械の誤りを正すために労働が必要であるのに対し，「電子化したオートメーション」ではコンピュータが代行するために，運転，監視，調整などの労働すら原理的には不要となることである。FMSとかFAがまさにこれである。

---

38) 中村静治『生産様式の理論』青木書店，206—207ページ。

産業用ロボットは人間労働の直接的代替を主要な役割としているが，とりわけ知能ロボットは自動化機械とは機構的にも機能的にも質を異にする新しい段階の労働手投の体系化である。それは，高次のメカニックスと高次のエレクトロニクスとの統合化であるが，自動制御と操作（加工）の機械化というより，むしろ自動制御と操作の電子化が発達した労働手段の自動化・体系化なのである。したがつて，産業用ロボットは，ロボット自体が製品として技術革新を体化していると同時に，生産過程におけるプロセス・イノベーションを遂行することが可能になっている。ただし，現実に稼働している産業用ロボットの技術体系は，生産過程における労働手投の体系化を一段と推し進めているとはいえ，自動化機械と人間労働の中間的存在の労働手段体系であるのが実態である。

4） **産業用ロボット生産と中小企業**　産業用ロボットの生産を構造的にみると，多くのメカニズム部品・素材，エレクトロニクス部品・素材，さらにはソフトウェア開発等のかかわりの中で成立しており，それら産業が結合した産業コンプレックスを形成している（図8―5参照）。図8―5のような産業コンプレックスをもった産業用ロボットの生産構造は，各生産部門と密接に結合しているが，中核企業たるロボット組立メーカーの生産形態や部品の内製率，さらには部品・部材の供給・加工等を行なうサポーティング・インダストリー（周辺下請産業）の技術水準によっても大きく異なっている。

産業用ロボット生産は，多くの関連工業と周辺下請企業を編成し，外注化にたよっており，組立メーカーの外注・下請依存度は高い。近年，ロボット専用工場の新規立地や地方立地（例えば，山梨，鹿児島，富山等）の傾向がみられるものの，機械，電子・電機，精密工業等の集積が高い三大都市圏およびその周辺にロボット組立メーカーが集積・立地しているのもサポーティング・インダストリーの集積とのかかわりが大きいからである。

80年代に入ってからの中小企業におけるメカトロニクス化の急速な進行をうかがうことができるが，メカトロニクス機器の導入は，まず大企業から始まって中小企業へと波及し，さらには親企業→1次下請企業→2次下請企業→3・4次下請企業の順で進行してきている。下請中小企業では，NC機械，産業用ロボット，マシニングセンター，その他マイコン付機械等を導入している。

このように中小企業にもME機器の1つとして産業用ロボットが導入されつつあるが，中小企業への導入過程をみると次のようである。第1は，受注増と

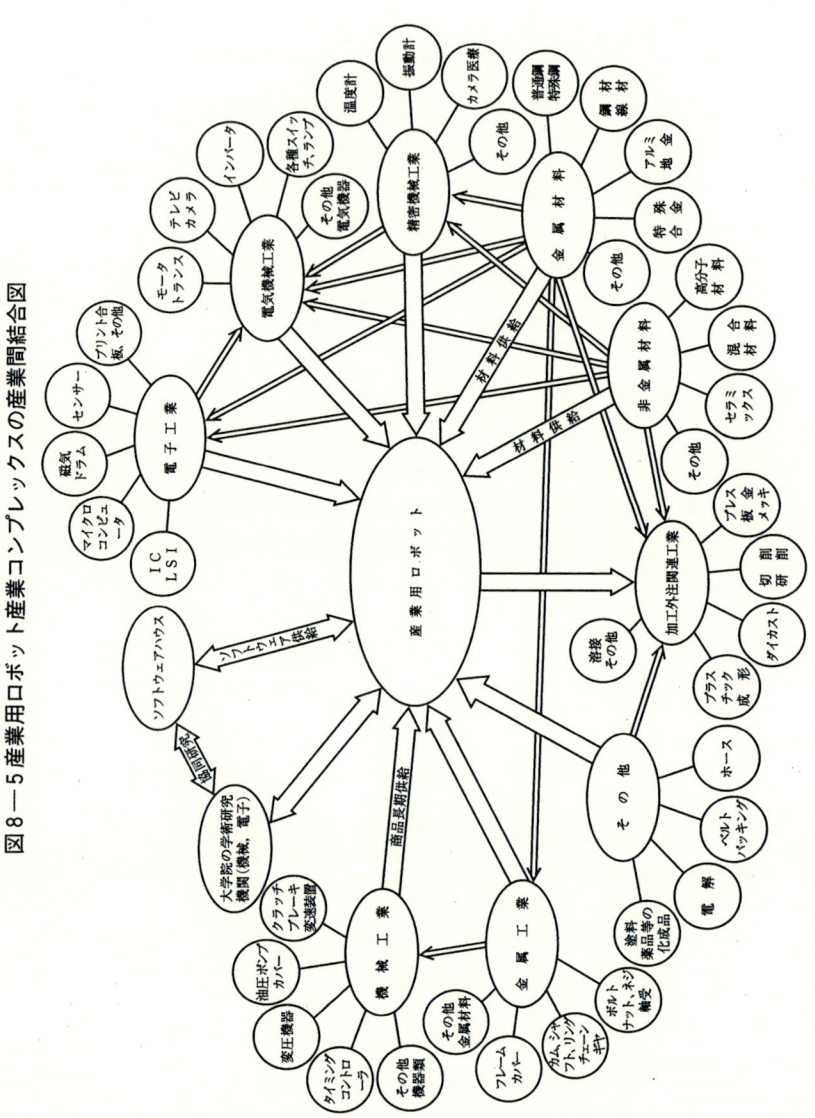

242　第Ⅲ部　中小企業の存立形態と構造転換

図8-5　産業用ロボット産業コンプレックスの産業間結合図

資料：日本立地センター「産業用ロボット」（1982年3月），50ページ。

それに合せて技能労働力の不足に対応して導入する。第2は，技術・熟練工不足が自社の技術力不安や品質の不安定化をまねき，それを解消するため，そして第3には親企業からのコスト切り下げや部品の品質・性能度の向上強要によって導入する。最後に技術力や財務力を充実させて自らの積極的戦略の一環として導入する，といったプロセスがみられる。

こうした導入プロセスが低成長期の，しかも過剰設備と競争が激化しているもとで生じていることに注目しなければならない。

4 産業構造の再編と研究開発体制

ME技術，とくにその根幹であるマイクロチップの高集積化，不良率の大幅低減そして「3年4倍」というコスト低下とマイクロコンピュータの発達の結果，FAやSA，産業用ロボットの導入が急速かつ広範囲に進展している。FAやSAは「創造的知識集約化」＝「産業の融業化ないし知識融合化」を推進すると同時に高度情報化と密接に結びつくことによって高度情報ネットワークを形成し，企業の生産構造や流通構造，さらには産業構造を再編していく大きな軸になっている。また，FA化，SA化はコンピュータの導入を基軸にして「産業の情報化」を進展させたが同時にそれに関連する新しい産業，とりわけ「情報の商品化」とそれに伴う「情報の産業化」という新しい産業を創出・簇生させたのである。そしてこうした産業の情報化，情報の商品化そして情報の産業化の相互連関的進展によって，産業構造はいわゆる重厚長大の重化学工業型産業構造から軽薄短小の高度組立加工型産業構造へ，さらには情報産業やそれに関連する産業を基盤にした新しい産業構造への転換が図られている。そしていまでは，ME技術を軸にした先端技術産業が今後のリーディング・インダストリーとして位置づけられ，期待されているのである。

日本経済の再生産構造の先端技術産業への転換・移行に大きな役割を果たすのは，科学技術とくに産業技術の高度化であり，積極的な研究開発投資にある。『平成元年版科学技術白書』によると[39]，わが国民間企業の研究開発投資額（負担額）は1977年度から87年度の10年間で実質2.5倍（年平均伸び率9.6％）増加している。そして産業界の国全体に占めるシェアは，77年度の65.8％から

---

[39] 科学技術庁編『平成元年版科学技術白書』大蔵省印刷局，1990年，16—17ページ。

表8―8　主要研究開発企業の研究開発兼と設備投資額（1986年度）

	研究開発費	研究開発費/売上高（全企業平均2.6）	設備開発費	研究投資額/設備投資額
日 立 製 作 所	2,515	8.6	1,008	2.50
トヨタ自動車	2,500	4.1	2,970	0.84
日 本 電 気	2,400	11.3	1,600	1.50
Ｎ Ｔ Ｔ	1,775	3.3	16,132	0.11
東 芝	1,716	6.9	1,195	1.44
富 士 通	1,580	10.7	846	1.87
日 産 自 動 車	1,550	4.5	950	1.63
三 菱 電 機	1,120	6.2	620	1.81
三 菱 重 工 業	870	5.3	707	1.23
マ ツ ダ	800	4.9	1,100	0.73

注：会社四季報より研究開発費上位10社を抽出。
資料：会社四季報（1988年度）
出所：通産省編『産業技術の動向と課題』1988年，160ページより。

87年には74.4％（アメリカ47.8％，西ドイツ62.3％，イギリス49.5％＝86年）と大幅に伸びている。

　このような民間企業の研究開発投資の積極化は研究開発費の対売上高比率を上昇（77年＝1.48％→86年＝2.57％）させ，とくにエレクトロニクス化を反映して電気機械産業での増加が著しい。また，製造業における研究開発費の設備投資額に対する割合も漸増傾向にあり，86年，87年度では電気機械産業では研究費が設備投資額を上回る値になっている。主要研究開発企業の研究開発費と設備投資額をみたのが表8―8である。研究開発費のこのような急増は，科学技術を軸とした世界的な企業間競争の激化を反映していると考えられるが，研究開発の内容は先端技術に向けられたものとなっている。すなわち，わが国企業が先端技術の研究開発を実施するのは「全般的に先端技術の組み入れ製品の開発による高付加価値化や，革新的製品の開発による非価格競争力を目的」[40]としているからである。

　このようにわが国の研究開発は，先端技術の開発を最重点課題として展開しており，先端技術部門に偏重するものとなっている。先端技術への偏重がもたらす諸問題は[41]，第1に，局部的な先端技術に対する超重点主義的対応では一

---

40)　科学技術庁編『前掲書』29ページ。

定の成果はありえても，経済危機の克服という基本的課題が達成されえないということ，第2に，先端技術偏重が膨大な研究開発の陳腐化を急進させていること，すなわち半導体競争にみられるように科学・技術の急速なスクラップ・アンド・ビルドが進展していること，第3に，先端技術開発のみの重点遂行は他の部門に対する研究開発を手薄にさせ，そして第4に，巨大企業と中小企業との間に，先端技術産業とそうでない産業との間に大きな技術格差，アンバランスを生み出している。最後に先端技術の偏重は軍事技術開発と結びつき，軍事生産増強の気運という危険な問題を生じさせるに至っていることである。

　先端技術の偏重というこのような特異な研究開発体制の展開は，科学技術の全面的開花を促進するよりはむしろ新たな矛盾を深刻化させることになる。科学と技術の調和ある発展をめざし，科学と技術の研究開発方向や利用方法を民主的に確立することがますます必要になっているのである。

---

41) 大西勝明『高度情報化社会の企業論』森山書店，1988年，第5章とくに187—207ページ。

第9章　日本的経営と下請構造の変化＊

1　国際競争力強大化の一因としての下請制

(1)　中小零細企業の増加の意味

　わが国における中小企業は，他の先進資本主義諸国に比してその量的比重が高く，企業構造では独占大企業を頂点にして裾野には多数の小零細層が存在するという鋭角的なピラミッド型構造を形成している。このことは中小零細企業の国民経済に果たす役割とその活動領域・分野が大きいことを示している。とりわけ注目すべきことは，英米においては零細企業の比重がきわめて低く，いわば逆ピラミッド型の企業構造をなしているのにたいして，日本では中小とくに小零細企業を中心に増加し，拡大再生産されてきていることである。日本における小零細企業の増加現象は，他の先進資本主義国とはいちじるしく異なる例外的な国でさえあり，中小企業構造の日本的特質である。それは60年代の高度成長過程で，中小企業の生産力水準の上昇にともない蓄積も進行し，上方移動が生じたが，むしろ独占大企業の生産力が飛躍的に拡大した結果，支配対象としての中小零細企業を増加せしめたのである。そして70年代の構造的危機が進行するもとでは，経済構造の変化のなかで存立基盤を失った中小零細企業の倒産多発化が生じるとともに，独占大企業の徹底した生産「合理化」体制，とくに自動化，省力化を軸にした技術革新投資そして需要の多様化や社会的分業の深化が小零細企業を利用する方向に転化し，小零細企業に有利に作用したのである。

　＊本章は，福島久一「独占の支配体制の強化と下請再編成・管理の新展開」日本大学経済学研究会『経済集志』第47巻第1号，1977年6月，「中小企業の構造的特質と下請制」藤井光男・丸山恵也編『日本的経営の構造―日本資本主義と企業―』第4章，大月書店，1985年，「国際化・ME化と大企業の下請支配の変容」『経済』1991年6月，所収のものを基礎にして加筆・修正している。

問題は，こうした小零細企業が増加することの意味である。それは直線的な増加ではなく，基本的には存立条件の変化に適応して，一方では新生しつつ，他方では絶えざる消滅をともないながらの増加である。このような増加による小零細企業群の増加は，けっして独占大企業の支配力の低下を意味するものではなく，資本と生産の集積・集中法則が貫徹するなかでの，中小零細企業内部での分解・分化の進行の結果であり，独占大企業に中小零細企業が全面的に組み込まれてきていることを意味している。つまり独占体制の拡大・強化のなかでの絶えざる支配・収奪対象の拡大という側面での増加，小零細化であるというところに特徴がある。したがって中小零細企業の大量存在と増大は，けっして「二重構造」解消の所産でもない。問題の焦点は，資本主義の発展過程における資本の集積・集中法則―独占資本・大資本の支配がみられるなかで，中小企業が広範に存続しているのは，単に競争・淘汰＝集中法則からだけではなく，支配的独占大企業が自己に有利なかぎり中小企業を従属・残存・利用・収奪するという「従属性の展開」と関連して把握される。

（2）　日本型下請生産構造と下請企業比率の上昇

　確かに70年代の産業構造の変化は，中小企業の存立分野を拡大し，一部に新しい分野を形成した。分野拡大と小零細企業の増加した主たる産業は，機械・金属関連の重工業加工型産業であり，下請企業を拡大した。重工業加工型産業は，加工や組立を中心として広範な階層的下請生産構造を形成しており，良質低廉な労働力と膨大な下請系列企業とを搾取・収奪の基盤にして国際競争力の強大化をもたらしたのである。国際競争力の強さを支える要因として，終身雇用，年功序列型賃金，企業別組合の存在といった「日本的経営」がいわれたが，今日では，独占大企業を頂点としてその裾野に存在する下請中小企業を効率的に利用する重層的・階層的下請生産構造に，競争力の強さの秘密のあることが諸外国から意識されるようになっている。岩尾裕純氏は「日本の中小企業は，大企業の競争力，技術革新競争や直接の資本蓄積の存立基盤であるとともに，また，世界がうらやむ日本的経営の存立基盤なのである」[1]と指摘している。

　問題の焦点は，国際競争力強大化の一因としての下請制が日本独自の生産

---

1)　岩尾裕純，「日本的経営の意義とその機能」中央大学企業研究所編『日本的経営論』中央大学出版部，1982年，35―36ページ。ただし岩尾氏は「中小企業に日本的経営がない」ことをも主張している。

システム＝日本型下請生産構造を構成しているのかどうか，そしてその下請生産構造をいかに評価するかにある。中小企業政策審議会は，わが国の「分業体制」の展開が「一方において親企業，下請企業という従属的関係を生み出したが，他方において裾野の広い中小企業の発展を促し，……中小企業が日本経済の発展を支える不可欠の要素となっている」[2]と積極的評価を与えている。同様に『中小企業白書』(83年版)は「下請中小企業は，……効率性という観点からみて先進国の中でも高いパフォーマンスを示す我が国の分業構造の裾野を担う重要な役割を果たしてきた」として，下請分業構造を「我が国独特の産業システム」「効率的な分業構造」[3]と位置づけている。

下請制の存在が，重工業加工型産業を支え，国際競争力強化の一因であることは共通した認識となっている。しかし評価の分かれ目は，下請・系列関係が，大企業と下請企業との良好な協力関係をもった効率的な社会的分業構造であるとする「効率性」を重視する視点と，むしろ独占の本質である「支配関係およびそれと関連する強制関係」をもった「支配・従属性」＝非対等性の展開とする視点とがある。そして，生産システムとしての下請制が日本に独自な生産システムとしてみる時に，その独自性をどうみるかにある[4]。こうした効率性論と従属性論とが評価基軸になって議論が展開されてはいるが，何よりも構造自体の「実質が問題」である。

いうまでもなく，下請制の問題は，中小企業問題の中心的課題として取り扱われ，幾多の議論が展開されてきたが，下請中小企業の存立形態は大きく三つに分けることができる。第1は，造船業，建設業そして今日ではビルメンテナンス，放送，ソフトウエア制作業等の第三次産業にもみられる構内で細分された各々の工程を請負う「構内下請」であり，雇用形態も間接雇用形態をとっている。第2は，繊維工業等に多くみられる問屋・商社等の商業資本支配による「問屋制下請」，そして第3は自動車，家電等加工型産業に典型的にみられる工業独占大企業支配による「工場制下請」である。第1は下請制の本来的な形態で，いわば企業内部における下請制であるのにたいして，第2と第3は企業外

---

2) 中小企業庁編『中小企業の再発見—80年代中小企業ビジョン—』通商産業調査会，1980年，10ページ。

3) 中小企業庁編『中小企業白書』(83年版)，157, 131ページ。また84年版『中小企業白書』，389ページも同様の主張を繰り返している。

4) 渡辺幸男「下請系列中小企業」中小企業事業団『日本の中小企業研究—成果と課題—』1983年度，408ページ。

部における下請制である。

そこでまず，下請中小企業の動向をみたのが表9—1である。

中小企業庁『工業実態基本調査報告書』によると，製造業全体に占める下請企業の割合は，71年の58.7％，76年の60.7％から81年には65.5％と一貫してその比率を高めている。それのみならず，71年から76年の高度成長期を含む五年間の増加率よりも，76年から81年までの低成長期においてむしろ増加率が高いことに注目しなければならない。また，業種別にみると，繊維，衣服・その他の繊維製品，一般機械，電気機械，輸送用機械および精密機械で下請企業比率が80％を越える高い割合を示している。さらに，従業者規模別でも1～3人層の下請企業比率が71.1％をトップに，すべての規模でその比率を高めている。

表9—1 下請企業比率の推移

業種＼年	71年	76年	81年	87年
製造業全体	58.7	60.7	65.5	56.6
鉄鋼業	66.0	70.4	72.0	53.8
非鉄金属	69.8	68.7	73.6	62.8
金属製品	71.7	74.8	78.6	71.1
一般機械	75.9	82.7	84.1	75.0
電気機械	79.0	82.3	85.3	80.5
輸送用機械	77.9	86.2	87.7	81.2
精密機械	70.8	72.4	80.9	71.7

(注)1) 87年については速報である。
2) 下請企業比率＝$\frac{下請企業数}{中小企業数(製造業)}\times 100$。

(出所) 通産省・中小企業庁「工業実態基本調査報告書」。

このようなことは，低成長期であるにもかかわらず，下請中小企業が拡大再生産されていると同時に，下請・系列関係が再編を繰り返すなかでより定着・深化していることを表わしている。下請企業比率の上昇は，外注利用企業比率が同様に上昇傾向にあることからも，両者が相関関係にある。このことは，独占大企業（親企業）による生産・製品技術革新の急進展等とも関連して，親企業の下請管理政策[5]が，生産・製品管理技術の向上によるコスト引下げ，品質・精度の向上をはじめ，発注のユニット化，集中化，発注数量・品目や使用材料の変更，納期短縮そして内製・外製区分の見直し等によって，下請再編成を進行させてきていることの大きな反映である。

このように日本における企業間関係およびその仕組みに関するいわゆる「下請・系列」関係は，問題のとりあげ方が異なっているものの，内外からの関心事になっている。それは，下請・系列関係が，日本産業の国際競争力強大化の不可欠の要素であると同時に，「日本的経営」を形成する一要因でもあるから

5) 外注・下請管理政策の展開と特徴については，三井逸友「階層的下請構造と外注管理政策の特質」，渡辺睦・前川恭一編『現代中小企業研究』上，大月書店，1984年，第5章を参照されたい。

である。とりわけ，日本企業の海外進出の急増と多国籍企業化への本格的展開にともなう「日本型下請生産構造」の国際的移転可能性が議論になる一方で，ME（マイクロエレクトロニクス）化を軸にした技術革新の進展・普及が，下請構造に変化を生じさせ，旧来の中小企業観からの脱却が志向されていることが注目される。

以下では，日本型下請生産構造に生じている変化を明らかにするために，製造業に焦点をあてて，まず，石油危機後の独占大企業の下請管理政策の展開とその変化を，次いで80年代後半以降の下請構造を解明する。

2　下請管理の「近代化」の推進

（1）　管理システム化と下請管理の二面性

石油危機後の長期的な構造不況のなかで，独占大企業は新しい特徴を備えた大掛かりな生産合理化＝コスト低減を軸にした減量経営の徹底化に着手した。新しい内容の第1は，コスト低減を「量産効果」から「原単位コスト」へと変化させたこと，第2は，部分的な生産合理化から，企業ぐるみ，工場ぐるみの徹底した生産体制の見直し，合理化を進めたこと，第3は生産体制を親工場と直接に結びつける下請・外注体制にまで広げたこと，第4は生産合理化の設備投資の中核が，自動化，省力化のためのものであったことである。とりわけ注目することは，わが国大企業におけるコンピューターの導入・利用が70年代後半以降に活発化し，生産計画の決定，工程管理，財務管理，情報の収集・整理や人事管理などに使われ，中小企業との間に「管理格差」「情報格差」をうみ出したが，大企業におけるコンピューターの導入・利用とそれによる情報の集中化は，巨大化した企業における「企業管理」と「経営管理」との乖離を解決する手段として役立ったのである。そして，下請企業を「大企業の主導するシステム」に組みいれ，分工場的存在とする手段として，システム全体の経済効率を高め，徹底的「合理化」をはかることを可能にしたのである。独占大企業は，「下請企業は親企業の管理組織下にあるもの，すなわちシステムの構成要素として把えられるものであるという認識にたって」新しい下請管理を重要課題にしたのである。

新しい下請管理とは「システム工学をとりいれた経営管理」のことで，独占大企業がとる管理「システム」は，これまで試みた「科学的管理法」に加えて，

コンピューター利用による管理活動を中心にすえ，システム工学（System Engineering）と経営情報システム（Management Information System）とを有機的に結合した「総合的管理システム」の確立とその運用をはかり，それを系統的・強制的に下請系列企業群にまで導入・適用しようとすることにある。とくに，コンピューター利用のもとで，システムズ・エンジニアリングは，「諸種の管理方式と管理組織の結合体制を管理（経営）システムとして」把握される。したがって，下請管理の「システム化」においては，独占の利益と結びついた下請系列集団の組織化，システム化，管理の計画化，執行と統制の自動的処理が中心的内容となる。このことは，独占が利潤率の「長期安定実現計画」を企図することになり，独占大企業のコスト低減の徹底化をめざした「合理化」体制を下請系列企業に強制することになる。

　このような管理「システム」を前提にした下請企業の管理「近代化」は，独占の経営管理の一環として位置づけられ，指導されて，独占利潤の確保を可能ならしめるコスト低減，高品質，納期の厳守などの管理を円滑・徹底化させるために導入・展開された。したがって，下請管理「近代化」の方向は，単に生産規模拡大の量的側面だけではなく，技術開発力や安定した経営内容，さらには生産・財務・労務・経営組織などの全般にわたる管理能力という質的な面にわたった経営全体を総合的に管理し，「合理化」するというかたちで促進されることになる。いま，親企業が下請企業を再編成するにあたって重視しているものをみると，親企業への「協力度」「品質・精度」は好・不況期にかかわらず重視されている。しかし従来重視されていた「依存度」「資本・人的結び付き」「量産体制のある企業」「企業規模」はその度合を低め，逆に不況期のもとでは，「低コスト」「経営内容」「経営者の能力」「多品種・少量生産の可能な企業」等の質的側面が要請された。

　しかしながら，こうした下請企業の管理「近代化」は，たんに親企業としての独占大企業の要請だけではない。下請企業といえども，そのおかれた地位と体質からして，また技術革新の展開と設備近代化によって，生産管理のみならず，技術開発力や経営管理の近代化をもとめざるをえない。産業構造が高度化し，需要が多様化しているもとで，下請企業が新しい生産力展開を遂げ，利潤率を下げないようにするうえでの「生きるための必然の途」[6]である。もとよ

6）岩尾裕純『中小企業の近代化』有斐閣，1961年，194ページ。

り，管理近代化の対応の仕方は，下請企業の上位と下位とではそのおかれた社会的・階級的地位から自ずとことなっている。問題は，「上から」の押しつけによるのではなく，自主的におこなうものでなければならない。したがって，下請中小企業の諸階層がおかれた立場を理解したうえで，業種・業態に応じた管理の近代化が要請されたのである。

(2) 下請管理の「近代化」

独占大企業が採用し，指導することによって，下請系列企業にまで導入・適用されている管理システムとは一体にどのような内容をもつものであろうか。技術革新と生産力の発展，生産の社会化にともない，独占の下請管理は，生産管理的側面と購買管理的側面の二つを重点に，労務・財務・経営全体をも管理対象とし，下請企業をつねに動員・利用し，整理・淘汰しうる体制をとるにいたっている。そしてコスト低下，品質・精度の向上・均一化を主目的に，下請収奪を強化しつつある。管理技術の具体的方法としては，量産・同期化方式(Just in Time System)，価値分析(Value Analysis)，価値工学(Value Engineering)，品質管理(Quality Control)，無欠点運動(ZD)，品質と信頼性運動(QR)，各種提案制度や労資協議制などが用いられている。これらは，労資協調的なイテオロギーと「生産性向上」を合わせもった経営管理技術であり，いまでは，独占大企業を中核とした系列集団ぐるみ，ないし親子ぐるみにひろく普及し，適用されている。以下では，生産管理的側面としての量産・同期化方式と購買管理的側面としての下請単価の決定がどのようにおこなわれているかを述べよう。

1) **生産管理的側面としての量産・同期化方式**　量産・同期化方式とは，下請企業が部品や加工品を自動連続生産によって量産化し，品質を均一化するとともに，その生産テンポを親企業の各工場の生産計画に直結させ，適時・適量・適質に供給することである。この量産・同期化方式＝定時部品納入方式は，本部計算センターと結合させたもので，親企業の生産管理としての下請管理である。すなわち，親企業がたてた具体的な生産計画が中央のコンピューターを中軸とするオンライン・リアルタイム・システム（遠隔即時処理方式）によって，親企業の工場と下請企業とを結合し，下請の生産テンポや部品の在庫管理，品質管理をコントロールし，親企業の生産に同期化させる生産管理方式である。

こうした徹底的生産管理方式のもっとも典型的なものとして，注目されてい

るものに，トヨタを中心にしたグループぐるみの「かんばん納入方式」がある。この「かんばん方式」とは「自動車生産に必要な部品を，必要な時に，必要な量だけ前工程へ取りに行き，前工程は後工程の需要のあった分だけ補充しておく」生産管理方式である。この「かんばん」という呼び名は「何を，いつ，どれだけ，どんな方法で生産し，納入するか」を各工場にカードを用いて指示し，「目で見る管理」をできるようにしたことからきている。この方式はトヨタ自工でまず進められ，74年はじめ頃から主要な系列部品メーカ（アイシン精機，豊田工機，日本電装等）にも導入・推進されている。その結果，より下位の下請企業もこの方式に応えられうるかどうかで影響を受けざるをえなくなっている。

　このような方式の採用によって，親企業の生産計画はスムーズに軌道にのり，過剰設備の削減，在庫負担が軽減されるのみか，管理要員や保管場所を従来程必要としなくなる。また，情報のスピード化で作業ロスがなくなり，余剰人員や労働者の「合理化」で大幅なコスト・ダウンを生んでいる。しかしながら，これとは逆に，こうした方式のシステムに組みこまれた下請・系列企業は，親企業の生産ラインを計画スピード通り動かす必要上から，指定納期の厳格な同期化だけではなく，品質・精度の向上・均質化が要求されることになり，コスト切り下げと高い経営管理水準を要請されるにいたったのである。

　こうして，コンピューター利用によって，親企業たる独占大企業は管理システムの中枢に位置し，生産面では，下請コストの把握と管理を中心にした経営全体のコントロールを可能にしている。しかも，生産面のみならず，流通面では，経営情報システム（MIS）の確立とその運用によって，系列販売店，代理店の仕入，売上，在庫などを把握し，独占大企業をして生産・流通・販売に至るまでの総過程を支配しうるまでに発展したのである。

　こうして，コンピューターの利用と量産・同期化方式，さらにはMISが結合した管理システム化は，質的補完者としての下請・系列企業にまで独占の利益計画を延長しうるのである。ここに独占大企業は，独占利潤の実現と独占価格の設定を思う存分に操作することができるようになる。しかしながら，資本と生産の国際的集積をめざす独占大企業にとって，こうした管理システムの発展・強化は，「最新の科学的管理」を意味するとはいえ，労働と生産の社会化をいっそう発展させることになる。したがって，そのことは，下請・系列企業への寄生性と依存性をいっそう強めることになる結果，逆に，下請・系列企業

の資本蓄積とその生産力の発展を阻害する。結局，管理システム化の展開は，独占大企業自身にはねかえさざるをえないという「近代的矛盾」を大きく抱えざるをえなくなる。

2) **購買管理的側面としての下請単価の決定**　重要基幹産業部門にある独占大企業は，原材料を生産し，独占価格を設定して販売するという点で売手独占 (monopoly) であると同時に，分散的に存在している下請中小企業から部品，半製品，完成品等の製品を購買する場合には，買手独占 (monopsony) として存在している[7]。いわゆる「原料高・製品安」は，下請企業が売手独占たる独占大企業から原材料を独占価格で購入し，下請企業の生産した製品が過当競争と親企業に管理，操作され，不当に安い価格で「買いたたかれる」という不等価交換を強制されたものである。それゆえ，買手独占としての親企業の購買管理は，同時に下請管理でもある。

親企業の購買管理における収奪強化方法の中心的問題は，下請単価の決定にある，といえる。何故ならば，下請単価決定の場は，親企業にとっては，「内製か外注か」(Make or Buy) の選択に迫られ，下請利用率の大きさと関連する。これに対して下請企業にとっては，経営問題として受けとめられることになり，両者の利害は相反することになるからである。単価決定の場における具体的問題は，独占価格による原材料価格の強制にはじまり，コスト引き下げの強要，下請代金支払遅延などである。これら「しわ寄せ」の原因は，資本の支配力の差に求められるが，「しわ寄せ」の度合，あるいは単価決定の要素は一律におこなわれるのではなく，親企業にとっての「有用度」（技術開発力，生産能力，経営力など），企業結合の度合や「協力度」などと，それらによる「格づけ」によってきまるのである。例えば，親企業は下請企業を①重点下請工場，②協力下請工場，③スポット発注工場，④特別発注工場などに「格づけ」し，各々に応じた管理政策をとっている。また，景気変動によっても左右されるが，同時に，「下請企業側の技術・能力等の独自性（専門技術）の程度と，それぞれの技術レベルにおける競争の激しさの程度」も重要な意味をもっている。

下請単価の決定方法には，一般に，①指値方法，②見積り方法，③協議方法，④入札方法がある。親企業が一方的に決定する指値方法から，双方の話し合い

---

[7]　佐藤芳雄『寡占体制と中小企業』第5〜8章，有斐閣，1976年。ここでは「下請問題」を異部門間の寡占と非寡占という産業組織論的側面から接近し，「購入寡占」との関係で「下請価格決定・価格引下げをめぐる競争の作用のメカニズム」（第8章）が分析されている。

による協議方法へ移行することは，単価決定が対等取引に近づいていくと考えられる。それでは，下請単価決定はどのように現われているのであろうか。

通常，親企業は，各発注部品・各工程別に標準作業時間（ST）を設定し，ロット数に応じたコスト・テーブルをつくっている。したがって，下請加工単価は（ST×賃率）として決定された。下請企業は親企業がつくったこの標準作業時間と賃率（時間コストまたは分コスト）に合わせることが要求された。

下請単価の内容は，

　　　　単価＝材料費＋加工費（工賃＋経費）＋「許容利益」

というかたちで構成されることになる。

親企業は，当然のことながら，製造原価（材料費＋加工費）と「許容利益」との把握と管理に最大の関心を払うことになる。そこで，親企業にとっては，まず，製造原価をどのように算定するかが下請単価切り下げを要求するうえで重要な課題となるのである。とりわけ，原価の低減をはかるには，材料費ではなく，加工費（標準作業時間（ST）×時間（又は分）当たり工賃・経費）が下請単価決定上の中心問題となる。それゆえ，「標準作業時間」は単なる標準ではなく，親企業のすぐれた技術，機械設備や作業条件などを基準に考慮したものであって，下請企業は設定された標準作業時間に合わせることが要求された。そのため，高度成長過程においては，一部の下請企業が跛行的ともいえる量産化のための設備近代化をおこなうことになったが，しかし，設備近代化をすればするほどコスト・ダウンを強要されたのである。したがって，結果的には，「時間（又は分）当たり工賃・経費」を長時間労働と低賃金労働力によってカバーするか，再下請・再々下請企業や家内工業群の利用，さらには経費の切りつめによって，コスト・ダウン分を補わざるをえなかったのが実状であった。

ところが，親企業のこうしたやり方にもかかわらず，労働力不足の深刻化と賃金水準の一定の上昇傾向は，低賃金労働力利用の困難をもたらし，独占価格による原材料費の値上りと合わせ，単価切り下げにも限度をもたらした。このような事態は，下請企業にも一定程度とはいえ有利に作用し，親企業を分散化したり，単価引き上げを実現させることがみられたのである。加うるに，下請企業内部においても，ME化，とくにNC機器，MC機器等の導入により，「省力化」「自動化」を進めた企業と，そうでない企業との間にコスト格差を生み出すことになった。とくに，下請企業における高精度自動機の導入・普及と機

種の多様化は，親企業にとって標準作業時間を設定させることを困難にした。また，発注のユニット化，コンプリート化は，技術や加工工程を複雑・多様にし，賃率も一律には定めにくくなった。

こうした問題を解決するために，親企業たる独占大企業は，国民経済というトータルシステムの視点から，下請系列の再編成と低賃金労働力の析出をおこなうこと，他方で下請管理を徹底化すること，が必要となったのである。

ここに下請単価決定の適用は，従来の「一律単価決定方式」(ST×賃率) から，親企業にとっての有用度に応じて単価を個別に決める「個別単価決定方式」に，あるいは，親企業への貢献度で評価査定し，ランク付けをおこなって，各ランクに対応した「段階単価決定方式」へと変化していったのである。単価決定の方法が「双方の話し合い」＝協議という方向へ進んでいるのも，親企業の下請単価決定方式が個別査定する方向に変化してきているからである。もとより，単価決定方式は，固定的なものではなく，絶えざる企業の再編成に照応して，基本的には親企業に有利なように変化していく。こうして親企業の関心である製造原価は，「独占がその独占的諸条件によって中小に不断の圧縮を強要する現実の個別的な原価であり，中小企業自身が『許容』する原価ではもちろんなく，独占が中小に『許容』する原価である」[8]という指摘が妥当性をもっていた。

かくして，下請単価は，独占から許容される原価，あるいは独占への「従属的製造原価」に，下請政策的意味をもっている「許容利益」がプラスされて決定されることになる。ここにいう「許容利益」は，独占利潤とは本質的に異なり，膨大な中小・零細企業の存在と過当競争のなかで，親企業の強制・許容と操作・管理によって，下請企業がえることのできる平均利潤率もしくはそれ以下の利潤なのである。親企業は下請企業に「合理化程度の格付けを行なって，それぞれの格付けごとに，定められた利益率を適用」するようにするのである。この点で，下請企業の利益率は，親企業の下請管理の政策的意味をもっている。したがって「許容利益」は独占の下請企業への「強制利益」的内容をもつことになる。こうして，独占の場合は，目標独占利潤の実現を起点にそれに許容原価（フル・コスト）をプラスして独占価格を形成しているのに対し，「中小企業では独占のコストの一部（それも産業部門によっては相当部分）をなす『調

---

8) 敷田禮二『管理会計批判』日本評論社，1969年，189ページ。

達価格』のさらに部分を構成する『許容原価』(独占による烈しいダウン要求をともなう)を出発点とし,他方でそれと無関係に算定される『適正利益』がプラスされ『調達価格』にいたる」9)という,まさに逆の順序で単価決定されるのである。資本の集積・集中と市場支配力強化をめざす発注親企業の冷酷な「資本の論理」が下請単価決定の場に貫徹されているのである。

こうして買手独占たる親企業の下請単価は,もはや単なる管理だけではなく,管理政策的要素を含んでいるのである。独占の収奪の程度と再下請への転嫁の可能性は,基本的には,下請中小企業の資本力によって規定されるのであるが,親企業は,近代的設備と高度な技術力を身につけている育成対象の優良下請企業には収奪を維持しつつも一定程度の資本蓄積を可能ならしめる単価決定をおこなうのである。これに対し,比較的簡単な加工程度の設備や技術力しかもっていない下請企業には,過当競争を利用した「買叩き」やさまざまな「しわ寄せ」あるいは「内製化」という「おどし」をおこない,「残業しても蓄積できない単価」を不当に強いているのである。

これまで述べてきたように,下請企業の再編成・管理体制は,石油危機以後にはかつてなく厳しく,上位企業から下位企業へとしだいに浸透し,世界に冠たる抜群の国際競争力を強化したのである。しかし,その結果,独占大企業と下請企業との間に,また下請企業内部においても独占大企業の傘下に入った有力下請・系列企業とそうでない不安定な下請企業との間に,企業間格差の拡大や階層分化・分解が生じ,矛盾・対立を深めたのである。

3　下請企業比率の低下とその背景——80年代後半——

さて,80年代,とりわけ85年プラザ合意以降の産業構造の変化は,「歴史的転換期」といわれるほどの激変をもたらしている。この変化の基本的要因は,①80年前後からのマイクロエレクトロニクス技術を軸にした新技術,先端技術の普及・進展,②85年9月G5(五カ国蔵相合議)以降の異常円高の定着,③欧米との貿易摩擦激化にともなう日本企業の海外進出,現地生産の拡大化,④

---

9) 敷田禮二『前掲書』190ページ。ここでの『適正利益』は,中小企業者や中小企業労働者が「ヨリ低コスト」たらんと努力した結果の高能率と見合って算定されたものではなく,こうした努力と直接的関係のない,「平均的,統計的」な不当に低い,相対的に不利な「平均的」利益を一時的に保証されたものである。

表9—2 製造業における企業の開・廃業率の推移

従業員規模		年	76年〜79年	80年〜83年	83年〜85年	85年〜88年
	1〜19人	開業率	7.6	8.6	6.3	6.6
		廃業率	6.9	7.2	7.6	6.8
	20〜299人	開業率	3.5	4.8	3.3	3.9
		廃業率	3.4	3.2	3.1	3.2
	300人以上	開業率	0.8	1.4	1.7	1.3
		廃業率	1.3	1.0	0.9	1.3
	平均	開業率	6.7	7.8	5.7	6.0
		廃業率	6.2	6.4	6.6	6.0

(注) 1　開業率 ＝ $\dfrac{当該期間における開業事業所数}{当該期間初における事業所数} \times \dfrac{1}{年数} \times 100$。

　　 2　廃業率 ＝ $\dfrac{当該期間における廃業事業所数}{当該期間初における事業所数} \times \dfrac{1}{年数} \times 100$。

(出所)『中小企業白書』(1990年版), 119ページ, 第1－4－2図と第1－4－3図より作成。

アジアNIEs (新興工業経済群) を中心にする発展途上国の工業化による追い上げと国内中小企業製品と競合する製品・部品等の輸入の急増, ⑤需要構造の変化に伴う生産構造の少品種大量生産体制から多品種少量生産体制への移行等である。そしてこのような要因が複合的に重なり合って進行しているときに, 85年秋の円高と経済構造・産業構造の調整・転換という政策的強制が, 産業構造の変化を加速化させ, 中小企業構造に変化を生じさせたのである。

　中小企業構造の変化を企業の開・廃業からみたのが表9—2である。開廃業の状況は, 76年から83年にかけては開業率が廃業率を上回っていたが, 83年から85年にかけては開業率が低下し, 廃業率を下回った。しかし, 86年11月を底として回復に転じた景気拡大を背景に開業率が上昇し, 廃業率が低下したために開・廃業率は平均で同じ水準になっている。そして全体的には廃業率がほぼ6％台の水準であるのに対して, 開業率は低下する傾向にある。近年, 開業率の低下が問題視されているが, 規模別にみると, 従業員20人未満の小零細層では, 廃業率の高いことを重視する必要がある。すなわち, この層は全体平均の動きとほぼ一致しており, 76年から83年にかけて開業率が廃業率を上回っていたが, 83年以降は廃業率が開業率を上回る逆転現象が続いていることである。とりわけ廃業企業の8割が従業員1〜4人層の零細層に集中しているのが特徴である。

　このように, 80年代半ば以降から, 開・廃業の動向に変化が生じ,『中小企

業白書』（90年版）は「全体として開業率が低下する一方，廃業率は上昇し，結果として事業所数の伸びが鈍化している」[10]と指摘している。戦後一貫して増加してきた中小・零細企業が80年代後半になって一転し，開業率の低下傾向と小零細企業の廃業の増大を生み，下請中小企業構造に変化を生じさせていることを示している。それと同時に，国際化，ME化・情報化や労働力不足等を背景にして，産業構造の転換が急進展していることの現れでもある。

　日米構造協議の最終報告（1990年6月）では，日本における企業間の取引関係として系列取引問題が最重要課題の一つとして取り上げられた。自動車，電機等にみられるわが国メーカーの海外への生産拠点の移転と海外生産の拡大にともなって関連部品メーカーも随伴進出している。このいわゆるワンセット型海外進出にみられる日本企業のメーカーと部品メーカーの取引関係は密接に結びついた系列取引であるがゆえに，米国部品メーカーが日系自動車メーカーへの部品納入や参入が難しいことを批判し，問題視していたのである。

　最終報告では，「系列関係の存在は一定の合理性を有すとの側面もあるが，同時に，グループ内取引を選好させ，対日直接投資を阻害し，また，反競争的取引慣行を生起させる側面を有するとの見方もある」と指摘している。下請・系列取引は日本では定着し，企業グループを形成してそのことが逆に排他的取引を生む土壌になっていることも事実である。

　こうして「特殊日本的」ともいい得る「系列」なる用語は，KEIRETSUという国際語として登場し，「日本的経営」として関心がもたれたのである。

　しかしながら，「日本的経営」が世界から注目され，その内実が何であるかが問われるにつれ，その内実に対する否定的側面も現れている。日本産業の国際競争力の強さを支え，強さの一因であった「下請」という用語の意識変化である。東京商工会議所・中小製造業の経営変革研究会は「中小製造業の経営変革に関する意識調査」[11]を行った。同調査での「『下請・下請関係』という言葉について，どのように思いますか」の設問に対して，「そのままでよい」は12.1%にすぎず，「改めたほうがよい」が87.9%と圧倒的に「下請」という言葉への反発の強さを示している。下請という用語が，現実には企業間で意識し

---

10)　中小企業庁編『中小企業白書』（90年版），117ページ。
11)　東京商工会議所『終わりなき中小製造業の経営変革』1990年2月，76—85ページ。調査は，東京都内の従業員30人以上300人未満の製造業，5,166社を対象にして，このうち，1,362社（有効回答率26.4%）から回答をえたものである。

て使われず，死語になりつつあるかのようである。もっとも同調査のコメントは「用語の使い方ではなく，実質が問題であろう」と指摘している。

　それでは下請構造が変化してきているのかどうか，その変化が下請構造そのものの性格をどのように変え，またどのように進展するのであろうか。

　下請生産構造の枠組みの変化をもたらすものとして，下請中小企業の動向にまず注目しよう。中小企業庁『第七回工業実態基本調査報告書』（1987年12月末現在—速報—）によると，中小製造業の総数は69万2,338社であり，前回調査（81年12月末現在）の71万476社に比較して，1万8,138社，2.6％減となっている。このように中小製造業が減少しているのに対して，下請中小企業数は81年の46万5,362社から87年の39万1,863社と約7万3,000社余り，率にして15.8％という大幅な減少をもたらした。この結果，中小企業の下請企業比率（中小製造業全体に占める下請企業数の割合）は65.5％から56.6％へと8.9ポイントの低下をもたらした。

　先の表9−1ですでに見たように，この下請企業比率は，71年58.7％，76年60.7％，81年65.5％と，この間の景気変動が激しかったにもかかわらず一貫して増加しつづけてきたのである。しかも，71年から76年の増加率よりも，76年から81年までの増加率が高かったのである。

　ところが87年には下請企業比率は下請中小企業数の大幅な減少に伴って，これまでの増加から減少へと一転した。とくに小零細下請企業層の大幅な減少が，下請生産構造に大きな変化をもたらした[12]。また，業種別でみると，下請企業比率は，全業種で低下しているが，典型的な組立加工型産業である金属製品及び機械関連4業種（一般機械，電気機械，輸送用機械，精密機械）でも，その比率が製造業全体より高いものの，大きく低下しているのである。

　それでは，下請企業比率がどうして低下したのか，あるいは下請企業数はなぜ減少したのか，この背景をみると，大きく二つのことがいえる。一つは，80年代に進行した国際的広がりをもった産業構造の変化による中小企業構造への影響である。二つ目は，産業構造の変化に伴って企業—独占大（親）企業や下請企業—の経営姿勢ないし企業行動が変化してきたことである。すなわち，人員削減や既存分野の縮小・撤退を含むあらゆる面での「合理化」の展開による企業の再構築（リストラクチャリング）の動きである。

---

[12] 81年調査と87年調査の2回の調査を比較すると，下請に関する調査項目の変更と，その結果としての下請企業比率の低下に結びつく調査になっていることに留意すべきである。

以下では，下請構造自体を変化させる動因が何であったのかを，独占大（親）企業の国際化戦略と国内生産体制の再編成のテコとしての技術戦略の二つの側面からみていくことにする。

4　独占大（親）企業の海外生産拠点の拡大と下請企業

　1985年秋のG5プラザ合意以後，円の対ドル為替レートは急速に上昇しはじめ，1ドル240円台であったのが，88年には120円台まで上昇した。その後，円安となり変動があるものの，91年4月には1ドル135円前後で推移している。この円高・ドル安の急速な進展と定着化に対して，日本の産業・企業，とりわけ輸出関連産業・企業は，短期的には輸出先での価格を引き上げる一方，徹底した「合理化」や下請再編成を実行することによって対応してきた。ところが，中長期的にみると，大幅な円高の定着化は，日本における賃金や原材料・部品等の生産コストが，欧米やアジア諸国のそれと比較して大幅に上昇したことを意味する。したがって，日本と各国とのこうした相対価格の変化は，日本国内で生産し輸出することが必ずしも有利ではなくなり，逆に海外現地生産のコストが低下し，有利化することになる。
　このような相対価格の変化によって生じた日本産業・企業の国際競争力条件の変化が，独占大企業の生産拠点を国内から海外へと移し，直接投資＝企業の海外進出を急増させた。
　わが国の海外直接投資（大蔵省届出ベース）は，1989年度に前年度比43.6％の675億ドルに達した。85年9月の円高を契機にして86年度は前年度比82.6％増の223億ドル，87年度には49.4％増の334億ドル，88年度には40.9％増の470億ドルと急増したのである。86年度から89年度までの4年間の累計額1,702億ドルは，1,951年以降の累計額2,539億ドルの67％を占めている。このような直接投資の急増は，企業の戦略が，従来の輸出中心から，多国籍化し内外を一体化した経営の形態へと変化したことを物語っている。独占大企業は，企業の再構築をはかるために，世界的視点に立ったグローバル化戦略の一環として海外生産拠点の新設・拡大と同時に多国籍企業化への本格的展開を進展させたのである。『通商白書』は企業のグローバリゼーションの進展について次のように指摘している。「我が国企業の海外事業活動は，単に海外への工場立地等を通じて経営資源を海外に移転し多国籍化を行うという従来型のグローバリゼー

ションから，本国を含めた複数の拠点のそれぞれの立地条件，経済環境を活かした開発，生産，販売を行い，さらにそれらが情報ネットワークにより結合し始めるという『面の国際化』へと変化してきており，地球的な規模でのグローバルネットワークを構築しつつあると言えよう」[13]と。

このように独占大企業の経営戦略が，「輸出から直接投資へ」，あるいは「点と線の国際化から面の国際化へ」と変化し，多国籍企業化の進展による世界経済の形成・統合という新たな段階をつくり出す過程で，日本型下請生産構造に変化が生じたと思われる。海外生産体制の強化に伴う影響について，以下では特に三つの点に留意し，検討する。

（1） 中小企業の海外進出，とくに下請・系列企業の海外進出

日本の独占大企業，とりわけ，自動車，電機等の機械関連産業が海外に生産拠点・販売拠点を設置し，海外現地生産を拡大・強化していく過程で，下請・系列中小企業が親企業に随伴する形でのサポーティング・インダストリーとして，いわばワンセット型，ファミリー型進出をしているのである。中小企業の海外直接投資件数は，85年の318件から88年には1,625件と飛躍的に増加し，89年には1,401件と減少したが，大企業を含めた海外直接投資全体に占めるシェアは87年以降5割を超える高水準である。中小企業の直接投資の中心は製造業で，88年には724件（全体の44.5%），89年では535件（全体の38.2%）と多いのが特徴であるが，そのうちでもアジア向け投資に集中している。

このように加速化する中小企業の海外進出は，親企業の下請・系列企業への進出要請と下請企業側にある国内における存立基盤の喪失，とくに受注減の不安や競争力の低下が背景にある。『中小企業白書』（89年版）によると，海外進出した中小製造業のうち，下請企業の割合は18.4%で，その進出の契機としては，「親企業の要請」25%，「親企業との判断一致」40%，「自発的判断」35%で，前二者を合わせると65%が親企業の要請である。例えば，岡山県総社市にある水島機械金属工業団地協同組合は，三菱自工水島製作所の下請組合で，下請企業16社で構成されている。親企業がクライスラーとの合弁で米国イリノイ州へ進出したことにより，米国に現地法人EWI社を設立し，組合ぐるみで進出して，製品（ボディーの構成部品，プレス部品）の全てを親企業に納入して

13） 通産省編『通商白書』（90年版），189ページ。

いる[14]。このような組合ぐるみの海外進出は，稀なケースではあるが，親子ぐるみの進出としては典型的でさえある。独占大（親）企業の海外生産が今後本格化するにつれて，「下請企業に対する海外進出要請も増加するものと見込まれ」[15]，日本型下請生産構造の国際的移転，国際的下請生産の形成・構築が進行したのである。

（2） 現地部品調達の拡大と部品メーカーへの影響

　海外生産活動が軌道にのり，本格化するにつれて，親企業の現地部品調達比率が拡大する一方，下請企業自体の現地部品調達も課題となり，国内下請企業に発注量等の影響を与えている。製造業の海外生産比率（製造業海外現地法人売上高／国内製造業売上高）は，80年度に2.9％であったのが，88年度には4.9％と増大し，精密機械，電気機械，輸送機械等の組立加工型産業では1割前後になっている。海外生産比率は欧米（86年度—米国が21％，旧西ドイツ17.3％）に比較して低い水準にあるが，今後増加が予想されている。

　一般的に，海外生産比率の上昇は，輸出を減少させ，海外現地生産品の逆輸入を増加させるが，他方で原材料，部品，中間製品等の輸入を減少させ，国内生産の低下をもたらす。

　わが国の場合，86年11月を景気の底として国内経済の拡大が続いていることもあって，国内生産と海外生産とは完全代替的関係にはない。だが，海外生産比率の上昇傾向は，長期的には「産業の空洞化」を引き起こすことに留意しなりればならない。

　さて，海外生産を行う場合，部品・原材料をいかに調達するかは重要な課題である。調達方法には，①本国である日本から輸入するか，②現地工場での内製化を展開するか，③現地での調達—日本からの進出企業もしくは現地企業の育成—，そして④第三国から調達する，という方向がある。現実には海外生産の立ち上がり時点では①が多いが，生産が本格稼働するに伴って，日系部品下請企業を含む現地企業からの調達比率を高めることになる。しかも，ローカル・コンテンツ（現地部品調達）はそれを促進させている。

　例えば，日本自動車部品工業会の調べによると，海外操業（予定も含む）中の日系自動車部品企業は462社，このうち85年以降に操業開始した企業は257社，

---

14)　中小企業事業団『中小企業海外進出事例集』（89年）75—80ページ。
15)　中小企業庁編『中小企業白書』（89年版）55ページ。

55%を占め、とくに米国に進出が集中している。自動車部品の現地調達比率は、日本からの調達43.3%、現地での日系部品メーカーからの調達14.9%で、両者を合わせると6割弱が日本企業に依存している。とくに米国では立上がり期の企業が多いことから、日本への依存度が大きい。同様に、部品メーカー自体が立ち上がり期にあるため、部品企業自体が日本からの部品輸入増をもたらしている、という[16]。ちなみに、自動車部品輸出額に占める海外生産用部品の占める割合は、89年では38.6%にも及んでいる。自動車部品の現地調達と日本国内への部品輸入については、日米のMOSS（市場重視型個別協議）対象になっているが、日産、本田、トヨタの各社は、91年にはアメリカでの現地部品調達比率を15%程度に引き上げるといわれている。

現地部品調達比率の上昇は、現在まで、国内経済の拡大と海外進出企業の操業の立ち上がり期であることが重なって、国内での受注量の減少に必ずしもつながってはいない。だが、海外生産の拡大に伴い、今後その影響が出る可能性が大きいことに注目しなければならない。また、海外進出しえる部品メーカーは、一部の一次下請・系列企業であり、進出しえない圧倒的多数の下請企業にとっては、下請生産品目の変更や地位の変更、さらには転・廃業、規模の縮小に追い込まれることになる。

(3) 輸入増大による圧迫・競争激化

海外生産の拡大に伴い部品輸出が増大している一方、円高によって国内中小企業製品・部品と競合する輸入品が急速に増大している。89年のわが国の輸入額は2,108億ドル、そのうち製品輸入額は、初めて1,000億ドルを超え、1,061億ドルとなり、製品輸入比率（総輸入額に占める製品輸入額の割合）も50.3%と初めて50%を超えた。

85年秋以降の円高のなかで輸入増大に注目すべきことは、特にアジアNIEs等が競争力をつけた繊維製品等の軽工業の中小企業性製品の輸入増に加えて、親企業が円高を利用して部品・資材を海外から調達するといういわゆる国際購買が進展したこと、さらには大手スーパー資本を中心にした開発輸入や海外生産拠点での生産品を逆輸入するケースが活発化していること、そしてこれらが内需型産地中小企業や組立加工型下請中小企業に厳しい影響を与えている点で

---

16) 日本貿易振興会『ジェトロ白書（投資編）』(91年版)、35—36ページ。

ある。

　中小企業性製品で輸入が増大している業種は，食料品，繊維型製品，雑貨，非鉄金属等で，表9―3にみるような輸入浸透度の高い業種ほど影響が大きい。国内市場への製品輸入の増加に加えて，国内輸出企業の内需への転換が国内の市場競争を激化させ，産地における賃加工業者を含む下請企業に転廃業や休業，倒産を続出させている。

　また，組立加工型業種では親企業の海外進出に伴う担当部品の海外移転による受注量の減少や生産品目の変更に直面しているほかに，親企業が下請企業との取引を停止し，下請取引自体を海外発注に切り替えていく動きが強まっている。親企業の海外部品調達，いわゆる輸入部品への切り替えについてみると，親企業の25％が何らかの割合で部品輸入への切り替を進めてきており，今後切り替える予定のある企業がこの他に18％にのぼっている[17]。

　海外部品調達比率は低い水準にあるものの，製品輸入に占める部品輸入の割合は着実に増加しており，こうした傾向は大（親）企業のみならず中小企業にも及んでいる。部品調達先の中心であるアジアNIEsやアセアン（東南アジア諸国連合地域）は，日本の独占大企業への部品供給基地化しつつある。同時にこうしたことは国内下請企業にアジア水準での部品の低単価，低加工賃を強制することになる。国内下請企業は親企業の海外下請企業と競争させられ，技術や価格面で対応力が弱いと切り捨てられる状況にある。

　このように国際化の進展による独占大（親）企業のグローバリゼーションは，下請中小企業や産地中小企業に種々の影響を与えているとともに，国内生産体制の見直し，強化と結びついて中小企業の再編を進行させており，中小企業問

表9―3　主要業種の輸入浸透度

輸入浸透度	主要業種
30％以上	洋がさ・同部分品製造業 他に分類されない衣服・繊維製品 身の回り品製造業（スリッパ等）
20〜30％未満	装身具・装飾品製造業 かばん製造業
10〜20％未満	綿・スフ織物業 石工品製造業
5〜10％未満	絹・人絹織物製造業 眼鏡製造業 外衣製造業
5％未満	家具・建具製造業 銑鉄鋳物製造業 漆器製造業

（注）1　輸入浸透度＝輸入額／（出荷額―輸出額＋輸入額）（87年ベース）。ただし一部の業種については統計上の制約から86年の数値を使用している。
（原資料）中小企業庁調べ，通商産業省「工業統計表」大蔵省「貿易統計」。
（出所）『中小企業白書』（89年版），126ページより。

17）中小企業庁編『中小企業白書』（89年版），104ページ。

題に新たな問題が発生してきている。

5　ME化を軸にした国内生産体制の見直しと下請体制の強化

資本と生産との世界的集積をめざす独占大企業のグローバル戦略は、海外現地生産体制と国内生産体制とを一体として強化していくことにある。国内生産体制の見直しは、国際化の進展と国内市場における独占間競争の激化を背景にして、人員削減、設備の休廃棄、既存停滞部門の縮小・撤退等のあらゆる「合理化」をはかる一方で、成長分野・新規事業分野への進出、国内市場向け製品の高級品化・ハイテク製品化・差別化とそれへの対応としてのFA（ファクトリー・オートメーション）化の推進、そして超高精度・高品質、小ロット・短納期の発注、これらによる一層のコストダウンを求める下請管理体制の見直し・強化への動きである。一言でいえば、いわゆる「リストラクチャリング」が新たな段階に向って展開しているのである。独占大企業のこうした戦略転換は、下請構造、下請関係に大きなインパクトと変化を与えている。この変化を促進する要因としてME技術の進展がある。以下では下請管理の重点である生産管理と購買管理の二つの点についてふれる。

（1）　生産の自動化と生産管理の高度化

80年代に入ってからのME技術を軸にした技術革新の進展は急速である。ME技術は、革新技術のうちでもコア・テクノロジーとして産業技術の原動力であり、今日の先端技術の基礎となっている。このME技術の発達によりNC（数値制御）、MC（マシニング・センター）、産業用ロボット、そしてCNC（コンピュータ数値制御）等のメカトロニクス機器がその性能を高め、低価格になるにつれ企業に導入・普及している。生産の自動化をめざしたFA化が組立加工型産業を中心に進展しているのである。しかもFA化は、メカトロニクス機器を単体として使用するのみではなく、それらを結合して連続的・体系的に配置し、FMS（フレキシブル・マニファクチュアリング・システム）や一部ではあるがCIM（コンピュータ・インテグレッテド・マニファクチュアリング）体制への方向へと進んでいる。また、流通分野においても、POS（ポイント・オブ・セールス＝販売時点情報管理）システム、EOS（エレクトロニック・オーダリング・システム＝電子発注システム）システム等の新たなシステ

ムが開発され，導入されてきている。

　こうした高度なシステムとしての生産の自動化の進行は，生産体制をこれまでの少品種大量生産方式から多品種少量生産方式へ，あるいは多品種変量生産を可能にする「柔軟な生産体制」をつくりあげたのである。日本の自動車産業を典型とするフレキシブルな生産方式は，米国 MIT（マサチューセッツ工科大学）の国際自動車研究プログラムの中で，大量生産方式に対して，「リーン（骨身の）生産方式」[18]と名付けられ，注目を浴びているのである。

　いずれにせよ，高度で柔軟な生産自動化システムの大企業での構築は，関連下請企業群を統合・編成するため，生産管理のより高度な体制を求めていくことになる。すなわち，親企業と下請企業との間の生産を同期化させ，それを推進するための「かんばん方式」で代表される JIT（ジャスト・イン・タイム）方式の導入とその徹底化である。

　JIT とは，「必要なもの（部品）を，必要な時に，必要な量だけ，供給する」生産管理方式である。この方式は，部品を供給する下請企業，とくに一次下請企業群に導入されることによって一層の効果を発揮できる。親企業の JIT システムに組み込まれた下請企業群は，親企業の生産ラインを計画通り動かす必要上から，親企業の製品やその部品の生産に適合する機械（主に専用機械）を使用し，生産ラインの U 字型生産方式[19]を導入するのみならず，QC，TQC（全社的品質管理）活動による品質・精度の向上・均質化そして指定納期の厳格な同期化を余儀なくされている。そしていまでは，下請企業が品質管理を徹底し，品質保証を行うことによって発注企業たる親企業が受入検査を省略する「無検査システム」が一次下請企業層では広範囲に拡がり，一般化してきている[20]。表9―4は日，米，欧の自動車部品工場を比較したものであるが，日本は欧米に比較して，JIT 供給方式がいかに徹底しているかが明白である[21]。

　こうしたことから生じている問題は，生産の同期化をより完全に実現していくために，親企業の内・外製の見直しや下請企業の選別基準をレベルアップし，

---

18) ジェームズ・P・ウォマック他，沢田博訳『リーン生産方式が世界の自動車産業をこう変える』経済界，1990年。
19) 中央大学経済研究所編『自動車産業の国際化と生産システム』中央大学出版部，1990年，第1章の池田正孝論文を参照。
20) 河崎亜洲夫「現代機械工業の外注管理の諸特徴」『中小企業季報』1990年第3号，5ページ。
21) ジェームズ・P・ウォマック他，『前掲書』，195ページ及び西口敏宏「柔軟な部品産業が日本車の強さの源泉だ」『エコノミスト』91年2月11日号参照。

表9－4　地域別（日・米・欧）でみた自動車部品工場の比較

地域ごとの平均値	日本にある日本企業	米国にある日本企業	米国にある米国企業	欧州にある各国企業
実績①				
金型変更時間（分）	7.9	21.4	114.3	123.7
新金型のリード・タイム（週）	11.1	19.3	34.5	40.0
職階数	2.9	3.4	9.5	5.1
作業員1人あたり機械数	7.4	4.1	2.5	2.7
在庫レベル（日）	1.5	4.0	8.1	16.3
1日の納品回数	7.9	1.6	1.6	0.7
欠陥部品数（完成車1台あたり）②	0.24	—	0.33	0.62
設計段階への関与③				
部品会社による設計率（全設計時間に占める％）	51		14	35
部品会社が特許をもつ部品（％）	8	—	3	7
ブラックボックス化した部品（％）	62	—	16	39
自動車メーカーが設計した部品（％）	30	—	81	54
メーカーとの関係④				
組立左場あたり部品会社数	170	238	509	442
在庫レベル（日、サンプル8部品）	0.2	1.6	2.9	2.0
ジャスト・イン・タイムで納品する部品の占める割合（％）	45.0	35.4	14.8	7.9
		98.0	69.3	32.9
単独納品している部品の割合（％）	12.1			

（出所）ジェームズ・P・ウォマック他『リーン生産方式が世界の自動車産業をこう変える』経済界，1990年，195ページより。

下請企業間の競争関係を変化させていることである。それは，競争を通じて選別された下請企業が親企業に専属化していく一方，親企業の要請に応えられない下請企業は下請企業として参入しえず浮動化し，存立するための条件を困難にして，再編成の対象となっている。

(2) 中小製造業の生産ME化と単価問題

　柔軟な生産体制は，JIT生産システムが基軸になって展開しているが，それを可能にしているのは中小製造業，とりわけ下請企業の多数の存在とその利用，そしてME機器の急速な導入・普及である。

　中小企業におけるME機器の導入状況を『中小企業白書』からみたのが図9－1である。

　図から明らかなように，機種別のME機器は，NCが67.6％。次いでCAD

第9章 日本的経営と下請構造の変化　269

図9—1　メカトロニクス機器導入状況

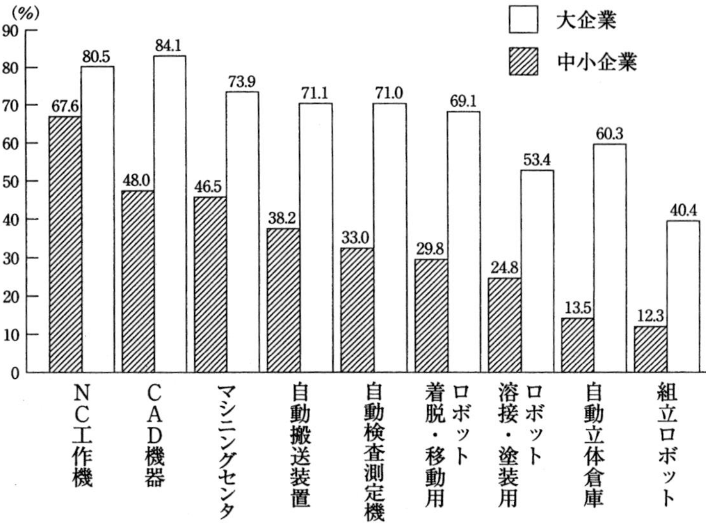

□ 大企業
▨ 中小企業

項目	中小企業(%)	大企業(%)
NC工作機	67.6	80.5
CAD機器	48.0	84.1
マシニングセンタ	46.5	73.9
自動搬送装置	38.2	71.1
自動検査測定機	33.0	71.0
ロボット着脱・移動用	29.8	69.1
ロボット溶接・塗装用	24.8	53.4
自動立体倉庫	13.5	60.3
組立ロボット	12.3	40.4

(注) CADとはコンピュータ・エイディット・デザインの略。
(原資料) 中小企業庁「技術活動実態調査」1989年12月。
(出所)『中小企業白書』(1990年版), 245ページより。

が48.0％, MCが46.5％の順で高い導入率となっている。しかし大企業と比較して大きな格差があることを示している[22]。

また, 東京商工会議所の『大都市における工業のハイテク化調査実態調査報告書』(87年9月) によると, FA機器の設置状況は, NC48.4％, ロボット39.2％, CAD・CAM (コンピュータ援用設計・製造) 44.3％, そしてFMSが17.3％の導入率を示している。企業内においてFA化が浸透している部門は生産活動の中心となる加工部門 (61.9％), 設計部門 (38.8％) が先行して高い水準にあり, 組立, 包装・出荷, 検査, 運搬等の部門はそれに追随する形になっている。

このように中小企業におけるME機器の導入は, 大企業に較べて差があるものの, かなりの水準でしかも急速に進行している。だがJIT生産方式は, 単に

---

[22] ME機器を企業ベースでみるのではなく, 企業のストックベースでみると, 大企業と中小企業との間では顕著な差がなく, 中小企業は高い水準にあることが指摘されている。渡辺睦・中山金治・二場邦彦・福島久一編『90年代の中小企業問題』新評論, 1991年, 第5章の廣江彰論文「技術革新の進展と中小企業」を参照。

省力化・省人化をはかつて生産の自動化をすればよいというだけの問題ではなく，下請中小企業の工場現場での絶えざる工程革新と工程改善の積み上げを行うことによって親企業の生産工程に同期化されていくことを見落してはならない。

それではME機器の導入とそれによる技術水準の向上が，親企業との下請単価決定＝価格形成力にどのような影響を及ぼすのであろうか。下請単価の決定は，親企業にとっては購買管理における収奪方法の中心的課題であるのに対して，下請企業にとっては経営問題として受けとめられ，両者の利害は衝突することになる。したがって価格設定は，ME機器以前に個別企業がどの程度の価格形成力をつくっているのか，下請関係でいえば下請企業が親企業に対してどの程度の「価格交渉力」を持っているのか，逆に，親企業の下請企業に対する支配の程度はどうか，が規定要因となる。つまり「ME機器導入による技術水準の向上が直接に価格形成力を強めるよう作用するのではなく」，また「親・受注先企業に対する競争力として一般的に有利に作用するということはない」[23]ことが指摘されている。

こうしたことは，下請企業が技術革新の成果たるME機器の導入をはかり，経営努力をするものの，努力すればするだけ，親企業との「理屈ぬきの」価格交渉でその成果を公正に得ることができないことを意味している。下請企業はシジフォス的努力を続けなければならないのである。『中小企業白書』は，大企業と中小企業との間に「資本装備率（有形固定資産／総従業者数）格差が縮小しているにもかかわらず付加価値生産性（付加価値額／総従業者数）格差は拡大する方向にある」[24]ことを指摘している。このことは，従来の価格設定を前提にしたME機器等の導入が一定の限界にあることを意味している。ともあれ，下請企業の技術と生産力が，市場メカニズムを通じた価格形成力を実現し，公正な成果配分も得られるような下請関係に変革していくことが求められている。

---

23) 渡辺　睦・中山金治・二場邦彦・福島久一編『90年代の中小企業問題』新評論，1991年，第5章の廣江彰論文「技術革新の進展と中小企業」，158—159ページ。
24) 中小企業庁編『中小企業白書』(1990年版)，136ページ。

6　下請取引のあり方は変ったか——新たな下請再編成——

　独占大（親）企業のグローバル戦略は，国内外を一体として捉え，部品調達においても国内下請・系列企業に依存するだけではなく，下請・系列外企業でも積極的に利用し，さらには海外の下請・系列企業からも調達をはかるという，部品調達システムに構造転換をもたらしてきている。したがって，親企業の下請・系列企業に対する選別・評価基準も，継続的取引の有無にかかわらず，高品質，低コストそして短納期を保証することを強く求め，それを基準にして国内外の下請企業の線引き，格付，選別を行っている。

　それだけに，国内の下請・系列企業は，選別基準から除外されないために，技術革新の成果であるME機器の導入に努め，下請・系列企業相互間の競争戦において優位性を確保しようと全力を傾注することになる。

　このようなことが下請中小企業の技術水準と生産力を発展させ，一部の下請企業に自立化や親企業の分散化を生じさせている。さらにはこれまで展開してきた親企業から下請企業への技術移転とは逆の，「ボトムアップ技術移転」の傾向さえみられるようになったことはたしかである。しかしながら，このような一部に進行している事態をとらえて「もはや大企業の技術水準を超えた下請企業が多くなっている」とか，「下請関係が対等な社会的分業関係になった」と主張する見解がしだいに支配的になっている感さえある。一例をあげると，次のようである。「最近は『強者』としての中小企業は，大企業と対等に商取引を行うと同時に，競争しても大企業を上回る力を発揮している。その結果，『弱者』としての中小企業を競争上，圧倒し，きわめて優位な立場に立つにいたっているのである。現在では，もはや大企業対中小企業という対立関係は古く，中小企業同士の対立関係の中で『強者』が『弱者』を圧倒しているとみるのが現実的であるといえる」[25]と。ここには，独占大企業と中小企業の支配・従属関係を基軸にするのではなく，中小企業内部の対立を軸に描くという越えがたい転倒が生じているのである。

　果たして，現実に，下請関係がネットワーク型の新しい企業間関係に変ったのであろうか。下請取引における「交渉力」の差の問題からも明らかに答えは

---

[25]　山崎充「中小企業分野で二極分化の可能性強い」『信用金庫』1990年7月号，6ページ。

否である。すなわち，中小企業庁は90年10月に下請中小企業3,000社に「親事業者との取り引き条件に関する実態調査」（一般機械，電気機械，輸送機械，精密機械，繊維の5業種）を実施した。

この調査によると，「休日別発注・休日明け納入」が「しばしばある」「時々ある」を加えると39.5%，「終業後発注・翌朝納入」19.5%，「発注変更」57.4%，「発注変更への対応」では「残業，休日出勤」が40.5%，「納期の長短が単価に反映されるか」の項では83.5%が「単価に反映されない」という厳しい実態を描き出している。とりわけ，小零細下請企業は，多品種・少量・超特急の仕事に対して，円高不況以降据え置かれている低単価を長時間労働で補っているというのが現実の姿である[26]。

こうした厳しい状況におかれている二次以下の小零細下請企業が，先述したように転業・廃業を続出させているのである。このことは，独占大（親）企業が下請企業の見直しによる優良下請企業の選別・絞り込みを行う一方，企業グループ全体の生産システム＝JITシステムに適応できない層を切り捨てて再編成の対象としてきた反映でもある。

こうして小零細下請企業の整理・統合はすでに終り，新たな下請再編成が始まっているのである。例えば，日産自動車は，下請・系列の部品メーカーの集まりである「宝会」（101社加入）と「昌宝会」（70社加入）を91年6月に解散させ，系列外企業や外資系企業にも門戸を開放するための，新たに「日翔会」を発足させることを発表した[27]。こうした動きは，米国による日本の系列取引の閉鎖性批判をかわすものであるとはいえ，国内外の関係企業を一体化した企業グループ体制の統合化をはかるものである。それだけに，下請・系列企業間の競争関係を変化させ，中小・零細下請企業の切り捨て再編成がいちだんと進行することは明らかである。

たしかに，下請生産構造に変化が生じている。しかし，このことが日本型の階層的収奪体制を根本的に変える方向でのものではなく，むしろ資本と生産の世界的集積をはかる新たな段階での収奪体制の再編・強化につながっている。

---

26) 末永芳久「大企業の変化に伴う下請業者への収奪の強化―神奈川の下請加工業者の実態から―」中小商工業研究所『中小商工業研究』1991年4月，第27号，75ページ。
27) 『朝日新聞』1991年5月1日付朝刊。

第10章　中小企業の海外進出と国際的下請生産*

1　中小企業の海外投資の動向と特徴

(1)　急増する海外直接投資

　85年9月のG5（先進国五か国蔵相・中央総裁会議）以降の円高下における日本経済の新しい国際経済問題は，日本の独占大企業の海外進出の急増にともなう多国籍企業への本格的展開とその支配をめぐる関係である。『通商白書』によると，「現在の我が国企業の海外事業活動の展開は，海外に生産拠点を置き当該地域の需要に対応するものや，生産工程の一部を海外にシフトして生産費の差による利益を得るといった形態から，一歩進めて多国籍化し内外を一体化した経済の形態へと変化しつつある」[1]と指摘し，従来の輸出中心から海外での生産活動を活かした海外事業活動を行うという新たな段階に入っていることを示唆している。

　日本独占大企業の多国籍化へのこのような国際戦略は，大規模な資本輸出，とりわけ直接投資の急増をもたらしている。わが国の海外直接投資届出累計額は，1951年から89年度末までに2,538億9,600万ドルとなっている。

　わが国の海外直接投資は1951年度に再開されたが，60年代後半には資本輸入国から輸出国へと転化し，70年代前半には直接投資の第一ブーム期を迎え本格化した。その後，73年の石油危機等によって一時停滞したものの，78年以降には新しい拡大の様相をみせはじめ，84年度には初めて100億ドルを超える第二ブーム期という新しい段階を迎えた。85年9月のプラザ合意以降の異常円高を

＊本章は，福島久一「「独占資本の多国籍企業化と中小企業の海外進出―国際的下請生産に関連して―」日本大学経済学研究会『経済集志』，第51巻第4号，1982年1月。「国際化時代と日本中小企業の再編」『経済』新日本出版社，1982年6月，「中小企業の海外進出と国際的下請生産システム」渡辺・中山・二場・福島編『90年代の中小企業問題』新評論，1991年4月，所収のものを基礎にして加筆・修正している。

1)　通産省編『通商白書』（平成2年版），大蔵省印刷局，1990年，187ページ。

一つの契機として85年度は122億ドル,86年度は223億ドル,87年度は334億ドル,88年度は470億ドル,89年度は675億ドルと大幅に増加,ピークに達して貿易黒字額に肩を並べるほどになっているが,その後は減少に転じ,92年度には341億ドルに落ち込んでいる。86年度から89年度までの4年間の累計額1,702億ドルは,これまでの届出累計額の67％を占め,商品貿易にかわる多国籍企業化の進展による世界経済の形成・統合という新たな段階をつくりだしている。この結果,海外直接投資残高では,アメリカ,イギリスに次ぐ世界第3位の直接投資国となった。また,外国の公債や社債,外国株式の購入や金銭の貸付による投資から生ずる利子や配当またはキャピタルゲイン等の収益を目的とする間接投資は86年度に急増し,87年10月19日のブラック・マンデーによりその後は低迷したものの,88年度のネット取得額（決済ベース）は900億ドルに達し,過剰貨幣資本の金融収益依存を強めている。

　日本の海外投資（直接投資と間接投資）がふえつづけるなかで,日本の対外純資産（対外資産と対外負債の差）は85年末で1,298億ドルと「世界一の債権国」となり,逆にアメリカは1,074億ドルの巨大な純債務国へと転落したのであった。しかし,対外資産の全体規模では,日本は4,377億ドルでアメリカの9,524億ドルに較べて半分以下にすぎなかったのが,89年末では1兆7,710億ドルと4倍以上に急増し,対外資産でもアメリカ,イギリスを抜いて「債権大国」にのし上ったのである[2]。そして純資産残高も2,932億ドルと2.21倍増となっている。ただし,日本の対外資産残高は,直接投資が証券投資を上回っている欧米主要国とは正反対で,証券投資が30％を占め,直接投資は9％にすぎないことに注目する必要がある。

　それにもかかわらず,日本の対外資産が増加するにしたがって,利子や配当さらには直接投資が生む利益などの形で受け取る投資収益の受取額も,85年度には200億ドル程度であったのが,89年度には1,106億ドルと初めて1,000億ドル台を突破した。そして投資収益額（受取と支払の差）は272億ドルの黒字幅となっている。しかし投資収益受取額の95.6％がいわゆる財テクによる利子や配当といった間接投資からのものである。

　世界最大の債権国となった日本の海外投資構造は欧米とは異なるものの,88年度以降の貿易黒字の減少や間接投資の伸び率が鈍化しているのに対して,大

---

[2] 大蔵省『財政金融統計月報—国際収支特集—』1990年8月。

企業を中心にした生産拠点の海外展開の活発化や不動産取得，外国企業へのM&A（企業の合併・買収）などの直接投資を拡大させ，投資構造の内容が大きく変化しはじめているのが90年代の特徴である。海外子会社の雇用数は，86年度末の92万人から88年度末には132.6万人へ，うち日本側派遣者数が3.4万人にのぼっている[3]。また，日本の技術貿易は出超（88年度は660億円）となっているものの，90年代では先端技術を中心にした技術輸出が，海外現地生産の拡大にともない，欧米だけでなくアジアNIEs（新興工業経済群）にも拡大し，技術ノウハウの輸出へと転換してきていることに注目する必要がある

　このようなことは日本資本主義が製品輸出による貿易黒字額の増大に依存する「フロー依存型」から海外投資の増大で海外投資収益に依存する「ストック依存型」に転換し，新たな段階に入っていることを意味している。とりわけ，日本の独占大企業が直接投資をふやし，多国籍企業として本格的に展開していくにともない，直接投資収益の黒字が今後大きくなっていくことは確実である。それだけに独占大企業の多国籍企業化への支配をめぐる関係は，製品輸出による貿易摩擦の問題性に加えて，投資摩擦という新たな問題を重層化させ，世界の経済的分割における新たな矛盾をつくりだしてきている。

（2） 中小企業の海外直接投資の動向と特徴

　日本の海外投資とくに直接投資の急速な拡大は，独占大企業を主導にしている。アメリカの『フォーチュン誌』による世界の製造業企業売上高上位500社における日本企業の占める割合は80年の13.2％，85年の16.4％から88年には20.4％とその位置を上昇させ，内外市場の一体化　（市場のボーダーレス化）と並行して，生産活動のグローバリゼーションを進展させている。

　日本企業の多国籍化をめざした長期的かつグローバルな視点からの世界戦略の再構築は，独占大企業の投資戦略に対応する形での中小企業の海外直接投資を活発化させている（補論1を参照）。

　日本の中小企業の海外投資（新規証券取得・件数ベース）は，年度によって増減を繰り返してはいるが，1970年前後に1度ブームを迎えた後，二度にわたる石油危機のため低迷していた。そして83年頃から再び増勢をみたが，85年9月G5以降の円高構造の定着は直接投資を加速化させた。すなわち，図10―1

---

[3]　通産省『我が国企業の海外事業活動』（第18・19回），大蔵省印刷局，1990年，27ページ。

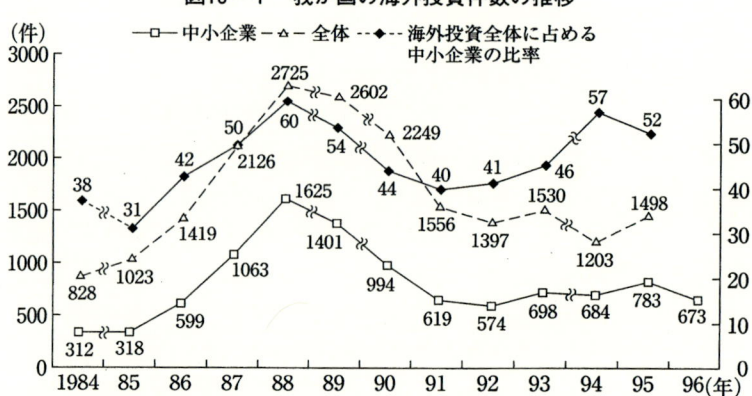

276　第Ⅲ部　中小企業の存立形態と構造転換

図10－1　我が国の海外投資件数の推移

(注)　1.　新規証券取得（現地法人の新設又は新資本参加）件数のみを対象としている。
　　　2.　中小企業の投資件数の中には，大企業との共同投資及び個人投資を含む。
　　　3.　84年4月より，対象案件を投資額300万円超から1,000万円超に変更，また89年7月より1,000万円超から3,000万円超に変更，また94年3月より3,000万円超から1億円超に変更したため連続しない。
　　　4.　全体は年度，中小企業は暦年の件数を比較したもの。
出所：中小企業庁編『平成9年度中小企業白書』94ページ。

から見るように，86年には前年比281件増の599件，87年は466件増の1,063件とはじめて1,000件台を突破し，88年も562件増の1,625件と増勢をつづけた。88年度の大企業を含めた全規模の海外直接投資（新規証券取得件数のみ）は2,725件であり，件数統計に暦年と年度の違いがあるものの，中小企業の直接投資が全体に占めるウェイトは59.6％に達している。中小企業の海外投資がいかに加速化し，飛躍的な増大をしたかを示している。しかし，その勢いは減速して89年には1,401件となって全体2,602件の53.8％となり，88年をピークに減少していくことになる。とはいえ，全体的にみると，85年から89年の5年間累計件数は，80年から84年のそれに較べて3.3倍増となっており，国際化する中小企業の「国際的融合」を物語っている。

　85年から89年の業種別構成をみると，製造業が累計全体5,006件の42.8％を占め，次いで金融・保険業，運輸業，不動産業を含む「その他」，そして「商業」の順となっている。80年から84年の累計全体1,527件のうちでは，「商業」が第1位の44.5％を占め，「製造業」は32.5％にすぎなかったのが，85年以降はその地位を逆転させている。とくに88年の製造業の占める割合は44.6％と高く，88年度の日本の海外直接投資に占める製造業の割合が29.4％にすぎないこ

表10—1　中小製造業の地域別海外投資件数（1985～1989年累計）

単位：件数，%

	アジア	北米	中南米	ヨーロッパ	中近東	アフリカ	オセアニア	合計
製 造 業 計	1,430	529	18	139	1	0	27	2,144
%	66.7	24.7	0.8	6.5	—	—	1.3	100.0
食 料 品	103	53	3	5	0	0	9	173
%	59.5	30.6	1.7	2.9	—	—	5.2	100.0
木材・パルプ	40	16	0	4	0	0	1	61
%	65.6	26.2	—	6.5	—	—	1.6	100.0
繊 維	165	20	1	18	0	0	2	206
%	80.1	9.7	0.5	8.7	—	—	1.0	100.0
化 学	95	37	1	15	0	0	0	148
%	64.2	25.0	0.7	10.1	—	—	—	100.0
鉄・非鉄金属	144	45	6	11	0	0	1	207
%	69.6	21.7	2.9	5.3	—	—	0.5	100.0
機 械	523	241	5	57	1	0	5	832
%	62.9	29.0	0.6	6.9	0.1	—	0.6	100.0
雑貨・その他	360	117	2	29	0	0	9	517
%	69.6	22.6	0.4	5.6	—	—	1.7	100.0

（注）図10—1と同じ。
出所：『中小企業白書』各年版より作成。

とに較べると，中小企業の場合には製造業投資の多いのが特徴である。

　製造業投資の内容をみると，電機，輸送機を含む「機械」の比重が最も高く，次いで「雑貨・その他」となっている。このことは，70年代前半までは雑貨や繊維といった軽工業分野の比重が高かったことと比較すると対照的で，投資構造に重工業化が進展している特徴を示している。しかし注目しなければならないことは，87年以降において「繊維」，「食料品」が多くなっていることである。全体としては，部品等下請中小企業や労働集約的業種，輸出依存関連業種等の分野で急増しているといえよう。

　地域別投資先では，80年から84年までの累計件数では北米が第1位，アジアが第2位であったのが，85年から89年ではわずかではあるがその地位が逆転している。しかしアジアと北米との2地域では4,331件で，全体の87%を占め，地域別では二極分化しているのが特徴である。なお，ヨーロッパ投資が92年のEC市場統合のため増加しているのが注目される。

　中小製造業の地域別海外投資件数を表10—1からみると，アジアが66.7%を占めて断然多く，次いで北米，ヨーロッパとなっている。アジア投資の製造業のうちでは，「機械」，「雑貨・その他」，「繊維」の多さが目立っている。また，

製造業のアジア投資先も，これまでの韓国，台湾，香港，シンガポールといったNIEsからタイ，マレーシア等のASEANそして中国へと投資先が移行しつつあるのが特徴である。

なお直接投資のほかに，それを補完する形で中小企業の技術輸出も活発化していることに注目する必要がある。中小企業の技術貿易は83年度以降，出超となっているが，85年度は1,364件（うち東南アジア1,043件），86年度は753件（583件），87年度は941件（598件）を輸出し，「技術の資本化」が新たに展開している。このような技術の資本化は東南アジアを中心として展開され，現地地場企業への技術供与をともなった「国際委託加工生産」・OEM生産や大手スーパーを中心にした流通企業の開発輸入を増加させる役割をもっている。

このように中小企業の海外投資地域は，北米とアジア向けとに二極分化しつつ，とりわけ製造業については東南アジアに集中している。だが，このような中小企業にもみられるアメリカ，日本，東南アジア（NIEs―ASEAN―中国）を結ぶ太平洋トライアングル地域の形成は，独占大企業の直接投資の活発化と無関連ではなく，独占大企業の世界戦略の要請にこたえると同時に世界経済形成のための体制づくりに加担するという新たな段階へ進んでいる。

2　中小企業の海外投資の動機と形態

（1）　海外投資急増の要因と投資動機

中小企業の海外直接投資が投資先地域や投資構造を再編しつつ，本格化している。直接投資の増加は，新規投資と既存進出企業による「拡大再投資」によるものとの二つの流れが現れてきている[4]。

直接投資の85年以降の急増要因をみると，過剰資本の存在を背景に，国内の投資収益率が伸び悩み，海外投資による投資収益率が上昇してきたことが基本的である。具体的には円高構造の定着化と進行によって内外の生産コストに変化が生じ，価格競争力の低下を招いたことである。そして労働力不足による賃金上昇はそれを加速化させている。このことは投資収益率からすると，国内投資に比べて海外投資の有利性を強め，直接投資急増への条件をつくりだしたのである。さらに，輸出増大に伴う貿易摩擦の激化や92年のEC統合への対応等

---

[4]　日本貿易振興会『ジェトロ白書・投資編』（1989年版），33ページ。

を背景とした直接投資の増加,現地生産拡充の必要性の増大,過剰生産と国内市場の飽和による海外への新しい市場開拓,とくに親・大企業の海外進出に伴うサポーティング・インダストリーとしての進出,そして国内における比較劣位化した中小企業分野（繊維,雑貨,その他）に対する国内産業調整政策（事業転換）の遂行とそれへの対応である国際的産業調整政策としての海外進出等々,国際化の進展とわが国経済の諸矛盾の深まりが,中小企業の直接投資を加速化させている。

「加速する中小企業の海外展開」は,直接投資・海外進出に至るまでの動機と投資先地域とが一体となって進展している。製造業の海外生産拠点設置の動機について『通商白書』[5]は①生産コスト重視型,②製品市場密着型,③貿易摩擦回避型,④グローバルネットワーク構築型,⑤租税節約型,⑥原燃料立地型の六類型に区分している。そして製造業における大企業の場合,円高を契機に多くの業種で企業のグローバリゼーションが急進展したこともあって,全体的にみると,北米,ヨーロッパ等の先進地域に対しては主に「市場密着型」と「貿易摩擦回避型」が,アジア等発展途上地域に対しては主に「市場密着型」,「生産コスト重視型」や「貿易摩擦回避型」の複合した動機によることを指摘している。

このように欧米とアジアとでは投資動機が異なるのであるが,中小企業の場合はいっそう明白となっている。表10—2でみると,海外生産拠点設置の決定的な要因は,欧米では「投資先市場の成長性」を目的にした「市場密着型」の進出が多い。これに対してアジアは「豊富で低廉な労働力」確保を目的にした「生産コスト重視型」が多い。しかし同じアジアでも NIEs へは「豊富で低廉な労働力」より「投資先市場の成長性」と答えた企業の割合が多くなっていることに注目する必要がある[6]。すなわち,アジア NIEs では,とくに韓国,台湾における賃金上昇,労働争議の頻発,アジア各国通貨の切り上げ,特恵関税適用の停止等の生産コスト軽減要因が有利に作用しなくなってきているからである。そのため,より一層の生産コスト軽減をめざし「豊富で低廉な労働力」を目的に NIEs から ASEAN へ,そして中国へと地域的拡大のダイナミックな

---

5) 『通商白書』前掲書,190—193ページ,ここでの類型化は,「我が国経済の国際化に関する調査（製造業）」（90年1月）によるもので,製造業企業のうち売上高上位1千社の大企業を選定,うち有効回答企業数414社からの結果である。
6) 中小企業庁編『中小企業白書』（平成2年版）,大蔵省印刷局,1990年,104ページ。

表10—2　中小企業の海外生産拠点設置の要因

(単位%)

	欧米	NIEs	ASEAN
投資先市場の成長性	49.0	34.1	14.7
豊富で低廉な労働力	—	29.4	58.8
すぐれたパートナーの存在	13.5	17.6	11.8
政情の安定度	2.9	9.4	2.9
産業基盤の整備状況	1.9	4.7	—
豊富なエネルギー資源	3.8	1.2	—
技術水準の高さ	—	1.2	—
その他	14.5	2.4	11.8
多様な情報	14.4	—	—

資料：中小企業庁「海外進出実態調査」元年12月
(注) NIEs：韓国，台湾，香港，シンガポール
　　 ASEAN：マレーシア，インドネシア，タイ，フィリピン，ブルネイ
出所：『中小企業白書』(平成2年度版)，106ページより作成。

展開をみせはじめているのである。

　投資動機と投資先地域とは相関の関係にあるが，90年代では，中小企業の直接投資動機も「投資先市場の成長性」を見込んだ進出が増えている。とりわけ85年以降に中小企業の海外進出が活発化したが，市場確保を見込んだ進出であるのも特徴となっている。中小企業が海外進出にあたり志向する目標市場は，①進出先の国内市場，②ユーザー企業(親企業)に伴う進出，③進出大手日系企業によって生まれる需要，④日本への逆輸入，⑤東南アジアかその域内諸国への輸出，⑥欧米向けの輸出拠点の移転，と多様である。そして海外進出した中小企業はこれらいくつかの市場を複合させることによって，海外進出を決定しているのである[7]。もっとも，市場確保といってもその中味は，貿易摩擦による輸出市場の縮小に対処するためであったり，また日本への逆輸入を進出の目的とする場合でも，同時に低廉な労働力や安価な原材料の利用を目的としていることが少なくないことに留意すべきである。

　いずれにせよ，中小企業の海外直接投資は多様な動機・要因に基づいて複合的に行われる。そして投資受入国での規制緩和措置や外資導入促進策等が結びついてそれを助長させている。

---

[7] 『ジェトロ白書・投資編』(1989年版)前掲書，33ページ。なお，6つの市場目的に対応した海外進出の具体的事例が紹介されている (34—35ページ)。

表10—3　海外進出中小企業の投資形態

(単位%)

投資形態＼地域	全体	アジアNIEs	ASEAN	北米	その他
100％出資	37.9	34.0	15.4	61.0	29.4
合　　弁	50.8	56.6	69.2	31.7	47.1
企業買収	4.5	3.8	—	4.9	5.9
資本参加	6.5	5.7	15.4	2.4	17.6

資料：通産省『海外事業活動基本調査』昭和62年調査再編加工
注：1）四捨五入のため，合計は100にならない。
　　2）その他は中南米，ヨーロッパ，オセアニア，アフリカである。
出所：『中小企業白書』(平成元年版)，56ページより作成。

(2) 中小企業の海外投資の形態

　海外直接投資形態に関する企業規模別に全体を把握しうる統計はみあたらない。そこでサンプルによる海外に進出した中小企業の投資形態(進出形態)をみたのが表10—3である。アジア地域では現地企業等との合弁形態による新規設立が多いのに対して，北米では100％出資による完全子会社形態が多く，対照的である。このことは北米では外資規制が緩やかであるのに対し，アジアでは外資規制が厳しく，また技術移転等をねらった現地化要請を反映したものとなっている。

　しかし注目すべきことは企業の合併・買収(M&A)の形態での海外進出であり，それが増加していることである[8]。このM&Aは，主として大企業にみられたものであるが，85年以降の円高による対外購買力の上昇と日本国内の地価高騰に伴う不動産等の担保能力の増加，企業の高蓄積による過剰資金の存在そして金融機関等の積極的な働きかけといったようなことを要因にして中小企業においても展開されてきており，いわば中小企業のグローバリゼーションの顕著な特徴となっている。

　投資形態とは異なるが，進出形態で見落すことができないのは，下請中小企業の進出である。『中小企業白書』によると，海外進出した中小製造業のうち，下請企業の割合は18.4％であり，その進出の動機が「親企業の要請による」が25％，「親企業との判断一致」が40％，「自発的判断」が35％，前二者を合わせ

---

[8]　(財)中小企業研究センター『産業ソフト化時代の中小企業国際戦略―現状と可能性―』1990年，62ページ。

た進出動機は65％になる。独占大企業の海外進出が急増しており，「今後海外生産が軌道に乗り海外進出企業が一層のコスト削減を求めるようになるとすれば，下請企業に対する海外進出要請も増加するものと見込まれる。最近では，下請企業の団地ぐるみで海外進出に踏み切った事例もみられ注目される」[9]と指摘している。

たしかに製造業直接投資のうちでも電器・電子産業や自動車産業が多く，これら産業は独占大企業を頂点にして一次，二次，三次下請といった重層的下請生産構造を確立している[10]。そしてこれら産業は，部品供給を下請企業に全面的に依存している組立加工産業の典型で，そのため，親企業の海外進出にともなって関連部品メーカーや下請企業が海外進出するのである。海外進出している部品メーカーは，中小企業のなかでも部品メーカーの大手企業ないし，特定部品分野で高い国内シェアを持つ企業さらには技術水準の高い企業が多いのである。

下請企業の海外進出はこのように親企業の進出に随伴した形で進出し，直接・間接に親企業の補完的投資の一環として組織されたワンセット型もしくはファミリー型進出をしているのが特徴である。親子ぐるみの海外進出という欧米にはみられないこのような特殊な進出形態は，日本型下請生産構造の国際的移転を示すものであり，国際化する中小企業の「国際的融合」における新たな投資摩擦の火種の条件をつくり出している。

（3）　海外進出中小企業の撤退

中小企業の海外進出は，88年をピークに89年には減少したものの，新規証券取得に占める量的比重は高い。しかし海外進出の企業が増加するにつれて，操業開始後において撤退や休眠を余儀なくされる企業も少なくないことに注意しなければならない。

わが国企業における撤退（フェイドアウト）に関する統計は極めて少ない。フェイドアウト（Fade Out）とは，外国資本と受入国側との事前合意にもとづ

---

9)　『中小企業白書』（平成元年版），55ページ。白書には，企業の進出事例が紹介されているが，次のものも参考になる。中小企業事業団『中小企業のための海外投資ガイド』月刊誌，さらには『中小企業海外進出事例集』（1985年及び1989年）。

10)　福島久一「中小企業の構造的特質と下請制」，藤井・丸山編『日本的経営の構造』1985年，大月書店，第4章参照。

表10—4 資本移譲・撤退件数（一部譲渡を含む）

(単位：件数，%)

年度	1975年度	77	80	83	84	85
(a)証券取得（件数）	833	830	790	868	828	1,023
(b)証券処分（件数）	269	480	243	296	655	443
(c)撤退率（b/a）	32.3	57.8	30.8	34.1	79.1	43.3

注：1) 証券取得は新規証券取得である。
　　2) 証券処分は株式・持株の処分件数であり，必ずしも現地からの全面的撤退だけではない。
資料：大蔵省『財政金融統計月報』及び通産省『我が国企業の海外事業活動』（第10・11回及び第15回）より作成。

く段階的な経営権の移譲を意味するが，通産省の調査によってみたのが表10—4である。企業の撤退は，証券処分として現地法人の株式を第三者に全面的もしくは部分的に譲渡・売却（現地企業は存続）する場合と，倒産手続きにより会社を清算したり，現地企業を解散・消滅するケースのいずれかの形をとることが多い（この他に，事業の活動停止の休眠・休業と夜逃げ同然の企業放棄がある）。表での証券処分は株式・持分の処分件数であり，部分的な資本移譲を含んでいて，必ずしも全面的な譲渡だけではないことに留意する必要がある。この証券処分の動向を企業の撤退率（証券処分対証券取得比率）でみると，75年度には32.3％であったのが，77年度には57.8％と2社に1社の割合である。

その後は3割台にとどまっていたのが，84年度には実に8割にも及び異常な数字を示している。84年度の証券処分件数を業種別にみると，商業が345件で52.7％を占め，製造業は227件になっている。地域別では，北米が187件，アジアが181件と多く，両地域で過半数を超えている。いずれにせよ，企業の撤退率は資本の一部譲渡を含んではいるが，全体的には高く，海外進出がいかにリスキーであるかを物語っている。

日本企業の海外子会社のこのような撤退の多さの原因が一体どこにあるのかを二つの調査からみることにする[11]。二つの調査時点での経済・政治，社会の情勢が異なるが，調査は，撤退原因を大きく①内部的要因（親会社側要因と現地法人側要因）と②外部的要因（経済的要因，政策的要因，政治・社会的要

---

11) ①日本在外企業協会『在外日系企業の撤退に関する調査報告書』1979年。この調査は58ケースを取りあげている。②中小企業事業団『海外進出中小企業のフェイドアウト事例』1990年。この調査は，85年度（アジア編），86年度（欧米編）の2回の調査に基づき，撤退した企業46社をとりあげている。

因）とに区分して，ほぼ共通の要因項目をあげている。日本在外企業協会の調査による撤退要因の発生件数の多いものを上位5項目でみると第1位が「製品への需要不振」で次に，「市場調査，フィージビリティ・スタディの不完全，失敗」「競争条件の変化」「親会社の経営悪化」，「現地パートナーとの考え方の相違」といった順になっている。

これに対して中小企業事業団（現：中小企業基盤整備機構）の調査は第1位が「製品需要の不振・悪化」であり，次に「現地パートナーとの不調和」「市場調査，フィージビリティ・スタディの不完全，失敗」「設備と生産技術の不適正」「品質管理の困難」となっている。3つの項目が調査に共通して上位項目となっている。中小企業事業団の調査を地域別にみると，アジアでは「現地パートナーとの不調和」が大きな原因となっており，次に「設備と生産技術の不適正」「品質管理の困難」といった現地法人側の要因が特徴である。これに対してアメリカでは「市場調査，フィージビリティ・スタディの不完全，失敗」「マーケティング活動の不足」が原因となっている。このように進出先地域によって撤退の要因も進出の形態とも関連してそれぞれ異なっている点に注目する必要がある。

このような日本企業の現地撤退は，本社企業に影響を与え，出資金の償却での損失のみならず，国内工場の閉鎖，売却，従業員の解雇等での厳しい再建策を余儀なくされたケースや本社経営の悪化で不採算部門の整理を行わざるをえなくなった企業もある。しかし他方では，例えば韓国等での人手不足と賃金水準の上昇で経営の採算が悪化し，より低い労働コストを求めて中国などへ生産拠点を移すといった撤退というより生産拠点の戦略的立地変更を展開している企業も存在していることを見落してはならない。ここに一部ではあるが中小企業といえども，いわばミニ多国籍企業化してきているのが注目される。

3 国際的下請生産システムの展開

(1) 日本型下請生産の国際的移転

日本の主要輸出品目である自動車，VTR，半導体等の高度組立型産業は，一

---

12) 中小企業事業団『前掲書』19—20ページ。なお，本書には「韓国から撤退，中国へ進出」した手袋メーカーの（株）スワニーをはじめとして39社のフェイドアウト事例が掲載されている。

方で主要市場である欧米に直接投資を行いながら，他方ではアジアでの生産拠点の再編強化をはかるという地域の二極分化によって多国籍化を推進している。そして独占大企業とそれを補完する中小企業の海外進出・現地生産の活発化が，果して日本型下請生産構造の国際的移転を可能にしているのかどうかが問われるべき最大の関心事となっている。日本型下請制は，多数の下請中小・零細企業が独占大（親）企業の蓄積のために直接的に強く，深く生産過程に組み込まれた垂直的重層的な生産構造を形成しており，独占を頂点にした上位資本がより下位資本に対して収奪の下方転嫁機構として存在している。このピラミッド的階層収奪構造としての下請制は「独占の寄生的性格の完成された一つの姿」[13]であり，国際競争力強大化の不可欠の要素として日本的経営構造の存立基盤となっているのである。

　独占大（親）企業と下請企業との関係における階層的収奪構造という日本に特有な形態的特徴がどのようなプロセスをへて海外に移転・構築されるのかを，下請関係の支配形態からみることにする[14]。

　まず第1は，本社（親）企業と現地子会社との間における資本結合，人的結合，技術提携，設備貸与そしてデザインの指定等による生産上の有機的結合関係をつうじてのものである。とりわけ，資本結合関係は，前述の投資形態でみたように100％出資による資本の完全所有形態こそが親企業をして現地子会社を最も効果的かつ完全支配を可能にする。しかし過半数所有や50％以下の資本の少数所有による合弁形態であっても，本社（親）企業の技術水準が高く，経営ノウハウ等が豊富であるならば，支配の制限を受けつつも，現地子会社を実質的に支配する。現地子会社は，たとえ法的に独立の現地法人であっても，親企業の分工場ないし下請企業とならざるをえないのである。

　第2は，本社（親）企業の現地子会社への支配が，資本の論理として，現地子会社を通じて現地における「孫会社」の設立・支配へと貫徹されてゆく。そして孫会社の支配とならんで現地の地場企業をも下請けとして現地生産におけるみずからの生産体系に有機的に組み込んでいく過程である。この孫会社は現

---

13) 中山金治『中小企業近代化の理論と政策』千倉書房，1983年，129ページ。
14) 日本型下請生産システムの移転を支配形態からではなく，生産システムの機能的特徴である「長期・継続的取引関係」と「外注・購買管理技法」(JIT) とから移転可能性を問題視している。髙橋美樹「日本型下請生産システムの国際移転可能性」『三田商学研究』30巻3号，1987年8月参照。

地子会社の手許資金で設立されるが[15]，それは本社（親企業）にとって再投資を意味している。孫会社への下請・系列化は70年代後半から進展してきている。通産省『我が国企業の海外事業活動』（第18・19回—1990年版—）によると，孫会社の事業活動が現地子会社全体に占める比率は，現地法人数で11.2％，資本金で11.8％，売上高で6.9％となっており，近年その比重が高まっているのが特徴となっている[16]。孫会社の本社企業と現地子会社との業種関係をみると五つの形態の結びつきにみることができる。すなわち，三者間の関係は，①製造業（本社企業）—製造業（現地子会社）—製造業（孫会社）の関係（以下（　）内は同じ）で，現地における原材料・部品調達や下請け部品加工・組立てを目的にした工場制下請生産の形態，②製造業—商業—製造業の関係にあるもので，孫会社が現地子会社の問屋制下請生産形態をとっているもの，③製造業—商業—商業の関係で，孫会社が現地販売子会社の販売代理店的性格をもった形態，④商業—商業—製造業の関係で，現地子会社が「現地統括会社」ないし問屋制下請け的な性格をもった形態，⑤商業—商業—商業の関係での流通系列支配形態が存在する。こうした現地子会社を拠点にした孫会社の設立による関連産業への進出や，現地統括会社の設立による孫会社への支配の拡大が進行しているのである。

　第3は，国内部品メーカーやサポーティング・インダストリーの海外進出，さらには現地地場企業の下請企業としての利用である。独占大（親）企業が海外進出・海外生産をする場合に重視する点は，低廉良質な労働力の確保とならんで部品・原材料をいかに調達するかである。部品調達の方法は，①日本からの輸入，②現地子会社での内製化，③現地企業との技術，資本などの提携による地場企業や現地下請からの調達，④第三国にある日系企業，外国系企業ないし現地系部品メーカーからの調達，⑤日本の下請・系列企業への進出要請とかれらからの調達がある。部品・原材料のこうした調達を決定する要因は，①現

---

15) 日本の直接投資における資金調達は現地調達主義で，日本から持ち込む資金は出資金に相当する額（三分の一程度）といわれている。徳永正二郎「日本企業の対ASEAN『マネーなき直接投資』」『エコノミスト』1990年12月25日号。

16) 通産省編『我が国企業の海外事業活動』（第18・19回），大蔵省印刷局，1990年，10ページ。なお，経済産業省『企業活動基本調査』（2003年）によると，海外子会社（日本側出資比率が20％以上）をもつ企業の割合は，2002年時点で大企業が28.5％，中小企業では9.3％と漸増している。また中小製造業では13％で，中小製造業における企業活動のグローバル化が進んでいる。

地の技術水準・技術集積度，②現地部品メーカーの利用可能度，③第三国からの部品調達の可能性，④海外子会社の部品の内製化程度，⑤本社（親）企業がどのような技術を海外移転するかといった技術戦略，⑥日本国内における下請部品メーカーの専属度等の下請関係，⑥ローカル・コンテンツ（現地部品使用義務づけ）等の現地国側の政策等に依存する。

　これら部品調達の方法やその決定要因は，同時的に起きるものではなく，多様で，場合によっては段階的に進められることもあり，現地子会社の生産条件によって異なっている。

　例えば，現地の下請企業や地場企業を利用するといっても，日本のような技術力の高い下請企業数が多くないアジアにおいては，組立メーカーと下請企業の関係は，日本のようなピラミッド型の下請生産構造ではなく，むしろ逆ピラミッド型になっている。すなわち，現地下請企業の成長がみられるものの，数少ない現地部品下請メーカーは，相対的に数の多い組立メーカーから発注を受けている。したがって，親企業1社にだけ依存する専属的下請企業の数はあまり多くはなく，幾つかの組立メーカーと取引しているのである。しかも，部品下請メーカーは，市場自体が狭いために一つの部品に特化することは少なく，異なる生産設備・生産形態を必要とする複数の部品生産をする企業が多い。したがって，各部品ごとの量産規模は相対的に小さくかつ専業化の度合いも低い状況である。こうしたことから，日本の部品メーカーや下請企業に進出してもらうとか，資材仕入の専門家を派遣して地場企業を指導し，下請として育成するとか，本社企業のグループの系列企業を進出させるとか等々の対策がとられているのである。電子・電機産業の場合，アジアへ進出した現地企業の部品調達は，日本からの調達を減らし，進出国およびその周辺国からの調達を増加させている企業が多い。また，日本以外からの調達という場合でも，「現地に進出している日系部品メーカーからの調達が大部分を占めているのが現状」[17]である。

　一方，自動車や電機産業の進出による現地生産が活発化しているアメリカで

---

17) 日本輸出入銀行「わが国電子・電機産業のアジアにおける国際分業の展開」『海外投資研究所』1988年2月，36ページ。この論文の（注5）で，電子部品の企業系列別生産比率（1986年，金額比）を以下のように示している。韓国（日系企業64％，欧米系企業4％，地場企業32％），台湾（同じく56％，5％，6％），シンガポール・マレーシア（同じく81％，13％，6％）。このように日系企業による生産増強（新設あるいは増設）がアジアの電子部品産業の発展をリードしてきたのである。

の部品調達はどうであろうか。進出日本企業が現地生産においてアメリカ産部品を使用して，生産するとすれば，日本企業とアメリカ企業とはその生産に余り差が生じない。そればかりか，両国間に技術力の格差がみられない場合には進出のメリットは少ないといえよう。しかもアメリカの場合は，アジアとは異なって少数の巨大メーカーと技術力の優れた多数の中小部品メーカーが存在している。もっとも日本のような垂直的な重層的下請生産構造を形成しているのではなく，広い国土に分散して発注メーカーとは相互に独立した対等な取引関係，すなわち水平的な生産構造が存在しているのである。このような条件下で，進出企業が現地生産において優位性をもたせるには，「日本的経営」をいかに導入するかにかかってくる。日本的経営は，ジャスト・イン・タイム生産方式（JIT）で，それはトヨタに代表されるカンバン・システム（工場内生産方式）と下請生産システム（JIT納入）とをどうやって導入するかということである。前者は品質管理や労務管理・労働組合対策といったいわば自社工場内で取り組むことができる。しかし，後者は企業間の取引関係であり，日本のような下請生産関係をアメリカの部品メーカーとの間に形成することは困難である[18]。そのために，JIT生産方式に対応した納期，品質，コストを選定基準に，進出企業は国内自社系列の部品メーカーに海外進出を要請することになる。もっとも，部品メーカーのうちでも，一次下請企業の進出が主流であり，いわゆるワンセット型ないしファミリー型進出をしているのである。

　こうして進出企業は国内で構築された生産方式に限りなく接近させる努力を積極的におしすすめている。そこには限定されたものではあるが，日本国内と類似した下請生産構造がアジア諸国のみならずアメリカを中心にした先進諸国にも移転され，徐々に浸透，定着してきている。日本型下請生産は国際的下請生産の形成，構築として進行しているのである。

（2） 海外生産と部品の現地調達の拡大

　日本企業の海外直接投資の急増とグローバル化の進展は，海外生産比率を高めてきている。海外生産の本格化を製造業の海外生産比率（製造業海外現地法人売上高の国内製造業売上高に対する比率）でみると，80年度には2.9％，86年度3.2％，87年度4.0％，88年度4.9％そして89年度では5.8％（推計）と上昇

---

18) 丸山恵也『日本的経営―その構造とビヘイビア』日本評論社，1989年，203―209ページ。
19) 通産省編『我が国企業の海外事業活動』（第18・19回），15ページ。

している。業種別にみると，88年度では精密機械22.9％，電気機械10.6％，輸送機械9.4％と高い。これに対して統計のカバー率が異なるために単純に比較することはできないが，海外生産比率は，86年度にはアメリカが21％，西ドイツが17.3％となっていて日本は相対的に低い水準である。しかし，通産省の予測によると，95年度は8％程度，2000年度には13％程度へと海外生産比率が高まっていくものと予想されている（製造業の海外生産比率は，2001年度には国内製造企業ベースでは16.7％，海外進出企業ベースでは40.9％と急進展している（経済産業省『海外事業活動基本調査』2002年参照）。

　こうした日本企業の海外生産比率の上昇は，現地での原材料・部品調達比率を高めることにつながっている。すなわち，海外生産の初期では主要な部品はもとより，その他関連部品の多くを日本からの輸入にたよることが多かったが，海外での生産が本格化し，拡大していくに伴って日系部品下請企業を含む現地企業からの調達比率を高めている。しかもローカル・コンテンツはそれを促進させている。例えば，ジェトロの調査によると[20]，「現地調達率を引き上げるために，台湾および日本の下請けメーカーの現地進出を図っている。89年度中に台湾から4～5社，日本から2～3社が進出を計画している」（フィリピン，電子部品）とか，「現在66％の調達率を91年までに75％にする」（米国，自動車），さらには「現地部品調達は40％を超えているが，今後これをさらに高めるとすれば，日系部品メーカーに依存しない限り，コスト，納期，品質の面でリスクが増大することは避けられない」（西独，家電）といった声に代表されるように現地調達比率の引き上げの困難さとその積極的取り組みをみることができる。そして，通産省の調査（90年1月）によると[21]，我が国の企業は，部品の現地調達が53.9％（5年前50.1％），本国からの調達が34.3％（同，38.8％），第三国からの調達11.9％（同，11.1％）と調達の現地化を進展させている。

　このように日本企業の海外現地生産と原材料・部品の現地調達比率の拡大は，海外進出の急増に伴って活発化している。しかも，アジアについては，中小部品メーカーの大量進出がみられ，日本企業の世界戦略の再構築の中で，アジアNIEsからASEANへ，さらには中国へと，より労働コストの低い地域へと生産拠点を移転させる一方，域内分業を含む国際的生産分業体制を推進しており，

20）　日本貿易振興会『海外直接投資』（1990ジェトロ白書・投資編）1990年，54—55ページ。
21）　通産省編『通商白書』（平成2年版），203ページ。

図10—2　タイにおける三菱自動車の工程間分業

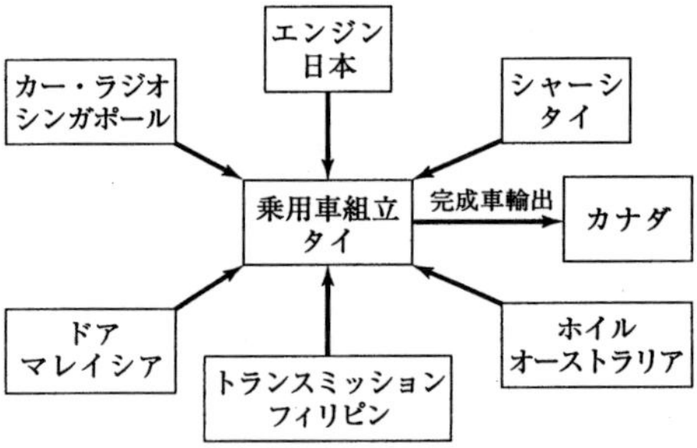

```
        エンジン
        日本
カー・ラジオ    ↓    シャーシ
シンガポール         タイ
      ↘  ↓  ↙
      乗用車組立  完成車輸出
        タイ      ──────→ カナダ
      ↗  ↑  ↖
ドア              ホイル
マレイシア         オーストラリア
      トランスミッション
        フィリピン
```

出所：『通商白書』昭和63年版，224ページより作成。

今では，アジア地域は日本に代わる部品の世界的供給基地としての位置づけが高まってきている。

（3） 国際的下請生産システムの構築

　多国籍化した日本の独占大企業は，海外直接投資の拡大と海外現地生産体制の強化をはかる一方，対内的には自社の海外生産拠点，OEM生産委託先，資本や技術の提携先からの部品・製品の輸入，海外調達による部品の国際購買等を推進して，国内と国外とを一体とした国際的生産分業を展開している。まさに世界的規模での生産集積をめざす「国境なき経済活動」（ボーダーレス化）の進行である。

　国際分業体制は，多国籍企業が長期的かつグローバルな視点から，それぞれの現地市場の特性を踏まえた最適地調達拠点，最適地生産拠点，最適地販売拠点を有機的に結合し，利潤形成に有利な産業・企業立地を国際的に配置することである[22]。それは，単に有利なコスト条件とか投機的な利益追求だけではなく，「世界市場での競争相手に優位に立つために新技術を体化した差別的な生産方法をもった世界的な拠点網」づくりである。具体的には日本の独占大企業は，部品調達拠点や海外生産拠点が増加するにしたがい，世界戦略から，どこで何を買うのが安いかといった比較優位にある部品の最適組み合せを実現しうる調達ネットワークを検討し，またどこで（日本か，アメリカか，アジアか）何をつくるのが最適かを見直して企業内国際分業を展開している。

---

[22] 長銀産業調査部「新たな展開をみせる産業の国際配置―日・米・西独の対外直接投資のクロス・オーバー分析―」『調査時報』1988年11月，3ページ。

海外生産体制の強化に伴う企業内国際分業は，同一企業内における工場間分業の国際的展開といえるが，工程別分業ないし製品別分業として展開しているのが新しい特徴である[23]。

企業内工程間分業は，国際化戦略が進んでいる自動車，電気機械などの加工組立型製造業に典型的にみることができる。例えば，海外の乗用車生産は部品調達拠点間のネットワークを有機的に利用した工程間分業として構築され，「多国籍製品」として生産・輸出されている。具体的には，88年から始まった三菱自動車工業のタイ合弁事業 MMC シティポール社によるカナダ向け乗用車輸出である。この乗用車は，図10―2にみるようにアジア諸国にある三菱自工の下請系列部品メーカーが生産した部品を用いて組み立てられたものである。部品は，カー・ラジオがシンガポール製，ドアはマレーシア製，トランスミッションはフィリピン製，ホイルはオーストラリア製，エンジンは日本製，そしてシャーシはタイ製で，三菱自工のアジア太平洋地域部品調達ネットワークを駆使した製品となっている。しかも，カナダでの販売代理店は三菱自工の資本提携先であるクライスラー社で，まさに「企業内国際分業と戦略的提携を組み合わせた」[24]国際的生産分業体制といえる。

企業内工程間分業のこのような展開は，同時にその進展過程で部品調達ネットワークを形成することが重要であり，そのために日本の下請・系列メーカーや現地地場企業を生産体制に編成・包摂して国際的下請生産を形成・構築していくことになる（補論2を参照）。国際的下請生産は60年代後半に展開し，いまだ初期段階にあるが，もともと輸送・通信手段の発達によって輸送費が大幅に低下したことによって，海外の低賃金労働力の利用によるコスト引き下げを目的にして進展したのである。したがって一般的には，国際的下請生産は低賃金国の発展途上国と先進国との間における労働集約的製品生産に多くみられた。

---

23) 国際分業は形態別にみると，原材料を海外から輸入し，加工して製品を輸出する垂直的分業と，製品を相互に輸出する水平的分業に区分できる。また，企業のレベルからみると，①海外から原材料を輸入し，それを加工して製品を輸出する加工貿易型分業，②中間製品，部品を輸出して，海外で最終製品を生産・輸出するか，生産工程の高技術化に伴い国内では資本集約的工程に特化し，海外（特に発展途上国）では労働集約的工程を分担する工程間分業，③海外（発展途上国）では低廉品・普及品を国内又は先進国では高技術品，高級品を生産輸出する製品差別化分業，④外国企業に資本参加して，輸出市場や生産品目について棲み分けをする資本提携型分業，が考えられる。
24) 日本貿易振興会『海外直接投資』(1989年版)，38ページ。

292　第Ⅲ部　中小企業の存立形態と構造転換

図10—3　ミシャレ氏による国際的下請生産の形態

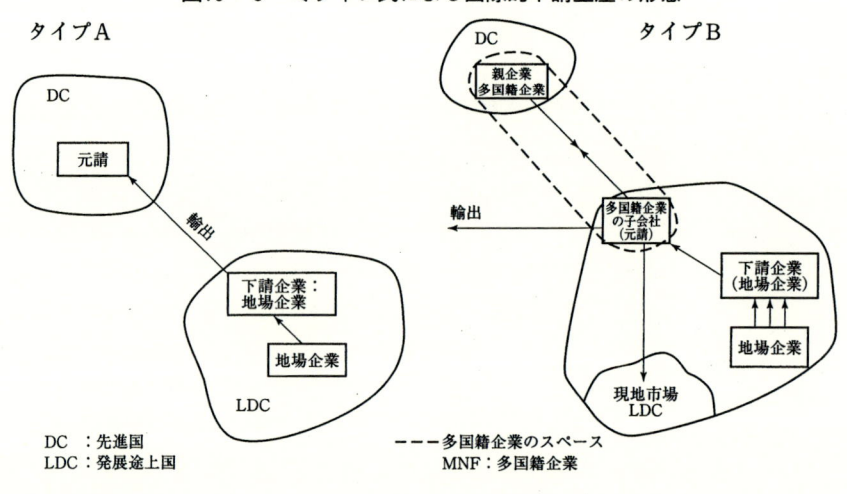

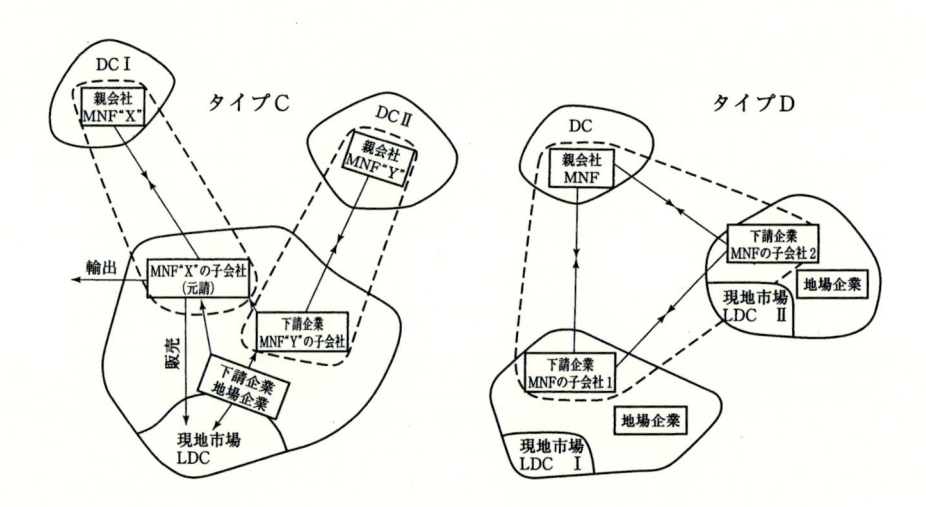

DC　：先進国
LDC：発展途上国

‐‐‐‐多国籍企業のスペース
MNF：多国籍企業

資料：C. A. Michalet, "International Sub-contracting: A state of the Art," Edited by Dimitri Germidis, *International Subcontracting*, OECD, 1980, pp. 51—52より引用。

また製品自体が資本集約的あるいは技術集約的であっても生産過程の一部が労働集約的な場合には利用されてきたのである。しかし，いまでは多国籍企業の資本の相互浸透にも見られるように，先進国間での生産にまで進展してきている。

このような国際的下請生産は単なる企業内国際分業ではなく，国際的価値収奪を伴なった縦の支配・従属関係をもった生産上の企業間国際分業であり，多様な形態をとっている。C・A・ミシャレ氏は，国際的下請生産の形態を図10―3のように四つのタイプに分類している[25]。タイプAは二つの独立企業における取引で，国内の元請が海外の下請企業，地場企業に完成品・部品等の下請生産をさせるケース，タイプBは多国籍企業の海外子会社が現地の地場企業を下請企業として利用するケース，タイプCは同じ国籍をもった異なるいくつもの多国籍企業（中小企業も含む）の海外子会社間での下請生産のケース（親企業に随伴進出する日本の中小企業の海外子会社にみられる），タイプDは同じ国籍をもった同一の多国籍企業（元請）に属する海外子会社（下請企業）間での下請生産のケースである。

これらの国際的下請生産形態は，いわば典型的といえるものであり，日本企業のグローバル化の下での進出形態を勘案すると，海外子会社，孫会社そして系列・下請中小企業の海外子会社，さらに現地地場企業もが下請生産構造に包摂されており，より階層的構造をもった複雑な生産形態が進行していると考えられる。したがって，国際的下請生産は固定的なものではなく，現地の生産構造の特性を反映した形で形成される。多国籍化した日本企業は，企業内国際分業―工程間分業，製品差別化分業―と国際的下請生産の両者を区別して使い分けながら，またアジアと北米というように進出先地域によって生産形態を変えながら，生産上の企業間結合関係を組織的・有機的に深め，全体として国際的生産分業の一環としての国際的下請生産システムの構築を進行させているのである。国際分業関係は，歴史的にみると，対等な関係であるよりは，むしろ支配・従属関係であるのが一般的であった。事実，アジアNIEsやASEAN地域が，低価格品や普及品あるいは部品の世界的供給基地として位置づけられ，日本の下請生産基地化しているのである。

日本型下請生産構造の国際的移転という国際的下請生産システムの構築は，

---

[25] Charles Albert Michalet, "International Subcontracting : A State of the Art," Edited by Dimitri Germidis, *International Subcontracting-A new Form of Investment*, OECD, 1980.

まさしく新しい段階での「資本と生産との世界的集積」と結びついており，相手国の経済・社会内部に新たな対立・矛盾を引き起こしている。だがそれとならんで，これと関連して，国内の中小企業のあいだに，国際的生産分業体制の進展を基礎として，深刻な影響を及ぼしてきている[26]。

4 資本輸入国での国際的下請生産の二重性
   ——結びに代えて——

　グローバル化を推進する日本の独占大企業にとっては，従来，商品輸出が中心であったが，80年代後半以降その戦略を変化させ，海外直接投資，とりわけ海外での生産拠点づくりと海外生産比率の拡大が特徴となっている。国内生産と海外生産とを統合した企業内国際分業とその一環としての国際的下請生産構造は，単にアジアを中心にした発展途上国のみならず，北米等の先進諸国にも形成・構築されつつあり，一つの新たな段階に到達しつつある。

　レーニンは『帝国主義論』の中で，資本の輸出に関して「資本の輸出は，資本が向けられる国で，資本主義の発展に影響をおよぼし，その発展を著しく促進する。だから，資本輸出がある程度輸出国の発展をいくらか停滞させることになるとしても，それは，全世界における資本主義のいっそうの発展を拡大し深めるということの代価として，はじめておこりうるのである」[27]と指摘している。この文脈での資本輸出は，現段階の特徴である直接投資ではなく，間接投資（イギリスの植民地的帝国主義等）のことであるが，注目すべき点は，資本輸出が資本輸入国にとって単に否定的に評価されていないことである。すなわち，資本輸出は，資本輸入国における資本主義の発展—生産諸力の発展を促進する役割を果すということである。

　このことは，多国籍企業が主導的役割を演じてはいるものの，中小企業の海外進出が大きな規模に達している今日の日本の直接投資についても例外ではない。中小企業の海外進出は，すでにみたように加工組立型製造業では親企業の海外進出に随伴し，したがって地域的にはアジアと北米という明らかに二極化

---

26) 福島久一「日本独占資本と中小企業問題」，暉峻衆三・清山卓郎編著『現代日本経済の構造と対策』，ミネルヴァ書房，1989年，第6章，153—159ページ。
27) レーニン「資本主義の最高の段階としての帝国主義」『レーニン全集』第22巻，大月書店，280ページ。

した地域的性格をおびたものになっている。そして国際的下請生産構造の一構成部分を形成し，それを補完・補強しているのである。

　このような日本的特徴をもつ中小企業の海外進出がその受入国にとってプラスの影響を及ぼしていることも見落してはならない。それは，第1に中小企業は，受入国より進んだ生産技術を持ち込む場合が多く，そのことは受入国の技術・技能の習得に役立つだけではなく，潜在的生産能力を高めることになる（技術や経営ノウハウの移転）。第2は工業と農業，工業諸部門間の構造的不均等発展を発生させることなしに，雇用機会の創出，所得の増大，地域開発への寄与，貿易の促進，外貨獲得等をはかる。第3は独占大企業の経済活動にともなって生じる現地での鋭い対立・矛盾をもたらすことが総じて少ないことである。

　このような中小企業の直接投資は資本輸入国の資本主義発展を助長する面をもっているが，そのことが資本輸入国の経済活動に否定的影響を及ぼさないとすることは誤りである。それは基本的には，資本輸入国が資本輸出国に依存することによって，一国的再生産構造が国際的再生産構造と結合し，依存関係を強め，発展途上国の場合には先進国に従属化せざるをえない可能性をもっているからである。

　このように，資本輸入国における資本輸入の二重性は，多国籍企業内世界戦略によって規定される国際的下請生産にも投影されている。この二重的性格をもつ国際的下請生産が日本の独占大企業によって急速に推進されている今日，日本型下請生産構造の変革と企業の海外進出に対する民主的規制が求められている。

補論1： 中小企業の海外進出の動因と必然性

1　中小企業の海外進出

　日本の中小企業の海外投資はいっそう活発化の方向にある。中小企業の海外進出は他国にはみられぬほどに量的比重が高いこと，しかも軽工業から組立加工型産業への投資構造の変化や発展途上国から先進国への投資地域の移行，さらには先進国，特にアメリカから発展途上国，特に中国への移行傾向は，独占大企業の多国籍企業としての本格的展開と照応している。このことは，中小企業の海外投資が，単に他国よりも比重が高いという量的側面ばかりではなく，独占大企業の先導的・補完的役割を担いつつ，アジア地域のみならず資本主義世界経済をとらえ始めてきているという中小企業の国際化への新たな対応と質的変化が生じてきていることを示している。中小企業の国際化への高まりは，まさに日本多国籍企業の本格的グローバル化のなかに組み込まれ，いわゆるワンセットとして強制執行されてきているのである。ここに独占大企業を頂点とする国内の重層的階層的収奪構造の外延的拡大と中小企業の海外進出の特殊性をみることができる。こうした中小企業の海外進出の動向は，マクロ的には世界の景気動向，為替レート，経常収支や内外の金利，さらには個別企業レベルでは，各企業の収益状況，経営戦略等によって影響を受けるものである。しかし，80年代後半に入っての本格的展開は，個別企業レベルからみると，中小企業が海外投資に耐えうる経営・技術・資金力などの各種経営資源を蓄積したこと，国内における需要の停滞と成長機会が縮小したこと，貿易摩擦問題への対応としての現地生産化が必要になっていること，世界への新しい市場開拓，そ

---

1) レーニン，副島種典訳『帝国主義論』大月書店，79—81ページ。なお，マルクスは，資本輸出の動因を国民的利潤率の差異に求めて，次のように述べている。「資本が外部に送られるとすれば，それは，資本が国内では　絶対に使えないからではない。それは，資本が外国ではより高い利潤率で使えるからである。しかしこの資本は，就業労働者人口にとっても，またその国一般にとっても，絶対的に過剰な資本である」と。岡崎次郎訳『資本論(6)』国民文庫，大月書店，418ページ。

して独占大企業（親企業）の海外進出に随伴する形での進出，といった要因によって増加してきているのである。

さて，高度に発達した日本資本主義における海外進出は，独占大企業がその典型であるとはいえ，どうして中小企業が他国にみられぬほど多く進出するのであろうか，その動因と必然性，限界を明らかにすることが重要な課題である。

2 過剰資本の形成

レーニンは『帝国主義論』[1]において「金融資本の依存と結びつきとの国際的な網をつくりだすうえで資本の輸出が演じる役割」について，自由競争が完全に支配する古い資本主義にとっては，商品の輸出が典型的であった。だが独占体の支配する最新の資本主義にとっては，「資本の輸出が典型的となった」と規定し，「先進諸国では巨額の『過剰資本』が生じた」と指摘している。そして「資本主義が資本主義であるかぎり，過剰の資本は……，資本を外国に，後進諸国に輸出することによって利潤を高めることにもちいられるのである」として過剰資本の輸出の動因を「利潤を高める」ことに求めている。そして独占資本主義段階に固有なものとして生じた過剰資本は国内では処理されずに外国に資本輸出される。それは自由競争段階の恐慌によって生じる過剰資本とは質的に区別された，資本主義的生産の正常な局面において生じた過剰資本であるからである。したがって「資本輸出の必然性は，少数の国々で資本主義が『爛熟』し，資本にとって（農業の未発展と大衆の窮乏という条件のもとで）『有利な』投下のための場所がたりない，ということによってつくりだされる」として，資本輸出の必然性を相対的過剰資本に求めている。

では過剰資本はどのようなメカニズムをもって形成されるのであろうか。一般に，資本の有機的構成の高度化は利潤率の傾向的低下を招くのである。しかし利潤率の低下は利潤量の絶対的増大を排除するものではなく，利潤率が低下しても投下資本量が増大すれば利潤量は増大する。したがって，利潤率低下にもかかわらず以前と同じ利潤量を確保しようとするならば，利潤率低下以上の累進的速度でもって投下資本量を増大させることが必要になる。したがって各個別資本にとっては，利潤率の傾向的低下に対して利潤量が増大するならば，

---

2) カール・マルクス，岡崎次郎訳『資本論(6)』国民文庫，大月書店，401ページ。

追加的資本投下を続けるのである。こうして利潤率の低下はいっそうの蓄積を促進することになる。利潤率の低下と加速的蓄積との相互作用によって資本の蓄積衝動が強められるために，敵対的な分配関係を基礎とする消費力を規定して，これを最低限に引き下げようとする。その結果，生産力の発展と市場の規模とが矛盾するようになり，まさに「剰余価値が生産される諸条件とそれが実現される諸条件とのあいだの矛盾は増大する」[2]ことになる。ここに資本が市場に対して相対的に過剰となる過剰資本が形成されるのである。

このような利潤量の増大による利潤率の低下の補償は，社会的総資本について妥当し，また各個別資本の場合には，利潤量が増大するならば追加的資本投下を続けるものの，それは大資本にのみ可能である[3]。なぜならば，利潤率が高くても投下資本量が少なければ利潤量は少なく，利潤率が低くても投下資本量が大であれば利潤量は大きいからである。このことは，かりに大資本が低利潤率で，小資本が高利潤率であると仮定しても，利潤率低下をもたらした資本構成の高度化はすでに最低必要資本量を増大させており，したがって「ある限界を越えれば，利潤率の低い大資本のほうが利潤率の高い小資本よりも急速に蓄積を進める」[4]ことを意味している。つまり，小資本は高利潤率が保障されていても，利潤量が少なければ，追加的投資をするにも最低必要資本量が増大しているために，追加的資本が不足するか，その額は小さい。それがゆえに，少量の利潤では，貨幣資本として蓄積されることはあっても機能資本たりえないのである。マルクスは，「資本の蓄積は，利潤率の高さに比例してではなく，資本がすでにもっている重みに比例して進んで行くのである」[5]と指摘している。

3 中小資本の進出の必然性

こうして利潤率の低下を利潤量の増大によって補償できず，資本として「正常な利潤率」をもって機能しえる最低必要資本量の増大に達しえない小資本は，過剰資本として部門外に排除されることになる。つまり，社会的総資本または大資本の投下総資本の過剰化が小資本の過剰化を生み出し，小資本の追加資本

---

3) 有田辰男『過剰資本論序説』日本評論社，1977年，8—9ページ。
4) カール・マルクス，岡崎次郎訳，『前掲書』，402ページ，
5) カール・マルクス，岡崎次郎訳，『前掲書』，409ページ。

に対して最低必要利潤率をさえ保障しえない過剰資本として小資本を転化させるのである。この小資本の過剰化は，小資本が生き残るための熾烈な闘争，小資本相互の残存のための「過当競争」を展開し，たえず繰り返すことになる。こうして過剰化した群小資本は，独占資本主義段階では独占資本によって支配され，残存・利用されうる対象として，すでに自立性を失った従属的存在となるのである。

　独占資本主義段階における独占的蓄積による資本の過剰は，独占資本による資本輸出・直接投資の必然性をもたらすが，中小資本は，その一部とくに上層の中小企業が独占資本の補完的役割を担って海外進出を必然化させるのである。したがって中小資本の資本輸出・直接投資は，単に「利潤を高める」だけに動因があるのではなく，特殊的役割を担っている。ヒルファーディングは，「最大の諸銀行と最大の産業諸部門とこそは，他国の市場で資本の価値増殖のための最大の諸条件を自分のものとする。このばあい，大銀行や大産業の手には，ゆたかな特別利潤が入るが，これの分けまえにあずかることは，小さい資本諸力などのてんで考ええないこと」[6]と述べて，中小資本が「特別利潤」にあずかれないことを指摘している。ここに独占利潤を確保，実現することを目的に資本輸出が行なわれる独占資本の資本輸出・直接投資と，独占資本を補完する形での中小資本のそれとは，資本の過剰によって必然化される資本輸出・直接投資といえども根本的に異なっており，中小資本には特殊的性格が刻印されている。

---

6)　ルドルフ・ヒルファーディング，林要訳『金融資本論』2,国民文庫，大月書店，257ページ。

補論2： 国際的下請生産の概念と課題

　日本企業の海外直接投資の本格的展開は，投資構造の重化学工業化に加えて，単に製造業，商業・サービス業だけではなく，金融・保険業，建設業から外食産業にいたるまで業種が拡大してきている。さらに投資地域についてもアジア地域から欧米へ，さらには欧米からNIEs→ASEAN→中国へと地域的広がりと移行をみせ，多国籍企業化した独占大企業では企業内国際分業を展開し始めている。また，資本を媒介にした海外投資ばかりではなく，技術を媒介にした技術供与や技術共同開発，共同研究，製品を媒介にしたOEM（相手先ブランドによる生産）供給・ライセンス生産等日本企業と外国企業との提携の動きが活発化している。

　こうした多面的で新しい国際化の展開は，独占大企業のみならず，中小企業にも徐々に進展する可能性をはらんできている。とりわけ，日本中小企業の海外進出は，多国籍企業化した独占大企業の企業内国際分業のいっそうの発展過程と，それと同時に形成される工程別，製品・部品別，生産技術別の生産の専門化によって，直接的・間接的に補完する役割として促進される国際的下請生産体制の担い手として位置づけられてきている。独占大企業の海外進出は，輸出補完型から現地での部品調達，製造での組立・加工を含む一貫生産をめざす生産基地化をめざしている点で，従来の国際化戦略とは質を異にしてきている。中小企業の海外進出も，まさに国際的下請生産体制の一翼として生産上で有機的に結合する下請企業あるいはサポーティング・インダストリーとしての性格をもっているのである。このことは，日本国内での下請生産構造が，海外生産においても移植・拡大してきていることを意味している。ここに国際的下請生産という新しい形態がみられるのである。以下では国際的下請生産とは何かの定義を，またどのような課題と問題点を含んでいるのかを，先進資本主義国と発展途上国との関係から理論的にみることにする。

1 国際的下請生産の概念

　国際的下請生産（International　subcontracting）は独占大企業の多国籍企業化の進展にともなって，1960年代半ばから急速に展開した。特に，大企業と中小企業との間の下請生産の国際的展開は，現代の製造工業の1つの特徴である。国際的下請生産の研究はいまだ緒についたばかりであり，その定義も必ずしも明確にはされていないといえる。これまでの国際的下請生産の研究では，その定義は4つに分類できる[1]。

　第1は，Watanabe Susumu 氏の定義である。Watanabe 氏によると「親企業（parent　firm）は顧客に対して生産の全面的責任を負っているのに，親企業が生産自体を行なわずに受ける注文の全部または1部を別の独立企業（下請企業＝Subcontractor）に請け負わせる場合に"下請生産"といわれる。下請生産は，注文仕様明細書（specifications of the order）を取り交わす両当事者間に実際の契約があるという点で，海外でのできあいの部品やコンポーネントの単なる購買とは異なる」[2]と規定している。Watanabe 氏の規定によると，親会社とその子会社との間に存在する下請生産は，国際的下請生産に含ませていない。むしろ，海外子会社と地場企業との間に明確な区別をすることが重要であると考えている。

　第2は，Michael　Sharpston 氏の定義である。Sharpston 氏は，Watanabe 氏の定義について，「Watanabe は多国籍企業の子会社による親会社への販売を除いているが，しかし，同国内での地場企業による多国籍企業の子会社への販売を含めている。……Watanabe の定義は企業構造に力点をおき，地理的・政治的境界を軽視している」[3]と批判している。そして国際的下請生産は「前もって注文されている商品のあらゆる輸出販売，そしてそこでは発注者（the giver of the order）がマーケティングを取り決める」[4]と定義して，国際的下請生産

---

1) Charles Albert Michalet, "International Sub-contracting : A State of the Art," Edited by Dimitri Germidis, *International Subcontracting-A new form of Investment*, OECD, 1980, pp. 39–40.
2) Susumu Watanabe, "International Subcontracting, Employment and Skill Promotion, " *International Labour Review*, May, 1972, Vol. 105, p. 425.
3) Michael Sharpston, "International Sub-contracting," *Oxford Economic Papers*, No. 1, March, 1975, Vol. 27, p. 94.
4) Michael Sharpston, *op. cit.*, p. 94.

を3つに区分している。それは、第1に生産の技術面に関連して、(a)下請加工、(b)下請コンポーネント、(c)完成品下請に区別し、第2は下請契約をする企業のタイプから、(a)生産企業、(b)小売企業とに分け、第3に元請（principal）と下請企業との間の取引関係、に存すると考えている。こうした形態の存在にもかかわらず、国際的下請生産は、基本的に市場問題—販売先、ブランド、宣伝、市場調査、デザイン—を回避している点で、通常、直接輸出（direct exportation）と区別される1つの重要な特徴をもっている。すなわち、国際下請生産と輸出との主要な違いは、前者が輸出業者を使わないという事実にある。そして「現実には、元請は株式の所有をするかどうかにかかわらず、下請企業を有効に支配することができうる」[5]ことを強調している。

第3は、UNCTADの定義である。それによると「国際的下請生産は、異なった国にある2つの生産単位の間に同意し契約がある場合に生じ　そのことによって、生産単位の1つ（下請企業）が別の生産単位（元請）に、同意した条件で、元請だけの責任で元請によって、生産に用いられたり、販売されたり、またはそのいずれかであるコンポーネントや最終財（assembled products）を供給するということである」[6]と規定している。下請生産は、2つの単位（元請と下請企業）が同一国で生産する場合に"国内的"であり、2つの単位（元請と下請企業）が異なった国で生産する場合に"国際的"である、とする。したがってこの定義から、「国際的下請生産は、2つの独立企業間の活動ばかりでなく、親会社（parent company）とその海外子会社（subsidiary）との間の活動も含まれる」[7]と規定づけている。

第4は、UNIDOの定義であるが、これは、UNCTADの定義とあまり異なっていない。それによると「下請生産関係は、企業（元請）が別の企業（下請企業）に、元請によって販売される製品に組み込むようなパーツ、コンポーネント、半製品あるいは完成品の生産を注文する場合に存在する。そのような注文は、元請の要請で、下請企業による原材料やパーツの処理、加工、仕上げを含

---

5) Michael Sharpston, *op. cit.*, p. 120.
6) UNCTAD, *International Subcontracting Arrangements in Electronics between developed market-economy countries and developing countries*, 1957, TD/B/C.2/144/Supp.1, p. 1.
7) UNCTAD, *op. cit.*, p. 6.
8) UNIDO, *Subcontracting for Modernizing Economies*, 1974, ID/129, p. 6.
9) UNIDO, *op. cit.*, p. 22.
10) UNIDO, *op. cit.*, p. 18.

みうる」[8]と規定している。すなわち「下請生産は元請と下請企業との間の請負契約（contractual agreement）である」[9]という。したがって，国際的下請生産は「外国元請企業（通常，工業国の国際的大企業）と発展途上国の中小下請企業との間の協定」[10]として定義づけられる。

これらの定義のいずれにも共通していることは，国際的下請生産は，親企業（元請）と下請企業とがそれぞれ異なった国に存在するや否や国際的なディメンションの問題になるということ，そして親企業（元請）がその生産工程の一部を海外子会社あるいは地場企業に分担させるという点である。しかし，このような共通性にもかかわらず，主要な違いは，Watanabe氏が下請企業の範囲に，本社企業（親企業）の海外子会社を含めずに現地における地場企業の利用に限定している。これに対し，Sharpston氏やUNCTAD，UNIDOは，本社企業（親企業）の海外子会社も，現地における地場企業をも下請企業の範囲に含ませていることである。このように国際的下請生産の概念は，第1に下請企業をどう規定するか，特に海外子会社をどのように取り扱うかが定義の別れ目となっている。第2に，国際的下請生産と企業内国際分業との関係である。関下稔氏は，Watanabe氏に依拠して「地場企業を利用する国際的下請生産と子会社を通じる企業内世界分業」[11]とに区別し，本社企業と海外子会社との生産上の結合を企業内国際分業と位置づけている。ただし，関下氏は「両者（筆者）のあいだに万里の長城を敷くことを意味しない。……その境界は相対的であり，たえず移動しあっている。そして全体としての系列化が進行することになる」[12]と指摘している。

ここで想い起こされるのは，1950年代後半に展開された「企業系列論争」[13]である。そこでの問題は，下請と系列との差異はどのようなものであるかという点にあった。両者は，形態上は区別されるものの，本質的には，下請と系列

---

11) 関下　稔「『国際的下請生産』の概念と多国籍企業」，杉本昭七編『現代資本主義の世界構造』大月書店，1980年，第2章参照。

12) 関下　稔『前掲書』71ページ。なお，関下氏は，注13において，下請制に対する見解として「下請制と系列化を区別」する考えに依拠している。しかし，両者は企業結合形態が異なるものの，その本質は独占利潤獲得のための剰余価値収奪であるという点で共通しており，系列と下請とを区別する理由はない。

13) 小林義雄編『企業系列の実態』東洋経済新報社，1958年。藤田敬三『日本産業構造と中小企業』岩波書店，1965年。小林・岩尾・伊東・楫西編『講座中小企業2』有斐閣，1960年等を参照。なお，系列という用語は，小宮山琢二『日本中小工業研究』中央公論，1941年の中で「大工業の立場からする町工場の系列的再編成」（108ページ）の表現が見出される。

とを区別する理由はないのである。すなわち，下請も系列も，基本的には対等でない縦の支配・従属関係という内容の生産上の特殊な分業関係である。下請と系列とをこのように考えると，国際的下請生産は，本社企業（親企業）の海外子会社を下請企業の範疇に含ませるのが妥当である。では国際的下請生産と企業内国際分業との関係はどうなるのか。企業内国際分業は生産単位たる1企業内における工場内分業の国際的展開[14]といえる。その点で，企業内国際分業は，海外子会社で本社企業の単一資本に完全支配される完全所有子会社の形態にこそ典型的に現われる。しかし，資本の所有形態は，海外子会社に対する本社企業の支配の手段であり，したがって海外子会社への実質上の支配いかんこそが重要な鍵である。このような観点からすると，企業内国際分業と国際的下請生産とは形態上で区別しつつも本質上区別する理由はなく，企業内国際分業はむしろ国際的下請生産の一種と考えられる。かくして，国際的下請生産は，本社企業の海外子会社のみならず地場企業をも下請企業として位置づけることが必要である。そのことは，同時に国際的下請生産が単なる企業内国際分業ではない，国際的価値収奪関係を含んでおり，その点では貿易とは異なった特殊な性格をもった国際的トラスト運動の一環といえるであろう。

だが，国際的下請生産の概念が，下請企業の範囲をめぐって先にみたようにWatanabe氏とSharpston氏，UNCTAD，ならびにUNIDOと一致しないのは，国際的下請生産の形態に対するそれぞれの認識の差に基因していると考えられる。

2　国際的下請生産の課題と問題点

国際的下請生産は，海外子会社，孫会社さらには進出中小企業や地場企業を積極的に利用することによって進展・拡大し，階層的構造を形成しているが，そのことが直接投資国たる先進国とその受入国たる発展途上国にどのような影響を，どの程度まで生じさせているかを究明することは重要な課題である。国際的下請生産が資本輸出国たる先進国には"新しい投資形態"[15]）として，ま

---

14)　杉本昭七「企業内国際分業」『大月経済学辞典』大月書店，126ページ．
15)　Dimitri Germidis, "International Subcontracting and Industrialization of the Third World : Problems and Perspectives," Edited by Dimitri Germidis, *op. cit.*, p. 32.
16)　Edited by Dimitri Germidis, *op. cit.*, p. 17.

た、途上国にとっては"工業化の過渡的手段"[16]として位置づけられており、「国際的産業調整」をいかに具体化していくかという政策課題と密接に関連しているからである。

しかし、関心あるこの問題は同時に解明するうえできわめて困難な課題でもある。国際的下請生産が及ぼす影響は、基本的には多国籍企業の世界戦略と発展途上国の経済構造、あるいは途上国政府の工業化政策、さらには国際的下請生産の形態が今後どのような展開をとげるかに依存しているからである。

国際的下請生産が及ぼす影響分析は、多くの論者によって指摘されているものの、一般的な考察にとどまっているといえよう。いま、国際的下請生産が及ぼす影響のプラス面をあげると次のようなことがいえるであろう[17]。

先進国側にとっては、国民経済レベルでは、①新しい事業機会の拡大、②産業調整にもとづく産業構造の「高度化」、③資源・エネルギーの安定供給の確保、④資材や加工原材料等の商品輸出の増加とそれによる国内雇用の確保、そして企業レベルでのプラス面は、①低賃金利用、②資本と労働の節約、③景気変動の際の調整弁、④市場の開拓・確保、⑤情報収集力の強化、⑥保護貿易主義的規制の回避、⑦投資優遇措置の享受、⑧特恵関税の利用等があげられる。

他方、発展途上国側では、国民経済レベルからみると、①雇用機会の創出＝失業救済、②外国為替収入の獲得、③所得の増大、④需要の増大、⑤地域開発への寄与、⑥貿易の促進、そして企業レベルでは、①技術・技能の習得および経営ノウハウの吸収、②販売市場の保証等が指摘されている。

こうした意義の重要性を制約するものとして、国際的下請生産の成長を抑制する要因が同時に存在している。途上国側の障害について、Watanabe 氏は、①現地市場の狭さ、②経験の不足、③ルーズな品質管理、④あまりにも厳格な貿易政策、⑤非弾力的な技術選択、⑥政府の官僚主義的行政を挙げている[18]。また、Michalet 氏はホスト・カントリーから生じる障害を、途上国の産業構造にもとづくものと、現地政府とに区別している。そして前者については、①技術水準の低さ、②納期の不規則性に加えて、③設備の悪さ、④地方税や輸入課徴金等の高さである。したがって「コストが先進国の下請企業に課されたコス

---

17) 長尾梅太郎「中小企業の海外投資の現状と意義」中小企業庁編『中小企業の再発見』通商産業調査会、1980年、184—193ページ参照。

18) Susumu Watanabe, "International Subcontracting, Employment and Skill Promotion," *International Labour Review*, May, 1972, Vol. 105, pp. 437–444.

トに比較してしばしばきわめて高く」，結局「これらの要因は，低賃金コストから生じる利益を相殺する」[19]とさえ指摘している。そして，後者の現地政府との関連では，①官僚主義的惰性，②政府の開発政策との対立，③社会的・政治的不安定さ，いわゆるカントリー・リスクの問題をあげている[20]。

先進国側から生じる障害は，①保護貿易主義的傾向の強まり，貿易赤字縮小対策，②労働組合の反発がある。

いずれにせよ，国際的下請生産の影響は，多国籍企業の世界戦略を原動力にして，その戦略がどのように展開されるかということを軸に，途上国側での経済構造や政府政策等の要因によって異なっている。

しかしながら，国際的下請生産の進展・拡大が，先進国側，途上国側のいずれにも有利に作用するとは限らない。発展途上国が工業化と自立化政策を推進しているなかで，多国籍企業はその要請に応えながらも，現地子会社を通じて地場企業のいっそうの利用をはかりながら，自らの国際的下請生産を補強・再編成し，現地に階層的企業構造を形成する。同時に，先進資本主義国の再生産構造と内的関連をもつ部門，たとえば電子産業や自動車産業と現地の地場産業・伝統産業との間に一種の断層を生み出し，新しい二重構造を創出することになる。そしてこのような過程の進行は，いわば近代部門を先進国に依存せざるをえないがゆえに，途上国に自立的再生産構造を確立させず，逆に先進国に従属化することになる。すなわち「途上国はますます多国籍企業の生産体系のなかに包摂され，従属的分業を強いられ，下請経済化していくことになる」[21]。このことは，途上国の自立化を阻害することになるのみならず，途上国内部に深刻な対立・矛盾を引き起こすことになると同時に先進国への反発・矛盾となって現われてくることになる。

他方，先進資本主義国側では，国際的下請生産の進展・拡大は，雇用機会の減少と失業の発生，国内産業の空洞化と転廃業の促進，ブーメラン効果による製品の逆輸入，下請企業への影響等の問題を発生させ，新しい矛盾を発現させることになる。

---

19) Chales Albert Michalet, *op. cit.*, pp. 60–61.
20) Chales Albert Michalet, *op. cit.*, p. 61.
21) 関下稔『前掲書』86ページ。

第11章　日本型下請生産構造と経済民主主義*
———問題性・効率性と閉鎖性・普遍性———

1　はじめに———問題の所在———

　わが国製造業内部における一つの特徴であった重層的下請生産構造（the structure of a multilayered subcontracting system）がかつてない大きな変容と再編成を迫られている。この下請生産構造は，少数の独占・大（親）企業と多数の中小（下請）企業の存在による支配・被支配あるいは依存度の関係を基軸にして社会的生産過程において垂直的に統合した一つの独自な生産機構を確立していた。たしかにこの生産過程は，業種・業態そして産業形成の歴史的背景等々により多様な存在形態であるが，共通していることは独占・大（親）企業の資本の支配力のもとで，絶えず資本の支配秩序に対応して機能することを強制され，一つの生産機構として質的・量的に再編されながら発展してきたのである。ここに日本型下請生産構造の「特殊日本的」ともいいうる生産構造の性格があり，「日本的経営」[1]を構成する一要素であると同時に，国際競争力形成の一つの源泉でもあった。換言すれば，日本型下請生産構造は，独占・大企業を頂点にした一次，二次，三次と何層にもわたる企業の重層構造であるが，その生産構造には，一方で下請企業間の激しい競争を基盤にした独占・大企業の支配・管理による収奪関係と，他方で独占・大企業と下請企業との間に長期継続的な「依存関係」が共存するという企業間関係を包含していたのである。その意味では「収奪関係と効率性の存在の共存[2]」とも指摘されている。

　＊本章は，日本大学経済学研究会，日本大学経済学部創設90周年記念論文集『経済集志』第64巻第3号，1994年10月，所収の初出掲載論文を加筆・修正したものである。
　1)　「日本的経営」という場合，「日本的労使関係」（終身雇用，年功・序列型賃金，企業別組合）から説明されることがしばしばであるが，中小企業や中小企業労働者を包摂して日本的経営（下請生産構造と労働編成）を分析することが重要である。

「収奪関係」と「依存関係」とが共存する日本型下請生産構造は、二つの側面から変容を迫られ、国際的な新たなステージで再構築を強めている[3]。下請生産構造の変容の第１のインパクトは、1980年代以降のME（マイクロエレクトロニクス）技術を核に展開した技術革新と情報化の進展・普及である。ME技術の発達によるFA化、FMS化といった高度なシステムとしての生産体制は、これまでの少品種大量生産方式を根底から覆えし、多品種少量生産方式あるいは多品種変量生産というまったく新しい「柔軟な生産体制[4]」をつくりあげたのである。そして下請企業はこの生産体制に同期化することを通じて、最少の在庫で最も合理的なJIT（ジャスト・イン・タイム）生産方式に組み込まれていったのである。トヨタ自動車の「かんばん方式」はその典型である。こうした多品種少量生産とJIT方式の構築は、下請企業間に激しい競争と合理化を強制したが、他方では一部の下請企業に自立化や親企業の分散化が生じ下請生産関係に対等な社会的分業関係をもたらすことになったとみられることである。このことが、いわゆる「デザイン・イン」にみられる専門性にもとづく分業関係が形成され、そのことを捉えて効率的生産システムと評価されているのであるが[5]、その変化が今後どのような方向に展開するのか注目されるところでもある。

下請生産構造変容の第２のインパクトは、急速かつ大幅な円高を契機に、日本企業の海外直接投資が急増し、新たな国際分業への発展が起きていることである。特に、1985年のプラザ合意以降の円の対ドル為替レートは、１ドル240円であったが、94年６月には遂に100円を割り90円台に突入（95年４月に79円台）し、輸出製造業における価格面からの国際競争力が著しく低下せざるをえなくなったことである。このため、独占・大企業は海外現地生産の本格的展開をはかると同時に部品等の現地調達と国内への輸入・調達の拡大を積極的に乗り出している。独占・大企業はもとより、中堅・中小企業の北米やことに中国

---

2) 渡辺幸男「下請、系列中小企業」中小企業事業団、中小企業研究所編『日本の中小企業研究（1980〜89）』第１巻、1992年、同友館。

3) 福島久一「国際化・ME化と大企業の下請支配の変容」、『経済』新日本出版社、1991年６月号。

4) 「柔軟な生産体制」といっても欧米でいわれる「リーン生産方式」とは構造において異なるものであることに注意しなければならない。

5) この生産面・技術面における下請関係の変化は生産力視点（社会的分業）に重点をおいており、生産関係（支配・従属）的利用の側面が欠落していることに注意を払う必要がある。

を含むアジア諸国への進出は懸念すべき空洞化を加速化させる状況を作り出している。中小企業を含む日本企業の国際化・多国籍化戦略への本格的展開はまさに国内の下請生産構造の基盤を掘り崩し，国際的に再編成する方向へとステージを移している。下請生産の「場」が国内からアジアを中心にした国際舞台へと転回したのである。資本が国境を越え，ボーダレス時代に入ったいま，独占・大企業は，市場経済・自由競争を原理にして下請中小企業の整理・淘汰をはかりながら世界的レベルでの再編成・再構築を展開しており，国内下請生産構造に重大な影響を及ぼす結果になっている。

　こうした動向を背景とした日本型下請生産構造の変容は，まずそれ自体が欧米先進諸国のそれと比較して特殊ないし異質な存在であるのかどうか，その変容が今後どのような方向に展開するのかどうか，これらの事柄は競争のあり方や社会的分業のあり方と密接にかかわっている問題でもある。

　最近になって，下請関係（系列をも含む）における「下請」という用法が嫌われ，死語となりつつ，代わって「パートナー」「協力企業」「サプライヤー」「ネットワーク」等々といった言葉が使われはじめている[6]が，果して死語となりつつあるのであろうか，下請概念の再検討を要する問題である。日本の企業間関係とりわけ下請関係をめぐる様々な議論のなかでは，独占・大（親）企業による下請企業の支配・収奪，長時間労働や不公正取引関係といった「問題性」の指摘が影をひそめ，むしろその経済合理性・効率性を強調する議論が多くの論者によって展開されている。そしてさらに，下請企業の支配・利用といった特殊性・異質性あるいは一部の上位下請企業にみられる長期継続的取引の排他性・閉鎖性の側面よりは，むしろ下請関係のオープンなネットワーク型やその有効性・普遍性が強調され，いわゆる下請問題が解消したかの議論がみられる。このように日本型下請生産構造の評価をめぐり，下請構造の変化とともに，「日本的特殊性」とみなされてきた下請構造が，その生産構造において効率性・普遍性をもった形態として評価され，「日本型経営」として国際的に関心が寄せられているのである。

　以下では，こうした日本型下請生産構造が果して経済合理的・効率的存在であるのかどうか，そして等価交換にもとづく正常な社会的分業構造へと展開していくのかどうか，これらを分配の公平性や取引関係の国際性・普遍性といっ

---

　[6]　東京商工会議所『終りなき中小製造業の経営変革』1990年2月。

た観点から検討すること，このことを通して現代日本における下請生産の存在の意味を考えてみることにしたい。

2 日本型下請生産の光と影――効率と支配――

　日本型下請生産構造をめぐる議論の特徴は，1970年代後半以降，支配・従属関係の観点からの「問題性」論から強い国際競争力―高品質・低価格―を生みだす仕組みをもった「効率性」論へ，そしてさらには日米構造問題協議を起点にした欧米からの「系列」（下請を含め）批判による「異質性・閉鎖性」論から「普遍性」論へと急転回していることである[7]。

　このような議論の転回の背景には，日本経済・産業の強い国際競争力がどうして形成されたかの関心の高まりと日本経済の成長力の原動力となった日本企業の急速なグローバル化，すなわち企業の国際化，多国籍化の進展を契機にしているといえる。しかし1990年代に入ると，バブル経済の崩壊と深刻で長期の「複合不況」が生じ，これまでの生産量の拡大を前提としてきた企業行動や企業構造に多くの問題点が露呈しはじめ，日本型下請生産構造の大きな転換点に立ち入っている。ここでの下請生産構造とは，独占・大（親）企業と下請企業との「技術・生産関係＝社会的分業」（生産力利用）と重層的企業構造の「取引関係＝支配・従属」（生産関係利用）をもった一つの生産機構のことである。この日本型下請生産構造が，全体としていわゆるピラミッド型からネットワーク型へと転換し，世界的に普遍性をもつシステムへと転回するのであろうか。下請生産に付される「日本型」とか「日本的」という形容詞は，その「日本型」といわれる事象が「程度」の差によるものなのか，それとも何らかの「本質」の差を表わすものなのかを明確にすることが「普遍性」を語る場合に問われている。

　それでは下請生産構造における「日本型」とか「日本的」とは何か，その存在の特徴をまず明らかにすることが必要である。『平成4年版中小企業白書[8]』は，わが国の分業構造の特徴として，「わが国の製造業は，多くの業種において下請企業を中心とする分業構造が広範に形成されていることを大きな

---

7)　「下請・系列関係」をめぐる80年代の「問題性」論から「効率性」論への展開，さらには「効率性」評価をめぐる諸議論は，渡辺幸男氏の『前掲書』を参照されたい。
8)　中小企業庁編『平成4年版中小企業白書』，大蔵省印刷局，1992年6月。

特徴としている。……その特徴としては構造が重層的であり、かつ、その取引が長期継続的であるということの2点をあげることができる」と指摘している。すなわち、一方で多重の重層構造が存在し、他方で親企業と下請企業との取引形態が長期継続的な関係にあることである。このような二つの特徴をもつ分業構造は「国際的普遍性を持つ生産システムとして、わが国だけではなく、広く各国においてみられるが、各国における分業の程度や企業間の結びつきの強さ、分業の方法など国ごとに大きな相違がみられる[9]」（表11—1参照）ことを指摘している。つまり、日本の下請生産分業構造は、「国際的普遍性を持つ生産システム」であり、「本質」では差がなく、その違いは、各国における産業構造、商慣習、産業形成の歴史的違い等の要因による「程度」の差であると考えられている。この意味からすると、「日本型」とか「日本的」とは単なる修辞・形容詞にすぎず、いわゆる「日本的特殊性」が消散することになる。しかも、『白書』は下請中小企業の現実の深刻な矛盾がどこから起因しているかを分析することなしに、日本の下請生産構造が普遍性を持つシステムと位置づけており、評価する分析は「無邪気な願望」であり、主観的であるとのそしりはまぬがれないであろう。日本と類似した分業構造が存在しているならばその異同性を明らかにすることは重要であるが、類似していることだけをもって直ちに普遍性に結びつけることには問題があるといえよう。下請生産構造がもつ日本型といわれる本質は、独占・大（親）企業が下請中小企業を直接的間接的に支配・管理し利用する一つの独自な生産機構として存在している点にこそ「日本型」の真の意味があるのである。そしてこうした独自の生産機構を確立してきたがゆえに、さらにいえば最も資本主義的な蓄積機構を作りあげたがゆえに、抜群の国際競争力を発揮し、世界からその「日本型」に関心がもたれたといえるであろう。

　しかしながらこの下請中小企業の全面的利用をもった生産機構が世界から羨望されるのとは逆比例して、この生産機構のもつ問題性・異質性が問われ、独占・大企業にとっては国内外を一体化した世界的レベルからの下請再編成と新しい収奪構造の再構築を進行させているのである。経済的合理性・効率性を備え普遍性を持つと讃美された「日本型下請生産構造」は、平成不況・複合不況の中で展開された下請企業に対する発注打ち切り、コスト切下げ、下請代金支

　9）　中小企業庁編『前掲書』93ページ。

表11—1　分業構造の国際比較

項　目	日　本　型	欧　米　型	アジアNIEs型
1.部品生産における形態（発注方法，内製比率）	○メーカーによる内製および下請企業による生産 （内製化率低い　30％） ○発注のユニット・集約化の進展 ○共同開発（開発期間を通じた安価な部品生産が可能） ○承認図面方式中心	○メーカーによる内製および子会社による生産 （内製化率高い　50％） ○完成品メーカーは内製中心，部品メーカーでは下請利用が多い ○貸与図面方式中心	○外資導入による合併会社での生産 （内製化率低い　30％） ○輸入部品の割合が高い ○下請企業の企業規模は零細 ○貸与図面方式中心
2.取引の継続度（取引形態等）	○長期継続的 （協力工場の認定を受けると10年以上） ○状況の変化に対応して生産はきわめて柔軟的	○基本的には単年度（バイヤーとのつながりによっては，長期になる傾向が強い） ○状況の変化に対応して柔軟な対応もみられる	○市場経由のスポット的関係が中心
3.親企業による技術指導・情報交換	○きわめて綿密に行われている ○技術的な指導および生産管理については日常的に行われている	○一般的にほとんど行われていない（近年，競争激化に伴い，指導が行われるケースもみられる）	○日本と同様の指導が行われている（下請企業において消化が不十分との問題がある）

資料：（財）機械振興協会調べ
（注）1. 輸送用機械における分業構造の国際比較である。
　　　2. アジアNIEs型は，韓国および台湾における分業構造とした。
出所：中小企業庁編『平成4年版中小企業白書』，93ページ。

払遅延，短納期とそこに生じる長時間労働そして不公正な取引の強制等の実態との認識の段差が顕著になり，その認識の転換がはかられたかに思われる。それは『平成4年度経済白書』の中に読み取ることができる。

『平成4年度経済白書』は，第3章で「日本の市場経済の構造と課題」として生産系列の垂直的な企業間関係を取り上げている。そこでは，生産系列（サプライヤー・システム）における「日本の自動車産業に典型にみられるような親企業と部品供給企業との取引形態の基本的特色としては，両者の関係が長期的，継続的な傾向を持ち，通常のスポット的な市場取引とは性格を異にしていること[10]」を指摘している。この長期的・継続的取引の内容は，第1に日本とアメリカとを比較した場合，日本は貸与図方式よりも承認図方式の部品の割合，部品メーカーの開発参加度そして新規部品比率がアメリカよりも高く，機動性，

効率性を保っていること，第2は部品供給企業と親企業との関係は固定化されたものではなく，複数の部品メーカーからの購入や一定期間毎に取引先を変更するなどによって部品メーカーに常に競争のメカニズムが内在化されていることを指摘している。これに対してアメリカの企業間関係は，部品供給産業との継続的な関係は存在するが，①契約期間は比較的短期間である，②多数のサプライヤーを競わせ価格の低いものから購入，③部品供給企業との関係は景気循環に左右される，などの対照性を指摘している。

　『白書』の指摘する生産系列の垂直的な企業間関係の分析対象は，下請・系列関係に特徴的な重層構造から生じている問題分析ではなく，専らもう1つの特徴である長期継続取引を取り上げているところに特徴がある。企業の重層構造と継続取引の両者は相互に連関して垂直的な企業間関係を形成しているのが特徴であって，下請・系列の生産形態を無視して，長期継続取引の取引形態をのみ分析することは一面的であるといえる。このように『白書』は分析枠組みの設定において大きな問題を含んでいるがゆえに，「日本のサプライヤー・システムの評価」として「その効率性」を指摘する結果に終っている。すなわち，長期継続取引のメリットは，非標準的な財（ハイテク製品に多い）に存在する情報の非対称性が取引関係に固有な投資による利益を十分享受できないことにより生じる非効率性を解消しうることであり，このような生産系列の利点は欧米でも評価されてきている，と指摘している。このような効率性への評価・讃美と欧米へのその浸透については認識の転換はみられない[11]。

　認識の転換は，「日本のサプライヤー・システム―その影」の分析にみられる。『白書』は，効率的とされる日本の系列関係は，「まったく欠点のないシステムなのであろうか」と提起し，第1は，情報の交換，調整に要する長時間労働や交際費に要する種々のコミュニケーション・コスト，第2に，下請関係における「しわよせ」，「搾取」等の存在，第3に，第三者のサプライヤーからみた新規参入の障害の可能性と取引の不透明性，といった3点のデメリットを指摘している。このような問題点の指摘は的を射たものといえるであろう。下請生産構造との関連で重要な指摘は第2の点であり，ここに従来とは異なった認

---

10) 経済企画庁編『平成4年度経済白書』大蔵省印刷局，1992年7月。
11) 『白書』の分析の理論的背景は，経済組織（市場と企業）を取引コストの節約の観点で分析する「取引コスト論」に依拠している。鶴　光太郎「市場取引，垂直統合，系列」，『経済セミナー』日本評論社，1992年12月号。

識の転換がみられるので少し長いが引用しよう。

「第2に，経済的強者である親企業と下請企業（サプライヤー）の上下関係はピラミッド型になっているとし，コストダウンの要請，品質・納入条件の過酷さ，景気変動の転嫁といった『しわよせ』，『搾取』等に象徴される伝統的な下請制への見方は，部品供給企業のデザイン・イン等の役割を考えればやや極端な議論であろう。しかしながら，『しわよせ』的なものがまったくなかったとは言い切れないであろう。これまでは最終財市場が輸出も含めてパイがどんどん大きくなっていったため，サプライヤーのパイもそれに応じ増加したことがこのような『しわよせ』をある程度緩和していたと考えられる。ジャスト・イン・タイム等はその効率性の裏で部品供給産業の長い労働時間で支えられていた面が強いと考えられる。……賃金格差については高年齢層の格差が縮小する一方，若年層の格差が拡大していること（労働省『賃金構造基本統計調査』）等から結果的には縮小していないとみられる」と指摘している。

このように「効率性」の影には「しわよせ」が厳然として存在していることが認識され，「伝統的」な下請制への見方が決して「極端な議論」でないことを示唆している。そしてその場合，下請制への見方が伝統的であるかどうかの指標として「経済的弱者」としての下請企業への「しわよせ」「搾取」の存在と部品供給企業のデザイン・インの役割を重視している。前者が存在していることは明白である。しかし後者のデザイン・イン[12]についてはどうであろうか。たしかに，自動車部品，電器部品さらには半導体といったハイテク型産業では「デザイン・イン」という形で製品開発の早い段階から参加する部品メーカーがみられる。この「承認図メーカー」と呼ばれる部品メーカーは，しかし親企業の分工場的性格をもったメーカーで，階層的にみると一次下請層（資本的人的結合関係をもっている場合もある）であることが多い。また，二次下請層であっても専属的下請企業であり，「承認図メーカー」が目立った存在であると

---

12) デザイン・インしている企業であるかどうかは，「貸与図メーカー」（部品の生産に当たって親企業が部品の設計を行い，部品メーカーに設計図を貸与して製造が行われている場合の部品メーカー）と「承認図メーカー」（親企業が提示する仕様に対し，部品メーカーが部品の開発に参加すると共に，部品開発をした場合，その設計図を提示し（デザイン・イン），親企業がそれを検討し承認する場合の部品メーカー）との区別にもとづいている。長期取引関係に際して用いる図面の「貸与図」と「承認図」そして取引関係の中に作り出され用いる経済メカニズムに関しては，浅沼萬里『日本の企業組織　革新的適応のメカニズム―長期取引関係の構造と機能―』東洋経済新報社，1997年。

はいえ一部の企業にすぎず，下請企業の圧倒的多数は「貸与図メーカー」にあるといえる。さらに，「承認図メーカー」といえども，その継続的取引の内容は，新製品の開発からその製品がフル・チェンジされるまでのいわゆる製品の生存期間内であったり，複数部品メーカーへの併注が行われており，潜在的なものを含めて常に競争が激しく繰り広げられていることに注意しておかなければならない。いずれにせよ，「デザイン・イン」を行う企業の簇生[13]をも含めて下請生産構造は変化しているが，下請生産構造が経済の発展段階に対応して変化するのはいうまでもないことでいつまでも固定的ではありえないのである。その変化の基軸を「デザイン・イン」等を行なっている第1次下請層を分析対象におくのか，それよりはむしろ2次・3次・4次層の下請企業をも視野に入れるのかによって下請生産構造の評価も別れてくるといえよう。だが日本型の下請生産構造が一つの独自な生産機構として存在していることを前提にすると，一次下請層とそれ以外の下請層とに区別することなく，下請全体として把握することがとりも直さず重要である。

ともあれ，下請・系列関係が「効率性」一辺倒のものではないという「認識の転換」が必要である。問題は，下請・系列関係＝下請生産構造の効率性を評価しつつも，その効率性は，継続的取引の取引一般にだけ求めるのではなく，経済的強者である親企業と経済的弱者にある下請企業との資本の支配力にもとづく支配・管理・利用とその取引内容に起因している。ここに日本型という特殊な関係をもった下請という意味もある。

3　下請制問題と社会的分業の方向

下請生産構造の変化にともない下請制の問題も多様化し，複雑に展開している。とくに，1980年代以降，「デザイン・イン」を行う「承認図メーカー」の台頭に象徴される第1次下請企業を中心に，設備・技術力や生産力が大（親）企業に比肩しうる程にレベルアップし，独自の技術や部品を保有することによっていわゆる「脱下請」・「自立化」する企業がみられるようになった。しかし他方ではME機器等の新鋭設備の導入に要する最低必要資本量の増大，技能

---

13) 貸与図メーカーから承認図メーカーへの脱却は，広範に広がっており，従来の下請イメージを脱却しているかにみえるが，そのことが直ちに独立性，自立性には結びつかないし，問題は別である。また親企業の複数化・多角化についても同じことがいえる。

工・熟練工を中心にした「労働力不足」と賃金上昇等々により下請小零細層の存立が厳しくなり，転業・廃業する小零細企業が急増している[14]。加えて，上層下請企業を組み込んだ日本企業の国際化，多国籍化による国際戦略の本格的展開は，国内下請・系列企業の合理化，再編成を促進する一方，企業内国際分業にもとづく国際的下請生産への構築をはかってきている。こうして日本型下請生産構造は，一方で上位下請企業の「自立化」，他方での「柔軟な生産体制」の基盤であった下位底辺層の下請企業の減少とその利用の限界性にともなって変化が起きている。

問題は，下請企業の技術・生産力水準がアップしたことを認識したうえで，親企業と下請企業との下請関係が果して「対等な取引関係」＝「正常な社会的分業」を確立したといえるかどうかである。下請取引は，市場を媒介としない相対取引であり，仮に対等な取引関係が成立したとするならば，そこには両者の間の取引関係が変化し，相対取引から市場取引へと展開していくことになる。たしかに，親企業の複数化，分散化は，下請企業の市場行動の選択を拡大させたといえるであろうが，それはあくまでもメインの親企業との取引関係の継続性を前提にし，その枠内での行動にすぎない。親企業は個別資本としての自己の責任を身軽にし，資本総体として下請企業を支配・管理することが可能であればよいのである。その意味からすると，一次下請層を中心にした下請関係の変化は，部分的に「正常な社会的分業」への転移がみられるものの，全体としては「正常な社会的分業」へと向かわず，むしろ市場原理として世界市場原理を導入し，それを基軸に行動展開する総体としての独占資本の支配・管理と競争制限圧力を回避するものとはなっていない。ましてや，二次以下の下請企業間の競争は激烈を極めているのである。

ともあれ，下請企業の生産力水準がアップしたものの，その生産力水準に照応した形での親企業と下請企業の取引関係は本質的に変化したとは言い難いであろう。独占・大企業が資本蓄積の総体的運動として下請企業の生産力利用を拡大し，社会的分業を進展させたかにみえるが，その社会的分業としての下請関係は，その取引内容において全体として「自立・対等」な関係へと向かわず，依然として資本の支配力の差に起因するしわ寄せ，収奪＝「支配・従属」が貫

---

14) 小零細企業は，戦後一貫して増加しつづけてきたが，1980年代を転機に減少する傾向にある。とくに，83年以降は廃業率が開業率を上回る逆転現象が生じ下請利用の基盤の喪失が問題になっている。

徹しているのである。生産力利用と生産関係利用との大きな乖離，ここに今日の下請制の問題があると同時に，下請関係を再生産し，利用する日本的構造がある。

　それでは社会的分業の進展は，下請制の問題を解消し，不等価交換を伴わない，「正常な社会的分業」に向かうのであろうか。社会的分業は，多数の商品生産者が互いに独立していることを前提に，分業（Division of Labour）[15]にもとづく生産力の社会的結合体系であり，どんな国でも，どのような産業でも拡大し，普遍的でさえある。マルクスはホジスキンによって，社会的分業は「どんな国でも，どんな政治的制度のもとでも拡がる。それは，本源的には家族のなかに存在するのであつて，ここではそれは，生理的な区別，すなわち性および年齢の区別から自然発生的に生ずる。諸個人の身体構造の多様さ，肉体的・精神的素質の多様さは，生業の分割の新しい源泉となる[16]」と述べている。資本主義のもとでの「生産の分割」（Division of Production）の普遍性を主張する一方で，肉体労働と精神労働の分離＝「労働の分割」（Division of Labour）とその止揚を根拠づけている。しかし，この社会的分業は社会のある一定の発展段階で形成されるのであるが，そのあり方は社会の経済的形成過程や技術・生産力水準，さらには経済の発展程度，商品の交換程度によって異なっており，変化していくことはいうまでもない。

　とりわけ，資本主義的生産様式のもとでは，資本の蓄積過程は生産力の拡大過程でもあり，この両者の相互規定的な関係において社会的分業が発展していくのである。生産部門の分化・多様化，生産工程の分化・自立化，個別資本の分離・分割と自立化等々を通じて社会的分業は工場内分業から企業内工場間分業へ，さらには互いに独立した企業間分業へと拡大・深化していくのである。そして生産の企業間分業は，生産物の「等価交換」を内的契機にして，相異な

15）　分業論は Adam Smith の『国富論』（*An Inquiry into the Nature and Causes of the Wealth of Nations*, 1776）の第1巻では，労働の生産力の向上の諸原因とその生産が人々の様々な階層の間に自然的に配分されることによる秩序を述べるとして，第1章の「分業について」（Of the Division of Labour）の中で，"ピンの製造" から分業の生産力を論じていることはつとに有名である。もっとも，マルクスは，アダム・スミスよりも早く，ウイリアム・ペティが「生産にとっての分業の利益を懐中時計の製造について示しただけでなく，同時にまた一都市や一国全体を大工場施設という視点から考察」したとし，「イギリスの経済学の父である」と述べている。『経済学批判』国民文庫，大月書店，60―62ページ。

16）　K・マルクス，資本論草稿集翻訳委員会訳『経済学批判（1861―1863草稿）』第1分冊，大月書店，1978年，471ページ。

る独立した企業が質的・量的に編成され，発展していくのである。したがって，資本主義の下での社会的分業は，社会的といっても一般的に社会的だというのではなく，「特殊なあり方での社会的」である。このような社会的分業は，生産の分業利益を前提にした社会有機体の一つの生産機構として機能し，継続性と秩序が強制されることになる。

　このような意味をもつ社会的分業の進行過程は，日本では下請制という形態をもってあらわれたのである。この下請制は，親（大）企業と下請（中小）企業との下請生産関係が，等価交換ではなく，不等価交換＝支配・従属という取引内容をもった特殊な社会的分業として展開しているのである。換言すれば，日本の下請生産構造は，高度に発展した生産力をもちながら，その生産力の発展と結合し，関連しあいながら支配・従属関係を展開してきている。それはまた全体として，下請中小企業が高度の技術力・生産力を保有しながら，その生産物交換において生産成果の分配を等価に享受できず，親企業に吸収・収奪されてしまっているところに問題がある。生産と分配の不一致といえる。

　しかし，高度に発達した日本資本主義，そして支配・従属性をもった下請生産構造のなかから，部分的とはいえ，対等かつ自立化する下請企業が出現してきている事実は注目し評価することが重要である。何故ならば，支配・従属という収奪関係は生産力の発展につれて変化し，止揚すべきものであると考えるからである。

　中小企業白書は「わが国の分業構造は，よりオープンなものへと変化してきており，今後一層，ネットワーク型への変化が進展していくものと考えられるが，これと並行して，分業構造は地域的な広がりを持って変容し始めている[17]」と分業構造の新たな展開を予測している。しかしこの見方は楽観的でありすぎ，果してそのような方向を辿るといえるのであろうか。

　たしかに，社会的分業の拡大・深化が，対等かつ自立した独立性をもった企業に下請企業を止揚したとするならば，特殊な社会的分業といわれる日本型下請生産構造は消滅することになり，正常かつ一般的な社会的分業が成立することになる。そしてこのような形での下請生産構造の下でこそ，経済合理性と効率性の高いことが必要であり，その限りで普遍性をもつことになる。また，そこでの社会的分業の拡大・深化は，企業間の社会的関連を強め，その大きさだ

17）　中小企業庁編『前掲書』，100ページ。

け社会的性格を高めることになる。社会的分業の拡大・深化の過程は同時に生産の社会化の過程でもあり，この過程の中に「しのびよる」社会主義への可能性をみることもできよう。

しかし，日本の社会的分業の進行過程，とくには下請生産関係は生産力の拡大にともなって変化してきているが，いわゆる下請制の問題を解決する方向に進むのではなく，国内における資本蓄積の限界＝下請利用の限界を克服するために地域的広がりをもった国際分業＝国際的下請生産[18]を展開し，下請企業の対象の拡大とその利用の可能性が追求されているのである。下請生産構造がもはや国内の存在だけでは限界が生じてきたのであり，アジアを含めた世界的規模での社会的分業の拡大が新たな国際分業として注目されているのである。日本の社会的分業の行方に新たな性格が付与されている。

4 法律的表現の下請概念と経済民主主義
──下請制の変革を求めて──

日本の下請制をめぐり，効率性，普遍性を高く評価する見方と，これに対して問題性，閉鎖性を主張する二つの見方が大きな潮流としてあった。これら二つの対立的下請制観は，下請中小企業の実態認識の差に起因しており，前者は一次下請層を対象にした「自立化・対等性」を主張するのに対して，後者は二次下請層以下を対象に「支配・従属性」の存在を重要な側面とみなしてきた。この両者の視差は，下請中小企業政策を論じるに際しても対照的な施策となり，前者が個別企業の経営戦略を重視するのに対し，後者は独占規制・構造政策を主張する。ここには，下請中小企業を分析するうえで，一見すると超え難い断層があるように思われる。

しかし，下請中小企業観の断層的視差は，下請企業の存立変化という「事実の進行」によって打破される。下請企業がみじめで無力なもの，ミゼラブルの存在ではすでになくなっている。生産力の拡大による経済規模の拡大は，下請企業を全体としてレベル・アップしたのである。このレベル・アップのなかで下請生産構造は効率性を発揮したのであるが，同時にその効率性は下請企業への支配・利用によって生じたものであることに注意しなければならない。下請

---

18) 福島久一「中小企業の海外進出と国際的下請生産システム」，渡辺・中山・二場・福島編『90年代の中小企業問題』新評論，1991年4月．

生産構造の効率性それ自体を評価したうえで，やはり下請制の直接的問題が「支配・収奪」としてあり，したがってこの「支配・収奪」構造を解消することが，真の意味での効率性を実現することにつながるのである。もちろんそのような望ましい社会状態，正常な社会的分業を実現するには自由で公正な競争とその競争機会への自由そしてそれらを作りあげていく主体の形成が保障されなければならないのである。

　だが，こうした日本型下請生産構造の解体のプロセスの前に厳然としてあるのが現実にある下請制の矛盾である。一部の論者に「下請問題はもはや存在しない」とか「下請関係は対等な社会的分業関係になった」とか「もともと収奪などは存在しなかった」，さらには「下請という用語は死語である」といった見解がみられ，不況の中での親企業の「無理の強制」「しわよせ」「収奪」の事実[19]を全く無視していることである。改めて下請という概念を国際的に「説明可能」（explainable）なものになるように考えてみることが下請制のルールを作り出すうえで，また普遍性を論じる場合に不可欠である。

　下請としての用語は「『下請負』の略で日本特有の慣用語である。そのルーツは，江戸時代の『下請人』とか，下細工・下仕事・下職といった問屋制下の職人世界の用語などである。明治になって近代『民法』が制定され『請負契約』が規定され，Sub-contract が『下請負』，『下請契約』と訳されて建築業等で一般化した。……『下請制工業』という表現で一般化し定着することになったのは大正期をへて，昭和１ケタ期といってよいであろう[20]」という。下請，下請制という用法はこうして歴史的に形成され，検証をへて一つの科学的概念となったのであるが，同時に日常用語として使用され，普及していったがゆえにその概念の厳密性が薄れ，多義性を帯びるようになったといえる[21]。しかし，支配的資本である独占・大（親）企業と中小企業の関係が，その取引内容において独自性をもった下請関係になるや下請という用語は一つの法律的形態をもって規定され，関連づけられることになる。下請企業の社会的存在とその役割の重要性が否定しがたくなるのである。下請という用語が一つの法律的表現

---

19) 下請代金支払遅延等防止法の違反件数が無くなるどころか，バブル期の87年から91年までの５年間でも，その件数は毎年2,000件前後が記録されており，しかも届出が行われず「泣き寝入り」に終わる下請企業の数がはるかに多いのが実態である。
20) 佐藤芳雄，「経済構造変動下における下請生産システムの変化」，伊東岱吉編著『経済構造変動と中小企業』中央経済社，1987年６月，113ページ。
21) 下請制に関する戦前，戦後の議論については渡辺幸男『前掲書』を参照。

をとり，下請関係の枠組み，社会的仕組みのルールを設定したのが1956年に制定された「下請代金支払遅延等防止法」（以下「下請法」という）である。同法は独占禁止法（1947年制定）の特別法として，独占禁止法を補完するものであるが，欧米先進国にはみられない日本独自のものであり，その意味からも下請関係がいかに特殊日本的であったかを示している[22]。

下請法は，下請代金の支払遅延等を防止することにより，親事業者の下請事業者に対する取引を公正にし，下請事業者の利益を保護することを目的にしていた。しかし，その目的は充分に作用しなかった。むしろその後の日本経済の高度成長の中では，下請・系列化の進展に伴ってピラミッド型の企業の重層的収奪構造が形成・確立され，「近代的下請関係」がつくられていったのである。下請関係の近代化とは，下請中小企業を最も効率的・経済合理的に利用することができるようにすることであり，そのような能力をもった下請中小企業の育成を目的に1970年に「下請中小企業振興法[23]」（以下では「下請振興法」という）が制定された。ここに，下請法と下請振興法という下請に関する二つの大きな制度的枠組みがつくられたのである。

このように下請という用語は，日本経済の成長と矛盾のなかから経済の法律的表現として位置づけられ，定着しつつ，日本的表現であった下請が今や"SHITAUKE"として国際的用語にまで高められている。

それでは，下請とは法律においてどのように規定しているのであろうか。下請法の概要を見たのが表11—2である。下請法ででは，下請の定義は，下請取引の範囲から規定し，その範囲を第2条で「取引の内容」と「取引当事者の資本金等の区分」の両面から定めて，これら双方の要件を満たす場合としてい

---

22) 下請法の制定当時，繊維・鉄鋼業にはじまる下請・系列化が進展するが，他方では「下請中小企業に対する支払促進決議」（1952年）にみられる，親・大企業の優越的地位を不当に利用して，下請代金の支払遅延や下請代金の減額要求等，下請企業に対する「しわよせ」が横行し，中小業者から不当な行為の取締りが強く要請されていた。市川弘勝編著『現代日本の中小企業』新評論，1968年5月，第2章参照。

23) 同法では，第3条で振興基準（①下請事業者の生産性の向上，製品の品質，性能の改善，②親事業者の発注分野の明確化，発注方法の改善，③下請事業者の設備近代化，技術の向上，事業の共同化，④単価の決定方法，納品の検査方法，その他取引条件の改善，⑤下請け業者の組織の推進，⑥その他振興に必要な事項）を定め，その規定に基づき「下請中小企業振興法第1項の規定に基づく振興基準」（1971年3月告示，1986年改正告示，1991年改正告示）の中に細目が明示されている。しかし同法は，下請取引のルールを規定している下請法の規制を受けない内容のものとなっている。

表11—2　下請法の概要

1　目的（第1条）　下請取引の公正化・下請事業者の利益保護
2　親事業者，下請事業者の定義（第2条第1項～第8項）
　（1）物品の製造・修理委託及び政令で定める情報成果物作成・役務提供委託

親事業者	下請事業者
資本金3億円超 →	資本金3億円以下（個人含む）
資本金1,000万円超3億円以下 →	資本金1,000万円以下（個人含む）

　　政令で定める情報成果物作成委託…プログラム
　　政令で定める役務提供委託…運送，物品の倉庫における保管，情報処理
　（2）情報成果物作成・役務提供委託（政令で定めるものを除く。）

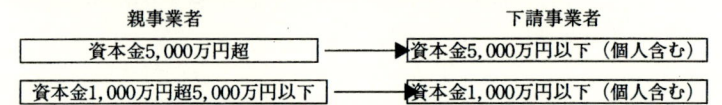

親事業者	下請事業者
資本金5,000万円超 →	資本金5,000万円以下（個人含む）
資本金1,000万円超5,000万円以下 →	資本金1,000万円以下（個人含む）

3　親事業者の義務（第2条の2，第3条，第4条の2，第5条）及び禁止行為（第4条第1項，第2項）並びに調査権（第9条）及び排除措置（第7条）

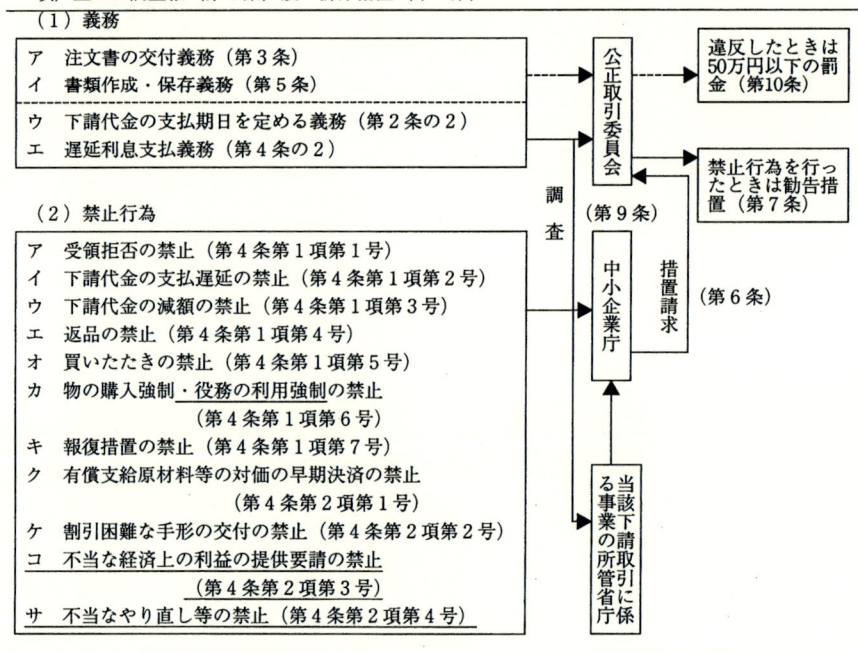

　（1）義務
　　ア　注文書の交付義務（第3条）
　　イ　書類作成・保存義務（第5条）
　　ウ　下請代金の支払期日を定める義務（第2条の2）
　　エ　遅延利息支払義務（第4条の2）

　（2）禁止行為
　　ア　受領拒否の禁止（第4条第1項第1号）
　　イ　下請代金の支払遅延の禁止（第4条第1項第2号）
　　ウ　下請代金の減額の禁止（第4条第1項第3号）
　　エ　返品の禁止（第4条第1項第4号）
　　オ　買いたたきの禁止（第4条第1項第5号）
　　カ　物の購入強制・役務の利用強制の禁止
　　　　　　　　（第4条第1項第6号）
　　キ　報復措置の禁止（第4条第1項第7号）
　　ク　有償支給原材料等の対価の早期決済の禁止
　　　　　　　　（第4条第2項第1号）
　　ケ　割引困難な手形の交付の禁止（第4条第2項第2号）
　　コ　不当な経済上の利益の提供要請の禁止
　　　　　　　　（第4条第2項第3号）
　　サ　不当なやり直し等の禁止（第4条第2項第4号）

公正取引委員会 — 違反したときは50万円以下の罰金（第10条）
　　　　　　　　　　禁止行為を行ったときは勧告措置（第7条）
調査（第9条）
中小企業庁　措置請求（第6条）
当該下請取引に関係る事業の所管省庁

（注）下線部分は，平成15年の法改正により新たに追加・改正されたもの。

る。取引の内容については，①「製造委託」—事業者（製造業者以外の者も含む）が他の事業者に物品（その半製品，部品，付属品，原材料またはこれらの製造に用いる金型を含む）の規格，品質，性能，形状，デザイン，ブランドなどを指定して製造（加工を含む）を委託すること，②「修理委託」—物品の修理を請け負う事業者及び物品の修理を自ら行う事業者がその修理を他の事業者に委託すること，③「情報成果物作成委託」—情報成果物の作成の提供及び請け負う事業者が情報成果物を他の事業者に委託すること，④「役務提供委託」—役務提供を営む事業者が他の事業者に委託すること（建設業者＝建設業法第2条第2項に規程する者を除く）を対象としている。一方，取引当事者の資本金又は出資額から親事業者と下請事業者とが区別されているが，この場合，四つの基準からなっている。すなわち，親事業者とは次の場合である。一つは，「資本の額又は出資の総額が3億円をこえる法人たる事業者であって，個人又は資本の額若しくは出資の総額が3億円以下の法人たる事業に対し製造委託等をするもの」，二つは，「資本の額又は出資の総額が1,000万円を超え3億円以下の法人たる事業者であって，個人又は資本の額若しくは出資の総額が1,000万円以下の法人たる事業に対し製造委託等をするもの」，三つは「資本の額又は出資の総額が5,000万円を超える法人たる事業者であって，個人又は資本の額若しくは出資の総額が5,000万円以下の法人たる事業に対し情報成果物作成委託または役務提供委託をするもの」，四つは「資本の額又は出資の総額が1,000万円を超え5,000万円以下の法人たる事業者であって，個人又は資本の額若しくは出資の総額が1,000万円以下の法人たる事業に対し情報成果物作成委託または役務提供委託をするもの」を対象としている。

　これに対する下請事業者とは次の場合である。一つは「個人又は資本の額若しくは出資の総額が3億円以下の法人たる事業者であって，資本金等が3億円をこえる法人たる親事業から製造委託等を受けるもの」，二つは「個人又は資本の額若しくは出資の総額が1,000万円以下の法人たる事業者であって，資本金が1,000万円を超え3億円以下の法人たる親事業から製造委託等を受けるもの」，三つは「個人又は資本の額若しくは出資の総額が5,000万円以下の法人たる事業者であって，資本の額又は出資の総額が5,000万円を超える法人たる親事業者から情報成果物作成委託または役務提供委託を受けるもの」，四つは「個人又は資本の額若しくは出資の総額が1,000万円以下の法人たる事業者であって，資本の額又は出資の総額が1,000万円を超え5,000万円以下の法人たる

親事業者から情報成果物作成委託または役務提供委託を受けるもの」である。したがって，個人又は資本金等が1,000万円以下の法人が親事業者となることはないと同時に，資本金が3億円をこえる法人が下請事業者となることはない。このように下請の定義は，取引内容と資本金等の両面から規定されている。

しかし，下請法での資本金額又は出資額での下請取引の範囲の規定では，①資本金等1,000万円をこえ3億円以下の事業者間の下請取引関係，そして②個人事業者，資本金等1,000万円以下の事業者間の取引関係の2つが下請取引の範囲外となり，下請法の適用対象外になるという問題がある。下請事業者間の下請取引関係であるとはいえ定義上に問題があるといえる。下請中小企業振興法の定義をみると，「親事業者」とは，法人にあっては資本額もしくは出資総額が自己より小さい法人たる中小企業者（資本金額・出資総額が3億円以下）又は常時使用する従業員の数が自己より小さい個人たる中小企業者（従業員数300人以下）に対し製造委託等を業として行うもの，個人にあっては常時使用する従業員数が自己より小さい中小企業者に対し製造委託等を業として行うものをいう，としている。したがって，「下請事業者」とは「親事業者」から製造受託等を業として行なうものとなる。この考えは，中小企業基本法の第2条第1項の範囲規定に沿っており，資本金額と従業員数を基準にした相対的な大小によって親事業者と下請事業者とに区分している。

ところで，こうした定義上の問題に加えた，下請取引における基本的問題は，取引内容における下請関係から生じる日本的性格をもった従属性の具体的内容である。下請法第4条第1項と第2項は親事業者の禁止事項であり，下請という特殊なあり方から生じる問題性が集中的に現れている。具体的には，①受領拒否，②支払遅延，③下請代金の減額，④返品，⑤買いたたき，⑥物の強制購入・役務の利用強制，⑦報復措置，⑧原材料等の対価の早期決済，⑨割引困難な手形の交付，⑩不当な経済上の利益提供要請，⑪不当なやり直し等の禁止である。これらは，下請事業者の従属的地位を前提に，親事業者が優越的地位を利用して行う不当な行為である。この優越的な地位の濫用行為は，もちろん独占禁止法での「不公正な取引方法」として禁止されている。

それにもかかわらず，こうした具体性をもった下請問題が高度に発達した日本資本主義の日常的事柄として存在し，経済不況のたびごとに増幅しさえする。親事業者の優越的地位の濫用が，自由で公正な競争を阻害しているばかりか，競争秩序の前提となる民主主義をさえ否定，破壊しているのである。自由で公

正な競争の阻害行為に対しては厳しい経済規制が求められるのである。下請法や独占禁止法の目的は経済民主主義を実現することにあったのである[24]。

　下請という日本的で特殊な社会的分業形態の下請制への関心が高まる中で，今問われているのは，効率性ではなく，問題性を解消していくことである。すでに，それは日本の社会の中でも，国際的にも明らかにされつつ，従来のようには下請利用が通用しにくくなっていくであろう[25]。その点で下請関係における経済的規制と社会的公正が迫られると同時に，下請制が「どのようであるべきか」を問うていくこと，すなわち下請制からの自立化と下請企業としての自立化が理念として中心に据えられるべきである。そして下請法や独禁法の枠組みを強化し，厳格に適用するとともに社会的・経済的不公正を解消する道すじ，プロセスを鮮明に打ち出していくことが必要である。経済規制の緩和・撤廃が声高で叫ばれているが，下請問題は経済問題であるばかりでなく，現代社会の民主性を内容にした社会問題を含んでおり，経済的社会的規制を強めることが求められるべきである。

　親企業と下請企業との実質的な対等関係の実現は，支配・収奪という下請関係を止揚し，正常な社会的分業関係の中で親企業と下請企業との「共生」(Symbiosis) という新たな関係を生むことになる。下請を真の意味で死語と化するプロセスが求められる。

---

24)　福島久一「中小企業と独占禁止政策」，巽　信晴・佐藤芳雄編『新中小企業論を学ぶ』，有斐閣，1988年3月，及び『新中小企業論を学ぶ　新版　』有斐閣，1996年8月。

25)　「日本の下請け搾取に憤り」と題して，日本経済新聞（1994年8月8日）は，フランスのアンドレ・レノレの著『出る杭は打たれる』(André L'Hénoret, *Le clou qui dépasse*, La Découverte, 1993) を「世界の新刊」として紹介している。この書では，日本企業の輝かしい成果の陰で，"ジャスト・イン・タイム"の犠牲者になった自動車部品の下請け，ひどい搾取に文句一つ言えない弱い立場の労働者，3K仕事，長時間残業を経営者だけでなく労働者も当然と考える日本の異常な労働システムが描かれている。アンドレ・レノレ著，花田・斉藤訳『出る杭は打たれる』，岩波書店，1994年。

第12章　中小金属部品工業の構造変化*
──東京ネームプレート工業の実態調査を通して──

1　はじめに

　冷戦体制崩壊後のグローバル経済は，旧ソ連，アジア諸国，東欧の旧社会主義国，中南米諸国そして社会主義市場経済をめざす中国などが市場経済を軸にした世界市場に参加する大競争の時代に突入している。メガ・コンペティションの時代は，同時に情報化を中心とする技術革新の時代でもある。この大競争と技術革新が相互に規定しながら経済構造を急変しつつあるのが現段階の資本主義の新しいうねりである。まさに変化の時代である。
　こうした資本主義の新段階を迎えた地球規模の経済構造の変化は，市場原理を軸にして産業・企業を厳しく選別し，時代に適合して競争力を強化する産業・企業とそれに対応できない産業・企業との格差，二極化を進展させる懸念を突きつけている。問題はこのグローバル経済化と技術革新にどう対応するかにある。
　日本経済が1993年10月を景気の底にして超金融緩和と財政刺激をテコにようやく景気回復に向ったが，過去と比べて回復テンポが緩やかで，しかも足踏み状態がつづいている。アメリカ，イギリスが力強さをみせ，活況を呈しているのに比べて，日本経済はもはや右肩上りの成長は期待すべきもなく「驚くべき例外的な低成長」にあえいでいるのはなぜだろうか。バブルの後遺症，住専処理にみられる巨額の不良債権問題，マクロ政策の有効性の低下，海外生産化の本格化そして日本の市場経済を規定し，経済成長を可能にしてきたこれまでの経済システムの制度疲労といった諸要因と景気循環的要因とが重なり合わせて依

＊本章は，「中小金属部品工業の構造変化─東京ネームプレート工業の実態調査を通して─」日本大学経済学研究会『経済集志』第67巻第3号，1997年10月，所収の初出掲載論文を加筆・修正している。

然として景気低迷傾向が続いているのである。しかし経済の構造問題と景気循環とは別問題であり，むしろ景気循環は終焉してその影響は小さいといえるのに対して，グローバル経済の構造変化に対応しきれていないのが日本経済の苦境の姿を示しているといえる。日本経済はまさに時代の大きな転換期にある。

　日本の経済・産業構造が急変していく中で，これまで組立加工型産業の国際競争力の強さを支えてきた部品工業もフロントランナーをめざし変化を迫られている。本章では競争的産業である中小金属部品工業，とくに東京におけるネームプレート産業を対象にした実態調査にもとづいてその産業構造の変化を明らかにし，今後の方向を提示することを課題にしている。まずネームプレートとは何かを明らかにした後，日本での産業形成を素描する。つづいてネームプレートの加工技術がどのようなものか，そのコア技術と技術方法，さらには応用技術に付言し，現在かかえている課題等をみる。その上でネームプレート製造業の産業構造の変化を事業所数，出荷額等の指標から明らかにする。

　こうしたネームプレート製造業の一般的状況を分析した後に，東京ネームプレート製造業の構造変化を実態調査にもとづいた解明をする。東京が対象になるのはネームプレートの主産地であるからで，この構造変化を明らかにすることが部品工業の変化をも一定程度に透視することができる。ここでは生産・取引関係の中でいわゆる企業間関係がどのような構造をもち，変化してきているかを長期継続取引，存立形態，納入単価，納期，品質や技術力，需要企業の海外展開等から解明する。そして最後にネームプレート産業の今後の方向性を模索し，4つの方向を提示する。

2　ネームプレート製造業の加工技術と産業構造

（1）ネームプレートの定義と産業の形成

　ネームプレート（Nameplate）の用語がいつ頃から使用され定着するようになったかは必ずしも明確ではない。その語源はイギリスにあるが，我が国では銘板と称している。銘板の銘とは金石，器物などに事物の功績をたたえ，来歴などを印したものを意味し，一般に物に刻みしるした文を銘と表し，それに特定の名称等をつけたことから銘板と称するようになった。しかしネームプレートは，銘板の他に，文字板，名札，標札さらにはマーク（Mark），レッテル（Letter），ラベル（Label），プレート（Plate），バッジ（Badge）及びシール

(Seal) 等の多様な表現で呼ばれている。ネームプレートそれ自体が使用目的，種類，材料，製法などによって多様であることに規定されて用語の定義は確定したものにはなっていないが，「物財に取り付ける文字，記号，図形等を表示したもの」をネームプレートといえよう。JIS（日本工業規格）によると，ネームプレート，すなわち銘板とは「金属，プラスチック又は紙を素材とし，必要な事項を容易に消えない方法で表示したものをいう[1]」と定義づけている。したがってこうした名称で呼ばれている総称としてのネームプレートの製作をネームプレート製造業という。

　ネームプレート製造業の沿革は必ずしも明確ではないが，明治時代には金属製看板の加工（銅工職）がすでに行われており，日清・日露戦争を経て機械・金属工業が勃興するに伴い機械器具などに製造会社名，製造年月日，機種等必要な諸事項を金属板に記入する銘板産業が形成されたといわれている。さらに大正初期には黄銅板のネームプレート加工が，そして後期には塩化鉄による真鍮のエッチング（食刻）や化成ソーダ使用によるアルミニウムのエッチングが行われ，使用材料の開発と加工技術が進んでいった。

　昭和の時代に入ると，金属を溶解する腐食剤に硫酸銅が用いられるようになると共に，写真焼付法の銘板製造が行われるようになった。この写真焼付法の開発は，従来のエッチング処理を発展させた陽極酸化処理（アルマイト）の製法を生み出し，ネームプレート加工に技術革新をもたらしたのである。こうして加工方法の革新に伴って戦時中には軍需生産の拡大と共に，ネームプレート製造業の発展をみたのである。

　戦後におけるネームプレート製造業は，需要の激減と機械設備の壊滅的状況の中，しかも，金属等の統制法が残り，原材料の入手が困難の中で産業としての存立も危ぶまれたが，早くも昭和22年5月に東京ネームプレート工業協同組合が設立されて企業活動が活発化していく。そして朝鮮動乱による特需景気を経，また高度経済成長期における重化学工業化，とりわけ機械組立産業の成長と並んで，本格的な産業展開をとげるのである。ネームプレート製造業における企業創業は昭和20年代，30年代を中心に殆んどが昭和40年代前半頃までである。企業の新規開業が簇生する中で昭和35年11月には，任意組合であるが，全

---

1) 日本工業標準調査会審議『銘板の設計基準―JIS Z 8304―1984―』日本工業規格協会，昭和59年10月，1ページ。なお，設計基準では「機械器具類に取り付ける銘板」を意味しており，また，銘板の素材から，鋳物とガラスが削除されている。

国ネームプレート連合会が発足し，現在では全国ネームプレート工業協同組合連合会として発展している。このようにネームプレート製造業は成長・発展を遂げていくのであるが，それは日本の産業構造が高度化するに伴い，既存のエッチングと印刷とをコア技術にした「精密なパターンの表面処理」を中心作業とする基盤技術を高度化させていったのである。即ち基盤技術は，ネームプレート製造の他に，機械部品や電子部品，プリント基板等の製造に応用され，家電，カメラ，乗用車等の量産組立型製品の部品生産を可能にし，ネームプレート製造業それ自体が機械金属産業のサポーティング・インダストリーとして，部品産業の一部門を形成し，順調に発展してきたのである。しかし，ネームプレート製造業は80年代後半以降の日本の経済・産業構造の大転換の中で大きな構造的転機に立たされている。

（2） ネームプレートの加工技術

ネームプレート製品は，それぞれの使用目的，材料，製法などによっていろいろの種類がある。製品はそれ自体で市場性を有するものもあるが，製品特性から単独で使用されることは稀であり，むしろ他産業で生産・加工された生産物に「部品」として組み込まれるものが主要である。ネームプレート製造業が製造する品目は，各種の銘板はもちろんのこと，パソコン向けのPCカード・パッケージ，時計文字盤，電子部品，外装部品，内装部品等々305品目に及んでいる。また加工方法も，アルマイト，エッチング，アクリルやスクリーン印刷等のようにエッチングと印刷をコア技術にして88方法が見い出される[2]。

このように多様な製品と生産方法のため，その形状，寸法等はまちまちで規格化することは困難であったが，JIS　Z　8304—1955が制定され，以後は数度の改正が行われ，現在では一般原則を規定した「設計基準」として規格化されている。ネームプレート製造業の製造技術は，多種類の材料に対応して，エッチングと印刷をコア技術にした表面処理の加工技術である。ネームプレート材料には，①ステンレス鋼，②銅および銅合金，③アルミニウムおよびアルミ合金，④アルミニウム箔，⑤鉄，⑥プラスチック（ポリカーボネート，塩化ビニール，ポリエステル，アクリル，ウレタン等），⑦紙等が用いられる。製品別の売上構成をみると，全体の6割が金属材料，3割弱がプラスチック，そし

---

[2] 東京ネームプレート工業協同組合『企業情報検索システム』1996年12月。

て1割強が紙等ネームプレート類以外のものである。

この多種類の材料を対象にして、ネームプレート製法には多様な加工技術がある。JISの『銘板の設計基準解説』では、製法として、①エッチング法、②アルマイト法（写真焼付け法、印刷染色法、転写染色法等）、③印刷法（オフセット印刷、スクリーン印刷、凹版印刷、シール印刷、タコ印刷）、④プレス法（板絞り方式＝エンボス方式、刻印方式＝コイニング方式）、⑤機械彫刻法の5つが解説されている[3]。こうした基本的製法を軸にして、各法の複合した加工技術や近年ではレーザー光線を利用した彫刻、電解着色、電着塗装等の加工技術が進歩し、実用化している。ネームプレートの加工技術の概要をみたのが表12—1である[4]。

これら加工技術は、エッチングと印刷をコア技術にして多種類の材料に対して表面処理を行うのであるが、ネームプレート製品の加工工程は加工方法と使用する材料によって異なり、多段階の工程を要する。いま、ネームプレート製品の代表的製法の一つであるアルマイト写真焼付銘板の製造工程をみたのが図12—1である[5]。材料切断から出荷までの全工程は36工程にのぼっているが、本加工は、アルマイト（陽極酸化処理）―水洗―枠外し―感光剤塗布―乾燥―現像の写真焼付けまでの工程で、この本加工を中心に、前処理及び前工程と後工程及び後処理が行われるのである。ネームプレート製造に関連する技術を整理すると次の様である。①写真関係技術＝カメラ、感光材料（乳剤、フィルム）、露光、現像、写植、②印刷関係技術＝製版、オフセット印刷、スクリーン印刷、ロールコート、調色、乾燥、③機械的表面処理技術＝ヘアライン、スクラッチ、スピン、スライドスピン、サンドブラスト、液体ホーニング、表面研磨、④アルマイト関係技術＝脱脂、電解研磨、化学梨地、アルマイト、染色、封孔、エッチング、液管理、⑤めっき関係技術＝ニッケル、クロム、銀、金めっき、めっき前処理・後処理、液管理、⑥塗装関係技術＝塗料、塗装方法、乾燥、焼付、化学皮膜処理、塗装前処理、⑦機械加工技術＝切断、溶接、接着、切削、研削、孔加工、ネジ立、ダイヤカット、彫刻、エンボス、⑧プレス関係

---

3) 日本工業標準調査会審議、『前掲書』、11—13ページ。
4) 東京ネームプレート工業協同組合『東京都地場産業等構造高度化対策事業―ネームプレート製造業―』平成6年11月、4ページ。
5) 東京ネームプレート工業協同組合『商品価値を高める為のネームプレート・ガイド』平成2年3月、28ページ。

表12—1　ネームプレート加工技術（現場呼称）一覧

技術方法	応用または関連技術など
陽極酸化法 （タンクレスアルマイト法）	硫酸，しゅう酸，クロム酸，混酸，二次電解，発色皮膜などを利用するネームプレートで，エッチングをすると，その面にもアルマイトし，染色するもので，回復電流などによるアルマイトのスピードアップをするもの，別名写真感光法ともいう。
印刷法 （SSEK法）	平板，凹板，凸板およびスクリーン印刷などを利用して，塗膜やアルマイトを染色する技術で，オフセットネームプレートが主流で，塗膜または封孔したアルマイトにスクリーン印刷をするなどの技術が含まれる。
エッチング法 （WW，SSE法）	印刷インキをレジスト膜として，または写真感光膜をレジストとして酸又はアルカリ液でエッチングし，エッチング面に塗装又はアルマイトをする。最近ではドライエッチングなども開発されている。
ブラスト法 （SUSショット法 YAGI法 WB法）	印刷，塗装，手がきでマスキングレジスト膜を形成，サンドブラストなどで部分梨地を作る方法で，未封孔アルマイトへ染色インキでマスキングし，ブラストによって梨地を作る技術もあり，アルミニウムには，ブラストパターン形成し，クリヤー塗装またはアルマイトでネームプレートをつくる方法。
打刻法	パンチプレスによってアルミニウムに凹凸の文字などを形成し，凸部はダイヤモンドカット，凹部は塗装する基本プロセスを応用し，アルマイトやオフセット印刷の完成品に打刻法を用いている。
写真感光法 （写真法 焼付法）	一般的にはアルマイトに水溶性感光材を塗布，写真感光，現像，乾燥，染色をすること，またアルミニウムにおいては感光皮膜をバーニングしてエッチングする方法である。近年封孔アルマイトに感光性樹脂を利用して，エッチング，アルマイトをする工程の長いプロセスもある。
塗装法 （ネオ・ハード法）	アルミニウムに塗装し，印刷をするもの，エッチング面に電着塗装をして印刷，染色をするもの，アルマイトに部分塗装をして，スクリーン印刷をするものなどで，アルマイトから塗装へと技術移転する。印刷したものへのふっ素樹脂塗装はアルマイトに勝るネームプレートである。
転写染色法 （PZ，PY法 日研法 YAGI法）	アルマイトおよび塗膜に熱転写染色をするもので，昇華染料を用いて加圧，加熱で染色面を得ていたが，一般の油性染料でアルマイトおよび塗膜に染色するものが開発され，また加熱のみの転写法も開発されている。
模様ヘヤ法 （NS法）	アルミニウムに従来の単純ヘヤ，スピンヘアラインから，部分的模様のヘアラインをし，印刷，アルマイトによって仕上げる方法でヘアラインによるパターンのみのネームプレートもある。
ネガインキ法 （W法）	エッチングは酸，アルカリでするのが今日までの考え方で，アルミニウムは白色系エッチングをし，ステンレスは黒色着色エッチングをし，アルマイトは染色してネガインキで脱色するなどの方法，いわゆるインキでエッチングなどをする。
化成皮膜法 （ニューフェルマイト法）	ネームプレートは多様化し，表面でなく裏面の防食が必要となり，またアルミニウムエッチング面への化成皮膜処理後に塗装するものなどのネームプレートが多くなっている。
めっき法	エッチングネームプレートへのめっきは多く，凸部へのめっきを主に，凹面へのめっきも一部にある。それにアルミ上への真空めっきから塗装なども多く，アルミニウム蒸着による素材コストダウンに利用されている。
電着塗装法 （F-ONE法）	現在では封孔したアルマイトをスクリーン印刷でマスキングレジストを形成し，エッチング面にアルマイトをするところを電着塗装をして焼付け，レジスト除去する方法は，さらに電着塗膜への染色，梨地と高級ネームプレートとなった。

資料：東京ネームプレート工業協同組合『ネームプレート製造業―振興ビジョン―』平成6年11月，4ページより。

図12—1　アルマイト写真焼付銘板製造工程

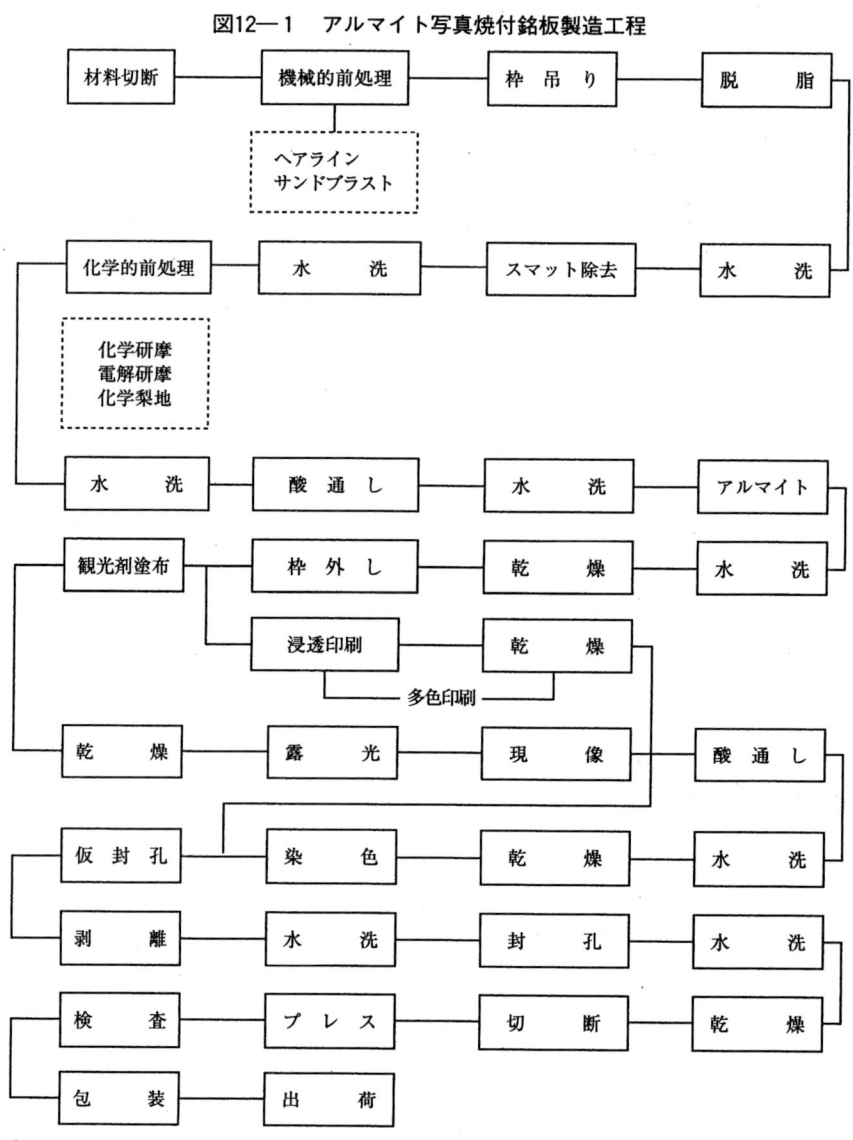

```
材料切断 → 機械的前処理 → 枠吊り → 脱脂
              ↓
         [ヘアライン
          サンドブラスト]

化学的前処理 → 水洗 → スマット除去 → 水洗
    ↓
 [化学研磨
  電解研磨
  化学梨地]

水洗 → 酸通し → 水洗 → アルマイト

観光剤塗布 → 枠外し → 乾燥 → 水洗

           浸透印刷 → 乾燥
              └─ 多色印刷 ─┘

乾燥 → 露光 → 現像 → 酸通し

仮封孔 → 染色 → 乾燥 → 水洗

剥離 → 水洗 → 封孔 → 水洗

検査 → プレス → 切断 → 乾燥

包装 → 出荷
```

資料：東京ネームプレート工業協同組合『ネームプレート・ガイド』平成2年3月，28ページより。

技術=抜き，曲げ，絞り，プレス機械等である。これらの加工技術は，自動車，電器・電子や精密機械部品，さらには金属・プラスチック加工に応用されている。

このような多段階の生産加工工程と材料によっての多様な生産技術が採られており，その為ネームプレート製造業は労働集約的でさえある。そしてネームプレート製造は企業によってその製品内容は異なっており，一貫生産が可能な企業もあれば，めっき，塗装，プレス，切削，組立等の前工程や後工程の部分工程を担っている下請企業の存在もみられる。しかし，生産構造における社会的分業は余り進展していない。

また，ネームプレート製造技術は，エッチング技術と印刷・パターンニング技術の応用技術として小型精密部品や機械部品に活用され，電子部品，プリント基板さらにはプラスチックやセラミック上へのパターンニング，ステンレスの模様着色等々に応用され，ネームプレート製造業の業種内容の拡大をもたらしている。

しかし，ネームプレート製造の生産技術において問題がなくはない。PL法（製造物責任法）が1995年7月より民法の特別法として消費者保護及び健全な品質を保証するという観点から施行されている。そのためネームプレート業界では，製品の安全性という点での安全設計，安全性テスト，ISO—9000シリーズや14000シリーズの採用による品質・環境保証体制の確立，製品取扱説明書への使用注意・警告の記載，PL保険加入等の対応が求められたのである。とりわけ，ネームプレートの高耐久性は，耐久性テストと併行して新規ネームプレート開発に不可欠である[6]。またネームプレート製造の製造工程には，めっき，塗装，エッチング等の公害発生となりうる工程があり，低公害ないし無公害の加工技術の方法が課題となっている。

(3) ネームプレート製造業の産業構造

ネームプレート製造業は『日本標準産業分類』によると「小分類」では「その他の金属製品製造業」(289)に分類され，「細分類」では「他に分類されない金属製品製造業」(2899)として金属製ヘルメット等と同様に雑多な金属製

---

[6] 東京ネームプレート工業協同組合では，耐久性試験として①紫外線照射試験，②サンシャイン・ウェーザー試験，③塩水噴霧試験，④屋外暴露試験，⑤耐溶剤試験，⑥耐摩耗試験等を行ない，ネームプレートの耐久性・安全性と新規開発の研究に取り組んでいる。

品製造業として位置づけられている。したがって，ネームプレート製造業の構造を統計上から把握するには，通産省『工業統計表』の「品目編」に依拠するほかはない。但し，「品目編」では，金属板ネームプレートであり，プラスチックネームプレートは含まれていないことに留意する必要がある。そこで「品目編」により金属板ネームプレート製造業の事業所数及び出荷額の推移をみたのが表12—2である。まず従業者規模別でみると，9人以下規模では統計区分が異なっているものの[7]，この業種は典型的な中小企業業種である。事業所数の動向では1970年代以降では増加しつづけて1983年をピークにその後は絶対数で減少傾向にある。統計からは明らかでないが，85年のプラザ合意による急激な円高は輸出産業に大きな打撃を与え，とくに電機，自動車等の部品であるネームプレート業には深刻な影響をもたらしたのである。絶対数の激減は，80年代後半以降この産業への新規参入企業が程んどみられない事態となっている。規模別でみると，「1〜3人」層が絶対的・相対的に減少しているのに対し，「4人以上」層では絶対数が減少し，相対的割合は上昇している。出荷額をみると，絶対数では1990年をピークに，その後減少している。特徴的なことは「9人以下」層の比重が低下しているのに対して「100人以上」層の企業が1980年の9.6％から93年には16.1％へと出荷額集中を進めていることである。もっとも金属板ネームプレートのみであり，この間ネームプレートは材料別でみると，金属ネームプレートの比重が低下したのに対して，プラスチック類や紙類の比重が上昇していることを見落してはならないであろう。

次に主要産地をみたのが表12—3である。産地は，東京，大阪，愛知の三大都府県と自動車，電機等の工場所在地で産地形成しているのが特徴である。なかでも東京は事業所数及び出荷額について全国の3分の1から4分の1を占め，他府県より抜きんでた位置にある。しかしこの東京の地位は，事業所数では83年に32.6％であったのが，94年には23.7％と大幅に低下している。また出荷額でも26.5％から20.2％へと激減している。同様な傾向は大阪にもみられる。これに対して愛知，神奈川は事業所数では減少し，出荷額では増加している。埼玉は事業所数で横這い，出荷額では減少している。兵庫ではいずれも94年に激減している。広島は事業所数では微増し，出荷額では大幅に比重を上昇させて

---

[7] 1981年以降，従業者3人以下の事業所については調査対象外となった。但し，3人以下については5年毎に調査が行われ，第1回目は1983年である。また商品分類番号も1985年より改訂された。

第12章　中小金属部品工業の構造変化

表12-2　金属板ネームプレートの従業者規模別事業所数及び出荷額の推移

単位：実数、億円、％

従業者数	事業所数							出荷額					
	1980年	1983年	1988年	1990年	1993年	1994年	1980年	1983年	1988年	1990年	1993年	1994年
合計　実数	759	804	711	687	629	408	754.3	839.9	950.2	1,080.9	928.8	826.9
％	(100.0)	(100.0)	(100.0)	(100.0)	(100.0)	(100.0)	(100.0)	(100.0)	(100.0)	(100.0)	(100.0)	(100.0)
1～3人	527	244	212	190	171	―	147.0	29.8	31.0	31.1	25.3	―
％	(69.4)	(30.3)	(29.8)	(27.6)	(27.1)	―	(19.4)	(3.5)	(3.2)	(2.8)	(2.7)	―
4～9人		311	277	274	257	224		132.1	132.8	143.9	121.7	110.4
％		(38.6)	(38.9)	(39.8)	(40.8)	(54.9)		(15.7)	(13.9)	(13.3)	(13.1)	(13.3)
10～19人	102	115	102	103	86	78	106.6	132.1	132.8	151.4	135.2	118.2
％	(13.4)	(14.3)	(14.3)	(14.3)	(13.6)	(19.1)	(14.1)	(15.7)	(13.9)	(14.0)	(14.5)	(14.2)
20～99人	123	126	115	114	110	102	427.8	464.0	551.9	590.7	496.1	461.2
％	(16.2)	(15.6)	(16.1)	(16.5)	(17.4)	(25.0)	(56.7)	(55.2)	(58.0)	(54.6)	(53.4)	(55.7)
100人以上	7	8	5	6	5	4	72.8	81.8	101.6	163.6	150.4	136.9
％	(0.9)	(0.9)	(0.7)	(0.8)	(0.7)	(0.9)	(9.6)	(9.7)	(10.6)	(15.1)	(16.1)	(16.5)

資料：通産省『工業統計表一品目編』各年版より作成。

注：1）上欄は実数、下欄の（　）内は割合。
　　2）1981年以降、従業者3人以下の事業所については5年毎に調査、1983年の「1～3人」層の数字は『工業統計表』より算出。
　　3）日本標準産業分類の改訂（昭和59年）に伴い、1985年より、商品分類が改訂された。金属板ネームプレートは旧分類339912から新分類289912になる。

表12－3　金属板ネームプレートの主要産地の事業所数及び出荷額の推移

単位：実数、億円、％

従業者数		事業所数						出荷額					
		1980年	1983年	1988年	1990年	1993年	1994年	1980年	1983年	1988年	1990年	1993年	1994年
全国計		759	560	499	497	458	408	754.3	810.1	919.2	1,049.8	903.5	826.9
	％	(100.0)	(100.0)	(100.0)	(100.0)	(100.0)	(100.0)	(100.0)	(100.0)	(100.0)	(100.0)	(100.0)	(100.0)
東京		276	183	140	140	106	97	228.9	215.2	202.3	252.8	165.9	167.2
	％	(36.3)	(32.6)	(28.0)	(28.1)	(23.1)	(23.7)	(30.3)	(26.5)	(22.0)	(24.0)	(18.3)	(20.2)
大阪		124	79	61	55	49	47	92.4	95.8	86.1	89.3	79.6	74.8
	％	(16.3)	(14.1)	(12.2)	(11.0)	(10.6)	(11.5)	(12.2)	(11.8)	(9.3)	(8.5)	(8.8)	(9.0)
愛知		57	47	39	44	41	40	69.7	74.2	84.3	106.8	94.4	86.7
	％	(7.5)	(8.3)	(7.8)	(8.8)	(8.9)	(9.8)	(9.2)	(9.1)	(9.1)	(10.1)	(10.4)	(10.4)
埼玉		39	33	38	32	33	28	68.4	94.1	118.1	121.8	89.4	83.5
	％	(5.1)	(5.8)	(7.6)	(6.4)	(7.2)	(6.8)	(9.0)	(11.6)	(12.8)	(11.6)	(9.8)	(10.0)
神奈川		45	43	45	41	39	33	54.7	67.0	91.0	92.2	81.6	74.5
	％	(5.9)	(7.6)	(9.0)	(8.2)	(8.5)	(8.0)	(7.2)	(8.2)	(9.8)	(8.7)	(9.0)	(9.0)
兵庫		31	24	23	24	30	17	25	24.3	37.1	32.1	42.9	12.5
	％	(4.0)	(4.2)	(4.6)	(4.8)	(6.5)	(4.1)	(3.3)	(2.9)	(4.0)	(3.0)	(4.7)	(1.5)
広島		13	15	13	17	18	17	16.8	22.0	51.0	79.2	91.2	85.9
	％	(1.7)	(2.6)	(2.6)	(3.4)	(3.9)	(4.1)	(2.2)	(2.7)	(5.5)	(7.5)	(10.0)	(10.3)

資料：通産省『工業統計表―品目編―』各年版より作成。
注：1) 1983年以降の数字は従業者数4人以上に出ている。
　　2) 1980年は従業者数3人以下を含んでいる。

いる。全体的には大都市部の地位が低下し，地方県が活躍している様子をうかがえるが，産地構造にも変化が起きてきていることがわかる。

このようにネームプレート製造業は，典型的な中小企業業種であるが，事業所数では83年をピークに漸減傾向を示すと共に，出荷額でも90年以降から減少を辿っていて，大きな構造変化にさらされ，存立基盤をゆるがしてきている。ネームプレート製品は主として自動車，家電等組立加工型産業の「部品又は表示部品」であり，受注型産業としての性格を強くもっている。したがって，ネームプレート産業は，需要先産業の動向に大きく影響を受けざるをえないのであるが，ネームプレートの構造変化をもたらしている要因には，「平成不況」の中での国内需要の減退と共に自動車，家電等産業の海外生産化の拡大と現地部品調達比率の上昇によるところが大きい。また，需要先企業での部材の変更等による競合産業，例えばシール・ラベル印刷業との競争激化もその一因を形成しているといえる。

3　東京ネームプレート製造業の構造変化

（1）東京の業界概要

ネームプレート製造において東京が全国のなかでは最大の産地を形成している。東京ネームプレート工業の発展は第2次大戦前からの京浜工業の発達と密接に関連した歴史的特質をもっており，戦後期には昭和20年代から40年代に創業・起業した企業が多く，産業としての歴史は古いといえる。しかし昭和50年代以降になると，業界への新規参入企業も殆ど皆無の状況になってきている。

こうした歴史的に産業形成が古く，受注型産としての中小企業業種であることから，その存立地域は工業集積地域に立地しているものの，特定地域への産業集積はみられず，都内分散型立地構造である。しかもその立地は住工混在地域での操業が多く，産業廃棄物・廃液・臭気・騒音等の環境問題，配送等の交通問題や地価高騰におけるコスト上昇等の問題をかかえている。そのため，業界大手企業の一部には，東京は設計，営業等の本社機能のみとして，生産拠点を埼玉，茨城等の他県に移転している企業もある。また，海外進出して海外生産を展開している企業も現れ，需要先企業の東アジアでの生産拠点の形成・拡大に伴い，ネームプレート個別企業では海外生産と国内生産との企業内国際分業にいかに対応していくかが課題にもなってきている。

以下ではネームプレート製品のエンドユーザー業種企業とネームプレート製造業者とのいわゆる企業間関係が生産・取引関係の中でどのような関係・構造をもっているかをアンケート調査からみることにする。

(2) エンドユーザーとの企業間関係

日本経済のリーディングセクターであった自動車関連，家電関連産業は，90年代の平成不況の中で，海外生産拠点の拡大と海外生産比率の上昇をはかる一方で，国内では企業合理化や減量経営さらには戦略の見直し等のリストラクチュアリングを展開していたが，エンドユーザーであるそれら産業との結びつきが強く，部品サプライヤーとしてのネームプレート業界はこうした動向から大きな影響を受けていた。それはエンドユーザーのネームプレート需要の減少にはっきりとあらわれている[8]。この傾向は93年10月を底にした景気回復過程以降も続いており，回復感はみられるもののとくに従業者数「100～299人」層の業界内大手企業には深刻な状況をもたらしている。このようなネームプレート需要の減少は，不況要因によるところが大きいものの，需要先企業の選別強化，要求の高度化，部品素材の変更や部品の共通化・削減さらには一部内製化と海外調達，海外生産化の拡大等によって生じている。そして需要先企業のこうした企業展開は，受発注量の変化のみならず，わが国生産分業構造の特徴でもある長期継続取引の見直しを迫ったものであり，ネームプレート業界にも企業間関係の変化となってあらわれている。

需要企業がネームプレートを発注する業者は，いうまでもなくネームプレート業者が最も多いが，その受注業者構成が変化してきている。表12—4は，受注業者の構成の変化をみたものであるが，需要企業の発注行動が大きく変化している。すなわち，ネームプレート製造業者は90年時点と比較すると96年時点では2割減の54.2％と大幅な減少となっている。これに対してネームプレート業者以外の業者の参入が増加し，なかでも競合業種であるシール・ラベル印刷

---

[8] 東京ネームプレート工業協同組合の『エンドユーザー調査報告書』（第1回調査＝1988年9月，第2回調査＝1990年9月，第3回調査＝1992年9月，第4回調査＝1996年9月）による。以下では，この4つの調査と「ネームプレート製造業者の調査報告」（1996年9月調査），『市場動向調査結果報告』1997年3月刊，との調査報告をもとに分析・解明する。これらの調査は，東京都地場産業等構造高度化対策事業の一環であり，筆者が関係したものである。なお，本稿執筆にあたり，東京ネームプレート工業協同組合と副理事長（当時）の上原洋一氏には貴重なコメント等をいただいたことを記しておきたい。

第12章　中小金属部品工業の構造変化　339

表12—4　受注業者の構成

回答数，％

項目＼調査年	有効回答企業数	ネームプレート製造業者	シール・ラベル印刷業者	一般印刷業者	プラスチック業者	デザイン広告業者	商社	その他
1988年実数	57	40	7	2	2	0	4	2
％	100.0	70.2	12.3	3.5	3.5		7.0	3.5
1999年実数	79	59	6	4	2	0	5	3
％	100.0	74.7	7.6	5.1	2.5		6.3	3.8
1992年実数	88	58	12	4	4	3	1	6
％	100.0	65.9	13.6	4.5	4.5	3.4	1.1	6.8
1996年実数	83	45	26	7	0	1	3	1
％	100.0	54.2	31.3	8.4	0.0	1.2	3.6	1.2

資料：東京ネームプレート工業協同組合の実態調査より。

表12—5　受注業者の選択理由

回答数，％

項目＼調査年	有効回答企業数	価格が安いから	品質が良いから	企画力があるから	納期を守るから	セールスマンの質が良いから	長年の取引関係のため	小廻りがきくから	企業グループの関係から	距離的に近いから	他の資材と一括発注できるから	本社及び自社部門との一括発注のため	秘密保持のため	その他
1988年実数	136	21	27	4	20	0	29	18	2	7	2	2	3	1
％	100.0	15.4	19.8	2.9	14.7		21.3	13.2	1.5	5.1	1.5	1.5	2.2	0.7
1999年実数	191	33	33	4	29	0	42	26	7	10	2	3	0	2
％	100.0	17.3	17.3	2.1	15.2		22.0	13.6	3.7	5.2	1.0	1.6		1.0
1992年実数	206	36	33	5	26	1	49	29	5	6	7	5	1	3
％	100.0	17.5	16.0	2.4	12.6	0.5	23.8	14.1	2.4	2.9	3.4	2.4	0.5	1.5
1996年実数	229	48	30	5	35	1	43	31	5	13	3	1	1	13
％	100.0	21.0	13.1	2.2	15.3	0.4	18.8	13.5	2.2	5.7	1.3	0.4	0.4	5.7

資料：表12—4に同じ。

業者は31.3％と大幅に拡大している。

　需要企業がネームプレート納入企業を選択する理由ないし基準をみてみると需要企業の行動の変化を読み取ることができる。表12—5は納入企業の選択理由を時系列でみたものであるが，特徴的なことはこれまで「長年の取引関係」が選択理由の第1位にあったものが，96年時点では「価格が安い」ことに変わったことである。

　これは需要企業が大競争時代の中での円高やアジアNIEs等の台頭をにらみ，コストダウンを図るために「価格の安さ」を選択基準にしたドライな行動をと

るようになってきている。この「価格の安さ」はアジア並み価格といわれているが，この行動変化の意味することは，日本の企業間取引の特徴とされてきた協力・協調という「信頼」を基礎にした継続的取引が崩壊しつつあることを示している。

このような継続的取引の見直しにより取引関係はよりオープンな，よりドライな方向に移ってきている。つまり需要企業がネームプレート納入業者を何社利用しているかを表12—6で，92年時点と96年時点とを比較すると，「1社のみ利用」が34.7%から18.8%と大幅に減少し，他方で複数発注や5社以上の多数発注が増加している。もともと需要企業のネームプレート発注は，内製か外注か（make or buy）という行動よりも，外注依存が高く，1社専属よりも複数発注が多いのであるが，それにしても1社専属発注が減少しているのは，専属的取引や継続的取引の流動化を示すものとなっている。このことは次の様なことからも明らかな傾向になっている。即ちネームプレート業界では1社平均して何社の需要企業と取引しているかをみることであるが，96年調査によると，ネームプレート業者は1社平均で「20〜50社」が最も多く，「100社以上」も4分の1を占め，全体的には20社以上での取引が4分の3を占めている。専属的取引をしているのは小規模層で，従業者規模が大きくなるにつれ需要企業数が多くなっている。ネームプレート業者が需要先を分散化したり，専属的取引からの脱却を図っていることを物語っている。

以上のことからわかるように，ネームプレート業者と需要企業との企業間関係は，これまでの長期継続取引関係を基軸にして品質・価格・納期が取引上の重要な指標になっていたが，長期継続取引が固定的なものとはなくなり，流動化してきている。そしてネームプレート業者もそうした需要企業の動きの中で，需要企業の分散化や新分野・異業種への進出による新規需要の開拓をはかっている。

（3） ネームプレート業の存立形態

ネームプレート業はその製品特性から受注産業的性格が強く，あらゆる業種との取引が行われているのが特徴であるが，なかでも，電機，精密，一般機械，金属製品，輸送機等の機械金属関連業種との取引が主要な需要先業種である。受注形態は圧倒的に需要企業からの直接受注である。これら業種企業とネームプレート企業との関係は，たしかに需要企業が購入寡占・独占であるものの，

表12—6　ネームプレート納入業者数

企業数, %

	1社	2社	3社	4社	5社以上	有効回答企業
92年9月調査	25	16	16	4	11	72
%	34.7	22.2	22.2	5.6	15.3	100.0
96年9月調査	15	20	19	10	15	80
%	18.8	25.0	23.8	12.5	18.8	100.0

資料：表12—4に同じ。
注：96年調査の有効回答企業80社の中に1社不明分を含んでいる。

　資本的・人的関係をもった企業関係はみられず，その製品特性が需要先企業以外の他の企業に転用できない性格上から社会的分業生産として位置づけることができる。下請生産構造は，むしろネームプレート業者が生産過程においてプレス，印刷，版下，塗装等の企業を下請企業として利用しているのが見受けられる。また，需要量が多い場合には，同業者に仕事を廻すといういわゆる「仲間取引」・「同業者取引」も存在している。

　需要企業がネームプレートを調達する場合，内製にするか外注にするか，さらにはそれをどのように併用するか，また外注の場合には一社単独発注か複数併注にするかということが生産計画のうえで問題になるが，表12—6でもみたように需要企業の外注依存は高い。しかし，近年では需要企業が内製化する企業も現れてきていることは注目される。

　このようにネームプレート企業の存立形態は，一般的に部品企業の多くが支配・従属関係を伴った下請企業であるのに対し，むしろ生産上では対等な社会的分業関係を築いていることが特徴的である。しかしネームプレート企業も競合業種との競争が激化する中でネームプレート製品の製造品目を多様化させ，存立形態に変化をもたらしはじめている。つまり，ネームプレート製造での材料別売上では金属類が6割弱を占めているのであるが，しかし製造品目の専業率又は「専門化率＝材料別第1位品目の売上額÷総売上額」が低下してきていることである。専業率が「60％以上」の企業は5割強で，逆に兼業率（＝1－専業率）が上昇する傾向にあるが，このことは企業が生産の多角化をはかっていることを示しており，またネームプレート業種そのものの業態変化が起きてきていることを内容に含んでいる。

表12—7　納入単価の騰落

企業数, %

調査年\項目	有効回答企業数	下落した	上昇した	変わらない	未回答
1988年実数	54	4	9	41	0
%	100.0	7.4	16.7	75.9	
1990年実数	75	3	11	60	1
%	100.0	4.0	14.7	80.0	1.3
1992年実数	83	4	17	60	2
%	100.0	4.8	20.5	72.3	2.4
1996年実数	80	19	1	59	1
%	100.0	23.8	1.3	73.8	1.3

資料：表12—4に同じ。

（4）　納入単価の設定見直し

　需要企業がネームプレート業者に対する経営要請の重点項目は調査結果では次のようである。その第1は「コストダウン」が最も多く45.3％，つづいて「品質・精度」25.0％，第3位が「納期」18.2％，そして「開発力」6.1％と続く。表12—5でもみたように「長年の取引関係」が大きく崩れつつ，大競争時代を勝ち抜くために，需要企業はC・Q・Dとくにコストダウンを前面に打ち出してきている。まさに部品産業にとっては限りなきコストダウンが課せられている。調査によると92年9月と96年9月との納入単価の比較では，この間「値引き要請があった」ネームプレート企業は78.6％で「値引き要請はない」企業の21.4％をはるかに凌いでいる。値引きの内容は「3～5％未満」が32.9％で最も多く，ついで「6～10％未満」の21.4％であるが，「20％以上」もの値引き要請を受けた企業もあり，景気回復基調の中においてさえ需要企業の厳しいコストダウン圧力があったことを示している。しかし「値引き要請がなかった」企業も21.4％存在しているのだが，納入単価の値引き要請の強さは，ネームプレート業界にとってはこれまで以上のものであった。

　表12—7は納入単価の騰落の動向をみたものであるが，88年調査，90年調査，92年調査の前3回の調査では，納入単価が「変わらない」とする企業がそれぞれ75.9％，80.0％，72.3％，「上昇した」企業が16.7％，14.7％，20.5％であったのに対し，「下落した」企業は，7.4％，4.0％，4.8％と少なかったのである。92年調査では不況期であるにもかかわらず，納入単価が上昇さえしてお

り，ネームプレート業界の単価決定パワーの強さを示していたといえる。また，納入単価と需要企業の発注数量[9]との関係でみても，発注数量が「減少」しても単価が「変わらない」のみか，価格上昇をさえ生じている。ところが，96年調査では，単価が「変わらない」企業が73.8％と程ど変化がないものの，「上昇した」企業は僅か1.3％，そして「下落した」企業が23.8％と大幅に増加しているのである。需要企業のコスト意識が強く反映している。

　納入単価はまた製品の取引方法で影響を受ける。製品市場における取引方法には，一般に，競売買，相対取引，入札売買の3種類があり，単価決定のメカニズムはそれぞれ異なっている。競売買は，不特定多数の売り手と不特定多数の買い手とがあり，売り値と買い値とが一致したところで価格が決定され，取引が成立するのである。これに対して，相対取引では，特定の売り手と特定の買い手が相対し，交渉によって価格が決定される。両者の違いは，前者が売り手も買い手も不特定多数であり，まず価格が決まって，その後に取引相手が決まる。これに対して後者は，まず相手が決まって，その後で価格が決定されるのである。日本の部品取引や下請・系列取引では後者の相対取引が支配的であり，ネームプレート製品の場合もこれに属する。

　ネームプレート取引における需要企業と納入業者との間での単価決定方法を92年9月調査でみると，最も多いのは「発注者と納入業者の双方の意向」で決定する方法が57.8％と過半数を越えている。2番目は「双方の話し合いによるが，納入業者の意向が強く反映される」21.7％，そして3番目はその割合が大きく低下して「双方の話し合いによるが発注者の意向が強い」9.6％，つづいて「納入業者の言い値」6.0％，「発注者の言い値」1.2％の順となっている。ネームプレート製品の単価決定は，相対取引ではあるが，対等取引が支配的のようである。即ち「納入業者の意向が強い」と「納入業者の言い値」の両者を合わせると27.7％で，ネームプレート業者の立場が他の部品業界と比較すると相対的に強いといえる。このことは，ネームプレート業界が，需要企業に対して親企業意識が少なく，また製品特性からも一般的な部品下請取引とは異なっていることを反映しており，その意味からも「従属性」といった「問題性」を

---

9) ネームプレート業者にとって受注数量の多寡は，生産コストをみるうえで重要である。生産数量の多寡は，製品の種類，大きさにもよるが，業界では次の数量をおおむねの基準にしている。①大量生産1万枚以上，②中量生産1,000枚以上，③少量生産100枚以上，④ごく少量・100枚未満。

もっていない特殊な部品分野といえるのである。

　だがこうしたネームプレート納入業者の単価決定の意向は，90年代後半のメガ・コンペティションと需要企業の海外展開が拡大するに伴って立場の微妙な変化・逆転が生じつつある。単価切下げ要請とアジア並みの単価，しかも競合産業からの激しい参入と競争で，厳しい単価設定を迫られている。

（5） 納期の短縮化見直し

　需要構造の変化は生産方式を少品種大量生産から多品種少量生産へと向かわせた。自動車，電機等の組立加工型産業ではジャスト・イン・タイム方式が導入・普及しており，それが効率的な生産分業システムとして海外からも注目を浴びた。JITは部品・部材の納期日を厳守することにあるが，部品業界とりわけ下位の下請企業では，週末発注・週初納入，休日前発注・休日後納入，終業後発注・翌朝納入といった超短縮化の進行に多くの負担を強いられていたのである。下請中小企業振興法の「振興基準」（平成3年2月）では，発注分野の明確化及び発注方法の改善に関する事項において「納期及び納入頻度の適正化等」について改善方向を提示していたのである。

　さて，表12-5でもみたように「納期」は業者選択の重要な基準の一つである。ネームプレートの場合，受注から納入までの「納期日」をみたのが表12-8である。96年調査では「15日間以内」と「1ケ月以内」の2つに山があるが，88年調査以降の推移をみると大きな変化をみることができる。第1は「15日間以内」の割合が最も多いものの，88年調査での44.4％から28.8％へと大幅に低下してきている。第2は「21日間以内」が88年調査の7.4％から上昇しているが96年調査では低下し，そして「1ケ月以内」が92年調査以降に大幅に上昇している。第3は「15日間以内」とそれ以上とに2区分すると，前者の比率は88年調査の70.3％から61.3％，45.8％そして微増するが51.8％と傾向的には短納期が緩和されている。このように納期日は短納期から長期化への傾向がみられる。しかし，96年調査では長期化への動きの見直しを推測できるが，納期日と納入頻度との関係を考慮しなければならない。

　ネームプレート製品の納入頻度は，需要企業がネームプレートのシリーズ製品を使用しているかどうか，また使用している場合そのシリーズ製品の何日分を発注するのかの発注数量の多寡，そして何日分を在庫として保有するかによっても異なってくる。ネームプレートは需要企業生産物の表示部品であるが，

表12―8 発注から納入までの期日

企業数, %

調査年 \ 項目	有効回答企業数	5日間以内	10日間以内	15日間以内	21日間以内	一ヶ月以内	一ヶ月以上	未回答
1988年実数	54	4	10	24	4	9	2	1
%	100.0	7.4	18.5	44.4	7.4	16.7	3.7	1.9
1990年実数	75	7	14	25	17	7	4	1
%	100.0	9.3	18.7	33.3	22.7	9.3	5.3	1.3
1992年実数	83	4	12	22	16	18	11	0
%	100.0	4.8	14.5	26.5	19.3	21.7	13.3	―
1996年実数	80	4	14	23	8	23	8	0
%	100.0	5.0	17.5	28.8	10.0	28.8	10.0	

資料：表12―4に同じ。

 需要企業がシリーズ製品を「ある」とする企業は92年調査では55％であり，残りはスポット製品と推測できる。そしてシリーズ製品のある企業は「1ヶ月以上分」の在庫を保有している企業が多い。しかし，ネームプレート発注数量は需要企業の多品種少量生産の動きの中でまさに多品種小口化してきているのが特徴である。

 このようなネームプレート特性を考慮し，そして納期の長期化傾向の動きがみられる中で納入頻度はどのような実態にあるのであろうか。92年調査では「不定期」が32.5％で最も多く，ついで「週2回」14.5％，「週1回」と「月3回」以上とが12.0％，「月2回」が9.6％そして「毎日」（1回・2回・3回を含む）が8.4％の順となっていた。これに対して96年調査では「不定期」が26.3％で4.2ポイント減少し，「週1回」が22.5％の10.5ポイント上昇し，また「週2回」も21.3％で6.8ポイント上昇，「毎日」が6.3％で2.1ポイント減少している。「不定期」とは字義通り納期回数が定期的には確定しておらず，年に数回内であると理解できる。この「不定期」と「毎日」とが減少したのに対して「週1回」と「週2回」とが上昇している。

 このようにネームプレート製品の納期は，納期日の見直しが行われ長期化の傾向にあるにもかかわらず，納入頻度では逆に厳しさを増していることが伺える。なお，配送の形態は「納入業者による配達」と「宅配利用」とがほぼ2分しており，規模の小さい企業では後者の利用によるものが多い。

（6） 品質の評価と技術力・開発力

　需要企業が納入業者を選択する理由の1つにネームプレート品質・精度の良し悪しがある。日本製品の国際競争力の強さの要因は，単に価格競争力だけではなく，品質・精度やアフターケア等の非価格競争力の強さがあげられる。「高品質で低価格」という明らかに経済原則と矛盾したところに競争力の強さの秘密がある。とくに品質・精度は，製品の作り込み過程で改善・向上し，このことを通じて長年の取引関係という継続的取引が行なわれてきたのである。

　ネームプレート業界は，これまでマーケティング強化や市場開拓といった面よりもむしろどちらかといえば品質・精度の生産技術面を重視し，需要企業の要請に応える展開をしてきている。このことは，需要企業のネームプレート製品の品質評価にあらわれている[10]。88年，90年，92年の過去3回の調査では，品質について「良い」と「悪い」との回答では圧倒的に「良い」とする評価を与えている。こうした品質への信頼が高いものの，メガ・コンペティションと東アジアを範囲とする日本企業の海外生産化と国際分業の拡大，そして地球環境保護への取り組みの急進展は，ネームプレート業界にとって，アジア諸国の中小企業と対抗する国際競争の戦略上からも「低公害・無公害」あるいは強度の耐久性をもったネームプレートの新技術・新製品の開発とその実現をはかる総合力（技術力・開発力プラス経営力）が求められている

　そこでまずネームプレートの製品技術に関して，需要企業がネームプレート業者に求める技術力・開発力の内容がいかなるものか，そして逆にネームプレート企業が指向するものは何かをみたのが表12—9である。ネームプレートの需要企業と供給企業であるネームプレート企業とが同一の選択項目であることに留意する必要がある。需要企業が求める技術力・開発力の第1位は「品質・精度は変えずコストダウン」が最も多く33.0％を占めている。需要企業が納入企業を選択する理由に「価格が安い」ことを第1位にあげていたが，技術力でもコストダウン技術が求められ，需要企業のコスト意識の強さを反映している。革新的技術が付加価値の上昇を生むと同時にコストを低下させ，した

---

[10] ネームプレート企業では需要企業との間で長期継続的取引が行われてきたが，ネームプレート生産における受注形態では，ネームプレートの独自製品を除いて，「承認図方式」による生産よりもむしろ圧倒的に「貸与図方式」による生産である。もっともネームプレート部品によっては，一部企業において製品開発の段階で開発に参加し，設計図を提示していく，デザイン・インの企業もある。

表12―9　ネームプレートの技術上の課題

回答数，%

	需要企業	ネームプレート企業
1．一層の品質・精度の向上	34(16.5)	29(18.1)
2．品質・精度は変えずコストダウン	68(33.0)	21(13.1)
3．過剰な品質・精度の排除	8(3.9)	5(3.1)
4．既存工程の改善	16(7.8)	27(16.9)
5．新たな加工・印刷方法の開発	35(17.0)	26(16.3)
6．設計技術の向上	10(4.9)	5(3.1)
7．異種技術の組合せ	6(2.9)	18(11.3)
8．生産システムの全体の見直し	11(5.3)	14(8.8)
9．特殊材質・形状の開発	14(6.8)	9(5.6)
10．その他	4(1.9)	6(3.8)
合　計	206(100.0)	160(100.0)

資料：表12―4に同じ。
注：1)（　）内は%。2）調査期日は1996年9月。
　　3）需要企業の回答企業80社，ネームプレート企業は70社が対象で3項目回答である。

がって価格競争力を強めるからである。第2位は「新たな加工・印刷方法の開発」が17.0%そして第3位は「一層の品質・精度の向上」16.5%で第1位と大きな差がある。これに対してネームプレートを供給するネームプレート企業では「一層の品質・精度の向上」が18.1%で第1位にあり，つづいて「既存工程の改善」16.9%，「新たな加工・印刷方法の開発」16.3%となっている。また需要企業から強く要請を受けている「品質・精度は変えずコストダウン」の項目が13.1%と決して低い比率ではない。しかしこれら両者の課題を比較すると，利害や立場の違いがあるとはいえ意識の差が大きいといえよう。すなわち，一方では「コストダウン技術」を要請しているのに対し，他方ではなお「品質・精度の向上」が課題となっているのである。もっとも2つの課題は表裏の関係であり，技術が「もののつくり方の総称」であるとするならば，2つの技術力の差の乖離を最小にし，なくすることが一段の技術力の向上につながる。

このように両者には技術課題に対する意識の差があるが，それではネームプレート製品・加工技術はアジア諸国のそれと比較した場合に果してどのような水準に位置しているのであろうか。需要企業とネームプレート企業の両者の評価をみたのが表12―10である。需要企業の国内ネームプレート技術の評価は「優れている」が58.8%の6割弱，そして「非常に優れている」10.0%と合わせると7割弱が，高い技術評価を与えている。しかし，「同程度」が15.0%あり，「劣っている」とみる企業もあり，アジアでの加工技術が向上してきてい

表12—10 アジアと比較したネームプレート製品・加工技術の評価

企業数, %

	需要企業	ネームプレート企業
1. 非常に優れている	8(10.0)	8(11.4)
2. 優れている	47(58.8)	46(65.7)
3. 同程度	12(15.0)	13(18.6)
4. 劣っている	1(1.3)	0(0.0)
5. 非常に劣っている	0(0.0)	0(0.0)
6. 不明	12(15.0)	3(4.3)
合　計	80(100.0)	70(100.0)

資料：表12—4に同じ。

ることを伺わせる。アジアの加工技術の向上のスピードが早いだけに技術の追い上げ程度や技術水準の差が問題になるが，品質・精度が同じ水準になるならば需要企業にとっては，後はコスト差が問題となるだけである。これに対してネームプレート企業の国内技術評価は，アジアとの比較では「劣っている」とは評価していないものの，「優れている」は65.7％で自社評価ということを勘案すると決して高い割合とはいえない。「非常に優れている」は11.4％あるが，「同程度」が18.6％と高い割合を占め，アジアの製品・加工技術がかなりのテンポで日本に追いつき，すでに同じ技術水準に達してきているとの認識を示していて注目される。需要企業とネームプレート企業とのアジア評価の差は余り大きくはなく，ほぼ共通認識にあるといえよう。

ところで，需要企業はメガ・コンペティション時代の中でコストダウンを最大の課題にしている。そこで国内とアジアのネームプレートの品質・精度が同じとした場合，国内単価に比較してアジアの単価をどのように評価しているのかは部品の海外調達・輸入等を考えるうえでの関心事である。単価決定の要因が製造原価や輸送コスト上の問題だけではないが，アジアの単価が国内単価より「安い」とする企業が55.4％，「非常に安い」12.3％で両者を合わせると67.7％，そして「同じ位」が12.3％となっている。これに対し「高い」とする企業が20.1％あるが，全体的にはアジアの競争力が強いことを示している。しかし「高い」と「同じ位」とする企業が3割強も存在することは未だ国内単価でも競争力があることを物語っており，それだけに技術力・開発力の向上が一層重要な課題になってきている。

それでは技術力・開発力の向上のための対策としてどのようにしていくことが求められるのか。その対策は各個別企業や企業規模によって課題や対応能力

が異なり，対応策も多様である。調査によると上位回答項目をみると「作業方法の改善」「従業員の意識向上」がそれぞれ10.9％の第1順位にあり，ついで「受注先との協力」9.2％，「新鋭設備の導入」「既存設備の改良」「情報収集」「工程の改善」「生産システムの見直し」「同業他社との技術開発」等の順になっている。全体的には異業種交流とか他社との技術開発といった「外に向かって」の対応よりもむしろ「内に向かって」の対応策を重視する姿勢となっている。このことは同業他社のみならず他産業の参入による企業間競争の激化を反映しており，したがって個別企業が競争に打ち勝ち，生き残りと一層の成長をはかるためには競争企業に少しでも優位性をもつ対策が必要になる。企業間の競争はまさしく生き残りを賭けた総力戦であるからである。

以上のようにネームプレート製品・加工技術は，需要企業の海外生産化の動きやアジア諸国の技術水準の発達度合・スピードとも連動して一層の改善・改良が求められるが，独自の技術力と開発力を高めるためにも積極的に試行錯誤の積み上げへの挑戦をしていくことが重要となっている。

(7) 需要企業の海外展開

わが国企業の海外投資は1985年のプラザ合意以降は，円高の急進展と定着化を背景として大幅に増加し，88年には新規証券取得件数では2,725件とピークに達した。その後90年代には減少してきているものの，アジア諸地域を視野に入れた輸出指向や日本への逆輸入をめざした進出が展開されつつ，94年では1,203件（投資額1億円超）に達している。そしてこれに並行して中小企業の随伴進出も増え，東アジアへの進出ブーム，とくに中国を中心に増加し，各産業の海外展開はほぼ一巡した感があるものの，海外展開圧力は今後もなお続いていくことが予想される。日本電子機械工業会の調査（96年6月現在）によると[11]，外資企業60社を含む同会の正会員は570社，これらに対する調査回答企業492社のうち海外生産法人を持つ企業は195社，そしてその海外生産法人は合計で1,144社（46か国）と1社平均5.9社に及んでいる。この1,144社中の進出先上位5か国をみると，中国195社，米国146社，マレーシア144社，台湾84社，タイ81社で，全体的にはアジアへの進出が7割弱と圧倒的多数を占めている。そして90年代では中国とアセアン諸国への進出の多さとともに，電気・電子産

---

11) 中小企業事業団『海外投資ガイド』1997年，No.139，5—8ページ。

業のベトナムやインドに対する投資が開始されてきているのが特徴的である。
　こうした電気・電子産業の海外展開は自動車産業にもみられる事態である。例えば，自動車完成品メーカーA社の10年間の生産台数の国内と海外とを比較すると海外生産がいかに拡大しているかがよくわかる。即ち，1986年の国内生産台数実績は367万台（海外生産台数実績14万台）であったのが，90年は421万台（同＝68万台），95年は317万台（同＝125万台）となり，国内生産の減少に対して　海外生産は急増しているのである。海外生産比率の上昇は，部品調達や部品生産において現地調達化を進展させている。そして日本企業の低価格アジア専用車（アジアカー）の生産開始に伴い，日系部品メーカーの東南アジア進出は急増し，日本自動車部品工業会の会員企業のアセアン生産拠点数は231か所となっている。
　こうした家電を中心にした電気・電子産業，自動車，精密機器等の組立加工型産業の海外展開は国内の部品メーカーへの発注量の減少をまねき，ネームプレート業界にも深刻な影響を及ぼしている。ネームプレートの需要企業で海外生産を行なっている企業は92年調査では31.5％であったものが，96年調査では回答企業80社のうち40社の丁度5割に達している。これら需要企業が海外現地生産においてネームプレートをどのように調達しているのであろうか。表12―11は現地企業のネームプレート調達方法を国内需要企業の従業員規模別でみたものである。その調達方法をみると「現地で業者から調達」が57.4％で現地調達が活発化していることを伺わせる。「日本から輸入」が20.4％あるが，これは国内ネームプレート業者が需要企業又は商社に納入したものが輸出されたものと推測しえる。そして「第3国から調達」が11.1％とつづくが，「現地企業で内製」している企業が3.7％の2社あることは注目される。東アジア諸国の製品・加工技術の水準が向上していくにつれて，ネームプレートは軽薄短小型部品であるが故にますます現地調達化が進行していくものと考えられる。
　このような海外現地企業の動向に対して，国内需要企業はネームプレートの海外調達・輸入をしているのであろうか。輸入を考えていない企業が80社中の82.5％と圧倒的に高い比率であるが，「すでに輸入している」と「輸入を検討中」の企業も2割弱で，92年調査時点（8.4％）と比較すると海外調達する企業が増えてきている。この海外調達の理由は，「国産品より安い」が46.7％と低価格であることが大きな理由になっている。ついで「円高傾向への対応」「海外に自社の現地法人がある」という逆輸入，そして注目すべきことは「海

表12—11　現地企業でのネームプレート調達方法

回答数，%

項目 / 規模	現地で業者から調達	日本から輸入	現地・日本以外の第三国から調達	現地企業で内製	その他	合計
(1) 20人未満	0	0	0	0	0	0 (0.0)
(2) 20〜99人	0	1	1	0	0	2 (3.7)
(3) 100〜199人	0	1	0	0	0	1 (1.9)
(4) 200〜299人	1	0	0	0	1	2 (3.7)
(5) 300〜399人	0	0	1	0	0	1 (1.9)
(6) 400〜499人	3	0	0	0	0	3 (5.6)
(7) 500人以上	27	9	4	2	3	45 (83.3)
合計	31 (57.4)	11 (20.4)	6 (11.1)	2 (3.7)	4 (7.4)	54 (100.0)

資料：表12—4に同じ。
注：複数回答が可。

外企業が特殊技術をもっている」等である。価格の安さや円高対応は為替レートの変動によっても規定されるが，海外での特殊技術については日本のネームプレート業界の対応が求められる。

　このように需要企業は海外生産の展開，部品の現地調達化と海外調達・輸入を進展させており，国内ネームプレート業者が相当程度の影響を受けている。そして今後は，情報化とくにインターネットの普及や航空等輸送手段の発達等によりネームプレートの海外調達・輸入が進むことが伺われ，国内ネームプレートの国際化への対応が迫られている。

4　ネームプレート産業の課題と方向性

　経済のグローバル化による世界大の競争展開は，日本企業の急速な海外生産拠点づくりを推進すると共に日本経済に構造変化をもたらしている。とりわけ日本経済のリーディングセクターであった自動車，家電を中心にした電機・電

子産業や精密機械等の組立加工型機械産業の海外生産の本格化は，これら産業との結びつきが強いネームプレート業界にとってはこれまで以上の需要量の増加を期待しえないのみならず，むしろ傾向的には需要減退が進行している。そして需要企業の国内における製品生産の少品種・大量生産から多品種・少量生産への移行は，ネームプレート需要量の減少に拍車をかけている。こうした海外生産の本格化と需要構造の変化がネームプレート産業におけるこれまでの長期継続取引の見直しやアジア並みでの納入単価とコストダウンの強い要請となって現れており，ネームプレート産業の構造変化を余儀なくしている。

さらにネームプレートの構造変化を迫る要因は，他産業・他分野からの市場参入とそれに伴う競争の激化，ネームプレートに代わる代替製品・部品の侵食，需要企業のネームプレート製品の国際購買の開始等の競争構造の変化，加えて地球環境保全や資源の再生利用という視点からのネームプレート生産方法のあり方の模索等々の厳しい環境変化である。

こうしてネームプレート産業は，いま大きな構造変化と転換に立たされているのである。しかし変化と転換の現段階は，ネームプレート産業の構造や企業経営の体質を問い直す機会である一方，発展への新たな機会をつくり出すビジネスチャンスでもあり，構造変化に対応した中長期的視点に立脚した方向を模索して新たな段階へとつなげていくことが重要になっている。

ネームプレート産業は中小企業業種であり，原子的競争構造をもった産業である。また，製品特性から独自製品それ自体の市場規模はそれ程大きくはなく，むしろネームプレートを部品として使用する需要企業の需要動向に大きく依存する需要企業適応型業種である。この適応型業種であるだけに独自の活路開拓と新たな存立・発展を見出すことが困難であるかにみえるが，すでにネームプレート企業は需要企業を分散化しており，一部の企業では固有技術を基盤にしながら応用技術を展開することによって新分野・異業種へと拡大をはかり，ネームプレート産業自体が業態・業種変化を起こしてきていることに構造変化への対応と今後の一つの方向性の示唆をみることができる。

日本を含む東アジアにおける国際分業の形成は，ネームプレート企業の国内需要適応型から国際需要適応型への対応でもある。こうしたアジア大の産業規模さらには世界規模での市場において，ネームプレート企業の競争力をいかに世界市場の競争メカニズムに連動させ，維持・強化させていくかが課題である。それには企業の自主性と独立性を前提にした事業活動の革新と国際化・グロー

バル化の次の4つの方向が考えられる。

　事業活動の革新での第1の方向は，国内需要適応型の方向である。需要構造が変化し，需要企業の製品サイクルと多様化が加速化しているのに対していかに敏速に対応してネームプレートを製品化していくかである。この場合の適応のポイントはいうまでもなく，Q（品質），C（コスト），D（納期）であるが，需要企業が少品種大・中量生産であるか，それとも多品種少量生産であるかによって2つのタイプに分けられる。1つは少品種大・中量生産に対応するコストダウン適応型で需要企業のコストダウン要請に協力していくタイプである。このタイプは，厳しい価格競争に打ち勝つためには常にトータルコストのダウンを追求しつづけることが必要であり，したがって規模の経済性をはかるうえでもとくに新鋭設備の導入や生産工程の改善・向上というプロセス・イノベーションを実現していくことが重要となる。もう1つのタイプは，需要企業の多品種・少量生産への適応型であり，コストプラス納期が重視される。つまり多品種少量生産は市場ニーズに敏速に対応していく体制であり，価格の安さに加え納期の迅速性・正確性・安さが求められる。ここではこれまで蓄積してきた固有技術，加工技術を生かしながらユーザーニーズに対応しうる供給の迅速性（agility）とフレキシブルな生産体制を実現していくことが重要となる。

　第2の方向は，第1の方向がコスト重視であるのに対し，品質重視である。品質，納期，アフターサービス等の非価格を重視した技術高度化型企業の方向である。この方向は，現在保有している高い熟練・技能と，機械設備に結びついた技術とを融合することにより技術力を高度化することが重要となる。この技術高度化型企業は，同質の需要に対応するだけではなく，異質な需要や需要先ごとの個別需要に対応して新しい市場を開拓したり，先端技術や新素材に対応して特殊技術，特殊設備等でより専門化していく企業で，市場細分化（Market Segment）と製品の差別化（Differentiation）とで競争力を強める方向である。市場の細分化は，企業が自らの基準で市場を異なる市場に細分化することであり，差別化とは自社製品と他社製品との違いを明確化し，その違いを有利にすることである。この方向はまた，ネームプレート製造の周辺技術や応用技術の適応領域でもあり，ニッチ（Niche，適所・空き間）市場やフリンジ（Fringe）市場の開拓につながる。いわゆる範囲の経済の展開である。こうした高度な質の需要分野や市場を実現するためには，これまでのネームプレートづくりの多様な技術の蓄積を積極的に生かすと同時に，ものづくりの基盤であ

る熟練・技能のノウハウを維持し発展させることが重要となる。固有技術を基盤にしながら応用技術の開発や先端技術と結びついた高度な品質の製品・サービスの供給を目指す限り，競争力の優位性を発揮することができる。

　第3の方向は創造型企業の方向である。創造型とは独自の経営感覚やノウハウによって全く新しい製品・部品を作り出したり，何を売るかの何を重視した研究開発型を目指したり，さらにはこれまでとは違った新しいマーケティングによって新しい市場，新分野を開拓することである。大競争・市場の時代といわれている今日では，これまでがいわば業界内での小競争であったが，この小競争から脱却して，技術力・開発力・マーケティング力等を駆使して国際的な大競争に耐えうる国際的視点に立った企業経営の高度化が求められている。したがって創造型企業は，自社独自の固有技術を基盤にして製品の技術力や開発力の面で他社とは違った企業差別化をはかること，すなわち独自製品の保有と「何を作り売るか」の独自製品開発能力をもつこと，そして自らも「どう売るか」のマーケティング努力をし，営業力をつけることである。このことは大競争を前提にすると，Q・C・Dプラスアルファ経営であるが，このプラスアルファ経営部分が「何を作るか」の製品開発力（D）であり，そして「どう売るか」（マーケティング）・「何を売るか」（マーチャンダイジング）を含んだマーケティング力（M）である。Q・C・D・D・Mの総合力をもった企業である。市場が国際市場となり，あらゆる業種にわたりその業界の垣根が取り払われて「範囲の経済」，「結合の経済」が進展している現段階であるだけに，企業は長期的な変身戦略をもつことが必要である。創造型企業の方向は厳しいが，変化の時代の中で「何を売るか」の市場（顧客）ニーズをいち早くキャッチし，それを迅速にかつ効率的に製品化してユーザーに提供していくこと，まさに市場（顧客）の中にビジネスチャンスをみつけていく企業である。

　第4の方向は，第1，第2，第3が事業活動の革新を目指すどちらかといえば国内立地を基盤にしているのに対して，国際化・グローバル化をめざす生産拠点の海外立地・海外展開型企業である。ネームプレート需要の主要な産業・企業が積極的に海外生産化を本格化させ，海外需要が拡大し国内需要が減少する傾向の中では，海外進出は企業の競争戦略の1つとなりうる。とくに東アジアを範囲としたネームプレート需要企業の活発な進出と東アジア諸国における工業化の発達とは，現地国内市場の拡大が期待しうるものとなっている。しかし全ての産業分野で海外生産化が進行しているのではなく，高付加価値型産業

や技術優位型産業は国内生産を高度化させ，むしろ活発化していることも留意しなければならない。このようなことは，海外展開をするにあたっても需要企業進出に伴う随伴型進出や安価な労働力コストを求めた進出には限界があるのみか，むしろ危険でさえありうる。需要企業の部品調達等の行動を考えると，アジアでの域内拠点間競争の激化が生産拠点の再編成を促進している。したがって，随伴進出での市場獲得だけではなく，進出先での新規市場・取引先の開拓をするかどうかが海外進出の成否となりうる。東アジアを範囲とする国際分業の進展は，東アジアがすでに工業立地の視点からすると海外とはいいえないような国内経済と一体となって展開してきている。日本国内だけの「規模の経済」ではなく，まさにボーダレス経済である。それだけに海外展開の条件と可能性を慎重に探り出していくことがとりわけ重要となっている。また，海外生産拠点の設立・移転を行わなくてもアジア諸国を中心にした海外企業との連携，ネットワーク化を追求していくことである。

　以上のようにネームプレート産業・企業の取るべき4つの方向性をみてきた。しかしこれら方向を推進するうえで次の4つが不可欠な課題となる。その第1は，経済のグローバル化，大競争時代への戦略的対応とその戦略の策定をはかることである。第2は，自社の固有技術を基礎にした技術力・開発力の芽をつくり出し，発展させる課題である。第3は，市場ニーズに迅速に対応するために企業自身が変身（Die Verwandlung）しつづける姿勢をもつこと，とりわけ企業経営の高度化をはかっていくことである。この高度化には同業種のみならず，異業種企業との交流やネットワーク化も含まれる。そして最後に，企業経営にはさまざまな方向性があり得るにせよ，自社の固有の条件と場を基礎にしたうえでのコア・コンピタンスをもった経営戦略を策定・構築する能力とそれらを推進する自己責任経営の確立・自己変革をする課題である。

　現段階はまさに構造変化の時代であり，市場競争の時代である。市場競争はまた産業・企業にとつて変身の時代でもある。この激しい変化の加速する時代であるだけに，産業・企業がいかに変身を遂げていくかが市場競争で勝ち残るチャンスを獲得し，成長・発展につながっていくことになる。

第Ⅳ部
グローバリゼーションと中小企業の新展開

第13章　グローバル化時代における中小企業の構造問題と新展開*
――21世紀への展望――

はじめに

　日本経済の発展と重なりあい，相互に深く関連し変容してきた中小企業の構造問題への関心は，80年代半ばまでは，1）「新二重構造論」議論にもみられた大企業と中小企業との格差構造問題，2）高度成長期に確立した下請・系列制の問題性と効率性ないし特殊性と一般性をめぐる課題，3）戦後一貫して増加しつづけてきた中小・零細企業の増大の意義・役割とその評価をめぐっての課題等であった。

　しかし85年以降の急激な円高，市場経済の世界経済への一般化そしてグローバリゼーションの進展という「条件」と「場」の変化によるグローバル・リストラクチャリング進行の下で，中小企業はその存立を根底から問われ，新たな構造問題に直面している。このことは中小企業の構造問題を深く規定し制約していた存立条件と場が変るということでもあり，視点を変えれば，中小企業総体としての構造に新たな課題と役割をあたえる機会ともいえる。現段階は，まさに中小企業の構造転換期でもある。

　本章では以上のような問題認識にたって産業構造の変化の視点から，中小企業が21世紀にも存立・存続し，安定的に成長できるであろうか，すなわち，日本中小企業の力をいかに引き出すか，そして中小企業の存立が世界市場の競争メカニズムにどのように連動させていくのか，を課題として取り上げる。

　＊　本章は，「グローバル化時代における中小企業の構造問題と新展開―中小企業政策の方向性を求めて―」日本大学経済学研究会『経済集志』第68巻第3号，1998年10月，日本中小企業学会編『中小企業21世紀への展望』（日本中小企業学会論集18）1999年4月，所収のものを基礎に加筆・修正している。

1 アジア産業構造の形成と日本中小企業

　21世紀に向けた経済のグローバリゼーションの進展は，一国を単位にした国家や経済の枠組み，さらには国境を残したままの国際的経済諸関係を越えて，市場原理を軸に文字どおり地球規模大の経済一体化を生みつつある。そしてこうした中で巨大企業は世界の産業・金融の再編成の中心になって行動しており，まさに全世界的な企業としての位置をめざしている。『平成10年版，通商白書』は「グローバル企業は世界大での競争に勝ち抜くために，購買，製造，販売，研究開発等の事業展開を世界の中で最も効率的な環境下で行うべく活動している。まさに企業が国を選ぶ時代と言えよう。」[1]と指摘している。

　わが国企業のこうしたクロスボーダーかつグローバルでの活動は海外直接投資の増加と貿易構造の変化によってみることができる。まず海外直接投資をみると，85年のプラザ合意以降の異常な円高を契機に飛躍的に増え，製造業に限定すると，94年度以降，アジアは北米に代わって日本企業の最大の投資先となり，アジアへの生産拠点づくりと現地調達が本格化している。アジアの中で急激な伸びを示しているのは中国向け投資であり，アジアへの直接投資を行なっている業種は，電機，輸送用機械を中心にした労働集約的工程を含む組立加工型産業や中小企業分野の繊維，雑貨である。そして大企業の世界的な拠点網づくりに対応するかたちで，他国に類例をみないほどの活発な中小企業の直接投資が展開されている。中小企業が海外直接投資件数全体の過半数を占め，地域別では北米とアジアに2極化しているが，アジアの比重が高く，なかでもアジアNIEs→ASEAN→中国，さらにヴェトナム，ミャンマーへと投資先地域に変化が生じている。こうした直接投資の増加の結果，日本の製造業の海外生産比率は，85年度の3.0％から96年度の11.6％へと急増している[2]。海外生産比率は輸送機械と電機機械が20％前後と高く，今後他の業種も含め上昇していくことが予想される。こうして大企業を主導にした中小企業を含む日本企業の国際展開は，アジアシフトを鮮明にしつつ，アジアの位置づけもこれまでの欧米への輸出拡大や日本への逆輸入のための生産拠点から最終製品の現地及びアジア

---

1) 通商産業省『平成10年版通商白書』平成10年6月，16ページ。
2) 通商産業省『平成10年版通商白書』233ページ（第4—1—1図）。この水準は，米国の28.7％（95年），ドイツの23.0％（94年）に比較して低く，今後の上昇が予想される。

域内市場の確保・拡大へと転換してきている。

　直接投資の増加に伴い日本とアジアとの貿易構造も変化している。日本の貿易は，70年代まで繊維，雑貨，鉄鋼，造船等が中心であったのが，自動車，電機機械といった組立加工産業へと輸出構造が変化した。しかし85年以降の円高局面で乗用車等の耐久消費財の輸出シェアが低下してきているのに対し，日本の製造業の海外展開が活発化する中で海外での生産活動に不可欠なものとして資本財や資本財としての機械類部品のシェアが上昇し，機械類部品ではその5割弱が東アジア向けであり，間接輸出を含め中小企業の役割は小さくはない。

　一方，輸入も97年では米国の22.3％に対し東アジアが総輸入の34.7％を占め，また財別では原油等の工業用原材料のシェアが80年代後半に6割弱を占めていたのが97年には約4割にまで減少し，90年代後半では資本財，機械類部品といった製品輸入の割合が急速に高まっている。また，食料品，衣服・繊維製品といった中小企業性製品の輸入割合が高い。国内需要に占める輸入品のシェアは，「精密機械と繊維においては大企業よりも中小企業の出荷品に関して輸入品のシェアが高く，一般機械，電気機械，輸送用機械についてはそれぞれ大企業の出荷品に対する輸入品のシェアの方が中小企業より高い」[3]として中小企業への影響の大きさを指摘している。こうして中小企業は，国内大企業の部品・部材等の海外調達の進展，進出日系現地企業から日本への逆輸入そしてアジア諸国の工業化による競合製品の輸入拡大等で存立を厳しくしている。

　このような結果，日本の産業構造は，アジア地域間との有機的連関を強め，東アジア大の産業構造への形成・転換が進み始めている。それはかっての原材料を発展途上国とくにアジアから輸入して工業製品を製造し，米国に輸出するという「垂直型分業」ないし「従属型加工貿易」から，80年代以降にアジア諸国が経済成長と産業構造の高度化を遂げ，NIEsの先進国化，アセアン諸国のNIEs化の進む中で，日本と東アジアとの間で労働集約的産業，軽工業製品そして資本財といった工業製品と日本に残る資本・技術集約的産業，製品とを相互に生産し貿易を行う「水平型分業」に変化し，進展してきている。換言すれば，日本の産業構造は，従来一国内に基盤技術や高度技術を利用してあらゆる産業を構成し製品を生産するいわゆるフルセット型（国内完結型）で発展してきたが，アジア諸国への直接投資の増加と現地生産の拡大を媒介に，現段階で

---

[3]　中小企業庁『平成10年版中小企業白書』平成10年5月，72ページ。

は産業連関が緊密化して東アジア大の産業構造と地域経済圏を形成している。

このような東アジア大の産業構造の形成は，日本が資本・技術集約的な高付加価値製品とハイテク先端産業に，そしてアジア諸国は低・中級品や定番品，汎用品，製造の後工程といった低賃金を利用した大量生産型産業との工程間・製品間分業の棲み分けを内実にしている。こうした棲み分け的国際分業は，格段の比較優位にある日本の技術移転が伴わない限り，そしてアジアの産業構造高度化がより進展しない限り，産業構造の格差を固定化することに繋がりかねない。アジアの産業構造は，97年のタイの金融危機に始まるアジアの経済危機に表れているように，「アジアの奇跡」が内的自律的成長によるものではなく，欧米日のグローバル企業による直接投資と生産拡大に伴う部品輸入に大きく依存した従属的・垂直的産業発展の構造であったことを明らかにしており，それだけに東アジア諸国は技術革新を軸にした自律的発展の力にかけている。棲み分けを重視した水平的国際分業を進展させるには，グローバル企業の論理だけではなく，アジアにおける「合意形成的国際分業」の方向が求められる。

だが，さらにこのようなアジア経済圏における国際分業の進展は，日本のグローバル企業の視点からみると，日本国内の生産拠点と海外生産拠点との間の企業内国際分業を意味するだけではなく，この海外生産体制を強化・構築していくためにサポーティング・インダストリーとして日系中小企業の系列下請部品メーカーや現地地場企業を生産体制に組み込む国際的下請生産形成への動きでもある[4]。

いずれにせよ中小企業を含む日本企業のグローバル展開が，アジア大の産業構造とアジア経済圏を形成してその連関を強めてきているが，このような動向はアジアとの棲み分けを喪失しつつ競合する国内中小企業分野の衰退や系列下請の国際的拡大による国内企業の再編成を急速に促進させている。

2　現段階の中小企業の構造問題とその評価

グローバル化，情報・通信革新，大競争市場の形成そして産業構造の変化は中小企業の存立の場と条件を大きく変化させ，総体としての中小企業の構造問

[4) 福島久一「中小企業の海外生産と国際的下請生産システム」，渡辺・中山・二場・福島編『90年代の中小企業問題』1991年，新評論，第3章所収。同「アジア経済圏の形成と日本中小企業」日本大学経済学部産業経営研究所『所報』，1997年9月，NO.41を参照。

題は80年代とはことなった新たな問題を現出させている。佐藤芳雄氏は「『一国の国民構造矛盾』としての中小企業問題はいまやグローバルな構造矛盾になっているという認識が必要」5)として中小企業問題のグローバル視点の必要を指摘している。

それではアジア大の産業構造が形成され始めている現段階での中小企業の存立が直面している構造変化とはどのような様相なのであろうか。大林弘道氏は今日の中小企業の問題の様相を次のように簡潔に整理している。「第1に，製造業の縮小＝海外生産化のなかで出現している変化である。すなわち，1）下請制の「崩壊」，2）流通系列化の「解消」，3）地域中小企業集積の「壊滅」であり，第2に，第3次産業の肥大化のなかで表出している変化である。すなわち，4）商店街および小零細卸・小売業の「衰退」，5）中小企業金融機関の「排除」である。……第3に，情報・通信化の急速な進展のなかで，6）新産業分野での非下請制的展開，7）サービス業の「下請制的」・非下請け制的拡大がみられることである。現時点では，全体として1），2），3），4），5）が，主たる傾向を示し，6），7）はなお従たる傾向に止まっている。したがって，現在においては『戦後中小企業構造』の『解体』過程が顕著な情勢となっている。」6)と指摘している。

大企業の支配構造の一環として幾度となく再編成されてきた戦後中小企業構造が，冒頭で述べた80年代の事態とは大きく変化し，90年代後半において「解体」過程を辿っているのか，それとも新たな再編成に向かっているのかは，慎重な判断を要するであろう。しかし問題は，日本とアジアとが一体化したアジア大の産業構造が形成されているとするならば，日本の中小企業が国内地域経済，国民経済，局地地域経済を含むアジアを中心とする広域的地域経済そしてグローバル経済の四層の構造とどのように関わっているかである。確かなことは，日本経済の過剰生産，過剰資本を克服する手段として，大企業が直接投資を媒介にしたアジア大の産業構造の形成・調整を通じて資本蓄積・再生産構造をグローバル企業として世界的に再編成していること，そしてそのもとで諸矛盾が中小企業に集中的に転嫁され，中小企業に構造調整が強いられ，中小企業は新たな構造問題の局面に立たされていることである。ここでは差し当り注目

---

5) 日本中小企業学会編『大転換する市場と中小企業』同友館，1998年4月，「はしがき」より。
6) 大林弘道「中小企業政策の新しいパラダイム」佐藤芳雄編著『21世紀中小企業はどうなるか』慶応大学出版会，1996年5月，72—73ページ。

すべき構造問題の特徴として4つ取り上げる。

　第1は，アジア大の産業構造の形成と国際的生産分業体制の進展が，輸出型中小企業の地位の低下，東アジア諸国からの中小企業性競合製品の輸入の増加，中小企業を含む海外進出した日本企業からの逆輸入の増加，自動車，電機等の組立加工型産業の部品・部材の海外調達の拡大等からそれらに関係する国内中小企業に影響を及ぼし中小企業の存立自体が問われていることである。このことは，かつての輸出型中小企業の輸出問題とは異なった輸入問題が生じているのであり，大競争時代を生き抜く大企業主導の国際的産業構造調整の在り方と国際分業体制の「棲み分け」から生じている問題である。そして戦後最大の危機にある90年代平成不況の中で，国内生産は低迷・縮小しているとともに，繊維，資本財等アジアからの逆輸入や製品・部品輸入が増加しており，国内製造中小企業には輸入品との競合でその存立を困難にしている。

　第2は構造問題がもっとも先鋭的に顕在化している下請・系列制をどう見るかという問題である。高度成長期に確立した日本独自の重層的下請生産構造は，度重なる再編成の結果，中小企業利用の最も高度で先進的な蓄積機構として存在したが，他面では1次下請中小企業の専門化や技術力の高度化が進むとともに，自らが技術開発力を持ち，デザイン・インにみられるような提案力をもつ企業が現れ，ピラミッド型といわれた下請生産構造に変容がみられるようになった。加えて80年代後半以降の大企業の本格的海外展開は，国内下請生産構造の国際的再編成の方向へとステージをうつし，相次ぐリストラクチャリングを展開するなかで子会社の完全子会社化や協力会の見直しによる優良企業の系列強化をはかる一方，2次，3次下請の整理・切捨て，それらを改編する方向を進行させている。他方では，日本の下請生産構造が国内に限定することなく東アジアを範囲とする拡がりをもって再編成され，国際的下請生産を形成・構築してきている。このことは，日本の中小企業がアジア域内の地場産業・企業との生産分業体制を模索せざるをえないことを意味する。こうして現段階の下請生産構造は，崩壊過程にあるというよりはむしろ流動化していて，国内では下請生産構造の裾野を縮小してこれまでより鋭角的でスリムなピラミッド構造を形成しつつ，海外で拡大するという，いわば裾野部分の代替化が進行しているのである。日本型下請生産構造は，大企業の世界最適調達のために，国内中小企業利用の全面的見直しを通じてアジア大産業構造の形成と枠組みのなかで国際的に再編成されてきている。

第3は戦後最大の不況のなかで,倒産と廃業が激増していることである。倒産は85年以降の円高においてもピーク時(84年＝2万841件)の半分以下となり90年時点では6,468件と激減していた。ところがバブル崩壊後になると,その件数は91年の1万723件から次第に増加して97年には銀行,証券等の大型倒産を含めて1万6,464件へと激増し,98年には1万8,988件の高水準を記録している。中小企業の倒産は本格的な産業構造調整(比較劣位産業の国内縮小・撤退)・構造転換(先端技術主導産業への転換)と信用収縮＝銀行の「貸し渋り」「貸し剥がし」の中で問題化している。そしてこのような倒産の増加を含む休廃業の激増は,中小企業における開・廃業率の低下傾向と,廃業率が開業率を上回る逆転現象となって現れている。とくにサービス業が肥大化しているのに対し,製造業,卸・小売業の1～4人規模層ではかつてみられないほどの廃業が増大し,製造業集積の地域産業(地場産業集積型地域,企業城下町産業集積型地域,都市集積型地域)の衰退に加え,全国各都市にみられる空き店舗の増加に伴う商店街の衰退・崩壊そして地域の空洞化が進展している。英米が70年代後半以降,中小・零細企業が一貫して増加し,経済再生と活性化の重要な担い手になっているのとは対照的である[7]。

　こうして直接投資を媒介にしたアジア大産業構造の形成とその促進のための構造調整は,国内中小・零細企業の整理・淘汰と再編成の構造問題として展開しているだけではなく,グローバル企業として資本の支配の進化をはかることを前提とする,産業部門の世界的再編成であるところに中小・零細企業の存立と地域経済の今日的危機がある。

　だが第4に,構造調整は大企業の地理上,産業上での市場支配領域の拡大を基調にしているが,同時に中小企業の一部に上向移動と上層拡大をもたらしていること,さらには新しい産業分野や中小企業独自の分野を生じさせてきていることを見落としてはならないであろう。21世紀への新しい産業戦略の方向が明確にはなっていないものの,むしろそれらの産業転換を促進することによって新産業を創出・拡大することは,日本経済の再生産構造を再編成し,利用対

---

　7)　福島久一「イギリスの企業構造と中小・零細企業の位置―1970年以後の統計的分析―」および「イギリス製造業における中小企業の構造と展開―1970年以後の統計的分析―」日本大学経済学研究会『経済集志』1995年5月,第65巻第1号および1995年7月,第65巻第2号(本書第19章補論1,2を参照)。中小企業総合研究機構訳編『アメリカ中小企業白書―1995―』同友館,平成9年,参照。

象である中小企業を再包摂することにつながることにもなる。市場の多様化，社会的分業の深化，情報・通信技術の高度化，規制緩和・撤廃等の条件が産業融合（融業化，業際化，異業種交流）を促進している。そして戦後最大の平成不況のいま，中小企業が創業・起業の対象として位置づけられるようになっている。こうした産業融合における新産業分野での大企業と中小企業の関係は，大企業の新しい系列・下請作りの対象としてではなく，対等な関係の形成へ向かわせることが重要である。しかし，新産業分野での対等な関係確立の動きは，総体としての中小企業の構造を変化させるほどの劇的なものではなく，緩やかにそして次第に全体に影響を及ぼしていくものと考えられる。

3　中小企業の構造再編と新たな課題

70年代後半は日本の製造業の時代であった。80年代後半以降は米国の製造業の時代であったと回顧できる。では，21世紀の製造業の覇者はどこか，それをめぐって先進国間，グローバル企業間の激しい大競争が展開され，この世界再編という新しい国際的ステージのもとで中小企業の国内外を一体化した全面的な構造再編へと進んできているのが現段階である。

それでは中小企業の構造再編とはそもそも何を意味するのであろうか。構造の再編とは，字義どおり解釈すると，総体としての中小企業の構造を編成し直すことである。しかし，戦後中小企業の構造は日本経済の構造と重なり合い，相互に深く関連して展開してきたが，日本の経済構造・産業構造の国際的調整と構造転換の進行しているいま，構造の再編とは中小企業の構造の在り方がどのような構造の構築をめざすのか，と関連して問われている。それは，日本のグローバル企業が資本と生産の世界的集積をめざす産業の世界的再編に規定された資本の支配が進化する方向での構造の再編成であるのか（グローバル独占・寡占化のもとでの従属的構造発展），それとも再編が企業間の支配・従属関係からの克服又は企業間協力関係の変化と捉え，アジア経済圏を前提にして，アジアをパートナーとした自立的関係を模索する中での自立的企業の構造（グローバルネットワーク化）を進める再編であるのか，の二つの方向を想定することが出来る。中小企業の構造再編を促進する条件は大きく次の4つである。

第1は，世界最適調達と顧客第1主義の徹底化の進展である。グローバル化の進行の下で世界最適調達（世界一価格の安い国からの調達）の進展は，たと

えグローバル企業が市場において国内市場の占有率が高く，国内独占が成立していても，潜在的輸入・競争の可能性があれば，独占価格による超過利潤を長期に維持することを困難にする。グローバル市場における大競争の展開は，したがって，国内における競争制限的政策の実質的効果を少なくさせ，市場原理にもとづく競争促進が世界経済運営の政策基準になって，国際的イコール・フッティング（競争の立脚点を公正・公平に設定すること）が課題になってくる。国際ルール，国際規格，国際標準といったアングロアメリカン型のグローバルスタンダードが支配的になってきているが，中小企業はそれらへの対応がもとめられることになる。

　第2は，アジア大産業構造の形成と国際分業の進展は，量産型で低付加価値製品を途上国・アジアに依存し，高付加価値製品は依然として日本で製造するという棲み分けをいっそう加速し，中小企業の構造再編を促進することになる。この場合，顧客ニーズの汲み上げをいかに迅速かつ徹底して行うかという顧客第一主義の徹底化，そしてこのためにモノ作りの基盤があるかどうかが重要になり，基盤技術，中間技術，高度・先端技術を集積している産業集積地域の再生・強化が課題になってくる。高付加価値製品をつくる製造拠点としての日本は，海外生産比率が拡大する傾向の中でモノづくり基盤の喪失，技能・技術の空洞化が懸念されているが，中小・零細企業の地域集積の競争優位をいかに新たにつくりだしていくかを模索しなければならなくなってきている。製造業における中小企業集積の新たな展開である。

　第3の条件である情報・通信技術の高度化は，企業間での世界的なインターネット取引を可能にする一方，クイック・レスポンス（消費者が求めるものを求める時に，最もムダがなく提供するサプライ・チェーン）や製販同盟等の流通革命をもたらしている。コア技術としてのME技術や情報・通信技術の高度化と市場原理を基軸に据えた規制緩和・撤廃の加速化とが，情報家電，電子家電，新合繊，新素材や製造業のサービス化といった産業融合そして国際融合を進展させ，そのことが，産業組織，企業組織の変化と中小企業の構造転換を迫っている。今後，どのような産業組織・企業組織そして中小企業構造へ転換していくのかを予見することは困難であるが，構造転換の重要な要素の1つであることは確かである。各々の産業・企業は各々の条件と場に対応して，「規模の経済性」，「範囲の経済性」，「ネットワークの経済性」さらにはそれらを全体に統合する「統合の経済性」を，各々の産業・企業の発展戦略のなかで選択

し発揮するようになる。産業の情報化と情報の産業化の相互規定による産業の技術的条件の変化が，産業・企業の競争の条件を変化させ，競争の条件変化は，産業・企業の構造の在り方を変え，競争の様相を変えることになる[8]。こうして市場構造は中小企業が主導する競争的産業と大企業が主導する寡占的産業に二極化していくことになるであろう。中小企業分野はいうまでもなく前者であるが，既存中小企業が果たして新産業の創出と創業・起業の担い手になりうるのかどうかの新たな課題を持つことになる。

　第4は，独占禁止法の改正による純粋持株会社の解禁とそれの今後の設立動向である。純粋持株会社の解禁は，制度の国際的ハーモナイゼーションであり，21世紀の世界市場をめざす日本のグローバル企業の合併・買収，提携を国家で支援しようとする最後の舞台装置であったが，同時に産業組織，企業組織の転換と再編成，それに伴う中小企業構造の再編，リストラの促進要因になっている[9]。

　こうした条件の現実的可能性と展開は，とくに産業の技術的条件—技術の優位性と劣位性—をめぐって競争力のある産業・企業と競争力の乏しい産業・企業，成長する産業・企業と没落・停滞する産業・企業，グローバル企業を頂点にした下請・系列の企業グループと中小企業を含む独立企業，競争的産業と寡占的産業等の多様な様相をもたらしながら，全体として資本と生産の集中化と分裂・分散化とが相互に同時に進行して再編成が進行していくであろう。その結果，事業支配力の集中，持株会社化による企業集団化が進展する一方で，中小企業構造における階層分化と階級分解とをまねき，とくに高度成長時では小零細層の肥大化を伴う階層分化・分解であったのが，21世紀は小零細層の縮小による両極分化という企業間の格差拡大＝二極化傾向を醸成することになる。

　グローバル化，情報・通信の高度化，産業融合・国際融合の進展する時代そして日本が世界第2位の生産力をもっている現在，従来の効率性，競争性を最優先する原理（経済性原理）から，公平性，社会性を採用した原理（人間性と

---

[8] 「規模の経済」追求型の産業（金融，情報・通信，コンピュータ・ソフト等）では「収穫逓増」のメカニズムが働き，その結果，市場競争で優位な企業の優位性が拡大する可能性がある。これに対して，在来型製造業や農業等の産業では規模の拡大に一定の限界があり，複数個以上の企業が存在することになる。技術的条件の変化が「収穫逓増」の作用する産業であるのかどうかが市場構造を規定し，技術が企業の勝者と敗者の命運を決めることになる。

[9] 福島久一「持株会社解禁と系列・下請の進展—中小企業の新たな再編—」日本大学法学会『政経研究』1998年1月，第34巻第4号。

民主主義の原理）への転換，そして比較優位を優先した産業発展から均衡ある産業発展への転換が求められるべきである。大企業に役立つ利用対象としての中小企業の選別・淘汰でなく，個人の技能・技術や地域の社会性を存立の条件にしている中小企業の力を引出し，時代のニーズに適合する自立・独立した中小企業をいかに構築していくかが21世紀の課題となるべきである。

4　経済民主主義の確立と中小企業政策の展望
　　——どのような中小企業の構造をめざすのか——

　20世紀的中小企業世界から21世紀的中小企業世界への移行をどのように模索していくのか。すなわち，経済システム転換が起きている21世紀のグローバル時代において，中小企業がどのように構造転換し，独自の存在意義と役割を果たす持続的に成長していく構造をいかにつくるかである。

　たしかに日本経済はいま深刻な危機に陥っている。それは単に一時的な経済循環の問題ではなく，経済構造全体の構造問題である。それであるがゆえに，経済構造に規定された中小企業の構造問題も深刻である。マクロ経済システムとミクロ経済システムの乖離ではなく，両面が問題を抱え，構造転換を迫られているのである。どのような構造転換をめざすのか。古い問題が解決されても，つぎの段階では新しい問題が発生する。また，古い問題が解決されないまま，そのうえに新しい問題が重畳化することもある。たえざる変化が新しい問題状況をつくりだし新しい分析パラダイムを必要とする。一般的に述べれば，1）効率性基準の検討による公平性[10]への転換，2）競争性の最優先から，競争性を維持しながら同時に社会性[11]を取り入れることへの転換，3）産業・企業活動の地域的拡大・グローバル展開に対応した必要最低限の共通の制度やルールの設定をいかにつくり，どこまで可能であるか，という国際的整合性への課題，4）地球規模大で起きている環境問題，人口問題，食糧問題等をどのように解決していくか，といったパラダイムである。21世紀世界において日本の中小企

10）　公平性は生産成果における配分の正しさの基準であるために多分に価値判断の問題を含む。それゆえ，どのようなルールで公平性の問題を取り扱うかの問題がある。

11）　社会性は「企業の社会性」をいう。企業も社会構成体の1つである限りにおいて，社会・文化・経済の発達段階に対応して企業に人間性や民主主義の原理を取り入れることである。林正樹『日本的経営の進化』税務経理協会，1998年7月参照。

業がこうしたパラダイム転換に対応するように，部分的にあるいは全面的に構造転換し，新しい独自の存在意義と役割をになって世界市場の競争メカニズムに連動させていかなければならない。中小企業の力をいかに引き出すか，ここに中小企業の再生と活性化の道がある。

　総体としての中小企業は，「異質・多元性」の存在であるとともに，いまでは国民経済の構造矛盾からグローバル経済の構造矛盾へと転化している。この中小企業に対する見方は多様であり，期待論がある一方で，悲観論も存在する。しかも中小企業政策は，85年のプラザ合意以降，国際的産業構造調整政策の一環として，中小企業の構造転換政策が積極的・全面的にすすめられている[12]。推進されている構造転換政策は，大量存在する中小企業の安定・成長を保障するものではなく，開業・創業の支援と一部の創造的中小企業を政策対象にしたものであり，大量存在する既存中小企業が21世紀世界での真の意味でバイタル・マジョリティに位置づけされてはいない。いま考えなければならないことは，中小企業の個性や活力をいかに引きだし，活かすか，競争の担い手として位置づけそして公正かつ自由な競争をいかに保証するか，ということである。そのための21世紀世界における中小企業政策の改革方向としては，マクロ経済レベル，地域レベル，個別中小企業のミクロレベル，の３つのレベルから新たな時代への展望を見出していくことが重要であり，長期的にはこの方向が中小企業と日本経済の活力再生につながるであろう。

　まずマクロ経済レベルの改革課題は，経済民主主義を確立することである。これまで政治の民主主義は議論が行なわれてきたが，経済の民主主義については十分に問題を展開されることは多くはなかった。経済民主主義とは，自動調節的市場経済における少数者への経済権力の集中に対して歯止めをかける反独占政策のことであり，私企業の活動の自由を公共の利益に従属させることであるといえよう[13]。問題は「制度としての経済民主主義」をいかに確立し，実現するかが重要となる。制度とは社会の中で形成されている「仕組み」が長期間にわたって常態化していることであるが，「制度としての経済民主主義」の形

---

12) 中小企業庁編『平成10年版中小企業白書』第３部第１章。福島久一「中小企業問題と政策の展開―第２次大戦後から昭和終焉まで―」日本大学経済学研究会編『現代経済の分析と課題』勁草書房，1989年，黒瀬直広『中小企業政策の総括と提言』同友館，1997年等参照。

13) フリッツ・ナフタリ編『経済民主主義―本質・方途・目標―』御茶の水書房，1983年。なお，経済民主主義は「思想としての経済民主主義」，「運動としての経済民主主義」，「制度としての経済民主主義」の三つのレベルが考えられる。

成・確立は,社会的ルールの整備,社会的規制の強化が前提になる。社会的規制は,市場への参加者の自己規律を前提に,市場参加者のすべてが共通したルールに服することである。ある市場と他の市場とが異なったルールを用いるというのではなく,いかなる市場においてもルールが共通していることである。例えば,大企業の下請中小企業に対する一方的なしわ寄せ利用の根絶,長労働時間やサービス残業の規制強化,PL法のような安全性の確保,公害規制等である。

こうした社会生活の枠組み,ルールの設定による社会的規制の強化を競争基盤の基礎的前提として,市場において市場それ自体が機能し,市場機能が最も有効に作用するようにすることである。市場機能の有効性を発揮するには,独占禁止法の厳格な適用とそのもとでの市場ルール=競争ルールの確立をはかることである。市場ルールはいうまでもなく,私的独占,不当な取引制限,不公正な取引方法の禁止という強制のルールである。とくに中小企業における競争ルールの問題は,大企業との間における不利の是正を図ることであり,事業機会と取引機会の平等化,競争の対等性を確保することである[14]。競争ルールの実効性を確保するには,競争ルールの不確実性をなくし,何をすればどうなるか,というようなことを事前に明確化しておくことが重要である。純粋持株会社の解禁に伴い公正取引委員会は,「事前的・予防的規制から,事後的・監視的規制へ」といっているが,ルールは事前に明確化しておくことである。

競争ルールの公平性を確保するうえで「国際的なイコール・フッティング」は,近年の大企業の談合やカルテルの横行,不公正取引,大企業の優越的地位の濫用そして系列・下請取引の排他性等は国際的に通用せず,改善・排除しなければならないことを考えると積極的意義をもっているといえよう。しかし,独占禁止法の補完法である下請代金支払遅延等防止法は,その存在自体が中小企業の問題性を表象するものであり,現段階では罰則を含めた規制強化とその厳正な運用を図ること,このことがアジアにおける「歪んだ」国際的下請体制の形成を阻止することにつながる。

ともあれ,社会的規制の強化を前提に市場ルール・競争ルールを確立すること,そしてルールの実効性を確保するうえで中小企業の競争単位の多数性がもつ独自の存在意義とその役割は重要である。中小企業が競争の担い手であり,

---

14) 福島久一「中小企業と独占禁止政策」巽信晴・佐藤芳雄編『新中小企業論を学ぶ(新版)』有斐閣,1996年,第17章参照。

独占・寡占に対する対抗勢力として，そして経済民主主義を推進・実現する形成者として位置づけ，自主性と独立性をもった中小企業の育成という「中小企業庁設置法」の原点を再確認することである。

第2は，製造業の産業集積地域や商店街が衰退し，崩壊してきていることに対して，これらをどのように再生し，活力を発揚させるのかという地域レベルの改革方向である[15]。中小・零細企業は地域に存立し，地域社会と密接な関係にある場合が多く，地域社会の在り方に大きく依存している。他方，地域の再生・活性化は，地域に根ざし活動している中小・零細企業の発展と，業者の地域のかかわり方と運動にかかっている，といっても過言ではない。このことは，中小・零細企業が単に地域の経済的機能を果たしているだけではなく，地域の文化的・社会的機能をもって活動しており，したがって地域社会の形成者であると同時に，街づくりの担い手でもある。もちろん中小・零細企業は企業であるがゆえに企業性（効率性と競争性）をもっているが，このほかに大企業に比較して地域社会性を強くもっていることが特徴である。中小・零細企業の有する社会性を活かし，それらが地域の構成主体であるためには，地方分権化の推進を前提にした地方自治体の行政の果たす役割が大きい。自治体が地域産業政策や地域振興政策を策定する中で，中小・零細企業の社会性を重視することによって中小・零細企業を地域の側に引き寄せ，地域と中小・零細企業との新たな関係＝共生関係を形成・構築することである。ここに中小・零細企業が真にバイタル・マジョリティになり，その力を発揮できることになるのである。

他方，アジア経済圏やアジア大の産業構造が形成されてきているグローバリゼイションの中では，大企業の海外進出や大型店の一方的な撤退に対しては地域への社会的責任を果たす民主的規制を求めると同時に，中小・零細企業はアジア域内の地場産業・企業との国際連携，国際融合を模索し，アジア諸国内における産業集積間のネットワークを構築していく方向が今後いっそう求められていくであろう。

第1と第2のレベルでの政策実現の方向は，そう簡単に遂行できるものとはいえない。いずれも政策の仕組みを根底から変えなければならないという大きな課題があるからである。そしてこの政策の仕組みを変えるためには，政治を変えなければならないという問題がある。

---

[15] 福島・小谷・大澤・草原・岡田・八幡共著「中小企業集積と分業構造—大田区機械金属工業の実態調査—」日本大学経済学部経済科学研究所『紀要』第26号，1998年9月。

第3は個別中小企業レベルの課題である[16]。ここでの21世紀への対応の方向性は，アジア大の産業構造が形成している中で，日本中小企業の競争力をいかに世界市場の競争メカニズムに連動させ，維持・強化していくかである。それには中小企業の自主性と独立性を前提にした事業活動の革新（①国内需要適応型企業，②技術高度化型企業，③創造型企業，）と国際化・グローバル化の海外立地・海外展開型企業の2つが大きく考えられる（詳細は第12章参照）。

　21世紀を迎えた現在，世界経済の市場経済化，グローバリゼーション，情報・通信の高度化という三つの大きな流れは，企業活動において国境の壁・障壁をますます低くしていくであろう。そしてこうした三つの大きな流れの中で，中小企業問題は新しい問題を現出させつつ変化していくであろう。それだけに今日，中小企業の構造問題を問い直す試みを行ない，構造転換のチャンスを捉えて中小企業が安定的に成長できるような政策の方向性を明確にすることが必要不可欠である。個々の中小企業は規模が小さく，たしかにその力は強いとはいえないが，その力を有効に引き出し，その力が群として，また一つの塊となった時には大きな力となり，日本経済における真の意味でのバイタル・マジョリティになる。

---

[16]　福島久一「中小金属部品工業の構造変化—東京ネームプレート工業の実態調査を通して—」日本大学経済学研究会『経済集志』第67巻第3号，1997年10月。

# 第14章　持株会社解禁と中小企業の新たな再編成＊

はじめに

　持株会社が半世紀ぶりに解禁され，競争政策は戦後の大きな転換点であると同時に，新しい段階に入った。「持株会社は，これを設立してはならない」。この文言は，持株会社の設立禁止を取り決めた独禁法（「私的独占の禁止及び公正取引の確保に関する法律」＝1947年施行）第9条の条項である。それは憲法第9条と並んで「もう一つの9条」とも呼ばれ，独禁法の理念である経済民主主義の根幹を担い，戦後50年間にわたってまったく改変されることなく議論それ自体も一種のタブー視をされてきた。それが90年代のいわゆるバブル不況と「規制緩和」の大合唱を契機に急転回をしはじめ，政府は97年3月11日，持株会社の設立を原則自由にするための独禁法改正案を閣議決定し，国会に提出した。国会では十分な審議が行なわれることなく，6月11日に改正法案が可決・成立（97年6月18日公布，法律第87号）した。改正独禁法は純粋持株会社の設立が原則自由であり，早ければ98年1月1日にも持株会社第1号が実現しうるようになった。

　以下では，持株会社解禁の背景，なぜ解禁なのかの根拠，解禁の内容と問題点そして大企業の支配力集中・強化が系列・下請企業を含め中小企業にどのような影響を与えるのかを検討する。但し，金融持株会社は本章の分析対象ではない。

1　持株会社全面禁止の原点

　日本の独禁法が制定（1947年4月）されて97年は50年目，そして77年の強化

＊本章は，「持株会社解禁と系列・下請の進展―中小企業の新たな再編―」日本大学法学会『政経研究』第34巻第4号，1998年1月，所収の初出掲載論文を基礎に加筆・修正している。

改正から20年目であるが、日本経済の枠組みを規定してきた第9条の根本的な改変は、これまでの独禁政策の180度の転換を意味するであろう。独禁法は、戦後改革の1つである経済民主化政策として登場したが、この50年は緩和を基調にした波乱の歴史で、とくに「吠えない番犬」の汚名を常に被せられてきた。

さて持株会社の全面禁止は、戦前の旧財閥が持株会社を利用して日本経済を支配し、戦争を引き起こすことにもつながったため、その反省から財閥の復活を防止するという理由の1つから設けられたのである。アメリカ政府は、財閥の実態を調査するために、早くも1946年1月に、エドワーズ調査団を派遣している。C・エドワーズ（国務省カルテル問題顧問）は、「財閥解体」に関して次のように述べている。「その目的とするところは日本の軍事力を心理的にも制度的にも破壊するにある。財閥は過去において戦争の手段として利用されたのであって、これを解体し産業支配の分散を計ることは平和目的にも寄与するところが多いと考えられる。…日本の産業は日本政府によって支持され強化された少数の大財閥の支配下にあった。産業支配権の集中は労資間の半封建的関係の存続を促し、労賃を引下げ、労働組合の発展を妨げてきた。また独立の企業者の創業を妨害し日本における中産階級の勃興を妨げた。…さらにかかる特権的財閥支配下における低賃金と利潤の集積は、国内市場を狭隘にし、商品輸出の重要性を高め、かくて日本を帝国主義的戦争に駆り立てたのである。…上述せる結果をもたらす財閥の特権形態を破壊し、他の民主主義諸国の如く軍国主義者に依る政府支配に対抗し得るグループを育成することが米国の対日財閥政策の中心目的である」[1]としている。同様なことは、公正取引委員会『昭和23年度公正取引委員会年次報告』によると、占領政策を遂行するアメリカ政府は「財閥が日本経済に及ぼした支配力は、他のいかなる資本主義工業国にも類例を見ないものである。日本の侵略計画に対する財閥の責任は、主としてその機構にある。…重要な点は、財閥組織が軍事的侵略に好都合な機構的配置の産業貿易を支配し、…日本政府により支持されていた。」（2ページ）と見なしていたことを指摘している。

こうして持株会社禁止の観点は財閥解体に貫徹された。戦前の財閥は、三井、三菱、住友、安田に代表されるように財閥本社（持株会社）が家族・同族によって支配される組織構造であったのが、財閥解体措置によってその支配は根

---

1) 持株会社整理委員会編『日本財閥とその解体』復刻版、原書房、1964年。

絶された。それだけではなくこの観点は企業間の結合関係一般の解体，独占大企業の分割等をも対象にしており，GHQによる経済民主化政策の基準になった[2]。独禁法の制定と持株会社の禁止規程は財閥の復活を恒久的に防止し，経済の民主化を恒久化する措置として採り入れられたのである。しかし独禁法の第1次改正（49年）と第2次改正（53年）の大幅緩和[3]，そしてさらに「過度経済力集中排除法」（47年12月制定）による経済力の集中排除の不徹底[4]もあって，その後の日本経済は急速に独占資本が復活し，企業集団や企業系列の形成を促進していった。銀行を中心にした企業間の株式の相互持ち合いと企業集団を特徴とする戦後型企業集団に再編され，今日ではコンツェルンとして形成されているのである。戦前の家族・同族の支配による財閥は解体され，その点ではたしかに戦前型の「財閥の復活」の可能性はすくない。

しかし，集団的結合構造を特徴とする6大企業集団に見られるような企業集団をコンツェルン組織と把握するならば，純粋持株会社の解禁は，持株会社を頂点に大企業群を垂直的に支配することを可能にし，戦前の財閥とは異なった「財閥の復活」につながる可能性も少なくなく，企業経営の在り方のみならず日本経済に計り知れない支配力や影響を及ぼすことになる。公正取引委員会根

---

2) 「持株会社整理委員会令」（46年4月）が公布されたが，その第1条では次のことを目的にしていた。「持株会社整理委員会ハ企業ノ所有及経営ノ民主化ヲ図ル為本令ノ定ムル所ニ依リ指定セラルル会社（持株会社）及個人（指定者）ノ所有スル証券ソノ他ノ財産ヲ譲受ケ之ヲ管理及処分スル等ニヨリ持株会社ノ整理ヲ促進シ及指定者ノ企業支配力ヲ分散シ以テ民主的ニシテ健全ナル国民経済再建ノ基礎ヲ作ル為過度ノ経済力ノ集中ヲ排除スルコトヲ目的トス」。こうして持株会社整理委員会（1946年5月設置）は第1次（46年9月）から第5次（47年9月）にわたって83の持株会社指定をおこない，財閥本社の株式や関係会社の所有株式を公開・分散した。また，「財閥同族支配力排除法」（48年1月）が施行され，役員である家族・同族は役職から追放された。

3) 第1次改正は，9条において持株会社を「禁止」する一方，原始独禁法の第10条で事業会社（金融業を除く）による他社株式を取得所有することが原則的に禁止していたのを改正し，「会社間の競争を実質的に減殺する」場合や「不公正な競争方法により他社株式を取得所有」した場合を除いて，競争関係にない他社株式を原則自由に取得所有できるようにした。そして第二次改正はこの緩和を一層明確にした。この10条改正の結果，既存の事業会社が「事業持株会社」へと移行・転換しはじめたのである。このため持株会社は，純粋持株会社（pure holding company）と事業持株会社（operating holding company）とに区別され，使い分けされるようになった。

4) 集中排除法は，「既存の経済力の集中を速やかに排除」することを目的にし，持株整理委員会は第一次，第二次指定を通じて大企業325社におよぶ分割の指定をしたが，米ソの冷戦を背景とする対日占領政策の転換とともに，最終的に，分割により再編成された企業は僅か11社にすぎなかった。そしてこの法自体も1955年7月に廃止された。

来泰周委員長（当時）は持株会社解禁について「取り越し苦労をしていろいろと規制すると窮屈になって改正の趣旨にあわなくなる。解禁を出発点として，まず企業に自由に使ってもらった上で，日本経済への影響をよく見て，直すべきは直すことになる」[5]と労資関係や会社法等との関係で法的不整備の問題が残されていることを認めている。そして日本的な特殊性と言われてきた不透明で閉鎖的な系列取引や談合といった競争制限的な行為が持株会社の温床になる懸念については「『吠えない番犬』といわれてきたが，吠えようにも口輪をはめられているのが現状だ」[6]と述べ居直りの感さえ受ける。持株会社が企業間の持合い，企業集団や系列の仕組を一層に複雑にするであろう。それだけに経済力の過度の集中やそれを背景にした価格支配，市場への新規参入の妨害といった不公正取引などの独占の弊害が増加する可能性が強く，実行ある監視の法的規制の強化が求められることになる[7]。

ともあれ持株会社の解禁は少なくとも大企業がますます巨大化し，それにともなって大企業の支配は強まり，経済構造を徹底的に競争的構造に改変するどころか，競争阻害を招くことになるであろう。

2 独占禁止法の目的と持株会社解禁の経緯

独禁法は直接目的として「公正且つ自由な競争を促進」することをかかげ，それを追求することを通じて「一般消費者の利益を確保する」とともに，「国民経済の民主的で健全な発達を促進する」することを究極目的にしている。高度に発達した資本主義，とくに現代的独占が支配している下での市場における競争の自由と公正を維持・促進することは，独占によって経済活動の自由が制限され，従属的な地位が強制されている市場参加者である一般消費者や中小企業に実質的平等（取引の自由と競争上の地位の対等性＝民主性）を保障すること，このことが資本主義経済の基本である市場原理（競争秩序）を支え，経済民主主義の基盤を維持・発展させることになる。独禁法は，競争秩序の維持と経済民主主義の実現を理念にしているのである。こうした目的・理念を達成す

---

5)『朝日新聞』1997年6月11日朝刊。
6) 朝日新聞，前掲。
7) 優越的地位の濫用等独占と中小企業の問題に関しては，福島久一「中小企業と独占禁止政策」巽・佐藤編『新中小企業論を学ぶ』（新版）有斐閣，1996年，第17章，を参照のこと。

るための規制手段が，1つには「私的独占，不当な取引制限および不公正な取引方法を禁止」すること，すなわち独占行為（例えばトラスト型の市場支配），カルテル，不公正取引にたいする行為規制である。もう1つは「事業支配力の過度の集中を防止」する構造規制（市場集中規制と一般集中規制）で，その制度としては，持株会社の禁止，大企業による株式所有の総量規制（独禁法9条の2），および金融会社の株式保有の制限（同11条）を設けている。

　他方，市場経済では市場原理として「自由な競争」を適用することは，一部の独占・大企業に対しては自由な支配力の形成や優越的地位の行使を保障することになり，そのことが競争制限・阻害と経済民主主義の否定につながることになる。換言すれば市場原理を適用することが，実質的平等を損ね，経済の民主的発達にそぐわず，競争秩序の維持を侵害するような場合には，独禁法では経済的弱者である一般消費者や中小企業に対して適用除外制度を設けている。例えば，独禁法第24条に定められ，法的要件を備えた中小企業等協同組合や消費生活協同組合等である。この適用除外規定は，中小企業や消費者が団結し，組織化することによる競争単位としての協同組合を，独占・大企業への対抗関係に位置づけたものであり，市場原理が作用する競争促進機能の維持拡大に積極的意義をもっており，正当視し得るものである[8]。だが，規制緩和・撤廃（Deregulation）の大合唱の中で，この適用除外制度も持株会社の解禁を受けて見直しの対象になっている[9]。

　独禁法は，このように自由競争経済秩序を維持するために，制定当初から一貫して，持株会社の設立および会社の国内における持株会社への転化を禁止してきたのである（第9条1項・2項）。しかし1949年の第1次改正により持株会社は，事業持株会社と純粋持株会社の二様の内容を持って理解され，「主たる事業」を兼営する事業持株会社はほぼ全面的・実質的に解禁され，戦後型企業集団を形成するに至っている。したがって，第1次改正以降も禁止され続けてきたのは純粋持株会社であったのが，半世紀ぶりに解禁されたのである。

---

[8] 福島久一「独占禁止政策と適用除外制度―中小企業等協同組合を中心に―」，日本大学経済学研究会『経済集志』第66巻第4号，1997年1月，45―54ページ。

[9] 公正取引委員会は，独禁法の適用除外制度を廃止・縮小する方針を明らかにし，98年3月までに関係省庁と調整して99年の通常国会に改正案を提出するという。そこでの考えは，生産調整等ができる不況・合理化カルテルの廃止，損害保険や証券・商品取引の料率・手数料の設定の自由化のほかに，農協や中小企業等協同組合に対しても適用除外する業務対象を絞り，限定するといわれている。『日本経済新聞』1997年6月21日朝刊。

純粋持株会社の解禁の動きは，紆余曲折をへながらもこれまで財界や通産省を中心に数次（60年代半ばと80年代半ば）にわたり規制緩和を図るべきであるとの意見がだされていた。そしてバブル経済の崩壊と規制緩和が叫ばれる90年代初頭以降が3回目の動きである。とくに政府が持株会社設立の禁止を見直す方針を明らかにしたのは，1995年3月31日の「規制緩和推進計画」の中で，「持株会社問題についての議論を深めるため，検討を開始し，3年以内に結論を得る」と明記してから，解禁の方向に大きく踏み出したのである。この方針の理論的根拠を与えたのが，通産省産業政策局が設けた企業法制研究会の報告書『純粋持株会社規制及び大規模会社の株式保有規制の見直しの提言』（95年2月22日）である[10]。報告書は，「今日において，純粋持株会社を禁止する合理的根拠はなく，従って，理論的には全面解禁すべきものと考えられる」と方向づけると同時に，持株会社規制の廃止にむけて「検討する旨政府として正式に決定し，早急に結論を出すことを提言」[11]していたのである。そして行政改革委員会は『規制緩和の推進に関する意見（第1次）―光り輝く国をめざして―』（95年12月14日）では競争政策として「持株会社規制，大規模会社の株式保有総額規制を廃止すべく，速やかに検討を進め，所要の法律改正を行なうべきである」[12]と全面解禁を強く打ち出した。

　こうした動きの中で，「市場の番人」である公正取引委員会は，「独占禁止法第4章改正問題委員会」を発足させて具体的検討を始め，『中間報告書』（持株会社禁止制度の在り方について＝95年12月27日）をまとめた。そこでは「事業支配力の過度の集中の防止という第1条の目的規定を踏まえつつ，それに反しない範囲で見直すことが妥当」とする「部分解禁」の方向性を打ち出した。この公取委の原則禁止から部分解禁への姿勢の転換は，独禁法の核心である第9条を抜き取るという点で画期的であり，その後の純粋持株会社解禁への方向性を決定づけることになった[13]。下谷氏は，「規制緩和の大波にのみ込まれて，議論は当初から『まず解禁ありき』の線で終始した」[14]と指摘している。こうして今，この「市場の番人」の存在が，まさしく「吠えない番犬」になるのかどうかが厳しく問われていたのである。

---

10) 通産省産業政策局編『企業組織の新潮流―急がれる持株会社規制の見直し―』，通商産業調査会，1995年4月，所収．
11) 通産省産業政策局編『前掲書』58―60ページ．
12) 総務庁編『規制緩和推進の現況』大蔵省印刷局，1996年7月，「資料編」80ページ．

3　持株会社解禁の内容と問題点

　持株会社に関係する独禁法を原始独禁法の変遷として一覧にしたのが表14—1である。今回は第3次改正に当たるが，全面的改正であり，主な内容は次のような諸点である[15]。

　1)「持株会社は，これを設立してはならない」という第9条の禁止規定を，「事業支配力が過度に集中することとなる持株会社」の設立・転化を禁止する（9条1項・2項）というのが根本的な改変である。したがって，「事業支配力が過度に集中することとなる（持株会社以外の）会社」は，持株会社の設立・転化が自由になる。

　2）持株会社とは，従前法では「株式を所有することにより，国内の会社の事業活動を支配することを主たる事業とする会社」と定義していたのを，改正法では「会社の総資産額に対する子会社の株式の取得価額の合計額が50％を超える会社」とした（ここでの総資産額とは企業の全財産で，資本と負債を合計

---

13) 公取委は96年1月持株会社の部分解禁の方向を明確にし，改正法案の取りまとめ作業に入るが，自民党，経団連から全面解禁，原則自由の要求が出され，公取委は悲願としていた事務総局制の導入，事務職員の増員（14人増で534人）と引き換えに，その要求をほとんどそのまま受け入れる形で原則自由の解禁案をまとめた。これをベースに連立与党の調整に入るが，連合（日本労働組合総連合会）が労使関係上の問題について懸念を表明（96年1月31日）。その主張は「持株会社が子会社の実質的な支配権を持つのだから，子会社労組との団体交渉権を認めるべき」というものである。与党の独禁法改正問題プロジェクトチームが発足（96年2月16日）し，解禁の範囲を原則自由とするかどうか及び労使問題の検討が行なわれたが，意見の一致をみず検討を中断（6月14日），第136回通常国会への独禁法改正法案提出が断念された。その後の経緯は，「規制緩和推進計画の改訂について」（閣議決定＝96年3月29日）で，「独占禁止政策に反しない範囲で持株会社を解禁すべく見直し」を検討するとする。さらに「経済構造の変革と創造のためのプログラム」（96年12月16日）で，持株会社を解禁することとし，独禁法改正法案を次期通常国会に提出することとする。そして与党独禁法協議会と政府の調整が97年2月25日にまとまる。それは持株会社の設立を原則自由にし，総資産規模が15兆円を越える場合のみ厳重審査の対象にするとともに，届出を義務付ける持株会社の対象は3,000億円超の場合に限った。また労働交渉権に関しては，労働組合法の改正問題も含め2年間継続して検討することを付帯決議に盛り込む方向になった。

14) 下谷政弘「『持ち株会社天国』日本の核心衝けない解禁論議」『エコノミスト』1997年4月1日号，34ページ。

15) 持株会社解禁の解説書として次のような著書がある。下谷政弘『持株会社解禁』中公新書，1996年。村上正博『持株会社解禁と企業結合規制』金融財政事情研究会，1997年。武藤泰明『持株会社のすべて』日本経済新聞社，1997年。

表14—1　持株会社の禁止規程の変遷

原始独禁法（一九四七年）	（持株会社の禁止） 第9条　持株会社は，これを設立してはならない。 ②　前項において持株会社とは，株式（社員の持分を含む。以下同じ）を所有することにより，他の会社の事業活動を支配することを主たる事業とする会社をいう。
第一次改正（一九四九年）	（持株会社の禁止） 第9条　持株会社は，これを設立してはならない。 ②　会社（外国会社を含む。以下同じ）は，国内において持株会社となってはならない。 ③　前2項において持株会社とは，国内の他の会社の株式（社員の持分を含む。以下同じ）を所有することによりその会社の事業活動を支配することを目的として，株式を所有することを主たる事業とする会社をいう。 ④　前項の持株会社でない会社であって，国内の他の会社の株式を所有することを主たる事業とするもの（外国会社を含む）が，その会社の株式を所有することによりその会社の事業活動に著しい影響を与えた場合においては，第2項の適用については，これを持株会社とみなす。
第二次改正（一九五三年）	（持株会社の禁止） 第9条　持株会社は，これを設立してはならない。 ②　会社（外国会社を含む。以下同じ）は，国内において持株会社となってはならない。 ③　前2項において持株会社とは，国内の会社の事業活動を支配することを主たる事業とする会社をいう。
第三次改正（一九九七年）	（持株会社の禁止） 第9条　事業支配力が過度に集中することとなる持株会社は，これを設立してはならない。 ②　会社（外国会社を含む。以下同じ）は，国内において事業支配力が過度に集中することとなる持株会社となってはならない。 ③　この条及び次条において持株会社とは，子会社（会社がその発行済の株式（社員の持分を含む。以下同じ）の総数の百分の50を超える株式を所有する国内の会社をいう。以下この条において同じ。）の株式取得価額（最終の貸借対照表において別に付した価額があるときは，その価額。以下同じ。）の合計額の会社の総資産の額（公正取引委員会規則で定める方法による資産の合計金額をいう。第6項において同じ。）に対する割合が百分の50を超える会社をいう。 ④　会社及びその1若しくは2以上の子会社又は当該会社の1若しくは2以上の子会社が発行済の株式の総数の百分の50を超える株式を所有する国内の会社は，当該会社の子会社とみなして，この条の規定を適用する。 ⑤　第1項及び第2項において事業支配力が過度に集中することとは，持株会社及び子会社その他持株会社が株式の所有により事業活動を支配している国内の会社の総合的事業規模が相当数の事業分野にわたって著しく大きいこと，これらの会社の資金に係る取引に起因する他の事業者に対する影響力が著しく大きいこと又はこれらの会社が相互に関連性のある相当数の事業分野においてそれぞれ有力な地位を占めていることにより，国民経済に大きな影響を及ぼし，公正かつ自由な競争の促進の妨げとなることをいう。 ⑥　持株会社は，当該持株会社及びその子会社の総資産の額（国内の会社の総資産の額に限る。）を公正取引委員会規則で定める方法により合計した額が3,000億円を下回らない範囲内において政令で定める金額を超える場合には，毎事業年度終了の日から3箇月以内に，公正取引委員会規則で定めるところにより，当該持株会社及びその子会社の事業に関する報告書を公正取引委員会に提出しなければならない。 ⑦　新たに設立された持株会社は，当該持株会社がその設立時において前項に規定する場合に該当するときは，公正取引委員会規則で定めるところにより，その設立の日から30日以内に，その旨を公正取引委員会に届け出なければならない。

図14—1　子会社の範囲

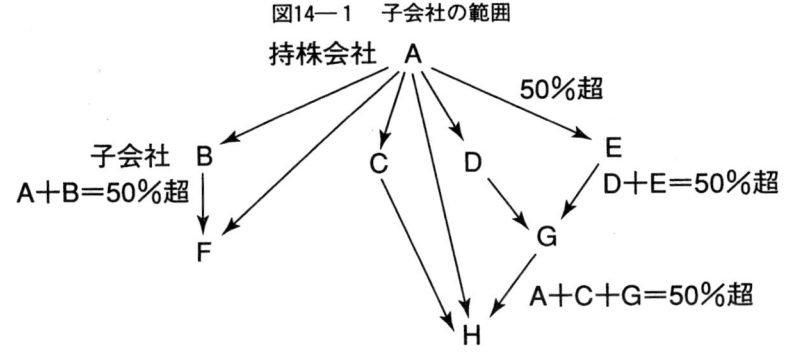

```
持株会社　A
               ＼50％超
子会社 B    C   D    E
A＋B=50％超          D＋E=50％超
      ↓     ↘ ↙
      F       G
              ↓  A＋C＋G=50％超
              H
```

資料：村上政博『持株会社解禁と企業結合規則』54ページより。

した使用総資本額に一致する）（9条3項）。「子会社」とは，持株比率50％超の会社とし，間接保有による持株会社50％を超える会社を含めた（9条4項）。持株会社，子会社そして間接保有による孫会社等の関係は図14—1のようになる。孫会社であるF，G，さらにはひ孫会社であるHは，持株会社Aの子会社であるB，C，D，Eと同列の子会社とみなされる（みなし規程）。こうして持株会社の全面禁止から，持株会社による子会社株式所有に対する「弊害規制」へ移行したのである。

　3）したがって，新たに「事業支配力が過度に集中する」場合についての定義規定を設ける（9条5項）。それは，持株会社グループの，a）総合的事業規模が相当数の事業分野にわたって著しく大きいこと，b）資金関係の取引に起因する他の事業者に対する影響力が著しく大きいこと，c）相互に関連性のある相当数の事業分野において有力企業が持株会社の傘下に入ること，である。しかし，このような規程からも明らかなように「相当数」とか，「著しく大きい」，「相互に関連性のある事業分野」という曖昧な規定のため，公取委は法律を実際に運用する際の指針となるガイドラインで詳しく示すという。

　公取委は解禁する持株会社の具体的な解禁範囲を示したガイドライン案を97年7月9日に発表した[16]。それによると，事業支配力が過度に集中する持株会社に該当するか否かの判断での「持株会社グループ」とは，「持株会社＋子会社（株式所有比率が間接所有分を含め50％超の会社）＋実質支配子会社」ととらえる。実質支配子会社とは，持株会社の株式所有比率が間接所有分を含め25％超50％以下であり，筆頭株主である国内の会社をいう。そして「事業支配力が過度に集中すること」の内容を明確にして，次の3類型の場合に持株会社

図14―2 公正取引委員会がガイドラインで示した持ち株会社の禁止3類型

第一類型（旧財閥のような企業集団）

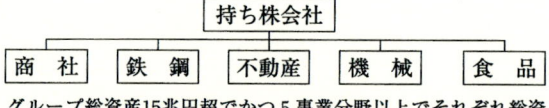

```
            持ち株会社
   ┌────┬────┼────┬────┐
  商社  鉄鋼  不動産  機械  食品
```
グループ総資産15兆円超でかつ5事業分野以上でそれぞれ総資産3,000億円超の会社を持つ

第二類型（大規模金融機関を持つ場合）

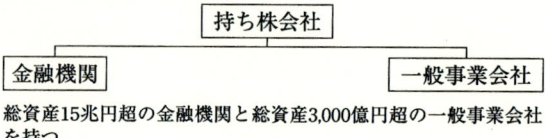

```
            持ち株会社
       ┌────────┴────────┐
     金融機関           一般事業会社
```
総資産15兆円超の金融機関と総資産3,000億円超の一般事業会社を持つ

第三類型（相互に関連のある有力企業を持つ場合）

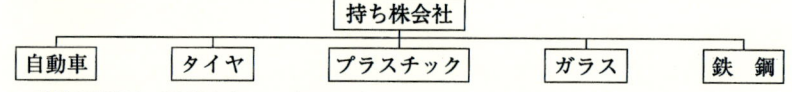

```
            持ち株会社
   ┌────┬────┼────┬────┐
  自動車 タイヤ プラスチック ガラス 鉄鋼
```
5事業分野以上（金融などは3分野以上）でそれぞれ有力会社（シェア10％以上または上位3位以内）を持つ

資料：『日本経済新聞』1997年7月10日朝刊より。

を禁止するとしている。ア）第1類型＝持株会社グループの総資産が15兆円を越え、かつ5以上の主要な事業分野（日本標準産業分類3桁分類のうち、出荷額6,000億円超の業種）のそれぞれにおいて別々の総資産3,000億円超の会社を持つ場合、イ）第2類型＝総資産が15兆円を超える金融会社と、金融又は金融と密接に関連する業務（債務保証業務等）以外の事業分野の総資産3,000億円超の会社を持つ場合、ウ）第3類型＝相互に関連性のある5事業分野（産業規模が極めて大きい場合は3以上）で、有力会社（シェアが10％以上又は上位3

---

16) 公取委は9月10日まで一般から意見を受け付け、独禁法が施行される12月までにガイドラインを決定する、という。その後、どのような会社が「事業支配力が過度に集中することとなる会社」に該当するかの判断は、「事業支配力が過度に集中することとなる会社についての考え方」（9条ガイドライン：2002年11月発表）に基づいている。同ガイドラインでは、「会社及び子会社その他当該会社が株式の所有により事業活動を支配しているほかの国内の会社」（第9条第3項）、すなわち「会社＋子会社＋実質子会社」を会社グループとしてとらえ、グループ内各社の規模等に基づいて9条上の問題の有無を判断している。

位以内の会社）を持つ場合，に限定している。持株会社の禁止3類型を示したのが図14－2である。また，ガイドラインでは事業支配力が過度に集中することとならない場合の，すなわち禁止しないケースとして，ア）純粋分社化の場合，イ）ベンチャーキャピタルの場合，ウ）金融会社の異業態間の新規相互参入の場合，エ）総資産合計が3,000億円以下の場合，の4つを挙げている。こうして持株会社は，6大企業集団のような総資産額が15兆円を超える規模を想定しており，15兆円を超える場合は厳重審査の対象になるというものである。しかし，15兆円超が一律禁止でなく，旧財閥のように

表14－2　上場企業の総資産規模別分布（連結ベース）

総資産規模	企業数	累計
1兆円超	117社	117社
9,000億円超1兆円以下	7社	124社
8,000億円超9,000億円以下	15社	139社
7,000億円超8,000億円以下	18社	157社
6,000億円超7,000億円以下	22社	174社
5,000億円超6,000億円以下	30社	209社
4,000億円超5,000億円以下	51社	260社
3,000億円超4,000億円以下	55社	315社
2,000億円超3,000億円以下	114社	429社
1,000億円超2,000億円以下	271社	700社
500億円超1,000億円以下	416社	1,116社
100億円超500億円以下	704社	1,920社
20億円超100億円以下	153社	2,071社
20億円以下	2社	2,075社

（注）1）全国8証券取引所のいずれかに上場している企業のうち，金融会社を除く2,075社を対象。
　　　2）94年4月期から95年3月期を最新とする1年間の決算期を対象。
　　　3）連結貸借対照表を作成していない企業については，単体ベースの総資産を使用。
資料：公正取引委員会事務総局資料。

幅広い分野で有力企業を持つ場合だけ禁止するという内容であることに留意しておく必要がある。

　4）グループの総資産額が3,000億円を超える場合には毎事業年度終了後の事業報告のほか，持株会社新設時の届出を求めることにした（9条6項，7項）。公取委の調査（95年3月）によると，表14－2でみるように全国の上場企業（金融を除く）2,075社のうち総資産額が3,000億円を超える企業は約15％にあたる315社で，したがって残り85％は届出が不用ということになる。

　他に，大規模事業会社の株式保有の総額規制については，a）規制対象となる大規模会社から持株会社を除外し，そしてb）但し書き条項の適用除外株式を追加した（9条の2第1項本文）。適用除外株式には，1）共同分社化により設立した会社の株式取得（第1項5号）の場合である。この株式取得は，競争関係にある会社間における共同研究開発や共同生産，共同販売を目的とするジョイント・ベンチャーの設立を可能にし，企業間の競争を実質的に制限することを可能にする（但し10条規制がある）。2）100％子会社の株式取得（第1

項6号)。これは，従来からの100％子会社，自社が分社化により設立した100％子会社の他に，他社からその100％子会社の株式すべてを取得したものも含み，合併を促進させる条件を拡大させた。3）ベンチャー・ビジネスの株式取得（第1項10号）。こうして適用除外株式が拡大したことにより，企業集団化や系列化をいっそう進展させることを容易にしたのである。さらに，従前法第6条2項の国際契約届出制度を廃止すると共に，金融持株会社の規制[17]については別途検討をすること等である。

こうして持株会社規制が3類型を除いて撤廃されることになる。「事業支配力の過度の集中を防止」することを目的にする独禁法は，巨大な資本の集積・集中をすすめる企業の大型合併や国際カルテルを容易にし，国際独占を形成する途を拓いたのである。そして持株会社解禁は，持株会社の全面禁止，予防規制から弊害のある行為だけを禁止して後は市場原理に委ねるという，いわば事後規制へと独禁法の大転換，しかも競争政策の後退を示すことになったといえる。競争政策における規制の緩和は他方で規制の強化，とくに競争基盤の整備・強化と競争ルールの確立が求められなければならない。

純粋持株会社の解禁は，事業支配力の集中とその格差によるいっそうの競争制限をもたらすと同時に，企業集団化，企業系列化と中小企業の階層分化・分解を進展させ，経済民主主義の基本理念を実質的に形骸化することにつながる。

4　企業系列化の進展と中小企業の新たな再編成

持株会社解禁の根拠は，経済のグローバル化，大競争時代への突入，市場経済の普遍化といった「国際経済・社会の潮流の変化」と国内の"いわゆる戦後50年の制度疲労"の中での日本企業の国際競争力への対応をはかることにあった。たしかにグローバルな視点は重要であるが，全面解禁への急展開は，企業間の国際競争力の問題が制度間の競争の問題へと変質したことである。企業法

---

17) 金融制度調査会（蔵相の諮問機関）は97年9月30日，銀行による金融持株会社の設立を解禁する金融関連法案を了承し，国会への金融持株会社法案の提出が決まった。政府は，金融持株会社を日本版ビッグバンの柱と位置づけ，98年春の解禁を目指している。成立すると，金融持株会社の株式保有制限は，株式数を合算した15％を上限としており，銀行，証券，信託などの業態を越えた合従連衡が進みそうである。『日本経済新聞』1997年10月1日。確かに，98年以降，三井銀行と住友銀行の合併（現：三井住友銀行）をはじめとして金融業界では合併，吸収，合同等の大再編成が進行した。

制研究会報告書は「企業間の競争は，単に個々の企業同士の競争にとどまらず，各企業がその活動の拠点を置く諸国の企業に関連するシステム間の競争という側面も合わせ持つようになってきた」[18]としている。制度の国家間競争が国際競争力を左右するというのである。しかし，企業の競争力の強弱は基本的には制度に原因があるのではない。むしろ制度の国際的ハーモナイゼーションを大義名文にすることによって，21世紀の世界制覇をめざす日本の独占体の合併・提携を軸にした合従連衡そして暗闘を国家で支援しようとするものといえる。

日本資本の国際独占への跳躍台になる純粋持株会社の問題を考える時，経済支配力の集中を一国単位でみる側面と国際的な世界市場レベルでの側面とのいずれを重視するのか，両者をどう関連づけるのかを，日本の現に存在している多国籍企業としての事業持株会社や企業集団の実態から見ることが重要である[19]。例えば公取委『平成7年度一般集中度調査』によれば，事業持株会社である日立製作所は，子会社858社，関連会社198社の1,056社を傘下に擁し，親会社を頂点に子会社，関連会社の系列支配を形成している。同様にソニーは950社，トヨタ自動車335社，三菱商事957社，伊藤忠商事1,061社など。こうした親会社が系列企業を支配しながら，三菱商事・三菱銀行・三菱重工・三菱自動車等の旧財閥における大企業同士が株式持ち合いや社長会をつうじ企業集団を作っている。そしてこうした企業系列と企業集団があらゆる産業部門にわたって縦横に結合し，重層的に関係しながら，一握りの独占・大企業が経済・産業を支配している。6大企業集団の総資産をみたのが表14—3である。

金融業を除く6大企業集団の総資産の全法人総資産に占める割合は，社長会メンバーの単体（171社）では13.77％であり，子会社を含めた場合では18.76％となっている。そして金融会社を含めると196社となるが，その支配力はまさに金融寡頭制を想い起こさせる。しかし旧財閥系をはじめとする6大企

---

18) 通商産業省産業政策局編『前掲書』1ページ。
19) 下谷氏は「今日の日本経済の状況から見て，たしかに国際的な観点は重視されねばならない。しかしながら，独禁法は同時に，国内経済における競争政策を規定するという重要な役割をも担っている。グローバル経済への対応一辺倒だけに偏っては，バランスを失するおそれがある。たとえ国際的に強大なグローバル企業は誕生しえても，国内において，『一将功成りて 万骨枯る』になっては困る」と主張している。前掲論文『エコノミスト』35ページ。これとは反対に，伊従寛氏は経済力の集中は「グローバル経済化が進む中，それは一国単位で考えるべきではなく，世界市場での経済力の集中を問題にすべき」としている。『日本経済新聞』1997年4月20日。

表14—3 六大企業集団の規模（総資産）

	金融業を除く		金融業 (単体)（(注3）	
	単体（注1）	子会社を含む(注2)		
三井 (26社)	26兆8,063億円 (22社) 2.16%	35兆5,012億円 2.85%	さくら銀行 三井信託銀行 三井生命保険 三井海上火災保険 合計	54兆1,346億円 15兆1,990億円 9兆2,553億円 2兆4,935億円 81兆　824億円
三菱 (29社)	25兆492億円 (25社) 2.01%	31兆6,836億円 2.55%	三菱銀行 三菱信託銀行 明治生命保険 東京海上火災保険 (東京銀行) 合計 (合計)	48兆8,341億円 16兆6,519億円 14兆8,247億円 4兆7,363億円 (23兆9,799億円) 85兆　471億円 (109兆　270億円)
住友 (20社)	15兆3,798億円 (16社) 1.24%	21兆1,659億円 1.70%	住友銀行 住友信託銀行 住友生命保険 住友海上火災保険 合計	53兆6,066億円 15兆3,411億円 21兆3,979億円 2兆3,207億円 92兆6,663億円
芙蓉 (29社)	26兆6,358億円 (25社) 2.14%	38兆6,966億円 3.11%	富士銀行 安田信託銀行 安田生命保険 安田火災海上保険 合計	52兆4,486億円 9兆5,552億円 8兆1,815億円 3兆4,068億円 73兆5,921億円
三和 (44社)	32兆9,642億円 (41社) 2.65%	45兆9,475億円 3.69%	三和銀行 東洋信託銀行 日本生命保険 合計	51兆　820億円 7兆8,221億円 34兆7,190億円 93兆6,231億円
第一勧業 (48社)	44兆3,702億円 (42社) 3.57%	60兆4,573億円 4.86%	第一勧業銀行 朝日生命保険 富国生命保険 日産火災海上保険 大成火災海上保険 勧角証券 合計	53兆　495億円 11兆1,692億円 3兆4,636億円 8,567億円 4,612億円 5,202億円 69兆5,206億円

(注) 1　金融業を除く社長会メンバー企業の総資産の合計値（平成4年度）
　　 2　金融業を除く社長会メンバー企業とその国内の子会社（50%超子会社のみで，孫会社等は含まない）の総資産の合計値（平成4年度）
　　 3　金融業を営む社長会メンバー企業の総資産の合計値（海外資産も含む。平成6年3月末）
　　 4　三菱グループの金融会社の総資産の合計値（　）内の数値は，仮に東京銀行と三菱銀行の合併が成立し，かつ合併後の当該銀行が三菱グループにとどまるとした場合の数値である（東京銀行の総資産を単純に加えた）。
　　 5　6大企業集団の総資産の%は全法人企業総資産合計に対する比率（平成4年度）
資料：公正取引委員会事務総局資料。

業集団は，株式の相互持ち合いや社長会を通じて集団として結束しているが，独禁法による金融会社の株式保有制限があるために中枢会社・機関を持たないコンツェルンなのである。このコンツェルンにおける結合の中枢会社・機関が純粋持株会社であり，究極の企業支配形態になりうるのである。純粋持株会社解禁の意義は，単に独禁法の国際的な競争ルールに近づけるというものだけではなく，「財閥的活動」の復活の条件を整備するものになっている。

　こうして持株会社の解禁は，制度の国際的ハーモナイゼーション・整合性を大義名文にすることによって，日本企業の多国籍企業の本格的展開を加速させる場と条件を整備することになった。企業が海外活動の拡大をはかるに対応して，国内では企業の再編成や分社化によるリストラを促進し，中小企業や労働者に一層の合理化を強いるために，従来の競争を制限する作用をもった新しい資本の独占的結合として純粋持株会社が利用されている。それがまた，独占的高利潤を保障し，独占的支配力の新たな物質的基礎を形成することができるからである。こうした純粋持株会社の解禁は，分社化を中心にしたリストラ，企業の合併・買収と系列・下請支配の強化そして中小企業への「競争・淘汰と支配・利用」の再編成をもたらし，資本と生産の集中の新たな段階の出発点になる。「純粋持株会社により企業集団化，企業系列化を進めて支配力を強めようとする企業が存在するとは考えられない」[20]との見解は，事業支配力の集中とくに巨大企業を頂点にした系列・下請を包摂した企業集団に対する現状認識の違いによるものなのであろうか。

　わが国製造業の構造的特徴は，重層的下請生産構造が自動車，電機等の機械産業をはじめとする多くの業種において広範に形成されていることである。この下請生産構造は高度成長期を通じて大・親企業から有力系列・下請企業への管理強化とそれへの重層化を進展させ，絶えず大・親企業の支配秩序に対応して機能することを強制され，一つの独自な生産機構として量的・質的に再編成を繰り返して発展してきた[21]。その特徴としては大・親企業を頂点に，それ以下の下層企業に犠牲を転嫁しえる多重なピラミッド型の重層構造を形成しており，かつ，企業間取引が長期継続的な関係にあることである。それはまた，こうした大・親企業と系列・下請企業との生産の有機的結合における収奪関係と

---

20) 通商産業省産業政策局編『前掲書』25ページ。
21) 福島久一「中小企業の構造的特質と下請制」藤井・丸山編『日本的経営の構造』第4章，大月書店，1985年，130—151ページ。

依存関係をもった独自の生産機構を確立したが故に，さらにいえば最も資本主義的な蓄積機構を作り上げたが故に，わが国リーディング産業や企業の抜群の国際競争力の源泉として機能を発揮したのである。通産省・中小企業庁「工業実態基本調査」(1987年)によると，下請中小企業は約37万8,000企業で，中小製造業全体に占める下請中小企業比率は55.9％(1971年＝58.7％，1981年＝65.5％)に上っている。業種別にみた下請中小企業比率は自動車，電機等をはじめとした組立加工型産業では全体の80％前後が下請企業になっており，80年代以降に製造業平均での下請企業比率が低下しているものの，なお中小製造業の圧倒的部分が重層的な下請生産構造に組み込まれている。

しかしながら，このピラミッド型の下請生産構造は，世界から羨望されると同時に，それがもつ取引の不透明性や異質性が問われ，現段階では経済のグローバル化と大競争に対応する大・親企業にとっては国内外を一体化した世界的レベルからの下請中小企業の再編成と新しい収奪構造の再構築を迫られているのである[22]。このようなことを考えると，持株会社の全面解禁は，国際場裡で活躍する日本企業の多国籍化戦略を展開する新しくかつ最後の舞台装置である。世界市場の制覇をめざす日本独占にとっては，この「資本と生産との世界的集積の新しい段階」では従来とは比べものにならないほどの大きなスケールでの国内下請生産構造の見直しや，国内外を一体化した中小企業利用の全面的な手直しを進めることになる。企業の再編成・合理化は大・親企業の分社化による下請中小企業の吸収・合併と整理・淘汰，親企業の内製比率の見直しと増大，加工発注・部品単体発注からユニット発注・製品発注への発注形態の変更，発注経路の簡素化，海外進出・海外調達の拡大と国際的下請生産の形成[23]等様々な手段・態様で実施される。その結果，競争力のある企業と競争力の乏しい企業，成長する企業と没落・停滞する企業という多様な様相をもたらしながら，不可避的に中小企業の階層分化・分解と企業間の格差拡大を生み出すことになる。事態は「おのずから」事業支配力の集中化，巨大企業の復活・出現と独占体制の強化にむかい，大・親企業や銀行と十分密接には結び付いていない多くの中小企業の存立を困難にさせ，まさしく破滅的な道に追いやる厳しい状

---

22) 福島久一「日本型下請生産構造と経済民主主義―問題性・効率性と閉鎖性・普遍性―」日本大学経済学研究会『経済集志』第64巻第3号，1994年10月。
23) 福島久一「中小企業の海外進出と国際的下請生産システム」渡辺・中山・二場・福島編『90年代の中小企業問題』第3章，新評論，1991年。

況をつくりだすことになるとも考えられる。中小企業の格差がはっきりする時代の到来である。

　ともあれ，持株会社解禁は上からの企業集中・支配集中を進めやすくし，独占体相互のあいだで中小企業に「階層別差別支配体制」を強制することになる。しかしながら，この独占の意志が末端まで徹底できる支配力集中の体制から集中化分散への方向は，独禁法の理念がなお堅持されている経済民主主義を基礎として，一般消費者を含む中小企業の発展のための方途に結びつけなければならない。

5　結び――経済民主主義の確立をめざして――

　イギリス古典派経済学の創始者であるアダム・スミスは，消費者利益（消費者主権）を基準にすることによって，特権や独占（生産者主権）＝競争制限の排除を強く主張し，自由主義の理念を確立した。独占に反対する彼は「独占は良好な経営の大敵であって，良好な経営は，自由で普遍的な競争による以外には決して至るところに確立できないものであり，しかもこの自由で普遍的な競争こそ，あらゆる人を自衛上やむなく良好な経営にたよらせるようにするものなのである」[24]と主張している。最もスミスが主張する「自由で普遍的な競争」は，自利心に基づく「見えない手」に導かれた自由な競争こそが消費者利益を保障し，国富の増大につながるとしていた。

　今日の独占資本主義における現代的独占が支配する下では，市場を「見えない手」に委ねることは独占・寡占の「自由な競争」を保障こそすれ，中小企業や一般消費者の競争の対等性を損ねることになる。市場という同一の「場」での競争は強いもの・大きいものがますます強く・大きくなるだけである。市場における競争といっても，独占・寡占が支配する市場は，私的独占の存在（市場の失敗）や市場の自動調整作用が働かないという点で市場の不完全性があるのみならず，市場それ自体が競争ルール・競争秩序を維持することの出来ない「市場の非自立性」と「市場の非自律性」の存在と化している。ここに「自由で普遍的な競争」＝「公正かつ自由な競争」を維持するためには，競争ルールが必要になり，現代資本主義の下では，独占禁止法として制度化されている。

24）　アダム・スミス，大内兵衛・松川七郎訳『諸国民の富』岩波書店，1969年，284ページ。

わが国の独占禁止法は,「公正かつ自由な競争」を直接目的にし,これを手段にすることによって「国民経済の民主的発達」＝経済民主主義の実現を究極目的にしている。究極目的に対し下位目的である公正・自由な競争を維持するためには,事業支配力の集中の排除を行なうことである。純粋持株会社の解禁は,中小企業の営業・取引の自由と競争の対等性を保障するものではなく,経済支配力の集中＝競争制限につながることは明らかである。自動車にはアクセルとブレーキとがあって初めて安全・快適に走行運転ができるように,経済においても経済支配力の集中化というアクセルの加速化では経済民主主義[25]を達成することは不可能である。今日の独占・寡占が存在している下での現行独禁法の弊害規制主義を改め,競争ルールを確立するうえで市場条件の改革と市場経済の民主的管理を行う社会的・経済的な構造規制を求めるべきである。その点では,独禁法の運用の基準を明確化するとともに,補完法である「下請代金支払遅延等防止法」の厳正な運用と罰則を含めた規制強化が中小企業の実質的平等をより具体的に保障する一つの要素になる。また,市場の番人たる公正取引委員会の権限の弱さが問題であり,その強化が必要である。

根来公取委員長(当時)は「今後公取委は犯罪捜査官庁的な方向にシフトしていきたい。そのためには,検察や警察と共同捜査できるような協力関係を法律的に整備することが必要」[26]と述べている。しかし日本を代表する大手企業の不公正取引,談合やカルテルの横行,系列取引や優越的地位の濫用による下請企業いじめ等の違反行為が後を絶たない。犯罪捜査的な事後的対応だけではなく,競争秩序の基盤と競争ルールの確立をはかり,問題行為が発生しない事前の予防規制と監視体制の強化が必要である。そして独占の弊害による中小企業や消費者の利益を損なう行為には果敢に違反を問うことが求められよう。

中小企業は競争単位が多数であり,それがゆえに「自由な競争」の担い手として独占・寡占に対する対抗勢力を形成しているとともに,経済民主主義を実現する社会的・経済的存在意義をもっている。

---

25) 経済民主主義に関しては次の文献が参考になる。フリッツ・ナフタリ編『経済民主主義―本質・方途・目標(Ⅰ)』御茶の水書房,1983年。角瀬保雄他編『規制緩和問題と経済民主主義』新日本出版社,1992年。永山利和「今日における経済民主主義の方向性」『中小商工業研究』第47号,49号。

26) 『朝日新聞』1997年6月11日朝刊。

第15章　独占禁止政策と適用除外制度＊
―― 中小企業等協同組合を中心に ――

1　規制緩和と独占禁止政策

　純粋持株会社の解禁をめぐって，わが国の独占禁止政策や競争政策一般の論議が盛んになっている。1997年は「私的独占の禁止及び公正取引の確保に関する法律」(独禁法) が施行されて50年目にあたる。また，1977年の独禁法の強化改正から20年目でもある。独禁政策の論議が活発化しているのは，単に時間的経過だけではなく，この間に日本経済を取り巻く国際経済・社会に大きな変化が生じたからである。冷戦構造の終結による世界市場における市場経済の一般化，この経済のグローバル化に伴う企業活動のボーダレス化や産業構造の変化が独禁政策に新しい転換を迫っているのである。

　経済のグローバル化と競争政策との関係をめぐる問題は，いわゆる戦後経済の制度疲労の中で，自己責任と市場原理に基づく競争促進そして経済活性化のためにいかに規制緩和をはかるかという視点から議論が展開されている。95年3月に「規制緩和推進計画」が閣議決定され，そこでの方針は，「経済的規制」は「原則自由・例外規制」とし，「社会的規制」は「必要最小限に止める」ことを根幹にしている。これをうけて公正取引委員会は，持株会社や再販売価格維持制度等の見直しの他に，適用除外制度全般を対象にその見直しを掲げていた。まさしく規制緩和には聖域を設けない，そして中小企業や消費者といった経済的弱者には痛みを伴う見直し策が強調されていたのである。そもそも本来的には規制緩和・撤廃 (Deregulation) とは公正・自由な競争を阻害する規制を緩和・撤廃することであり，したがって，公正・自由な競争を促進し，不当な競争制限や不公正な競争方法を禁止する独禁法の規制強化とは表裏の関

＊本章は，「独占禁止政策と適用除外制度—中小企業等協同組合を中心に—」日本大学経済学研究会『経済集志』第66巻第4号，1997年1月，所収の初出掲載論文を加筆・修正している。

係にある。否,むしろ独禁法の規制強化と厳正な運用を前提にしてこそ規制緩和の目的が達成されるのである。

独禁法適用除外制度の見直しは,わが国の経済構造において大きな比重を占め,自由競争の原動力として重要な役割を果たしている中小企業の競争秩序に関わる問題局面でもある。とりわけ中小企業の実質的平等(取引の自由と競争上の地位の対等)を確保する方策として制度的に位置づけられている独禁法第24条の協同組合の見直しは,競争単位の多数性として存在している中小企業の競争促進的な性格と共同化組織に関わる競争制限的な性格との競争秩序の在り方をめぐる問題として検討することが必要である。

以下ではアダム・スミスの営業・取引の自由を保障するための独占にかんする認識を明らかにしたうえで,協同組合の適用除外制度に焦点をしぼり,その制度が制定された原点は何かを独禁政策との関係から論じることにする。

2　アダム・スミスの独占論

イギリスの経済学者であるライオネル・ロビンズは,古典派経済学に言及して「まず,知っておかねばならないのは,古典派の思想を貫く全精神は,独占に対する反対であったことである」[1]と指摘している。この独占に正面きって反対をしたのがイギリス古典派経済学の産みの親であるアダム・スミスその人であった。

スミスの古典派経済学によって理論的基礎を与えられた自由放任主義の思想は,15～17世紀の絶対王政期の重商主義(royal mercantilism)ではなく,17世紀の市民革命以後の重商主義体系(mercantile system)＝保護主義体制にたいする批判の体系であった。そのため,自由放任主義の体制は,世界史的には,後期重商主義段階(支配階級としては絶対君主を頂点に貴族,高利貸・商人資本[前期的資本]とは異なる近代的地主や初期資本家＝マニュファクチャラー)に続く,新たな一段階を画するものであった。すなわちスミスは産業革命初期にあって産業資本の確立を見据えることによって,資本主義的生産を自由主義経済体制とみたのである。スミスの『国富論』(1776年)とくに第4編「政治経済学の諸体系について」で展開された重商主義批判は,排他的な会社

---

1) ライオネル・ロビンズ,市川泰次郎訳『古典派経済学の経済政策理論』東洋経済新報社,1964年,93ページ。

(exclusive companies) や同業組合 (corporations) による営業と市場の私的独占に反対すること，すなわち競争の制限に対する排除であった。換言すれば商人的ないし同業組合的な独占の除去にたいする営業＝取引の自由こそが自由主義経済体制の基本的精神であった。

スミスの独占に関する主張を『国富論』の中からいくつか例証してみよう。

1 ）独占は商業上の秘密と同じ効果をあたえる。「個人か商事会社かのいずれかに授与される独占は，商業上または製造業上の秘密と同じ効果をあたえる。独占者たちは，市場を恒常的に供給不足にしておくことによって，つまり有効需要を決してあますところなく充足させないことによって，自分たちの諸商品を自然価格よりずっと高く売り，それが賃金であろうと利潤であろうと，自分たちの利得をそれらの自然率以上にはなはだしくひきあげる。」[2]

2 ）独占価格は獲得しうる最高価格である。「独占価格はあらゆるばあいに獲得しうる最高価格である。これに反し，自然価格または自由競争価格は，あらゆるばあいというわけではないにしても，かなりの長期間にわたって取得しうる最低価格である。前者は，あらゆるばあいに買手からしぼりとることのできる最高価格，すなわち買手がそれをあたえることを承諾すると想定される最高価格であり，後者は，売手がふつう取得しうると同時に，その事業をつづけうる最低価格である。」（『前掲書』153ページ）

3 ）同業組合の諸特権などは拡大された独占である。（同，153ページ）

4 ）同業者の会合は，助長されるべきものではない。「同業者というものは，うかれたり気ばらしをしたりするために会合するときでさえ，その会話のはては，たいていのばあい社会に対する陰謀，つまり価格をひきあげるためのなにかの方策になってしまうものである。実際のところ，このような会合を制止してしまうことは，実施可能な法律によっても，自由と正義とにかなう法律によっても不可能である。しかしながら，法律は，たとえ同業者がときどき集会をもつのを阻止できないにしても，けっしてこのような集会を助長すべきではないし，ましてこのような集会を必要なものにすべきではない。」（同，255ページ）

5 ）自由で普遍的な競争こそ良好な経営を確立する。「独占は良好な経営の大敵であって，良好な経営は，自由で普遍的な競争による以外にはけっしてい

---

[2] Adam Smith, *An inquiry into nature and causes of the wealth of nations*, 1776. アダム・スミス，大内兵衛・松川七郎訳『諸国民の富』岩波書店，1969年，152ページ。

たるところに確立できないものであり，しかもこの自由で普遍的な競争こそ，あらゆる人を自衛上やむなく良好な経営にたよらせるようにするものなのである。」（同，284ページ）

6）外国貿易に従事する商人や製造業者は，高率の税や輸入禁止からもっとも大きな利益を獲得する。（同，684ページ）

7）独占精神（the spirit of monopoly）によって鼓舞された商人の詭弁が人間の常識を混乱させたのである。「あらゆる国の人民大衆にとっては，自分たちが必要とするものはなんでも，それをもっとも安価に売ってくれる人々から買うのがつねに利益だし，またそうにちがいない。この命題は，きわめて明白であって，……，もし商人や製造業者の利害関係のからんだ詭弁が人間の常識を混乱させるようなことさえなかったら，それは問題にもされなかったであろう。かれらの利害関係は，この点については人民大衆のそれと正反対である。……あらゆる国の商人や製造業にとっては，国内市場の独占を自分たちのために確保することが利益である。」[3]（同，733—734ページ）

8）貿易そのものはよい。「植民地貿易の効果と，この貿易の独占のそれとを注意ぶかく区別しなければならない。前者はつねにしかも必然的に有益であるが，後者はつねにしかも必然的に有害である。」（同，900ページ）

9）独占はそれを（その国の土地と労働の年々の生産物の総量）減少させる。「植民地貿易の独占は，他の諸国民との競争を排除し，新市場においても新事業においても，利潤率をひきあげるから，旧市場からは生産物をひきぬき，旧事業からは資本をひきぬく。植民地貿易におけるわが国の分けまえをさもないばあいよりも増加させること，これこそが独占の公認の目的なのである。」（同，901ページ）

10）重商主義体系の規制は資財配分を攪乱する。「独占はいずれのばあいにもその（規制の）大道具ではあるが，その種類は同じではない。とはいえ，あれやこれやの種類はあるにせよ，実に独占こそ，重商主義の唯一の道具であるように思われるのである。」（同，930ページ）

11）「排他的な会社は，どう考えても厄介物であって，それが設立される国にとってはつねに不都合なものであり，また不幸にもその統治下におかれる国々にとっては破壊的なものである。」（同，945ページ）

---

[3]　アダム・スミス，大内兵衛・松川七郎訳『諸国民の富　2』900ページ。

12) 重商主義体系は，不条理にも，消費ではなくて生産が工業や商業の目的だと考えている。「消費は，いっさいの生産の唯一の目標であり，目的なのであって，生産者の利益は，それが消費者の利益を促進するのに必要なかぎりにおいてのみ顧慮されるべきものである。この命題は完全に自明であって，わざわざ証明するのもおかしいくらいである。ところが，重商主義体系においては，消費者の利益はほとんど終始一貫して生産者のそれの犠牲にされているのであって，この体系は，消費ではなくて生産こそ，いっさいの工業や商業の究極の目標であり，対象である，と考えているように思われるのである。」（同，973ページ）

13）全重商主義体系の考案者は，生産者であり，とりわけ商人や製造業者である。「というのは，消費者の利益はまったく無視されてきたのに，生産者の利益にはひじょうに慎重な注意が払われてきたからであって，しかもこの後者の階級のなかでは，わが商人や製造業者こそ，だれよりももっとも重要な設計者であった。」（同，975ページ）

これらスミスの主張の核心は，特権的商人，製造業者や排他的な同業組合の営業及び市場の私的独占からの自由，すなわち輸入制限や輸出奨励金，戻し税，関税等の各種諸規制の撤廃と営業の自由の追求であった。まさにスミスにとっては，「見えない手」のはたらきをさまたげている独占の排除＝営業・取引の自由＝自由競争（自然的秩序）が消費者の利益を保障し，そして富が増大するのである。逆にいえば，生産者—商人・製造業者や同業組合—の特権的・「独占」的利益（生産者主権）と消費者の利益（消費者主権）との対立を，後者の消費者の利益を基準にすることによって，独占＝競争制限の排除を主張したのである。ここにスミスは，重商主義体系の批判を通して「自由の使徒」になったのである。独占についてシュムペーターは，「エリザベス女王の時代のイギリスの大衆は，独占がすでにアリストテレスやスコラ学徒によって指弾せられてきたという事実によっては，ほとんどなんら左右されなかったことと思われるけれども，それでも彼らは中世に端を発する買占めその他類似のものに，反対する憤慨の念を宿していた。……独占なる語は，将来にわたって何時でも嫌悪すべきものとなる一つの情念を帯びるようになった。この情念は，普通のイギリス人の頭のなかでは，君主の大権，情実ならびに抑圧に結びつけられた。そしてまた独占者という言葉は，不名誉な事柄を指す用語となった。」[4]と指摘している。

スミスによって確立された自由主義の理念は，独占にたいする反対，営業・取引の自由が基本となった。この営業・取引の自由が「見えない手」に導かれて競争が成立し，それが市場における競争—競争秩序—として展開するのである。重商主義から移行した自由競争段階の資本主義は，この営業・取引の自由を容認し，原理に据えることによって発達していくのである。しかし自由競争的資本主義の体制的確立は，営業・取引の自由によって諸資本間の競争を激化させ，資本の集積・集中の促進とその必然的傾向として独占を生み出したのである。資本主義経済は，19世紀末から20世紀初頭において，これまでの「重商主義的独占」や「初期独占」とは異なった新たな独占を形成し，独占資本主義段階に転化したのである。そして独占の成立は，営業・取引の自由と諸資本間の競争の対等性を実質的に否認し，消費者利益や消費者主権を損なわせることになったのである。まさに「市場の失敗」であり，こうして現代的独占の支配の下で，営業・取引の自由と競争の公正を維持するために，逆に国家の介入への要請をもとめ，独占禁止法の法制化となっていくのである。

3　適用除外制度と中小企業等協同組合

財閥解体を基点とする独占禁止は，農地改革と労働組合の公認とともに，戦後日本のいわゆる「経済民主化」の三大政策のひとつであった。独占禁止法第1条は「公正かつ自由な競争を促進」することを直接目的に，「一般消費者の利益を確保するとともに」，「国民経済の健全で民主的な発達を促進すること」を究極目的にしている。明らかに「一切の事業活動の不当な拘束を排除すること」の反独占＝経済的自由主義を政策原理にしている。そしてこの自由競争原理は，スミスの段階にあっては特権的商人や同業組合による私的独占の除去であったのが，独占資本主義の段階にあっては，独占資本が経済構造を支配しているが故に，営業・取引の自由が独占資本の自由へと転化している。したがって，自由競争原理を適用することは，独占資本の支配力の強化につながることになり，一般消費者や中小企業の取引の自由と競争の対等性とを損ねることになる。ここに経済的従属者としての一般消費者はたんなる消費者だけではなく，中小企業や農民をも含み，それらが私的独占にたいする反独占として対抗せざ

---

4)　シュムペーター，東畑精一訳『経済分析の歴史 1』岩波書店，1955年，320ページ。

るをえなくなり，独禁法では協同組合等の結成，すなわち組織化の権利・団結権の制度的保障を認めているのである。独禁法第1条の目的規定は，こうして公正・自由な競争の経済的自由主義を維持することが，中小企業を含む一般消費者の実質的な経済的自由を保障し，それが経済民主主義を実現することを示している。中小企業等協同組合の独禁法における適用除外制度が容認される根拠は，現代独占の支配のもとで，一方における経済的自由と，他方における団結権としての経済民主主義との結合と対抗のうちにあり，それがゆえに限界もある。

さてこの適用除外制度とは何か。「政府規制等と競争政策に関する研究会」の報告では，それは「事業者又は事業者団体が行う価格，数量，技術，製品，取引先等の事業活動の制限に関する共同行為（カルテル）等の行為について，例外的に特殊な事情の下で独占禁止法の禁止規定の適用を除外する制度」[5]と規定している。この適用除外制度は，1）独占禁止法に基づくもの，2）独占禁止法の適用除外等に関する法律（「適用除外法」）に基づくもの，3）個別法に基づくもの，の3つに分類できる（表15―1参照）。そしてこの制度の大部分が適用除外カルテル制度である。適用除外カルテルは，1965年度末には1,079件のピークをむかえるが，その後減少して93年度末では67件である。そのうち個別法である中小企業団体に関する法律（中団法）に基づくカルテルは1件であり，残りの大部分は，環境衛生関係営業の運営の適正化に関する法律（理容・美容業，クリーニング業が対象）および輸出入取引法に基づくものである。また，独禁法の不況に対処するための共同行為（不況カルテル，第24条の3）は89年以降から，企業合理化のための共同行為（合理化カルテル，第24条の4）は82年以降では実施されていない。こうした適用除外カルテルの減少は，日本経済の国際化により輸入品の増加と輸出減，アジア等競争相手国の成長，技術革新に伴う業際化，製品・サービスの差別化・多様化の進展等からカルテルの有効性が小さくなり，必要性も薄くなったことによる。その点では適用除外カルテル制度は，一時的・緊急避難的な措置に限定し，必要最小限にとどめることが妥当である[6]。

ところで適用除外制度の見直し論で中小企業に関連して問題となるべき点は，

---

[5] 公正取引委員会事務局編『独占禁止法適用除外制度の現状と改善の方向』大蔵省印刷局，平成3年，6ページ。適用除外規定を有する制度は，平成3年6月現在では，42法律に基づく68制度がある。

398　第Ⅳ部　グローバリゼーションと中小企業の新展開

表15−1　独占禁止法適用除外制度一覧表

平成3年6月現在

番号	法律名（制定年月日）	業種	適用除外制度の内容（根拠法条）	適用除外制度の制定年	内容別分類 カルテル 価格	内容別分類 カルテル その他	内容別分類 その他	適用除外の手続 事業者と主務大臣との関係	適用除外の手続 主務大臣と公取との関係
1	独占禁止法 (昭22.4.14法54号) (1法律8制度)	産業一般	1 自然独占（事業法令に基づく正当な行為(22条))	22年 22年			○	なし	なし
			2 無体財産権（23条）	22年			○	なし	なし
			3 一定の組合の行為（24条）	22年			○	なし	なし
			4 再販売価格維持契約（24条の2）	28年	○		○	*届出 再販はなし(決定)	*協議
			5 不況カルテル（24条の3）	28年	○	○		*認可	*協議
			6 合理化カルテル（24条の4）	22年		○		*認可	なし
			7 企業再建整備法による決定調整計画（103条）				○	なし	なし
			8 金融機関再建整備法による整理計画（103条）	22年			○	なし	なし
	法24条各号要件のみなし規定のあるもの（6法律6制度)								
2	農業協同組合法 (昭22.11.19法132号)	農業	9 共同経済事業（9条）	22年		○		なし	なし
3	水産業協同組合法 (昭23.12.15法242号)	水産業	10 共同経済事業（7条）	23年		○		なし	なし
4	中小企業等協同組合法 (昭24.6.1法181号)	中小企業一般	11 共同経済事業（7条）	24年		○		なし	なし
5	信用金庫法 (昭26.6.15法238号)	金融業	12 共同経済事業（7条）	26年		○		なし	なし
6	森林組合法 (昭53.5.1法36号)	林業	13 共同経済事業（6条）	53年 (26)		○		なし	なし
7	労働金庫法 (昭28.8.17法227号)	金融業	14 共同経済事業（9条）	28年		○		なし	なし
	適用除外法 (昭22.11.20法138号) (5法律5制度) 1条関係								
8	陸上交通事業調整法 (昭13.4.2法71号)	陸上交通事業	15 運輸カルテル（2条1項6号・7号, 2項）	22年	○			命令 認可	なし

第15章　独占禁止政策と適用除外制度　399

番号	法律名（制定年月日）	業種	適用除外制度の内容（根拠法条）	適用除外制度の制定年	内容別分類 カルテル 価格	内容別分類 カルテル その他	内容別分類 その他	適用除外の手続 事業者と主務大臣の関係	適用除外の手続 主務大臣と公取との関係
9	食糧管理法（昭17.2.21法40号）	主要食糧流通業	16. 加工、製造等命令に基づく行為（9条）	22年				なし	なし
10	損害保険料率算出団体に関する法律（昭23.7.29法193号）	保険業	17. 保険料率カルテル	23年	○			認可	なし
11	漁船損害等補償法（昭27.3.31法28号）	保険業	18. 保険料率カルテル（4章1節）	27年	○			なし	なし
12	旧ポツダム宣言の受諾に伴い発する命令に関する件（昭和20年勅令第542号）に基づく命令であって、現に法律としての効力を有するもの		19.	22年		○		なし	なし
13	適用除外法2条関係（昭28.9.1法259号）（1法律1制度）	産業一般	20. 一定の団体の行為（2条3号、4号）（30法令に基づき設立された団体、小規模事業者の相互補助団体及び小規模の商店街振興組合）	28年(23)		○		なし	なし
14	個別法律（29法律48制度）〈農林水産業関係〉たばこ耕作組合法（昭33.5.2法135号）	農業	21. 共同経済事業（7条）	33年	○	○		なし	なし
15	果樹農業振興特別措置法（昭36.3.30法15号）	農業食品製造業	22. 果実の売買に係る取決め（5条の3）	41年		○		事前届出	通知
16	輸出水産業の振興に関する法律（昭29.6.2法154号）	水産業食品製造業	23. 主原料購入カルテル（27条） 24. 輸出競争防止カルテル（27条） 25. 指定機関	32年 29年 32年	○	○ ○		認可 事前届出 認可	協議通知 協議 協議
17	漁業生産調整組合法（昭36.6.13法128号）	水産業	26. 漁業調整カルテル（79条）	36年		○		認可	協議
18	真珠養殖等調整暫定措置法（昭44.12.18法96号）	水産業	27. 過当競争防止カルテル（98条）	44年	○			認可	協議（価格、数量は同意）
		水産業	28. 品質改善維持カルテル（98条） 29. 設備制限カルテル（98条）	44年 44年		○ ○		認可 指示	協議 通知
19	漁業再建整備特別措置法（昭51.6.1法43号）		30. 設備制限（15条）	51年		○		届出設定	協議
20	〈鉱業関係〉石炭鉱業合理化臨時措置法（昭30.8.10法156号）	鉱業	31. 不況カルテル（67条）	30年	○			指示届出	協議通知

400　第Ⅳ部　グローバリゼーションと中小企業の新展開

番号	法律名（制定年月日）	業種	適用除外制度の内容（根拠法条）	適用除外制度の制定年	内容別分類				適用除外の手続		
					カルテル		その他		事業者と主務大臣との関係	適用除外と主務大臣との関係	主務大臣と公取との関係
					価格	その他	カルテル	その他			
	〈製造業関係〉										
21	蚕糸法（昭20.12.22法57号）	繊維製造業	蚕価に関する取決め（15条の2）	28年	○				事前・届出	事前・事後	なし
22	酒税の保全及び酒類業組合等に関する法律（昭28.2.28法7号）	酒類製造業、販売	過度競争防止カルテル（93条） 合理化カルテル（93条） 再販売価格維持契約の締結（93条）	28年 34年 34年	○ ○ ○	○			届出 認可 認可	認可 認可 認可	同意 同意 同意
23	砂糖の価格安定等に関する法律（昭40.6.2法109号）	食品製造業	不況カルテル（17条）	40年	○				指示	指示	通知
	〈卸売、小売業関係〉										
24	棚卸市場法（昭46.4.3法35号）	卸売業	卸売業者間の営業譲受又は合併（29条）	46年 46年 (31)		○ ○	○		認可	認可	協議
25	商店街振興組合法（昭37.5.17法141号）	小売業	過度競争防止事業（80条） 共同経済事業	37年		○			なし	なし	協議 なし
	〈金融、保険、証券業関係〉										
26	保険業法（昭14.3.29法41号）	保険業	保険カルテル（12条の3）	26年	○	○		○	命令で定めるものは届出	命令で定めるものは届出	命令を制定するときは協議
27	外国保険事業者に関する法律（昭26.6.1法184号）	保険業	保険の規定の準用	26年	○	○			命令で定めるものは届出	命令で定めるものは届出	命令を制定するときは協議
28	証券投資信託法（昭26.6.4法198号）	証券信託業	受託会社が信託財産をもって株式を取得し又は所有すること（25条）	26年		○	○		なし	なし	なし
	〈運輸、通信業関係〉										
29	道路運送法（昭26.6.1法183号）	自動車運送事業	運輸カルテル（21条）	26年 (22)		○			認可（命令することができる）	認可	なし（なし）
30	海上運送法（昭24.6.1法187号）	海上運送事業	海運関係カルテル（28条） 湾岸関係カルテル（30条の2） 航空カルテル（111条、122条の2項）	24年 26年 27年	○ ○	○			事前届出 事前届出 認可	事前届出 事前届出 認可	送付（規則） 送付（規則） 送付
31	航空法（昭27.7.15法231号）	航空業									
32	港湾運送事業法（昭26.5.29法161号）	港湾運送事業	港湾運送カルテル（19条）	28年	○	○			認可	認可	同意
33	倉庫業法（昭31.6.1法121号）	倉庫業	倉庫カルテル（15条）	31年	○				認可	事前届出	なし
34	内航海運組合法（昭32.6.1法162号）	海上運送事業	海運カルテル（18条1項） 共同海運事業（18条3項）	32年 32年	○ ○	○			認可 なし	認可 なし	通知 なし

第15章　独占禁止政策と適用除外制度　401

番号	法律名（制定年月日）	業種	適用除外制度の内容（根拠法条）	適用除外制度の制定年	内容別分類 価格	内容別分類 カルテル その他	内容別分類 その他	適用除外の手続 事業者と主務大臣との関係	適用除外の手続 主務大臣と公取との関係
35	自動車ターミナル法（昭34.4.15法136号）	自動車ターミナル業	51 運輸カルテル（28条）（道路運送法の規定を適用）	34年				認可	なし
36	貨物自動車運送事業法（平元.12.19法83号）	貨物自動車運送事業	52 運輸カルテル（16条）	平元年		○		認可	なし
37	著作権法（昭45.5.6法48号）〈その他〉	放送業等	53 商業用レコードの二次使用料の額の定め（95条、97条）	45年				なし	なし
38	会社更正法（昭27.6.7法172号）	産業一般	54 更正会社の株式を取得すること（265条）	27年			○	なし	なし
39	中小企業団体の組織に関する法律（昭32.11.25法185号）	中小企業一般	55 経営安定カルテル（89条1項）	33年(27)	○	○		認可	協議（価格は同意）
40	輸出入取引法（昭27.8.5法299号）	貿易業等	56 合理化カルテル（89条1項）	37年		○		認可	協議
			57 特殊契約（89条1項）	39年		○		認可	協議
			58 共同経済事業（89条3項）	32年	○	○		なし	なし
			59 輸出カルテル（33条1項）	27年	○	○		事前届出	通知
			60 輸出業者等の国内外向カルテル（33条1項）	28年	○	○		認可	協議
			61 生産業者等の国内向カルテル（33条1項）	30年	○	○		認可	協議
			62 輸入カルテル（33条1項）	28年	○	○		認可	協議
			63 輸出入調整カルテル（33条1項）	30年	○	○		認可	協議
			64 貿易連合（33条1項）	36年	○	○		認可	協議
			65 指定機関（33条3項）	32年		○		認可	協議
41	環境衛生関係営業の運営の適正化に関する法律（昭32.6.3法164号）	飲食店業理容業旅館業クリーニング業等	66 過度競争防止カルテル（10条、56条）	32年	○			認可	協議
			67 特殊契約（14条の13）	39年		○		認可	協議
42	中小企業投資育成株式会社法（昭38.6.10法101号）	中小企業投資育成株式会社	68 中小企業の株式の引受及び保有（13条）	52年			○	なし	なし

(注) 1　適用除外制度の制定年欄の（　）は、旧法によって制定された年で示す。
2　「適用除外の手続」欄中の＊については、読み替えるものとする。
関係」に、また、「主務大臣と公取との関係」は「公取と主務大臣との関係」に読み替えるものとする。

資料：公正取引委員会事務局編『独占禁止法適用除外制度の現状と改善の方向』大蔵省印刷局、平成3年9月。198—204ページ。

戦後の独禁政策が，競争の維持＝反独占を基本に，競争促進と競争制限との相互の対抗のうちに展開しながら80年代後半以降，競争政策が優位性・普遍性ある政策として位置づけられ，協同組合の行為（第24条）が全般的見直しの対象になっていることである（自然独占に固有な行為＝第21条，無体財産権の権利行使と認められる行為＝第23条，再販売価格維持行為＝第24条の２の適用除外制度についてはここでは検討外である）。わが国独禁法では，制定当初より第24条の「一定の組合の行為」の規定による行為と第22条の「事業法令に基づく正当な行為」として「独禁法の適用除外に関する法律」に規定する行為には，カルテル行為にあたる場合にも適用除外を認めてきたのである。したがって，協同組合の行為が，適用除外になる根拠をどこに求めるかの問題が生じ，それを明らかにすることが重要である。

　独禁法第24条の「一定の組合の行為」規定には，協同組合という表現はない。しかし第24条の各号の要件[7]を備えて設立された組合は，いわゆる「協同組合原則」に対応しており，各号の要件を備えた「みなし規定」を設けている協同組合である。中小企業等協同組合法（1949年制定）は正に該当する（同法７条）[8]。そして同法で設立された事業協同組合（設立数，1996年３月末＝３万9,627），事業協同小組合（同，23），火災共済協同組合（同，44），信用協同組合（同，370），協同組合連合会（同，828）は適用除外の対象になっている[9]。

　協同組合の適用除外の趣旨は，現代的独占が支配する経済構造の中で，中小企業は経済的弱者にあるとともに規模が小さいため単独では有効な競争単位になり得ないので，組合組織による事業協同化によって，中小企業の競争力を強

---

6) 福島久一「中小企業と独占禁止政策」巽　信晴・佐藤芳雄『新中小企業論を学ぶ（新版）』第17章，有斐閣，1996年，278―293ページ。
7) 第24条の組合の要件とは以下のものである。1）小規模の事業者又は消費者の相互扶助を目的とすること　2）任意に設立され，且つ，組合員が任意に加入し，又は脱退することができること　3）各組合員が平等の議決権を有すること　4）組合員に対して利益分配を行う場合には，その限度が法令又は定款に定められていること。
8) 現行法で「みなし規定」を設けている協同組合法は，中小企業等協同組合法の他に農業協同組合法（1947年），消費生活協同組合法（1948年），水産業協同組合法（1948年）がある。各協同組合法による組合以外に，「みなし規定」のある信用金庫法（1951年），労働金庫法（1953年），森林組合法（1978年）がある。また，個別法では，たばこ耕作組合法（1958年），商店街振興組合法（1962年）がある。これらは24条各号の要件を備える協同組合組織になるよう規定されており，適用除外の対象になっている。
9) 商工総合研究所『商工金融』1996年11月号，52ページ。

め，そのことが独禁法の目的とする公正・自由な競争を維持促進することを認めたことにある[10]。このことは，中小企業の団結・組織化による競争単位としての協同組合制度を，独占・大企業体制に対する「対抗力」の形成を図るものとして独禁法のなかに積極的に位置づけていることを示している。したがって，小規模事業者の相互扶助を目的とする協同組合が行う共同経済事業（例えば，事業の中心となる「生産，加工，販売，購買，保管，運送，検査その他組合員の事業に関する共同施設」や「組合員の経済的地位の改善の為にする団体協約の締結」等）が実施できるのである。このことは，協同組合の価格協定や価格制限等を行うことが出来ることを容認している（もっとも，中小企業の協同組合の場合，たとえ価格協定や価格制限等を行ったにしても，アウトサイダーが多いことや競争の激しさからそれらが維持されることは少ない）。結局のところ，中小企業等協同組合法に基づく適用除外カルテルは，「市場の失敗」に対処するための独占・大企業に対する有効な競争力ないし対抗力として位置づけられていると同時に，中小企業にとって実質的平等を確保するための基本的権利を保障したものである。公正・自由な競争は，何よりも中小企業を含む一般消費者の利益を基準にして，自由競争秩序を維持することができるのであって，この独占禁止政策と協同組合の適用除外制度とは何ら矛盾しない，妥当性をもつものである。しかも中小企業等協同組合の組合員のうち中小企業とは言えない大規模事業者が加入していればその事業者が排除される（中小企業等協同組合法の107条には大規模事業者が入っていた場合に，公取委による脱退勧告の規定がある）し，また仮に加入していた場合には，適用除外の対象にはならない。

　しかしながら，第24条の但し書きに明記されているように，協同組合が「不公正な取引方法を用いる場合」や「一定の取引分野における競争を実質的に制限することにより不当に対価を引き上げることとなる場合」には適用除外には該当しない。とりわけ協同組合が一定の取引分野において市場支配力を獲得したり，独占的地位を形成することによって経済力のより弱い他の中小企業や消

---

[10]　協同組合の独禁法適用除外制度は，アメリカのカッパー・ヴォルステッド法（CAPPER-VOLSTEAD ACT＝1922年制定の連邦法）が最初と言われている。同法は，出資の有無に関係なく構成員の相互扶助を目的とした協同組合原則の諸要件を備える協同組合，とくに法人組織の形態をとる販売農協に対し，反トラスト法が適用されないことを初めて確定した。同法は，協同組合のマグナ・カルタ（大憲章）と言われている（『協同組合事典』家の光協会，181ページより）。わが国の独禁法適用除外制度はそれを範にしている。

費者に対しその経済力の濫用をする場合がありうるのである。このように協同組合が市場支配力を有する場合には，独占・大企業に対する対抗力形成の形態であった協同組合が，逆に競争の促進を阻害することになる。その点では，適用除外制度にも限界があるが，中小企業等協同組合の市場支配力の有無についての実証が必要である。ともあれ，中小企業は競争単位の多数性のある競争促進的存在であり，その分野は基本的には競争原理が働いているが，協同組合の活性化は常に問われるであろう。

4 結びに代えて――協同組合制度の問題――

近代的協同組合が確立したのは，1844年に設立されたイギリスのロッチデール公正先駆者組合（The Rochdale Equitable Pioneers Society）であることはよく知られている。この組合設立時には協同組合原則は，5項目のルールであったが[11]，このロッチデール原則（Rochdale Principles）を基礎にして1937年にICA（International Cooperative Alliance＝国際協同組合同盟・1885年創立）が最初の協同組合原則を採択した。それは，1）加入・脱退の自由，2）民主的管理（1人1票の原則），3）利用高に応じた配当，4）出資金に対する利子の制限，5）政治的・宗教的中立，6）現金取引，7）教育の促進，の7原則であった。最初の4原則は基本原則であり，そのほかは倫理的規範であったが，組合は民主的で平等であることが明示された。わが国の中小企業等協同組合法はこの協同組合原則を範にしている。

中小企業等協同組合制度が中小企業の相互扶助によって存立基盤を確保し，それに伴って独占・大企業に対する有効な競争力や対抗力を持つことと，競争の促進を目的にする独占禁止政策とは何ら矛盾するものではない。しかし競争促進政策の視点から中小企業等協同組合の行為を検討するとき，必ずしも問題がないわけではない。

その第1は，中小企業等協同組合法での事業協同組合にその加入資格に適合

---

11) そのルールは，1）品質・分量をごまかさない，2）掛け売りをしない，3）代金は引渡しと同時に支払う，4）剰余は購買高に応じて組合員に配分する，5）出資金に対する利子を3.5％に抑える，という内容であった。そしてホリオーク（G. J. Holyoake）はその後の組合活動の経験から14項目のロッチデール原則（1892年）を作り出した。協同組合経営研究所訳『ロッチデールの先駆者たち』1968年，363―365ページ。

しない大企業とみられる組合員が加入していることである。中小企業の範囲をこえる企業の加入は，協同組合原則を変質させるおそれがある。また，事業協同組合の加入資格は，製造業の場合では資本金３億円以下又は常時使用する従業員数300人以下に限られている（第８条）のに対し，大規模事業者が加入していた場合の排除措置規定での「常時使用する従業員の数が百人をこえるものが実質的に小規模の事業者でないと認めるときは，……組合から脱退させることができる」とする従業員数規定とは整合性に欠けるといえよう。むしろ排除措置規定を中小企業基本法の範囲規定に一致させる必要がある。

　問題の第２は，協同組合が市場支配力をもち，競争の実質的制限行為を行うような場合である。事業協同組合等がカルテル行為を行っているかどうかの実数を把握することは統計上からも困難であり，その実態把握に務めなければならない。しかし仮に経済的により弱い中小企業や消費者に支配力を濫用している場合には問題があり，適用除外にはあてはまらない。

　問題の第３は，経済のグローバル化にともなって国際競争力を失った産業の調整問題，とりわけ中小企業分野での協同組合との係わりである。相対価格の急激な変化や需要の減少に中小企業が対応する場合に，市場機構に任せるだけでは倒産・廃業が続出して資源の有効利用から損失を生むことになる。この場合，調整に伴う「犠牲」を最少限にすることが重要である。このような問題に対して協同組合の適用除外によるカルテル行為を認めるかどうかである。競争政策の観点からすると，どの産業分野を例外的な競争制限分野として認めるかはその基準の設定から困難である。結局のところ，産業構造の転換戦略がどのようなものであるかに係ってくる。中小企業等協同組合法に基づく適用除外制度の有効性が問われるのである。

　最後に指摘したい問題は，戦後に制定された各協同組合法が設立された性格から特質を持っているものの，事業，加入資格，組織等でかなりの差異があり，バラバラである。この分裂的協同組合法を，協同組合原則に照らして，例えば中小企業基本法や農業基本法のように，一本の協同組合基本法にして協同組合を発展させることが必要である。

　1995年９月にICAはイギリスのマンチェスターで100周年記念大会を開き，新しい協同組合原則を採択した。「協同組合のアイデンティティに関する声明」の中で，協同組合の原則だけでなく，その定義，価値について明示している[12]。以下ではこの声明を記して結びにする。

定義：協同組合は，共同的に所有し民主的に管理する事業体を通じて，共通の経済的・社会的・文化的なニーズと願望を満たすために，自発的に結びついた人びとの自治的な組織である。

　価値：協同組合は，自助，自己責任，民主主義，平等，公正，連帯という価値を基礎とする。協同組合の組合員は，協同組合創設者たちの伝統に基づき，正直，公開，社会的責任，他者への配慮という倫理的価値を信条とする。

　原則：協同組合原則は，協同組合がその価値を実践に移すための指針である。第1原則：自発的でオープンな組合員制度，第2原則：組合員による民主的管理，第3原則：組合員の経済的参加，第4原則：自治と自立，第5原則：教育，訓練，広報，第6原則：協同組合間協同，第7原則：コミュニティへの関与，となっている。

　中小企業は，独占資本が支配する経済構造の中では孤立分散的にされているが故に，組織化・協同化を展開し発展していくことが重要である。

---

12) ICAの新協同組合原則に関しては，富沢賢治「ICAの新協同組合原則」一橋大学経済研究所編『経済研究』，岩波書店，第47巻第2号，1996年4月，158—175ページ。

第16章　地域産業集積と中小企業構造の変化*
―――集積と分散―――

1　経済のグローバル化と地域経済の自立性

　我が国製造業の国際競争力は業種によって優位性の度合いに違いはあるものの，国際競争環境が厳しく不断の挑戦を迫られている。経済のグローバル化と情報通信技術の高度化の進展は，輸送・通信の低価格化・高速化を加速させると同時に，多国籍企業間のメガコンペティションによる国境を超えた財・サービス・資本・労働・情報の国際的移動とそのことによって産業・企業の立地に変化を及ぼしている。つまり，一方では多国籍企業活動の海外生産展開や原材料・部品等の世界最適調達の本格化が，産業・企業の立地選択で地理的条件の比重を低下させており，国内での「産業の空洞化」を招いてきている。他方，各国では企業・地域・産業・国民経済等に対応した形で競争力の維持・競争優位の確保をいかに図るかが問題意識化され，地域的産業集積の存続と強化，新しい産業集積の創出の模索が進行しているのである。

　とりわけ東アジア，なかんずくNIEsと中国経済の急速な産業競争力の高まりは，東アジアの産業集積に目覚ましいまでの成長を遂げている[1]。このことが，日本のものづくりの基盤である「技術集積の衰退・空洞化」を誘引し，地域産業集積の弱体化・崩壊の懸念を生み，いわば「フルセット型産業構造」の国民経済構造を解体に向かわせて地域経済の自立的発展を困難にしている。この動向に対して日本の地域産業集積は東アジアとの連携を踏まえ，再編成を迫

＊本章は，「経済のグローバル化と地域産業集積―集積と分散―」日本大学経済学研究会『経済集志』第72巻第4号，2003年1月，「地域産業集積と中小企業構造の変化―東京・大田区の工業集積を中心に―」日本大学経済学研究会『経済集志』第74巻第3号，2004年10月，所収のものを基礎に加筆・修正している。

1）　経済産業省『通商白書―東アジアの発展と日本の進路―2002』平成14年7月，ぎょうせい，26―31ページ。

られ,いかに国際競争力を強めるかという競争力視点から地域産業集積の優劣が課題となっている。それは,国境の存在を前提にした比較優位でもなければ,同じ国の地域間における産業集積間の優劣でもない,国際的産業集積間競争を含む世界的な関係の中における産業集積の評価と優劣が問題となっているのである。こうした「国民経済」の枠組みを超えた課題が生じている結果,企業・産業・国の各レベルにおいて国際競争力のある産業集積をどう新しく形成・強化するか,そして地域経済の活性化をいかに実現するか,が問われている。まさにグローバル経済の中で,地域の産業集積の解体と創出が同時進行し,地域経済の自立性の問題が重要な課題になっている[2]。

だが,産業集積を軸にした経済活動のグローバル化と産業・企業の地理的集中に伴うローカル化という2つの傾向は,単純な2分割ないし2元論で進行しているのではなく,相互に規定し,複雑に絡み合いながらも,グローバル化が地域産業集積のあり方に大きな影響を及ぼしている。

こうした問題意識での課題は,以下の4つである。第1に「産業集積とは何か」という集積の概念を産業集積の先行研究から明らかにすること,第2は地域産業集積の形成と衰退のメカニズムを検討すること,第3はグローバル経済の進展過程における産業集積形態とその集積内部の構造がどのように変化しているかを,既存の産業集積の変容と新たな産業集積の形成とから追究することである。こうした動向の中で,競争優位につながる産業・企業の地域集積の移動,知識先端型産業と既存産業における「集積と分散」・「特化と平準化」・「新集積と旧集積」といった産業集積の方向性を探ることである。第4は,地域産業集積における政策展開と課題である。経済活動のグローバル化と輸送・通信の低価格化・高速化が,企業の立地選択における地理的条件の自由度を増した為に,既存の地域産業集積に大きな影響を及ぼし,その結果,産業集積が地域振興・中小企業振興・国民経済の活力再生政策として重要性を増しているのである。

---

[2] 大阪市立大学経済研究所編『グローバル競争とローカライゼーション』東京大学出版会,2000年4月。同書は,グローバライゼーションとローカライゼーションとの相互作用の関係を「グローバル・ローカライゼーションの過程」として製造業企業を分析している。

2　産業集積論の先行研究

　産業集積をめぐる近年の活発な議論は，とくに，1970年代以降の大量生産体制が問題視されたのに対しイタリアにおけるフレキシブルな専門化体制が脚光をあびていること（ピオリ＝セーブルの「第二の産業分水嶺」），そして1990年前後の社会主義体制の崩壊に伴う経済のグローバリゼーションといった世界経済の激しい構造変化が，新しいパラダイムを求めていることにある。経済・産業の構造変化に対応する産業集積の論点は，1）経済活動をめぐる多国籍企業のグローバリゼーションと中小企業，地域を中心に据えたローカリゼーションの2つの相反する推進傾向の存在，2）輸送や情報・通信の高速化と低コスト化の進行による企業の立地選択と移動，3）イノベーションを軸に企業レベルのみならず，地域レベル，国レベルでの連携によって「競争力優位」をいかに獲得・構築するか，といった諸点から注目されている。

　この産業集積への関心は中小企業論，地域経済論，経済地理学，応用ミクロ経済学，国際経済学，経営学，社会学，技術論等広汎な研究分野ばかりか，経済主体である中小企業や大企業，さらには地方自治体や政府，大学や研究所等の諸機関の政策・戦略に反映し，広がりを見せてきている。そして産業集積論の理論的研究には多くのすぐれた業績の蓄積がある。

　ところで，産業集積[3]とは，産業・企業が一定の地理的範囲に集中立地することであるが，集積の分析は，中小企業の視点から考察する場合，資本構造＝企業，地域構造＝立地，産業構造＝産業という枠組みの中で，企業を中心に位置する3つの絡み合う関係を「同心円構造」として総合的に把握することが求められる。この集積に関する議論には，大別して3つの流れを考えることができる。

　集積論の1つは，A・マーシャル（A. Marshall）の流れで，特定地域における産業の形成を問題にするものである[4]。産業集積の定義と地域特化産業に関する集積論の源流はマーシャルに求めることができる。彼は規模の経済を「内

---

[3]　産業・企業が一定の地理的範囲に集まる「集積」という表現には，Concentration, Agglomeration, Cluster（sub-cluster）がある。

[4]　A, Marshall, *Principles of Economics*, 1890. A・マーシャル，馬場啓之助訳『経済学原理』東洋経済新報社，1966年。

部経済」と「外部経済」に区分する。前者は「個別企業の資源，その組織とその経営能率に由来する経済」のことで，個別企業が大規模生産によって得る経済利益をいう。後者は「産業の全般的発展に由来する経済」のことで，「特定の地区に同種の小企業が多数集積すること」によって得る利益＝「分業のもたらす経済効果」のことを意味し，これを集積の分析対象にしている。この集積 (Concentration) とは，「特定地域への特定産業の集積」(The concentration of specialized industries in particular localities) あるいは「ある地域に集積された産業」＝「地域特化産業」(localization of industry) と規定して[5]，明らかに多数の企業の集積と，個別企業の規模拡大（同一の資本＝同一の企業における利潤の蓄積によってもたらされる規模の拡大）とは区別しているのである。このようにマーシャルの集積論の特徴は，内部経済と外部経済とに区別し，後者の産業規模の拡大に伴う多数の小企業が特定の地区に同業種として集積していることの経済利益を主たる分析対象にしていることである。この同一産業の集中化＝集積形成の原因を，自然的条件（気候，土質，鉱物資源，地形等）と社会的条件（宮廷の庇護，支配者による職人の移住にみられる計画的導入，国民性，鉄道，電信等の運輸通信手段の改良といった人間生活の歴史的活動を通じて形成される政治，経済，文化）に求め，それらの影響によって多様な集積の経路があることを指摘している。そして外部経済＝産業が集積した場合の利益としては，1）情報の伝達，技能・技術の伝播・波及や技術革新の可能性，2）特定産業に特化した補助産業（部品，原材料等の供給とコスト低減）の発達，3）特殊技能労働者の集中による労働市場の形成と優位性の存在である。他方，特定労働力の過大な需要，地代の上昇といった外部不経済の発生をも指摘している。また，同一産業の特定地区への集積だけではなく，異種の産業の特定地区への集積をも論じている。

　こうしたマーシャルの産業集積の形成と集積の利益の分析は，その後，個別企業の最適立地の選択と立地の変更・移動が，集積の形成とどのように関係しているのかが検討されることになり，欧米における「新しい産業集積」としての「現代集積論」が展開していくことになる[6]。

---

5) A・マーシャル，馬場啓之助訳『経済学原理2』東洋経済新報社，1966年，249—251ページ。
6) 産業集積論の議論を整理した論文として，松原　宏「集積論の系譜と「新産業集積」」『東京大学人文地理学研究』第13号，1999年。同「多国籍企業の立地と産業集積の理論」『経済学研究』九州大学経済学会，第67巻第4・5合併号，2000年12月。

マーシャルの系譜では,「産業地域」論としての集積論展開である。これに属する考え方には, 1) 柔軟な専門化 (flexible specialization) 派—ピオリ＝セーブル (Piore M. J. and Sabel, C. F.), 2) 企業間・個人間の信頼関係を重視する「埋め込み」(embeddedness) 派—グラノヴェター (Granovetter, M.), 3) 地域の組織や文化, 産業構造, 企業の内部構造の 3 側面からなる「地域産業システム」に着目する「風土」(Milieu) 派—サクセニアン (Saxenian, A.) や「技術革新風土」派, 4) 知識創造と学習 (learning) の拠点としての地域 (学習地域) を重視し, とくにネットワーク学習でのサプライヤーと製造業者との長期的協力に基づく「関係特殊技能」に着目する派—フロリダ (Florida, R.), 5) 企業間ネットワークを重視するネットワーク論アプローチ, 6) 地域的な「社会的調整様式」の役割を強調する「レギュラシオン」(Regulation) 学派, 等である。そして 7) 地域経済の形成と変容を統一的に把握する「国際地域経済システム」派のクルーグマン (Krugman, P.) は, この系譜に属するであろう。たしかにクルーグマンは, マーシャルの外部経済のモデル化につとめている。すなわち, 新古典派国際貿易論とは逆のアプローチ (生産要素は自由に移動, 財の輸送費はゼロではない) を採り, 特定の歴史的偶然性のもとで, 規模の経済＝収穫逓増 (産業集積も含む) と輸送費用, フットルースな産業 (製造業) の比重が大きい (需要の外部性) という 3 要因の相互作用を考慮に入れ, 個々の企業の立地行動に着目している。個別企業の立地行動というミクロの動きから産業集積のマクロの動向 (集中化あるいは分散化) を把握するものといえる。

　集積論の 2 つは, A・ウェーバーの流れで, 産業の立地の諸条件を分析しようとするものである[7]。ウェーバーは, 工業の立地決定の分析から出発する。工業生産における個別経営の立地選択は, 立地要因 (Standortsfactor) と立地単位 (Standortseinheit) である。立地要因とは「経済活動がある特定の地点, あるいは一般的にある特定の種類の地点で行われるときに得られる利益をいう。『利益』(Vorteil) とはすなわち『費用』の節約であり」「一層正確に言うならば, ある特定の工業生産物の生産過程と販売過程の全体が, ある場所で他よりも廉価に行なわれることである」(訳書, p.16)[8]。同一の生産物＝特定の品質の生産利益が立地単位である。こうして生産立地は, 立地要因としての輸送費

---

[7] Alfred Weber, *Ueber den Standort der Industrien–Reine Theorie des Standorts*, 1909. 篠原泰三訳『工業立地論』大明堂, 昭和61年。

と労働費の両者の費用がもっとも節約できる地点を選択することになる。

しかしながら,この輸送費と労働費の一般的立地要因以外に,生産の社会的性質から,個別経営が社会的に集まることによって「局地的な生産の集中」が生じる第3の集積要因がある。この集積要因（Agglomerativfaktor）とは,「一定量のまとまった生産が1つの場所に集中して行われることから生ずる『利益』,すなわち生産あるいは販売の低廉化である」（訳書, p.115）とする（これに対して「集中を解除することに伴う生産の低廉化」を分散要因 Deglomativfaktor という）。そしてこの集積要因が作用する段階を2つに区別する。「単なる経営の拡大による生産の集積」を「低次の段階」と呼び,「多数の経営が場所的に近接して存在すること」を「高次の段階」といって,これを「社会的集積」（gesellshaftliche Agglomeration)[9]と呼んでいる。

このウェーバーの系譜では,企業間関係からの集積論展開である。これに属する考え方には,1)ウィリアムソン（Williamson, O.）の取引コスト論にもとづき,企業間関係の空間的近接性による空間的コスト節約に着目する「新産業空間論」（New Industrial Spaces）を提起したスコット（Scott, A. J.）,2)取引コストに注目しながら,個人的関係や評判,慣習などを重視し,この企業間関係が「関係特殊資産」（relational assets）となることによって「領域化」（Territorialization）が生じるとするストーパー（Storper, M.),である。

以上のように,集積論にはA・マーシャルとA・ウェーバーの2つの大きな潮流がある。マーシャルの集積論の特徴は,内部経済と外部経済とに区別し,後者の産業規模の拡大に伴う多数の小企業が特定の地区に同業種として集積していることの経済利益を主たる分析対象にしていることである。これに対して,ウェーバー集積論の特徴は,企業（Unternehmen）ではなく（1企業が局地的な単位である必要はないため),経営（Betrieb）を対象（大経営の小経営に対する経済的有利性であって,大企業の小企業に対する有利性ではない）に,そ

---

[8] ウェーバーは,立地要因を1)「一般的立地要因」（すべての工業に関係するもの）と「特殊的立地要因」（幾つかの工業,あるいは特定の工業のみに関係するもの),2)地域的要因（工業の個別生産を特定の地点に立地指向させる）と集積的要因・分散要因,3)自然的・技術的要因と社会的要因とに区別し,一般的地域的要因から輸送費と労働費のみを考察の対象にしている。『訳書』18—34ページ。

[9] ウェーバーは,集積を純粋集積（コンビナートのように技術的,経済的利益によって企業同士が集まって形成する場合）と偶然集積（原料供給地の企業群が互いに関係なく立地し,結果として集積が形成している場合）そして社会的集積の3つにわけている。

れが局地に集中し，利潤の蓄積による同一経営の拡大ばかりでなく，各々関係のない異なった独立の個別経営の単なる総和をも集積としてとらえていることである。前者は集積を英語で concentration といい，「外部経済」を問題にしているいわば「産業地域」論としての集積論である。これに対し，後者は集積を agglomeration といって立地と結びついて把握し，あくまでも「個別経営内」を対象にして「個別経営外」を問題にしない，いわば「企業間関係」からの集積論である。両者の集積論は分析の枠組み，集積形成の論拠が異なっているのである。

　第3は，前2者とは異なり，グローバリゼーションとローカリゼーションが対立・対抗する中での競争優位の単位として集積を把握するネットワーク論である。個別集積が複数存在することを前提に，M・E・Porter のように競争優位の源泉として地域的単位としてクラスター（clusters＝集積）を位置づけ，経済地域を「取引ネットワーク」と把握することによって，個別集積内または異なる個別集積に属する産業間・企業間の連携＝ネットワークの形成を考察するものである。マイケル・ポーターが提唱した産業クラスターとは「ある特定分野に属し，相互に関連した，企業と機関からなる地理的に近接した集団である。これらの企業と機関は，共通性や補完性によって結ばれている。クラスターの地理的な広がりは，一都市のみの小さなものから，国全体，あるいは隣接数カ国のネットワークにまで及ぶ場合がある。クラスターは深さや高度化の程度によってさまざまな形態をとるが，たいていの場合は，最終製品あるいはサービスを生み出す企業，専門的な投入資源・部品・機器・サービスの供給業者，金融機関，関連業界に属する企業といった要素で構成される」[10]と規定している。「クラスターはある地理的な立地内で生ずるネットワーク形態」（106―107ページ）であり，産業集積を競争優位の単位としての経済地域（地域，国，複数国間）のネットワークと考えるのである[11]。グローバル競争が激化する下で，各地域や国の政策当局は，国際競争力のある産業集積の形成をいかに構築するかが重要な戦略的課題になっているのである。

　集積論はこうして多様なアプローチで展開しているが，産業集積をめぐる近年の欧米や日本における活発な議論は，今日，経済活動のグローバル化とローカリゼーションとの相反する2つの傾向――とくに多国籍企業の立地選択・移動

---

10) Porter, M. E. *On Competition*, Boston : Harvard Business School Publishing, 1998. 竹内弘高訳『競争戦略論（Ⅱ）』ダイヤモンド社，1999年，70ページ。

と中小企業を中心にしたローカリティ・スケールでの地域産業集積の形成—が進行する中で，いずれの方向においても産業集積を国，地域，企業の「競争優位」の源泉として注目しているからであると考えられる。

3　地域産業集積の形成と衰退

産業集積がどうして特定の地域に集積するのか，その場合地域をどう設定するのか，といった地域と一体となった集積形成の条件をグローバル経済と関連づけて考えることが重要になっている。産業集積とは特定地域への産業（同一産業，異種産業）・企業（大企業，中小企業，大企業を核にした混在）の集中立地である。しかし，「特定地域」の地域（region）といっても，それは地理的範囲の広狭によって，1）まさに地球的規模でのグローバル（global），2）複数国間での広域的地域（great-sphere or supranational region），3）一国レベル（nation），4）一国の中の道府県や州，さらにはそれらの複数地域（sub-national or regional），5）局地的地域（local, district, area, part, place）が考えられる。マーシャルは規模の外部経済，すなわち集積の利益を企業の近接性立地に求めていたが，現代グローバル経済下での直接投資の活発化は，遠隔性立地の広域的地域にわたる国際的産業集積間のネットワークが進展していることに注目する必要がある。

さらにマーシャルは，前述したように集積形成の原因に自然的条件と社会的条件をあげ，集積には多様な経路が存在することを指摘していた。一般的に，

11）ポーターは，国の競争優位の決定要因として，1）要素条件（労働力，資本，天然資源やインフラストラクチャーといった生産要素），2）需要条件（製品，サービスに対する市場の需要の質），3）関連・支援産業（国際競争力を持つ有能な供給業者や関連産業が存在するかどうか，あるいは孤立した産業ではなく，クラスターが存在するかどうか），4）企業戦略・構造やライバル間競争の状態をあげている。そしてこれら4つの相互関係を野球場の内野にたとえて「ダイヤモンド」と呼び，この相互強化の作用，とくに「地理的近接性」の強化によって競争優位を規定している（『前掲書』，12—32ページ）。クラスターは，「ダイヤモンド」の1つの要因にすぎないことに留意する必要がある。*The Competitive Advantage of Nations*, New York : The Free Press, 1990. 土岐・中村・小野寺・戸成訳『国の競争優位』ダイヤモンド社，1992年。また，"Clusters and New Economics of Competition," *Harverd Business Review*, November-December, pp. 77-90. なお，Ron Martin & Peter Sunley, "Deconstructing clusters : chaotic concept or policy panacea?" *Journal of Economic Geography*, Oxford University Press, 2003. pp. 5-35. この論文では経済地理学の観点からポーターのクラスター概念が，政策用具の「クラスターブランド」であるとの理論的・批判的検討を行っている。

集積形成の条件としては，1）経営資源（原材料，労働力，資本，技術，情報），2）立地条件（運輸・交通体系，工業用水，工業用地，通信施設等産業基盤），3）市場条件（需要の規模，分業形態，取引形態，市場競争―国内競争・国際競争―），4）主体的条件（企業家精神，風土）がある。そしてこれら条件は，集積形成の初期的条件となるが，ある「きっかけ」または「偶然」を契機に，これら条件のうちの人的・物的・社会的資産のそれぞれの結合と結合の仕方によって特定地域への集積が形成される。特定地域での特定産業へのある程度の集積は，規模の外部経済を発揮するに伴いその集積の成長を促進するのである。しかし規模の外部経済が「正の効果」を享受している限りにおいては集積自体は成長するが，やがて賃金や地価の上昇，交通渋滞や公害の発生等の外部不経済＝「負の効果」の発生や，集積自体に産業・企業の正のロックイン効果が働かないようになると，その集積は，停滞・衰退の方向（メルトダウン）を招くことになる。ここに集積自体が，集積の条件に対して何らかの革新（Innovation）が求められることになる。

こうした集積の経済は，立地面では企業の近接性立地か，それとも遠隔性立地のネットワークかの問題とその集積形成条件とによって規定されるのであるが，その共通する内容は，多数の企業間リンケージといえる「分業の経済」にかかわっている。分業の経済は，企業レベルの企業内分業，一国経済あるいは地域経済における社会的分業，そして複数国間における国際分業がある。今日の欧米日を中心にした多国籍企業の本格的活動は，国際分業，とくに企業内国際分業（製品別，工程別）の進展とサポーティング・インダストリーとしての「国際的下請生産」を形成することによって，産業集積と結びついて展開してきているところに新しい特徴がある。例えば，家電，自動車，半導体産業等に見られるように，発展途上国，なかでも東アジアにおける日系企業の進出による新たな産業集積の形成・発展（タイ，マレーシア，中国）がある。もちろん現地企業の急速な台頭，成長もある。そしてこれとは反対に，日本企業の多国籍展開による海外生産拠点づくり，部品・素材等現地調達の拡大，逆輸入を含む製品輸入の増大や既存集積地での企業の撤退・移動は，日本国内の中小企業の転・廃業，倒産そして地域産業集積の衰退・崩壊を生じさせている。

こうして経済のグローバル化と情報・通信技術の高度化の中で，多国籍企業の行動は，これまでの産業集積形成条件の変化を迫り，集積の形成・発展・衰退と国境を超えた集積の移動，さらには国内・国外との集積間のネットワーク

の進展や新たな産業の集積の生成をもたらしており，集積と分散，特化と平準化といった集積それ自体の構造的変容を起こしている。

4 産業集積の存立構造とその変容

経済活動のグローバル化，情報・通信革新の展開，規制緩和が加速する一方で，中小企業が存立するローカルな産業集積である経済活動のローカリゼーションも進展している[12]。この2つの動きのなかで各国，各地域の集積形成の条件によって異なって形成されてきた産業集積の構造と機能も，競争環境，分業の深化度や技術，市場規模，企業戦略そして社会構造等の変化によって絶えず影響を受け変容してきている。

90年代以降，日本の産業集積の構造変化は，企業の廃業率の高さや「産地の解体」に見られるように激しいが，『中小企業白書—2000年版—』は，次のような集積構造の新たな動きを指摘している[13]。1）集積の広域化，集積内と集積外のいずれとも集積同士のネットワーク化が生じている，2）異業種における企業間関係の連携，産官学の連携の展開，垂直的分業に代わる「パートナーシップ型ネットワーク」の高まり，3）研究開発支援機関が形成した集積や自治体主導で形成した集積の存在，4）情報，デザイン，エンジニアリング，コンピュータソフト開発等の「情報財」・「知識財」を提供する産業群が，大都市に集積を形成するようになってきている，と。そしてこのような動きのなかで，従来の集積形態も多様化してきており，集積の「創業」促進機能の面から次のように6つに類型化している。

1）産地型集積——特定の地域に同一業種に属する企業が集中立地し，その地域内の原材料，労働力，技術等の経営資源が蓄積され，極めて地場産業的色彩が強い集積，年間生産額5億円以上で，繊維・衣料，家具，食料品等を中心に日本全国に約500産地

2）企業城下町型集積——特定の大企業の量産工場を中心としてその周辺地

---

[12] グローバリゼーションが地域産業集積に及ぼす影響として1）国際競争の増大，2）地域産業集積自体のグローバル化，3）企業数等の産業組織の変化があり，集積の「分散」と「集中」を生じさせている。OECD, Enhancing SME Competitiveness–THE OECD MINISTERIAL CONFERENCE 2001, pp.118–124.

[13] 中小企業庁編『中小企業白書—2000年版—』267—282ページ。

域に多数の部品等を提供する下請企業群が集積
　ア）大企業がアウトソーシングを重視していて企業間の結びつきが強いタイプ（自動車産業，家電製品等，豊田市，日立市）
　イ）大企業の内製率が高くて企業間の結びつきが弱いタイプ（造船重機，基礎資材等）
3）都市型集積——都市部を中心に部品，金型，試作品等を製造する製造業の集積
　ア）大都市工業型集積（東京都大田区，大阪府東大阪市）
　イ）地方都市型集積（浜松の輸送機械や楽器，諏訪・岡谷の精密機械）
　ウ）都市産業型集積（原宿・青山の縫製産業，秋葉原の情報産業，神保町の印刷・出版）
4）進出工場型集積——機械等の同業種や関連のある業種の企業が都市部から地方の同じ地域に進出するタイプ（岩手県の北上市を中心にした北上川流域等）
5）広域ネットワーク型集積——情報通信や高速交通ネットワーク等の発達に伴い集積間の広域化が進展（浜松・豊橋地域）
6）産学連携・支援施設型集積——地域内に大学や産業支援機関等の研究開発支援機能，産学連携機能や産業団地・企業入居施設（インキュベータ機能）等が備わった集積。

このような集積形態は，中小企業型集積，大企業系列型集積，ネットワーク型集積に類型できる。さらには1），2），3）のような日本型ともいえる「旧集積」と5），6）のような「新集積」として見ることもできる。

「旧集積」は集積それ自体が集積内分業という一種のシステムとしての機能を内包していることに特徴があり，グローバル経済下での企業行動の変化によって分業構造に大きな影響を受けている。集積全体がスケールメリットを実現する場・装置であったのが，国内企業の海外進出，海外生産比率と現地調達比率の上昇，中小企業の開業を上回る転・廃業・倒産，大企業の集積力の低下，発展途上国の急速な工業化の進展等により「空洞化」が進展して集積構造に調整・転換をしいている。国内製造業の集積地域における事業所数，従業者数が減少傾向にあり，さらにこの傾向は大田区・東大阪市等，前述類型の1），2），3）のア），イ）にも顕著である[14]。もちろん「旧集積」といえども各集積ごとにその変容は異なっている。旧集積の再編による高度化も一部の集積地で進

展している。しかし，今日，旧来の集積それ自体を長期的に継続することは困難であり，集積内の企業間関係の編成，技術集積とその連関のあり方，方向性が問われ，集積転換を内生的に再組織化できるかどうか，いかに内生的発展をはかるかが重要な問題である。

　これに対して「新集積」は，「産業構造の高度化」と「競争力」をめぐる新しいステージでの集積である。産業構造の高度化の内容は，各国の置かれた経済発展段階によって一様ではないものの，先進工業国では，既存産業の復活・再生をも含め先端技術産業，知識集約産業といわれる"knowledge-based industry"をいかに地理的に集中して構築するかにある。創業，起業といった新規事業・分野の形成を重視していることが特徴である。広域ネットワーク型集積は，日本では京浜地区と東北の各集積地とのリンケージ，最終製品市場と生産集積地とのネットワークへと広域化している。またアメリカのシリコンバレーと台湾の新竹，インドのバンガロール，中国北京郊外の中関村のように産業集積地が国境を超えてリンケージし，新たなITの産業集積を形成してきていることに注目される。

　そして日本では産学連携・支援施設型集積が，新産業の創出，雇用創出の施策として期待され，その創業促進機能を担っているのがTLOである。TLO（大学等技術移転機関：Technology Licensing Organization）[15]は，大学等が持つ技術シーズを企業へ移転し，事業化して，Knowledge-based Firmsのいわゆるベンチャー企業を簇生しようとするものである。その動きは行政主導で始まったばかりであり，ナノテクノロジー（超微細技術），バイオテクノロジーといった先端技術を駆使・先導した「新材料」「生命科学」「情報通信」「環境」といった分野であるが，いまだ新しい産業クラスターを形成するまでには

---

14) 中小企業庁編『中小企業白書—2002年版—』ぎょうせい，平成14年5月，38—45ページ。経済産業省・厚生労働省・文部科学省編『製造基盤白書—2002年版—』ぎょうせい，85—97ページ。Hisakazu Fukushima and others, "Changes in Agglomeration Structure of Small and Medium Enterprises in the Machinery and Metal Industries–A Survey of the Actual State in Ohta Ward, Tokyo–," RIEC College of Economics Nihon University, February, 2001. Edited by Hisakazu Fukushima and Seiji Kobayashi, *Globalization, Regional Concentration and Clustering of Industry*, RIEC College of Economics Nihon University, March, 2003. 植田浩史編『産業集積と中小企業—東大阪地域の構造と課題—』創風社，2000年4月。

15) 「大学等技術移転促進法」（平成10年8月）が施行され，大学でTLOを設置する動きが進んでいる。政府は2001年5月に，大学発ベンチャーを3年間で1,000社創業させる構想を打ち出している。

至っていない。既存の地域産業・中小企業の振興，新規産業・企業の創出，地域経済活性化が現実化していないのである。

産学連携型集積の典型は，イギリスのイースト・アングリアに位置するケンブリッジにみることができる。大学街であるケンブリッジとその周辺地域には，ハイテクノロジー産業（technology-based and knowledge-intensive industry）とそのサービス部門が集積し，中小企業の拡大による新産業の創出と雇用の増大という「ケンブリッジ現象」（Cambridge Phenomenon）を生み出した[16]。トリニティ・カレッジやセントジョーンズ・カレッジ，ケンブリッジ医療研究協議会や地方研究所等が主導するいくつものサイエンスパークが作られている（オックスフォードでもモードリン・カレッジ主導のサイエンスパークがある）。そして産業も70年代，80年代の電気・電子産業，通信産業，コンピュータソフト，研究開発サービス等から90年代半以降は新しいバイオ産業の集積へと移行してきている。

このようなケンブリッジ形態は日本では見られない「新集積」であり，ケンブリッジ大学の役割，制度的インフラ整備，ケンブリッジという居住的魅力等により集積が新たな集積をよぶという「ケンブリッジ現象」の前進的ダイナミズムを造り出している。

このように産業集積は，その類型別でも，また類型内の集積毎でもその変容は異なっているが，集積には質的差異を診ることができる。すなわち，日本での場合，一方では伝統的な産地型集積が衰退・崩壊しているのに対し，他方では都市産業型集積（技術・知識先端型産業）や広域ネットワーク型集積は，高い研究開発能力を持ち，集積を超えて取引先ネットワークを広げて成長している集積や競争力の強い企業も少なくない。両者は対極に位置づけられるが，集積の「ものづくり基盤」そのものが変化しているのである。

このような産業集積の構造を中小企業集積の視点からアプローチする場合，同一産業の集積であるか異種産業の集積であるかを区別すること，そして集積形態では特定地域での多数の中小企業型集積であるか大企業型集積であるか，さらにその混合型であるのかの区別に留意しなければならない。産業集積は，企業構造，地域構造と産業構造という枠組みと3つの相互関係からの総合的把

---

16) D. Keeble, "Local Industry Development and Dynamics: The East Anglian Case," WP 96, June 1998, ESRC, University of Cambridge, pp.17-24. なお「ケンブリッジ現象」と命名したのは，Segal Quince Wicksteed, "The Cambridge Phenomenon"（1985）である。

握をする必要があるのである。そこで，次には単一産業の地域的集積ではない，異種産業，特に機械金属工業における多数の中小企業の地域的集積地である巨大都市東京の大田区を対象にした都市型産業集積（前節での類型3）のア）の形成とその動態を分析する。

5　東京・大田区の工業集積の形成と展開

（1）大田区の産業的位置と構造変化

大田区は，東京都の最南端の区で，品川区，目黒区とともに東京城南地域を構成している。東部は東京湾に面して羽田空港があり，南部には多摩川が流れ，川崎市と隣接して京浜工業地帯の中核地域である。とりわけ，機械金属工業が高い産業集積をしており，高度・先端の加工技術や機械に代替できない高度な熟練・技能を備えた中小零細工場の膨大な集積と，それら企業の有機的かつ高密度な結合関係をもった集積内分業によって試作品から最新鋭製品までの製造工程への対応を可能にし，日本産業の最も基礎的で基幹的な部分を担う「ナショナル・テクノポリス」[17]としての評価をえてきたのである。

事業所数の推移を見ると，1960年には4,987であったものが，1980年には8,307となり，83年には9,190のピークになる。しかし85年には8,897と減少し，以後の88年＝8,151，90年＝7,860，93年＝7,160，95年＝6,787，98年＝6,038工場（業種内訳では，一般機械32.8％，金属製品22.7％，電気機械12.2％，プラスチック製品5.7％，輸送用機械4.6％，出版・印刷4.7％，精密機械3.9％，その他16業種13.4％）となり，ピーク時より3,152工場の減少となっている。98年時点の工場数を従業者規模別にみると，「1～3人」が2,968工場＝構成比49.2％（83年＝4,070工場）で最も多く，次いで「4～9人」が1,969工場＝32.6％（同3,365工場），「10～19人」606工場（同919工場），「20～29人」257工場（同394工場），「30人以上」238工場（同442工場）の順になっている。東京都に占める割合は，8.8％で，年々下降し，この事業所数の減少傾向は，今後も進行することが予想されている。

従業員数は，80年が9万4,971人，83年＝9万5,294人，85年＝9万5,604人とピークになるが，88年には8万445人と大幅に減少し，以後90年＝7万7,367

17）東京都大田区『ナショナル・テクノポリス―大田区における高度工業集積の課題―』昭和61年3月。

人，93年＝6万9,003人，95年＝6万2,864人，98年＝5万5,010人とピーク時より4万594人が減少し，東京都に占める割合も7.9％となった。

製造品出荷額では，80年＝1兆4,966億円，83年＝1兆5,373億円，85年＝1兆6,913億円とピークになるが，88年＝1兆6,175億円，90年＝1兆7,942億円，93年＝1兆4,930億円，95年＝1兆3,948億円，98年＝1兆2,369億円へと減少してきている。

このように事業所数，従業者数，出荷額のいずれにおいても激減しており，「産業・地域の空洞化」現象が進行しているのである。それにもかかわらず，大田区は東京都市区町村の中で，工場数，従業者数，で第1位，出荷額等では千代田区，府中市に次いで第3位であるのみならず，機械金属加工でも様々な異種業種の工場が高密度に集積している東京第1の工業地区である。そしてまさしく工場が相互依存のネットワークを作り出しているのが「工場まち・大田区」[18]であるが，現在では「ナショナル・テクノポリス」としての産業集積の再生と「ものづくりのネットワーク」が求められている。

（2） 産業集積の形成と変遷

大田区の産業集積がどのように形成され変化してきたかを見ると，「大田区の工業のはじまりは，はるか江戸時代から続く麦わら細工の製作工場」といわれている（『工場まちの探検ガイド』より）[19]。明治期に麦わら帽子の材料が経木真田，麻真田と変化し，全国一の麻真田産地になるが，大正5年（1916）を最盛期に衰退し，近代工業化の中で消滅していった。しかし，真田業界を支えたエネルギーが，後の「工業区オオタを生む陰の力にもなっていた」といわれる。

大田区の工業化は，日清，日露戦争を経て軍需工業の拡充強化とともに近代独占が形成されることによって，明治40年以降に大森，蒲田周辺が工場立地として注目され，急速に工業地帯化が進行していった。事務機，軍需用特殊鋼，工作機械メーカー等が建設され，工業化の基礎を築いた。事務機の黒沢商店蒲

---

18) 大田区立郷土博物館『工場まちの探検ガイド』1994年7月。
19) 本節は，前掲書『工場まちの探検ガイド』，山本定男「大田区工業史年表への試み」『史誌』16号（昭和56年12月），17号，19号，21号，29号，35号，37号に負っている。福島久一他「中小機械金属工業の集積構造の変化―東京都大田区の実態調査―」日本大学経済学部経済科学研究所『紀要』第29号，2000年3月。なお，『史誌』では明治3年から昭和50年までの企業，自治体，政府政策等の動きを大田区工業史として克明に記述している。

田工場の建設(大正元年),軍需用特殊鋼の国産化を目指した日本特殊鋼(大正4年),昭和戦前の5大工作機械メーカーであった東京瓦斯電気工業(大正6年)や新潟鉄工所(大正7年)等が建設され,工業化の基礎を築いた。第1次世界大戦による重化学工業化は,こうした機械工作分野の大工場の立地を進めるとともに,これに伴い関連下請け企業が簇生していった。

さらに,関東大震災(大正12年9月1日午前11時58分)をきっかけに,都市中心部や川崎市等で操業していた工場の移転が行われると共に,昭和2年の耕地整理によって下丸子区域にも大工場の移転が相次ぎ,これらの生産基盤を支える形で中小零細企業が集積していった。大田区が工場のまち,そして戦時体制の中では軍需生産工業の「兵器廠的地域」へと変身していった。東京都内全体の軍需事業所の4分の1が大田区に集中し[20],それらの工場の下請協力工場を含めると多数の存在となり,まさに「兵器廠」であった。戦前の工場数の変化を見たのが表16—1である。戦争は,大規模な空襲の下で「兵器廠的地域」であった大田区に壊滅的な打撃を与えたのである。

戦後,焼け野原の中で,大田区工場まちは,焼跡から集めた機械や資材,手持ちの材料で鍋,バケツ,洗面器,リヤカー等の日用品がつくられ,長く深い苦しみの中から「雑草」のように立ち直っていくのである。戦後の大田区工業の変遷と展開を見ると,次の3つの時期に区分できる。

第1期は,戦後の混乱期を経て自立していくまでの時期(1945年~60年)である。壊滅的な打撃の中から大田区工業が再建していくのであるが,とくに朝鮮動乱(昭和25年6月25日)を契機にした朝鮮特需(国連軍とアメリカ軍の軍用資材)は,大田区の工業生産を蘇えさせたのである。大田区生産額をみると,昭和24年度(23年12月末)では73億円であったのが,26年度(25年12月末)には298億円,28年度には632億円,30年度には761億円へと,24年度比で10倍増を果たし,事業所数も3,716事業所に達している。もっとも,朝鮮動乱の終結(昭和28年7月)により,特需ブームが去って倒産・廃業する企業も一部に見られたが,大田区全体では東京都区部の成長を遥かに凌いでいたのである。

第2期は大田区工業の成長期(1960年~85年)である。1955年を境に生産力水準は戦前を越し,「わが国経済はもはや戦後ではない」と唱われると共に,

---

[20] 軍需省総動員局『防空法施行令第16条4ニ依ル軍需大臣指定工場事業場名簿』(昭和19年8月)では,東京都内695の軍需工場の内,大森・蒲田両区(大田区)は172工場の24.7%を占めていた(『工場まちの探検ガイド』38ページ)。

表16—1　旧町別工場数の変化

旧町名	1992（大正11年）	1935（昭和10年）	1946（昭和21年）	1985（昭和60年）
大　　森	24	161	161	
入　新　井	12	56	87	
東　調　布		3	90	
池　　上	3	29	180	
馬　　込		12	85	
大森区　計	39	261	603	3,884
蒲　　田	10	83	49	
六　　郷	1	177	119	
矢　　口	1	28	131	
羽　　田	5	115	357	
蒲田区　計	17	403	656	5,063
合　　計	56	664	1,259	8,897

（「東京工場通覧　上中下」「工業統計」『地図で見る大田区Ⅱ』所収）
出所：『工場まちの探検ガイド』26ページ。

　大企業と中小企業の生産力格差としての「二重構造」問題が提起され，「経済の近代化と成長」が政策課題になる。1950年代後半から始まる高度成長は，60年代に本格化し，大田区では，「一人親方と呼ばれる零細機械部品工場が急速に増加」していくのである。1960年の事業所数が4,987であったのが，65年には7,022へと急増し，75年には8,311そして83年にはピークを迎え9,190に達する。従業者数は，83年は9万5,294人，85年にはピークの9万5,604人に及んでいる。この高度成長期は，中小零細企業が雇用吸収の場であったと同時に，大企業や零細な加工専門企業に働く従業員が「創業予備軍」として形成され，80年代初頭まで独立開業が続き，機械金属工業では高度な熟練技能・特殊技術を有する加工者群が集積する「ナショナル・テクノポリス」の地位を確立していったのである。大田区は機械金属工業の日本での一大集積地となったのである。

　この間，1960年代には公害問題の深刻化や工場等制限法（工場制限法＝昭和34年，工場立地法＝昭和34年，工業再配置促進法＝昭和47年）の施行に伴って，昭和島・京浜島・城南島の埋め立て地に工場団地が造成されて区内工場の集団移転（21工業組合・377社が参加）が進み，新しい工業集積地域を形成する一方，区内の中規模工場を含む大規模工場の地方移転も加速した。大田区企業の受発注取引は広域展開をしていくが，しかし区内の工業集積地域は，多摩川沿

図16—1　大田区工業の棲み分け

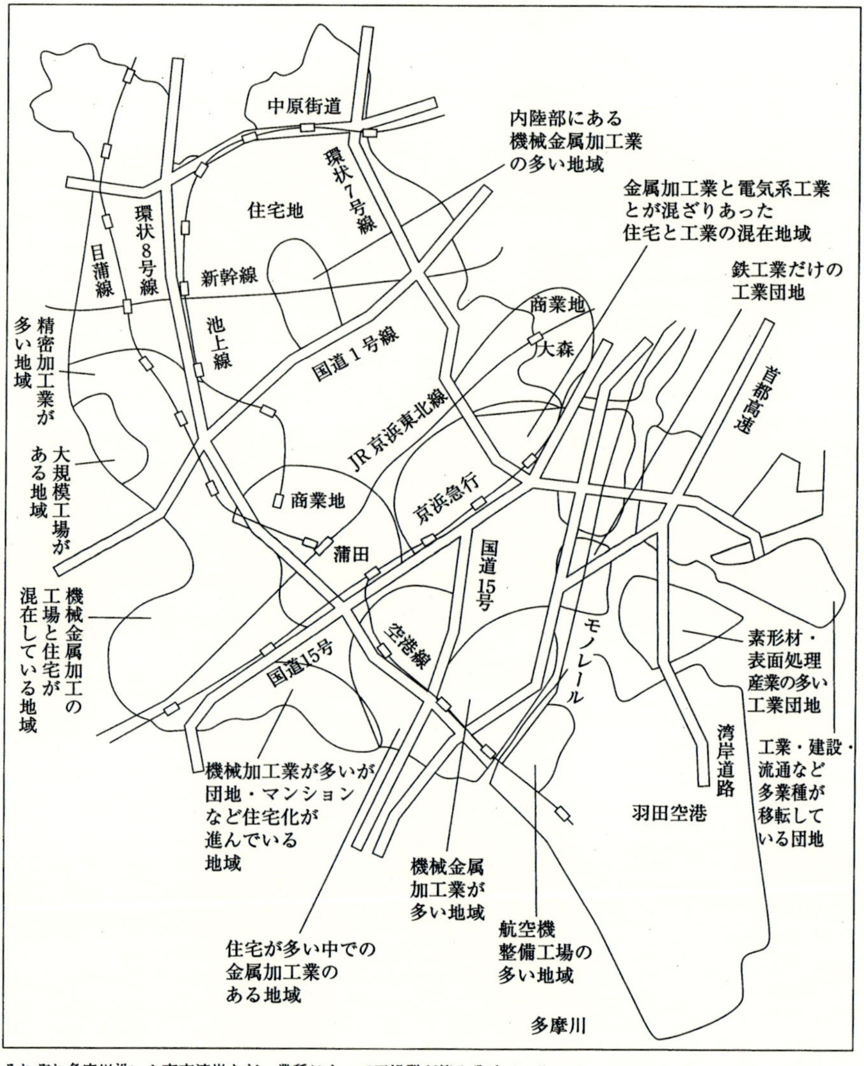

それぞれ多摩川沿いや東京湾岸など，業種によって工場群が棲み分けている。
出所：大田区立郷土博物館『工場まちの探検ガイド』79ページ。

いの精密加工工場群，東京湾岸の糀谷等の機械金属加工群，大森地区の機械と電気関係の工場群そして埋め立て地の工業団地における素形材加工や部品供給

工場群等地域毎に特徴をもった産業集積と地域内産業連関を形成していた（図16―1参照）。高度で専門・特化した加工技術をもつ多数の企業の集積とそれらの有機的な結びつきが，新製品開発や試作品開発の基盤を担ったのである。

　第3期は大田区工業の構造調整・構造転換期（86年〜現在）である。85年9月のプラザ合意に基づく急激な円高，中小企業を含む日本企業の東アジアを中心にした本格的な海外進出，海外生産の拡大，原材料・部品の現地調達化，製品・部品の海外調達・輸入の拡大等国内産業の空洞化が懸念され，大田区工業もその例外ではなく構造調整と構造転換が迫られることになる[21]。事業所数，従業者数，出荷額がそれぞれ減少・縮小し，企業の創業・開業がみられなくなるとともに，機械金属加工業種の集積と分業構造が瓦解しつつ，大田区工業の生産構造の優位性が揺らぎ出したのである。大田区では産業集積の再生，産業振興の視点から『大田区産業ビジョン』（平成7年3月）や『大田区産業のまちづくり条例』（平成7年10月）の制定，さらには区内中小企業の異業種交流の促進等を図り，グローバル経済に対応した新たな産業振興への取り組みを始めたのである。ものづくりを支える基盤的技術の集積とその連関をいかに維持し，現存する中小・零細企業の存続とそれを基盤にした新たな産業の創出・創業を図っていこうとしているのである。しかし大田区は独自の政策展開を模索しているにもかかわらず，現実は工場・事業所がさらに減少しつつ，その歯止めさえ効かない事態に立ち至っている。産業の基盤的技術―焼く（熱処理），たたく（鍛造），いる（鋳造），曲げる（板金），絞る・抜く（プレス加工），削る（旋盤），つなぐ（溶接），磨く（研磨），鍍金（めっき），金型製造等々―の集積とその維持を図り，地域産業の集積構造の再構築，既存の産業集積から新しい産業集積への移行をいかに推進するかという新たな課題への対応がある。

　たしかに，大田区に集積する中小・零細企業群は，戦後の経済成長と抜群の国際競争力を支える基盤的技術を形成することによって素形材産業（金属や樹脂製品・部品の材料生産と加工）の典型的集積地として発展してきた。工場の増加と工場から舞い上がる煙りは大田区の発展の証でもあったが，同時に成長の矛盾として住工混在地域における公害問題を典型にした外部不経済を拡大す

---

[21] 大田区『大田区工業の構造変化に関する調査報告書』平成7年3月。同『大田区工業ものづくり集積連関調査報告書』平成9年3月。（財）中小企業総合研究機構『大田区の工業集積に関する実態調査』平成10年3月。（財）政治経済研究所『大田区機械金属工業の課題と展望』2001年（平成13年）5月。

ることになった。公害規制や工場等制限法の施行に伴い大工場が地方へ移転・移出し，その跡地にはマンションや住宅がたてられていった。住工混在地域における工場立地の集積メリットよりも集積デメリットが大きくなってきたのである。集積から分散への転化である。1970年以降，大田区から移転していった従業員300人以上の大工場は32社にのぼっている（表16―2参照）。大工場の地方や海外への生産移転，さらには工場閉鎖のみならず，中小企業もそれに拍車をかけたのである。

　いずれにせよ，大田区工業は，資本財，中間財を中心にした組立加工型産業の生産集積と加工技術集積の支持基盤を形成してきた。しかし現段階ではグローバル経済化の進行と産業構造の国際的調整・高度化の下で，産業集積の崩壊，技術連関の優位性の喪失そして地域の活力低下といった「産業・技術・地域の空洞化」が懸念されている。すなわち，大田区工業の「ものづくり」における少量，単品，短納期，高精度・性能そして難加工，特殊加工という加工業の集積が，地域集積していた企業・工場の減少・縮小，そのことによる加工技術の地域的集積の連関と縮小をもたらすという「地域・技術の空洞化」につながる可能性を，現存企業の「技術の質的高度化」と企業間の技術連関の確保といった新たな技術革新への取組へと転じなければならないのである。

　こうした厳しい現実の中で，大田区には優れた技能・技術をもった企業が多数存在していること，そしてこの技能・技術を融合すべく異業種交流等の幾つものグループネットワークの活発化，青年経営者達の企業家精神の発揚等が起きていることに注目する必要がある。これらは大田区が持つ優れた技術・技能や人材をも含めた複合的産業集積を再生し，競争力の優位性を発揮する方途につながるからである。産業・企業政策の視点からは，これまでの地域内集積によって発展してきた集積構造から地域内の集積構造の質的高度化を図ると同時に，地域内ネットワークから地方や海外をも含めた地域集積間ネットワークの構造へとどのように展開を広めていくかが求められる。集積構造の再集中と拡大の同時進行の政策展開である。このことは，中小企業・工場のまちである大田区の新しい工場まちづくり―住工共存，職住接近，若者が集まるまち，そして公害を発生させない「高密度・高精度」の製品・部品づくりと「多品種・少量・短納期」にも即応できる「新しい生産ネットワークづくり」への挑戦である。

表16—2　移転した大工場リスト（1970年以降）

業種		事業所名	所在地	主要生産品目
化　学	1	東洋エアゾール工業㈱	多摩川2—28—24	殺虫剤，化粧品
鉄　鉱	2	大谷重工㈱東京工場	羽田旭町10—1	普通鋼
	3	日本特殊鋼㈱	大森東町1—29—1	特殊鋼
金属製品	4	日本オイルシール工業㈱	東糀谷5—12—1	オイルシール
	5	日本弁管工業㈱	大森南2—23—12	鋼管
一般機械	6	㈱小知和製作所	南六郷1—29—1	化学機械
	7	興立産業㈱	西六郷1—19—10	各種機械部品
	8	東京芝浦電気㈱蒲田工場	東糀谷6—7—38	発電用水車
	9	東洋オーチスエレベータ㈱	仲六郷1—6—3	エレベータ
	10	早川鉄工㈱	東糀谷4—5—1	ガス発生装置
	11	富士厨房設備㈱	大森西1—12—3	ガスレンジ
	12	報国チェン㈱	西六郷1—26—5	自動車用チェーン
	13	三国工業㈱蒲田工場	矢口3—32—1	燃料ポンプ
	14	三菱重工業㈱東京製作所	下丸子4—21—1	ブルドーザー
電気機械	15	新中央工業㈱	大森西4—18—18	特殊モーター
	16	㈱精電舎	多摩川2—5—1	発電機
	17	㈱高砂製作所	東糀谷5—18—1	直流電源
	18	ツバメ無線㈱	大森東1—18—2	可変抵抗器
	19	東菱電子工業㈱	大森西1—9—20	トランジスタ
	20	トリオ㈱東京事業所	千鳥1—13—13	ステレオ
	21	ナイルス部品㈱	東糀谷4—9—16	自動車用電装部品
	22	㈱長谷川製作所	蒲田1—22—16	通信機部品
	23	藤木電器㈱	上池台5—1—20	ヘッドホーン
	24	不二家電機㈱	南六郷1—33—8	小型モーター
	25	ベルテック㈱	西糀谷2—31—17	カーステレオ
	26	山中電機㈱	大森西1—15—12	テレビ
	27	有信精器工業㈱	矢口1—29—19	スイッチ
	28	和光電気㈱	東六郷1—25—3	高圧水銀ランプ
輸送機械	29	㈱片山工業所	大森西4—6—20	自動車部品
	30	富士バルブ㈱	東糀谷2—12—12	エンジンバルブ
精密機器	31	水道機工㈱	羽田4—3—8	流量計
	32	㈱北辰電機製作所	下丸子3—30—1	計測器等

注：「大田区における高度工業集積の課題」をもとに再調査。
出所：大田区立郷土博物館『工場まちの探検ガイド』59ページ。

6　地域産業集積政策——結びに代えて——

　産業集積構造の変容は，先進国ではスピードの程度の差こそあれ，「競争力」をキーワードに，規模の経済性からネットワークの経済性へ，伝統的な産

地型集積から対極である技術・知識先端型集積へと転換してきている構図をみることができる。特に日本では、グローバル競争の熾烈化に伴って、製造業企業が海外生産拠点を中国等へ移転させる動きを加速化させつつある。その移転も、日本から部品や素材を供給して現地で最終消費財に組み立てるという形態ではなく、現地の技術水準の向上、現地市場の急拡大により高付加価値の部品・素材を現地で生産・調達するという形態へと質的に変化してきている。製造業における生産・雇用の「海外拡大・国内縮小」の加速化が、国内の「ものづくり」基盤をおびやかしかねないのである。日本のみならず先進諸国では、産業競争力を強化するために、広汎な分野でいっそうの製品の高付加価値化・機能追加と既存の産業集積内の事業の高度化・活性化、新たな集積を形成・創出するための技術・知識先端型産業への高度化が重要な政策課題になっている。

産業クラスター政策のアプローチは、新集積をどう創出するかについてヨーロッパと日本との間で差をみることができる。ヨーロッパでは、クラスター政策に関して「一般的には、政策当局が新しい産業集積を創出しようとすることは抑制すべきである」[22]との認識に立ち、市場原理を軸にクラスター創出の産業政策の導入には否定的である。

他方、日本政府は、80年代後半以降に進展する産業集積崩壊の懸念を解消する方策として、「特定中小企業集積の活性化に関する臨時措置法」(1992年)を制定し、いわゆる「産地型集積」や「企業城下町型集積」の活性化を図ろうとした。しかし、その政策効果を評価した場合、全国に多数存在するこれら産業集積地における繊維等特定産業や金型、鋳・鍛造等基盤的技術を担う中小企業の転廃業は進行し、集積機能の低下を抑止することが出来ずに問題を深刻化させていった。こうした政策展開の中、「特定産業集積の活性化に関する臨時措置法」(1997年)が新たに制定された。同法は、これまでの「産地」等の地域を対象にした「特定中小企業集積」と、部品、金型、試作品等を製造するものづくりの基盤となる「基盤的技術産業集積」とを併せて「特定産業集積」と位置づけ、集積の維持・活性化、新規集積の形成等に向けた産業空洞化対策としての総合的な地域産業集積対策を図るものである[23]。しかし地域経済活性化への成果は、遅々として進んでいない。

さらに、経産産業省は、「地域再生産業集積（産業クラスター）計画」(2001

---

22) OECD, "Enhancing SME Competitiveness," p. 118.

年6月）を立ち上げた。これは，産官学が連携してTLOやコンソーシアム（共同研究体制）等を通じて「世界市場をめざす産業・企業」を対象に，「世界に通用する新事業の創出」を図ることによって産業クラスターを形成しようとするものである。既存中小企業を再編するうえでの地域の比較優位性を基準に，「中堅企業」や「ビジネス・ベンチャー」の創出・育成に向けた「選択と集中」を促進すべく，すでに全国で19プロジェクトを展開しているが，いまだ緒についたばかりで，活動も低迷している。

　こうした中小企業政策は，中小企業とその分野への「集中と選択」を軸にした競争と選別を激化させ，中小企業の階層分化・分解を促進させている。1980年代後半からの企業の廃業率が開業率を上回るのみならず，新規開業も政策意図のようには増加せず，全体として企業数が減少傾向をたどりつつあるのである。中小零細企業には「育成」の側面よりも「淘汰」の側面が強制されているのである。しかも日本企業の海外生産の拡大と中国を中心にした東アジアの技術力・生産力の向上，産業構造の高度化は，日本国内の地域産業集積の再編成を加速化している。とりわけ，これまでの地域産業集積が「近接性立地」をメリットとして進展し，それが地方都市との地域間分業へと進み，発展してきたが，今日ではアジアを中心にした国際分業の拡大・強化と国境を超えた「遠隔性立地」の国際的産業集積間のネットワークへと展開してきているだけに，日本国内の産業集積を活性化することを極めて困難な状況に至らしめている。

　それでは，国内の地域産業集積とそれを構成する個別企業はどのような方向を指向すべきであろうか。中小製造業の活性化の視点から，国内産業集積再構築の方策は[24]，1）産学官連携による地域資源の見直しと地域特性に合ったモノづくりの指向，2）集積地における周辺地域や遠隔地域を含めて，他の産業集積との補完関係を構築する「地域間連携」「広域間連携」さらには「国際的

---

23) 特定産業は，同法の施行令第1条で74業種を定めているが，日本標準産業分類の4桁分類では247業種である。「基盤的技術産業集積」（A集積）とは，自然的経済的社会的に一体である地域（7万ha以下）に基盤的技術産業が100社以上集中して存在し，出荷額が1,000億円以上で，事業者が有機的に連携している場合をいう。現在，全国25地域が指定されている。「特定中小企業集積」（B集積）とは，製造業集積の存する地域（7ha）に中小企業者が50社以上存在し，出荷額が当該地域における中小企業全体の約1割以上（100億円以上）を占めている場合をいう。通産省編『地域産業集積活性化法の解説』通商産業調査会，1998年3月参照。

24) （財）機械振興協会経済研究所『産業集積の再構築とネットワーク化の実態—『地域資源』を活かしたモノづくり—』平成15年3月，152ページ。

地域間連携」への集積「地域の範囲」の見直しと挑戦，3）「地域に立地し，地域に張りついて貢献する『キーマン』」，特に「行政サイドのキーマン」の活用・育成と大学，研究機関の地域社会への貢献化である。中小企業がネットワークを組む諸組織には，中小・零細企業や大企業はもちろんのこと，他に大学，地方自治体，中央政府，商工会議所，NPO，NGO，各種協議会等数多くあり得る。さらに4）「『競争の場』としての産業集積から『生き甲斐の場』としての産業集積への転換（集積の思想の再構築）」を指向しながら，「地域力」の向上による地域ブランドの確立を図る等である。

　地域産業集積のコアである中小企業は，単に経済的機能を果たしているということだけではなく，地域の文化的・社会的機能そして人間一人一人がどう生きるかという「人間の生き甲斐の対象」としての役割をもって企業活動をしているのである。地域と共に発展する「人間の顔」をした中小企業と地域産業集積づくりの可能性への意識的追求が重要となっている。

　いずれにせよ，グローバル経済が進展する過程で「産地型集積＝旧集積の崩壊」「基盤的産業集積の衰退」「産業の空洞化」「地域経済の疲弊」といった事態がおきている。この事態の進行に対して，地域経済の担い手である中小企業をコアにした地域の優位性とそれを基点にする競争力をもった新しい産業集積の形成と発展をいかに創出して行くかが重要な政策課題である。

第17章　東アジアの産業政策と日本中小企業*

――中小企業の国際的融合に関連して――

1　アジアにおける産業政策への関心の高まりと暗転

　東アジア諸国の産業の発展度合は，国によってことなっており，産業政策の考えや位置づけ，さらには施策の進め方にも差異がある。産業政策とは，第2次大戦後に登場した新しい概念であるが，基本的な考え方としては，「自由競争」を原理とするものと，政府の産業への「介入主義」との2つがある。日本の通商産業省（現・経済産業省，以下同じ）が中心になって産業発展を促進するために実施してきた一連の産業政策は，後者である。日本で始まり，定着したと言われる産業政策の概念や対象範囲そして手法は，1960年代後半から70年代にかけて国際的関心を高めた。特にアジアでは，遅れて出発した日本の資本主義が目覚ましく発展し，欧米先進国水準にまでキャッチアップしたことが評価され，70年代以降では韓国，台湾等東アジアで産業政策が積極的に導入されてきたのである。

　しかし，政府の産業にたいする介入主義としての産業政策は，国際的に認知されているどころか，欧米ではむしろ否定的見解が支配的であり，市場メカニズムにもとづく自由競争原理が望ましいと考えられている。このように，アジアと欧米とでは産業政策に対する考え方が異なっている。それだけではなく，産業政策には，それぞれの国の経済社会の発展段階，国際環境や文化的相違などから差異が認められ多様でもある。もっとも産業政策の発想は，歴史的にみると，イギリスの先進資本主義型自由主義政策とそれに対抗して打ち出されたドイツの後進資本主義型保護主義政策にまで遡ることが出来るが，その対抗は究極的には「経済ナショナリズム」の問題でもある。

---

　*　本章は，「東アジアの産業政策と日本中小企業―中小企業の国際的融合に関連して―」日本大学経済学部経済科学研究所『紀要』第27号，1999年，所収の初出掲載論文である。

冷戦体制が崩壊した1990年代に入ると，資本が自由に国境を越えて移動する多国籍企業の時代，そして国際独占資本間の大競争時代に突入している。経済のグローバル化がこのように進行している一方で，地域主義も高まっている。例えば，欧州連合（EU），北米自由貿易協定（NAFTA）など欧米先進国での地域経済圏の形成とそれに刺激され，アジアでは東南アジア諸国連合（ASEAN），アジア太平洋経済協力閣僚会議（APEC），アジア欧州首脳会議（ASEM）のような協力機構，会議やASEAN自由貿易地域（AFTA），東アジア経済協議体（EAEC），環日本海経済圏，黄海経済圏，バーツ経済圏等の経済圏構想がある。世界経済は，自由経済・市場経済化を原理とするグローバリズムとブロックを築こうとするリージョナリズムとの相克がみられ，新しい段階に入っている。産業政策にたいする2つの考え方は，同時にグローバリズムとリージョナリズムとが結び付いて展開している。

21世紀を迎えた世界経済は，北米，欧州，日本の3極から，北米—欧州，北米—アジア，そして新たにアジア—欧州が結び付く形で北米，欧州，アジアという3つの主要地域へと移り，この3地域が結ぶ相互関係が重要性を増している。とりわけ日本を含めたアジア地域が他の2つの地域とどのような関係を構築するのかはアジアの産業政策を考えるうえで重要であり，影響を及ぼす。すなわち，日本や欧米先進国の経済成長率が鈍化しているのに対して，東アジアの成長は目覚ましく，巨大な市場を形成してきている。アジアはいまや「世界の成長センター」になっている。アジアNIEsに続いて，ASEAN諸国が工業化の離陸に成功し，そして中国，ベトナムへと波及している。アジア経済は今や日本のみではないとの意識も強まっている。

アジア地域の経済がダイナミックに成長し，世界経済に占める位置を高めている。アジアには，東南アジア諸国連合（ASEAN）以外に制度的な地域統合はないが，アジア地域内の貿易，投資の依存度が強化され，地域経済統合への誘因を強めている。それだけに，特定の国に於ける産業政策に対してだけではなく，アジア地域経済圏の産業政策の考え方を理解することが重要になっている。そして近年アジアでは，産業政策への関心がとみに高まっている。それは一つには，日本の戦後経済の発展が政府の特有の産業支援に負っていることに注目していることである。日本産業の国際競争力の強さの源泉をも解明することにもつながるからである。二つには，アジア諸国内における地域内国際分業を推進するために，競争力のある産業を育成する新たな産業政策を展開するこ

とが求められているのである。そして三つには「世界の成長センター」と呼ばれてきた東アジア経済にも変調の兆が表れてきている。NIEs, ASEAN, 中国等東アジア11カ国・地域の1996年の実質経済成長率が，前年の8.3％から7.4％に落ち込み，成長の鈍化がみられることである。とりわけ，97年7月2日のタイの通貨・金融危機を起点に，韓国，インドネシア，マレーシア等に雪崩をうって伝播し，アジア経済危機を招くに至った。目を見張る成長を遂げていたアジア諸国が，一転して「同時高度成長」から「同時不況・危機」へと暗転したのである。アジア諸国にとって，危機後の経済再建をどうするかが最重要の課題となっており，従来のキャッチアップ型工業化路線が問はれている。アジアの経済危機が高成長を支えた経済構造に問題があることも明らかであるが，財政・金融制度改革では経済を再建することの展望は見出し難く，産業政策を強化・整備することが必要である。

　日本で始まり，定着した産業政策の概念や手法は，東アジアの発展のパフォーマンスからみると，先頭の日本とそれを追いかけるNIEs, ASEANとの間では明らかに相違が見出される。経済発展への離陸が雁の飛行隊列のような「雁行型経済発展」をしており，そこには産業政策の在り方が多様であったことを物語っている。しかし負の連鎖を起こしたアジア経済危機は，各国における産業政策の対応に差を生み出している。そこで，まず産業政策とは何かをみることにする。

2　産業政策とは何か
―――概念の諸説に関する若干の検討―――

　産業政策と言う用語が日本を起源にしており広く通用しているとともに，70年代後半以降には多くの書物や論文が著されてきている。しかし産業政策の学問的な概念としての体系化はまだ確定していないとみるべきであろう。産業政策を言う場合，さまざまな議論が展開されている中で，産業政策は経済政策の産業一般に対する政策という意味で把握する者もあれば，産業固有の問題を対象にする政策と理解する者もある。また産業政策が独自の政策としては自立し得ないとして通産省の政策，財界の政策，大企業の政策，労働組合の政策，と言った個別主体の政策ととらえる者もある。そこでまずその概念をどのように理解してきたかをみることが必要であろう。

日本で産業政策という言葉が使われるようになったのは1970年前後からであると言われている。通産省事務次官であった両角良彦氏の著書に『産業政策の理論』(1966年)があるが,ここでは産業政策の定義はおこなわれていない。産業政策が自立した政策とはみず,言わば「通産省のおこなう政策」と皮肉る学者さえいた。貝塚啓明氏は言う。「ここで強いて筆者に産業政策の定義を求められたとするならば,やむをえず(多少の皮肉をこめて)次のように答えざるをえない。すなわち,産業政策とは,通産省がおこなう政策である」と述べ「残念ながら経済政策の名において,産業政策がひとり歩きできるとは思えない」[1]と指摘している。産業政策は現実の産業を担当する通商産業省の行う産業政策であって,産業一般についての在るべき政策を意味していない。そして通産省は自らの政策を「産業政策」と呼称してきたが,その根拠は必ずしも明らかでないといわれる[2]。こうした産業政策の概念が未だはっきりとしない中で,産業政策という用語が Industrial policy として国際的に使用されるようになる。それは1971年に作成された OECD の報告書である。そこでの産業政策の概念は「比較的近年のもの〔中略〕新しい,より包括的で,目的指向的な諸施策が要請され〔中略〕財政・金融政策だけの適用が伴う好ましからざる効果を緩和する」[3]ものとしている。この報告書を受けて産業政策の理論化・体系化が試みられる。

その先駆的な事例として新野幸次郎氏をあげることができる。氏は「産業政策(industrial policy)というのは,産業活動に影響を与えることを直接目的とする政府の政策のことであり,基本的にはつぎの3つのものから成っている。(1)産業基盤政策,(2)産業秩序政策,および,(3)産業経過政策,がそれである」[4]として政策理念に基づく産業政策の概念を整理している。(1)の産業基盤政策とは,産業活動がその基盤のうえに行われる産業用地の形成や規制,産業用水の整備や交通網の整備などの物理的基盤政策のほか,産業教育の振興,科

---

1) 貝塚啓明「新古典派総合の立場からみた政策体系」『週刊東洋経済』1968年12月11日号,48ページ。『経済政策の課題』東京大学出版会,1973年,167ページ。
2) 小西唯雄「『産業政策』の概念を問う」『経済セミナー』1990年2月号,50ページ。通産省に関わる文献に狩猟しながら,通商政策と産業政策との関係から産業政策の語は本来通商産業政策の1領域を指すものであった,と指摘している。
3) OECD, *The industrial policy of 14 members*, 1971, OECD編『世界主要国の産業政策』国際商事法務研究所,1972年。
4) 尾上久雄,新野幸次郎編『経済政策論』有斐閣,1975年,第7章,212ページ。

学・技術の基盤開発など，概して個々の企業の処理能力をこえた公共財的性質をもったものの整備を内容としている。(2)の産業秩序政策は，独禁政策やその逆の独占化政策あるいは国有化政策などのように産業ないし企業活動がその枠組みの中で行われる秩序に関する政策である。(3)の産業経過政策は，前二者と違って，価格，産出量など産業活動の結果として発生する産業経過そのものに量的介入を行うもの，例えば金利政策や個別産業経過政策，産業構造政策である。

また，小宮隆太郎氏は，産業政策を産業間の資源配分への介入という形での経済理論の立場から「価格機構のもとでの資源配分にかんする『市場の失敗』(market failure)に対処するための政策的介入である」と把握している。それゆえ，市場の失敗あるいは失敗の可能性に対応して市場機構の欠陥を補うことが，産業政策の基本的役割である，とする。そして産業政策の内容をつぎのように整理している[5]。

(1) 産業への資源配分にかんするもの
　(A) 産業一般のinfrastructure（工業用地・産業のための道路港湾・工業用水・電力供給等）にかかわる政策
　(B) 産業間の資源配分（inter-industry resource allocation）にかかわる政策
(2) 個々の産業の組織に関するもの
　(C) 各分野ごとの内部組織に関連する政策（産業再編成・集約化・操短・生産および投資の調整等）
　(D) 横断的な産業組織政策としての中小企業政策

氏はこのような立場から産業政策の理論的・現実的問題を検討している。さらに，小宮氏と同じ立場から産業政策を経済理論の枠組みの中で解明しようとする伊藤元重氏らのグループがある。彼らの産業政策の定義は，「競争的な市場機構の持つ欠陥—市場の失敗—のために，自由競争によっては資源配分あるいは所得分配上なんらかの問題が発生するときに，当該経済の厚生水準を高め

---

[5] 小宮隆太郎他編『日本の産業組織』東京大学出版会，1984年，4—5ページ。なお，氏は中小企業政策に関して，脚注8)でつぎのようにのべている。「強くかつ多様な中小企業の存在は政治上の民主主義あるいは経済的民主主義の一つの重要な基礎であり，またもう一つには，創意に富む中小企業は産業の発展の有力な一源泉であるから，若干の保護育成措置を行うことが有意義である，という理論は考慮に値するのではなかろうか」として中小企業の保護育成政策の意義をみとめている。

るために実施される政策である。しかもそのような政策目的を，産業ないし部門間の資源配分または個別産業の産業組織に介入することによって達成しようとする政策の総体」と規定している[6]。

このように市場の失敗を補正するために一国の産業（部門）間の資源配分，または特定産業（部門）内の産業組織に介入すると把握するのに対して，経済制度と関連づけて産業政策の概念を定義しているのが宮沢健一氏である。宮沢氏はOECD報告書を基本にしつつ，産業政策には大別して二つがあるという[7]。それは「国民経済における産業間の構造にかかわる産業構造政策と，産業内の企業間構造にかかわる産業組織政策とが区別される」とする。前者は「かぎられた経済諸資源をさまざまの用途にいかに配分するのが望ましいかにかかわる政策で，その資源配分の問題を，産業間の場であらわしたもの」と規定している。そして産業構造政策の内容としては，(1)市場機構になじみにくい産業活動の諸側面，たとえば産業活動の外部効果，公共財的側面に関する諸政策（環境政策），(2)市場機構が不完全にしか機能しえないその他の局面，とくに異時点間にわたる動学的な産業間の資源配分を含めての，誘導的または指示的な政策（狭義の構造政策）である。この産業構造政策は「目的一手段」の体系である。後者の産業組織政策は，「市場経済秩序を整え，企業間の競争形態に影響を及ぼす政策である」として，独占禁止政策を典型的なものとしている。この産業組織政策は「秩序のルール設定」の体系である。従って，目的一手段の体系としての地位を占める産業構造政策は，独禁法によって設定された競争秩序のルールを基礎前提とし，その枠の中で実施されるのが筋であると考える。

最後に，日本の産業政策を策定し，実施してきた通商産業省はいかなる根拠から，かついかなる見解をもって自らの政策を産業政策と称しているのであろうか。たしかに，「通商産業省」の省名からすると，施行される政策は「通商政策」と「産業政策」の二つということになる。しかし通産省の現実の政策は，主として通商政策の他に鉱工商業と中小企業政策である。農林水産業や産業一般に対する独占禁止政策は他の省庁に委ねられており，したがって産業政策が「産業一般に対するあるべき政策」を意味するものではなかったといえる。そ

---

[6] 伊藤元重・清野一治・奥野正寛・鈴村興太郎『産業政策の経済分析』東京大学出版会，1988年，8ページ。
[7] 宮沢健一『産業の経済学』第8章「経済政策の体系と産業政策」，東洋経済新報社，1975年，262ページ。

第17章　東アジアの産業政策と日本中小企業　437

の点では，独占禁止政策を産業政策に含めないとする考え方があることにも注目する必要がある[8]。では，通産省がいう産業政策とはなにか。通産省はそれを公式には規定していない。通産省・産業構造審議会90年代政策部会産業政策小委員会中間報告とは区別されてだされた参考資料である『戦後我が国の産業政策の歴史』の中で，「産業政策」を次のように説明している[9]。

「産業活動は，もとより自由競争が基本であるが，例えば，かつての公害の例にみられるように，市場メカニズムに任せたままで政策的に望ましい状況に到達出来ない場合（いわゆる「市場の失敗」）や，産業の活力を積極的に引き出す必要がある場合に，政府が直接・間接的に産業活動に関与し，望ましい方向に誘導していく必要が生じる。そうした産業活動に対して行われる各種の政策が『産業政策』と呼ばれるのである。」と規定している。そして脚注では産業政策を具体的に理解するために次のように類型化している。それは「大別して，1）産業構造政策（産業のフロンティアの拡大・産業構造高度化のための施策や，衰退産業調整のための産業調整政策），2）産業組織政策（企業活動の効率的展開を図るために競争秩序の形成を目指す政策）の2つに分かれるが，それ以外にも，3）産業立地政策，4）技術開発政策，5）エネルギー政策，6）流通政策，7）中小企業政策，8）通商政策，などがある[10]。」としている。こうして日本の産業政策は，1960年代までは産業活動に対する直接的な政策措置が行われてきたが，その後は，ビジョンの提示等に代表される間接的・誘導的な政策体系へ移行し，90年代ではそれが基本になっている。このような考え方にたって，90年代の新しい産業政策は，一方で自由な市場メカニズムを基本としつつ経済の長期的発展基盤を整備するという考え方と，他方で伝統的に考えられていた狭い意味での産業政策の対象を越えて，より広い視野の導入（経済効率から経済・社会効率の追求）という考え方の組み合わせを必要としているという。こうした面では，産業政策は，従来の産業政策の考え方を「継続」しつつも大きな「変化」を生じさせている。

　以上のような見解に示される概念の産業政策の体系を整理すると次のようになる。産業政策は広義には1）産業基盤政策，2）産業組織政策，3）産業構造政策から構成されている。インフラストラクチャーの整備に関わる産業基盤

8）　上野祐也『日本の経済制度』日本経済新聞社，1978年，5—14ページ。
9）　通産省産業政策局編『2000年の産業構造』通商産業調査会，1990年，281—282ページ。
10）　通産省編『前掲書』，282ページ。

政策については産業政策に含ませるかどうかは諸説がことなっているが（新野説と小宮説は含めているのに対して，通産省は産業政策を支える個別政策と考える），産業への資源配分に関する政策であることを考えると産業政策の一部であり，その内容に含めるのが妥当である。しかし，それは産業一般の政策であり，広義の産業政策であって，市場の失敗を是正・補正する産業組織政策と産業構造政策とはことなる。したがって，狭義の産業政策は，市場の失敗や欠陥に対処するための産業組織政策と産業構造政策ということになる。この場合，競争的市場機構の設定・確保をはかる産業組織政策，その中心である独占禁止政策が産業構造政策の基礎前提であり，両者は相互補完的・相互規定的政策と位置付けることができるであろう。

ともあれ，産業政策とは何かをめぐる議論からの共通した認識は，市場と政策主体である政府との関係である。そうした理解からすると，産業政策は，経済政策一般の中に位置づけられるが，政府が産業間や各産業の資源配分の最適化を追求するために産業体制，産業構造，産業組織の生産力構造に直接に関与・介入することを政策の領域にしている。それゆえ，長期的視点を必要とする政策である。ここでの政策目的は産業のパフォーマンスを極大化すること，そのため産業間もしくは各産業の企業間の競争秩序を整備する政策である。具体的な政策目的は1）経済発展や経済近代化の促進，2）産業構造の高度化，3）国際競争力の強化や輸出の振興，4）衰退産業や構造不況産業の再活性化，5）雇用の維持・創出，6）地域経済の均衡的発展等である。そして目的達成の産業政策手段としては，3つの政策が考えられる。第1は，産業育成手段―ア）選別・低利融資等の政策金融，イ）補助金の交付，ウ）租税特別措置法等による特別償却等の企業優遇税制，エ）所要機器等の輸入関税免除，オ）所要技術導入の許認可，カ）独占禁止法の適用除外，キ）政府の特別調達，ク）産業立地条件の整備等―である。第2は産業保護手段―ア）輸入制限や輸入割り当て，イ）保護関税（高関税，傾斜関税），ウ）差別的物品税制，エ）外資規制，オ）排他的生産・販売組織，カ）政府特別調達等―である。第3は，衰退産業のソフトランディングや対外経済摩擦を軽減するための産業転換・調整そして整理のための政策である。

これら具体的な政策目的や手段の措置は，経済の発展段階，産業の成長段階，市場の開放や貿易・資本の自由化の程度によって異なっており，時間的経過や場と条件の変化とともにその内容も変わりうる。しかも，国民の価値観の変化

につれて産業政策の目的も変化せざるをえない。そして「市場の失敗」によって発生する歪みを制度的に補正・補完する政府の政策介入が，必ずしも良好なパフォーマンスをえる保証はなく，「政府の失敗」を招くこともあることに留意しなければならない。「政府の失敗」が明示的（explicitly）に想定されていないのである。このような産業政策に対して，財政政策や金融政策は，経済政策一般の中に位置づけられるものの，目的と手段との関係を明確に規定した量的政策であると共に，政策期間が産業政策に比べて比較的に短期で，しかも政策の逆転可能性が大きい点で，前者と同一次元の性格のものではない。いずれにせよ，産業政策は市場に対する政府の政策的介入の在り方が問題になるとともに，産業政策の性格づけによってその内容に差異があると言えよう。そこで次に，市場と政府との関係について東アジアを対象にみることにする。

3 東アジアの「奇跡の成長」
―― 産業政策に対する世界銀行の考え方と評価 ――

産業政策に対する考え方として「自由競争」と「介入主義」という2つの考え方があるが，東アジア諸国がどうして「奇跡の成長」を果たしたのであろうか。たしかに80年代に世界的にみて高い経済成長を遂げた東アジア諸国，その一部の国では政府が市場に介入する産業政策＝「介入主義」が実施されてきたのである。この東アジア諸国の経済成長の要因を，政府の政策に焦点をあて，開発における政府の役割を評価・見直しする動きで特筆することは，世界の開発援助政策をリードする世界銀行の『東アジアの奇跡』という報告書である。以下ではその報告書の内容，考え方をみることにする[11]。

報告書は，東アジアが1960年以来，高度成長を遂げてきた日本，いわゆる「4匹の虎」のNIEs（香港，韓国，シンガポール，台湾）およびインドネシア，マレーシア，タイの8つの国・地域を研究対象にしてそこでの成功を明らかにしている。これら東アジア諸国（HPAEs）は，他の東アジア諸国の2倍，ラテン・アメリカと南アジアの3倍，サハラ以南のアフリカの25倍の高い成長を遂げ，また所得分配の改善をした。HPAEsは，「高度成長と不平等度の減少の両者をもつ唯一の国々である」（2ページ）という。報告書は東アジアのこの

---

11) 世界銀行著・白鳥正喜監訳『東アジアの奇跡―経済成長と政府の役割―』東洋経済新報社，1994年。

ような成功の説明に関して，市場と政府との関係，とくに開発における政府の役割に関して3つの考え方があることを提示している。

第1は新古典派で，ここでの考え方は，「市場が中心であり，政府はあくまでも小さな役割しか果たさない」とする。この見方での東アジアの成功は，基礎的政策を正しくしたこと，具体的には1）安定したマクロ経済環境，2）国内的・国際的競争を促進するため，法的な枠組みを作ったこと，3）国際貿易指向及び価格統制の撤廃，4）人的投資，教育と保健への適正な投資のあったこと，を指摘している。

第2は修正主義（Revisionism）の考え方，又は国家開発型である。この派は，東アジアの成功が新古典派のモデルに完全にはあてはまらない，と言う。具体的には1）いくつかの国（例えば，日本，韓国，台湾）の政策は，政府主導開発モデルによりよく当てはまること，2）新古典派は経済成長を標準化され相対的に安定した価格で説明するのに対し，修正主義者は東アジア諸国で用いられた政策の組み合わせ（ポリシー・ミックス）は，多様で柔軟であること，つまり政府が市場介入を行ない「市場を導いた」としていること，3）新古典派はあまり市場の失敗を認めないのに対し，修正主義者は，市場は投資を経済全体の高成長をもたらす産業へ向けることに常に失敗するものであること，を主張している。換言すれば，東アジアでは政策なくしては育たなかったであろう産業を政府が意図的に後押ししたとしている。

しかしながら，報告書は「新古典派，修正主義双方とも東アジアのめざましい経済発展を十分には説明できない」[12]と指摘している。それでは世界銀行はアジアにおける産業政策の考え方をどのように評価しているのであろうか。

第3の考え方は世界銀行の「市場に友好的なアプローチ」（market-friendly approach）である。世界銀行のこの産業政策の考え方を理解する伏線は，世銀の『世界開発報告1991年版』にあった。この考え方によれば，1）市場が適切に機能する分野（製造業分野）では政府の活動範囲を小さくする必要があり，政府介入をするべきではない。2）市場のみに依存することができない分野では政府が一層多くの方策を講じるという点で，政府介入を積極的にするべきである。このような考え方は「新古典派の見方と修正主義の見方の中間に位置するものである」[13]としている。もっとも，「中間に位置する」といっても基本的

---

[12] 世界銀行『前掲書』，9ページ。

第17章 東アジアの産業政策と日本中小企業　441

図17―1　成長のための機能的アプローチ

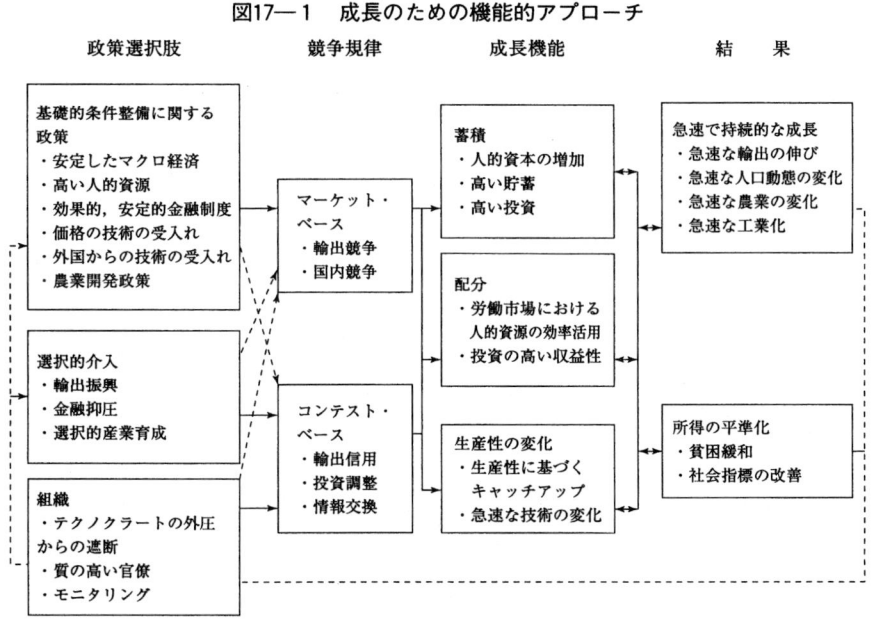

| 政策選択肢 | 競争規律 | 成長機能 | 結　果 |

政策選択肢
- 基礎的条件整備に関する政策
  ・安定したマクロ経済
  ・高い人的資源
  ・効果的, 安定的金融制度
  ・価格の技術の受入れ
  ・外国からの技術の受入れ
  ・農業開発政策
- 選択的介入
  ・輸出振興
  ・金融抑圧
  ・選択的産業育成
- 組織
  ・テクノクラートの外圧からの遮断
  ・質の高い官僚
  ・モニタリング

競争規律
- マーケット・ベース
  ・輸出競争
  ・国内競争
- コンテスト・ベース
  ・輸出信用
  ・投資調整
  ・情報交換

成長機能
- 蓄積
  ・人的資本の増加
  ・高い貯蓄
  ・高い投資
- 配分
  ・労働市場における人的資源の効率活用
  ・投資の高い収益性
- 生産性の変化
  ・生産性に基づくキャッチアップ
  ・急速な技術の変化

結果
- 急速で持続的な成長
  ・急速な輸出の伸び
  ・急速な人口動態の変化
  ・急速な農業の変化
  ・急速な工業化
- 所得の平準化
  ・貧困緩和
  ・社会指標の改善

出典：世界銀行著, 白鳥正喜監訳『東アジアの奇跡―経済成長と政府の役割―』東洋経済新報社, 1994年, 86ページ。

な考え方は, 市場に基づく競争原理であり, 競争を促進する方向での政府介入を積極的に肯定していることに注目しておかなければならない。この市場に友好的なアプローチにおける政府の役割は, 人的資本形成, 企業に対する競争促進的な環境の提供, 国際貿易に対する開放および安定的なマクロ経済運営の確保, の4つの側面である。東アジア経済の成功は, 4つの政策間のフィードバックが強化されたことによるものであり, 市場に友好的なアプローチをとったからであるとしている。

それでは東アジアの経済的成功はどのような経路を辿ったのであろうか。このことを説明する世銀のアプローチの仕方は, 成長を理解するための「機能的アプローチ」という新たな概念を導入している。その概念は「政策の多様性を認め, どのような政策の組合せが, またそれがどのようにして経済運営の3つ

13) 世界銀行『前掲書』, 82ページ。この考え方は, 「新古典派」の考えを拡大したとする見方と, それを緻密に整理したものとする見方がある。白鳥正喜「世界銀行レポート『東アジアの奇跡』をどう読むか」『ESP』1994年2月号, 3月号を参照。

の中心的機能，すなわち，蓄積，配分および生産性向上の機能発揮を成功させるうえで貢献したかを評価するというものである」[14]。

このような機能的アプローチとして，世銀は東アジアの公共政策と経済成長を理解するための機能的枠組みを示している（図17-1）。図中の実線は，政策決定が3つの機能を通じてどのような結果に貢献したかを示し，矢印はこのシステムが様々な自立的なフィードバックの仕組を持っていることを示している。すなわち，図は，東アジア諸国が，2種類の政策（①基礎的条件整備に関する政策—市場機能を助ける政策と効率的市場を前提にしている政策を含む—，②選択的介入政策—市場を誘導したり，迂回する政策—）の相関関係そして政策の策定・実施を成功させる組織を組み合わせること，2種類の競争政策（①市場ベースでの競争（competition）—多数の参加者が市場原理に基づき競い合う—，②コンテスト・ベースの競争（contest）—少数の参加者が一方で協調関係を保ちつつ，他の局面では拘束力を持つルールを前提に，信用供与等の報酬，政府の許認可の付与，公共投資と民間投資との投資調整等を求めて企業が行う競争—）を通じて経済運営の3つの中心的機能（蓄積，資源の有効配分および生産性向上）を達成し，これによって持続的な高成長と所得分配の平等化を結果させたことを表している。

このようなことからの結論は，世銀の機能的アプローチによるいくつかの政府介入が「『市場の失敗』に鑑み，新古典派の見地に立っても意味を持つ」（87ページ）としていることである。つまり，東アジアにおける市場と政府の関係は，伝統的な古典派の自由競争の考え方とは明らかに異なったものであるが，新古典派の考え方に沿いつつもそれを拡大した考え方を展開している。そして「市場に友好的な政策」こそが東アジア経済の成功の基盤としたうえで，これらの政策は「今日の途上国経済にとり依然として実行可能な選択肢」（331ページ）を広げることになるということで評価している。

しかしながら，産業政策における市場への3つの介入政策では，1）輸出振興政策は群を抜いて，成功したが，2）政策金融は一定の状況下では成功したものの高いリスクを伴い，そして3）特定産業振興策は「一般的に成功せず，他の途上国経済にとり有望なものとはいえない」と述べていることは注目しな

---

[14] 世界銀行著『前掲書』83ページ。この概念は，Page and Petri（1993）に負っている。Page, John M. and Peter A. Petri, *Productivity Change and Strategic Growth Policy in the Asian Miracle*, World Bank, Policy Research Department, Washington D.C. 1993.

第17章　東アジアの産業政策と日本中小企業　443

ければならない。つまり，輸出振興策を高く評価し，それ以外は効果があまりないとしているのである。

　では世銀の言う産業政策とは何か。産業政策は「貿易政策とは区別し，生産性に基づく成長を促進するために産業構造を変えるための政府の努力」（285ページ），あるいは「狭義の産業政策―産業構造を変化させることにより急速な生産性向上を達成しようとする試み―」（338ページ）と定義している。

　世銀は，産業構造を変えようとする試みである産業政策が，東アジア諸国では生産性変化を加速させてきたであろうか，との問題提起を2つの関連した問題から問うている（298ページ）。第1は，産業政策が産業の部門構成を変化させたであろうかの問いに対し，「もし，生産の部門構成における変化が殆ど市場順応的であるのならば，市場の力では導くことのできない経路に産業開発を導くという産業政策の目標の一つは少なくとも失敗したといえるに違いない」という。第2は，産業の生産性変化率，また，部門間パターンはどのようなものであったかの問いに対しては，「もし産業における生産性変化率が，全部門又は振興された部門において低ければ，産業政策がその生産性向上の目的に合致していなかったという一応の根拠がある」としている。こうして世銀は東アジアの産業政策について「最終的にはわれわれは，産業政策は，おそらく日本を除いては，産業構造も生産性の変化のパターンも変えなかったとの結論に達した」（308ページ）として，東アジア諸国の産業政策の有効性を否定する結論を導いている[15]。

　そして東アジアにおける経験の多岐性，制度の多様性および発展段階におうじてとられた政策の多様性・変動性から，経済発展戦略に関して「単一の東アジア・モデルは存在しない」（350ページ）ことを示したのである。

　もとより，「単一の東アジア・モデルは存在しない」とする結論は当然である。東アジアにおいてもそれぞれの国の歴史的・文化的背景や国際環境，経済社会の発展段階が異なっており，生きた経済社会現象に対して採られた各国の

15）　白鳥『前掲書』は，世銀のこの結論に対して1）繊維産業等はもともと生産性が高かった（分析対象期間に）ので議論がおかしいこと，2）方法論上の問題―産業政策の有効性の判断は，総要素生産性（TFP＝total factor productivity）の変化ではなく，その利益とコストの分析によって行うべきであること，3）輸出振興のための政府介入とそれ以外の産業政策とをどのように区別するのかが明らかでないこと，4）効果測定，2桁の産業分類での分析，計量的分析の有意性といった技術的問題，を指摘している。また，世銀の産業政策に対する否定的結論は，「新古典派の考えから抜け切れていないから」（80ページ）と断言している。

政策には差異があるからである。そして各国の産業政策にもまた，差異が認められるのである。しかしながら，世銀は，日本を除く東アジア諸国を対象にする経済発展戦略の評価に対して，こうした政策の差異の認識がなく，新古典派に依拠した「市場に友好的なアプローチ」からこれら諸国に適用して産業政策の有効性を否定している。果たして，産業政策は有効でなかったのか。現実の東アジア諸国は，市場は未成熟であり，市場経済のフレームワークが十分に形成されていないこと，その意味からも新古典派の市場重視の政策モデルが妥当性を持つとは言い難いのである。ましてや，新古典派理論や先進国がたどった発展類型を東アジア諸国に当てはめても，歴史的・文化的背景や経済的特性，発展段階が異なり，そのまま移植できないのである。

　いずれにせよ，東アジアにおける経済発展を達成するために，市場メカニズムの環境を整備して自由競争を重視するのか，それとも各国の事情に応じたその国特有の発展戦略・介入政策を重視するのかの問題である。グローバリゼーションの下で，東アジア諸国はその岐路に立っている。

4　アジア経済危機後の国際的連携
——日本中小企業の国際的融合——

　世銀が「東アジアの奇跡」と評価したように，東アジア諸国は1980年代に急速な経済成長を達成した。それは70年頃からNIEs，ASEAN等が採用した輸出指向戦略によるものである。輸出指向戦略は，国内に存在している輸入市場に向けて輸入代替品を優先的に生産するのではなく，輸出可能な製品を生産することによって工業化を進めていこうとする開発戦略である。世銀は産業政策への介入政策では，輸出振興政策の成功をのみ高く評価していたが，東アジア諸国が輸出産業の育成を明確に戦略として採用していたことと結び付いている。つまり，経済成長を図式化すると，低賃金の存在を前提に，輸出産業の育成→輸出拡大→外貨収入の増加→輸入能力の拡大→資本財・生産財の輸入→民間設備投資の拡大および多国籍企業の直接投資→生産性の向上→輸出製品の生産増加→輸出拡大→輸出産業の成長→他の産業の工業化・近代化に波及していったと言えよう。この輸出主導の工業化による経済成長が，80年代前半にはNIEsが成長のフロンティアとなり，80年代後半にはそれがASEAN諸国へうつった。そして97年半ばまでは中国，ベトナム，さらには南アジアにそうした動きが広

がっていった[16]。

　この「世界の成長センター」といわれた東アジアは，1997年7月にタイの通貨バーツが急落したのを起点に，インドネシアやマレーシアに瞬く間に波及し，さらに大手財閥の破綻が続いていた韓国にも伝播して，通貨危機からアジア経済危機へと発展し，インドネシアでは政治体制をも揺さぶった。もっとも，95年以降のドル高の進行とドルに連動していた各国通貨の過大評価から成長を支えてきた輸出が減速し始めることによって成長率の鈍化，バブル経済の崩壊，巨額の対外債務の累積等経済変調の兆がすでにみられていた。しかしこの危機の発現は，90年代に大量に流入したヘッジファンドと呼ばれる外国の投機的短期資本が，明確な予兆もなくその短期資本を一気に引き揚げ，流出させたことにある。各国の通貨・経済への信認の低下→資金流出→信認のさらなる低下という悪循環が起きた。アジアへの資金流入はIMF統計によると，96年には年間406億ドルに達していたが，97年には一転して323億ドルがアジアから流出したという。国際通貨基金のカムドシュ専務理事（当時）はこの事態を「21世紀型危機」と呼んだが[17]，アジアの「奇跡」は未曾有の危機に曝されて一部には「アジアの奇跡」が終わったとの見方も出始めている[18]。

　アジア経済危機は，ロシアやブラジルに伝播するとともに先進国経済をも冷やし，「世界同時不況」の懸念を帯ながらも，すでに世界銀行・IMFなど国際機関や日本を含む関係国の協議を通して経済の再建策が講じられてきている。

---

16) 東アジアの高度成長の要因を，角田氏は3つに整理している。第1は経済発展の内的条件で，「後発性利益」に求める見解である。「重層的発展論」や「構造転換連鎖論」として展開する。第2は外部要因を主張する見解である。NIEs工業化の推進が外国多国籍企業に求められる。この議論の関連で，現段階の東アジアの工業化を第四世代と位置づけ，工業化主体を多国籍企業，国家，民間大企業の三者同盟による「第四世代工業化論」がある。第3は市場指向的改革と政府主導の政策の組合せに求める世界銀行の見解である。これら3つはいずれも一面性を免れないが，どれが主要な要因かを規定することには疑問であるという。角田収「通貨危機後のアジア経済—高成長回復の条件はあるか—」『経済』新日本出版社，1999年1月，48—60ページ。

17) 『朝日新聞』1998年7月3日。

18) アジア通貨・経済危機がなぜ生じたかの議論を，末広昭氏は3つに整理している。第1は国際短期資金とヘッジファンド原因説，第2はファンダメンタルズ（経済の基礎的条件）過大評価説―世銀はアジア地域の経済パフォーマンスを高く評価しながら，成長パターンの限界を指標（バブルや労働生産性の変化を示す指標）に十分反映させなかったという反省にもとづく，第3は構造調整の遅れ＝制度改革の遅れ原因説で，IMFの指摘である。末広昭，『日本経済新聞』1998年7月7日。

当面の対策として、IMFは金融引き締め、緊縮財政政策を柱とする短期的安定化政策を主張しているのに対して、世界銀行は金融システムの再建・バブル崩壊による不良債権の処理と並んで、拡張的財政政策をとりあげ、加えてアジアを再び安定した成長軌道にのせるためにアジアを徹底的にアングロ・アメリカン型世界経済システムに組み込むかたちでの制度改革を提唱している[19]。

たしかにアジア危機の問題の核心は、一挙に国境を越えて移動するヘッジファンドの国際マネーをいかに抑制・規制するかという点で、アジアだけではなくグローバルシステムの問題へと転化しつつある。しかし、アジア危機の克服において、アングロ・アメリカン型の自由化と規制緩和に続く構造改革で、アジアをグローバル市場経済に統合しようとする「市場万能主義」はややもすると、各国の個別事情を考慮することなく性急すぎる構造改革を一律に強要することによって、再び貧富の格差拡大を招き、貧困の救済、人権優先の世界的潮流に逆行することにもなりかねない。問題はアジア危機をいかに克服するかであるが、緩やかな構造改革に並行して実体経済のファンダメンタルズを強化するために産業政策を強化・整備すること、とくに輸出産業における生産の効率化による各国の国際競争力の強化が重要である。

東アジア域内における貿易や投資は、危機の深刻化で急減しているが、貿易・投資の自由化をテコに域内経済の相互依存関係を強めつつある。ASEANのハノイ会議（98年12月）では、域内貿易の関税を3年前倒しの2000年までに5％以下にすることで合意するとともに、域内外からの投資規制も取り除いていく方向を決めた。こうした東アジア危機克服の方向の中で、日本とアジアとの間の貿易と直接投資を継続し、増大させることが求められるであろう。日本は東アジア諸国が最大の資本投資先国であると同時に、東アジア諸国にとっては、日本は重要な輸出先でもある。日本と東アジア諸国との有機的連関を強めることによって東アジア大の産業構造を形成し、貿易と資本の両面で自己循環的なメカニズムを構築することである。

もっとも日本経済は、97年、98年と2年連続のマイナス成長で戦後最悪の不

---

19) 世界銀行レポート「東アジア経済持続的回復への手順」（"East Asia: The Road to Recovery, 1998"）の解題、『世界』1999年1月、岩波書店、89—103ページ。なお、この報告書は、東アジアの制度的工夫や制度的仕組が80年代までの成長を支えてきたという視点をほぼ完全に捨て去り、本章で取り上げた『東アジアの奇跡』（1993年）で行われた東アジアシステムの評価を大きく軌道修正するものとなっている。

況に陥って，経済回復が先決の課題となったが，日本の製造業直接投資額は97年度に過去最高に達し，とりわけアジア向け製造業直接投資額は北米を越えて最大になっている。それだけに日本の役割は大きい。アジアへの直接投資を行なっている業種は，電機，輸送用機械を中心にした労働集約的工程を含む組立加工型業種や中小企業分野の織維，雑貨である。世界的な拠点網づくりの直接投資を主導しているのは大企業であるが，中小企業も他国に類例をみないほどの活発な直接投資を展開している。日本企業の海外投資件数に占める中小企業の割合は，88年が60％（1,625件）ともっとも多く，90年代においても94年57％（684件），95年52％（783件），96年55％（673件）と件数全体の過半数を越えている。中小企業投資件数の地域別では，アジア投資が96年では67％，97年は476件のうちの59％に及んでいる。こうした中小企業を含む日本企業の海外進出の結果，海外生産比率も増加しつつ，85年度の3.0％から96年度の11.6％へと急増し，なかでも電機や輸送用機械は20％前後と高くなっている。

さらに注目すべきことは，直接投資を補完するかたちでの中小企業の技術輸出の活発化である。中小企業の技術輸出は，93年度989件（うち東南アジア792件）であったが，94年度1,522件（同1,374件），95年度1,242件（同1,015件）そして96年度には4,213件（同3,971件）と急増している。技術輸出は，多様な技術（例えば，組立，機械加工，製品生産，設計，開発，保全，管理等）の提携や供与であるが，日本にとっては「技術の資本化」であると同時に，現地国への技術移転でもある。日本の中小企業が既存製品あるいは成熟製品の生産・加工技術を相対的に技術水準の低い東アジア諸国へ移転することは，大企業に比して現地国の条件に適合させやすく，また現地国にとっては適正技術といえる。その意味では中小企業の技術移転は，現地国の技術を向上させ，その技術力の蓄積を通して産業の質的高度化を進展させることにもつながるのである。

このように中小企業の直接投資や技術移転はその受け入れ現地国にとっては経済の発展に影響を及ぼし，その発展を促進する。すなわち，第1に中小企業は，現地国より比較優位にある生産技術，経営技術等を持ち込む場合が多く，そのことは現地国の技能・技術の習得・向上に役立つばかりでなく，生産諸力の発展と産業構造の高度化を促進する。第2は，工業と農業，工業諸部門間の不均等発展を著しく発生させることなしに，雇用機会の創出，雇用の増加，所得の増加，地域開発への寄与，貿易の促進，外貨獲得等をはかることが可能である。第3に中小企業は，外国多国籍企業・大企業の経済活動に伴って生じる

現地での鋭い対立・矛盾の影響に比べて総じて少ないことである(第10章を参照)。

こうした中小企業の直接投資と技術移転の増加は,日本国内の産業とアジアの産業とを連結させ一体化して,同一産業で東アジア大の市場を形成するという国際的融合を進展させている[20]。たしかに,アジア経済危機で経営の悪化した進出日本企業がリストラの一環として海外事業を撤退・縮小するものもある。しかし,東アジア大に拡大した市場と産業を回復し再生するためには,日本中小企業の国際的融合をいかに強めていくか,このことがアジアの国際競争力の強化と大量発生している失業者の雇用吸収力の向上に資するであろう。東アジア諸国もこれまで以上に中小企業の育成に力を注ぎ始めている[21]。

ひるがえって,「アジアの奇跡」といわれた東アジアの経済成長は,内的自立的成長によるものではなく,過去の植民地支配という負の遺産のうえに,欧米日の多国籍企業・グローバル企業による直接投資と生産拡大に伴う部品輸入に大きく依存した従属的・垂直的産業発展の構造であった。それだけに,東アジア諸国の経済構造の再構築には,グローバル市場経済を前提にしつつも,多国籍企業活動の国際的ルール・規制の整備とアジアにおける「合意形成的国際分業」を推進していくことが求められている。

---

20) 福島久一「グローバル化時代における中小企業の構造問題と新展開―中小企業政策の方向性を求めて―」,日本大学経済学研究会『経済集志』,第68巻第3号,1998年10月。
21) 財団法人中小企業総合研究機構『アジア中小企業の現状に関する調査研究』,平成10年3月。

第Ⅴ部
中小企業政策の方向と国際比較

第18章　中小企業政策の大転換と21世紀の方向性＊
――中小企業基本法をめぐって――

1　戦後の中小企業政策の展開と分析課題

　日本の中小企業政策が大きな転換期に入っている。それは，1963年に制定され，それ以降中小企業政策の政策体系の基準となってきた中小企業基本法の全面的な改正が行われたことにある。

　戦後の中小企業政策は，大きく４つの時期に区分でき，今日は第４期の政策転換期である。第１期は中小企業基本法制定の以前の政策である。この時期は，非軍事化と戦後改革における経済民主化政策の進むなかで，中小企業庁が設置され，中小企業全体を一つの階層として捉え，健全な独立した中小企業とその育成・発達の政策理念を明確化した。しかしこの政策理念は，現実の深刻化した中小企業問題に活かされることが少なく，むしろ放置されていた。そして『経済白書』（1957年度）は，大企業と中小企業の生産力格差等の「二重構造」問題を提起し，中小企業政策はその解消をはかるために中小企業の近代化と中規模企業の育成に重点を置いた。政策は，設置法の政策理念から次第に乖離しつつ，産業構造適応政策へと移っていった。

　第２期は，中小企業基本法の制定から85年のプラザ合意に至る時期である。中小企業政策の総合化と体系化が図られ，中小企業政策は産業構造政策の一環として，具体的には，「格差是正」を政策理念に掲げたが，産業構造高度化と国際競争強化の実現を図る下位政策に位置づけられた。中小企業政策は，中小企業近代化促進法を軸に，設備の近代化と規模利益の追求を柱にした「業種ぐるみ」の「近代化・構造改善・知識集約化」政策を展開していくことになる。

　＊本章は，「中小企業政策の大転換―中小企業基本法の改正をめぐって―」日本大学経済学研究会『経済集志』第69巻第４号，2000年１月，福島久一編『中小企業政策の国際比較』第９章，新評論，2002年４月，所収のものを基礎に加筆・修正している。

そして自動車，電機等の組立加工型産業を典型に，日本型下請生産構造が確立されてもいくのである。この政策展開は，中小企業全体を対象にすることなく，選別・差別する「上層育成・下層淘汰」のまさにスクラップ・アンド・ビルド政策であった。とくに，第1次石油危機以降は，知識集約的産業構造への転換を図るために，先進国型中小企業として意欲ある中小企業＝ベンチャービジネスがそれを推進する担い手として育成対象に位置づけられる一方，圧倒的多数の中小企業は，産業構造の再編と転換の対象に置かれてきたのである。『80年代中小企業ビジョン』（中小企業政策審議会意見具申『1980年代の中小企業のあり方と中小企業政策の方向について』1980年7月）は，中小企業を近代的・合理的な「活力ある多数」と積極的に評価したうえで，中小企業政策を「国内国外を同一平面」で考える国際的視点の導入と国際的産業調整政策への組み込みを提言した。「日本的経営」が世界的に脚光を浴び，中小企業の中には，確かに一部ではあるが高度の技術をもった「先例のない中小企業」も簇生したが，他方では産業調整の対象となって倒産（84年20,773件の史上最高記録），休業，廃業を続出させ，廃業率が開業率を上回る状況を生み出してくるのである。

第3期は，G5のプラザ合意（85年9月）以降の異常円高を契機にする国際的産業調整政策の時期である。急激な円高は，日本の産業・企業の国際競争力を低下させ，経済・産業・企業構造の質的転換を強制的に迫っていくことになるのである。「前川リポート」（86年4月）に始まる「新・前川リポート」（87年5月），「世界とともに生きる日本―経済運営5カ年計画―」（88年5月）等の政策指針は，従来の経済政策が「歴史的転換の時期」にあると把握したうえで，輸出指向型経済構造から国際協調型経済構造への変革を提唱した。この国際的産業構造調整・転換政策は，大企業を中心に過剰資本を解消するための土地投機や株式投資のバブルを生むと同時に，活発な海外直接投資を推進し，日本企業を多国籍企業として本格化させる一方，中小企業政策では構造調整・転換政策を中核に据えて中小企業のスクラップ化を促進したのである。日本経済は，バブル経済の中で「産業の空洞化」「地域の空洞化」そして中小企業数の減少に伴う「基盤的技術の空洞化」を醸成していたのである。バブル経済の崩壊（91年2月）以降，日本経済は戦後最大の経済危機に陥り，経済のグローバリゼーションの進行につれて中小企業の存立自体が根底から問われ，新たな構造問題に直面することになる[1]。

第4期は，中小企業基本法の全面的改正によって中小企業政策の大転換をは

かっていこうとしている現在と改正以降の政策展開の時期である。まさに現段階は，政策の制度的転換をはかる歴史的転換期である。中小企業政策は，これまでの中小企業全体を対象とした政策理念から特定産業，特定企業を支援対象とする政策理念に転換すると同時に，そのことによって産業構造高度化の適応政策から新産業創出と創業をはかる産業・企業創出政策へと大きく転換していくことになる。中小企業政策は「格差の是正」という政策理念を実現することなく，多くの課題を積み残しながら，産業政策に純化して，設置法の理念から180度の政策転換を果たそうとしている。

社会主義体制が崩壊し，東欧，ソ連をはじめとする旧社会主義諸国が市場経済の方向をめざし，中国もまた社会主義市場経済を歩み始めて，世界経済が市場経済化を基本方向に動き出し，経済のグローバル化に伴う大競争の時代に突入している。加えて技術革新による通信・情報の高度化はグローバル化を促進して世界大の経済一体化を生み出している。この展開の中軸になっているのが多国籍企業・金融資本である。多国籍企業の世界化の進展と同時に，中小企業問題も世界化し，政策の世界化が要請されてきている。日本中小企業の古い問題が解決されないまま，その上に新しい問題が重畳化して政策矛盾も大きくなってきている。経済構造矛盾として固有の問題性をもち，それが故に中小企業政策の独自政策がその意義をもつのであるが，その独自政策の意義からますます離反した政策が，とくに産業政策としての中小企業政策が提起されることになっている。中小企業政策の原点は一体何なのかが問われなければならない。現段階の中小企業政策がナショナル対グローバルの様相を政策の内部に帯びて，輻輳化しているのである。

世界経済の市場経済化，経済のグローバル化，情報通信の高度化という3つの潮流への政策対応が問われ，日本の中小企業政策は大転換を果そうとしているのである。とくに，中小企業政策はその存立と存続をいかに安定的に保証し，世界的競争のメカニズムに連動させていくかが重要な課題であると考えられる。以下では，中小企業基本法の全面的改正とその政策転換の内実が，どのような

---

1) 福島久一「中小企業問題と政策の展開―第2次大戦後から昭和終焉まで―」日本大学経済学研究会『現代経済の分析と課題』，勁草書房，1989年10月，同「グローバル化時代における中小企業の構造問題と新展開―中小企業政策の方向性を求めて―」日本大学経済学研究会『経済集志』1998年10月，第68巻第3号，黒瀬直宏『中小企業政策の総括と提言』同友館，1997年，寺岡 寛『日本の中小企業政策』有斐閣，1997年参照。

経緯や特徴，問題をもっているのかを検討することにする。

2　中小企業政策の転換への道程

中小企業政策の転換への道を「新中小企業基本法」改正までの経緯で見ると，1）中間報告（93年），2）研究会最終報告（99年5月），3）中間答申（99年8月），4）最終答申（99年9月），そして5）改正基本法案の閣議決定（99年10月）と幾つもの報告書が出されている。

（1）　中小企業政策審議会中間報告（平成5年6月）の概要と意図

中小企業政策審議会（以下では中政審と略す）の基本施策検討小委員会は，中小企業の範囲等の検討の結果として『中小企業政策の課題と今後の方向』（以下では中間報告と略す）と題する中間報告を発表した[2]。中間報告は，戦後以来の経済社会の構造変化（1，国内市場の成熟化，2，経済の国際化，3，労働需給の再逼迫化，4，高度情報社会への動き）の時代潮流のなかで，中小企業基本法制定以来30年経過した中小企業政策の基本を問い直し，「新しい時代における中小企業政策の理念を確立」するとともに，「中小企業政策の再構築を図ること」を意図していた。

中小企業政策の理念を確立する上での不可欠な中小企業像は，中小企業を「活力ある多数」，「創造の母体」として位置づけた『90年代の中小企業ビジョン』[3]を基本に，それを継承して「創造性に富み，バイタリティに溢れた中小企業の存在」として想定している。しかし，この中小企業像をいかに実現するかという政策の基本的考え方や政策目的が明示されることなく，中小企業政策の重点は，従来の「二重構造の解消と国際競争力の強化」を図ることから，近年では「大企業に対する中小企業の不利の補正をベースとしつつ，国際化，技術革新，情報化，労働力確保等経済社会環境の変化に対応した構造改革を円滑に促進すること」に変化してきていることを指摘している。このように，政策

2）　中間報告は次の構成内容になっている。「はじめに」，「第1章　新しい経済社会への構造変化と中小企業」，「第2章　中小企業政策の理念」，「第3章　中小企業政策の今後の方向」，「おわりに」，である。

3）　中小企業庁編『90年代の中小企業ビジョン─創造の母体としての中小企業─』通商産業調査会，平成2年6月。

の重点は時代に対応して変化していることを明らかにした上で,「中小企業政策の本来の目的は,市場メカニズムの下で中小企業の自主的努力を前提」としつつ,「中小企業の市場での競争条件を整備する」ことと,「市場の機能を活発化する」こと,そして同時に「経済の構造変化を円滑に進めること」にあるとしている。したがって,中小企業政策はこのような意味から「産業政策の重要な一部として位置づける」と結論付けている。このことの意図は,中小企業政策の産業政策への一体化と統合の方向を主張していることである。他方,中小企業と小規模企業とを区分し,政策上も2つに分化して実施・推進されてきたのであるが,生業的な個人企業が多い小規模企業対策は「特別の配慮を必要とする面がある」との指摘をするに留まり,小零細企業の廃業の多さ等存立の困難性の解消の方向性を何ら打ち出さなかったのである。

　それでは中政審が最大の眼目としていた政策の対象をいかに把握し,中小企業者の範囲をどう確定しようとしたのか。中間報告は「政策面でもそれぞれの実態に応じて対象を多層的にとらえていく必要」を強調し,中小企業の「多様性」の認識と政策対象の「弾力化」を促している。そしてこのような中小企業認識から,中小企業基本法(以下では基本法と略す)の改正(1973年)以来20年経過しているとの理由から,中小企業者の範囲の見直しを行っている。しかし,意図した中小企業者の範囲の拡大は,規制緩和・撤廃政策が大合唱となって展開する状況の中で,規制・調整政策(中小企業分野調整法,下請代金支払遅延等防止法,下請中小企業振興法等)との関係や税制との関係,政策対象の上位シフト問題等で範囲の拡大を実現することができず,検討を継続し,「今後の進め方」として範囲拡大の問題を引き延ばさざるを得なかったのである。しかし「今後の進め方」で注目すべきことは,「ただし」書きで政策対象の範囲の弾力化を提言していることである。即ち,中間報告は「ただし,現行基準について問題点の指摘があることを踏まえ,当面個々の施策の適用の面で,緊急の必要があると認められる場合には,個別具体的な施策毎に,対象となる中小企業者の弾力化を検討する必要がある」と指摘した。この指摘は,基本法の改定を行うことなく,その後の施策の運用において施策対象の範囲の拡大,具体的にはサービス業の範囲を拡大し,施策を拡大するレールを敷いたのである。

　ともあれ,中間報告は,政策理念がいまだ90年代中小企業ビジョンの延長上にあってその内容も中途半端であることが否めないばかりか,意図した中小企業者の範囲拡大も頓挫することになったのである。

（2） 中小企業政策審議会最終答申（平成11年9月）までの経緯

　中小企業政策の大転換を意図する中小企業政策審議会の最終答申『21世紀に向けた新たな中小企業政策のあり方』（平成11年9月22日）が発表された。この最終答申を受けて政府は，中小企業基本法をはじめ関連法律の改定を図り[4]，ベンチヤー企業を中心にした創業・起業支援に重点を置く形で中小企業政策の抜本的見直しを検討している。現行政策体系の理念，枠組みの大転換・大転回を図るというものである。

　さてこの最終答申の経緯を見ると，その内容は中小企業庁長官の私的懇談会である中小企業政策研究会[5]の『最終報告』（平成11年5月）によって基礎付けられている。研究会の課題は，1）これまでの中小企業政策の基本理念の検証，政策の評価をすること，2）21世紀に向けた新たな中小企業政策の理念を確立すること，3）今後の政策の向かうべき方向を明らかにすること，4）簡素で使いやすい効果的な政策の再構築を図ること，である[6]。最終報告では，中小企業の現状分析において大企業と中小企業との間の厳然たる「格差の存在」を軽視して「多様性」を強調することによって「二重構造論」思想からの脱却・転換をはかっている。中小企業は，本来，多様で競争性に富んだ競争性のある独立した存在であるが，現代独占の支配・強制によって営業・取引の自

---

4) 法律の改定がされた主なものは次のようである。①中小企業基本法（中小企業の範囲や目的の変更），②中小企業定義改定一括法（基本法の改定に合わせ32の関係法を手直し），③新事業創出促進法と中小企業創造活動促進法の改定（役員と社員に限られていたストックオプションをコンサルタント等の外部関係者に拡大，ストックオプション枠を発行済株式の10分の1から5分の1に拡大），④中小企業信用保険法と信用保証協会法の改定（社債発行に信用保証協会の保証を付ける），⑤中小企業団体組織法と協同組合法の改定（中小企業組合を株式会社に組織変更する手続きの簡易化），⑥中小企業近代化資金等助成法（中小企業設備近代化資金助成における無利子融資の業種指定制度を廃止し，その対象を創業者や小規模事業者に特化する。そして同法の名称を「小規模企業設備資金法」に改称する），⑦中小企業金融公庫法と沖縄振興開発金融公庫法の改定（ベンチヤー企業に対し，中小企業金融公庫が無担保社債を引き受け，無担保で融資する）等である。又，政府は，11月19日に，新法として中小・ベンチャー企業を支援するための「中小企業事業活動活性化法案」を閣議決定し，国会に提出した。このほか，事業承継の場合の相続税の軽減，投資家に対する優遇税制措置（エンゼル税制）の拡充がある。『朝日新聞』99年9月27日付夕刊および11月19日付夕刊。

5) 研究会の委員構成は，学界5名，産業界・実務家12名，マスコミ1名の18名である。研究会は，第1回が平成10年7月24日に開かれ，平成11年3月26日に終了するまで11回もたれている。

6) 中小企業政策研究会『最終報告』「はじめに」より。

由や諸資本間の競争の対等性を実質的に損なわれ,問題を醸成していることを見落としてはならない。最終報告はこの独占・大企業と中小企業との関係における構造分析をすることなく,あたかも独占・大企業と中小企業とが対等であるかのように想定して新たな政策理念を提示したのである。

最終報告のこうした構造視点抜きの中小企業の現状認識と考え方が,中小企業政策審議会の『中間答申』(99年8月20日)に反映され,その成果を基本に,『最終答申』(99年9月22日)が採択されたのである。中間答申と最終答申との間の期間にパブリックコメント[7]や地方公聴会(仙台,東京,大阪,高松)が行われたが,中小企業関係者の生の声を殆ど活かすこともなく,わずかな字句修正で最終答申を決定したのである。

公聴会での意見陳述では,数多くの問題が提起されている。「十分な討議の時間がないことは問題」「現状の認識から出発していない。大企業と中小企業の関係をどう支援し発展させていくかが大事」「成功のはっきりしている企業のみが支援対象になるのではないか」「創業者,起業者の成功例はほんの一握り。地域固有の産業の育成計画も重視してほしい」「二重構造がなくなったようにいうが,本当にそう評価できるのか。現在は大企業と,がんばる中小企業と,どん底の零細業者の構造が固定化されてきているのではないか」「がんばってきた既存の業者への支援策はあるのか」「創業者支援が柱なのか。地方では創業者は出ない。弱者が切り捨てられる可能性がある」「地域に生きる産業として組合支援が合理的」「中小企業の範囲の拡大は大問題。予算が増えないと従来の支援策が弱まる」等々の答申内容への不安や政策後退への懸念,疑問,問題が指摘されたのである[8]。

36年ぶりの中小企業基本法の抜本的改定を図ろうとしているのに,意見公募を含めてその審議の異例とも思えるスピードは,政策策定の国民的合意を形成し,民主主義を遂行していく上で意見聴取のあり方や手続面等多くの考えるべき問題を残したことだけは確かである。

---

7) パブリックコメントは,9月12日に締め切られたが,ここでの意見の内訳を見ると,機関別では106通(団体63通,企業29通,個人11通,行政3通),内容別では175件(競争条件の整備,小規模企業政策等,全体に関するもの,自助努力支援,中小企業者の範囲等)であった。
8) 『全国商工新聞』1999年9月13日,9月20日。

(3) 中小企業政策の転換を先導する政策実態と産業再生政策

　中小企業政策の転換を先導する施策が着々と敷設され，基本法の政策体系の変化を図ってきたのである。その１つは，中小企業創造活動促進法（95年＝期限10年）の制定である。同法は，産業構造の転換を目的に，創業や新たな技術に関する研究開発（売上高に対する研究開発費の割合が３％）に対する「事業認定制度」で，設備投資減税，低利融資，そしてベンチャー財団を通じた直接金融支援等をおこなう。第２は，新事業創出促進法（98年12月）の制定で，その特徴は，中小企業技術革新制度（SBIR＝Small Business Innovation Research）を創設し，関係省庁が連携して新産業の創出につながる新技術開発を行う特定中小企業への補助金等支援強化を図るというものである。

　そして第３は，中小企業基本法の理念を推進する実体法として，業種ぐるみで設備の近代化やスケールメリットを追求してきた「中小企業近代化促進法」（1963年施行）と，製造業，印刷業，ソフトウエア業，情報処理サービス業の４業種に支援対象を限定している「中小企業新分野進出等円滑化法」（1993年，期限７年）とを廃止し，２つの法律を統合した「中小企業経営革新支援法」（1999年６月施行）の制定である。同法は，中小企業の競争力強化を目的に，これまでの業種ぐるみ支援から個々の中小企業者やグループに対する経営革新支援（国又は都道府県が「経営革新計画」を承認）と，業況が悪化している特定業種（主務大臣が「経営基盤強化計画」を承認）の経営基盤強化の支援を行うことにあった。しかし問題は，同法の制定に伴う中小企業近代化促進法の廃止が，中小企業基本法の全面的改定の前倒しであり，実体を先行させて理念がそのレール上を後追いするという政策策定プロセスになっていることである。同様なことは，「繊維産業構造改善臨時措置法」の廃止（99年６月末）による繊維産業構造改善事業協会と中小企業信用保険協会及び中小企業事業団を統合して「中小企業総合事業団」（99年７月１日）を創設（現：中小企業基盤整備機構）し，官僚統制の強化を図っている。さらに，こうした実態の進行に加えて，『98年度版中小企業白書』[9]は，中長期視点から中小企業の姿を新たにとら

---

9) 98年度版中小企業白書は，従来の白書の篇別構成とは全く異なって第１部を「構造変化の中の中小企業」（334ページ）と題して中小企業の「多様性」と創業・成長に着目した分析を，第２部を「最近の中小企業の動向」にあて，厳しい事態にある中小企業の現状に関し，わずか84ページで実態把握を済ませている。福島久一「1998年度『中小企業白書』を読んで」『全国商工新聞』1999年５月31日付。

え直す試みを行うことによって，中小企業の位置づけを大転換させるための分析を提供し，『研究会報告書』と『最終答申』の方向付けを補完すると同時に，基本法改定の先導的役割を果たしたのでる。

　実態先行をはかるこうした動きへの整備が急がれ，基本法改定への道をいっそう加速させたのが「産業活力再生特別措置法」(「産業再生法」という，99年10月施行)[10]である。産業再生法は，産業・企業の生産性が低下していることに対し，供給構造を重視して国際競争力の強化を図るために，「選択と集中」をキイ・ワードにして産業・企業の選別と「生産性の高い分野」や創業・起業に経営資源を重点的に投入し，国際的レベルでの産業再編成によって産業活力の再生・新生を実現しようとするものである。具体的には，生産性の向上のための事業再構築（①事業構造変更＝合併・買収，営業・資産の譲受，設備廃棄，事業の廃止等，②事業革新＝新分野，新方式の導入）によって「合理化」を行い，大企業の国際競争力を強化するとともに，それを補完・補強するために中小企業を新産業・新分野へ転換させようとする，まさにスクラップ・アンド・ビルドの産業政策である。この政策展開は，中小企業政策と産業政策とが一体化し，統合することになる。こうして中小企業基本法の改正は，実態的に外堀を埋めることによって政策体系の全面的改編を図る法的制度の総仕上げの段階に達したのである。

3　中小企業政策の大転換
——中小企業基本法の全面改正と意図——

　政府は，中小企業基本法を全面的に改定する「改正」案を閣議決定（99年10

---

[10]　産業再生法は，5章39条と付則からなっている。この考えの基本的枠組みは，首相の諮問機関である「経済戦略会議」（議長(当時)：樋口広太郎）の5章234項目におよぶ報告書（99年2月26日発表）に基づいている。ここでの基本的な考え方は市場競争原理と規制緩和を徹底化することによって「健全で創造的な競争社会を構築」するために，公的資金の投入により大手銀行，大企業が抱える過剰設備，過剰雇用，過剰債務を解消し，日本経済の再生を意図するものである。この報告書発表後，政府と財界との産業競争力会議（3月29日）が発足し，財界主導による産業再生法へと具体化していく。その政策は，経団連「わが国産業の競争力強化にむけた第1次提言—供給構造改革・雇用対策・土地流動性対策を中心に—」（5月16日），「第2次提言—『産官学共同プロジェクト』構想の推進とインフラの整備を中心に—」（7月6日）に示されている。産業再生法に基づき通産省は，住友金属工業の小倉製鉄所（北九州市）の分社化等の事業再構築計画を，11月11日に初めて適用認定した。

月29日）した。第146国会（10月29日開会）は「中小企業国会」と位置づけられ，中小企業政策の抜本的見直しと中小企業の振興—創業の促進とベンチャー企業の支援—が「日本経済新生のかぎ」との首相表明をしている。旧基本法は，大企業との生産性，企業収益，賃金等で構造的に格差がある「問題としての中小企業」という視点を基本にし，そのため「格差の是正」・二重構造の解消を図ることが政策の理念であった。しかし，内外の経済環境や産業構造の変化等から中小企業像を，問題を担う弱者として平均的・一律に把握するのではなく，多様性をもった中小企業像へと視点を変えて新規性を軸にした「斬新かつ大胆な発想」の下で政策の大転換を促進しようとしたのが新基本法のねらいである。公表された新中小企業基本法の概要は，以下のような体系である（表18—1，表18—2参照）。

確かに，旧基本法は全面的に改定され，これまでの政策理念を規定していた旧基本法「前文」を全面的に削除してしまったのである。政策理念である「格差是正」の視点の完全な放棄といえる。そこで以下では，新基本法の内容とその意図を明らかにするために，その改正の方向づけ，政策理念等政策の大転換を提言した『最終答申』の考え方を中心に，中小企業政策の視点からさらに検討することにする。

(1) 「二重構造論」思想からの転換

中小企業基本法の制定（1963年）から36年が経過し，経済的社会的環境は大きく変化した。答申が指摘する変化とは，ア）マクロ経済環境の変化，イ）価値観，ライフスタイルの変化，ウ）グローバリゼーションの進展と産業構造の変化，エ）企業間関係の変化，オ）産業集積の変容及び流通構造の変化である。環境変化のこのような進展を展望する時，中小企業にもたらされる課題は4つである。第1は，不確定の増大への対応としては起業家精神の重要性と起業家出現を促す社会を実現する課題，第2は，多様性と創造性の重要性の増大への対応として，企画提案力・情報収集力，意志決定の迅速性等「規模とは別要因の優位性の重要性」即ち「ソフト面での優位性が企業活動の付加価値創造のより大きな源泉」とする課題，第3は，少子高齢化の進展，環境エネルギー制約の増大が企業活動の与件であるとともに，新たな事業機会を提供すること，そして最後に情報化の進展が中小企業にとっても新たな存立の条件と成長機会を提供するものである，と答申は指摘している。

表18—1　新中小企業基本法（1999年）

法律の仕組み

第1章　総則
　　第1条　法律の目的→1．基本理念，基本方針，その他基本となる事項を定める
　　　　　　　　　　　2．国及び地方公共団体の責務を明らかにする
　　　　　　　　　　　3．中小企業施策を総合的に推進する
　　第2条　中小企業者→1．製造業，建設業，運輸業
　　　　　の範囲及び　　　（資本金額3億円以下又は従業員数300人以下）
　　　　　定義　　　　2．卸売業（同1億円以下又は同100人以下）
　　　　　　　　　　　3．サービス業（同5,000万円以下又は100人以下）
　　　　　　　　　　　4．小売業（同5,000万円以下又は50人以下）
　　　　　　　　　　　5．小規模企業→従業員数20人以下（商業・サービス業5人以下）→第5項
　　　第2項　経営の革新とは，1．新商品の開発又は生産，
　　　　　　　　　　　　　　2．新役務の開発・提供，
　　　　　　　　　　　　　　3．商品の新たな生産又は販売方式の導入，
　　　　　　　　　　　　　　4．役務の新たな提供方式の導入，
　　　　　　　　　　　　　　5．新たな経営管理方法の導入，
　　　　　　　　　　　　　　6．その他の新たな事業活動
　　　第3項　創造的な事業活動とは，経営革新又は創業対象の活動うち，1．著しい新規性を有する技術，2．著しく創造的な経営管理方法を活用したもの
　　　第4項　経営資源とは，設備，技術，個人の有する知識及び技能，その他の事業活動に活用される資源をいう
　　第3条　基本理念→○中小企業の使命＝「我が国の経済の基盤を形成しているもの」であり，「我が国経済の活力の維持及び強化に果たすべき重要な使命を有するものである」
　　　　　　　　　　○中小企業の役割＝新産業の創出，就業機会の増大，市場競争の促進，地域経済の活性化の促進
　　　　　　　　　　○政策の基本目的＝独立した中小企業者の自立的努力の助長を原則に，経営革新，創業促進，経営基盤強化，経済的社会的環境変化への適応の円滑化をはかる
　　　　　　　　　　○政策の基本理念＝中小企業の「多様で活力ある成長発展」を図ること
　　第4条　国の責務→基本理念により，施策の総合的策定と実施
　　第5条　基本方針→1．経営革新・創業促進・創造的事業活動の促進，
　　　　　　　　　　2．経営基盤の強化＝経営資源確保の円滑化・取引の適正化，
　　　　　　　　　　3．経済的社会的環境変化への適応円滑化＝経営の安定化，事業転換の円滑化
　　　　　　　　　　4．資金供給の円滑化・自己資本の充実
　　第6条　地方公共団体の責務→国との役割分担を踏まえて，区域の条件に応じた施策の策定と実施

第7条　中小企業者の努力等→1．自主的に経営・取引条件の向上を図る，
　　　　　　　　　　　　　　　　2．中小企業団体は主体的に取り組む，
　　　　　　　　　　　　　　　　3．中小企業者以外の関係者は，国と地方公共団体の施策の実施に協力しなければならない
　　　第8条　小規模企業への配慮→1．小規模企業者の事業を踏まえ，「必要な考慮を払うものとする」
　　　第9条　法制上の措置等→財政上・金融上の措置を講じる
　　　第10条　調査→調査を行い，公表
　　　第11条　年次報告等→中小企業白書
第2章　基本的施策
　第1節　中小企業の経営の革新及び創業の促進
　　　第12条　経営の革新の促進，第13条　創業の促進，第14条　創造的な事業活動の促進
　第2節　中小企業の経営基盤の強化
　　　第15条　経営資源の確保（施設・設備の整備／研究開発の促進・大学等との連携・技術者研修・技能者養成／経営管理者の研修・新分野開拓の情報提供／その他支援制度の整備）
　　　第16条　交流・連携・共同化の推進
　　　第17条　産業集積の活性化→相当数の中小企業者が一体である地域において，同種事業又はこれと関連性が高い事業を有機的に連携しつつ行っている産業の集積に施策を講じる
　　　第18条　商業集積の活性化
　　　第19条　労働に関する施策→労働関係の適正化，従業員の福祉向上，職業能力の開発，職業紹介事業の充実
　　　第20条　取引の適正化→下請代金支払遅延防止，取引条件の明確化
　　　第21条　国等からの受注機会の増大
　第3節　経済的社会的環境の変化への適応の円滑化
　　　　　　　　　　　　→1．著しい支障のおそれのある場合，経営安定と事業転換の円滑な施策，
　　　　　　　　　　　　　2．不当な利益侵害の防止，
　　　　　　　　　　　　　3．倒産等への共済制度整備，
　　　　　　　　　　　　　4．事業再建・廃止の円滑化の制度整備，
　　　　　　　　　　　　　5．事業転換・廃止のために従業者の就職の容易化
　第4節　金融，税制等に関する措置
　　　第23条　資金供給の円滑化→政府金融機関の機能強化，信用補完事業の充実，民間金融機関への融資指導
　　　第24条　自己資金の充実→中小企業投資の制度整備，租税負担の適正化
第3章　行政機関
　　　第25条　中小企業行政に関する組織の整備等
第4章　中小企業政策審議会
　　　第26条〜30条　設置，権限，組織，資料提出等，委任規定

表18—2 中小企業基本法(昭和38年法律第154号)(平成11年法律第146号による改正後)の体系図

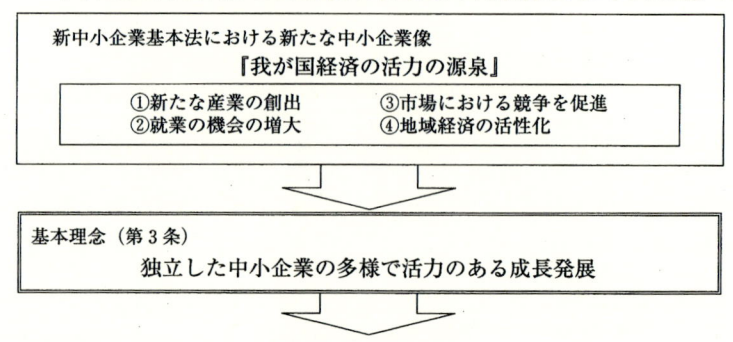

```
┌─────────────────────────────────────────────────┐
│    新中小企業基本法における新たな中小企業像       │
│         『我が国経済の活力の源泉』                │
│  ┌───────────────────────────────────────────┐  │
│  │ ①新たな産業の創出   ③市場における競争を促進 │  │
│  │ ②就業の機会の増大   ④地域経済の活性化       │  │
│  └───────────────────────────────────────────┘  │
└─────────────────────────────────────────────────┘
                         ▽
┌─────────────────────────────────────────────────┐
│ 基本理念(第3条)                                  │
│    独立した中小企業の多様で活力のある成長発展     │
└─────────────────────────────────────────────────┘

                 基本方針(第5条)
┌──────────────┬──────────────┬──────────────────┐
│経営の革新及び │中小企業の経営 │経済的社会的環境の変化│
│創業の促進     │基盤の強化     │  への適応の円滑化    │
├──────────────┼──────────────┼──────────────────┤
│・経営の革新の │・人材・技術・ │・環境の変化に応じた  │
│  促進         │  情報等経営   │  経営の安定及び事業  │
│・創業の促進   │  資源確保の円 │  転換の円滑化  等    │
│・創造的な事業 │  滑化         │                    │
│  活動の促進   │・取引の適正化 │                    │
├──────────────┴──────────────┴──────────────────┤
│    資金の供給の円滑化及び自己資本の充実          │
└─────────────────────────────────────────────────┘
```

基本的施策(第2章)

第2章第1節	第2章第2節	第2章第3節
第12条 経営の革新の促進 第13条 創業の促進 第14条 創造的な事業活動の促進	[経営資源の確保] 第15条①(1)設備の導入 　　　　(2)技術の向上 　　　　(3)事業活動に有用な知識の向上 　　　②支援体制の整備 [交流・連携及び共同化の推進] 第16条 連携等の促進 [集積の活性化] 第17条 産業の集積の活性化 第18条 商業の集積の活性化 [労働施策] 第19条 労働に関する施策 [取引の適正化] 第20条 取引の適正化 [受注機会の確保] 第21条 国等からの受注機会の増大(官公需)	[経済的社会的環境の変化に対する適応の円滑化] 第22条 ①経済的社会の環境の変化に対する経営の安定及び事業の転換 ②中小企業者以外の者による不当な利益の侵害の防止 ③連鎖倒産の防止 ④再建・廃業のための制度整備

第2章第4節
[資金供給の円滑化]　第23条　融資・信用補完事業の充実、適正な融資の指導等
[自己資本の充実]　　第24条　投資の円滑化、租税負担の適正化等

施策実施に当たっての小規模企業への考慮(第8条)

出典：中小企業庁編『中小企業施策総覧』(財)中小企業総合研究機構、平成15年度版より。

このような変化と課題から今日の中小企業の構造を考察すると、「大企業と中小企業との間の『二重構造』という画一的な見方は、妥当しなくなっている」とする認識から出発した中小企業分析を立脚点にしている。したがって「現行基本法が前提としたように中小企業を画一的な存在として捉え規模拡大によるスケールメリット等の施策を一律に講じるのではなく、その多様性を前提に、個々の企業が抱える成長発展に向けての課題が円滑に克服されるよう中小企業政策の再構築が早急になされることが必要である」（はじめに）との政策へ認識転換することである。この転換の根拠になっているのが中小企業に対する現状認識である。具体的には、1）中小企業の過少・過多性が問題になった時代とは全く異なって、開業率が廃業率を下回る逆転現象と企業数の過少性の問題が生じ、経済活力や産業の新陳代謝機能の低下が懸念されること、2）「大企業と中小企業との間には依然として格差は存在するものの、全般的な所得水準の向上に伴い、中小企業の従事者の絶対的な所得水準は相当向上し、格差の実態の意味を変容させている」とする「格差」の質的変化の強調、3）細分化された専門分野での高い技術力、高い競争力を有する中小企業や大企業への企画提案型企業も少なくなく、「規模間の格差以上に中小企業の多様性が目立つようになってきている」として、多様性の増大を前面かつ全面的に打ち出している。こうして答申はいう。「現行の中小企業基本法が想定した、中小企業の企業数の過多性、企業規模の過少性という画一的な中小企業像を前提とした大企業と中小企業との間の『格差是正』という政策理念とこれに基づく政策体系は、もはや現実に適合しなくなっている｜と断定したのである。

この認識の根底には、現実の中小企業をいかに認識しているかに求められるが、とくに格差の存在に関する認識を考える場合、大きな認識の差異が生じている。つまり、格差の「質的変化」を強調する根拠の一つに中小企業従事者の絶対的所得水準の向上をあげているものの、問題はこの所得水準とくに賃金面で、大企業と中小企業との格差問題が「解消」[11]するどころか厳然として存在

---

11) 『昭和55年版中小企業白書』は、「二重構造」の解消と格差の残存を指摘している。すなわち、「格差はなお存在するとはいえ、かつての二重構造論において指摘された中小企業一般における低賃金と低生産性の悪循環の問題は、……相対的に希薄になったといえよう。今日においては、中小企業の多様性を前提として、格差問題ももはや大企業と中小企業との間の格差だけを問題とする時代ではなくなっている」（132ページ）とした。そして格差を多面的な広がりをもって把握することの必要と格差が「構造的な問題として残存している」ことの総括をしている。

表18—3 中小企業と大企業の格差指標

諸格差指数（大企業を100とした場合の中小企業の水準）の推移　　　　　　（製造業について）

格差指数＼年	1982	85	87	88	89	90	91	92	93	94	95	96	97
労働生産性格差指数	49.4	47.5	48.7	46.5	45.9	47.4	49.5	51.7	51.5	50.6	48.8	48.2	49.0
資本装備率格差指数	50.0	50.0	51.4	52.7	53.3	54.6	56.0	57.4	57.5	58.9	58.7	61.0	61.0
賃金格差指数	61.9	61.4	61.6	61.1	61.9	62.5	63.3	64.9	64.8	64.1	63.7	62.9	62.6

資料：通商産業省「工業統計表」

注) 1　労働生産性 ＝ 年間付加価値額 / 従業者数

　　2　資本装備率 ＝ 有形固定資産 / 従業者数

　　3　賃金 ＝ 現金給与総額 / 従業者数

　　4　労働生産性，賃金については，従業者数4人以上の事業所，資本装備率については，従業者数30人以上の事業について集計。

出所：中小企業庁編『中小企業施策総覧—資料編—』（平成11年度版），16ページ。

し，90年代不況の中でむしろ拡大する傾向さえあるのである（表18－3参照）。

　さらに，中小企業の「多様性」の把握である。確かに，答申がいう「多様性」が顕在化しているが，中小企業は本来的に，圧倒的多数を占める多種多様な存在であり，そして競争的性格をもっている。この多様性と多数性に基づく競争的性格が，時には，大企業と対等以上の競争力を発揮する中小企業を生み，成長・発展する企業も存在するが，他方では競争・淘汰されると共に，「総体としての中小企業」は，独占・大企業との関係から構造的問題をもたらしていることも実態である。「総体としての中小企業」の発展性と問題性とをいかに統一的に把握するかである。政策視点から見ると，答申のように，中小企業総体を発展の対象としてではなく，多様性にもとづく個別企業ないし類型化した企業の発展に政策の重点を移すのか，それとも中小企業総体の問題解決を重点にするかが政策の分岐をなしている。答申と改正基本法は前者に重点をおき，総体としての中小企業の底上げ，又はその問題の解決を図ることを断念している。この意味することは，「二重構造論」思想からの転換，換言すれば，層・群としての中小企業総体の問題性認識から独占・大企業との構造問題を欠落させ，不問にすることによって多様性をもつ個別中小企業の認識へ転換すること，中小企業全体の成長・発展の政策思想から特定個別企業の成長・発展への政策思想への転換となっていることである。

　1960年代と，21世紀の新たな時代を迎える時代との時代状況の大きな違いが

あるとはいうものの,そして「二重構造論」の把握と考え方自体に諸説があるというものの,依然として格差が存在していることの二重構造問題認識を放棄することには政策策定上で問題を残すことになる。中小企業の多様性を強調する発想が,中小企業がもつ発展性と問題性の共通性,一般性を否定する可能性につながっていくという問題を潜ませている。

(2) 中小企業像の転換

中小企業像のあるべき姿を明示することは,中小企業政策の政策理念を策定する前提となり,中小企業の本質,その担うべき役割とかかわって重要かつ不可欠のことである。中小企業像はどのように位置づけられ変化してきたのかを見ることにする。

まず中小企業庁設置法(1948年制定)を見ると,同法の第1条(法律の目的)では「健全な独立の中小企業が,国民経済を健全にし,及び発達させ,経済力の集中を防止し,且つ,企業を営もうとする者に対し,公平な事業活動の機会を確保するもの」と規定している。設置法は,「健全な独立の中小企業」を像として想定し,それをいかに育成・発達させるかの視点に立っていたと言える。この独立した中小企業は,経済力の集中防止＝独占への対抗勢力,公平な事業機会の確保者であること,それ故この中小企業の育成・発達が国民経済を健全にし,発達させる経済主体であることを明確に示したのである。ここで想定された中小企業像は,独占禁止法(1947年)の経済力集中防止＝競争秩序維持と経済民主主義の実現という二大眼目の理念を反映したものであり,2つの法が密接,不可分な関係にあることを意味している。したがって中小企業は,現代的独占が支配する下では独占の対抗勢力として「公正且つ自由な競争」の担い手である,と同時に中小企業の過当競争を排除するために,独占禁止法の適用除外の対象になっているのである。中小企業の取引の自由と競争上の地位の対等性を実質的に確保すること,ここに独立した中小企業の存在意義と,それを育成・発達させる独自の中小企業政策の役割があることを積極的に位置づけたのであった。

しかしながら,こうした中小企業像と政策の理念は,政策の体系化と総合化を図った旧中小企業基本法では継承されることなく,その精神を修正・変容していくことになる。旧基本法前文では「中小企業の経済的社会的使命が自由かつ公正な競争の原理を基調とする経済社会」を保持することを規定している。

この意味することは，中小企業の存在意義が，設置法での独占に対する対抗勢力＝経済力の集中防止を直接的目的にするものではなく，経済的社会的使命としての一般的な競争原理への存在意義に還元させたことである。

さて，旧基本法の全面的な見直しを意図した最終答申の21世紀に向けた新たな中小企業像はどのように設定されたのであろうか。中小企業像を位置づけるに当たって「我が国経済が，現在の閉塞状況を打破し，経済構造改革を推進し新たな産業を創出して行く」という政策課題を設定している。そして，その課題を遂行する経済主体である新たな中小企業像は，「中小企業を画一的に『弱者』としてマイナスのイメージでとらえ，かかる中小企業像を前提に底上げ的な施策を一律に講ずるという現行基本法が基調とする政策アプローチは，改めて見直す時期にある」と指摘することによって，中小企業像がもはや現状に不適合となっていることを示唆している。現実の中小企業は，全てが必ずしも「弱者」とはいえないものの，「強者」でもない。それにもかかわらず，答申では経済環境の変化は「中小企業の『強み』を発揮しやすい状況ともなりつつある」と一面的に認識することから，「21世紀に期待される中小企業像としては，機動性，柔軟性，創造性を発揮し，『我が国経済のダイナミズムの源泉』として」位置づけるのである。新たな中小企業像は，多様な存在であると同時に，経済活力の源泉，というのである。こうした「積極的」な位置づけによって中小企業に期待される役割は，1）市場競争の苗床，2）イノベーションの担い手（多様な財・サービスの提供，新たな分業関係の形成），3）魅力ある就業機会創出の担い手，4）地域発展社会の担い手，という4つの役割を担うことになる。これは，『90年代中小企業ビジョン』[12]が，中小企業は「活力ある多数」，「創造の母体」として把握していたのを整理し，継承したといえる。

こうして「経済のダイナミズムの源泉」であると答申で描かれた期待される中小企業像は，新基本法の第3条（基本理念）において「我が国経済の活力の維持及び強化に果たすべき重要な使命を有するものである」と規定している。同時に，中小企業の役割として，1）新産業の創出，2）就業機会の増大，3）市場競争の促進，4）地域経済の活性化の促進，の4項目を明示している

---

[12] 中小企業庁編『90年代の中小企業ビジョン』通商産業調査会，平成2年6月参照。ここでは，競争の担い手，創造的挑戦の場・人間尊重の社会への貢献，個性ある地域づくりへの貢献，草の根レベルの国際化の担い手，豊かな国民生活への寄与，技術革新・情報化の担い手，の6つを挙げている。

（答申では，3）が最初の順序である）。それでは経済を発展させる源泉はどのような活動を指すのかといえば，答申は「企業の活発な事業活動であり，不断の経営の革新」に求めており，これを反映して新基本法の第2条第2項では「経営の革新」を，第3項では「創造的な事業活動」の定義を各々行っている。そしてこれら「経営革新」と「創造的事業活動」の中核的担い手が，「自立型専門中小企業」と新事業分野を創造する急成長指向企業（いわゆるベンチャー企業)[13]である。中小企業全体から見ると一部にすぎないこうした中小企業に「経済の牽引力」の役割を持たせ，その積極的支援をする一方で，既存の圧倒的多数の中小企業がもつ役割を軽視して中小企業像を変質させることになる。すなわち，設置法では，独立性をもった中小企業が，「独占への対抗勢力」と位置づけていたのに対して，答申及び新基本法は，中小企業と独占・大企業との質的区別をすることなく対等であるかのように位置づけ，企業一般として把握することによって多様性を強調すると共に，新産業の創出と創業を図る「経済活力の源泉」と位置づけるのである。しかも旧基本法が「格差是正」の政策理念を掲げたのは，中小企業を大企業との関係でいわば「問題をもつ存在」とし，その点で独占・大企業の支配を認識した反独占の側面をもっていたのが，新基本法ではその認識を欠落・放棄して「多様性」の中小企業像へと転換し，後退させている。答申及び新基本法でのこのような中小企業像は，前述した平成5年の『中間報告』が指摘する「中小企業政策の本来の目的は…産業政策の重要な一部として位置づけることができよう」との考え方をいっそう徹底化させたものであり，中小企業政策の政策理念を産業政策に包摂し，統合するものになっている。設置法の中小企業像とは全く対称的な中小企業像に変質・転化したのである。

（3）政策理念の転換

新たな中小企業像が明らかになったが，そこから導き出される政策の基本理念とはどのようなものであるのか，その理論的背景，根拠付けから見ることに

---

[13] ベンチャー企業の定義は定まっておらず，定説はない。企業類型の1つにすぎず，ハイリスク・ハイリターンの性格をもっているだけに，「少産多死」の特徴がある。現在は，第3次ベンチャー・ブームといわれ，創産・起業とは違った「政策支援ブーム」が起きているが，ベンチャー企業（約1万社）の倒産も帝国データバンクの調査では，95年8件，96年35件，97年58件，98年82件そして99年9月末の64件（前年同月58件）と多発化している。

する。

　中小企業基本法がどうして改正されなければならなかったのかを，旧基本法制定（1963年）の背景・論拠から見ると，『研究会最終報告』では，「中小企業は二重構造の底辺を形成し，低生産性と低賃金の悪循環に陥っている問題ある存在」とする「二重構造論」（昭和32年『経済白書』）にその根拠を求めている。具体的には，1）中小企業は，企業規模の「過少」と経済主体の「過多」とが「過当競争」をくり返していること，2）二重構造の最底辺を構成する小規模企業の経営と家計の未分離の存在，3）前近代的な労使関係に立つ小企業及び家族経営による零細企業の存在による中小企業問題の社会政策的側面，の3つがあった。したがって，政策としては，「過少過多を解消し，全体の底上げを図ることにより，国民経済全体としての『豊かさの実現』と『結果の平等』の追求が指向」され，この問題認識の下に，その基本的指針として旧基本法が制定されたと認識している。この場合の中小企業の認識は「問題としての中小企業」で，それ故に旧基本法が設定した政策の理念とは「企業数の過多性，企業規模の過少性という画一的な中小企業像を前提とした大企業と中小企業との間の『格差是正』という政策理念とこれに基づく政策体系」の具体化であった。確かに旧基本法前文では「企業間に存在する生産性，企業所得，労働賃金等の著しい格差は，中小企業の経営安定とその従事者の生活水準にとって大きな制約となりつつある」と規定して，格差の存在が成長発展の制約条件として位置づけたことは妥当性をもっていて，正当に評価しなければならない。

　しかしながら，前文で注意を払わなければならないことはもう1つの政策理念として「中小企業の成長発展をはかることは…産業構造を高度化し，産業の国際競争力を強化」することであると規定していることである。つまり，中小企業政策は，産業構造の高度化と国際競争力の強化に寄与するものと位置づけていることである。このことは，「格差是正」と「産業構造の高度化」という2つの政策理念が前文で掲げられていたのである。しかし，この2つの政策理念の存在とその関係の意味することは，「産業構造の高度化と国際競争力の強化」の理念が「格差是正」の理念よりも上位理念であり，「格差是正」はその産業構造高度化政策の下位理念と考えられることである。最終報告と答申はこの2つの政策理念の関係については等閑視しているのみか，「格差是正」の理念だけを政策理念に取り上げて，中小企業政策が産業構造政策ないしその適応への産業政策に組み込まれ，下位政策になっていることを不問にしていること

には問題がある。

　新基本法におけるこうした政策の理念認識は問題をもっているものの,しかし,旧基本法が掲げるもう1つの「格差の是正」という政策理念はどのような視点から政策転換し,新たな理念を設定しようとしているのか。『研究会最終報告』では,新たな中小企業政策の理念の視点として3点を指摘している。第1は,「二重構造の格差是正」という政策理念が,経済実態と乖離し,またその理念自体が中小企業への政策対応の幅を狭める制約となっていないかどうか,第2は,過去には効果があった政策や組織が時代の変化に対応できないまま継続され,政策資源の機動的,効果的な配分を妨げていないかどうか,第3は,施策が複雑・細分化し,施策利用者に分かりにくく使いにくいものになっていないかどうか,である。こうした3つの視点から政策理念を含め政策の再構築を図った結論が,「現行の中小企業基本法が想定した政策理念とこれに基づく政策体系は,もはや現実に適合しなくなっている」(答申＝第1節3)と断定している。

　21世紀の新たな中小企業政策の基本理念とは何か。最終答申は,「『多様で活力ある独立した中小企業の育成・発展』を図ることにもとめられるべきである」とする。そして新基本法ではこれを修正する形で「多様で活力ある成長発展」(第3条)を図ることと規定して,「独立した」中小企業という文言を削除している。中小企業政策の基本理念を考える場合,設置法や英米の中小企業の定義に見られるように,「独立性」は基本的概念である。この概念を削除した背景には,下請・系列中小企業の多数の存在,大企業の分社化・子会社・ダミー会社による中小企業の規定取り扱いや将来の連結納税制度の導入等を考慮した政策的意図が含まれているように考えられる。

　こうして中小企業政策の基本理念は「格差の是正・解消」をめざす政策理念を否定して,特定分野の創業やベンチャー企業を重点にした「多様で活力ある」中小企業の成長・発展をはかる政策理念へと転換することになったのである。政策のこうした基本理念の転換は,設置法の理念・精神から隔絶するばかりか,旧基本法の「保護・育成」思想による中小企業全体の底上げを図る政策から,多様性による特定分野・特定個別企業の「育成・競争」政策へと転換したといえる。「格差是正」政策が決して時代遅れでもなく,また現実に不適合でもないのにである。"Think Small First"が重要である。

（4） 政策目標の転換

　中小企業に関する政策の目標は，旧基本法の第１条で明記されている。

　その政策目標は，１）中小企業の不利の是正，２）生産性及び取引条件の向上，３）中小企業の従事者の経済的・社会的地位の向上，の３つを明示している。そしてこの政策目標を達成する国の施策の政策手段として第３条では，１）設備の近代化，２）技術の向上，３）経営管理の合理化，４）中小企業構造の高度化（規模の適正化，事業の共同化・集団化），５）取引条件の不利補正（過度競争防止と下請取引の適正化），６）需要の増進（官公需等），７）事業活動の調整，８）労働力確保，の総合的施策を講じることを示している。

　ところで，政策論は，技術論的には政策目的と政策手段との関係であるとするならば，理念と目的と手段との連関と意義を明らかにすることが重要である。理念（idea）は，政策目的の基礎に横たわる根本的な考え方である。当然のこと世界観等一定の価値判断を含んでおり，いわば目的にかんする究極目的である。目的（aim）は，実現しようと意図している事柄であるが，この目的には，高次の目的と低次の目的，上位の目的と下位の目的，一般的目的と特殊・具体的目的，というように，目的内に階層性がある。したがって，目的の低次目的または下位目的をより具体的にしたのが目標である。目標（objective）は，こうした目的を達成するために設けたより具体的な目途であり，目標を目的階層内の一つの目的と位置づけると低次目的ないし下位目的に位置する。このため目標は，目的あるいは上位目的を実現するための手段でもある。このように目的の階層性間では目的と目的との間には適合的な関係があり，目的と手段との転倒・転化が生じる。すなわち，理念を達成するには目的が手段になり，目的を達成するには目標が手段になり，目標を達成するにはより具体的である手段を必要とする。政策の策定においてはこのような理念―目的―目標―手段の関係を明確にし，目的の独立性，目的に対する手段の適合性・有効性を確保すること，そして目的間や手段間に対立的関係を作らないことが重要である。

　さて，このように政策策定上の問題を考えた上で，旧基本法の政策の枠組みを見ると，「中小企業の進むべき新たなみち」を明らかにした制定の趣旨の中では政策の理念と目的との関係と区別は必ずしも明確ではない。

　むしろ，前節で述べたように，「産業構造の高度化」と「国際競争力の強化」，及び「格差是正」の２つの理念が設定されていて，後者は前者の下位理念又は前者の理念を実現するための手段であると考えられる。このことは，中小企業

政策が産業構造政策の一環に組み込まれたことを意味するが，しかしこのことから中小企業政策が産業構造政策一般に解消されたのではないことに注意を払う必要がある。中小企業政策は，「産業構造の高度化」と「国際競争力の強化」を実現するために，「格差是正」という「独自」の政策領域＝産業構造政策の下位政策を設定しているのである。したがって，この「格差是正」を実現するために政策目標が第1条で3点にわたり明記されているのである。

　こうして中小企業政策は，その後の具体的展開においては，産業構造高度化への適応政策として中小企業構造の高度化政策が中心になり，「近代化・構造改善政策，知識集約化政策」を重点として遂行されていくのである。同時に見落としてならないことは，旧基本法は，中小企業の範囲規定を「中小企業者」と「小規模企業者」とに区別し，政策対象の分化をはかることによって政策分化をしたことである。そして現実に展開する中小企業政策では，不利の是正，取引条件や労働条件の向上そして小規模企業対策が軽視される。また，中小企業全体を対象とした全体の底上げを図る政策がとられることなく，基本的には中小企業の「上層育成・下層淘汰」の政策が推進されてきたのである。もっとも，諸施策をつうじて一部の中小企業の生産力の向上，体質の強化が図られたことも確かで，その政策効果を評価することが必要である。

　しかし，基本法の理念である「格差の是正」政策は，歴史的・全体的に見ると，表18—3に見たように，現実の問題解消に活かされることは少なかったと評価せざるを得ない。それにもかかわらず，『最終答申』は，「基本法の理念・政策体系と求められる政策対応との乖離」（研究会報告）が生じているとの視点に立って，新たな政策理念に対応する新たな政策目標として1）競争条件の整備，2）経営の革新や創業の促進，3）セイフティネットの整備，の3つを挙げ，目標の転換を図ることによって個別具体的政策の見直しと転換を誘導している。この答申の3つの政策目標は，新基本法では「基本理念」に明示されると共に，第5条に4つの「基本方針」として位置づけられることになる。この「基本方針」は，政策目標を内容としたものであるが，項目的には，1）経営の革新・創業の促進・創造的事業活動の促進を図る，2）経営基盤の強化（経営資源確保の円滑化，取引の適正化）を図る，3）経済的社会的環境変化への適応の円滑化（経営の安定化，事業転換の円滑化）を図る，4）資金供給の円滑化と自己資本の充実を図ることである。

　新基本法の基本方針＝政策目標の設定は，「二重構造の変容」という認識を

立脚点に,「市場原理尊重」と「中小企業者の自主的努力」を基本に据えて,新産業の創出と創業の促進に向けてベンチャー企業やオンリーワン企業に熱い期待を寄せて重点的に支援する一方,市場での弱者や敗者に対しては「円滑な廃業・転業」を誘導しようとしているのである。その点では,政策目標の転換という基本方針は,独立した中小企業を全体的に育成・発展させて全体の経営安定と底上げを実現するという政策目標から,新産業創出と創業を推進する成長指向企業・自立型専門中小企業といった特定分野,特定企業への目標設定へと大きく転換している。このような一部企業のみを支援する基本方針＝目標の設定が,果たして中小企業の構造転換と競争力の増強に結びつき,「経済のダイナミズムの源泉」,あるいは「我が国経済の活力の維持及び強化」になりうるのかどうかは疑問なしとはいえないところである。特定分野・特定企業への支援の「選択と集中」＝ビルド・アンド・スクラップが,中小企業者の公平な事業活動の機会＝参入等事前の機会の平等性を保証することにつながらないことは明らかである。それに加えて,中小企業政策は旧基本法下での産業政策の補完的政策から,産業政策そのものに包摂・統合され,この推進が既存の中小企業の廃業・倒産を増大させることによって,逆に資源の有効的配分を損ね,経済活力の低下を招く懸念を生じさせる,と考えられる。中小企業基本法とは,まさに中小企業全体を政策対象にするが故に「基本法」であって,特定分野・特定企業への育成政策であるならば,それに対応する別個の特別法を用意するのがむしろ妥当であろう。

（5） 中小企業者の範囲の拡大

中小企業者の定義と範囲を確定することは,政策対象を限定する上で重要である。旧基本法では,中小企業者の定義は量的規定である範囲規定のみを行っていて,「独立性」といった質的定義を用いてはいない。前述したように平成5年の『中間報告』では,この範囲の拡大を意図したのであるが,規制・調整政策との関係や施策の上位シフトの起きることの問題等からそれを見送らざるを得ないという経緯があった。

新基本法は中小企業者の範囲の拡大をはかったのである。しかし,範囲の拡大は,すでに98年6月に銀行の中小企業への「貸し渋り」対策の一環として金融関係4法において,卸売業では融資対象となる資本金基準が3,000万円から7,000万円に,小売業,飲食業,サービス業においては1,000万円から5,000万

円に緊急的に引き上げられていたのである。基本法の枠組みを超える先導的政策が,「弾力的運用」という名文の下でここにも存在していたのである。

表18—4　中小企業者の範囲の改定

	従業員数	資本金額
工業・鉱業等	300人（300人）	3億円　（1億円）
卸売業	100人（100人）	1億円（3,000万円）
小売業	50人（ 50人）	5,000万円（1,000万円）
サービス業	100人（ 50人）	5,000万円（1,000万円）

（　）内は旧基本法定義。

　中小企業者の範囲を画する視点の基本的考え方をみると，旧基本法では，中小企業者とは「企業間格差の底辺に位置することを実質的要件」とし，且つ「生産性，賃金等の事後的な格差」が存在することに範囲確定を行ってきた。この場合，「格差」が主要な指標で，したがって自力での格差是正能力の有無が，すなわち株式市場における資金調達能力の有無が範囲を確定するメルクマールであった。これに対して今回改正された範囲の拡大のメルクマールは，「『市場の失敗』等を補正し，市場における競争条件のイコール・フッティングが確保されること，具体的には資金・人材等の経営資源へ円滑にアクセスする機会」の困難性の有無，とくに資金調達に着目している。さらには，物価水準の上昇，経営者の個人保証額の拡大，サービス業における平均従業員数の増大と業種拡大等が範囲拡大の根拠となり，こうした考え方から中小企業者の範囲の見直し，拡大が行われたのである（表18—4参照）。

　だが，新基本法は，範囲を拡大する量的規定の改定のみで，量的規定と質的規定とを統一的に把握する中小企業者の定義を規定しなかったのは問題として残る。中小企業の定性的基準である「独立性」の基準は，大企業の子会社・孫会社の存在もあり，「個別の施策目的に応じ適切に考慮」することによって，範囲の運用に弾力性を持たせようとしたために導入しえなかったと推測し得るのである。さらに問題は，中小企業の資金調達難や格差問題を生み出している原因が，「市場の失敗」，とくに銀行の「貸し渋り」や独占の強化拡大の現実を内実にしたものであるとするならば，範囲の拡大は，中小企業のもつ問題性が，従来の中小企業の範囲をこえた一部の中堅・大企業にまで拡大していることを示すものである。それと同時に，こうした範囲拡大は，施策対象がいっそう上位企業にシフトすることになり，小零細層はこれまで以上に政策の後景に追いやられる可能性を強めたといえよう。

（6） 小規模企業政策の配慮と放置

　小規模企業は，旧基本法が制定された時，中小企業と区別されて政策も分化されてきたのである。このため小規模企業は，中小企業一般と比較しても依然として大きな諸格差がある。小規模企業（従業員数が製造業20人以下，商業・サービス業5人以下）は，中小事業所数全体（643万）の71.8％，従業者数全体（5,735万人）の26.5％を占め，地域経済や雇用吸収と創出の場として重要な役割を果たしている[14]。しかしそれへの施策は，「小企業等経営改善資金貸付制度」（無担保・無保証人）が使用できる程度であり，また「中小企業近代化資金等助成法」に基づく中小企業設備近代化資金助成制度では，業種指定を受けた業種のなかの少数の企業が恩恵を享受してきたにすぎないのである。

　この小規模企業に関する旧基本法は，前文で「特に小規模企業従事者の生活水準が向上するよう適切な配慮」をすること，そして1章を設けて第4章に規定していた。だが，新基本法ではこれらの規定を削除し，第8条の「小規模企業への配慮」に変更して，従来とは同様の文言であるが「必要な考慮を払うものとする」としている。この場合，小規模企業政策の理念は，「これまでの二重構造の底辺を引き上げること」から「創業や成長の苗床として機能する」政策への転換，創業促進の重点化を図ることを意図している。「中小企業近代化資金等助成法」の「小規模企業設備資金法」への改称はその方向を鮮明にしている。換言すれば，既存の小零細企業全体の底上げではなく，ベンチャー企業等の創業・起業と高度な技術力や高い市場競争力をもつ個別企業さらには創業者を政策の配慮対象にしていることである。他方，政策は，市場からの敗者・退出企業にはセイフティネットの美辞の下に，廃業・転換を誘導すると共に，圧倒的多数の小規模企業には，国の政策から解き放して支援を縮小し，地方自治体の自主性に委ねるというのである。小規模企業政策は，新産業の創出と創業・起業のみを重点にする政策支援へと転換したのである。

（7） 政府の政策役割の転換

　政策を実行する主体は，政府（中央政府，地方政府）である。中小企業政策における政策理念，政策目的，政策目標の設定やそれを実現する政策手段の選択等の具体化を図る上での政府の政策関与のあり方は，国（中央政府）と地方

---

14)　『平成11年版　中小企業白書』付属統計資料参照。総務庁「事業所・企業統計調査—平成8年—」より。

すなわち都道府県（中間自治体）・市町村（行政の基本単位）──との役割のかかわり方や政府と市場との関係をどのように位置づけるかによって規定されてくる。

　新基本法に貫徹している政策思想は，市場原理の尊重＝市場メカニズムを基本にして，「経済的規制は原則自由・社会的規制は必要最低限」という視点に立っていると同時に，企業に対しては自己責任原則に基づいている。したがって，この原則を基本にするならば，国・政府の中小企業への政策関与・介入は，本来的には，市場における中小企業の競争条件の整備（中小企業者の事業活動の機会の平等性の確保や公正な取引条件の確保）とその競争機能を阻害する要因を除去することにあるのであって，このことを前提にして初めて中小企業が「経済の活力の維持及び強化」（第3条）の使命を果たせるのである。確かに，新基本法では「取引の適正化」（第20条）が規定されているが，競争上の実質的平等の確保・不利の補正が基本理念に据えられているとは言い難いのである。

　さて，問題は，国と地方自治体との役割分担であるが，その役割分担の大きな転換が見られる。即ち，旧基本法では「地方公共団体は，国の施策に準じて施策を講じるように努めなければならない」（第4条）と規定していた。このことが，新基本法では「地方公共団体は，基本理念にのっとり，中小企業に関し，国との適切な役割分担を踏まえて，その地方公共団体の区域の自然的経済的社会的諸条件に応じた施策を策定し，及び実施する責務を有する」（第6条）と変更し，地方自治体へ政策移譲をしようとしている。このこと自体は，中小企業の地域的密着性や一定地域における産業集積の存在を考慮すると評価し得ることではある。これに対し国の役割は，基本政策のフレームワークの構築や指針の提示，制度設計や全国的規模・視点の施策メニューの確保，先進的モデル事業の推進等に関する「施策を総合的に策定し，及び実施する責務」（第4条＝国の責務）へと国の関与・介入を相対的に縮小させ，転換を図っている。しかし，この国の役割の転換で見落としてならないことは，政策の実行機関である中小企業事業団がすでに中小企業総合事業団と改組（99年7月）され，政策の重点化を通じて中央統制のいっそうの強化の方向を意図していることである。加えて，中小企業対策予算は1967年度には一般歳出の0.88％であったのが，99年度にはわずか0.41％（1,923億円）にまで低落していることと関係している。

　こうして国・政府の政策関与は，国家財政の赤字と危機を背景にして，一見

すると従来の中央集権的政策思想から地方分権的政策思想へと転換したかのように見えるが，その内実は，企業の自己責任と財政基盤の弱い地方自治体の自主性・政策能力に委ねられ，国の財政的保証からの逃避，政策支援の縮小とそれに反して中央統制をいっそう強化していく可能性をもっている。このことは，中小企業設置法の「健全な独立の中小企業の育成・発展」という政策理念が，ますます雲散霧消していく途を作り出している。

4　21世紀中小企業政策の方向性

中小企業政策審議会答申「21世紀に向けた新たな中小企業政策のあり方」とこの答申内容にそった中小企業基本法の改定は，中小企業像のみならず，政策理念を大きく転換させるものになった。政策転換の柱は，旧基本法が「格差の是正」を政策理念として中小企業全体の育成・発展を政策対象にしてきたのであるが，これを「経済の活力の維持及び強化に果たすべき」中小企業，とくに新産業の創出と創業を図るベンチャー企業や一部優良企業の育成・発展を政策対象の重点に据えようとすることである。この政策対象の転換は，中小企業政策が中小企業設置法での経済力の集中防止，独占・大企業への対抗勢力を育成するための独自の中小企業政策からの大転換である。それのみか，旧中小企業基本法での中小企業政策は，産業構造高度化への適応政策を重点としてきたのであるが，これからは新産業の創出と創業をはかる中小・ベンチャー企業の育成という産業・企業創出政策へと転換したことである。中小企業政策は，その転換の歴史をみると，まさしく中小企業独自政策から産業構造適応政策へと転換し，そして現段階では産業・企業創出政策としての産業政策に統合，転換しているのである。こうした中小企業政策の方向転換は，特定産業・特定企業を育成の重点とするために中小企業内部での競争の対等性を損ね，「我が国の経済の基盤を形成」している現実に存在する圧倒的多数の中小・零細企業を政策支援の対象外に置くことになり，結果として経済の基盤を崩壊させる可能性をもっている。また，この矛盾の解決を対外政策に求めるには問題が大きく，限界がある。

新中小企業基本法の制定・施行と政策の大転換が進行し，問題が重畳化・複雑化していることに対し，中小・零細企業の経営の安定とそこに働く人々の生活の向上をいかに図るかという中小企業政策の原点を認識し，その立脚点から

新たな中小企業政策の再構築が求められている。その政策の課題は，経済活力の源泉としての産業政策か，それとも独占の対抗勢力としての中小企業独自政策の確立をはかるか，という2つの方向がある。前者は個別企業の経営戦略判断に依拠する個別企業重視の誘因型中小企業政策であるのに対して，後者は競争的市場機構の確保＝競争の実質的対等性の確保をはかる中小企業総体重視の誘導型中小企業政策である。答申と新基本法が前者の視点であるのに対して，筆者は後者の視点にたっている。

中小企業総体重視の中小企業政策は，企業性（効率性・競争性）と社会性（人間性，地域性）の2つの視点を導入し，総合化して政策の体系化を構築することである。そしてこの政策の体系化を図っていくうえで不可欠なことは，制度としての経済民主主義をいかに形成・確立するかが重要となる。経済民主主義は，中小企業政策の結節点であり，媒介項である。経済民主主義は，市場参加者の自己規律と共通したルールの遵守という社会的規制を競争基盤の基礎的前提として，市場機構と市場機能の有効性を発揮するための競争ルールを確立すること，具体的には独占禁止法の強化と厳格な適用を図ることである。

現代的独占が支配する高度に発達した日本経済のなかでの中小企業政策の核心は，中小企業を独占に対抗する競争の担い手そして経済民主主義の形成者として位置づけることにある。この政策理念の方向でこそ健全な独立した中小企業が育ち，地域経済そして国民経済の発達に資するであろう。経済政策の中軸に中小企業政策をまずもって位置づけることである。

第19章　中小企業政策の国際比較*
――分析方法と比較基準をめぐって――

1　激変する世界と日本――問題意識――

　戦争の世紀，激動の世紀だった20世紀が終わり，21世紀が始まっている。第2次大戦後に約半世紀続いた「米ソの冷戦体制」の崩壊，それに伴う世界の市場経済化，経済のグローバリゼーションと大競争の進展，情報・通信技術が加速化し，今や地球環境を重視する価値観が世界の潮流となっている。この市場経済化，グローバル化，情報化の奔流が相互に規定し促進しあいながら，多国籍企業のグローバル企業をめざした合併・買収・提携，合従連衡の世界的再編を招き，国境を越えた「資本連合」としての世界独占の登場・形成を促迫させている。グローバル企業の活動は，購買，製造，販売，研究開発等の事業展開を世界大で展開し始めているのである。まさに「資本と生産の世界的集積」の新しい段階，資本の世界的競争の段階にはいっている。米・欧・日の3極を軸にしたこうした多国籍企業の世界独占体制の形成は，資本が支配する新しい国際的ステージへの進化である同時に，日本経済を大きく揺さぶり，経済構造・産業構造の変革を迫っている。

　たしかに，日本経済は，80年代に欧米へのキャッチアップのプロセスを完了したものの，資源依存型の経済が大量生産，大量消費の産業構造を限界まで押し上げた。しかし，90年代のバブル経済崩壊後の「失われた10年」の中でさえ，グローバル化時代に対応する経済システム転換を果たしえず，深刻な経済構造の問題に直面している。日本の企業制度の根幹をなし，成功要因であった日本型システムといわれた終身雇用，年功序列，企業別組合，株式の相互持ち合い，

　＊本章は，「世界化のなかの中小企業政策」全商連付属・中小商工業研究所編『現代日本の中小商工業―国際比較と政策編―』新日本出版社，2000年4月，福島久一編『中小企業政策の国際比較』序章，新評論，2002年4月，所収のものを基礎に加筆・修正している。

第19章 中小企業政策の国際比較 479

企業間の長期継続取引や企業集団，下請・系列制等が修正・再編と崩壊の過程に入り，企業の倒産・廃業が開業を上回る事態が続いている。こうした中，一部の中小企業を含む日本の独占大企業は，国内では生産の縮小，雇用削減，下請・系列企業の切り捨て・再編といった合理化を推進する一方，過剰生産，過剰資本を克服する手段として，アジアを中心に積極的な海外直接投資を行っている。独占大企業は，グローバル企業をめざして活発な生産拠点の海外移転や海外生産の拡大，製品・部品・資材の国際調達や日本への逆輸入の拡大等を通じて世界的視野での資本蓄積・再生産構造の再編成を展開している。

　日本の独占大企業の本格的なグローバル化の進展と世界独占体制の形成は，国内独占と世界独占との対抗と協調を基調としているが，これまでの国民経済構造に規定され，その枠内で発展してきた日本中小企業の存立の条件と場を世界経済構造から直接的に規定されることに変化させた。中小企業は世界経済に組み入れられ，深く関連し，その存立を世界市場から規定されることになる。とりわけ情報通信革命は，市場の場の空間的拡大——例えば，インターネット取引に見られる「仮想市場」，国境をこえる電子商取引であるB to B取引やB to C取引——を加速させ，その結果，中小企業といえども世界市場という新しい市場と結びつき，投げ出され，影響を受けることになる。インターネットを媒介にした製品・部品・部材の国際調達や国内の地域産業集積の崩壊と新たな創出の動き等に現れ，グローバル経済とローカル経済とが直結する段階に入っている。こうして国内外を一体化した新しい国際的ステージの下での日本経済の構造矛盾が中小企業・労働者に集中的に転嫁され，総体としての中小企業に新たな構造問題を現出させているのである。こうして激変する内外経済での現段階の中小企業政策の課題は，新しい世紀に合ったどのような皮をまとい，いかなる中小企業像を設計・構築するのか，そのグランド・デザインの視座を画定し，変身することを求められている。我が国の中小企業政策は，1963年に制定された中小企業基本法に基づいて実施されてきたが，99年12月に抜本的に改正され，政策理念の大転換をはかったのである。まさしく日本中小企業にグローバルな理念へのパラダイム転換が起きており，過去の歴史を延長するだけでは未来を描くことはできない状況なのである。21世紀の中小企業がどのような方向に変身し，いかなるビジネスモデルを構築するかが課題となっている。

　以上のような日本中小企業の問題と政策の方向を意識して，中小企業政策の国際比較という課題に接近したい。とりわけ日本中小企業がアジアを中心に世

界的に進出し,活躍している今日,日本の中小企業政策がグローバル経済にどのように適応していくのか,また日本企業の進出先国でどのような問題が起きていて,しかも解決を迫られているのか,という視点から世界の中小企業問題と中小企業政策の国際比較の分析方法と比較基準の検討を通じて民主的中小企業政策の構築方向を探ることにする。

2 中小企業政策への期待の高まり

　世界が動いている。それは,情報・通信技術(ICT)革命が地球規模で時間と距離を縮め,その加速化が経済のグローバル化と一層の競争を促進するという両者の相互規定・同時進行による急速な変化である。そして経済のグローバル化の進展は,一国を単位にした国家や経済の枠組み,国境を残したままの国際的経済諸関係を越えて,市場原理を軸にした地球規模大の経済が一体化した新しい段階に入っている。このグローバル化の方向は,労働力,財・サービス,資金,情報・知識といった経済資源の利用・移動のみならず,取引慣行,慣習をも含めたアングロサクソン型グローバル・スタンダード化(フリー,フェア,オープン)として普遍化されようとしている。しかもこの世界標準化の動きは,米欧日の多国籍企業が,合従連衡を通じた合併・買収,合同,資本・技術・業務等提携を図ることによって,全世界的な企業を目指すグローバル企業への飛躍として位置づけられている。自動車生産の「ダイムラー・クライスラー」のグローバル企業誕生はその象徴であった。多国籍企業の活動は,国際的展開から世界的展開へと大きく広げると同時に,世界大での競争に勝ち抜くための競争優位の条件と場を確立し,購買,製造,販売,研究開発等の事業展開を世界の中で最も効率的な環境下で行うべく活動して最大限利潤を保証することにある。現段階は「まさに企業が国を選ぶ時代」へ突入したのである。

　こうした一部中小企業を含む多国籍企業の世界的展開とそれら国際独占資本間の大競争は,結局,一国の社会経済構造をも規定することによって,従来とは比べものにならない程に格段の経済の動揺と不安定性を国民経済のみならず,世界経済に内包させることになっている。特に製造業における多国籍企業の本格的世界展開は,海外生産比率と海外雇用比率を拡大する一方,国内では生産と雇用を縮小し,「産業空洞化」と「地域の疲弊」をもたらし,失業の増大,貧富差の拡大,地域間格差の拡大等を醸成している。こうしたことは,まさに

グローバリズムとナショナリズムとの利害対立・相克を意味しており，新時代を迎えた今，いかにして国内の社会経済を安定化させるかという厳しく困難な新たな課題を提起している。

そして世界経済の動揺と不安定性への対応として，また自国経済の再生や経済の活性化をはかる経済問題解決の鍵として，世界では中小企業の果たす役割への期待と関心の高まりが起きている。国際機関である ILO（国際労働機関）や UNCTAD（国連貿易開発会議），UNIDO（国連工業開発機関），OECD（経済協力開発機構）をはじめ，地域経済統合をめざす EU（欧州連合）や ASEAN（東南アジア諸国連合）等では中小企業の経済的・社会的・地域的な諸活動の重要性を認識し，その育成と振興の促進を求めている。

さらにこうした動きとともに，世界各国では，市場経済へのスタンスの違いを持ちながらも，それを基調にしたグローバル経済における中小企業の存在意義，ダイナミックな成長・発展への期待と可能性，さらには新しい中小企業政策の必要性と施策の強化等が新たな課題となっている。各国の中小企業の政策を一瞥すると，いずれの国も中小企業の果たす役割への期待が大きいといえる。先進国の欧米や日本では，大企業のリストラクチュアリング（事業の再構築）が進行するもとで雇用の合理化・削減が激しく，中小企業や創業が，雇用の吸収と創出，地域振興や新産業創出の観点から期待されている。東欧や旧ソ連の旧社会主義国では，中小企業の簇生と企業家活動の活発化が市場経済化と経済再建への担い手として，社会主義市場経済を目指す中国は，国有企業改革のため郷鎮企業を中心にした民営化への移行と経済成長への役割を，そしてベトナムではドイモイ政策の下で中小企業の振興によって企業の競争力強化と雇用吸収力の向上を期待している。発展途上国，とりわけアジア NIEs の台湾，韓国，シンガポールでは新技術，新産業を開拓する原動力に，タイ，マレーシア，フィリピン等の ASEAN では大規模生産のサポーティング・インダストリーと輸出振興を担う等が期待されている[1]。

もっとも，こうした期待の差異は，各国の中小企業の定義・範囲，中小企業観，中小企業政策の理念や政策目標等に違いがあるからである。したがって中

---

1) 海外の中小企業の現状と政策を論じた著作が近年多く公刊されているが，中小企業政策の国際比較に関するものは少ない。政策を取り上げていても当該国の政策紹介や特徴の指摘であることが多く，政策比較や政策評価・政策効果に関わる議論は余り見られない。中小商工業研究所編『現代日本の中小商工業―国際比較と政策編―』新日本出版社，2000年4月参照。

小企業の果たす役割への期待は,各国の歴史的・文化的背景,経済社会の発展段階や産業構造,さらには自国の置かれた国際環境によって様々のものがあると同時に,その役割も時代の状況に応じて変化している。そして各国が採用する政策にも,差異と多様性が認められるのである。ともあれ,中小企業への期待は,経済のグローバル化と世界経済のシステム化が進行すればする程,むしろ地域密着性と競争性を持っている圧倒的多数の存在である中小企業セクターの新生と安定化の方向こそが健全な均衡ある経済構造の発展につながると考えられていることにある。

しかしながら,先進資本主義諸国,旧社会主義諸国そして発展途上国諸国のいずれにおいても,総体としての中小企業は「異質・多元」の存在であるだけに,中小企業の積極的役割への期待と可能性のみには留まらない。総体としての中小企業は,確かに一面では発展の可能性をもっているが,他面では問題性を含む,二面的性格があるのである。欧米日の多国籍企業の活動を中心にした経済のグローバル化と世界経済のシステム化の進展が,各国の中小企業の存立の条件と場を大きく変化させて新たな構造問題を現出させていること,しかも中小企業は,多国籍企業化した独占大企業の場合とは質的に厳しい条件にありながらもグローバル経済に適応せざるをえないということ,それ故に歴史的・構造的視点のみならず,世界的視点からの中小企業政策が要請されているのである。多国籍企業の世界的再編と展開の本格化は,中小企業問題の新たなる展開,「世界化」でもあり,「中小企業問題はいまやグローバルな構造矛盾」[2]に転化したといえるのである。こうして現段階の中小企業問題は,国民経済構造の矛盾の一局面であるだけではなく,グローバル経済構造の矛盾の一局面へと転廻し,分析視座のパラダイム・シフトが起きているのである。そしてこの座標軸の転換は,具体的にはこのグローバル経済の中のパラダイム転換における中小企業の存立・存続に対して,グローバルで普遍的な中小企業研究の視座と方法の確立が問われているのである。

かつて山中篤太郎氏は「国際性のある」中小企業理論への転廻を,「経済の

---

[2] 佐藤芳雄「はしがき」日本中小企業学会編『大転換する市場と中小企業』,1998年4月,同友館。なお,同氏編『21世紀,中小企業はどうなるか――中小企業研究の新しいパラダイム――』慶応義塾大学出版会,1996年5月,第1章では,パラダイム・シフト(座標軸の転換)を組織,市場,技術の3軸の転換から整理し,その転換の内容とスパイラル的連関発展を論じている。

国際化」と「世界の中の中小企業」との二つの視野に区分し，前者の動向は後者の動向の一つの推進要因になっているとした。その意味で，「世界の中の中小企業」を，各国の中小企業認識の相違を認めた上で，「なおこれを統一して一体として認識する統一的理解法則」[3]をもつことが，科学的な中小企業認識となるにいたることを指摘していた。その含意は，中小企業の世界化を認識した上での国民経済構造と世界経済構造との区別とその連関を統一的に把握することであると考えられる。

いずれにせよ，中小企業への重要性が世界的に共通する認識となっているものの，その重要性と期待の内容には，中小企業の成長・発展だけではなく，多国籍企業や独占大企業との関係から生じる問題性を内包しており，各国中小企業の存在と構造，存在意義と経済的・社会的・文化的役割，中小企業の創業・存立・存続を保証する政策等には差異がある。

3　国際比較の方法と基準

(1)　中小企業の範囲・定義の多様性

中小企業政策を実施する場合，その対象としての中小企業の範囲・定義を確定することが必要である。瀧澤菊太郎氏は，「中小企業とは何か」を明らかにすることは，1) 中小企業政策を具体的に実施すること，2) 中小企業の国際比較を可能にすることのために重要な意味を持っていると指摘している[4]。

「中小企業とは何か」の理論的概念規定は，各人の立場の相違，課題設定への問題意識や視角，問題内容の重点の置き方，各学説によって異なっていて多様である。そしてその量的範囲規定もまた，各国の経済発達段階，生産力・技術水準，更には政策意図等によって法的・制度的に差異がある。また，法的整備が行われていない国ではその範囲さえ明確でないこともある。旧社会主義国

---

3) 山中篤太郎「経済の国際化と世界の中の中小企業」，藤田敬三・藤井　茂編『経済の国際化と中小企業』有斐閣，昭和51年11月，第2章，31ページ。ここでの「世界の中の中小企業」とは，各国中小企業の存在と中小企業認識の形成，そしてそれを貫くものとしての世界化（その要因は，1) 中小企業の重要性認識，2) 大企業展開との対比における認識，3) 中小企業相関についての国内的視野の国際的拡大）が与えられることであるという（30—31ページ）。

4) 瀧澤菊太郎「中小企業とは何か―認識型中小企業本質論―」小林靖雄・瀧澤菊太郎編『中小企業とは何か―中小企業研究55年―』所収，有斐閣，1996年，1—34ページ。

では，中小企業というよりは国有・公有企業と民営・私営企業との区別が軸で規模の大小が重視されないこともある。

加えて，規模概念においても「事業所規模」か，「企業規模」か，という問題がある。中小企業の場合，多くの場合1企業1事業所であることが支配的である。これに対し大企業の場合，1企業で複数以上の事業所を所有していることが多く，その中には中小事業所もあり，事業所を政策対象にすると大企業が中小企業政策の対象となり矛盾が生じる。また，規模概念を検討する場合，「生産規模」か，それとも「経営規模」か，という違いがある。前者は，生産技術的要因によって決定され「最小費用規模」を目的にしているのに対して，後者は経営管理的要因によって決定され，「生産規模」概念をも含んだ「最大利潤規模」を目的にしている。両者は区別されるものの，密接な関係にあり，いずれか一方だけの分析では問題が残る。そして規模を計測する基準にどのような指標を使用するかも各国によって異なっている。計測する指標としては，従業員数，資本金額，出荷額，販売額，付加価値額，固定資産額等が用いられるが，それも各国によって異なっているし，また業種によっても使用する指標は異なることが多く，規模の区分にも相違がある。日本は，従業員数と資本金額の2つの指標を基準に使用して，工業・鉱業等，卸業，小売業，サービス業における中小の規模範囲を定めているが，諸外国と必ずしも同一ではない。このように中小企業の範囲・定義は，いまだ必ずしも科学的に定説化されておらず，中小企業政策の策定上から量的規定をしているものの，各国によって異なり，多様である。量的規定は，変化する相対的概念であるが故に中小企業の本質を明らかにするにはその質的規定が問われるのである。

（2） グローバル矛盾としての中小企業

中小企業の国際比較を分析する前提として各国中小企業構造の現状を歴史的に把握し，そこでの問題がいかなるものであるかが重要となる。中小企業を政策対象の課題とするために中小企業問題の内容が問われるのである。いずれの国の場合も，中小企業が大量・広汎に存在しているが，この事実は中小企業が安定的に存立していることを必ずしも意味するものではない。中小企業の中には成長し，場合によっては「中堅企業」，大企業にまで成長・発展する企業もあるのは事実である。しかしながら，こうした事実があることを認めるにしても，中小企業全体ではほんの一部であり，その成長・発展も内実は新しい中小

企業層を利用していることがあることも否めない。また，小零細企業といえども業績の優良な企業が存在することも少なくはない。こうした点で中小企業の成長・発展性を認めるとしても，それが全ての中小企業ということではない。むしろ他方では，個別中小企業の圧倒的部分がグローバル経済構造矛盾・国内経済構造矛盾をもっており，問題性を担う中小企業群としての存在が全体の支配的傾向である。換言すれば，個別中小企業は，発展性と問題性という「存立の二面性」をもっており，この二つの側面が相互規定的・同時存在の関係として規定されている。このミクロの問題が同時に，国内経済構造矛盾としてのみならず，多国籍企業・世界独占が形成されている現段階では中小企業の「グローバル矛盾」として止揚され，グローバルなマクロ問題へ転位しているのである。そしてこのグローバルな矛盾の中で中小企業の発展性を重視するか，それとも問題性を重視するのかは各国の政策理念や世界経済における「条件と場」によって異なるが，政策の国際比較をするには問題性への分析が重要である。何故ならば，中小企業が成長・発展していく場合でも，制約としての問題性を解消せずしては不可能であるからである。したがって分析の対象は，問題性を担う中小企業であって，問題性＝矛盾がどのような原因によって生じているのかを明らかにすることが政策対象を確定する上ではまずもって重要となる。問題性は単に規模が中小であるということではない。つまり中小規模が問題性そのものではなく，問題性の原因が独占・多国籍企業の存在に伴う規模の中小であることに密接に関係しているのである。現段階では，多国籍企業・世界独占─国内独占大企業─国内中小企業─海外子会社を含む現地企業─国内外労働者の関係が，種々に多様・複雑に関係し，輻輳して中小企業に矛盾が存在している。この諸矛盾の把握から中小企業政策の国際比較をするためには，各国が置かれた内外状況の中で，総体としての中小企業の問題性が，世界経済に規定されたグローバル矛盾か，国内経済構造矛盾かのいずれに強く規定されているのか，またその両者の規定による矛盾（単純な「二重の収奪論」ではない）であるのかを明らかにしなければならない。何故ならば，現実世界における資本の世界性と資本の国民性との対抗・協調が激しく展開する中で，中小企業の構造問題の解決の方向性を見定めることが必要と考えられるからである。

（3） 政策主体と中小企業政策の位置

さて，中小企業政策という場合の政策対象は，個別中小企業の視点からの経

営戦略ではなく,「中小」という一定規模企業であるが,その「層ないし群」である「総体としての中小企業」であり,したがってその政策は,独占・寡占との競争と協調,支配と従属というような極めてマクロ的な政策枠組みが求められる。したがって中小企業政策は,政策主体が総体としての中小企業の問題性の内容を把握し,それを政策的に解決しなければならないのかどうかを意識化し,政策として取り上げることによって政策課題になる。この政策課題の解決形態として,政策問題としての中小企業の政策理念・目的が設定され,政策の策定・形成と実施が進められることになる。しかし政策主体が誰であるか,その性格や政策策定への参加システム,さらに策定形成プロセスによって政策のあり方や意義にも違った様相を生じさせる。政策は「誰が,何を目的に,誰のために,どのような規模で」行うのかが問題であり,当該国の経済民主主義の成熟度を反映するものである。

　それでは政策の担い手である政策主体とはなにか。一般に政策参加による主体は,政策の形成・決定・実行の3つの主体に区別しうる。政策の形成主体としては,国民・住民,利害集団である中小企業者を含む経営者団体,労働組合,消費者・住民団体が中心であるべきであるが,政党・官僚に委ねられていることが多い。中小企業者,住民,労働者の声が中小企業政策の策定過程において反映するかが経済民主主義の定着度を示すことになり,政策形成主体の根幹である。決定主体は,近代代議制の下では国権の最高機関である議会であるが,政策が専門技術化してきているために,議会が軽視・形骸化され,政策策定から決定に至るまでの過程は実質上では行政・経済官僚に依存していることが多い。そして決定された政策は,政策実行主体である国家,その意思代行機関としての中央政府,または地方政府と具体的に担当する省や部局が担うことになる。また公共政策（public policy）としての中小企業政策は,一国を単位とした場合には国家または地方自治体によって遂行される。さらに,今日では先に指摘したようにILO等の国際機関やEU,ASEAN等の地域経済統合機関でも中小企業政策の重要性を認識し,政策主体として当該国政府と調整をはかりながら振興指針の策定や政策勧告をおこなっている。問題はこうした政策の参加,決定,実行の各過程がいかに民主的に行われるかであるが,とりわけ決定過程は最も重要である。なお,政策主体としては,下請関係に見られるような親・大企業の下請中小企業政策といったような個別企業の立場からの政策もあるが,ここでは取り扱わない。

こうして設定された中小企業政策は，資本主義国では資本主義的経済政策に基底において規定されてはいるが，公共政策における経済政策一般とは区別された相対的に独自の政策領域をもった政策として存在する。経済政策が経済全体を対象とするのに対し，中小企業政策は経済政策の一構成分野であるが，中小企業を対象にした特殊な独自の一政策分野を構成しており，産業政策，労働政策，社会政策，地域政策等の特殊政策分野と相互に密接に結びつき，また重なり合う性格を持っている。しかし各国においては中小企業政策の政策有無に始まり，その位置づけ（経済政策の一環か，産業政策の一環か，地域政策の一環か，雇用政策の一環か等），国民経済での役割（競争政策，反独占政策，雇用政策，創業・起業政策，輸出振興政策等），政策重点等に相違があるのはいうまでもない。さらには各国の経済発展段階や中小企業に関する法律，制度の有無，商慣行・習慣等各国の歴史的・構造的・制度的差異が存在している。したがって，各国の中小企業政策の個別性・特殊性と一般性・普遍性を明らかにしたうえで政策の国際比較をすることが求められる。

（4）　国際比較のための政策類型化

　中小企業の海外直接投資を含む多国籍企業の世界的展開と世界独占の形成という経済のグローバル化は，先進国であれ，発展途上国であれ，各国中小企業との関係では直接的・間接的に問題を内包しており，各国における中小企業問題の個別性・特殊性の他に，グローバル矛盾としての共通性をもってきている。その結果，従来の国民経済の中の中小企業政策という視点に固有であった一国レベルでの政策理念や政策論理は変容を迫られている。何故ならば交通・運輸，情報・通信技術の高度の発達は，企業・産業，とくに製造業において企業が国や立地を選び，国家を越えた空間での活動を可能にしてきているが故に，世界経済の中での広域的地域（great-sphere）政策やグローバル政策の重要性を増進させることになっているからである。

　それでは中小企業政策が対象となるのはどのような「地域空間」[5]であり，

---

5) 地域の概念は多義的に使われていることが多い。地域を含意する用語では，例えば，集落―市町村―地域全体―地域間―国間等にも用いられ，さらに類語には，地区，地方，圏等がある。このことから地域とは歴史性，文化性，経済性，社会性等の何らかの特性を共有している国土の一定の区域であるといえる。
　　また，英語では，area, local, region, district, zone, community, sphere 等がある。ここでは経済的特性を共有できる区域を地域と考え，一定の経済地域を想定している。

またどのように「地域空間」を設定するのか，その政策対象領域をどのような政策主体—例えば国連のような「国際的政策主体」であるのか，EUのような広域的地域政策主体であるのか，一国レベルでの政策主体であるのか，道府県や州政府のような地方自治体であるのか—が政策を担うのかが課題となる。すなわち，中小企業政策の「地域空間」は，従来の国民経済を枠組みにした一国経済単位の中小企業政策から，企業の経済活動領域の広域化・国際化のもとでは，二国間・多数国間，更には地球的規模へと拡大しているのである。今や中小企業政策は，1国経済単位を越えて複数国での政策理念の共有化（広域的地域中小企業政策），さらには世界的レベルでの理念の普遍化（政策の世界共通化）が要請されているのである。例えば，EUでは，マーストリヒト基準（EU条約，92年2月調印，11月発効）の充足に向けて，各国が従来採ってきた中小企業政策の実施範囲を著しく狭めつつ，ヨーロッパ全体の政策強化の傾向を一段と加速させている[6]。したがってEUのような場合を考えると，どのような政策主体を基準にするのか，すなわちEUという地域統合体と構成各国の政策主体との関係における政策決定の主体が誰であるのか，またどのような政策モデルを設定するのか，そして政策の整合性や調整の問題等が政策の国際比較をする上で問題となる。しかし他方では，一国政策レベルではなく州等の地方自治体レベルへの政策の分権化も進んでいることに注目しなければならない。

　このような世界的認識に立って中小企業政策の国際比較をする場合，政策の類型化[7]を試みることが必要である。中小企業は「異質・多元」であるが，そのことをも反映して中小企業政策は各国の問題意識や政策関心によって異なっている。しかしながら，現段階では中小企業問題が「グローバル矛盾」であるという立場からすると各国に共通する問題の共通性を抽出すること，したがって中小企業政策の国際比較の類型化は，まず何よりも多国籍企業・世界独占との関係において各国の政策が意識化され，策定されているかどうかが視点に据えられなければならない。この客観的基準を第1次視点にして，次に第2次視

---

6) （財）中小企業総合研究機構訳『ヨーロッパ中小企業白書　第6次年次報告2000』同友館，平成13年6月刊の「第8章　中小企業政策における新たな展開」および「第13章　政策提言」を参照。なお，「条約」や「規約」のような拘束力はもたないものの，「EU基本権憲章」の制定（2000年12月）がEU構成国の政策の共有化を促進するものと考えられる。
7) 類型（Type）とは，本質的な特徴を共通にもついくつかのものから抽象した1つの型を意味し，理念型（Ideal Typus）とも考えられるが，その特色は経済的現実を個性的・質的に把握することにある。

点としての国内独占・寡占と中小企業との関係における政策である。中小企業政策には世界独占・国内独占による収奪問題が常に存在していることに留意しておかなければならない。

このような政策類型化の客観的基準を基本前提に，政策類型化のための具体的・客観的な比較の指標＝基準が問題になる。政策類型化へのアプローチと指標はまさに多様である。取り上げる問題意識や視角によって異なってくる。政策比較の主要な指標＝基準を考えると，社会経済的状況の均質性，経済の発展段階別，国・地域別，政策理念・目的・目標と政策手段，政策策定過程，経済民主主義の成熟度，個別分野の施策（プログラム）別―産業別，課題別，地域別，中小企業政策と自営業者対策のような階層別，個別事業（プロジェクト）別等―さらには具体的な政策内容における近代化政策，構造改善政策，技術・情報政策，経営合理化，協同化・組織化，取引条件の適正化，輸出・輸入の振興，事業活動の調整，創業・起業政策，労働政策，金融・税制，環境政策，国際化政策等々である。各国で採用されている中小企業政策は複雑且つ多種多様である。

そしてこうした中小企業政策の比較基準を認識し，明示することによって各国の特徴ある政策の内容や政策の世界的共通性を明らかにすることができる。かつて山中篤太郎氏は，世界の中小企業を3類型化し，さらに細分類をしていた。それによると，1）産業化国型（A型イギリス，B型欧州大陸，C型アメリカ，D型日本），2）発展途上国型，3）社会主義国型，の6つの型に整理している[8]。しかし，冷戦体制が崩壊した今日のグローバル経済段階における世界中小企業問題と政策を検討する前提として世界の経済を考察・類型化する場合，1）の産業化国型を「多国籍企業国・先進国型」に，2）の発展途上国型は韓国，シンガポール，台湾，メキシコ，ブラジルのようなNIEsと，それ以外の諸国との区別，そして3）の社会主義国型もソ連，東欧諸国の社会主義が崩壊して市場経済へ移行しているこれら諸国と，また，それとは少し違うが社会主義市場経済をめざす中国やドイモイ政策を推進するヴェトナム等を区別した上で「旧社会主義国型」として位置づけるのが妥当であろう。このように社会経済的状況から国際比較をする仮説として試みるのも1つの政策類型化である。また，中小企業政策の中の特定のプログラムあるいは特定のプロジェク

---

[8] 山中篤太郎『前掲書』20―29ページ。

トから類型化をはかることも出来よう。類型化は何を指標に用いるかによってまさに多様に可能である。

4　中小企業政策の評価基準と民主的中小企業政策の構築

　市場経済化を原理にするグローバル経済，企業の多国籍化，市場の一体化の展開は，「反グローバリゼーション」の運動の高まりに見られるようにグローバリズムとナショナリズムの対抗を生み出し，雇用問題，所得格差，地域格差，文化問題や環境問題等様々な問題を現出させていると同時に，地域に存立する中小企業問題を醸成し，複雑化させている。国内中小企業問題が国際問題として顕在化し，逆に国際問題が国内問題として波及する今日，そのことの中から個人と地域を重視する考えへの発想転換，とりわけ中小企業を基盤とするネットワーク構造へのパラダイム転換を促している。20世紀が規模の経済とグローバリゼーションの基準である効率性・競争性を最優先する原理（経済性・グローバル企業性の原理）であったとするならば，21世紀は個人・地域とネットワークを基準とする公平性・社会性を採用した原理（人間性，地域性の原理）への転換が必要である。そしてその上で効率性・競争性と公平性・社会性の対立ではない両者を止揚した第3の基準として自然・環境基準を新たに設定することが重要である。むしろこの自然・環境基準が地球環境を重視する世界の潮流と適合的であると考えられ，効率性基準と公平性基準の上位基準として位置づけ，21世紀型政策の評価基準となりうるべきである。こうして経済政策・中小企業政策の有効性の政策評価を行うことである[9]。グローバリゼーションとの矛盾は地球環境問題を頂点にして生活の場，とくに地域に最も鋭く現れているからである。つまり，市場経済のグローバル化の進展は，一方で世界独占の形成と国内独占の強化，産業の集中化を生み，他方で「市場の失敗」（market failure）の拡大と深化を醸成しているのである。

　「市場の失敗」は，市場メカニズムが有効に機能しないがゆえに潜在的競争

---

9)　三輪・ラムザイヤ両氏の主張によると，「日本の政策研究は，政策評価の重要性や適切な評価の内容が十分には理解されず，適切な評価が行われてこなかった」，また「研究者の間にまで『政策評価』に対する関心が弱かった」と断じている。三輪芳朗・J. Mark. Ramseyer「日本の経済政策と政策研究，とりわけ政策評価について—『産業政策』のケース—」一橋大学経済研究所編『経済研究』岩波書店，2001年7月，VOL.52, NO.3, p.203 を参照。

者を市場から閉め出すのみならず，独占力を抑制し，競争者として地域に密着して存在している中小企業の新たな問題となっている。中小企業政策の場でいえば，グローバル市場，広域的地域市場で活動する内外多国籍企業・世界独占の支配とナショナル市場での国内独占・寡占の支配とが絡み合いながら，それらとローカル市場ないしリージョナル市場で活動する中小・零細企業との矛盾から生じる多層的・重層的で多様な政策展開である。それは独占に対抗し，独占と競争する圧倒的多数の中小企業が競争過程で正当な成果配分を得られるように中小企業を支援し，促進する政策を必要にする。競争における国際的ルールの設定・確立と反独占政策の強化，投資における多国籍企業の規制と「地域再投資法」の制定，大企業に比較して政府規制や市場へのアクセス等への情報収集の不十分さによる競争上の不利の克服等々である。

　もとより，総体としての中小企業は国民経済における競争の担い手であるが，中小企業の圧倒的多数は，大企業に比して地域に存立基盤をもつ地域密着型企業である。地域経済・地域産業の主要な担い手として地域の雇用吸収と創出，地域の所得の確保，地域産業の苗床と創業といった経済的役割を果たしている。こうした経済的役割だけではなく，中小企業は，主として地域に立地するがゆえにその地域社会では社会的・文化的役割をも担っていることを無視することはできない。とくに，中小企業は，地域社会に「埋め込まれた」(embedded)存在であり，地域を存立の場とすることによって経済的・社会的・文化的役割を果たしている。中小企業の地域社会における「社会性」の認識が重要なのである。グローバル化に伴う「市場の失敗」は，地域社会における中小企業の「社会性」をいかに認識し，その振興と発揮を行うかの対抗関係を造り出している。いわば，市場と社会性との対立と協調の関係である。この両者は相互規定的であると同時に，両者をいかに相互補完性の関係にしていくのか，その政策評価基準になるのが自然・環境基準である。ここに「存在としての中小企業」の重要性の認識と「役割としての中小企業」の重要性の認識との統一をみることができる。

　したがって中小企業政策は，自然・環境基準を上位基準に，市場原理の効率性・競争性のみではなく，競争的市場を媒介としながらも，地域を軸に公平性・社会性を優先しながら，地域を存立基盤にしている中小企業の個性や潜在能力を社会の発展法則に沿って引き出し，活かすことである。この市場性と社会性の総体的な中小企業政策は，国・中央政府が推進する全国一律の中央集権

的政策ではなく,「地方自治の本旨」＝政策の分権に基礎をおいた自治体が,国と対等な政策主体として地域の特性と実態に応じた政策を策定し,中小企業を支援・促進することである。その点で中小企業・業者,自治体労働者を含む労働組合,住民・生活者等の政策形成主体としての連帯及びそれらの政策策定過程への参加が必要不可欠となり,その中でこそ民主的中小企業政策の決定と実行が可能になる。

　いずれにせよ,中小企業の存在意義と期待されている役割とが発揮しえる政策理念を実現する方途は,中小企業を独占に対抗する競争者,競争の担い手そして経済民主主義の形成者と位置づけることである。中小企業が市場性と社会性の統合体としていわば「市場の社会的構築」の役割を持つことである。政策展開における中小企業の「市場の社会的構築」の認識とその有無が,中小企業政策の国際比較の原点である。民主的中小企業政策の構築は,社会性をもった独立した中小企業の育成と地方分権・自治にもとづく経済民主主義という社会的枠組みの制度的整備が求められ,そのことによって地域経済,地域社会の発展と国民経済の民主的発展も可能になる。

補論1： イギリスの企業構造と中小・零細企業の位置*
―― 1970年以後の統計的分析 ――

1 はじめに

　産業革命を最初に成し遂げ，世界の工場として君臨したイギリスであったが，第2次世界大戦後におけるイギリスの経済的衰退は，生産性・効率性，国際競争力，そして国際的立場等において著しく減退し，世界の主導的工業国としての位置を喪失しつつあるかにみえる。事実，イギリス経済の戦後におけるGDP成長率は，1950年から84年までの35年間をとってみても，アメリカ，日本，ドイツ，フランスそしてオランダ等よりも低く，これら先進工業国と比較する時，むしろこの期間はそれら諸国との間でギャップを大きくしたばかりでなく，相対的に長期的衰退をたどっていた。しかし，80年代にはイギリス経済の成長率は，とくに製造業での激しい合理化を通じて生産性を向上させると同時にイギリス経済史からみる限り記録的ともいえる高さを達成したのである。しかも80年代は製造業の地位低下に対してサービス産業部門が肥大化するという産業構造変化が進展し，そうした中で自己雇用者＝自営業者を含む中小企業の著しい増大があったのである。この中小企業の増大は，1920年代半から1960年代末まで続く中小企業の減少や1970年代のスローな増大とは異なり，開業と廃業の激しい企業交替の中での急速な増大であったと同時に，中小企業の底辺層では雇用労働者の自己雇用者化，あるいは産業予備軍の外部化として社会の経済的構造を形成している。91年からの経済不況と93年から始まる経済回復過程の中でもこれら企業群はほぼ定着しているかにみえる。これに対して，日本では戦後一貫して増大してきた中小企業が，1980年代半ば頃より廃業率が開業率を上回って中小企業，とくに零細企業の減少をまねき，イギリスとは逆の現象を生んでいる。このような事態をどのように評価したらよいのであろうか。

　　＊　本補論は，日本大学経済学研究会『経済集志』第65巻第1号，1995年4月，所収の初出掲載論文である。

たしかに，産業構造の変化は，資本の蓄積過程に伴って各産業部門の企業構成を必然的に変化させるとともに，企業構造全体を徐々に，あるいは急激に変化させるのである。

中小・零細企業の大量増大と定着化という90年代のイギリス経済の転機にあって，一つの社会的経済的構造がこれら膨大な中小・零細企業群を十分に内包しうるのかどうか，さらにはイギリス産業の日本化あるいは日本的経営や日本型下請制の導入・関心が強い中で，イギリスの企業構造は新しい，高度の構造へと変容をとげていくのかどうかのそのプロセスと方向性を追究することが重要である。それはイギリス経済が他のいずれの国よりも成熟した経済であるがゆえに，一国，イギリスのみのことで済ましえるとは考えられないからである。

本補論の中心的課題は，イギリスの企業構造を，とくに企業数の総体的把握を通じて企業構造の全体像を明らかにすること，そしてそうした企業構造の中で中小・零細企業がいかなる位置を占めているかを確認することにある。この課題へのアプローチは各種の統計資料を用いることによってイギリスの企業構造，とりわけ中小・零細企業の存在と動向を定量的に把握し，いわゆるイギリスの中小企業問題とは何であるのかを探ることである。

2 産業構造の変化
――製造業の地位低下とサービス産業の肥大化――

イギリスの経済的衰退は単にマクロ的な経済パフォーマンスが悪いということだけではない。かつて世界的レベルからみて支配的で顕著に発達していた主要産業―石炭，鉄鋼，綿業，造船等―が崩壊し，製造業の国際競争力が悪化しているのみか国内における製造業の相対的地位は低下し，技術レベルでリードしうる産業が喪失しつつあることである。とりわけ，経済的パフォーマンスの悪化は1960年代に決定的となり，1967年にはポンドの対ドル・レートが2.80ドルから2.40ドルに切り下げられ，イギリスの経済構造の変化，なかんづく経済的衰退を特徴づけた[1]。

経済構造の変化は産業構造の変化を反映しているが，とくに，70年代半ば以降においてはサービス部門の成長に比較して，製造業部門での生産額と雇用が絶対的・相対的に著しく減少し，構造変化の最大の問題となっている。コーリ

ン・クラークが『経済進歩の諸条件』の中で明らかにしたように，構造変化は経済発達の段階に応じて，第1次産業部門から第2次産業部門へ，そして第2次産業部門から第3次産業部門へと部門間移動が行われるのである。その点では，構造変化は部門間の相対的大いさの変化—生産額や雇用等の—を意味することを含んでいる。

イギリスの産業構造の変化を生産額（要素費用でのGDP）と従業者数の指標で1964年から1991年までの約30年間をみたのが表補1—1である[2]。まず第1次産業部門（Primary Sectors）をみると，生産額（要素費用を合計したGDP）では1964年から1991年までに5.8%から3.7%と2.1ポイントの低下をまねき，その縮小傾向が明らかである。これを詳細にみると，1964年と1973年の低下は，石炭鉱業の停滞・衰退に原因している。しかし，1973年から1986年には4.2%から5.3%へと上昇し，しかも表には示されていないが，1984年には9.5%へと大幅なシェア・アップとなっている。この上昇要因は1976年から産油した北海油田（North Seaoil and gas）の開発が寄与している。イギリスは1980年には石油の自給を可能にしたばかりでなく，ポンド通貨に石油通貨（petrocurrency）[3]の地位を与えることにもなった。事実，1979年から1983年にはポンドの為替レートは実勢のレートより高く維持され，それが製造業には不

---

1) 経済的衰退といっても，その衰退（decline）の意味は，他の先進国との比較による相対的なものである。たしかにイギリスの経済成長率は鈍化しているが，過去200年間成長しつづけており（戦時期等の例外を除き），特に1951年から1973年までの期間にGDPは年平均で2.8%と大きな成長率を遂げている。それにもかかわらず他の先進国（日本，ドイツ，フランス等）と比較すると，イギリスの成長率は相対的に低く，長期的低下傾向をたどってきている。もっとも，イギリスの衰退（1960年代以降のアメリカも同様に）は，すでに経済的成熟（economic maturity）を達成したことの反映で，その他諸国は，イギリス（そしてアメリカ）にキャッチ・アップするために，急速に成長しているといえる。
Roderick Floud and Donald McCloskey, *The economic history of Britain Since 1700*, Volume 3, 1939–1992, Cambridge University Press, 1994 を参照のこと。

2) D. Marshall, "Changes in the UK economic structure," A. Griffiths & S. Wall. (ed.) *Applied Economics*, Chapter l, Longman, 1993.

3) 北海石油の産出によって，イギリスのスターリング為替レート（sterling exchange rate）は石油価格の変動に左右されることになり，国際収支の改善に大きな役割を果たした。例えば，1976年にイギリスは輸出国になり，次第に石油輸入依存度を低めていくが，その結果，石油収支だけでみると，1976年には39億4,700万ポンドの赤字であったのが，1980年には3億1,500万ポンドの黒字となり，1985年には81億6,300万ポンドの黒字となる。しかし1985年以降，石油産出が減少しはじめ，その影響で1991年には12億1,800万ポンドの黒字に減少している。*CSO : Economic Trends*（1988年3月号，1992年9月号）をみよ。

表補1―1　産業別生産額比率（GDP）及び従業者数比率

	生産額	(%)			従業者	(%,千人)		
	1964	1973	1986	1991	1964	1973	1981	1991
第1次産業	5.8	4.2	5.3	3.7	5.1	3.4	3.0	1.9
農業	1.9	2.9	1.7	1.7	2.3	1.9	1.6	1.3
第2次産業	40.8	40.9	32.2	29.8	46.9	42.4	35.4	27.4
製造業	29.5	30.0	23.0	19.9	38.1	34.7	28.4	21.7
建設業	8.4	7.3	5.8	6.4	7.1	5.8	5.2	4.3
第3次産業	53.8	54.9	62.3	66.4	47.8	54.4	61.4	70.8
流通,ホテル等	14.0	13.1	13.3	13.9		17.4	19.1	21.0
金融	8.3	10.7	15.0	16.8		6.4	7.9	12.1
総計					23,357	22,664	21,891	22,268

資料：CSO (1983, 1985, 1987 b, 1992), CSO, National Income and Expenditure.
出所：Alan Griffiths & Stuart Wall, Applied Economics, Fifth Edition, 1993, 表1.2, 表1.4より作成.

利に作用し，製造業の衰退に影響を及ぼしたのである．しかし，北海油田開発による第1次産業部門の地位上昇にもかかわらず，1986年の石油価格の暴落の影響で，第1次産業部門は3.7%へと落ち込んでいる．一方，従業者数をみると，1964年には全体の5.1%（120.1万人）を占めていたのが，1991年には僅か1.9%（42.1万人）と約65%の著しい減少をみている．そのうち，農林漁業従業者は，70年代後半以降に農業の生産性が上昇した（1980年の生産額を100にすると，1964年は69.3, 1981年には102.6, 1991年には129.6）にもかかわらず，1964年の2.3%（54万人）から1991年には1.3%（29.1万人）へと減少している．農業従業者だけをみると，年々減少し，1992年での常用従業者は17万1,300人（whole-timeは66.8%, part-timeが33.2%）そして農業経営者（salaried managers）は7,800人程度にすぎなくなっている[4]．産業革命以後の過去200年以上にわたり，農業従業者は減少しつづけている．このように，第1次産業部門は減少しつづけ，この趨勢は今後も続くと推定される．

　第2次産業部門（Secondary Sectors）はどうであろうか．総生産額に占める第2次部門の割合は，1964年に40.8%を占めていたのが，1969年には42%とピークに達し，その後1973年には40.9%へ，86年には32.2%へ，そして1991年には僅か29.8%へとその地位を低下させている．ピーク時からみると12.2ポイ

[4] CSO, Annual Abstract of Statistics 1994, p. 111, 表6.5. なお，常用従業者（regular workers）の他に，季節従業者（seasonal or casual workers）が8.6万人（1992年）いる．

ントの減少である。この減少は，主として製造業の地位低下によっている。製造業は1991年には GDP の5分の1の19.9％を生産しているにすぎない。1980年を100にすると，製造業では1964年が87.6，そして1973年には114.1と上昇するが，その後急激に下落し，1981年には94.0にまで落ち込んでいる。しかし1981年以降，経済の著しい回復にともなって生産額は上昇し，1988年には117.9そして89年，90年と拡大をつづけるが，91年にはその成長もスローダウンするとともに激しい後退を生じさせている。81年以後10年間つづいた生産力の上昇にもかかわらず，製造業の長期的低下傾向はとまらず，そのことが第2次産業部門の GDP に占める位置を大きく低下させている。このような生産額割合の低下は雇用にも大きな影響を及ぼした。第2次部門全体では1964年の46.9％（1,097.8万人）から1991年には27.4％（609.3万人）へと低下し，この間に従業者数は488.5万人も大幅に減少させている。そして第2次産業部門の最大部門である製造業も1964年から91年の間に38.1％（890.9万人）から21.7％（482.2万人）へと408.7万人の雇用の減少をもたらしている。第2次産業部門の雇用減全体の83.7％が製造業の雇用減から生じている。いうまでもなく雇用の変化は，その時の経済状態や景気変動そして産業の生産状況の変化によるが，また，生産性に影響を及ぼす技術変化＝技術革新の導入程度によっても左右される。しかし製造業における雇用減は，それら要素の結び合わさった結果として雇用削減・合理化や企業の合併・整理そして廃業・倒産を反映している。例えば，1977年から1983年には，ブリティッシュ・スチールは労働力の61％，ブリティッシュ・レイランドは53％，ブリティッシュ・シップビルダーズは28％，そして多くの主要企業（例えば，Courtaulds, Tube Investments, Dunlop, Talbot）は50％以上もの雇用削減を断行しているのである[5]。このように80年代には労働生産性が上昇したものの，それは合理化の結果であり合理化がいかに激しかったかを物語っている。それにもかかわらず，製造業の国際競争力は他国に比較して生産性上昇率が小さいために回復せず，衰退をまねいている。こうした趨勢が今後もつづくのかどうか，そして将来の経済発展にとって障害になるのかどうかは，第3次産業部門とりわけサービス産業の展開とも関係するが，それ以上に，製造業内部の構造がどのように変化しているかにかかわっている。すなわち，製造業内における産業構成が高度先端産業ない

---

[5] Barry supple, "British economic decline since 1945", R. Floud & D. McCloskey (ed), *The economic history of Britain since 1700*, Volume 3, Chapter II, p.329.

し高付加価値産業へと転換しているのかどうかである。

このように第1次産業部門と第2次産業部門の全体に占める生産額や雇用の減退は，必然的に第3次産業部門の比重の肥大化となって現われることになる。

第3次産業部門（Teritiary Sectors）―流通，ホテル，飲食，修理，運輸，通信，金融・保険等のプライベート・サービス，そして公務，社会保障関係，教育，保健等のパブリック・サービス―は，1991年には生産額比率と従業者比率のいずれにおいてもイギリス全体のほぼ3分の2を占めるに至っている。生産額比率からみると，1964年に53.8％であったが，1969年には53.0％とその地位を僅か低下させたものの，1970年代に入ると反転し，1973年には54.9％と上昇させている。そしてその後は製造業部門の著しい減退とは対照的に比率を増大させ，1991年には66.4％にも達している。この間，実に12.6ポイントの上昇である。第3次産業部門で成長した業種は，金融，対事業所サービス，リース等で，1980年を100とした生産指数でみると，1991年には191.5とほぼ2倍の上昇である。次いで通信は162.1と大きい。しかし，この様にイギリスでの第3次部門の肥大化にもかかわらず，第3次部門での成長率は先進工業国と比較すると低く，1980年から91年までの期間では年率2.7％にすぎない。多くのサービス産業が誕生し，簇生したが，成長率でみるそのパフォーマンスは，製造業の衰退と結びついていて充分なものではなかった。一方，雇用面でみると，1964年には総従業者数の47.8％（1,120万人）であったのが，1991年には70.8％（1,570万人）へとこの間450万人増加している。雇用されている従業者（Employees in employment）が2,340万人から2,230万人へと約110万人減少していることを考慮すると，その増加は著しい。尤も，この増加は必ずしも直線的ではなく，70年代末から80年代半ばまで一時的に僅かだが絶対数で減少している。それにもかかわらず，製造業・財部門の減少数約409万人のそれ以上をサービス部門で吸収し，肥大化していることに注目しなければならない。一見すると製造業部門からサービス部門へと産業構造がスムーズに転換しているようにみえるが，失業者数が激増し，ピーク時の1986年には312万人（労働力人口の11.1％）そして1991年には229万人（8.1％）と高く，雇用構造の変化におけるミス・マッチが生じている[6]。1991年以降は経済の悪化にともない，失業

---

6) CSO, *Annual Abstract of Statistic 1994*, No.130, p.105, 111. 1991年の先進工業国での失業率は，日本が2.1％と低く，アメリカ6.7％，フランス9.3％，西ドイツ4.3％，スウェーデン2.7％である。OECD, *Economic Outlook 1992*.

率も上昇して10％台となっており，依然として最大の経済問題の１つである。他方，この失業者の増大とともに，自己雇用者・自営業者（Self-employed persons）が80年代に激増し，サービス部門を肥大化させている。いずれにせよ，このように第３次産業部門は雇用従業者そして自営業者（雇無業者）を拡大し，それらの吸収の場となっている。

以上のように，世界で最も古い工業国であったイギリスは，今や製造業部門の比重を低下──生産額の相対的停滞と雇用の絶対的・相対的減少──させ，第３次産業部門，サービス産業が絶対的・相対的に地位を上昇する構造変化をもたらしている。そしてこの産業構造の変化は他の先進工業国よりも早く進行している。製造業の衰退とサービス業の拡大は「脱工業化」[7]（Deindustrialization）経済への移行ともいわれているが，問題は製造業の衰退が経済全体の発展にとって阻害要因になるのかどうか，そして仮に成熟経済（Maturing economy）に必然的なものであるとした場合，雇用におけるミス・マッチの発生や産業の不均等発展を拡大する方向に進行するのか，それとも産業構造の新しいバランスに向かわさせるかどうかである。イギリス製造業の国際競争力は低下し，製造業内部の構造調整の痛みも大きい。そしてまたサービス部門における雇用拡大の多くは，飲食，ファースト・フード，小売部門，リース業等の低付加価値，不熟練労働の業種である。70年代末から80年代にイギリスは激しい合理化によって労働生産性を向上させ，先進工業諸国との間にそのギャップを縮小したが，生産性ギャップはいまだ大きい。例えば1986年時点でイギリスを100にすると，アメリカ267％，日本176％，フランス184％，西ドイツ178％，イタリア153％，ベルギー154％，オランダ205％というごとくである[8]。もちろんその後の労働生産性の上昇率はめざましく（これら諸国と比較して低いが），特に製造業で著しく向上している。

しかし労働生産性が低く，競争力を減退させつつある製造業からは高付加価値，高度の技術を要する新しいサービス産業を形成することは難しい。製造業の成長・発展とサービス産業のそれとは無関係ではなく，強く結びついているのである。マイクロエレクトロニクス（Microelectronics）を基幹にした高度

---

7) Bell, D., *The Coming of Post Industrial Society*, Basic Books, NewYork, 1973. Rowthorn, R. E. and Wells, J.R., *Deindustrialization and foreign Trade*, Cambridge University Press, 1987.

8) National Institute of Economic and Social Research, "National Institute Economic Review," 1987, May.

情報産業のような高付加価値サービスは，高度に技術・知識集約的 (Technology-knowledge-intensive industries) そして資本集約的 (Capital-intensive industries) な製造業をベースにすることが必要である。イギリスを含めた先進工業諸国は，先を競い合って高度情報産業の育成をはかっているが，イギリスの場合果たして経済再生の主要な手段となり，産業構造の転換とりわけ高度産業（sophisticated industries）の創造によりバランスのとれた新しい産業構造をつくりだすであろうか。製造業の停滞・低下とサービス産業の肥大化という産業構造の変化は，雇用機会の喪失，企業の吸収・合併と整理・廃業そして新産業創出の困難と不安等の激しい痛みを生みだして進行しているが，これらの調整に伴って企業構造にも大きな影響を及ぼしている。

3 会社統計からみたイギリスの企業構造
——激しい企業交替と高率の廃業——

イギリスの産業構造の変化は，各産業部門間の変化や産業部門内の構造変化をもたらしただけではない。産業構造の変化による最も著しい変化の1つは，大規模企業の増加，すなわち，寡占化・独占化を進行させたことである。例えば，製造業における純生産額をみると，上位100社の企業は1949年には純生産額の22％を占めていたが1970年には37.6％へ上昇し，70年代半ばにはピークの42％にも達した。その後純生産額の占める割合は微減の傾向にあるが，1980年には36.5％，そして1990年には36.3％に及んでいる。同様に上位100社の雇用割合は1970年には36.4％でその後はその比重を低下させてはいるが，1990年では約3割を占めている。企業の集中化傾向は70年代半ば頃より転換し，非集中化がみられるが，全体としてのこのような企業の集中化は企業の合併・買収（Mergers and Takeover）を通じて進行し，戦後では1961年，1968年，1972年そして1989年の各々の年をピークに，1958〜62年，1966〜69年，1971〜73年そして1982〜89年の4度にわたる企業合併の大きな波を通じて展開している。規模の経済（Economies of Scale）をめざす大規模企業化は，企業の整理・廃業を伴った。例えばイギリス電器産業ではテレビジョン生産企業が1964年に60社あったのが1969年には7社に減少したのはその典型である[9]。しかし，他方で1980年代以降，小零細企業とくに，自営業者（Self-employed persons）が急増していることに注目しなければならない。

それでは，イギリスの企業構造はどのような状態にあるのであろうか。イギリスの企業構造あるいは企業動向を全体的に把握することは，統計上の制約から極めて困難である。それはまず第1に全産業をカバーした企業統計調査がないこと，したがって全産業別の企業規模別統計も見い出しえないこと，第2に『工業統計調査』(The Census of Production) や『小売業調査』(Inquiry into Retail Trading) ではそれら調査対象業種のみの企業構造が把握できるが，しかし従業者数20人未満の小零細企業[10]やVAT (Value Added Tax) 免除企業の把握ができないこと，第3に，個人企業—圧倒的多数はVAT免除企業—の把握ができないこと，そして最後に『工業統計調査』が利用できるとしても，製造業の産業分類がしばしば改定されているため[11]，連続性をもって利用するには決して容易ではないこと等である。

このようなイギリスの企業統計の制約を考慮しつつ，イギリスの企業構造がどのような動向を示しているのか，そして現状はどのような状態にあるのかを定量的に把握することにする。

イギリス通商産業省（Department of Trade and Industry）の『会社統計』(Companies)[12]は，個人企業を除いた登録された会社企業のみの動向を把えており，とりわけ新規登録と解散・清算を通じた会社企業の開廃業の動向を知ることができる。しかし，資本金額区分での規模別はわかるが，従業者数，売上

9) L. Hannah, *The Rise of the Corporate Economy*, Methuen, 1976. J. Fairburn and J. Kay, *Mergers and Merger Policy*, Oxford University Press, 1989. A. Griffiths, "Mergers and acquisitions in the growth of the firm," A. Griffiths & S. Wall (edited), *ibid.*, p.93.

10) 20人未満の事業所は，一般に調査から免除されており，そのため，データは「利用しうる最良の推定値」である。

11) イギリスの標準産業分類（Standard Industrial Clasification＝SIC）は，1948年に定められたが，その後，1958年，1968年，1980年そして1992年に改定されている。1980年はEC統計との整合のため大幅に改定され，1992年にはECの統計（NACE）の改定に伴って改定されている。

12) イギリスの会社企業は登録が Registration of Business Name Act 1916 で義務づけられている。この法律は戦後『会社法』Companies Act 1947 へと受けつがれ，そして Companies Act 1948 で『会社統計』が出されるようになっている。
その後，『会社法』は度々改正（67年，76年，80年，85年，89年）されているが，1981年には中小企業会社（small and medium-sized companies）の定義がなされている。この中小企業会社の定義は1989年に改定されている。現在の定義によると，小会社（small company）は，①売上高200万ポンド未満，②総資産975,000ポンド未満，③従業者数50人未満である。中規模会社（medium-sized company）は，①売上高800万ポンド未満，②総資産390万ポンド未満，③従業者数250人未満である。

表補1—2　イギリス（GB）

	1970	1980	1985	1989—90	1990—91
年度初登録数	552.8	785.7	1,000.8	1,133.2	1,175.4
新規登録数	30.3	69.4	104.6	126.3	115.5
解散数	23.8	26.9	61.6	85.6	105.4
再登録数	0.2	0.3	0.4	1.5	1.4
年（度）末登録数	559.5	828.5	1,044.2	1,175.4	1,186.9
うち，清算中又は抹消中	40.8	67.7	176.1	165.7	155.0
年（度）末有効登録数	518.7	760.8	868.1	1,009.7	1,031.9
うち，公営会社	15.4	9.2	4.3	11.1	11.7
民営会社	503.2	751.6	863.8	998.7	1,020.2

注：1）1970年と1980年の解散数は解散数（Dessolved）と抹消数（Struck off）との合計である。
　　2）1989～90年以降については会計年度（当該年4月1日～翌年3月31日）の数字である。
資料：Department of Trade and Industry, Companies in 1973, 1983, 1988-89, 1993-94, HMSO, 1994, Table A 1, A 2

高等による規模別区分は掲上されておらないことに留意する必要がある。

　表補1—2は，イギリス（GB）における1970～94年3月末までの登録会社数の推移をみたものである。この表はイギリスでの全産業の全会社数を示すもので，もちろん個人企業を含んでいない。会社は公営会社（Public Company）と民営会社（Private Company）の両方から成っている。会社の有効登録数（Effective number on registers）は，1965年に50万台の51万9,000社に達し，70年代に急増する。1970年12月末の有効登録数が51万8,700社であったのが，80年には76万社，91年3月末には103万2,000社へと絶対数ではほぼ2倍に増加している。そして91年以降は，経済不況の影響を受けて登録数は低下し，94年3月末では95万6,700社となっている。1970年12月末から1994年3月末の間に会社数は1.84倍増加しているが，その増加率は70年代の1.47倍に対して80年代は1.33倍と低下し，90年代には絶対数で減少傾向を示している。なお，有効登録会社数のうち，公営会社（Public Companies）は1970年に15,400社の3％を占め，1979年には1万6,015社のピークに達するが，79年のサッチャー政権の登場による民営化によって80年には激減し，それ以降83年の3,400社まで低下する。しかし，その後は民営化の徹底への反省もあってか，徐々に公営会社が増加している。他方，民営会社（Private Companies）は，1970年に97％であったのが，93年度末では99％を占めるに至っている。

第19章　中小企業政策の国際比較　503

における登録会社数の推移

単位：1,000, 倍

1991—92	1992—93	1993—94	1993—94 / 1970 増減率	1980 / 1970 増減率	1989—90 / 1980 増減率	1993—94 / 1989—90 増減率
1,186.9	1,180.2	1,136.4	2.06	1.42	1.44	1.00
112.0	108.8	115.4	3.81	2.29	1.82	0.91
119.9	153.9	133.7	5.62	1.13	3.18	1.56
1.2	1.4	1.6	8.0	1.5	5.0	1.07
1,180.2	1,136.4	1,119.7	2.0	1.48	1.42	0.95
200.4	175.8	162.9	3.99	1.66	2.45	0.98
979.8	960.6	956.7	1.84	1.47	1.33	0.95
11.6	11.7	12.0	0.78	0.60	1.21	1.08
968.2	948.9	944.7	1.88	1.49	1.33	0.95

より作成。

　それでは会社登録をめぐる開業と廃業の状況はどのようであるのか。新規登録数（New companies registered）は1970年から1993～94年までの期間に3.81倍の増加となっているが，70年代は毎年平均3.6万社が，そして80年から85年には毎年平均5.9万社が新規登録をしている。新規登録数のピークは1989年度の12万6千社であるが，90年代に入るとその新規登録は減少傾向を示し，91年度には解散数が新規登録数を上回る事態になっている。解散数（Dissolved）は新規登録数が増えるにつれ，絶対数で増加しているが，注目すべきことは91年度以降にその現象が逆転し，とくに92年度では解散数が新規登録数より4.5万社も多く，廃業率 $\left(\dfrac{解散数}{年（度）末登録数}\right)$ は13.5％にも達している。廃業のすさまじさを物語っていると同時にイギリス経済の停滞と苦悩を反映している。このような状況は，会社年（度）末登録数が70年代，80年代と増加し，70年に56万社であったのが90年度末には118.7万社の約62.7万社増と2倍強も増えているが，91年度以降は減少傾向を示している[13]。そして清算（Liquidation）したり会社登録を抹消中（Course of removal）の会社は70年に4.1万社であったのが，会社登録数の増加に対応して増加し，91年度には年間20万社に達している。会社清算率 $\left(\dfrac{清算＋抹消}{年（度）末登録数}\right)$ は──そのうち登録抹消が85％前後を占め

て清算会社よりはるかに多い——，実に17％の高率である。登録抹消はあくまでも登録をやめただけであって，必ずしも廃業したのではないことに留意しなければならない。そしてこの年度をピークに清算率は低下してきているが，新規登録率の10％前後に較べてそれをはるかに上回る14～15％台という激しい企業交替が進行している。93年度末では，会社が設立され廃業するまでの年度末登録会社の平均年齢は12.4歳，有効登録会社のそれは12.5歳と短く，高い開廃業率と企業交替をもたらしている[14]。

それでは会社清算[15]はどのような産業に生じているのであろうか。表補1—3からわかるように会社の任意清算（Member's Voluntary Liquidations）は除かれている。清算＝倒産は1992年度がピークであるが，その多い産業をみると，製造業，卸・小売業，建設業，その他産業の順である。しかし，産業を個別にみると，農業は全体の１％弱で会社数も少なく，階級分解が進んだ結果ともいえる。それでもなお表補１—１でみたように集中化と階級分解が進行している。製造業は絶対数で70年代，80年代と清算を増加させ，92年度には5,645社に達している。しかし他産業の清算が増加しているため，93年度には比重を低下させている。業種別では，90年代に入り金属，繊維が格段に多く，つづいて雑貨である。建設業は，90年代の不況の影響を受けて92年度にピークに達しているが，平均して15％前後である。卸・小売業は70年代，80年代と大規模化が進行したためその清算率が高かったが，90年代に入っても大型店の郊外出店や大型店舗化がなお進行しているため，清算率は低下しているものの絶対数は多い[16]。金融・企業サービスはとくに対事業所サービスのいわば新規産業が多く，その

---

13) 『会社統計1988—89』によると，1989年３月末のイギリスの全会社数は2,474,800社であり，会社の登録数は1,133,200社の45.8％である。このうち，清算や抹消中の会社を除外した有効登録会社数は977,800社で全会社数の39.5％である。また『会社統計1993—94』での，1994年３月末の全会社数は3,054,000社であり，会社登録数は表補１—２に明らかなように，1,119,700社の36.7％，そして全会社数に占める有効登録会社数は31.3％である。イギリス全企業の約３分の１強のみが，登録されているにすぎず，しかもその登録率は90年代に入ると減少している。DTI, Companies in 1988-89 and 1993-94, P.20 及び P.32.

14) DTI, Companies in 1993-94, Table A 5, P.33 より。

15) 清算は強制清算（Compulsory Liquidations）と任意清算（Voluntary Liquidations）とがあり，統計上では区別されている。そして任意清算の場合，登録会社自身が行う，メンバー清算（Members'voluntary liquidations）と債権者清算（Creditors'voluntary liquidations）とがある。強制清算と債権者清算とを合計したものがいわゆる倒産（Insolvencies）として計算されている。

表補1—3　産業別清算会社数の推移（会社自身の任意清算を除く）

単位：社，%

	1972年	1983年	1987～88年	1992～93年	1993～94年
農　　業	26 0.8	79 0.6	117 1.0	203 0.8	186 0.9
製　造　業	931 28.8	4,298 30.9	3,398 30.2	5,645 22.6	4,313 21.7
建　設　業	550 17.0	1,844 13.2	1,576 14.0	3,891 15.5	3,004 15.1
運輸・通信	181 5.6	884 6.3	674 6.0	1,301 5.2	977 4.9
卸・小売業	688 21.3	3,667 26.3	2,295 20.4	3,787 15.1	3,085 15.5
金融・企業サービス	399 12.3	1,684 12.1	1,044 9.3	3,353 13.4	2,674 13.5
ホテル・飲食・サービス	81 2.5	433 3.1	405 3.6	1,034 4.1	905 4.6
そ の 他	375 11.6	1,038 7.5	1,750 15.5	5,811 23.2	4,725 23.8
計	3,231 100.0	13,927 100.0	11,259 100.0	25,025 100.0	19,869 100.0
会社の任意清算	4,984	4,051	2,900	3,719	2,827
総　　計	8,215	17,978	13,800	28,744	22,696

注　：1987—88年の会社の任意清算と総計の数字は，単位が100で計上されているため，概数であり，総計は一致しない。

資料：DTI, Companies in 1973, 1983, 1988–89, 1993–94 の Liquidations notified –industrial analysis– より作成。

比重が増加傾向にあることが注目される。

　以上のように『会社統計』からみる限りでは，会社企業の新生と廃業（抹消を含め）が激しく行われ，会社の平均年齢も平均12年位の短い存続の中で産業構造が第3次産業部門化へと変化している。

　企業構造のこのような変化についての新規登録会社を名目資本金額による資本金（with share capital）別にみたのが表補1—4である。『会社法』では注の12)でみたように中小会社を①売上高，②総資産，③従業者数の3つの指標で規定しているが，資本金規定が行われていないことに留意しておかなければならない。表から明らかなように毎年の新規登録会社総計のうち，授権資本をもつ会社は98％，授権資本をもたない会社は2％である[17]。前者が微減し，後

---

16)　登録会社でない中小小売店さらに露店（Stalls＝イギリスでは非常に多く，消費者に好まれている）小売を含めた自営業者の開廃業率は極めて高いといわれている。後節でより詳しく述べたい。

表補1—4　イギリス（GB）における資本金額別新規登録会社数の推移
　　　　──授権資本（share capital）をもつ会社──

単位：1,000社，％

	1970	1980	1985	1989—90	1990—91	1991—92	1992—93	1993—94
100ポンド未満	19.9	43.0	60.2	44.7	39.8	38.4	34.1	33.1
％	65.9	62.0	57.5	35.4	34.5	34.3	31.3	28.7
100〜1,000　〃	1.1	0.7	0.6	0.5	0.4	0.4	0.5	0.5
％	3.6	1.0	0.6	0.4	0.3	0.4	0.5	0.4
1,000〜5,000　〃	6.0	12.2	28.5	61.9	58.1	55.3	52.9	58.3
％	19.9	17.6	27.2	49.0	50.3	49.4	48.6	50.5
5,000〜10,000　〃	1.3	2.3	1.4	0.7	0.7	0.8	0.8	0.8
％	4.3	3.3	1.3	0.6	0.6	0.7	0.7	0.7
1万〜2万　〃	0.9	5.6	5.9	6.0	5.1	5.4	6.3	7.0
％	3.0	8.1	5.6	4.8	4.4	4.8	5.8	6.1
2万〜5万　〃	0.3	1.4	1.1	0.9	0.7	0.7	1.0	1.0
％	1.0	2.0	1.1	0.7	0.6	0.6	0.9	0.9
5万〜10万　〃	0.1	1.2	1.6	2.2	2.1	2.4	2.2	2.2
％	0.3	1.7	1.5	1.7	1.8	2.1	2.0	1.9
10万〜20万　〃	0.07	1.4	2.5	4.2	3.9	4.2	5.0	5.4
％	—	2.0	2.4	3.3	3.4	3.8	4.6	4.7
20万〜50万　〃	0.02	0.2	0.3	0.6	0.5	0.4	0.9	1.0
％	—	0.3	0.3	0.5	0.4	0.4	0.8	0.9
50万〜100万　〃	0.02	0.2	0.3	0.7	0.6	0.6	0.9	0.9
％	—	0.3	0.3	0.5	0.5	0.5	0.8	0.8
100万ポンド以上	0.01		0.5	1.1	1.2	1.2	2.0	2.5
％	—	0.3	0.5	0.9	1.0	1.1	1.8	2.2
計	29.8	68.5	102.8	123.6	113.0	109.5	106.4	112.7
％	98.7	98.7	98.2	97.9	97.9	97.8	97.8	97.7
授権資本をもたない会社	0.4	0.9	1.9	2.6	2.4	2.5	2.4	2.7
％	1.3	1.3	1.8	2.1	2.1	2.2	2.2	2.3
総　　計	30.2	69.4	104.7	126.2	115.4	112.0	108.8	115.4
％	100.0	100.0	100.0	100.0	100.0	100.0	100.0	100.0

注：資本金50万〜100万ポンドの欄で，1985年以降の数字に，スコットランドの資本金50万ポンド以上の企業を算入。
資料：DTI, Companies 各年版より作成。

者が微増しているが殆んど変化はない。授権資本をもつ新規に登録される会社は，70年代と80年代では圧倒的に資本金が1,000ポンド未満の会社であり，90年代になると「1,000〜5,000ポンド」の層が半数を占めるようになってくる。これらを合わせた資本金5,000ポンド未満の会社は全体の80％から90％弱である。近年円の対ポンドレートの上昇率は著しく，仮に£1＝¥160（94年）[18]と

[17] 新規登録会社の資本金は，株式資本をもつ会社（with share capital＝授権資本）と株式資本をもたない会社（without share capital）とがあり，それぞれはまた有限責任（limited）と無限責任（unlimited）とに区別されている。

すると，5,000ポンドは80万円である。新規登録会社の増加は零細会社（micro company）であることがわかる。また，資本金50万ポンド（約8,000万円）未満の会社は中小会社で全体の95％から97％を占めている。このように新規会社のほとんどは，中小・零細の会社企業であると推測できる。新規登録会社の増加の実体は中小なかんづく零細企業の大量簇生にあるといえる。そして『会社統計』からは規模別には不明であるが，表補1—2の解散数と関連させていうと，90年代にはやはり零細企業に大量の廃業があるものと推測しえるのである。零細企業の激しい開・廃業と開業を上回る廃業の高さが特微的であるとみることができる。自営業者を含む零細企業のより詳しい動向については後で述べる。

企業構造の変化は国際的視点からも検討されなければならない。すなわち，資本の輸出入にもとづく自国企業の海外進出と自国への外国企業の進出で，両者は企業構造を形成するうえで相互に関係・関連しあっている。イギリスはかつて「植民地的帝国主義」といわれ，巨大な植民地を中心に巨額の資本輸出をおこなっていたが，第2次大戦後の90年代段階においても，アメリカ，日本に並んで対外直接投資残高は大きい[19]。イギリスの直接投資された資本がどのような国にどのように配分されているのか，またそれはどのような産業に投資されているのかをみることはイギリスの企業構造を明らかにするうえで重要であるが，ここでは外国企業のイギリスへの進出をみることにする。

表補1—5の「GB以外のUK[20]」は，本来的にイギリス（UK）の会社であるので外国企業として取扱うには適当とは思えないが，表補1—5はこれら会社を含めていることに留意する必要がある。表から明らかなように外国企業は70年代から80年代半ばまで減少するが，85年以降とくに90年代には急増している。EC統合（1993年）をにらんだ外国企業の行動を反映しての増加と思われ

18) イギリスは，1967年（£1＝¥1,008）のポンド切り下げ以降，数度にわたり切り下げを行うと同時に，1971年の固定相場制の崩壊による変動相場制移行後も円の対ポンドレートは円の切り上げと円高にともなって，1995年3月では£1＝¥141前後，4月では£1＝¥133台になっている。もっとも表の時系列を正確にみる場合には，円の対ポンドレートを換算して評価することが有効である。
19) イギリスの1991年における対外直接投資残高（国際収支ベース）は2,293億ドルで，アメリカの4,502億ドル，日本の2,318億ドルにつぐ第3位を占めている。日本貿易振興会，『海外直接投資，1993』，p. 3．しかしイギリスの対外直接投資は，80年代まで上昇基調にあったが，89年をピークに鈍化傾向にある。
20) 『会社法』（1948年と1985年）で登録されておらず，イギリスに企業経営の場所を設立し，『会社法』で文書を登録しているイギリス（Great Britain）以外の会社である。

表補1―5　イギリス（GB）における外国企業の登録

単位：社，倍

	1973年末	1983年末	1988年末	1994年末	1983/1973 増減率	1994/1983 増減率
GB以外のUK	333	337	426	436	1.01	1.29
%	7.9	9.3	10.2	8.9		
EC	683	560	641	781	0.82	1.39
%	16.3	15.4	15.4	16.0		
EC以外	3,175	2,745	3,092	3,664	0.86	1.33
%	75.8	75.4	74.3	74.7		
うち日本	74	159	254	275	2.15	1.73
%	1.8	4.4	6.1	5.6		
アメリカ	1,153	1,298	1,388	1,903	1.13	1.47
%	27.5	35.6	33.4	39.0		
計	4,191	3,642	4,159	4,881	0.87	1.34
%	100.0	100.0	100.0	100.0		

注　：1) 「GB以外のUK」とは①channnel Islands ②Isle of Man ③Northern Irelandである。
　　　2) 1983年の「EC」の数字には，ポルトガルとスペイン（いずれも1986年1月加入）を含めている。
資料：DTI, Companies 各年版より作成。

るが，なかでも日本企業とアメリカ企業の増加が著しい。イギリスにおける外国企業としてはアノリカ企業が特段に多いが，各国別にみると，94年末では日本企業が275社[21]を登録しており，アメリカにつぐ地位にある。73年末と比較すると実に3.7倍の急増ぶりである。日本企業のイギリス進出は，国際的にみて独特といわれる所謂日本的経営をイギリスに持ち込み，イギリスの企業構造と行動に少なからぬ影響を及ぼしている。日本企業の現地法人やイギリス企業に日本的生産方法（Japanese Production Methods）が導入され，イギリス産業の日本化（Japanization）がいわれると共に[22]，国際競争力強化の手段として日本の下請関係を学ぶべき対象にすることによって下請生産形成の可能性[23]

21) 東洋経済『海外進出企業総覧'93―国別編―』によると，1992年10月現在でイギリスに進出している日本の現地法人数（①日本側出資企業―日本企業の直接出資，②日系海外現地法人―日本企業が海外現地法人を通じて間接出資をしている場合，③現地・第3国企業―合弁時の現地・第3国の相手先企業をいう）は，871社に及び，そのうち，日本からの進出企業数は583社に達している。また，イギリスに支店・駐在員事務所を持っている日本企業は259社である。日本の対英直接投資は87年以降拡大基調にあり，92年3月までの対英直接投資累計は261億8,600万ドルで欧州投資中で最大の38.2％を占めている。しかしこの拡大も91年以降鈍化している。一方，イギリスの対日投資累計は10億8,300万ドルにすぎず，日英間の投資インバランスが極めて大きい。

が追求されている。

　産業・企業の自由競争の原理を基本に据え，先進国の中でも最も規制の少ない国といわれるイギリスは，70年代以降，主要産業の非国有化・民営化そして経済諸過程への干渉を削減し，海外からの資本輸入・直接投資を積極的に促進してきた。それ故，激しい国内市場競争の中でも80年代には企業数が大幅に増加し，とりわけ，中小・零細企業を大量に創出したのである。しかしながら，イギリスは91年，92年と2年連続のマイナス成長を記録し，戦後最悪といわれる経済不況の中で，会社登録の清算・抹消が新規登録を上回るという激しい廃業が進んでいる。しかも開業と廃業の激しい企業交替は小零細企業に顕著であることが推測しえるのである。93年以降，イギリス経済は回復しつつあるものの，その成長率は1～2％程度の低成長である。大量の自己雇用者の経営の安定性と300万人の失業者には何らかの雇用機会が必要である。中小・零細企業が果たして雇用吸収の場として役割を果たしうるのかどうかも問われるであろう。そこで次に，個人企業をも含むVAT統計を用いて企業構造の動態をみることにする。

4　VAT統計からみたイギリスの企業構造
　　——中小・零細企業の大量存在と短い生存期間——

　『会社統計』によって会社登録をめぐる企業動向をみたが，70年代以降中小・零細会社企業の大量形成と廃業の存在が推測しえた。しかし『会社統計』はあくまでも会社のみであって，中小・零細企業の主要な構成をなしている個人企業を把握することができないのである。VAT統計はそれを含んでいることから企業構造をより全体的に把握することができる。
　VAT（Value Added Tax＝付加価値税）は周知のように1973年4月1日に導入された[24]。付加価値税法（Value Added Tax Act）にもとづき一定額以上の

---

22)　Oliver, N. & Wilkinson, B. *The Japanization of British Industry – New development in the 1990s*, Blackwell Business, Oxford, 1992.
　　Oliver, Nick, "The financial impact of Japanese Production Methods in UK Companies," Research Papers in Managements Studies, University of Cambridge, 1993–1994, No.24.
23)　John T. Thoburn & M. Takashima, *Industrial Subcontracting in the UK and Japan*, Avebury, 1992.

表補1—6 VAT登録売上高基準の推移

単位：ポンド

施　行　期　間	VAT登録年最低売上高
1973年 4月 1日—1977年 9月30日	5,000
1977年10月 1日—1978年 4月11日	7,500
1978年 4月12日—1980年 3月26日	10,000
1980年 3月27日—1981年 3月10日	13,500
1981年 3月11日—1982年 3月 9日	15,000
1982年 3月10日—1983年 3月15日	17,000
1983年 3月16日—1984年 3月13日	18,000
1984年 3月14日—1985年 3月19日	18,700
1985年 3月20日—1986年 3月18日	19,500
1986年 3月19日—1987年 3月17日	20,500
1987年 3月18日—1988年 3月15日	21,300
1988年 3月16日—1989年 3月14日	22,100
1989年 3月15日—1990年 3月20日	23,600
1990年 3月21日—1991年 3月19日	25,400
1991年 3月20日—1992年 3月10日	35,000
1992年 3月11日—1993年 3月16日	36,600
1993年 3月17日—1993年11月30日	37,600
1993年12月 1日—	45,000

資料：CSO：Business Monitor PA1003, 1993, HMSO, p.4 より。ただし1993年の施行期間終了と1993年12月1日及び額については、Lloyds Bank, "Small Business guide - 1995, Edition, p.393 による。

売上額をもつ企業は登録を義務づけられている。表補1—6から明らかなように、登録年最低売上高（threshold）が当初5,000ポンドであったのが、インフレーションの上昇に伴ってその下限が上昇し、4万5,000ポンドにまで引き上げられている。約20年間に9倍増となっている。VATへの登録企業は時系列的にみても年売上高400万円から720万円以上[25]であるので、事業活動を本格的に展開している企業をほぼカバーしているといえる。しかし、後にみるように大量に存在する自己雇用者＝自営業者が含まれていないことに留意する必要がある。VAT登録企業数とVATに登録していないと推測しえる自己雇用者数の差は各年によって違いがあるが、約56万社から約160万社の差異があるからである。いずれにせよ、VAT登録企業を通して中小・零細企業をも含む企業の動態を知ることができる。

VAT登録企業[26]の推移をみたのが表補1—7である。VAT導入開始年の1973年の年初登録数は98万1,000社であるが、新登録企業は26万6,000社とその後の年に比較して極端に多い。このことは、本来的な意味での新企業である新

---

24) イギリスにおけるVATの標準課税率は、1973年4月1日導入時点で10%であったが、74年7月29日より8%に引き下げられ、つづいて79年6月18日より15%に引き上げられ、そして91年4月1日より17.5%の高さになっている。

25) 1973年当時の円の対ポンドレートを£1＝¥800とすると、年売上高£5,000が400万円となる。また、93年時点で£1＝¥160とすると、£45,000＝720万円となる。95年3月には、円が急上昇し、4月では£1＝¥133台、そして＄1＝¥83台の最高値となっている。

26) VATに登録することを免除されている産業・企業には、保険、不動産、郵便サービス、かけごと売場、金融、教育、保健、埋葬そして非営利の専門団体のサービスがあり、かなりの数が存在していることに留意する必要がある。

表補1—7　VAT登録企業数の推移

単位：1,000社, %

	A 年初登録数	B　B/E 新登録数	C　C/A 登録抹消数	D　C/A 純　増	E 年末登録数
1973	981[1]	266(23.0)	89(9.1)	177(15.3)	1,158
1974	1,158	148(12.3)	103(8.9)	45(3.7)	1,203
1975	1,203	161(13.1)	139(11.6)	22(1.8)	1,225
1979	1,241	171(13.3)	125(10.1)	46(3.6)	1,287
1980	1,289	158(12.1)	142(11.0)	16(1.2)	1,305
1981	1,305	152(11.4)	120(9.2)	32(2.4)	1,337
1982	1,337	166(12.2)	145(10.8)	21(1.5)	1,357[3]
1983	1,357	180(12.9)	145(10.7)	35(2.5)	1,392
1984	1,392	182(12.8)	152(10.9)	30(2.1)	1,422
1985	1,422	183(12.7)	163(11.5)	20(1.4)	1,442
1986	1,442	192(13.1)	165(11.4)	27(1.8)	1,469
1987	1,469	210(13.9)	169(11.5)	41(2.7)	1,510
1988	1,510	240(15.2)	172(11.4)	68(4.3)	1,578
1989	1,578	256(15.4)	176(11.2)	80(4.8)	1,658
1990[2]	1,658	239(14.0)	184(11.1)	55(3.2)	1,713
1991[2]	1,713	206(12.0)	203(11.9)	3(0.2)	1,716

注：1) 1973年4月1日に導入された時点でVATに登録された企業数。
　　2) 1990年と91年の数字は予算実行の調整を含む推定値。
　　3) 1982年の年末登録数の数字が合計と一致しない。
資料：1) 1973～79年の数字は, The Department of Trade and Industry, "Lifespan analysis of Business in the UK 1973-82," *British business*, 12 August 1983, p.838 より作成。
　　　2) 1980年以降はDTI, "VAT Registrations and Deregistrations in the UK(1980-1991), *CSO Bullletin Issue* 5/93, published 15 January 1993, p.8 より。

登録の企業を含んでいるのはもちろんであるが，それ以外にこれまで長く事業活動をしていた企業や73年以前より年売上高5,000ポンド以上の未登録企業が新登録をしたためである。それ故新登録（Registrations）と登録抹消（Deregistrations）をみるには73年末登録数すなわち74年年初登録数からみるのがリーズナブルである[27]。さて表から明らかなように1974年の年初VAT登録企業数が115万8,000社であるのに対して，91年の年末登録企業数は171万6,000社であるので，この間の18年間に55万8,000社，1.48倍の登録増加があったこと

---

27) Pom, Ganguly, "Lifespan analysis of businesses in the UK 1973–82," *British Business*, 12 August 1983, p.839. この論文は，企業の生存期間，とくに開業（birth）と廃業（death）を明らかにしている。そこでは開業後2年半で3分の2の企業が廃業し，また開業後6か月目より12か月目，そして12か月目より18か月目が高く，その後低下していくことを指摘している。同様な研究に "Lifespan of businesses registered for VAT," *British Business*, 3 April 1987.

になる。年末登録数は一貫して増加傾向にあるのが特徴である。しかしこの増加内容をみると，新登録数が89年にピークに達して25万6,000社，新登録率 $\left[\frac{新登録率}{年末登録数}\right]$ は15.4％と極めて高いと同時に，登録抹消数は2年遅れの91年をピークにして抹消率 $\left[\frac{登録抹消数}{年初登録数}\right]$ は11.9％と高く，激しい企業の盛衰，浮沈，交替を伴ったものとなっている。単純化していえば，ほぼ10年近くで企業の全てが入れ替わる内容の企業構造である。たしかに，新登録と登録抹消がイコール開業と廃業を意味するものではないが，登録年最低売上高を基準にした場合に，企業間で激しい階層移動・分化，企業交替そして開・廃業が生じているといえる。そしてこうしたことの最も重要なことは，年100万ポンド以下の売上高（従業員数では20～25人以下）である中小企業においてである[28]，と指摘されている。

このように激しい企業交替そして企業の現実の開廃業（births and deaths）を必ずしも意味しないが[29]，登録数と抹消数の大きさは，企業の生存期間（lifespan）がいかに短命であるかを物語っている。表補1―8はM. Daly氏の推計によるUKにおけるVAT登録企業の1974年から1984年までの生存期間を示したものである[30]。表から明らかなように1974年の新登録企業数は14万8千社であるが，登録後の6～12か月，すなわち1年未満に企業の残存率は88％になっている。すなわち登録抹消率は12％である。このような傾向はほぼ同じであるが，企業生命の最も危険な時期は2年から3年である。2年目で企業の4

---

28) Michael Daly, "The 1980s-a decade of growth in enterprise," *Employment Gazette*, November 1990, p.563. "VAT registrations and deregistrations in 1990," *Employment Gazette*, November 1991, pp.579-595. また，1980～87の分析に，"Vat registrations and deregistrations of UK businesses : 1980-87," *British Business*, 9 June 1989 や "Vat registrations and deregistrations : 1980-87," *British Business*, 12 August 1988, pp.33-35.

29) 既存企業が閉鎖したり，合併したり，法的変更（名称変更や会社形態の変更等）をすることの他に，VAT登録年最低売上額以下になったり，短期間の営業（例えば，フェスティバルや展示会等）のために登録されていたのが営業をしなくなることにより抹消の中に含まれるが，閉鎖（closure）を除いてそれらは営業閉鎖や破産・倒産を意味するものではない。逆に企業は①年最低売上高を越えると予想して登録するが，そうならなかったり，②登録後，年最低売上高以下になっても登録しつづけていたり，③金融的ベネフィットを受けるために任意に登録したり，④信用を高めるために登録したりする場合もある。

30) Michael Daly, "Lifespan of businesses registered for Vat," *British Business*, 3 April 1987, pp. 28-29.

表補 1 — 8　VAT 登録企業数の生存期間

単位：1,000社，％

	1974	1975	1976	1977	1978	1979	1980	1981	1982	1983	1984
新登録数 (1,000社)	148	161	169	157	150	172	158	152	166	180	182
残存率 (％)											
0～6か月未満	95	96	96	95	95	95	94	95	95	95	95
6～12　〃	88	89	89	88	89	88	88	88	88	88	88
12～18　〃	81	82	81	80	82	80	82	81	81	81	81
18～24　〃	74	76	74	73	76	74	75	74	74	74	
24～30　〃	68	69	67	69	70	69	69	68	68	68	
30～36　〃	62	63	63	64	66	65	64	63	63		
36～42　〃	57	58	59	60	62	60	59	58	58		
42～48　〃	53	55	56	56	58	56	56	54			
48～54　〃	49	52	53	53	55	53	52	51			
54～60　〃	46	49	50	51	52	50	49				
60～66　〃	44	46	48	48	49	47	47				
66～72　〃	42	44	45	45	46	45					
72～78　〃	40	42	43	43	44	43					
78～84　〃	38	41	41	41	42						
84～90　〃	37	39	39	39	40						
90～96　〃	35	37	37	37							
96～102　〃	33	35	36	35							
102～108　〃	32	34	34								
108～114　〃	31	32	33								
114～120　〃	30	31									
120～126　〃	28	30									
126～132　〃	27										
132～138　〃	26										

資料：Michael Daly, "Lifespan of businesses registered for Vat," *British Business*, 3 April 1987, p.28 より。

分の1，5年後には約半分強が登録抹消され，そして10年後には3分の1が残存しているにすぎない。登録後の2～3年目の登録抹消率は6か月毎では平均8％，年率で15％という高率である。その後抹消率は低下するが，10年後でも6か月毎で4％，年率では8％を示している。

このような活発かつ高率の企業交替はどのような産業で生じているのであるかをみたのが表補1—9である。表は1980年から91年までの産業別による新登録，抹消そして純増減を示したものである。表補1—7でもみたように，1979年末企業登録数は129万社が91年末には172万社となり，この間約43万社が増加している。しかし産業別にみると，農業は85年より新登録数を上回る抹消数となり農業VAT登録企業数は減少している。同様に小売業は88年，89年を除き

第Ⅴ部　中小企業政策の方向と国際比較

表補1－9　産業別 VAT 登録企業数の動向：1980―91

単位：1,000社，a：新登録数，b：抹消数，c：純増減

		1979年末企業数	1980	1981	1982	1983	1984	1985	1986	1987	1988	1989	1990	1991	1991年末企業数 80―91の純増減数
農業	a	176.4	8.6	6.8	6.6	6.2	5.9	5.6	5.4	5.8	6.1	6.1	5.6	5.1	173.3
	b		7.6	4.8	5.6	6.0	5.8	6.4	6.9	7.3	7.1	6.7	6.4	6.3	
	c		1.0	2.0	1.0	0.2	0.1	-0.8	-1.5	-1.5	-1.0	-0.6	-0.8	-1.2	
製造業	a	121.0	14.6	14.8	16.5	18.7	19.2	19.6	19.2	19.8	21.0	21.3	20.4	18.8	158.6
	b		13.1	11.5	14.1	14.5	15.0	16.3	16.8	16.9	16.2	16.2	16.7	19.0	
	c		1.5	3.3	2.4	4.2	4.2	3.3	2.4	2.9	4.8	5.1	3.7	-0.2	37.6
建設業	a	180.9	24.6	21.1	23.9	28.9	27.8	25.5	27.9	33.5	42.2	44.7	36.5	24.2	260.1
	b		19.5	14.8	18.2	18.3	23.6	26.8	24.7	23.4	23.6	25.8	28.5	34.4	
	c		5.1	6.3	5.7	10.6	4.2	-1.3	3.2	10.1	18.6	18.9	8.0	-10.2	79.2
運輸業	a	55.8	7.0	6.4	7.6	7.9	7.8	8.1	8.7	9.8	11.7	12.3	11.0	9.1	72.5
	b		7.4	6.3	6.9	6.7	6.7	7.0	7.1	6.9	7.4	8.2	9.6	10.5	
	c		-0.4	0.1	0.7	1.2	1.1	1.1	1.6	2.9	4.3	4.1	1.4	-1.4	16.7
卸売業	a	95.8	14.4	14.8	15.6	16.7	15.8	16.0	15.4	15.5	16.0	17.9	20.3	24.7	134.2
	b		10.6	9.5	12.4	12.9	13.7	14.5	14.6	14.5	14.5	14.2	15.3	18.0	
	c		3.8	5.3	3.2	3.8	2.1	1.5	0.8	1.0	1.5	3.7	5.0	6.7	38.4
小売業	a	268.8	31.9	32.9	34.3	34.9	33.2	33.4	34.6	35.5	39.8	35.8	30.6	27.3	258.3
	b		36.1	31.6	36.8	35.4	33.9	34.8	35.4	36.1	36.8	34.9	32.0	30.9	
	c		-4.2	1.3	-2.5	-0.5	-0.7	-1.4	-0.8	-0.6	3.0	0.9	-1.4	-3.6	-10.5
金融業	a	79.0	10.5	9.3	9.9	11.6	14.2	16.9	16.9	17.9	23.0	30.6	29.6	21.9	168.7
	b		7.3	6.3	7.7	7.5	7.9	9.9	9.9	11.2	11.6	12.4	14.1	16.8	
	c		3.2	3.0	2.2	4.1	6.3	7.0	7.0	6.7	11.4	18.2	15.5	5.1	89.7
飲食業	a	117.6	15.4	15.0	16.4	17.8	19.8	18.1	19.3	22.1	22.3	21.5	19.8	17.9	129.1
	b		15.1	13.7	16.2	16.4	17.6	17.9	18.8	20.0	20.5	19.9	18.8	19.0	
	c		0.3	1.3	0.2	1.4	2.2	0.2	0.5	2.1	1.8	1.6	1.0	-1.1	11.5
自動車販売業	a	67.7	9.0	8.7	9.6	9.7	8.9	8.9	8.8	9.2	10.3	10.6	9.7	7.7	80.6
	b		8.4	7.0	8.7	8.5	8.6	8.5	8.3	7.9	7.6	7.8	8.2	8.7	
	c		0.6	1.7	0.9	1.2	0.3	0.4	0.5	1.3	2.7	2.8	1.5	-1.0	12.9
その他	a	126.0	22.4	22.4	25.5	27.6	29.5	31.8	35.7	41.1	47.6	55.2	55.5	49.3	281.4
	b		17.2	14.7	18.9	18.7	19.3	21.6	22.4	24.8	26.8	29.9	34.5	39.4	
	c		5.2	7.7	6.6	8.9	10.2	10.2	13.3	16.3	20.8	25.3	21.0	9.9	155.4
全産業	a	1,288.9	158.3	152.1	166.0	180.0	182.0	183.0	192.0	210.0	240.0	256.0	239.0	206.0	1,716.3
	b		142.3	120.3	145.4	145.0	152.0	163.0	165.0	169.0	172.0	176.0	184.0	203.0	
	c		16.0	31.8	20.6	35.0	30.0	20.0	27.0	41.0	68.0	80.0	55.0	3.0	427.4

資料：DTI : "VAT Registrations and Deregistrations in the UK (1980－1991)".
　　　CSO, Bulletin Issue 5/93, published 15 January 1993, p.13, Table 5 より作成。

一貫して抹消数が多く，この間1万社が抹消されている。一方，登録企業数が増加している産業をみると，その他産業がトップで，ついで，金融，建設，卸売，製造，運輸，自動車販売，飲食業の順位になっている。80年代全体をみると，登録年最低売上高の上昇（表補1－6参照）に伴って新登録企業数は減少すると予想されるにもかかわらず，89年の25万6,000社をピークに一貫して上昇している（農業を除き）。これに対して登録抹消数は増加する傾向にあり，特に91年には景気後退と年最低売上高の引き上げもあって，卸売業，金融業，その他産業を除いた産業では新登録数を上回る抹消となっていることが注目される。91年には年最低売上高の引き上げのために4万1,000社の登録抹消が生じたと推定されている[31]。いずれにせよ，各産業とも企業の激しい新旧交替，階層分化・分解が生じている。

表補1－10はVAT登録企業の産業別動向を示したものである。表には強制的（compulsory）に登録しなければならない企業のほかに，任意（voluntary）の登録企業が含まれていることに留意したい。そのために例えば強制登録企業数と任意登録企業数の差は90年でみると10万7,000社（表補1－7との比較）にも及び，表補1－10はそれに影響を受けていることがわかる。また，82年の数字には問題があることを付加しておく[32]。このようなことを勘案したうえで，84年以降の全体的動向をみると，84年から93年までの10年間では各産業とも90年もしくは91年を登録のピークにその後低下傾向にあり，全体では1.12倍の増加である。産業別では，農業，鉱業，建設業，小売業，飲食業が企業数で減少し，自動車販売業はほぼ現状維持そして郵便・通信業では4.52倍もの大幅増加のほかに，金融・専門サービス業，その他サービス業，卸売業，運輸業，製造業が微増している。90年以降の近年をみると，全産業とも微減ないし微増で現状維持的あるいは停滞的である。このことは，VAT登録がかなりの程度任意登録に依存していることを反映しているものと推測しえる。

それでは企業階層的にはどのような状況にあるのかを売上高規模別でみたのが表補1－11である。VAT統計で得ることのできる規模別統計は唯一この統計である。『会社法』（注12を参照）にもとづくと，中小企業の定義は，年売上高800万ポンド未満（従業員数250人未満）であるが[33]，統計の制約上，1,000

---

31) CSO, "VAT Registrations and Deregistrations in the UK (1980–1991)," *Bulletin Issue* 5/93, published 15 January 1993, p.7.
32) 表補1－7，表補1－9の合計欄と表補1－10のそれとは，したがって合致しない。

表補1—10　UKの産業別VAT登録企業の推移

単位：社，%

	1982年	1984年	1986年	1988年	1990年	1991年	1992年	1993年	1993年/1984年増減率	1993年/1990年増減率
農　林　漁　業	182,758	182,975	181,722	178,620	176,804	175,306	172,902	170,735	0.93	0.97
％	12.6	12.2	11.9	11.1	10.0	9.8	10.0	10.2		
鉱　　　　　業	1,930	1,928	1,755	1,749	1,678	1,678	1,665	1,791	0.93	1.07
％	0.1	0.1	0.1	0.1	0.1	0.1	0.1	0.1		
製　　造　　業	152,776	154,097	159,083	161,534	170,019	170,688	164,911	160,000	1.04	0.94
％	10.6	10.3	10.4	10.0	9.6	9.5	9.6	9.6		
建　　　　設	207,732	223,646	221,422	238,052	277,589	278,018	250,523	222,207	0.99	0.80
％	14.4	14.9	14.4	14.8	15.7	15.5	14.5	13.3		
運　　　　輸　　業	60,580	64,866	66,698	71,337	79,417	78,468	74,770	71,579	1.10	0.90
％	4.2	4.3	4.4	4.4	4.5	4.4	4.3	4.3		
郵便・通信業	—	373	550	894	1,487	1,631	1,645	1,686	4.52	1.13
％		0.02	0.04	0.05	0.08	0.09	0.09	0.1		
卸　　売　　業	113,552	123,169	125,598	129,335	135,886	142,707	144,161	143,820	1.17	1.06
％	7.8	8.2	8.2	8.0	7.7	7.9	8.4	8.6		
小　　売　　業	274,835	269,576	266,695	265,233	267,986	263,849	250,337	241,142	0.89	0.90
％	19.0	18.0	17.4	16.5	15.2	14.7	14.5	14.4		
金融・不動産及び専門サービス業	96,823	105,593	118,217	133,283	166,702	182,943	180,872	180,904	1.71	1.09
％	6.7	7.1	7.7	8.3	9.4	10.2	10.5	10.8		
飲　　食　　業	121,739	124,092	124,928	128,202	131,471	131,048	123,401	120,290	0.97	0.92
％	8.4	8.3	8.1	8.0	7.4	7.3	7.2	7.2		
自　動　車　販　売　業	76,082	76,716	76,627	78,290	83,733	84,025	80,154	76,881	1.00	0.92
％	5.3	5.1	5.0	4.9	4.7	4.7	4.7	4.6		
その他のサービス（企業サービスを含む）	158,166	169,926	189,961	222,647	272,406	284,999	277,898	280,576	1.65	1.03
％	10.9	11.4	12.4	13.8	15.4	15.9	16.1	16.8		
計	1,446,973	1,496,957	1,533,156	1,609,176	1,765,178	1,795,360	1,723,239	1,671,611	1.12	0.95
％	100.0	100.0	100.0	100.0	100.0	100.0	100.0	100.0		

注：1）VAT登録年最低売上高以下の任意登録企業を含んでいる。
　　2）1982年の数字は処理加工のうえで問題がある。
　　3）製造業、鉱業、公営施設の定義は1968年のSICに合わせている。

資料：DTI, Business Monitor, PA 1003, 1993, p.19 より作成。

第19章 中小企業政策の国際比較 517

表補1—11 UKにおける売上高規模別VAT登録企業（1993年）

単位：1,000ポンド，社，%

1,000ポンド		1〜34	35〜49	50〜99	100〜249	250〜499	500〜999	1,000〜1,999	2,000〜4,999	5,000〜9,999	10,000ポンド以上	計
農　林　漁　業	%	66,471 41.0	16,868 10.4	32,489 20.0	30,858 19.0	9,864 6.1	3,707 2.3	1,243 0.8	481 0.3	118 0.1	79 0.05	162,178 100.0
鉱　　　　業	%	218 13.9	80 5.1	167 10.6	248 15.8	175 11.1	165 10.5	124 7.9	127 8.1	79 5.0	188 12.0	1,571 100.0
製　　造　　業	%	26,838 17.2	12,894 8.3	255,598 16.4	33,176 21.3	19,633 12.6	13,974 9.0	9,208 5.9	7,230 4.6	3,100 2.0	4,024 2.6	155,675 100.0
建　　設　　業	%	55,367 25.9	31,105 14.6	46,979 22.0	41,043 19.2	17,988 8.4	10,558 4.9	5,384 2.5	3,133 1.5	985 0.5	969 0.5	213,511 100.0
運　輸　業	%	15,525 22.3	11,022 15.8	14,948 21.4	11,398 16.3	6,212 8.9	4,606 6.6	2,713 3.9	1,828 2.6	647 0.9	830 1.2	69,729 100.0
郵便・通信業	%	449 27.3	210 12.8	267 16.2	272 16.5	134 8.2	117 7.1	73 4.4	54 3.3	29 1.8	39 2.4	1,644 100.0
卸　　売　　業	%	25,980 18.6	10,653 7.6	18,648 13.4	24,814 17.8	17,301 12.4	15,348 11.0	11,396 8.2	8,943 6.4	3,277 2.4	3,010 2.2	139,370 100.0
小　　売　　業	%	20,833 8.8	22,273 9.4	62,069 26.2	81,614 34.5	30,931 13.1	11,937 5.0	4,151 1.8	1,675 0.7	444 0.2	597 0.3	236,524 100.0
金融・不動産及び専門サービス業	%	50,356 29.2	26,508 15.3	34,827 20.2	27,543 15.9	13,141 7.6	8,065 4.7	4,559 2.6	3,224 1.9	1,505 0.9	3,000 1.7	172,728 100.0
飲　　食　　業	%	6,109 5.1	12,677 10.7	37,303 31.4	45,238 38.1	11,568 9.7	3,774 3.2	1,176 1.0	562 0.5	144 0.1	142 0.1	1,186,923 100.0
自動車販売業	%	9,474 12.5	7,902 10.4	14,578 19.2	16,560 21.8	9,459 12.5	7,180 9.5	4,990 6.6	3,579 4.7	1,247 1.6	914 1.2	75,883 100.0
企業サービス業	%	39,855 30.0	22,296 16.8	27,134 20.4	19,137 14.4	8,885 6.7	6,221 4.7	3,440 2.6	2,725 2.1	1,234 0.9	1,934 1.5	132,861 100.0
その他サービス業	%	38,986 28.9	22,770 16.9	31,899 23.6	23,835 17.7	8,953 6.6	4,665 3.5	1,785 1.3	1,111 0.8	423 0.3	576 0.4	135,003 100.0
計	%	356,461 22.1	197,258 12.2	346,906 21.5	355,736 22.0	154,244 9.5	90,317 5.6	50,242 3.1	34,672 2.1	13,232 0.8	16,302 1.0	1,615,370 100.0

注：1）売上高がゼロである企業，56,241社を除外。
資料：DTI, Business Monitor, PA 1003, 1993, pp.20-21より作成。

表補1—12　組織形態別にみた VAT 登録企業の動向（1980～1990年）

単位：1,000社，％

	会　　　　社					個　人　企　業					合名・合資会社				
	年初登録数	新登録数	抹消数	純増減(％)	年末登録数	年初登録数	新登録数	抹消数	純増減(％)	年末登録数	年初登録数	新登録数	抹消数	純増減(％)	年末登録数
1980	378	48	34	3.7	392	525	66	69	-0.5	523	347	43	38	1.3	361
1981	392	46	33	3.3	405	523	65	55	1.8	532	361	40	31	2.5	371
1982	405	52	43	2.2	415	532	72	65	1.2	539	371	41	36	1.4	376
1983	415	57	45	2.9	427	539	79	63	2.8	554	376	43	35	2.1	384
1984	427	57	49	2.0	435	554	82	67	2.7	569	384	42	35	1.7	390
1985	435	59	53	1.3	441	569	81	71	1.8	579	390	41	38	0.8	394
1986	441	60	54	1.4	447	579	87	71	2.7	594	394	43	38	1.2	398
1987	447	62	54	1.7	455	594	98	72	4.3	620	398	48	40	2.1	407
1988	455	66	53	2.9	468	620	115	75	6.4	660	407	55	42	3.2	420
1989	468	73	52	4.6	490	660	124	78	7.0	706	420	56	41	3.5	434
1990	490	71	56	3.0	504	706	114	86	4.0	734	434	49	42	1.5	441
1980-90	378	651	525	33.3	504	525	982	773	39.8	734	357	501	417	23.5	441
平均年率		13.6	11.0	2.7			15.2	12.1	3.1			11.7	9.7	1.9	

資料：Michael Daly, "VAT registrations and deregistrations in 1990", Employment Gazette, Novemver 1991, pp. 579～595, 表11, 表12より作成。

万ポンド未満とする。表から明らかなように，年売上高1,000万ポンド以上の大企業は全体の僅か1％にしかすぎない。産業別には鉱業の12％という例外を除くと，製造業では2.6％，郵便・通信業が2.4％，卸売業が2.2％とこれら分野で比較的に大企業が多い。中小・零細層をより詳細にみると，VAT 登録年最低売上高（92年3月～93年3月＝£36,600）以下の企業は「3万4,000ポンド」未満でみると22.1％もあり，そしてこの層を合わせた年売上高25万ポンド未満（£1＝¥160とすると4,000万円）の小零細企業が全体の77.8％を占め，25万～1,000万ポンド未満の中小企業は21.1％に達している。このように VAT 登録企業の99％という圧倒的多数が中小・零細企業である。そして登録企業を組織形態別にみると，個人企業（Sole Proprietors）が全体の41.2％を占め，つ

---

33) イギリスでは『会社法』で中・小会社の定義がなされているが，日本のような「中小企業基本法」はなく，中小企業についての統一的規定はない。しかし，1971年に Bolton 委員会報告書が出され，そこでの定義（経済的定義と統計的定義）が定着しているようである。とはいえ，諸施策のうえでは統計的定義はいまだ多様である。定義と60年代の中小企業構造については，福島久一「イギリスにおける中小企業構造の変化」，『経済集志』第44巻，第3・4号，1974年10月。

いで法人会社及び公企業（Companies and Public Corporations）の32.7％，合名・合資会社（Partnerships）が26.0％の構成となっている[34]。VAT登録企業の4割強が個人企業であることが注目される。

VAT登録企業の組織形態別による開・廃業を含む登録・抹消をみたのが表補1—12である。1980年の年初以降から90年末までの登録企業数の増加率は，個人企業が39.8％と最大であり，ついで会社の33.3％そして合名・合資会社が23.5％となっている。しかし，80年代初頭では会社の増加が多かったのに対して，87年以降では個人企業が急速に増加している。また，新登録率と抹消率ではともに個人企業が最高率を示しており，激しい企業交替の存在していることがわかる。合名・合資会社が相対的に低い率であるのは，産業が停滞ないし低成長する中で，ある程度まで集中化が進行していることを反映している[35]。

以上からわかるように，VAT登録企業の圧倒的多数は中小・零細企業であり，それらが活発に開業すると同時に登録抹消・廃業を生じさせている。しかも高い開・廃業であるために，それらの生存期間は短く，5年以内で新登録の5割強が登録抹消・廃業に陥るという状況におかれ，その存立の厳しさといかに経営が不安定であるかを物語る結果になっている。しかし，このような多数の中小・零細企業の他になお膨大な量の自己雇用者が存在しているのである。

5 失業吸収の場としての自己雇用＝自営業者
―― 産業・企業の苗床かそれともモミ殻か ――

これまで『会社統計』と『VAT統計』を用いてイギリスの企業構造を分析してきたが，その全体像を把握するには企業構造の最底辺層を構成する自己雇用者（Self-employed persons），すなわち自営業者を考慮に入れることが不可欠である[36]。ここでいう自己雇用者又は自己雇用（Self-employment）とは，雇用省（Department of Employment）の定義を引用すると，「彼等が被雇用者

---

34) DTI, Busines Monitor, pp.22–25, 表3A，表3B，表3Cより。売上高が0の企業を除外すると，全体で158万6,355社である。年売上高100万ポンド以上の企業数は，個人企業で3,892社，合名・合資会社は9,965社，法人会社は9万8,658社（そのうち1,000万ポンド以上が1万5,285社）である。

35) Michael Daly, "VAT registrations and deregistrations in 1990," *Employment Gazette*, November 1991, p.584.

表補1—13　自己雇用者の動向（UK）

単位：1,000人，％

	雇用労働力数（A） workforce in Employment	自己雇用者数（B） self-employed persons	B／A ％	失業者数 unemployed persons	失業率
1970	24,559	1,783	7.3	524	2.1
1975	24,929	1,886	7.6	866	3.4
1980	25,306	2,011	7.9	1,513	5.6
1983	23,611	2,219(1,703)	9.4	2,905(2,028)	11.0
1985	24,530	2,614(1,976)	10.7	3,019(2,100)	11.0
1988	25,922	2,998(2,264)	11.6	2,295(1,600)	8.1
1989	26,693	3,253(2,487)	12.2	1,785(1,276)	6.3
1990	26,937	3,298(2,512)	12.2	1,612(1,189)	5.6
1991	26,044	3,143(2,396)	12.1	2,294(1,740)	8.1
1992	25,452	2,989(2,256)	11.7	2,723(2,088)	9.7
1993	24,896	2,978(2,226)	12.0	2,912(2,234)	10.5

注：1）1970年の数字は Great Britain のみである。
　　2）1970年，1975年，1980年の各数字は6月時点。*Employment Gazette* より。
　　3）1983年以降の数字は Annual Abstract of Statistics 1994, No.130, HMSO, p.105より。
　　4）雇用労働力数は，Employees in employment, the self-employed, HM Forces そして work related government training programmes の合計である。
　　5）失業率は　$\frac{失業者数}{労働力人口}$ ×100である。労働力人口＝雇用労働力数＋失業者数
　　6）（　）内は男性。
　　7）1983年以降の自己雇用者の数字は，1981年の国勢調査（Census of Population）と労働力調査結果（Results of the Labour Force Surveys）にもとづく推定値。

（employees）を有しているか有していないかどうかは，彼等自身の判断で彼等の主要な仕事に従事している者」とされている。この自己雇用者はしたがって「被雇用者有」と「被雇用者無」との自己雇用者に分けられ，家族従業者のみを使用している場合は後者に含まれる。しかし，自己雇用者がどの程度存在し，どのように形成されているかを明らかにするためには，さらに自己雇用者の出自，経済上の所得・地位，生活構造そして経営者意識ないし社会的意識等の指標を用いていくつかの階層・グループに分けて考えることが必要であろうが[37]，ここでの目的は企業構造の全体像を明らかにするうえで，自己雇用者が

36）もっとも自己雇用者が「事実上の賃金労働者」ともいわれているため，この階層を企業の範疇に入れるか，それとも労働者の範疇にいれるかは，理論的に検討を要することであり，多くの議論がなされている。
Rebecca Boden and Anne Corden, *Measuring Low Incomes : Self-Employment and Family Credit*, HMSO, 1994. Casey, B. and Creigh, S. "Self-employed in Britain : its definition in the Labour Force Survey," *Work, Employment and Society*, 2, 3, 1988, pp.381–391.

どの程度存在しているかを把握することにある。

さて表補1—13はUKにおける自己雇用者の動向をみたものである。1993年の自己雇用者総数は298万であり，1970〜93年までに120万の67.4％も増加している。その増加を時系列的にみると，70年〜80年では22.8万の12.8％の増加であるのに対し，80年〜90年には128.7万の64％の大幅な増加をもたらしている。まさに60年代における中小・零細企業の減退とは大きく異なった80年代のドラマチックな増加である[38]。自己雇用者比率$\left(=\dfrac{自己雇用者}{雇用労働力}\right)$は，70年の7.3％から80年には7.9％へ，そして90年には12.2％に達している。この増加は，雇用労働力のうちの何らかの産業の労働者が大量に排出され，一方で失業者に化すると同時に，他方で自己雇用者化したものである。もし，自己雇用者化＝自営業者化する手段や場がなければ，大量の失業群を生みだしており，その意味で自己雇用者の増加は失業吸収の場となっている。しかし，90年をピークにその後は減少し，90年〜93年までに32万も激減する中で，特に91年と92年の減少数は著しい。このような急激な減少にもかかわらず，自己雇用者比率は微減にとどまり，自己雇用者が滞留ないし定着化しているかにみえる。この自己雇用者の絶対数の激減は，自己雇用者の雇用労働者化を意味している。そして自己雇用者率が89年以降ほぼ横這いであるのは，失業率が激減しているにもかかわらず，いまだ雇用労働者としての職を見い出しえないか，それとも自営業者として思い止まっているのかのいずれかである。失業率は86年をピークに90年まで減少するが，この時期はイギリス経済が好調の時であり，この間にさえ自己雇用者化が自発的であるか非自発的であるかにかかわらず，傾向的に進行しているのが特徴的である。失業率は90年を底にまた急上昇し，自己雇用者の雇用労働者化を押し止める状況になっている。しかも近年女性の自己雇用者化＝自営業者としての開業は増加しているものの，自己雇用者の75％前後は男性であり，フルタイム労働からの自己雇用者化が増えている。そして失業者に占める

---

37) 福島久一「分解する都市自営業者と日本経済の国際化」，『経済』1989年2月号，No.298，新日本出版社，93-106ページ。

38) もっとも総雇用労働力数の増加（減少）に対応して自己雇用者数も増加（減少）を示しているが，その増加数（減少数）は，前者がはるかに多い。しかし対前年率では後者の増加率は前者より大きく，全体的に自己雇用者化が進行している。社会動向調査機関ジョゼフ・ラウントゥリー財団の調査によると，今世紀末までに総雇用労働力に占める自営業者は8人に1人であるとも報告されている。

図補1―1 イギリスの自己雇用者率・失業率の推移

（グラフ：実線＝自己雇用者率、破線＝失業率、1970年～1993年）

資料：表補1―13と同じ。

　男性の失業率も83年の200万，69.8％から93年の220万，76.7％へと6.9ポイント上昇しており，労働者と自己雇用者との間の移動・転化も激しく，自営業者の約5人に1人は元失業者ともいわれている。

　図補1―1は自己雇用者率と失業率との関係を示しているが，両者は経済変動を反映して2回にわたり交錯している。すなわち，1981年から82年にかけては失業率の急上昇が自己雇用者率を上回りその後もその傾向はつづくが，86年から87年にかけて両者の関係が逆転し，自己雇用者率が失業率を上回っている。自己雇用者が雇用労働者になる機会が不足している経済条件を反映していることは明らかである[39]。こうして自発的（voluntary）であるか，非自発的（involuntary）であるかをも含めて雇用労働者の自己雇用化＝自営業者化が進行しているが，自己雇用者の大量存在は，部分的ではあれ，かなりの数が雇用労働者の失業とのオルタナティブであり，いわば雇用労働者の擬制的自己雇用者化であることを推測しえるのである[40]。

　こうした自己雇用者化の中でさらに注目すべきことはエスニック・グループの存在である[41]。表補1―14はイギリスからみた外国人であるエスニック・オ

表補1—14　イギリス（GB）における人種別による自己雇用者比率の変化

	総自己雇用者に占める割合		総自己雇用者に占める雇有者の割合	
	1979—83平均	1989—91平均	1979—83平均	1989—91平均
白人	8.8	13.0	39.2	30.5
有色人	10.3	15.9	45.5	40.2
そのうち				
西インド諸島・ガイアナ人	2.6	7.2	29.4	21.3
インド人	13.8	20.2	42.2	42.2
パキスタン人・バングラディシュ人	17.4	21.9	51.4	37.7
その他	10.8	14.8	53.0	45.5

資料：M. Campbell and M. Daly, "Self-employment : into the 1990s," *Employment Gazette*, June 1992, p.279, 表18より。

リジンの白人（white）と有色人（Ethnic minority groups）との区別である。白人と有色人両者の自己雇用者が総自己雇用者に占める割合は，79年～83年平均の19.1％から89年～91年平均では28.9％へ9.8ポイント上昇している。両者のギャップは79年以降拡大しているが，とりわけ有色人系のうちでインド人，パキスタン人・バングラディシュ人の自己雇用者化が進んでいる[42]。エスニック・オリジンの総自己雇用者に占める雇有者の割合をみると，白人系も有色人

39) Marthin Campbell and Michael Daly, "Self-employment : into the 1990s," *Employment Gazette*, June 1992, pp.274-275.
40) 失業が新企業形成の重要な刺激になっているが，失業者による企業の創設者は劣った企業家であり，そして中小企業部門のダイナミズムを減退させるとみるかどうかは企業形成とは別問題である。多くの成功している中小企業は積極的理由から企業を設立しており，その意味ではむしろ失業や過剰人員のオルタナティブではない，ともいえる。Smith, D. "Small Businesses in Britain", ESRC, University of Cambridge, 1993.
41) Marthin Campbell and Michael Daly, "Self-employment : into 1990 s", Employment Gazette, June 1992, pp.269-292. この論文は，1980年代における自己雇用者を，その動向，国際比較，自己雇用者の属性，人種別，宗教，労働者としての兼職（second job），VAT 資料との比較等多面的に分析している。
42) 1992～93年のイギリスの総人口は56,793千人，そのうち UK は54,790千人，外国人（Foreign nationals）は1,993千人の3.5％を占めている。93年時点でのイギリスにおける外国人労働者数は862千人，そのうち EU 諸国が359千人（41.6％），EU 諸国以外が503千人（58.4％）で，インド人，パキスタン人等のアジア人は22.2％を占めている。John Salt, "Foreign workers in the United Kingdom : evidence from the Labour Force Survey," *Employment Gazette*, January 1995, pp.13-19. 他に "Ethnic groups and the labour market," *Employment Gazette*, May 1994, pp.147-159. また，"Annual Abstract of Statistics 1994" によると，UK への移民流入は，90年をピークに7万人，91年6.7万人，92年5.2万人と減少し，UK からの移民流出を差し引くと，90年4万人，91年3.2万人，92年2.4万人の移民受け入れとなっている。雇用省の推定では，2007年までに毎年5万人の移民流入に対して2万人が流出すると推定されている。

系のいずれもが79年以降低下しているが、それでも白人系は3割、有色人系は4割が雇有業主である。そしてマイノリティ・ビジネスといわれるこれら自営業者の存立は厳しい。例えば、Kingston 大学の「小企業研究センター」の調査によると、開業時での資金は企業の約45％が銀行に依存しているが、ギリシャの企業の外部資金は主に街の金融業者からのものである。そして開業後でも3分の1以上は自国のコミュニティーに依存して経営していると同時に売上高の50％以上がその社会によって存立しているという。しかも雇有業主の約8割が自国からの若い労働力を雇用していると同時に4割以上は家族従業員（family labour）を使用して経営を営んでいる、と述べている[43]。

いずれにせよ、このようなマイノリティ・ビジネスを含めた自己雇用者＝自営業者の大量存在は、雇用労働者の自己雇用者化とりわけ失業者の自己雇用者化との共有領域、あるいは灰色の領域（grey areas）を形成している[44]。そして雇用状況に影響を受けながら、自己雇用者内部で絶えざる激しい交替を伴った不安定な経営を営んでいる。問題はこれら大量の自己雇用者が今後において定着し存続していくのかどうか、それとも60年代や70年代の水準にまだ減少していくのかどうかである。

それではこの約300万の自己雇用者はいったいどのような産業部門に存立しているのであろうか。すでに前述したようにイギリスの産業構造は第2次産業から第3次産業へ移行し、とくにサービス部門を肥大化させて、60年代70年代とは質的に異なった構造を形成してきている。とりわけ自己雇用者は90年代に入り減少しているものの、80年代には約120万〜140万もが増加したのである。表補1—15はイギリス（GB）における自己雇用者の産業別構成変化をみたものである。

まず全体的にみると、71年から93年までに100万増加しているが、その間とくに80年〜90年には140万、1.67倍の急増勢であった。そして90年をピークに93年までに製造業の横這いを除き全産業で11％減少している。産業別構成をみると、サービス業の6割、建設業に2割前後、製造業が1割そして農林水産業が1割弱の割合である。しかしこれら産業を時系列的にみると、農林水産業は71年に15％を占めていたのが一貫して減少しつづけ93年にはほぼ半減し8.1％

---

43) Department of Employment, "Minority businesses must adapt to survive," *Employment Gazette*, November 1993.
44) Rebecca Boden and Anne Corden, op. cit., p.12.

第19章 中小企業政策の国際比較 525

表補1−15 産業別自己雇用者の推移（GB）

単位：千人、％、倍

		1971	1975	1980	1985	1990	1991	1992	1993	1993/1971 増減率	1980/1971 増減率	1990/1980 増減率	1993/1990 増減率
農林水産業		313	273	280	251	284	296	275	250	0.80	0.89	1.01	0.88
	％	15	13.3	13.5	9.3	8.2	8.9	8.8	8.1				
電機・ガス・水道供給業		—	—	—	—	15	12	11	—	—	—	—	—
	％					0.4	0.4	0.4					
製造業		157	169	174	250	335	353	338	344	2.19	1.11	1.93	1.03
	％	7.5	8.2	8.4	9.2	9.6	10.6	10.8	11.1				
Ⓐ鉱山・化学		—	—	13	25	34	29	24	31	—	—	2.62	0.91
	％			0.6	0.9	1.0	0.9	0.8	1.0				
Ⓑ金属製品・自動車		47	52	58	69	111	107	104	105	2.23	1.23	1.91	0.95
	％	2.3	2.5	2.8	2.5	3.2	3.2	3.3	3.4				
Ⓒその他の製造業		103	109	104	156	190	217	210	208	2.02	1.01	1.83	1.09
	％	4.9	5.3	5.0	5.8	5.5	6.5	6.7	6.7				
建設業		392	413	418	542	819	740	667	654	1.67	1.07	1.96	0.80
	％	18.8	20.1	20.1	20.0	23.6	22.3	21.3	21.1				
サービス業		1,226	1,203	1,209	1,664	2,019	1,915	1,840	1,847	1.51	0.99	1.67	0.91
	％	58.7	58.5	58.1	61.5	58.2	57.8	58.8	59.7				
Ⓐ流通・ホテル・飲食・修理		745	695	681	815	826	765	729	727	0.98	0.91	1.21	0.88
	％	35.7	33.8	32.7	30.1	23.8	23.1	23.3	23.5				
Ⓑ運輸・通信		69	82	99	110	183	162	171	178	2.58	1.43	1.85	0.97
	％	3.3	4.0	4.8	4.1	5.6	4.9	5.5	5.8				
Ⓒ銀行・金融・保険・ビジネスサービス		157	164	175	278	434	426	442	412	2.62	1.11	2.48	0.95
	％	7.5	8.0	8.4	10.3	12.5	12.8	14.1	13.3				
Ⓓその他サービス業		256	262	254	462	577	562	498	530	2.07	0.99	2.27	0.92
	％	12.3	12.7	12.2	17.1	16.6	16.9	15.9	17.1				
計		2,088	2,058	2,081	2,707	3,472	3,316	3,131	3,095	1.48	1.00	1.67	0.89
	％	100.0	100.0	100.0	100.0	100.0	100.0	100.0	100.0				

注：1) 自己雇用者集は各年とも6月時点。
2) 製造業とサービス業の中分類内訳の合計は必ずしもそれらと計と一致しない。

資料：Department of Employment, *Employment Gazette -Historical Supplement*, No.4, Octorber 1994, p.60 より作成。

である。前述したが零細農民層の分解が止むことなく進行している。製造業の自己雇用者は比率では一貫して増加しているが、絶対数では91年をピークにしている。71年から93年までに18.7万の2.19倍の増加であり、なかでも金属製品・自動車の伸び率が高い。建設業は製造業より比重が高いのが特徴的で、89年には82.8万（表にはない）とピークに達しており、その後減少するが、景気変動の影響を他の産業より早く受けている。そして建設業の自己雇用者には建設下請業者や一人親方としての労働下請が形成されているといわれている。サービス業は自己雇用者の割合が最も多くて約6割を占める存立分野である。70年代には絶対数で減少しているが、80年から90年までに約80万の増加となっており、自己雇用者の吸収の場となっている。ビジネス・サービスや運輸・通信といったいわばニュー・ビジネスの分野拡大に伴っている。しかし90年をピークに減少し、失業者や雇用労働力の吸収先として、もはやその限界を示し、役割を果たせなくなってきている。図補1－2は1980年の自己雇用者を100にしてその伸び率をみたものであるが、各産業の自己雇用者の趨勢が89年から91年をピークに減退している。

　このように自己雇用者の存立分野は90年以降厳しく、狭められてきている。かろうじて製造業が横這い状況を示しているものの、大量の失業者と増大する労働力人口を吸収する場としては小さく、限界が大きい。とくに技術革新の進歩著しい現段階での開業は、多額の最低必要資本量と高度の技術・熟練を要するために困難とならざるをえないのである。80年代に製造業支援のための多くの施策が展開され[45]、それへの期待が強化されてきたものの、製造業に期待することの前途は決して楽観視できない事態にあるといえる。

　以上みてきたように、自己雇用者＝自営業者は、60年代末頃までの長期的停滞から70年代以降一貫して増加し、とくに80年代初期のリセッションと80年代後半の好景気を通じて大量に簇生した[46]。しかもその大量増大は、同時に製造業を中心に大量解雇される雇用労働者の自己雇用者化、雇用労働者の擬制的自己雇用者化を内在化したものであり、内部での絶えざる分解・分化を伴った存

---

[45] John Stanworth and Colin Gray (edited), "Change and Continuity in Small Firms Policy since Bolton," Bolton 20 years on –The small Firm in the 1990s–, Paul Chapman Publishing, 1991, pp. 16–39.
例えば、企業手当制度（Enterprise Allowance Scheme）は、失業者が企業を起こすことを支援する政策であるが、1982年に導入されて以来、年平均6万人がその制度を利用し、自己雇用者への新規参入の約8分の1を占めるといわれている。

図補1－2　自己雇用者の産業別伸び率の推移（1980年＝100）

凡例：
――― 製造業
－－－ サービス業
―・― 建設業
―・・― 農林水産業

主要数値：118（1971年付近）、198、203（製造業ピーク）、167、106（農林水産業）

横軸：一九七一、一九七五、一九八〇、一九八一、一九八二、一九八三、一九八四、一九八五、一九八六、一九八七、一九八八、一九八九、一九九〇、一九九一、一九九二、一九九三　年

資料：表補1－15と同じ。

在であった。逆にいえば，自己雇用者は産業予備軍の外部化でもあった。しかし91年の景気後退を転機に減少しているが，失業者数とほぼ同数の約300万が滞留ないし定着化しつつあるかにみえる。80年代初期のリセッションには増加したのに対して，90年代初期のリセッションには減少ないし滞留しているそのちがいは何故なのかを成熟したイギリス経済での問題として存在するであろう。自己雇用者＝自営業者が今後，イギリスの企業構造の重要な構成部分として緊密に組み込まれ，その役割としての産業の苗床（seedbed）ないし種子（seed-

---

46）　もっとも自己雇用者の80年代の増大は，単に失業との関連であるだけでなく，経済諸条件の変化による要因にもとづいていることも指摘しなければならない。Martin Campbell と Michael Daly の両氏は，それら要因として①需要構造の変化，②技術進歩，③大企業の子会社・分社化，④労働供給力の増加，とくに女性の進出と役割の増加，⑤開業資金，⑥自己雇用・小企業を促進するための政府の政策をあげている。*op. cit.*, pp.287–291.
Michael Daly, "The 1980 s-a decade of growth in Enterprise," *Employment Gazette*, November 1990, pp.553–565. Acs, Z., Audretsch, D. and Evans, D., "The determinants of variations in self-employment rates across countries and over time," Warwick Business School research Seminar, May 1992.

corn）を果たしうるのか，それとも単に失業吸収の場としての役割を担うにすぎず，産業・企業としては成長・発展の期待しえないモミ殻（chaff）に終わるのか[47]，今後の展開をみるほかは誠に致し方ないであろう。

6 果たして中小・零細企業の経済的位置は？
――結びに代えて――

「会社統計」「VAT 統計」そして「雇用統計」にもとづき企業と自己雇用者数の存在と構造をいままで検討してきたが，それぞれの統計がもつ長所・短所からイギリスの企業構造の全体像を把握するには幾つかの限界があった。企業総数は果たしてどれだけであるのか，そして中小企業数はそこにどれだけ存在しているのかが問題として残されている。いままでの検討からも企業の圧倒的多数（the vast majority of firms）は中小企業であることは事実として確認できたけれども，全体を包括する資料・統計の欠如していることがこれらへの簡明な解答を示すのを困難にしている[48]，といえよう。

それではイギリスの企業はどのような存在と構造であるのか。M. Daly と A. McCann の両氏による推計[49]にもとづいて以下ではみていくことにする。この推計では，VAT 登録企業や自己雇用者はもちろんのこと，公営企業（Public Corporations）を数字に含ませている。何故ならば特に公営企業は，民営の大企業に類似する存在であること，そしてそれらが数字に含ませないならば，1980年代の民営化（privatization）から生じている規模分布における大企業の位置づけに問題が生じることになるからである。

さて従業者数と売上高との指標を用いて規模別分析を推計したのが表補1―16，表補1―17である。まず表補1―16の従業者規模別からみると，1989年末でのイギリスの事業所数（businesses）は298万8,000と推定されている。1979

---

47) M. Kitson, "Seedcorn or chaff? unemployment and small firm performance," Working Paper Series WP 2, Economic & Social Research Council (ESRC), University of Cambridge, February 1995.
48) イギリスにおける企業総数を従業者・売上高規模別で推計した資料がある。Graham Bannock and Michael Daly, "Size distribution of UK firms," *Employment Gazette*, May 1990, pp. 255–258. しかし後に Daly 自身がこれは「あらゆる疑問に答えることができない」と指摘している。
49) Michael Daly and Andrew McCann, "How many small firms?", *Employment Gazette*, February 1992, pp. 47–51.

第19章　中小企業政策の国際比較

表補1-16　従業者規模別事業所数，従業者数及び売上高（UK）

単位：千社，％，倍

従業者数	1979年 事業所数(千社・%)	1979年 従業者数(%)	1979年 売上高(%)	1986年 事業所数(千社・%)	1986年 従業者数(%)	1986年 売上高(%)	1989年 事業所数(千社・%)	1989年 従業者数(%)	1989年 売上高(%)	1989年/1979年 事業所数増減率
1～2	1,099 / 61.4	6.6	3.4	1,595 / 64.3	10.9	3.8	2,025 / 67.8	12.3	4.2	1.84
3～5	319 / 17.8	5.9	2.4	535 / 21.5	10.0	5.0	596 / 19.9	10.0	4.7	1.87
6～10	179 / 10.0	6.7	3.3	178 / 7.2	6.9	4.4	181 / 6.1	6.3	4.1	1.01
11～19	109 / 6.1	7.6	3.6	84 / 3.4	6.0	4.2	92 / 3.1	6.0	4.3	0.84
20～49	46 / 2.6	6.9	5.3	56 / 2.2	8.2	6.3	57 / 1.9	7.7	6.0	1.24
50～99	16 / 0.9	5.3	7.9	16 / 0.6	5.8	4.4	18 / 0.6	5.8	3.7	1.13
100～199	15 / 0.8	10.2	16.4	9 / 0.4	7.4	13.8	9 / 0.3	7.2	13.6	0.60
200～499	5 / 0.3	8.1	8.2	5 / 0.2	9.5	15.1	6 / 0.2	10.6	17.9	1.20
500～999	2 / 0.1	7.5	10.2	2 / 0.1	6.5	11.3	2 / 0.1	6.7	11.2	0.27
1,000人以上	2 / 0.1	35.3	39.4	1 / —	28.6	31.8	1 / —	27.5	30.4	0.50
計	1,791 / 100.0	100.0	100.0	2,481 / 100.0	100.0	100.0	2,988 / 100.0	100.0	100.0	1.67

注：1）1979年と1986年には厳密には比較できないが、その不一致の影響は小さく、かつ事業所総数は影響を受けない。
　　2）全産業である。

資料：M. Daly and A. McCann, "How many small firms?" *Employment Gazette*, February 1992, pp.47-51.

表補1―17 売上高規模別事業所数,従業者数及び売上高 (UK)

単位：千ポンド,千社,％,倍

売上高 (千ポンド)	1979年 事業所数(千社・%)	1979年 従業者数(%)	1979年 売上高(%)	1986年 事業所数(千社・%)	1986年 従業者数(%)	1986年 売上高(%)	1989年 事業所数(千社・%)	1989年 従業者数(%)	1989年 売上高(%)	1989年/1979年 事業所数増減率
0～ 14	776 43.3	6.0	1.1	968 39.0	6.5	0.7	1,046 35.0	6.1	0.6	1.35
15～ 49	461 25.8	5.3	2.3	670 27.0	7.0	1.7	939 31.4	7.9	1.8	2.04
50～ 99	225 12.6	5.0	2.7	302 12.2	5.3	1.9	345 11.6	4.8	1.6	1.53
100～ 249	173 9.7	7.9	4.6	284 11.4	7.8	3.9	339 11.3	7.4	3.4	1.96
250～ 499	66 3.7	4.1	4.0	114 4.6	5.3	3.5	139 4.6	5.3	3.1	2.11
500～ 999	37 2.0	4.0	4.4	65 2.6	5.0	3.8	82 2.7	4.6	3.6	2.22
1,000～2,499	22 1.3	5.2	5.9	45 1.8	6.6	5.8	56 1.9	6.4	5.5	2.55
2,500～4,999	8 0.4	3.6	4.6	15 0.9	5.5	4.0	20 0.7	5.8	4.2	2.50
5,000～9,999	3 0.2	2.9	4.1	8 0.3	6.5	5.4	11 0.4	7.3	5.2	3.67
10,000ポンド以上	20 1.1	55.8	66.3	10 0.4	44.6	69.2	12 0.4	44.4	71.2	0.60
計	1,791 100.0	100.0	100.0	2,481 100.0	100.0	100.0	2,988 100.0	100.0	100.0	1.67

注：表補1―16に同じ。
資料：1979年についてはG.Bannock and M. Daly "Size distribution on UK firms" Employment Gazette, May 1990より作成。1986年,1989年については表補1―16と同じ。

年からの10年間に1.67倍の急速な増加率で,80年代を通じていかに著しい増加があったかを示している。こうした企業数の増加の中での規模別構成はどのようになっているのか,とくに中小企業はいかなる位置を占めているのであろうか。

M. DalyとA. McCannの両氏は中小企業それ自体の定義を行なっていない[50]。そこで中小企業の範囲を規定することが重要であるが,イギリスでの中小企業(Small firm)の定義は『ボルトン委員会報告』をもとに広く認められている。そこでの定義は「経済的定義」(Economic definition)と「統計的定義」(Sta-

---

[50] 両氏の研究の特徴は,VATに登録されている全企業,個人企業や合名・合資会社でVATに登録されていない企業,自己雇用者そして財・サービスを取り扱っている企業の全てを算入していることである。

tistical definition)とからなっていた[51]。ここでは「統計的定義＝量的定義」を従業者数で①1～5人以下，②6～19人以下，③20～199人以下の中小・零細企業と④200人以上の大企業との4つに区分して考察することにする。このように区分した場合，表補1―16の従業者規模別では，企業全体に占める中小・零細企業の割合は1989年では99.7％の圧倒的多数である。「1～5人」層の零細企業＝自営業者が87.7％を占め，「6～19人」層とを合わせると96.7％に達している。この自己雇用者を含めたいわゆる小規模企業がいかに大きな比重を占めているかがわかる。しかし，事業所数の比重の大きさに比較して，従業者比率では中小企業全体では55.2％，「19人以下」層では34.6％である。また売上高比率では，中小企業全体で40.5％，「19人以下」層で17.3％にすぎない。このことは経済全体における中小企業の位置と役割を示している。

ところで表から注目すべきことは，中小企業の事業所数が99％以上を占めてほぼ一定しているのに対して従業者数と売上高の全体に占める動向である。すなわち，従業者「199人以下」の中小企業が総従業者数に占める割合は，79年の49.2％から89年に55.3％と6.1ポイント上昇し，なかでも「19人以下」層では26.8％から34.6％へと7.8ポイントの大幅上昇をしている。これに対して「1,000人以上」層では79年の35.3％から89年には27.5％へと7.8ポイントの大幅減少を示している。単純にいえば，大企業の雇用削減分をそっくり小規模企業が雇用吸収したことになる。中小企業は1920年代半ば頃から1960年代末まで減少し，そして70年代に増加に転じたが，80年代を通じての著しい中小・零細企業の増加は，大きな失業吸収・雇用吸収の場であったと同時に雇用創出の場としての役割を果たしたのである[52]。

他方，従業者規模別での売上高の動向をみると，中小企業全体では79年の42.3％から89年には40.6％へ微減している。しかし「19人以下」層ではそれぞ

---

51) 中小企業の「経済的定義」は3つの特徴からなっている。①中小企業は当該市場において相対的に小さいシェアをもつものである。②中小企業は企業の所有者ないし部分所有者によって個人の判断で運営され，公式化された経営組織の手段をもたない。③中小企業は大企業の一部を構成するものではなく，したがって所有者たる経営者は主要な決定に際して外部の支配から自由である，という意味において独立している。これに対応して「統計的定義」は産業部門ごとに異なっている。製造業は従業者数200人以下，建設業・鉱山業は25人以下，そして自動車販売業，小売業，卸売業，サービス業は売上高を基準に部門毎で異なっている。この統計的定義はその後引き上げられると同時に，政府の中小企業施策毎に対象中小企業の定義が異なっている。Bolton Committee, *Small Firms : Report of the Committee of Inquiry on Small Firms*, HMSO, 1971.

れ12.7%から17.3%へと4.6ポイントの上昇率を示している。中小企業のうちでは「20～199人」層での比重低下が著しい。また「1,000人以上」層では39.4%から30.4%へと9ポイントもの著しい低下を示しているのに対し，大企業でも「200～499人」層では9.7ポイントの大幅な上昇率となっている。売上高比率でみる限りでは「19人以下」層と「200～499人」層の上昇，「20～199人」層と「1,000人以上」層の減少そして「500～999人以下」層の停滞がみられ，全体的には2つの山と2つの谷があり，その2つの山がいわば階層分化の基軸をなしていると推測しえる。

　次に，表補1—17の売上高規模別からイギリスの企業構造をみることにする。売上高が指標であるが，表補1—11ですでに「VAT統計」による分析を試みている。しかしそこではVAT登録企業のみで，VAT登録をしていない個人企業，合名・合資会社等や自己雇用者が含まれていなかったことに注意しなければならない。同時に表補1—17をみるにあたって，VAT登録年最低売上高基準が当該年に異なっていること（表補1—6参照）そして『会社法』で中・小会社の定義がなされていること（注12参照）に留意しておきたい。さて，売上高1,000万ポンド以上の大企業は，79年から89年の間に，事業所数では2万事業所の1.1%から1.2万事業所の0.4%へ，従業者数では55.8%から44.4%へと減少している。しかし，売上高では66.3%から71.2%へと上昇し，売上高シェアの集中化が進行している。もっとも表補1—16では「1,000人以上」層の大企業の売上高は傾向的に減少しているので，この2つの表から直ちに大企業の集中化を速断することは難しい。2つの表から明確なことは事業所数と従業者数が絶対的にも相対的にも減少していることが特徴的である。

　これに対して中小企業の動向をみると，「10万ポンド未満」層では，79年から89年の間に事業所数では81.7%から78%へ，従業者数は16.3%から18.8%への微増そして売上高は6.1%から4.0%へと微減している。なかでも「0～14,000ポンド」層は事業所数が絶対数で増加しているものの相対比率では8.3ポイントも減少していると同時に売上高比率も低下している。そして従業者数は86年の6.5%をピークに減少している。89年のVAT登録年最低売上高基準が

---

52) ①Colin Gallagher, Michael Daly and Jeremy Thomason, "The growth of UK companies 1985–87 and their contribution to job generation," *Employment Gazette*, February 1990, pp.92–98.
②Michael Daly, Martin Campbell, Geoffrey Robson and Colin Gallagher, "Job creation 1987–89 : The contributions of small and large firms," *Employment Gazette*, November 1991, pp.589–595.

第19章 中小企業政策の国際比較 533

表補1―18 M. Daly 等の推計と各統計によるイギリスの企業数

単位：千社

	1) M. Daly 等による推計	2) 「会計統計」による登録会社	3) 「VAT統計」による登録企業	4) 「雇用統計」による自己雇用者
1979年	1,791	519	1,287	1,995
1986年	2,481	854	1,469	2,723
1989年	2,988	978	1,658	3,253
1990年		1,010	1,713	3,298
1991年		1,032	1,716	3,143
1992年		980	1,723	2,989
1993年		961	1,672	2,978
1994年		957		

注：1）は表補1―16, 2）は表補1―2, 3）は表補1―7と表補1―10, 4）は表補1―13の統計資料にもとづき作成。

　2万3,600ポンドであるので，これら企業はVAT登録をしなくてもよいことはいうまでもなく，この年売上高では雇用労働者の年平均賃金以下である[53]。雇用労働者の自己雇用者化，擬制的非雇用者化がいかに進行しているか，そしてこれら企業はまさに「事実上の賃金労働者」であることを特徴づけている。中小企業のうちでも売上高「10万～1,000万ポンド未満」層では，同じく79年から89年の間に，事業所数では17.3％から21.6％へ，絶対数では1.96から3.67倍の間での増加を示し，そして従業者数では27.7％から36.8％へと上昇している。これは大企業からの下方移動と雇用削減分の吸収，そして全体としての企業規模の底上げを反映している。しかしこれらの上昇傾向にもかかわらず，売上高シェアは27.6％から25％へと微減している。売上高規模別から全体的にいえることは，「1,000万ポンド未満」の中小・零細企業は，激しい階級分解と階層分化の絶えざる進行の中で事業所数，従業者数の比重を高めているにもかかわらず，売上高シェアでは低下傾向を示していることである。自己雇用者の雇用労働者平均賃金以下の年売上高の大量存在は同時に経営の不安定性を常に内包していることを推測しえるのである。
　最後に，M. Daly 等による企業数推計とこれまで検討してきた各統計による企業数とを比較したのが表補1―18である。M. Daly 等は「VAT統計」を基礎

53) イギリス（GB）での常用労働者の1989年時点での平均賃金（全産業）は，週当り£239.7, 時間当り£40.7であり，オーバータイム，ボーナス等を含めると，週当り£580.7である。
CSO, *Annual Abstract of Statistics 1994*, HMSO, p.120, Table 6, 15.

に推計を行なっているが,この推計値と「雇用統計」による自己雇用者数との差は20万から26万余企業に及んでいる。自己雇用者を M. Daly 推計では企業として取り扱っているが,一部の流動的かつ浮動的な雇用労働者の擬制的自己雇用者をどう位置づけるかは重要な課題として残るであろう。

そしてそれと関連して,「雇用統計」による自己雇用者数と「VAT 統計」による登録企業数との開差である。1979年に約71万の差であったのが,89年には160万の段差となっている。80年代における自己雇用者の急増が「VAT 統計」による登録企業数の増加をはるかに上回った結果としての開差である。93年時点では131万の差と少し縮小したものの,130万から160万の差が存在しているのである。もちろん「VAT」登録企業の中には任意登録企業（93年時点で約22%,表補1―11参照）が含まれているが,この大きな開差の企業は VAT 登録をしなくてもすむが,しかし生活と営業をつづけている自己雇用者・自営業者・零細企業がいかに大量に存在しているかを示している。

雇用労働者と共有領域にあるこれら自己雇用者がイギリスの企業構造の最低辺層を構成していると同時に成熟したイギリス経済の中で生活に潤いのある人間性あふれた多種多様な財とサービスを提供し,営業を行なっていることも忘れてはならないであろう。約300万の自己雇用者・零細企業群そして多数派である中小企業群が真の意味でスモール・イズ・ビューティフルの存在になりうることがまさにイギリスの成熟経済への道であろう。

補論2： イギリス製造業における中小企業の構造と展開*
――1970年以後の統計的分析――

1 『ボルトン報告書』当時と90年代の問題

　イギリス経済での1920年代中頃から1960年代末まで続く中小企業の絶え間ない減少は，大企業への集中化と小零細企業への分散という両極への二極集中・二極分化をもたらした[1]。イギリス経済は独占支配体制を確立したものの，独占の弊害が次第に明らかになり，低い経済成長率，ポンド危機（1967年11月）を招き，そして国際収支の赤字，激しいインフレ，失業者の増大というトリレンマの中で経済が停滞し，活力を失っていたのである。中小企業の衰退は，「見えざる手」を市場原理にする自由競争のもとでは注目されることも多くはなかった。そして中小企業の衰退は，イギリスの経済構造の問題としてよりも中小企業それ自体の問題として把握される傾向が強かったのである。しかしイギリスのECへの加盟（1973年1月）に前後して自由競争を維持・拡大し，経済を再生する方策として自由競争の旗手としての中小企業の役割・機能が重視され，関心が注がれるようになったのである。中小企業への問題関心がもたれるようになった転機は，ボルトン委員会の設置（1969年）とその下での『ボルトン委員会報告書[2]』（1971年）の公刊の果した役割が大きいといえよう。
　『報告書』での中小企業に関する重要な問題認識は，中小企業（small firms）がイギリス経済の中で完全に舞台から消え失せつつあるとの危機意識にあった。企業の集中化による規模拡大が規模の経済（Economics of scale）

＊本章は，日本大学経済学研究会『経済集志』第65巻第2号，1995年7月，所収の初出掲載論文である。
1) 福島久一「イギリスにおける中小企業構造の変化」，『経済集志』第44巻第3・4号合併号，1974年10月，日本大学経済学研究会，410—424ページ。
2) Bolton Committee, *Small Firms: Report of the Committee of Inquiry on Small Firms*, HMSO, 1971.

を実現し,規模の経済を軸にした経済の展開は,資本市場において資金が中小企業にふりむけられるよりも大企業にシフトし,偏在していた。中小企業は相対的に僅かな資金を確保するにも困難であった。中小企業の資金確保の困難性は,60年前の『マクミラン報告』[3]で指摘されていた金融ギャップ（equity gap）の存在と類似した問題をもっていた。しかもこのような状況に加えて,規模の経済に対する確たる信頼とそれによる単位生産コストの低下が,世界市場においてイギリスの競争力がより強化されるという考えが当時の政府の政策に反映されていた。1966年に設立された「産業再編成公社」（Industrial Reorganization Corporation＝IRC）はイギリス産業における集中化の必要性を強調した典型的なものであった。IRCは,実際に金融支援等を通じて合併を促進し,イギリス産業の再編成を助長したのであるが,1971年にはその役割は終り整理されたのである。R. Millsは「より大きな効率性を達成する手段として規模を拡大することは,中小企業への関心が再び呼び起こされるにつれて,1970年代初頭には衰えはじめたのである[4]。」と指摘している。

中小企業への関心の再生（Resurgence）は,『ボルトン報告書』の中で明確に打ち出されている。すなわち,序文の中で「重要なのは,中小企業が私企業の競争体制の維持に重要な役割を演じていることである。事実中小企業は,新規事業および新規産業への参入ならびに既存市場への挑戦という形で,経済界にダイナミックな変化をもたらす不可欠な媒体であると,われわれは確信している。それ故,積極的に経営活動を行う中小企業がなければ,経済は次第に硬化し,腐敗するであろう[5]。」と指摘している。こうして中小企業への認識の転換は,これまでの無関心ないし軽視から,「新産業を生み出す苗床およびダイナミックな競争の源泉[6]」であることに変り,『報告書』を契機に画期を印す程の状況に入っていくのである。しかもイギリスの経済構造もまた転換期

---

3) Mac Millan Committee, *Report of the Committee on Finance and Industry*, HMSO, 1931. また,1979年3月にはSir Harold Wilsonの委員長の下に商工業の資金調達問題と金融機関の役割を調査した中小企業金融の報告書が公刊され,"金融ギャップ"の存在に対し,融資保証制度（Loan Guarantee Scheme）等の勧告がなされた。H. Wilson, *The Financing of Small Firms*, Report of the Committee to Review the Functioning of Financial Institutions, HMSO, 1979.

4) R. Mills, "The small firm," *Applied Economics*, edited by A. Griffiths & S. Wall, Fifth edition, Longman, 1993, p.72.

5) Bolton Report, Small Firms, *ibid.*, p.xix.

6) Bolton Report, *ibid.*, p.85.

を迎えていたのである。減少しつづけていた中小企業数とそのシェアが1972年を底にゆっくりと増加しはじめるとともに，80年代にはドラマチックな量的拡大を遂げるのである（補論1を参照）。

　中小企業数とそのシェアの長期的減少からの逆転現象そして中小企業への関心の復活というこのような変化がどうして起きたのであろうか。マクロ経済の展開と中小企業との関連は極めて複雑であるが，マクロ経済の発展が変化の先導者として役割を果したということはよりありうることである。R. Mills は中小企業への関心の復活について6つのことを指摘している[7]。第1は，大企業がかならずしももっとも革新的（innovative）であるとは限らないということ，第2に中小企業自体が技術革新—製品革新（product innovation）や工程革新（process innovation）において重要な役割を演じはじめていていたこと，第3に S. J. Prais[8] による証明であるが，企業規模（企業単位=business units）の拡大は，主に，設備規模（生産単位=production units）の拡大によるものではないということ，したがって中小企業がたとえ相対的に小さい設備で生産しているとしても大企業と競争ができること，第4に企業の吸収・合併（acquisitions）がかならずしも特に金融的パフォーマンスに有益な効果を及ぼさないということ，すなわち合併後に企業の収益性が下落するということがわかりはじめたことである。第5には雇用面で，大企業が労働力を削減しているのに対して，中小企業は雇用獲得に重要な役割を果しているということ，事実，70年代，80年代において創出された新たな雇用の大部分は中小企業においてであった。第6は，中小企業の外国貿易における役割が考えられていたよりもずっと大きな意義をもっているということである。

　いずれにせよ，イギリスの経済構造は1970年代初頭には他のいずれの諸国よりも大企業に依存した集中化した企業構造を形成していた。経済のこの過度の集中への反作用が生じた。独占の弊害に加えて，特に技術変化とフレキシブル

---

7) R. Mills, *ibid.*, pp.72–74.
8) S.J. Prais, *The Evolution of Giant Firms in Briain*, Cambridge University Press, 1976. この書で，彼の計算によると，製造業上位100社の設備（plants）のシェアは，1930年と1968年との間ではほぼ11％であったが，上位100社の企業（firms）のシェアは，同じ時期に，ほぼ22％から41％に上昇したと指摘している。すなわち，企業集中は，企業がより大きな設備を建設したからではなく，多くの設備を建設し，取得したためで，換言すれば，集中化は，設備レベルでの技術的規模経済（technical economies of scale）の拡大からでは説明できないことを示している。

な専門化の展開が需要構造と中小企業に対する規模経済のバランスを変えたこと，そしてイギリスにおける中小企業の役割が今なお大きく，それへの期待に対する社会的態度の変化が生じたことであった[9]。

　中小企業数とその従業者数が1972年を底にして劇的転換を遂げ，それ以降70年代はスローなペースで増加していくが，80年代にはこれまでに見られなかった著しい増加，とくに自己雇用を含む小零細層での激増を生じさせたのである。この急増に拍車をかけ，助長・促進させたのが政府の中小企業政策の変化である。すなわち，政策は『ボルトン報告書』の提言によって中小企業課（Small Firms Division＝1971年）をはじめて政府部局に設置したが，70年代においては中小企業に対する不必要な制限や差別（Discrimination）を除去することに重点をおいていた。その点では，70年代の中小企業の増加は政策変化に先行するものであった。これに対して80年代の中小企業の政策は，これまでの差別除去政策から中小企業を優遇する積極的差別政策に転換し，その政策の遂行が小零細企業の簇生増加に果した役割はかならずしも小さくはなかった。1979年に保守党が選挙に勝利し，サッチャー政権の登場によって多くの中小企業援助政策が導入された。1979年から83年の間に100以上もの政策手段が講じられた。例えば，「企業創業制度」（Business Start-up Scheme＝1981年）とその継続としての「企業拡大制度」（Business Expansion Scheme＝1983年）――これは後に，「企業投資制度」（Business Investment Scheme＝1994年）に発展――，融資保証制度（Loan Guarantee Scheme＝1981年）そして企業手当制度（Enterprise Allowance Scheme＝1983年）等である。これら80年代初期に導入された中小企業の政策手段は，高い失業率を緩和するための雇用創出を第１次的役割としており，したがって企業のスタート・アップをめざしたものであった。

　その後，これら制度は企業のスタート・アップの促進から中小企業の成長を援助するものに重点が移っていく（企業手当制度はスタート・アップのためのものとして継続されるが）。こうして中小企業援助政策は，企業のスタート・アップと成長を促進し，そのために現存している障害等を除去するといった施策が80年代を通じて実行されていくのである。中小企業を援助し，干渉するというこのような政策の考え方やアプローチは，1979年以前にとられてきた経済過程への干渉の削減とか競争障害の除去といった考え方とは異なったものであ

---

[9] J. Stanworth and C. Gray, *Bolton 20 years on –The small Firm in the 1990 s–*, Paul Chapman publishing Ltd, 1991, pp.14-15.

り，その意味からも政策思想の転換であった。

　こうしてイギリス経済は，1970年代，80年代を通じて，これまでの極度に集中化した独占体制の行き詰りからの経済構造の転換，経済停滞と大量失業の存在からの転換，そして政策思想ことに中小企業政策における活力源や雇用創出源としての政策の転換等が追求されていったのである。このような大幅かつ根本的変化とも思える程の調整が展開される中で，自己雇用者を含む中小企業が驚異的に増大したのである。1979年から1989年までの期間に，イギリスの企業は，『会社統計』では52万社から98万社へ，『VAT統計』では129万社から166万社へ，『雇用統計』による自己雇用者は200万から325万へ，そしてM. Daly等での推定では179万社から299万社へと急増したのである[10]。そしてこれら企業の99%前後が中小・零細企業であった。

　1990年代は1970年代初期とは明らかに異なった経済・産業・企業の構造を形成している。60年代末には中小企業の役割が低下し，中小企業がイギリス経済から消失してしまうかどうかといった危機意識があり，それが『ボルトン報告書』にも反映していた。しかし，現実にはそのような事態は起こらず，むしろ中小企業は全体として開業と廃業の絶えざる循環の中で驚くべき程の量的拡大をとげ，社会経済構造の重要な構成部分を形成するに至っている。中小企業の位置と役割は，70年当時と量的・質的に異なっているのである。90年代におけるイギリス中小企業の問題は，この急増した約300万社（自己雇用者を含む）に及ぶ大量の中小・零細企業群をいかに安定化させ，成長・発展をはかっていくかにある。91年，92年の2年にわたりイギリスはマイナス成長を記録した。しかし全体として予想されていた程の中小企業数の減少はみられなかった。雇用大臣のMichael Howardは『第3回中小企業年次報告書』の中で次のように述べている。「1980年代を通じて中小企業数は劇的に拡大し，そして中小企業は創出された大多数の新雇用の主要な源泉であった。1991年は中小企業にとって困難な年であった。……中小企業は1980年代中頃のリセッションから経済を先導するのに重要な役割を果した[11]」と指摘し，91年，92年のリセッションにおいても同じ役割を果すであろうことを強調している。たしかにリセッション期にさえ中小企業数はさほどの減少もなく，雇用の創出と吸収の場の下支えの

---

　10) 福島久一「イギリスの企業構造と中小・零細企業の位置―1970年以後の統計的分析―」，『経済集志』第65巻第1号，1995年4月，日本大学経済学研究会。第19章補論1。
　11) Employment Department, *Small Firms in Britain 1992*, HMSO, p.1.

役割を果した。だが，この膨大な量の中小・零細企業が安定的な存在であるかといえば決してそのようなものとはいえない。ことに，零細企業群を構成する自己雇用者・自営業者は，雇用労働者の擬制的自己雇用化の性格をもっており，その存在はいまだ経済変動に影響を受けて流動的・浮動的でさえある。イギリスでは93年1月以降低下してきているものの約233万人（95年3月）に及ぶ失業者と，87年を境にその数をはるかに凌ぐ程急増した自己雇用者が存在しているのである。雇用創出の場を見失っているイギリス経済の中で，自己雇用か失業かのオルタナティブは厳しく，その意味からも自己雇用者を含む中小企業の経営の安定化は重要である。現段階はまさしく中小企業への"熱中時代"が終り，いかに安定・成長させるかの時代に入っているのである。

　今日，この大量に存在する中小企業は，イギリス経済の中心的存在である。中小企業は激しい開・廃業を伴っているものの，活気があり，革新的でかつ冒険的でさえある。新しい考え，新しい生産物やサービスに不可欠な源泉になり，競争を刺激することによって消費者選択を拡大するとともに大企業の重要な補完者でもある。中小企業は，まさに産業・企業の苗床（seedbed）であり，種子（seedcorn）である。このような中小企業それ自体の位置づけは，日本[12]やアメリカと同様なものであり，『ボルトン報告書』以来一貫しているものである。

　だが，産業・企業の苗床であり，自由競争の旗手であるこの大量存在する中小・零細企業群に対して，国際競争力（International competitiveness）の強化を御旗にした政策目標が導入されたならば，中小企業内部ではさざ波が立つ以上の大きな攪乱要因となるであろうことは確かである。貿易相の Michael Heseltine 氏は『中小企業報告書』の序文で「競争力は成功裡に富を創造するために本質的なことであり，市場で競争に打ち勝つためにイギリス企業を支援することが通商産業省の事項の中でトップの位置を占めている。競争力は国家間

---

12) 中小企業庁編『平成4年版中小企業白書―新中小企業像・多様化し増大する中小企業の役割―』，大蔵省印刷局，1992年。本書の表紙デザインは，中小企業を梅の花に模写して，次の様に述べている。「中小企業はいわば一輪の梅の花にたとえることができる。すなわち，産業活力の源泉という一本の強くしっかりした枝に，消費者・生活者のニーズへの対応，地域経済の活性化，就業者の自己実現の場，情報化・技術革新，グローバリゼーションと国際貢献という五つの花びらが，豊かに，美しく咲き誇っている。そして，一本の技，五つの花びらは，バランスを保ちつつ，各々，個性と独自の特徴を示している」。梅は技の一部を切り取る剪定をして美しき花を咲かせるのだが……。

の一つのレースである[13])。」と述べている。こうして市場の失敗（market failure）を理論的根拠に，中小企業の競争力を向上させるために，政府が積極的に中小企業に対して干渉し援助するようになるのである。ただし，中小企業に対する政府の干渉・援助について『報告書』は慎重な姿勢をとっている。すなわち「政府は企業が最大限に自由が与えられる場合に競争市場で最も良く機能するということを信じている[14])」として自由競争の経済的枠組を言明している。しかしながらこの理念を前提にしたうえで，一定の事情の下では，中小企業を援助し干渉する理論的根拠を次の様に説明している。「市場経済においては，競争力を向上させるための第一義的責任は企業それ自身にある。しかしながら，市場は必ずしも有効に作用していない。そして市場の失敗はあらゆる企業に影響を及ぼすが，中小企業は特別の問題に直面する。例えば，大企業は規模の経済から恩恵をうけている[15])。」という。この主張の根拠は，規模の経済を理論軸に，中小企業は大企業に比較して不利益があり，したがって政府の援助なしには成長も競争力の向上も望めず，資源の効率的配分をもたらさないという考えである。つづいて『報告書』は「市場の失敗を認めることは必要であるが，政府の干渉を正当視するに充分ではない。問題は，干渉がイギリスの競争力を向上させるかどうか，その恩恵が犠牲にまさるかどうか，そして干渉が市場をいっそう歪めないかどうかを求めることが必要である。競争のプロセスそれ自体は不可避的に企業を失敗させることになるが，中小企業が機能するように環境を改善することは企業の創出と成長を高めることができる[16])」（傍点は筆者）と述べている。したがって，このような見地に立った政府の考え方は「中小企業がその規模によって過度の不利益を被らないことを保証するために，市場力のカジ取りをする明りが必要である[17])」として，中小企業に積極的に援助し干渉することを打ち出したのである。

このような政府の中小企業に対する積極的差別政策の考え方は，援助し干渉

13) DTI, *Small Firms in Britain 1994*, HMSO, 1994, p.1. なお，政府は『白書』として "Competitiveness –Helping Business to Win–" を1994年5月に公刊し，他国と関連させてイギリス企業の競争的地位を分析していると同時に，世界市場においてイギリス企業が競争し，勝利するように支援することの必要性を強調している。
14) DTI, *ibid.*, p.5.
15) DTI, *ibid.*, p.5.
16) DTI, *ibid.*, p.5.
17) DTI, *ibid.*, p.5.

するという理由を市場の失敗という理論的根拠に求めていたことから，競争力概念を導入し，競争力向上のためという現実の実践的要請によるものへと転換したことを意味する。これは，保守党政府がこれまで主張してきた原理と政策から踏み出した大きな一歩であった。しかし，問題は，中小企業を優遇するといっても，中小零細企業が等しく政策の対象になるのではなく，競争力を向上させるために一部の中小企業や企業守護神（business angels）といわれるベンチャー・キャピタルを優遇・促進し，中小企業政策に選別・差別を新たに導入していることである。具体的には「企業拡大制度」（1993年末に廃止）を発展させた「企業投資制度」（1994年1月導入）や非公式な投資事業（Informal Investment Projects＝1992年1月～1994年12月）等の施策である。

現段階のイギリスにおける問題は，もはや企業の創業（start-up）や誕生（births）といったものではなく，70年代，80年代に累積した膨大な中小・零細企業をいかに残存させ，成長させるかにある。企業は常に「困難に挑戦し，直面してそれを克服することが企業遂行上の本質である[18]」とはいえ，問題はそのように楽観視しえない事態にある。中小企業政策に導入された新たな考え方と中小企業内部での選別・差別は，経済成長や産業発展ともかかわり合いながらも，しかし小零細層には厳しい淘汰・整理の側面を強めることが予想される。とりわけ，膨大な量の自己雇用者と大量の失業者との関係は問題が複雑であるが，競争力向上という政府の政策意図は，同時にこれらの層をいかなる産業に吸収し，安定化させていくかというその行き場を指し示すことが課題であらねばならないであろう。

2 中小企業の定義問題と意識の変化

中小企業は「異質多元」（heterogenous and multi-dimension）といわれ，中小企業についての唯一，画一的に認めうることのできる定義をすることは困難である。対象とすべき中小企業の定義，すなわち対象範囲がはっきりしていないために，分析方法も中小企業を経済構造全体との関連で把握するか，それとも中小企業それ自体として把握するかという大きく二つの視差が生じていることも否定できない。イギリスではむしろ後者の視点で中小企業をとりあげる傾

---

18) DTI, *ibid.*, p.16.

向が強く，同時に自由競争を理念としているがゆえに，中小企業を問題として取り上げ，政策対象として意識化することが希薄であった。そしてイギリスではいまだアメリカの「小企業法」(Small Business Act 1953年) や日本の「中小企業基本法」(1963年) のような立法はないのである[19]。

しかしながら，『ボルトン報告書』(1971年) の公刊は，中小企業の定義づけをしたうえで，それが経済構造の中で占める位置と果たす役割を明らかにすることによって，中小企業をいわば表舞台に登場させたのである。イギリスでの中小企業の定義は，立法化されていないものの『ボルトン報告書』の内容がその後一般的に広く認められるようになっていった。

『報告書』での中小企業 (Small Firms) の定義は，経済的定義 (economic definition) と統計的定義 (statistical definition) から規定され，前者を重要視していた。この経済的定義は3つの基準からなっていた。

①中小企業は，当該市場において相対的に小さいシェアをもつものである。
②中小企業は，企業の所有者ないし部分所有者によって，個人の判断で運営され，公式化された経営組織の手段をもたない。
③中小企業は，大企業の一部を構成するものではないという意味において独立している。

この3つの基準のうちでも中小企業の定義を性格づけるものは「独立性」であった。中小企業は「企業の所有者と経営者が同一である」こと，この所有者・経営者の行動様式が即企業の行動に投影するという意味において「独立性」が重視された。そしてこのような「経済的定義」をもとにして「統計的定義」が行われた。それは次の通りである。

　製造業＝従業者200人以下，建設業，鉱業・採石業＝従業者25人以下，小売業，各種サービス業＝年間売上高5万ポンド以下，自動車販売業＝年間売上高10万ポンド以下，卸売業＝年間売上高20万ポンド以下，陸上輸送業＝車輌5台以下，飲食店業＝連鎖店と醸造所直営のパブ・ハウスを除いたもの

この様に統計的定義は，その量的上限は部門毎に異なっていると同時に，その指標は従業者，売上高の他に車輌台数とか所有者 (ownership) が適用され

---

19) 1993年12月に，Michael Grylls を代表とする10人の議員によって，中小企業法案 (Small Business Bill) が提出された。それは簡単な説明のある法案で，中小企業を「会社法1985年」に基づいて定義づけ，中小企業法 (Small business Act 1994) の制定をめざしたものである。

たのであった。『報告書』ではこの基準は「低く設定した」とも述べていたが，その後，両者の定義について多くの問題点が提起されることになった。D. J. Storeyは次の点をあげている[20]。まず経済的定義については，第1に中小企業がその所有者または部分所有者によって，個人的なやり方や公式的な経営管理構造の手段をもたずに経営されるという経済的定義の第2番目の基準は，従業者200人に達した中小製造業の統計的定義とは合致しないということである。所有者・経営者の意思を説明し，それを従業者に伝えるために監督や職長の中間層が必要で，従業者100人以上では個人的な判断で運営しえないということを指摘している。たしかに，企業が成長するにつれ，企業の所有者・経営者は，部分的にあるいは全面的に専門経営者に委譲することになるが，基本的意思決定や基本的経営機能の行使については中小企業の所有者・経営者が行うこともある。このことは企業の経営様式や存在形態に依存しており，したがって経済的定義と統計的定義とが一致しないという指摘は必ずしも妥当ではない。とはいえ，従業者が100人であるか200人であるかという範囲規定の問題は残されるであろう。

　経済的定義についての第2の指摘は，中小企業は市場において生産量，価格，企業環境に対して及ぼす影響が少なく，小さいシェアをもっていることについてである。『報告書』は完全競争の概念に依拠しているが，現実には，中小企業は，高度に専門化した生産物やサービスを"ニッチ"市場に供給しており，したがって全般的な産業の規範がもっている以上に高い価格や高い利潤を維持できると指摘している。すなわち，大企業は一般に中小企業より多くの利潤を獲得しているという通念に対して，BradburdとRoss[21]の両氏によるこの関係は逆であるという論拠に依拠している。だが，中小企業がニッチ市場で大きなシェアをもったとしても，そのニッチ市場が地理的に孤立した地域であったり，部分市場であり，大企業や独占の経済全体に及ぼす市場支配力や独占利潤・超過利潤の獲得とは質的に異なることを見落してはならない。

　統計的定義の問題点については次の5点が指摘されている。第1は，唯一の定義あるいは小さいということ（smallness）についての唯一の基準がないことである。その代りに4つの基準—従業者，売上高，所有そして資産が定義に

---

20) D.J. Storey, *Understanding the Small Business Sector*, Routlege, 1994, pp.10–13.
21) Bradburd, R.M. and Ross, D.R. "Can Small Firms and Defend Strategic Niches? A Test of the Porter Hypothesis," *Review of Economics and Statistics*, Vol.LXXI, May, 1989, No.2, pp.258–62.

用いられている。第2は，売上高と従業者数の上限が産業部門で異なっている。このことは時系列や国際比較をする場合に余りにも複雑である。第3は貨幣単位にもとづく定義は，その指数が物価の変化を考慮しなければならないので時系列比較を困難にし，また，貨幣価値の変動のために国際比較をも困難にする。第4は時系列で大企業と中小企業とを比較する際の従業者基準の問題である。P. Dunne と A. Hughes[22]の両氏は不変価格での1人当り生産額は企業規模によって異なっていることを指摘している。すなわち，1人当り純生産額を指標に，1979年を100にすると，1986年には，従業者100以下の企業では125.1であったのに対し，従業者1,000人以上の大企業では132.8であった。したがって，生産性の上昇を考慮すると，製造業での中小企業は1993年では従業者100人に近くなる，というものである。第5は零細企業（smaller firms）を中小企業部門（small firm sectors）と同一の存在として取り扱っているということである。

ボルトン委員会の中小企業定義に対するこれらの問題を克服するために D. J. Storey 氏は EC の定義がより適切であるという[23]。EC の中小企業（small and medium enterprises＝SMEs）定義は中小企業部門自体が3つの構成要素からなっている。すなわち，

①零細企業（micro-enterprises）：従業者0〜9人以下，
②小企業（small enterprises）：従業者10〜99人以下，
③中企業（medium enterprises）：従業者100〜499人以下，

したがって中小企業部門（農林漁業を除く）は従業者500人以下—SME 発展の極限（break points）を反映している—の企業である。この定義の主要な長所は，『報告書』の定義とは異なって，「従業者以外の基準を用いていないこと，そして企業部門によってその定義が変わらないこと」である—手工業のような特殊な技能・技術をもつ企業グループは例外として含まれない。EC 定義が適切である具体的理由は，①定義が基準の多様性によるよりは，むしろ雇用にだけに基づいている。②小企業の限界として従業者が100人であることは過去20年に行われてきた生産性の上昇からすると，より適切である。③SME グループが，零細企業，小企業，中規模企業とその区別がなされていて同一のもので

---

22) Paul Dunne and Alan Hughes, "Small Business : An Analysis of Recent Trends in their Relative Importance and Growth Performance in the UK with some European Comparisons," *Working Paper*, No.1, October 1990, Small Business Research Centre, University of Cambridge.
23) D.J. Storey, *ibid.*, pp.13–16.

はないことである。このような理由から，『報告書』での定義はもはや満足すべきものではなく，ECの中小企業定義にとって代わられてきている，という[24]。

以上のような定義に対する意識の変化は，経済的定義にあるよりはむしろ，主として統計的定義，すなわち量的範囲の確定に意があるように考えられる。『報告書』の定義は，たしかにsmall firmsであって，「中」と「小」とを一体にしたsmall and medium enterprisesではない。しかし，スモール・ファームという場合，明確に大企業に対置するものであり，そこには暗黙裡に寡占・独占を意識し，そしてスモール・ファームの中には「中」企業を含んだ概念であったと考えられる。それがゆえに，スモール・ファームの経済的定義すなわち質的規定がまず位置づけられ，それを基礎に統計的定義すなわち量的規定が確定されたのである。

ECの定義は，「零細」と「小」と「中」とを区別し，そのうえでこれらを一体のものとして統合し，中小企業の量的規定をはかったものである。大企業と区別して，「中」と「小」と「零細」とを一体にした上限枠の拡大と「大」に対する「中小」の認識である。だが，この定義をEUで適用すると，ギリシャ，アイルランド，スペインそしてポルトガルのような国では，企業のすべてが中小企業の定義のカテゴリーに入ってしまい，定義はかならずしも有効的ではないという問題も生じる。

中小企業のこの量的規定について，イギリスでは「会社法」（Company Act・1947年制定）が会社に対する範囲を規定している。1981年に小会社（Small Company）と中会社（medium-sized company）とが規定化され，85年，89年に改定されている。「会社法1989年」での定義は次の通りである。

小会社は，①売上高200万ポンド未満，②総資産97万5千ポンド未満，③従業者数50人未満である。

中規模会社は，①売上高800万ポンド未満，②総資産390万ポンド未満，③従業者数250人未満である。

中・小会社は1981年の定義と比較して，売上高と総資産額いずれも拡大して

---

[24] ケンブリッジ大学が行ったイギリス企業2,028社に対する調査ではEC定義に依拠している。Small Business Research Centre, *The State of British Enterprise –Growth, innovation and Competitive Advantage in Small and Medium-sized firms– 1992*, SBRC, University of Cambridge, p.3.

いるが[25]，各々，これら3条件のうち2つあるいはそれ以上を満たすことが要件になっている。

このように中小企業の量的規定は，その問題意識や問題への按近の仕方さらには目的によってかなり多様である。中小企業の範囲の確定は，経済・産業の発達段階や技術水準の程度によって規定され，時代の発展とともに変化する相対的概念なのである。中小企業の定義に関する議論は，「企業規模が企業のパフォーマンスに何ら影響を及ぼさない」と考えない限り，不毛になる可能性も少なくはない。そしてたしかに「中小企業に関しての画一的な満足すべき定義は存在しない[26]」かもしれない。しかし企業のパフォーマンスは企業規模，とくに資本力の差から影響を受けているのが現実の中小企業の姿である。イギリスのみならず，日本もしかりである。中小企業はその内部に差異があるものの，「中」と「小」と「零細」とを一体に，寡占・独占体制の大企業と質的に区別することが必要である。相互に区別された資本の大きさの区別を通じて質的規定の関係がもたれるのである。ここに『報告書』での経済的定義すなわち質的規定の意義もある。だかしかし中小企業の定義について問題が解決したのではない。統計的定義によって限定された中小企業と，大企業と区別した中小企業の経済的定義とは，前者が相対的な規定であるだけに，両者の関係が整合的かつ無矛盾性であるとはいえない。量的規定と質的規定とは，相互規定的であり本来的に矛盾を含んでいる関係である。

いずれにせよ，中小企業は，企業の所有者と経営者とが同一であり，経済全体に支配力を及ぼさない。大企業と区別されたこの中小企業の妥当性をもちうる量的規定とそれによる量的把握を通じて，大企業との関係においてどのように変化をするのか，そして大企業との関係から生じる中小企業の問題を意識化し，それを政策対象として問題解決をはかることは重要である。以下ではイギリスの企業構造を概観した後に，製造業を対象として，1970年以後の中小企業の動向を定量的にみていくことにする。

---

25) 1981年の中小会社の定義は表の通りである（1985年は同じ）。

	1981年	
	小会社	中会社
売上高	£140万未満	£575万未満
総資産額	£70万未満	£280万未満
従業員数	50人未満	250人未満

26) D.J. Storey, *ibid.*, p.16.

3 製造業における中小企業の構造変化

(1) 企業構造の全体的概観——中小企業の顕著な増大——

　企業構造の全体像を把握するにはまず企業総数を確認することが定量的分析や定性的分析をするうえで不可欠である。イギリスでは企業総数は一体どれ位存在するのであろうか。この素朴な疑問に対して明確なる回答を得ることは困難である。それはイギリス経済における全企業をカバーする唯一の包括的なデータが存在しないことにある。ましてや中小企業——仮に中小企業を量的に定義づけたとしても——を包含するセンサスが欠如しているのである。しかし企業に関するデータが存在していないということを意味するのではない[27]。イギリス経済における全ての企業を包括的にカバリッジしえる公式的統計資料が不幸にして存在しないのである。それ故，企業構造や長期的な企業動向を把握することが困難である[28]。

　M. Daly と A. McCann の両氏が，イギリスの企業総数に関する推計を行っている。表補2—1は，従業者規模による事業所数と従業者比率に関するもので，入手できる資料の最善のものである[29]。表から明らかなように，イギリスの事業所総数は1979年に180万社存在していた。それが10年後の89年には300万社と1.67倍の顕著な増加を示している。80年代がいかに企業の簇生が多かったかを物語っている。しかし，1991年には270万社と減少している[30]。このような企業動向の中で企業規模構造はどのような状態にあるのであろうか。中小企業の量的範囲を『ボルトン報告書』にもとづき従業者200人以下とすると，中小事業所数は，1979年には178万（全体の99.5％）であったのが，89年には298万（同99.7％）と絶対的・相対的に増加した後，91年には269万（同99.7％）と絶

---

27) M. Daly と A. McCann は，企業規模で分類している44の資料を確認している。"How many small firms?," *Employment Gazette*, February 1992.
28) 福島久一，前掲論文参照。ここでは，『会社統計』，『VAT統計』，『雇用統計』を用いてイギリスの企業構造と中小企業の定量的把握を試みている。
29) DTI, the Department for Enterprise, *Small Firms in Britain 1994*, HMSO, 1994. 同書では両氏による推計値を公式的統計として利用している。
30) 『会社統計』と『VAT統計』では1991年時点まで企業の増加が続いている。また，『雇用統計』では90年をピークにしている。A. McCann の推計値とその動向が異なっていることに留意する必要がある。氏は91年のリセッションが及ぼす企業への影響を過大視しているのではないか？

表補2—1　イギリスの事業所数と事業所数・従業者数の構成比（全産業）

単位：1,000, %

従業者規模	事業所数 (1,000)				事業所数比率 (%)				従業者数比率 (%)			
	1979年	1986年	1989年	1991年	1979年	1986年	1989年	1991年	1979年	1986年	1989年	1991年
1～2	1,099	1,595	2,025	1,735	61.4	64.3	67.8	64.3	6.6	10.9	12.3	11.3
3～5	319	535	596	565	17.8	21.5	19.9	21.0	5.9	10.0	10.0	9.9
5～10	179	178	181	196	10.0	7.2	6.1	7.3	6.7	6.9	6.3	7.0
11～19	109	84	92	97	6.1	3.4	3.1	3.6	7.6	6.0	6.0	6.4
20～49	46	56	57	65	2.6	2.2	1.9	2.4	6.9	8.2	7.7	9.0
50～99	16	16	18	20	0.9	0.6	0.6	0.7	5.3	5.8	5.8	6.8
100～199	15	9	9	10	0.8	0.4	0.3	0.4	10.2	7.4	7.2	7.7
200～499	5	5	6	6	0.3	0.2	0.2	0.2	8.1	9.5	10.6	9.0
500～999	2	2	2	2	0.1	0.1	0.1	0.1	7.5	6.5	6.7	5.8
1000人以上	2	1	1	1	0.1	—	—	—	35.3	28.6	27.5	27.0
計	1,791	2,481	2,988	2,697	100.0	100.0	100.0	100.0	100.0	100.0	100.0	100.0

資料：1）1979年～1989年については, M. Daly and A. McCann, "How many small firms?," *Employment gazette*, February 1992.
　　　2）1991年については, A. McCann, "The UK Enterprise Populatinon 1879-91," *NatWest Review of Small Business Trends*, June 1993.
出典：1）1991年については, DTI, the Department for Enterprise, *Small Firms in Britain 1994*, HMSO, 1994, p.54 より。

対量で減少している。しかし80年代の企業増加はまさに中小企業によるものであった。

　中小企業層の内部をみると，まず第1に注目すべきことは，従業者2人以下の自己雇用者ないし自営業者である生業層が1979年から89年の期間に約100万もの増加があったことである。この生業層が全体のほぼ3分の2を占めており，80年代において就業機会や雇用吸収の場としていかに重要な役割を果したかを示している。しかし91年には大幅に減少しており，その開業と廃業の激しさを物語っている。第2は，事業所数で大企業層が現状維持ないし減少をしているのに対し，中小企業がどの層も89年まで増加していることである。しかし，第3は，89年を転機に，5人以下層が全体で32万1,000社減少しているのに対して6～199人層の各層において増加し，全体で3万1,000社に及んでいる。200人以上層が現状維持的であることから，この増加は5人以下層の企業の上方移動が多かったものと推測しえる。第4は，中小事業所数の全体に占める比率が極めて高いのに反して，従業者比率では全体の5割前後である。しかし従業者比率でも中小企業の占める比重が一貫して増加している。すなわち，1979年には49.1％であったのが，89年には55.2％，そして91年には58.2％に達し，雇用吸収の場としての役割の重要性を増しているのである。これに対して500人以

上層とくに1,000人以上層の大企業における従業者比率の低下が著しいのが特徴的である。

　このようにイギリスの企業構造をみると，80年代に中小企業，とくに生業層である自己雇用者の著しい増大が起きたのである。そしてこの増大は90年代には転機を迎え，零細層が減少するのに対して中小規模層が拡大するという階層分化現象をもたらしている。しかし，イギリス経済を分析する時，もはやこの大きな層・群を形成するに至った中小企業の動向とその役割を軽視することは出来なくなっている。ECの中小企業定義を適用すると，その意義はもっと重大である。数千の大企業がイギリス経済全体を支配しているものの，現実には所有者と経営者が同一の中小企業が経済運営の中心に転化してきているのである。

（2）　製造業における事業所数，企業数及び従業者数の動向

　イギリスの産業構造は70年代以降に第3次産業部門が肥大したのに対して，製造業の位置は著しく低下している。産業構造に占める製造業の位置をみると，生産額では1973年に全体の30％を占めていたのが，1991年では19.9％と2割を割るに至っている。また，従業者数でも34.7％から21.7％と減少している。生産額と従業者数でみる限り，その比重と役割の低下は著しく，もはや世界の主導的生産国とはいえない程の内外状況の中にある。そして90年代は中小企業に期待を担い，製造業の再生をはかるべき方策が展開されはじめてはいる。

　製造業の地位低下がこのように進行するなかで，製造業企業はどのような推移を辿ったのであろうか。表補2－2は，事業所数及び企業数の推移をみたものである。表をみるうえでの留意点は表の注に示してある通りである。表から確認できることの第1は，第2次世界大戦以後の1973年まで事業所数，企業数とが一貫して減少しつづけていることである。それは製造業においてとくに効果の発揮できる規模の経済を理念においた企業集中化の過程であった。第2は1973年を境に，81年から83年まで一時減少するものの，ほぼゆるやかに増大し，その後急速な増加が生じていることである。この増加の内容は，自己雇用を中心とした零細化の進行であったと同時に規模の経済の行き詰り，すなわち過度な企業集中への反作用の反映でもある。第3は，しかし1990年以降において事業所数と企業数の双方とも減少してきていることである。このことは70年代初期まで続いた企業の集中化運動に類似するものなのか，それともリセッション

表補2—2 イギリス(UK)の製造業における事業所数及び企業数の推移

単位:1,000, %

	事業所数 (establishments)			企業数 (Enterprises)		
	総数 (1,000)	中小事業所数 (1,000)	構成比	総数 (1,000)	中小事業所数 (1,000)	構成比
1924	163	160	98.2			
30	168	164	97.6			
35	148	144	97.3	140	136	97.1
48	108	103	95.4			
51	102	96	94.1			
54	97	91	93.8			
58	93	85	91.4	70	66	94.3
63	90	82	91.1	64	60	93.8
68	92	84	91.3	62	58	93.5
71	90	83	92.2	75	71	94.7
72	87	80	92.0	72	69	95.8
73	94	88	93.6	77	74	96.1
74	102			84	81	96.4
75	104	98	94.2	87	83	95.4
76	107	101	94.4	89	86	96.6
77	108	102	94.4	90	87	96.7
78	108	102	94.4	90	87	96.7
79	107	101	94.4	90	87	96.7
80	109	103	94.5	90	87	96.7
81	108	103	95.4	90	87	96.7
82	102	98	96.1	85	83	97.6
83	102	98	96.1	86	83	96.5
84	136	131	95.6	119	117	98.3
85	143	138	96.5	127	125	98.4
86	146	142	97.3	130	128	98.5
87	146	141	96.6	133	131	98.5
88	148	143	96.6	135	133	98.5
89	152	140	92.1	140	137	97.9
90	144	133	92.4	133	130	97.7
91	137	133	97.1			

注: 1) 中小事業所及び中小企業は従業者数200人未満。
2) 1991年の Business Monitor, PA1002—1, Census of Production には企業 (enterprises) 統計がない。
3) 1974年の事業所数は,資料1)の書物には掲上されていないので,Census of Production により算入した。
4) 1979年の企業数は,資料1)の書物には掲上されていないので,Census of Production により算入した。
5) 事業所は,1986年まで establishments の用語にあったが,1987年以降からは businesses の用語に変わっている。
6) 1983年と1984年との間の大きな数字の変化は,1984年に最新の登録資料を利用したことによってカバリッジが増大して生じたもので,製造業内での増減を示すものではない。

資料: 1) Earlier year: Bolton Report, Bannock (1976).
1971~88: Business Monitor PA 1002, Census of Production, Summary Tables, HMSO.
1988年までは"Bolton 20 years on", p5 より作成。
2) 1989年以降は,Centrarl statistical office, Business Monitor, PA 1002, Report on the Census of Production より。

に伴う一時的減少ないし小零細層の減少による中規模層の拡大という新たな内容を伴ったものであるのかどうかは予断しえない。第4は，1988年の事業所数が戦前の1935年とほぼ同水準であることである。企業数は1989年の一年遅れで同じ水準である。第5は中小企業比率が90％以上と高いことである。しかし表補2—1の全産業平均と比較すると低い比率である。

次に従業者数の推移をみたのが表補2—3である。従業者の動向の特徴は，第1に長期的にみると，1960年代中頃に従業者総数がピークに達した後減少しつづけていることである。すなわち，1924年に512万人であった従業者総数が第2次大戦後の1963年に796万人に達し，全産業に占める比率では約4割を占めていたのである。ところがその後一貫して減少しつづけ，1991年には453万人（全産業に占める比率は21.7％）へと減少している。ピーク時に比較して343万という大幅減が生じている。この間の労働力人口（1991年6月＝2,855万人）の増加を勘案すると製造業における雇用の場としての役割が著しく低下しているのである。また，この間に失業者数が激増し，1986年にはピークの312万（11.1％）に及び，製造業におけるとくに大企業での大幅な雇用削減を反映している。第2は従業者数の構成比の動向である。すなわち，中小事業所が占める従業者比率は，1924年に44.1％であったのがその後低下しつづけ，1973年には27.4％を占めるにすぎなくなっている。逆にいうと，この間大企業が一貫して雇用を吸収し，労働力集積をしていたことを物語っている。ところが，73年頃を境に—74年の事業所での比率は不明，企業では73年が比率のボトムである—中小事業所・企業の両方ともその比率を徐々に高め，80年には30％台に，そして90年には40％台になり，91年では41.4％に達している。表補2—1の全産業平均が従業者200人未満の場合に58.1％を占めているので，それとの比較では低い率である。しかし，大企業が雇用削減や規模の縮小をしているのに対して，中小企業が雇用を吸収し拡大していることは重要である。つまり，雇用の場の役割が大企業から次第に中小企業に移行しているのである。産業構造の中での製造業の地位低下が進行しているが，製造業での雇用面における中小企業の役割はこれまで以上に重要性を増しているのである。

以上のように製造業における事業所数，企業数，そして従業者数の各々について長期的動向をみてきた。確認できることは，1920年代以降から独占化が進展するが，1970年代初期とくに統計的には73年を起点に独占化への反転現象が進行していることである。それは中小企業の量的拡大（とくに80年代後半の増

表補2―3　イギリス（UK）の製造業における従業者数の推移

単位：1,000人，％

	事業所の従業者数			企業の従業者数		
	総　数	中小事業所従業者数	構成比	総　数	中小企業従業者数	構成比
1924	5,115	2,257	44.1%			
30	5,179	2,238	43.2			
35	5,409	2,375	43.9	5,409	2,078	38.4%
48	6,871	2,538	36.9			
51	7,382	2,576	34.9			
54	7,537	2,500	33.2			
58	7,781	2,498	32.1	7,649	1,812	23.7
63	7,960	2,436	30.6	7,846	1,543	19.7
68	7,826	2,339	29.9	7,402	1,421	19.2
71	7,831	2,186	27.9	7,459	1,565	21.0
72	7,522	2,062	27.4	7,105	1,528	21.5
73	7,616	2,090	27.4	7,268	1,506	20.7
74	※7,755			7,406	1,592	21.5
75	※7,467	2,160	28.9	7,119	1,558	21.9
76	7,305	2,178	29.8	6,971	1,576	22.6
77	7,281	2,151	29.5	6,883	1,552	22.5
78	7,106	2,103	29.6	6,642	1,516	22.8
79	※6,926	2,065	29.8	6,485	1,498	23.1
80	6,495	2,069	31.9	6,104	1,485	24.3
81	5,778	1,958	33.9	5,431	1,408	25.9
82	5,361	1,892	35.3	5,119	1,368	26.7
83	5,079	1,841	36.2	4,859	1,351	27.8
84	5,059	1,912	37.8	4,828	1,465	30.3
85	4,976	1,900	38.2	4,843	1,471	30.4
86	4,878	1,914	39.2	4,775	1,456	30.5
87	4,874	1,885	38.7	4,673	1,455	31.1
88	4,932	1,933	39.2	4,843	1,509	31.2
89	4,953	1,976	39.9	4,874	1,542	31.6
90	4,839	1,956	40.4	4,809	1,528	31.8
91	4,529	1,877	41.4			

注：1）　中小事業所及び中小企業は従業者数200人未満。
　　2）　※1974年，1979年の事業所及び企業の従業者数は表補2―2と同じくCensus of Productionより算入。
　　　　1975年事業所の従業者総数欄7,647を7,467と修正した。
資料：表補2―2と同じ。

加が著しい）と従業者の相対的比重の増大傾向（絶対数では減退）となって表れている。製造業の相対的地位低下の中での中小企業の雇用に果たす役割がますます重要性を帯びているのである。

しかし同時に，成熟経済といわれるイギリス経済の中で，中小企業が果たす役割が増大しているものの，それが果して製造業の再生さらには経済・産業の主導国への再浮揚へとつながっていくのかどうかが問われるであろう。そこで次に製造業内部ではどのような業種構造の変化が起きているのかをみることにする。

(3) 製造業における業種構造の変化

製造業内部における業種構造の変化をみるうえで，統計上留意すべきことがある。統計は通商産業省「工業統計（生産センサス）」(Census of Production)[31]にもとづくが，利用上の問題は，産業分類の不連続性の問題である。産業分類は標準産業分類（Standard Industrial Classification＝SIC）によって行われるが，SICの採用後，1958年，1968年，1980年そして1992年に改定されていて，連続性のある時系列比較が困難である。第2は，従業者20人未満の小規模企業に関する調査カバリッジの問題である（後述）。したがって，本節ではこのような産業分類上の問題を避けるために，まず各年の改定分類にもとづく業種構造の変化を分析することにする。そして次に，製造業種を4つのタイプに分類し，業種タイプに連続性をもたせることによって製造業がどのように変化しているかの長期的な異時点間比較を試みることにする。

1）70年代の業種構造の変化（1968年SICによる）(1) 業種別事業所数の変化
——表補2—4は70年代の業種別事業所数の変化をみたものである。製造業全体では，1970年から79年の10年間に19,491事業所の増加，伸び率では1.22倍である。事業所数が減少した業種は，石炭・石油製品，繊維，窯業・土石の3業

---

31) 『工業統計』は1907年にはじまり，戦後は1947年の商取引統計法にもとづいて実施されている。そして1948年に標準産業分類（SIC）が採用されている。1980年の改定はEC統計（General Industrial Classification of Economic Activities with in the European Communities＝NACE→Nomenclature generale des activites economiques dans les Communautes europeennes）との整合から大幅に行われた。そして1990年にEC規制によってNACEの第1回の改定が行われ，イギリスはこの改定にもとづいて，新しい標準産業分類を92年に導入している。1992年SICにもとづく最初の調査は1993年調査からである。SCO, Business Monitor, 1992, PA 1001, p.4.

種でその他の業種は増加している。事業所数の増加が大きい業種は，絶対数でみると，紙・印刷・出版，木材・家具，金属製品，一般機械，その他製造業，衣服等の順になっている。伸び率では木材・家具が1.39倍で第1位にあり，ついで，紙・出版・印刷である。このいわゆる軽工業ないし労働集約型業種が拡大しているのが注目される。

(2) 業種別従業者数の変化――製造業の従業者数は1970年の800万人から1979年には690万人とこの間110万人が減少している（表補2―5）。しかも製造業の全業種（17業種）において減少しているのが注目される。絶対数で減少が大きい業種は繊維，一般機械，鉄鋼・非鉄金属，電気機械である。上位100社の企業では，1970年に280万人を雇用していたのが，79年には240万人へと約40万人もの雇用削減を行っており，製造業全体に占める割合は34.7％に及んでいる。

(3) 1人当り純生産額及び賃金――表補2―6から明らかなように1人当り純生産額は，製造業平均では1970年の2,307ポンドから1979年には9,580ポンドへと4.15倍の上昇率である。どの業種も高い伸び率を示している。とりわけ，石炭・石油製品は，事業所数・従業者数で減少を示しながら，1人当り純生産額では11.73倍もの高い上昇率である。企業と労働の合理化による生産性の向上を反映している。これに対して，鉄鋼・非鉄金属，繊維工業の伸び率は平均よりはるかに低く，全体との関連でいえば相対的に停滞ないし衰退的である。成長が平均以下の業種は17業種中12業種である。

1人当り賃金及び給与（現業　般職＝operatives）をみると，製造業平均では70年に1,117ポンドであったのが79年には4,062ポンドへと3.64倍上昇している。この間の各業種の賃金伸び率は最低の3.45倍から最高の4.05倍までの間に位置し，伸び率格差はさほど大きいとはいえない。しかし業種間格差をみると，1970年の製造業全体の1人当り賃金を100にすると，衣服が62.4と最も低く，ついで皮革・革製品の78.3そして繊維が79.5となっている。これに対して，石炭・石油製品が126.1と最も高く，ついで輸送用機械の122.2，鉄鋼・非鉄金属の121.3となっている。最低業種と最高業種の格差は63.7と大きい。同じ業種について，1979年でみると，低い業種の衣服60.9，皮革・革製品74.4，繊維81.7であるのに対し，石炭・石油製品が140.6，輸送用機械111.1，鉄鋼・非鉄金属115.1となっている。最低賃金業種と最高賃金業種との格差は拡大しているのが特徴的である。しかし1人当り純生産額と1人当り賃金とを関連づける

556 第Ⅴ部 中小企業政策の方向と国際比較

表補2－4 製造業における業種別事業所数（1970～1979）—1968年 SIC—

単位：社, %, 倍

業　種	年	1970	1971	1973	1975	1978	1979	1970～1979年増減
製　造　業　　計	ALL Manufacturing Industries	87,902 100	89,738 100.0	94,269 100.0	104,089 100.0	108,048 100.0	107,393 100.0	19,491 1.22倍
食料品・タバコ	Food, Drink and Tabacco	5,994 6.8	5,951 6.6	6,354 6.7	6,709 6.4	6,937 6.4	6,878 6.4	884 1.15
石炭・石油製品	Coal & Petroleum manufactured	240 0.3	247 0.3	236 0.3	236 0.2	221 0.2	223 0.2	−17 0.93
化　学　工　業	Chemical & Allied industries	2,830 3.2	2,907 3.2	2,802 3.0	3,067 2.9	3,210 3.0	3,220 3.0	390 1.14
鉄鋼・非鉄金属	Metal manufactures	2,776 3.2	2,788 3.1	2,752 2.9	3,018 2.9	3,157 2.9	3,163 2.9	382 1.14
一　般　機　械	Mechanical engineering	13,005 14.8	13,505 15.0	13,487 14.3	15,319 14.7	15,979 14.8	15,832 14.7	2,827 1.22
精　密　機　械	Instrument engineering	2,066 2.4	2,129 2.4	2,266 2.4	2,581 2.5	2,786 2.6	2,768 2.6	702 1.34
電　気　機　械	Electrical engineering	3,988 4.5	4,059 4.5	4,115 4.4	4,895 4.7	5,261 4.9	5,221 4.9	1,233 1.31
造船・舶用機械	Shipbuilding & Marine engineering	1,167 1.3	1,168 1.3	1,275 1.4	1,483 1.4	1,551 1.4	1,535 1.4	368 1.32
輸　送　用　機　械	Vehicles	2,382 2.7	2,444 2.7	2,482 2.6	2,897 2.7	2,897 2.7	2,893 2.7	511 1.21
金　属　製　品	Metal goods not elsewhere specified	11,807 13.4	12,132 13.5	12,769 13.5	14,645 13.6	14,645 13.6	14,696 13.6	2,839 1.24
繊　維　工　業	Textiles	5,384 6.1	5,200 5.8	5,207 5.5	5,320 4.9	5,320 4.9	5,239 4.9	−145 0.97
皮　革　・　革　製　品	Leather, Leather goods & Fur	1,431 1.6	1,483 1.7	1,586 1.7	1,674 1.5	1,674 1.5	1,657 1.5	226 1.16
衣　　　　　服	Clothing & Footwear	6,815 7.8	7,088 7.9	7,655 8.1	8,247 7.6	8,247 7.6	8,066 7.5	1,251 1.18
窯業・土石製品	Bricks, Pottery, Glass, Cement, etc	4,566 5.2	4,624 5.2	4,444 4.7	4,488 4.2	4,488 4.2	4,472 4.2	−94 0.98
木材・家具	Timber, Furniture, etc	8,640 9.8	8,924 9.9	10,541 11.2	12,083 11.2	12,083 11.2	11,993 11.2	3,353 1.39
紙・印刷・出版	Paper, Printing & Publishing	10,318 11.7	10,442 11.6	11,331 12.0	13,748 12.7	13,748 12.7	13,750 12.8	3,432 1.33
その他製造業	Other manufacturing industries	4,493 5.1	4,647 5.2	4,967 5.3	5,844 5.4	5,844 5.4	5,837 5.4	1,344 1.3
上位100社の実数	Number of 100 largest enterprises	3,617	3,438	3,803	—	3,806	3,753	136
上位100社の占める %	Percentage of total	4.1	3.8	4.0	—	3.5	3.5	1.04
内　外国企業　%	Foreign enterprises	—	—	122 3.2	—	197 5.2	192 5.7	

資料：Central Statistical Office, Business Monitor, PA 1002, Report on the Census of Production, 各年より。

表補2—5　製造業における業種別従業者数（1970〜1979）—1968年 SIC—

単位：1,000人，％，倍

1968年 SIC	1970	1971	1973	1975	1978	1979	1970〜1979年増減
製造業計	8,033.3	7,830.5	7,616.1	7,467.0	7,106.0	6,925.6	−1,107.7
	100.0	100.0	100.0	100.0	100.0	100.0	0.86
食料品・タバコ	793.5	794.6	797.2	774.0	744.3	733.1	−60.4
	9.9	10.1	10.5	10.4	10.5	10.6	0.92
石炭・石油製品	36.6	37.4	37.2	36.3	33.4	33.3	−3.3
	0.5	0.5	0.5	0.5	0.5	0.5	0.91
化学工業	425.4	412.1	389.4	401.5	405.5	402.6	−22.8
	5.3	5.3	5.1	5.4	5.7	5.8	0.95
鉄鋼・非鉄金属	576.0	546.0	497.9	484.8	438.5	424.1	−151.9
	7.2	7.0	6.5	6.5	6.2	6.1	0.74
一般機械	1,047.0	1,006.1	910.5	926.9	900.7	883.5	−163.5
	13.0	12.8	12.0	12.4	12.7	12.8	0.84
精密機械	177.0	174.1	149.3	158.0	155.9	150.5	−26.5
	2.2	2.2	2.0	2.1	2.2	2.2	0.85
電気機械	773.1	757.6	773.6	745.3	685.1	673.0	−100.1
	9.6	9.7	10.2	10.0	9.6	9.7	0.87
造船・船舶機械	182.7	177.3	181.6	177.3	169.4	156.4	−26.3
	2.3	2.3	2.4	2.4	2.4	2.3	0.86
輸送用機械	802.3	789.3	793.1	787.0	778.3	753.6	−48.7
	10.0	10.1	10.4	10.5	11.0	10.9	0.94
金属製品	557.1	546.7	543.5	532.0	505.0	493.1	−64.0
	6.9	7.0	7.1	7.1	7.1	7.1	0.89
繊維工業	652.6	612.6	584.3	533.1	479.1	453.7	−198.9
	8.1	7.8	7.7	7.1	6.7	6.6	0.70
皮革・革製品	45.7	45.3	43.2	42.3	38.9	36.5	−9.2
	0.6	0.6	0.6	0.6	0.5	0.5	0.80
衣服	450.3	454.6	440.4	428.6	385.4	372.5	−77.8
	5.6	5.8	5.8	5.7	5.4	5.4	0.83
窯業・土石製品	296.4	287.0	283.6	264.8	257.0	249.1	−47.3
	3.7	3.7	3.7	3.5	3.6	3.6	0.84
木材・家具	267.0	261.9	276.7	271.7	254.3	247.1	−19.9
	3.3	3.3	3.6	3.6	3.6	3.6	0.93
紙・印刷・出版	607.0	592.4	576.1	564.2	535.8	532.3	−74.7
	7.6	7.6	7.6	7.6	7.5	7.7	0.88
その他製造業	343.8	335.6	338.7	339.5	339.3	331.4	−1.4
	4.3	4.3	4.4	4.5	4.8	4.8	0.96
上位100社の実数	2,800.7	2,780.6	2,759.8	—	2,456.2	2,416.0	−384.7
％	34.9	35.5	36.2		34.6	34.9	0.86
内　外国企業	—	—	276.3	—	303.9	297.2	
％			10.0		12.4	12.3	

表補2—6　業種別の一人当りの純生産額及び賃金（1970～1979）—1968年 SIC—

単位：ポンド，倍

1968年 SIC	1人当り純生産額 £				1人当り賃金及び給与（現業一般職）£			
	1970	1975	1979	1970～1979年増減	1970	1975	1979	1970～1979年増減
製造業　計	2,307	4,948	9,580	4.15倍	1,117	2,357	4,062	3.64倍
食料品・タバコ	2,958	6,166	11,402	3.85	1,015	2,188	3,715	3.66
石炭・石油製品	6,533	28,180	76,605	11.73	1,409	3,326	5,710	4.05
化　学　工　業	3,981	8,328	16,223	4.08	1,245	2,739	4,791	3.85
鉄鋼・非鉄金属	2,541	4,853	7,853	3.09	1,355	2,863	4,674	3.45
一　般　機　械	2,294	5,121	9,488	4.14	1,247	2,603	4,487	3.60
精　密　機　械	1,933	3,998	7,781	4.03	1,004	2,111	3,651	3.64
電　気　機　械	2,120	4,479	8,693	4.10	1,012	2,167	3,815	3.78
造船・船舶機械	1,722	3,554	6,860	3.98	1,321	2,759	4,533	3.43
輸　送　用　機　械	2,110	4,413	8,790	4.17	1,365	2,794	4,512	3.31
金　属　製　品	2,086	4,249	8,170	3.92	1,063	2,222	3,913	3.68
繊　維　工　業	1,755	3,648	6,435	3.67	888	1,930	3,320	3.74
皮革・革製品	1,738	3,784	6,920	3.98	875	1,747	3,022	3.45
衣　　　服	1,269	2,578	5,259	4.14	698	1,390	2,472	3.54
窯業・土石製品	2,308	5,738	11,016	4.77	1,169	2,549	4,425	3.79
木　材・家　具	1,997	4,560	8,495	4.25	1,081	2,330	3,984	3.69
紙・印刷・出版	2,409	5,101	10,551	4.38	1,251	2,644	4,877	3.90
その他製造業	2,212	4,511	8,627	3.90	1,031	2,150	3,749	3.64

と，鉄鋼・非鉄金属と繊維工業の2業種において，後者の伸び率が前者の伸び率を上回っていることである。すなわち，生産性の上昇以上に賃金が上昇しているのである。そしてこの2業種を除いた15業種では，1人当り純生産額の伸び率が1人当り賃金伸び率よりも大きく，とくに石炭・石油製品ではその開差が大きい。

　70年代を全体的にみると，事業所数は拡大，従業者数は大幅減少，そして1人当り純生産額は1人当り賃金より上昇率がおおきく，業種間の賃金格差は拡大している。製造業内部において成長と衰退が生じはじめている。

　2）　80年代の業種構造の変化（1980年 SIC による）　(1)　業種別事業所数の変化──1980年 SIC は，EC 統計との整合性をはかるために大幅な改定が行われた。表補2—7は，1980年 SIC にもとづき，1980年から1990年までの事業所数と従業者数の推移をみたものである。

　まず事業所数は，製造業全体ではこの間に34,699社の1.32倍の増加をみてい

る。70年代が1.22倍であったのと比較すると，80年代の増加は顕著である。1989年時点が事業所数のピークで，この時点と80年とを比較すると1.39倍に及んでいる。しかし，事業所数の拡大した時期にもかかわらず，鉱山業，鉄鋼，採石・土砂等，非鉄金属，自動車・同部品の5業種は減少をみせている。70年代との比較はSICが異なっているため困難であるが，鉄鋼・非鉄金属そして自動車・同部品といったいわば主導的産業であったこれら業種の事業所が減少しているのは製造業の地位低下の典型ともいえよう。これに対し増加し成長している業種は，増加率でみると，事務機械が4.39倍と高く，ついでその他製造業，電気・電子工業，紙・印刷・出版，そして一般機械の順になっている。いわば機械集約（Machinery-intensive）型の業種が素材集約型（Raw-material-intensive）の業種にとって代わりつつあるといえる。そしてこのことは同時に労働集約型（Labour-intensive）業種から資本集約型（Capital-intensive）への転換が進行しているかにみえる。

(2) 業種別従業者数の変化——従業者数は70年代に引き続き一貫して減少し続けている。80年から90年までに166万人に達している。単純平均して1年間に約15万人が製造業から離職しており，ドラスチックな雇用調整が進行したことを物語っている。これら雇用調整対象者は，一部は第三次産業部門へ，一部は失業者として滞溜し，そして一部は自己雇用者へと転身を迫られたのである。80年代の失業者数の増大と窮迫的とも思えるような自己雇用者の増大はまさしく製造業から排出されたものといえる。雇用削減が激しかった業種は，絶対数でみると，第1群として一般機械，自動車・同部品，電気・電子工業，鉄鋼，金属製品，その他輸送用機械等である。これら業種は，資本・機械集約型業種であり，大規模な労働代替を展開したことを物語っている。同様に雇用削減の第2群業種は，繊維工業，食料品・タバコ，衣服そして紙・印刷・出版とつづいている。これら第2群業種は，労働・機械集約型ないし労働・素材集約型業種であるが，これら業種でさえ，年間平均でほぼ1万人の雇用減を生みだしたのである。これらに対して従業者数の増加している業種は，事務機械器具とその他製造業の2業種のみで，両者を合わせても1万5,500人程度の雇用増にすぎない。

イギリス経済は80年代半ば以降において，戦後経験しなかった程の記録的成長を達成したのであるが，それは大量の雇用削減によるものであると同時に大量の失業者群を創り出した激しい痛みを伴ったものであった。失業者の増大は，

表補2—7　製造業における業種別事業所数

1980年 SIC				事　業　所　数					
				1980	1982	1985	1987	1988	1989
2-4 製　造　業　計			Manufacturing	108,825 100.0	102,387 100.0	142,681 100.0	145,752 100.0	147,819 100.0	151,584 100.0
21 鉱　　山　　業			Extractions & Preparation of metalliferrous ores	38 —	34 —	14 —	6 —	8 —	8 —
22 鉄　　　　　　鋼			Metal manufacturing	2,026 1.9	1,697 1.7	1,629 1.1	1,435 1.0	1,393 0.9	1,408 0.9
23 採石・土砂等			Extraction of minerals not elsewhere specified	1,098 1.0	1,079 1.1	712 0.5	540 0.4	485 0.3	472 0.3
24 非　鉄　金　属			Manufacture of non-metalic mineral products	5,128 4.7	4,998 4.9	4,670 3.3	4,451 3.1	4,421 3.0	4,552 3.0
25 化　学　工　業			Chemical industry	3,064 2.8	3,029 3.0	3,694 2.6	3,586 2.5	3,602 2.4	3,590 2.4
26 合　成　繊　維			Production of man-made fibres	22 —	24 —	28 —	31 —	25 —	26 —
31 金　属　製　品			Manufacture of metal goods not elsewhere specified	12,719 11.7	12,260 12.0	14,091 9.9	14,035 9.6	14,152 9.6	14,619 9.6
32 一　般　機　械			Mechanical engineering	17,874 16.4	16,011 15.6	23,711 16.6	24,410 16.7	24,655 16.7	25,508 16.8
33 事務機械器具			Manufacture of office machinery & data processing equipment	271 —	308 —	1,072 0.8	1,199 0.8	1,321 0.9	1,296 0.9
34 電気・電子工業			Electrical & electronic engineering	5,803 5.3	5,594 5.5	9,527 6.7	10,087 6.9	10,440 7.1	10,666 7.0
35 自動車・同部品			Manufacture of motor vehicles & parts thereof	2,404 2.2	2,291 2.2	2,028 1.4	2,081 1.4	2,102 1.4	2,116 1.4

第19章 中小企業政策の国際比較 561

及び従業者数（1980～1990）—1980年 SIC—

単位：社, 千人, 倍

		従業者数							
1990	1980～1990 増減	1980	1982	1985	1987	1988	1989	1990	1980～1990 増減
143,524	34,699	6,495.0	5,360.5	4,975.7	4,874.4	4,932.2	4,953.1	4,839.9	−1,655.1
100.0	1.32	100.0	100.0	100.0	100.0	100.0	100.0	100.0	0.75
6	−32	1.4	1.2	1.5	0.7	0.2	0.2	—	—
—	0.16	—	—	—	—	—	—	—	—
1,385	−641	292.0	206.6	161.6	142.4	141.0	141.2	136.9	−155.1
1.0	0.68	4.5	3.9	3.2	2.9	2.9	2.9	2.8	0.46
440	−658	23.1	20.5	10.2	9.4	9.5	9.3	9.0	−14.1
0.3	0.40	0.4	0.4	0.2	0.2	0.2	0.2	0.2	0.39
4,285	−843	259.6	211.1	203.0	202.2	213.9	219.7	209.7	−44.9
3.0	0.84	4.0	3.9	4.1	4.1	4.3	4.4	4.3	0.81
3,294	230	350.3	303.1	280.9	287.2	287.1	295.9	290.6	−59.7
2.3	1.08	5.4	5.7	5.6	5.9	5.8	6.0	6.0	0.83
26	4	24.1	14.0	11.0	10.9	10.2	9.8	9.4	−14.7
—	1.18	0.4	0.3	0.2	0.2	0.2	0.2	0.2	0.39
14,446	1,727	467.4	371.8	323.7	316.1	325.0	334.5	338.6	−128.8
10.1	1.14	7.2	6.9	6.5	6.5	6.6	6.8	7.0	0.72
24,808	6,934	910.9	732.5	641.7	586.4	586.2	589.8	588.6	−322.3
17.3	1.39	14.0	13.7	12.9	12.0	11.9	11.9	12.2	0.65
1,190	919	46.0	35.7	49.8	44.7	55.2	55.8	55.5	9.5
0.8	4.39	0.7	0.7	1.0	0.9	1.1	1.1	1.1	1.21
10,029	4,226	667.6	557.0	547.4	544.9	544.0	534.0	510.1	−157.5
7.0	1.73	10.3	10.4	11.0	11.2	11.0	10.8	10.5	0.76
2,067	−337	448.7	325.4	276.8	258.0	265.4	266.8	267.6	−181.1
1.4	0.86	6.9	6.1	5.6	5.3	5.4	5.4	5.5	0.60

1980年 SIC			事 業 所 数					
			1980	1982	1985	1987	1988	1989
36 その他輸送用機械	Manufacture of other transport equipment	1,805 1.7	1,803 1.8	2,229 1.6	2,279 1.6	2,382 1.6	2,361 1.6
37 精 密 機 械	Instument engineering	2,378 2.2	2,352 2.3	2,574 1.8	2,657 1.8	2,643 1.8	2,761 1.8
41・42 食料品・タバコ	Food, drink & tabacco manufacturing industries	6,712 6.2	6,569 6.4	10,378 7.3	10,088 6.9	9,852 6.7	9,819 6.5
43 繊 維 工 業	Textile industry	3,977 3.7	3,646 3.6	4,732 3.3	4,909 3.4	4,973 3.4	5,075 3.3
44 皮革・革製品	Manufacture of leather & leather goods	1,162 1.1	998 1.0	1,395 1.0	1,411 1.0	1,381 0.9	1,368 0.9
45 衣　　　　服	Footwear & clothing industries	9,732 8.9	8,381 8.2	12,051 8.4	11,713 8.0	11,561 7.8	11,410 7.5
46 木材・家具	Timber & wooden furniture industries	11,818 10.9	11,419 11.2	13,743 9.6	13,955 9.6	14,252 9.6	15,405 10.2
47 紙・印刷・出版	Manufacture of paper & Paper products, Printing & publishing	13,803 12.7	13,189 12.9	21,519 15.1	22,632 15.5	23,163 15.7	23,724 15.7
48 ゴム・プラスチック 製 品	Processing of rubber & plastics	3,859 3.5	3,818 3.7	4,919 3.4	5,154 3.5	5,213 3.5	5,308 3.5
49 その他製造業	Other manufacturing industries	3,132 2.9	2,887 2.8	7,965 5.6	9,093 6.2	9,795 6.6	10,092 6.7
上位100社の実数 % 内　外国企業 %		4,254 3.9 209 4.9	4,105 4.0 235 5.7	3,523 2.5 145 4.1	3,144 2.2 178 5.6	3,086 2.1 145 4.6	2,992 2.0 171 5.7

注：1）製造業計欄の用語が，1980年では Production industries であったが，1985年以降では Manufacturing に変
　　2）事業所数は1983年まで減少し，84年以降では増加に転じるが，この間に統計のとり方が変化している。
　　3）事業所の用語が establishments から1987年以降 Business に変更。
　　4）採石・土砂等の従業者数は，1982年に0.5と掲上されていたが，現業一般職16.1，その他管理職4.3である
資料：Census of Production, 1992, PA1002より。

第19章　中小企業政策の国際比較

		従業者数							
1990	1980〜1990 増減	1980	1982	1985	1987	1988	1989	1990	1980〜1990 増減
2,187	382	384.8	355.7	293.3	282.1	268.3	262.0	265.3	−119.5
1.5	1.21	5.9	6.6	5.9	5.8	5.4	5.3	5.5	0.69
2,555	177	101.0	89.7	83.1	83.2	86.7	87.5	85.4	−15.6
1.8	1.07	1.6	1.7	1.7	1.7	1.8	1.8	1.8	0.85
9,267	2,555	701.4	626.5	591.3	593.9	592.4	597.9	591.0	−110.6
6.5	1.38	10.8	11.7	11.9	12.2	12.0	12.1	12.2	0.84
4,740	763	314.8	247.7	229.9	228.1	225.2	215.5	195.6	−119.2
3.3	1.19	4.8	4.6	4.6	4.7	4.6	4.4	4.0	0.62
1,185	23	28.6	22.7	22.4	21.4	20.0	19.0	18.1	−10.5
0.8	1.02	0.4	0.4	0.5	0.4	0.4	0.4	0.4	0.63
10,681	949	384.5	305.8	319.0	320.0	320.6	301.4	280.1	−104.4
7.4	1.10	5.9	5.7	6.4	6.6	6.5	6.1	5.8	0.73
14,833	3,414	236.9	206.4	194.1	198.3	212.6	214.6	207.0	−29.9
10.3	1.30	3.6	3.9	3.9	4.1	4.3	4.3	4.3	0.87
21,954	8,151	522.7	458.2	455.0	446.1	455.8	469.0	462.0	−60.7
15.3	1.59	8.0	8.5	9.1	9.2	9.2	9.5	9.5	0.88
5,201	1,342	250.0	205.1	199.7	214.4	225.0	236.8	234.3	−15.7
3.6	1.35	3.8	3.8	4.0	4.4	4.6	4.8	4.8	0.94
8,945	5,813	79.0	63.6	80.2	83.7	88.1	92.5	85.0	6
6.2	2.86	1.2	1.2	1.6	1.7	1.8	1.9	1.8	1.08
2,62		2,270.4	1,868.6	1,608.7	1,450.0	1,506.9	1,479.8	1,445.8	−824.6
1.8		35.0	34.9	32.3	29.7	30.6	299	29.9	0.74
218		287.9	215.4	152.7	157.9	142.3	179.9	212.3	
8.2		12.7	11.5	9.5	10.8	9.4	12.1	14.6	

わる。

ことから，修正した。

表補2―8　業種別の1人当りの純生産額及び賃金（1980～1990）―1980年 SIC―

単位：ポンド，％

1980年 SIC	1人当り純生産額 ポンド，倍				1人当り賃金及び給与（現業一般職） ポンド，倍			
	1980	1985	1990	1980～1990 増減	1980	1985	1990	1980～1990 増減
製造業計	10,543	18,969	28,846	2.74倍	4,862	7,513	10,778	2.22倍
鉱山業	10,486	15,421	-4,364	-4.30	6,795	10,589	9,611	1.41
鉄鋼	8,861	21,660	32,936	3.72	5,802	9,323	13,793	2.38
採石・土砂等	23,616	45,660	56,729	2.40	6,207	8,878	13,551	2.18
非鉄金属	13,437	22,580	33,616	2.50	7,421	8,037	11,666	1.57
化学工業	17,978	35,264	50,639	2.82	5,699	8,852	12,798	2.25
合成繊維	8,409	26,707	54,192	6.44	6,463	9,855	14,655	2.27
金属製品	8,570	15,157	22,587	2.64	4,642	7,148	10,388	2.24
一般機械	10,672	17,962	27,193	2.55	5,406	8,417	12,352	2.28
事務機械器具	18,221	35,815	57,486	3.15	4,924	7,714	12,048	2.45
電気・電子工業	9,792	17,459	24,552	2.51	4,558	7,129	10,063	2.21
自動車・同部品	8,931	19,056	29,808	3.34	5,431	8,966	12,683	2.34
その他輸送用機械	9,153	16,031	31,073	3.39	5,515	8,367	13,120	2.38
精密機械	9,429	16,697	23,964	2.54	4,301	6,969	9,730	2.26
食料品・タバコ	13,486	22,433	32,397	2.40	4,493	6,880	9,550	2.13
繊維工業	6,609	11,799	17,710	2.68	3,602	5,578	8,174	2.27
皮革・革製品	6,673	11,758	16,492	2.47	3,393	5,305	7,578	2.23
衣服	5,774	9,217	13,575	2.35	2,946	4,360	6,090	2.07
木材・家具	9,128	14,834	21,440	2.35	4,723	7,096	10,007	2.12
紙・印刷・出版	12,084	21,371	33,544	2.78	5,893	9,701	13,168	2.23
ゴム・プラスチック製品	10,403	17,730	26,920	2.59	4,844	7,400	10,669	2.20
その他製造業	9,126	14,329	20,319	2.23	3,633	5,528	8,063	2.22

注：表補2―7に同じ。
資料：表補2―7に同じ。

　家庭崩壊，離婚率の上昇，ホームレスの増加と若者の浮浪者化，犯罪の増加そして教育への関心低下といったさまざまな社会問題を生み出している。成熟した経済，豊かな社会と思われたイギリスの病巣は大きい。失業解消はインフレーション抑制とともに政府の重要な政策目標にならざるをえないのである。

(3)　1人当り純生産額及び賃金

　1人当り純生産額は1980年から90年までの期間に全体平均で1万500ポンドから2万8,800ポンドへと2.74倍の増加率である。70年代に比較すると，その増加率は低下している。鉱山業がマイナスで蓄積分の喰いつぶしを示しているのを除き成長している。とくに合成繊維は6.44倍と高い上昇率である。また，

鉄鋼，その他輸送用機械，自動車・同部品，事務機械器具等は従業者数の大幅削減を反映してか3倍以上高い上昇率である。

他方，現業一般職の1人当り賃金及び給与は，4,862ポンドから1万778ポンドへと2.22倍の上昇である。70年代の上昇率よりはるかにスローダウンをしている。しかも鉱山業を除き1人当り賃金及び給与の増加率は1人当り純生産額のそれよりも小さい。最も伸び率の高い業種は事務機械器具の2.45倍である。業種間格差をみると，1980年では，製造業平均を100にした場合，衣服が60.5で70年代以来最低賃金の業種である。最高賃金の業種は非鉄金属で152.6を示し，衣服の業種より2.5倍の高い賃金額である。1990年でみると，衣服が6,090ポンドで，指数では56.5とやはり最低賃金業種であるのに対し，最高賃金業種は合成繊維の1万4,655ポンド，136の指数であるが，業種の位置が変わっている。最低と最高の業種間の格差は，80年時点では92.1の格差であったのが，90年時点では79.5へと縮小している。

80年代を全体的にみると，事業所数は70年代以上に拡大，従業者数は大幅な激減，そして1人当り純生産額と1人当り賃金とはスローな上昇となっている。また，業種間賃金格差は70年代の拡大傾向とは逆に縮小の傾向を伴っている。このような動向の中でも注目すべきことは70年代以降止まることなく続いている従業者数の減少傾向である。そしてこれとは逆に失業者の増大が生じている。

3） 90年代の業種構造（1992年SICによる） すでに指摘したが，イギリスのSICは1992年に改定され，1991年の「工業統計」はその改定に基づいたかたちで作成されている[32]。製造業の業種分類は，68年SICが17業種，80年SICは21業種であったのに対し，92年SICは14業種に整理・統合されている。この大幅な改定のため業種構造の時系列ないし異時点間の比較は困難である。

表補2-9は1991年時点での製造業における業種別の事業所数等を示したものである。事業所数では，機械器具製造が最多の17.4％を占め，ついで，紙・

---

32) CSO, *Standard Industrial Classification of Economic Activities 1992*, HMSO, 1994. SICは，SectionとしてA-Qまでの17 sectionsに分類されている。そして例えば，製造業はSection Dである。このSection DはSubsection DA-DN（第1桁），Division 15-37（第2桁），Group（第3桁），classes（第4桁）そしてsubclasses（第5桁）と分類されている。17 sections, 14 subsections, 60 divisions, 222 groups, 503 classesそして142 subclassesがある。繊維業のソフト・ファーニッシングを例にとると，桁の順序は，Section D, Subsection DB, Devision 17, Group 17.4, Class 17.40, subclass 17.40/1となる。

出版・印刷,繊維・同製品,鉄鋼・金属製品の順となっている。従業者数では,電気・光学器具製造が全体の13.5%で最も多く,第2位に食料品・タバコ,そして機械器具,輸送用器具とつづいている。中小企業についてみると,事業所数では各業種とも90％以上を占めているが,化学製品・合成繊維がその中でも低い割合である。また,従業者数では,木材・木製品とその他製造業が7割を占めて高い割合の業種であるが,輸送用器具15.1％,化学製品・合成繊維22.8％,食料品・タバコ6.5％と低い割合である。従業者は大企業に集積しているのが特徴的である。1人当り純生産額では,製造業平均を100にすると,石炭・石油製品・核燃料が最も高く327.8の値である。平均以上の業種はこの他に化学,紙・出版・印刷,食料品・タバコ,その他非鉄金属の4業種である。平均以下の業種はそれ故9業種で,なかでも繊維・同製品と皮革・同製品は1人当り純生産額が極めて低いのが特徴的である。同様に1人当り賃金・給与をみると製造業平均より高い業種は7業種,そして低い業種も7業種と2分されている。最高賃金業種の紙・出版・印刷と最低賃金業種の繊維・同製品との格差は57ポイント,金額で6,607ポンドの開差となっている。

　以上70年代,80年代,そして90年代と統計上の理由から3つの時期に区分して,各時期の業種構造の変化あるいは業種構成の内容をみてきた。しかし,これら3つの時期を連続性をもって比較することができず,70年代以降果して製造業がどのような業種構造の変化をしているのかがいま少しはっきりしていない。そこで次に,業種を類型化することによって,業種構造の変化をみることにする。

　4）　**業種類型化からみた業種構造の変化**　製造業の業種構造が1970年から1991年までの22年間にどのように変化しているかをみるために,4つの基準を用い類型化を試みた。4つの基準は,①労働集約型,②資本集約型,③素材集約型,④機械集約型である。この4つの基準を組み合せ,製造業を4類型化した。それは,①労働・素材集約型業種（Labour and Raw-Material-Intensive Industries）,②労働・機械集約型業種（Labour and Machinery-Intensive Industries）,③資本・素材集約型業種（Capital and Raw-Material-Intensive Industries）,④資本・機械集約型業種（Capital and Machinery-Intensive Industries）の4類型業種である。そして製造業の各業種を4類型に適合させ,純生産額（Net ouput）のシェアの推移をみることによって,70年代以降の業種構造の変化を示

表補2—9　製造業における業種別事業所数及び従業者数等（1991）—1992年 SIC—

単位：社，千人，ポンド，%

1992年 SIC 改定		事業所数 businesses	従業者数 Employment	1人当り 純生産額 Net output per head	1人当り賃金・給与 （現業一般） Wage & Salaries per head
D 製造業	計 Manufacturing	137,256 (97.0) 100.0	4,529.1 (41.4) 100.0	29,884 100.0	11,583 100.0
DA 食料品・タバコ	Food products : beverages and tobacco	8,991 (93.6) 6.6	576.6 (26.5) 12.3	34,906 116.8	10,383 89.6
DB 繊維・繊維製品	Textiles & textile products	13,828 (97.2) 10.1	391.1 (49.8) 8.6	16,059 53.7	7,467 64.5
DC 皮革・皮革製品	Leather &leather products	1,785 (97.0) 1.3	60.2 (45.7) 1.3	16,678 55.8	7,611 65.7
DD 木材・木製品	Wood & wood products	13,798 (99.1) 10.1	188.9 (73.5) 4.2	21,972 73.5	10,371 89.5
DE 紙・出版・印刷	Pulp, Paper & products : publishing & printing	21,236 (98.1) 15.5	442.0 (55.4) 9.8	35,856 120.0	14,074 121.5
DF 石炭・石油製品・核燃料	Coke, refined petroleum products & nuclear fuel	133 (—) —	— —	97,959 327.8	— —
DG 化学製品・合成繊維	Chemical, chemical products & man-made fibres	3,177 (90.6) 2.3	291.7 (22.8) 6.4	53,109 177.7	14,049 121.3
DH ゴム・プラスチック製品	Rubber & plasticproducts	5,133 (95.2) 3.7	223.6 (49.6) 4.9	28,107 94.1	11,456 98.9
DI その他非鉄金属製品	Other non-metalic mineral products	4,069 (95.5) 3.0	190.0 (36.1) 4.2	32,825 109.8	12,399 107.0
DJ 鉄鋼・金属製品	Basic metals & fabricated metal products	15,154 (97.6) 11.0	431.8 (57.2) 9.5	25,720 86.1	12,064 104.2
DK 機械器具製造	Manufacture of other machinery & equipment	23,873 (98.0) 17.4	547.3 (54.4) 12.1	28,201 94.4	13,351 115.3
DL 電気・光学器具	Electrical & optical equipment	13,417 (95.6) 9.8	611.8 (32.4) 13.5	28,337 94.8	11,022 95.2
DM 輸送用器具	Manufacture of transport equipment	4,233 (93.0) 3.1	497.0 (15.1) 11.0	28,917 96.8	13,734 118.6
DN その他製造業	Other manufacturing industries	8,429 (99.4) 6.1	76.9 (70.4) 1.7	21,687 72.6	8,750 75.5

注：1）石炭・石油製品・核燃料（Subsection DF）の数字は，規模別分析で除かれており不明。
　　2）（ ）内は中小企業の割合。中小企業は従業者数200人未満。
資料：Census of Production, 1992, PA 1002 より。

したのが表補2—10である。

　表補2—10は1970年，80年，90年そして91年と4時点の比較をしている。表から読みとれることは，イギリスの製造業は，驚くべきほどにあまり変化していないということである。業種の分類が変化しているため，厳密な比較はできないが，それにしても業種構造は1970年から1991年の間では僅かな変化にしかすぎない。日本の製造業内部での業種構造は，70年代以降一貫して機械器具等の資本・機械集約型を中心とする機械加工型業種が大幅に出荷額シェアを高め，素材型業種はそのシェアを低下させている。いわゆる軽工業から重化学工業へ，そして重工業の中でも素材型業種から付加価値率の高い機械加工型業種へと転換をしていった[33]。それはイギリスに比較してあまりにも急激な変化であったといえよう。

　さて，表補2—10により製造業のなかでの純生産額シェアの変化を具体的にみると，1970年から1991年の期間において，労働・素材集約型業種と労働・機械集約型業種はほとんど変化がないのに対して，資本・素材集約型業種は18.7%から25.9%へと7.2%そのシェアを高めている。そして同じ**資本集約型業種**である資本・機械集約型業種—日本では最も高い構成比（1975年＝35%，1991年＝49%）—は41.5%から34.1%へと7.4%も低下させている。すなわち，資本集約型業種のなかでは，機械集約型業種から素材集約型業種へと変化し，日本の業種構造変化と逆の傾向がみられるのが特徴的である。

　業種構成を労働集約型業種（軽工業）と資本集約型業種（重工業）とに二区分してみた場合では，そのシェアはほぼ4対6であり，純生産額シェアに殆ど変化が生じていない。4つの業種類型による純生産額シェアをダイアグラムにしたのが図補2—1である。1970年，1980年，1991年の各SICにもとづく3時点比較である。資本・機械集約型業種から資本・素材集約型業種への移行が読み取れる。

　なお，近年，イギリスでは産業構造の高度化の方向として知識・情報集約型産業（Knowledge and Information-Intensive Industries）が主張されてきていることを付言しておきたい。

---

[33] 入手できる資料では，製造業出荷額でみた場合，軽工業のシェアは，1975年では38.9%，1980年は35.7%，1985年33.5%，1991年では33.0%と一貫して低下している。これに対して重工業のシェアは，同じく，61.1%，64.3%，66.5%，67%と増加し，ほぼ3対7の構成になっている。

表補2—10　製造業純生産額シェアと業種タイプ—業種構造の変化—

単位：100万ポンド，%

年 業種タイプ	1968年 SIC 1970年		1980年 SIC 1980年	1990年	1992年 SIC 1991年	
労働・素材集約型業種	食料品・タバコ 窯業・土石 木材・家具 計	2,026.7 684.2 533.2 3,244.1 (17.8)	鉱　　　　山 採石・土石 食料品・タバコ 木材・家具 計	16.7 545.7 9,458.9 2,162.6 12,183.9 (17.8)	−0.2 511.0 19,148.2 4,437.1 24,096.1 (17.3)	食料品・タバコ 木材・家具 計	20,128.7 4,150.8 24,279.5 (17.6)
労働・機械集約型業種	繊維工業 皮革・同製品 衣　　　　服 紙・印刷・出版 その他製造業 計	1,145.0 79.5 571.2 1,462.5 760.5 4,018.7 (22.1)	繊維工業 皮革・同製品 衣　　　　服 紙・印刷・出版 ゴム・プラスチック その他製造業 計	2,080.5 190.7 2,220.1 6,316.2 2,601.0 720.9 14,129.4 (20.6)	3,464.3 299.0 3,802.3 15,498.0 6,307.4 1,728.0 31,099.0 (22.2)	繊維・同製品 皮革・同製品 紙・印刷・出版 ゴム・プラスチック その他製造業 計	6,282.2 1,004.1 15,850.3 6,284.5 1,667.3 31,088.4 (22.5)
資本・素材集約型業種	石炭・石油等 化学工業 鉄鋼・非鉄 計	239.1 1,693.7 1,463.8 3,396.6 (18.7)	鉄　　　　鋼 非鉄金属 化学工業 合成繊維 計	2,587.9 3,488.3 6,298.5 202.6 12,577.3 (18.4)	4,508.9 7,050.4 14,715.6 510.9 26,785.8 (19.2)	石炭・石油等 化学製品 その他非鉄金属 鉄鋼・金属 計	2,927.2 15,491.3 6,238.1 11,106.5 35,763.1 (25.9)
資本・機械集約型業種	一般機械 精密機械 電気機械 造船・船舶 輸送機械 金属製品 計	2,401.8 342.1 1,638.6 314.6 1,092.6 1,162.3 7,552.0 (41.5)	金属製品 一般機械 事務機械 電気・電子工業 自動車・同部品 その他輸送機械 精密機械 計	4,006.0 9,721.4 838.0 6,536.8 4,007.4 3,522.0 952.4 29,584.0 (43.2)	7,646.9 16,006.6 3,190.8 12,524.7 7,975.1 8,242.4 2,046.3 57,632.8 (41.3)	機械器具 電気・光学器具 輸送用器具 計	15,434.7 17,337.5 14,371.2 47,143.4 (34.1)
総計	17業種	18,211.4 (100.0)	21業種	68,474.7 (100.0)	139,613.9 (100.0)	14業種	138,274.6 (100.0)

注：1970年の総計18,531.2を表のように修正した。（　）内は%。
資料：Census of Production, 1992, PA 1002 より。

570　第Ⅴ部　中小企業政策の方向と国際比較

図補2—1　製造業純生産額シェアの業種タイプの変化

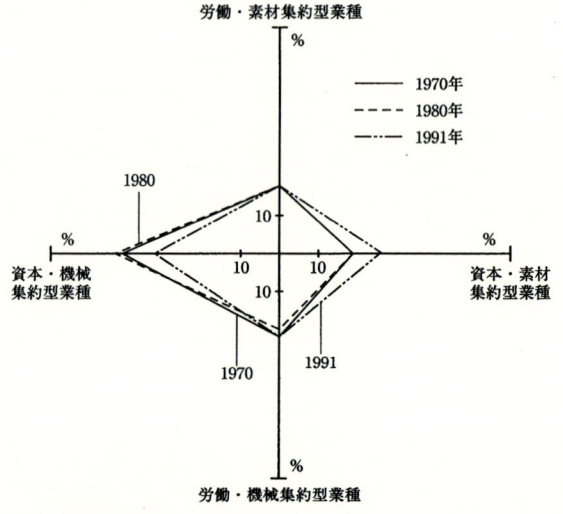

労働・素材集約型業種

――― 1970年
------- 1980年
―・―・― 1991年

資本・機械集約型業種　　　　　　　資本・素材集約型業種

労働・機械集約型業種

注　：業種類型は表補2—10による。
資料：表補2—10に同じ。

5）イギリス製造業における外国企業・日本企業　最後に，イギリス製造業における外国企業と日本企業の位置をみたのが表補2—11である。グローバル化の中で先進工業諸国間での資本の相互浸透が進行しているが，イギリス製造業における外国企業が及ぼす影響も少なくはない。すなわち，外国企業の企業数は79年の2,042社2.3％，事業所数は2,651社の2.5％から90年にはそれぞれ1.1％と1.7％へと減少している。しかし従業者数は15.0％から16.1％へ，総売上高は22.8％から25.2％へ，純生産額は21.2％から22.4％へ，そして資本形成に果たす純資本支出額は23.2％から27.0％へといずれも増加し，製造業での位置を高める傾向にある。そして外国企業のなかでもアメリカ企業の占める位置とその果たす役割は大きく，従業者数では40万人の8.4％，純生産額では12.5％，そして純資本支出額では15.3％を占め，他国から抜きん出ている。

イギリス製造業における日本企業をみると，1979年には企業数，事業所数とも僅か9社にすぎなかったが，80年代後半以降より急増し，90年には企業数が104社，事業所数では110社に達している。そして従業者数では4万人を雇用し，総売上高では1.5％，純生産額は1.3％，総資本支出額では2.4％といずれも増

加傾向にある。日本の対英直接投資は，ヨーロッパの中で最大の位置を占めている（92年3月時点→累計額261億8600万ドル）が，イギリスから日本への投資は小さく，資本の相互投資というよりはむしろ日本側の一方的投資の感がある。また，イギリスにおける日本企業の占める位置はアメリカ企業のそれと比較すると10分の1程度ではあるが，80年代後半からの日本的経営の導入と実践は，イギリス製造業企業の経営管理や労務管理等に少なからぬ影響を及ぼしている。「イギリス産業の日本化」はその典型的表現であるが，日本的生産方法のイギリスでの導入は，イギリス製造業企業にとっては少くとも世界的視点からの経営戦略の見直しの契機になったことは確かであろう。

(4) 製造業における中小企業の構造変化

　イギリスの産業構造は，第2次産業部門とくに製造業部門の比重が低下してきているのに対して第3次産業部門とくにサービス経済化が進展している。このような産業構造変化の中で，製造業の内部においては，機械器具等の資本・機械集約型業種の純生産額シェアが最多であるものの，全体的にはその変化は小さく，むしろ資本・素材集約型の業種が傾向的に増加している。製造業内でのこのような業種構造は，日本のような自動車，電機，機械等にみられる組立機械加工型業種に片寄っているのとは異なり，むしろより幅広い業種が全体的かつスローに変化しているといえる。この両国の相違は，日本が輸出依存・外需主導で成長し，構造変化を遂げてきたのに対して，イギリスはむしろ内需に依存しているためと考えられる。このような業種構造の変化の中で，中小企業の存立分野は，80年代に中小企業の事業所数，従業者数ともに拡大したが，90年代に入り減少に転じている。製造業内のいずれの業種においてもとくに小零細層の増加が著しく，全体として中小企業の存立分野は，80年代以降において中小企業に有利に作用してきている。90年代の展開いかんに係るが，このような進行は，大企業に対する中小企業の規模の有利性を示すものであろうか。

　さて，中小企業の規模構造はどのような変化をしてきたのであろうか。この規模構造の変化を定量的に把握するうえで統計上留意すべきことがある。第1は，従業者数での規模区分がその年によって異なっていることである。ようやく1987年以降に規模区分が定着してきているが，それ以前についてはとくに99人以下層の区分には注意を必要とする。第2は，小規模事業所のカバリッジの問題である。「工業統計調査」の規模別分析の注記には「20人未満の従業者の

表補2—11　イギリス（UK）製造業

	1979年								1985年
	企業数	事業所数	従業者数	総売上高	純生産額	純資本支出額	企業数	事業所数	従業者数
			1000人	£100万	£100万	£100万			1000人
イギリス企業	89,741	107,076	6,485.0	153,766.8	63,349.2	6,431.4	127,430	142,553	4,842.8
	100.0	100.0	100.0	100.0	100.0	100.0	100.0	100.0	100.0
外国企業	2,042	2,651	974.2	35,086.2	13,436.5	1,490.5	1,515	2,562	677.1
	2.3	2.5	15.0	22.8	21.2	23.2	1.2	1.8	14.0
EC	416	547	152.6	5,966.7	1,995.5	259.4	364	532	95.1
EC以外	1,626	2,104	821.7	29,119.6	11,441.1	1,231.1	1,151	2,030	581.9
うち日本	9	9	1.7	62.8	18.4	3.7	31	32	6.3
アメリカ	1,234	1,534	661.5	24,490.1	9,625.7	1,037.8	777	1,259	416.3

資料：CSO, Census of Production, PA 1002, 各年版より作成。

事業所は，一般に，企業統計局（Business Statistics Office）の調査から免除されている。したがって，これら事業所のデータは信頼性に疑いがある」（1982年）と指摘されている。また同様に「20人未満の従業者の事業所は，調査（センサス）の回収を完全にすることを求められていない。このため，これら事業所のデータは単に利用しうる最良の推定値としてみなされるにすぎず，注意して用いられねばならない」（1987年，1992年）とも記されている[34]。

中小企業の規模構造の分析は，このように規模区分の変更や小規模事業所のカバリッジが「利用しうる最良の推定値」であることに留意しておくことが必要である。

1）　規模別事業所数の変化　製造業内の業種構造の変化に適応して中小企業の存立分野が変化したのみならず，規模構造を変容させている。表補2—12と図補2—2は従業者規模別での事業所数の推移をみたものである。まず全体的にみると，1970年から1991年の期間では，約5万社の企業が増加している。しかしその特徴をみると，第1は，1～10人層（1～9人層）の小零細層が5万7,000社増加したのに対し，それ以外の規模層は全て減少を示していることである。小零細層の増加が中小企業だけではなく，製造業全体の事業所数を激増させている。1～10人層は雇有業主である自己雇用者層である。この層は，前

---

[34]　なお，Alan Hughes, "Industrial Concentration and the Small Business Sector in the UK：the 1980 s in Histrorical Perspective," Working Paper No.5, SBRC, University of Cambridge, August 1990, p.11. この論文の中で，資料の限界について，censusのカバリッジと製造業の範囲，さらに事業所，設備，企業等の定義が変わっていることを指摘している。

における外国企業・日本企業の位置

(単位:%)

			1990年					
総売上高	純生産額	純資本支出額	企業数	事業所数	従業者数	総売上高	純生産額	純資本支出額
£100万	£100万	£100万			1000人	£100万	£100万	£100万
218,342.6	91,706.1	8,423.4	132,940	143,371	4,808.0	317,711.7	138,984.4	14,258.0
100.0	100.0	100.0	100.0	100.0	100.0	100.0	100.0	100.0
44,390.7	17,279.3	1,844.0	1,443	2,419	775.1	79,991.6	31,115.7	3,844.7
20.3	18.8	21.9	1.1	1.7	16.1	25.2	22.4	27.0
5,277.7	2,246.8	179.0	391	637	154.8	13,710.1	5,378.4	563.1
39,113.0	15,032.5	1,664.9	1,052	1,782	620.3	66,281.5	25,737.2	3,281.6
447.8	112.0	34.8	104	110	403.9	4,631.6	1,758.0	344.8
29,741.0	11,272.2	1,279.7	642	1,047	402.1	45,055.0	17,340.5	2,182.7

述したように「最良の推定値」によるものである。しかし雇用省の『雇用統計』でみると[35]、製造業の自己雇用者はさらに大量に存在している。すなわち，1971年には15万7,000であったのが，1991年には35万3,000へと20万弱をも増加しているのである。統計上の違いとはいえ，この自己雇用者の大量簇生を見落してはならない。

　第2に特筆すべきことは，この小零細層以外の規模層全てが減少し，とくに1,000人以上層の大企業が激減していることである。すなわち，70年の1,233社から91年には6割減の516社にしかすぎなくなっている。この減少は，大規模での存立が困難となり，規模の有利性が有効に作用しなくなってきたことを意味する。

　第3は，事業所数の増加は89年をピークに，それ以降では小零細層をも含め製造業全体が減少に転じていることである。イギリス経済は80年代後半からつづいた成長が，90年後半にはリセッションに転じ，91年と92年にはマイナス成長を記録した。その後経済は回復に転じているものの，この事業所数の減少は，単に景気変動に伴う一時的現象なのか，それとも今後も進行していくのかどうかは予測しがたい。確かなことは，小零細層が80年代には簇生，開業が大量にあったのに対して，90年代に廃業が増え，製造業全体が縮小していることである。

　いずれにせよ，製造業は事業所数でみる限り，80年代には小零細層が激増しているが，89年をピークに製造業全体が縮小傾向にあり，それが70年以降止ま

---

35) Department of Employment, *Employment Gazette*, October 1994. なお，福島久一「イギリスの企業構造と中小・零細企業の位置」，『経済集志』第65巻第1号，1995年4月を参照。

574 第Ⅴ部 中小企業政策の方向と国際比較

表補2−12 製造業における従

	1970	1971	1973	1975	1978	1979	1980
1～ 10	37,699 (42.9)	38,621 (43.0)	46,810 (49.7)	53,993 (51.9)	59,711 (55.3)	59,783 (55.7)	60,445 (5.5)
11～ 19	11～24人 20,461 (23.3)	11～24人 22,322 (24.9)	15,682 (16.6)	16,797 (16.1)	16,971 (15.7)	17,105 (15.9)	17,726 (16.3)
20～ 49	25～99人	25～99人	12,635 (13.4)	14,562 (14.0)	13,621 (12.6)	13,197 (12.3)	13,802 (12.7)
50～ 99	16,881 (19.2)	16,371 (18.2)	7,471 (7.9)	7,443 (7.2)	6,920 (6.4)	6,683 (6.2)	6,906 (6.3)
100～199	5,506 (6.3)	5,367 (6.0)	5,012 (5.3)	4,931 (4.7)	4,779 (4.4)	4,682 (4.4)	4,398 (4.0)
200～299			2,143 (2.3)				
300～399	4,513 (5.1)	4,260 (4.7)	1,137 (1.2)	3,848 (3.7)	3,652 (3.4)	3,602 (3.4)	3,379 (3.1)
400～499			738 (0.8)				
500～749			992 (1.1)				
750～999	1,609 (1.8)	1,592 (1.8)	530 (0.6)	1,428 (1.4)	1,345 (1.2)	1,318 (1.2)	1,265 (1.2)
1,000人以上	1,233 (1.4)	1,195 (1.3)	1,119 (1.2)	1,087 (1.0)	1,049 (1.0)	1,023 (1.0)	904 (0.8)
1～199人	80,547 (91.6)	82,691 (92.1)	87,610 (92.9)	97,726 (93.9)	102,002 (94.4)	101,450 (94.5)	103,277 (94.9)
200人以上	7,355 (8.4)	7,047 (7.9)	6,659 (7.1)	6,363 (6.1)	6,046 (5.6)	5,943 (5.5)	5,548 (5.1)
合　計	87,902 (100.0)	89,738 (100.0)	94,269 (100.0)	104,089 (100.0)	108,048 (100.0)	107,393 (100.0)	108,825 (100.0)
上位100社の実数 ％	3,610 (4.1)	3,438 (3.8)	3,803 (4.0)	—	3,806 (3.5)	3,753 (3.5)	4,254 (3.9)
その内外国企業 ％	—	—	122 (3.2)		197 (5.2)	192 (5.1)	209 (4.9)

注：1）四捨五入のため（ ）内の構成比は，100％に一致しないことがある。
　　2）1987年以降の事業所（businesses）は establishment の用語を用いていない。20人未満の従業者を雇用して
　　3）1987年以降の1～10人は，1～9人である。
　　4）1987年以降の11～19人は10～19人である。
資料：1）1970年の Census of Production は C154。
　　　2）1971年以降の Census of Production は PA1002。1971年より Reprt Part No が C より PA に変わった。

第19章 中小企業政策の国際比較 575

業者規模別事業所数

単位：社, %

1982	1985	1987	1988	1989	1990	1991	1970～1991 増減	1989～1991 増減
	1～9人	1～9人						
56,207	98,453	103,077	104,809	108,459	99,632	94,469	56,770	-13,990
(54.9)	(69.0)	(70.7)	(70.9)	(71.6)	(69.4)	(68.9)		
	10～19人	10～19人						
18,794	18,351	15,919	15,131	14,731	14,523	14,316		-415
(18.4)	(12.9)	(10.9)	(10.2)	(9.7)	(10.1)	(10.4)		
13,024	11,866	12,463	12,998	13,348	14,621	14,533	-2,448	1,185
(12.7)	(8.3)	(8.6)	(8.8)	(8.8)	(10.2)	(10.6)		
5,912	5,743	6,000	6,377	6,367	6,421	6,045		-322
(5.8)	(4.0)	(4.1)	(4.3)	(4.2)	(4.5)	(4.4)		
3,837	3,828	3,834	3,952	4,140	3,906	3,714	-1,792	-426
(3.7)	(2.7)	(2.6)	(2.7)	(2.7)	(2.7)	(2.7)		
		1,605	1,622	1,622	1,571	1,421		-201
		(1.1)	(1.1)	(1.1)	(1.1)	(1.0)		
2,860	2,864	835	874	878	833	757	-1,858	-121
(2.8)	(2.0)	(0.6)	(0.6)	(0.6)	(0.6)	(0.6)		
		505	516	519	519	477		-42
		(0.3)	(0.3)	(0.3)	(0.4)	(0.3)		
		646	671	659	660	605		-54
1,054	967	(0.4)	(0.5)	(0.4)	(0.5)	(0.4)	-734	
(1.0)	(0.7)	291	290	284	294	270		-14
		(0.2)	(0.2)	(0.2)	(0.2)	(0.2)		
699	609	577	579	577	544	516	-717	-61
(0.7)	(0.4)	(0.4)	(0.4)	(0.4)	(0.4)	(0.4)		
97,774	138,241	141,293	143,267	147,045	139,103	133,077	52,530	-13,968
(95.5)	(96.9)	(96.9)	(96.9)	(97.0)	(96.9)	(97.0)	-3,289	-493
4,613	4,440	4,459	4,552	4,539	4,421	4,046		
(4.5)	(3.1)	(3.1)	(3.1)	(3.0)	(3.1)	(3.0)		
102,387	142,681	145,752	147,819	151,584	143,524	137,123	49,221	-14,461
(100.0)	(100.0)	(100.0)	(100.0)	(100.0)	(100.0)	(100.0)		
4,105	3,523	3,144	3,086	2,992	2,628	―		
(4.0)	(2.5)	(2.2)	(2.1)	(2.0)	(1.8)			
235	145	178	145	171	218	―		
(5.7)	(4.1)	(5.6)	(4.6)	(5.7)	(8.2)			

いる事業所に関するデータは推定値である。

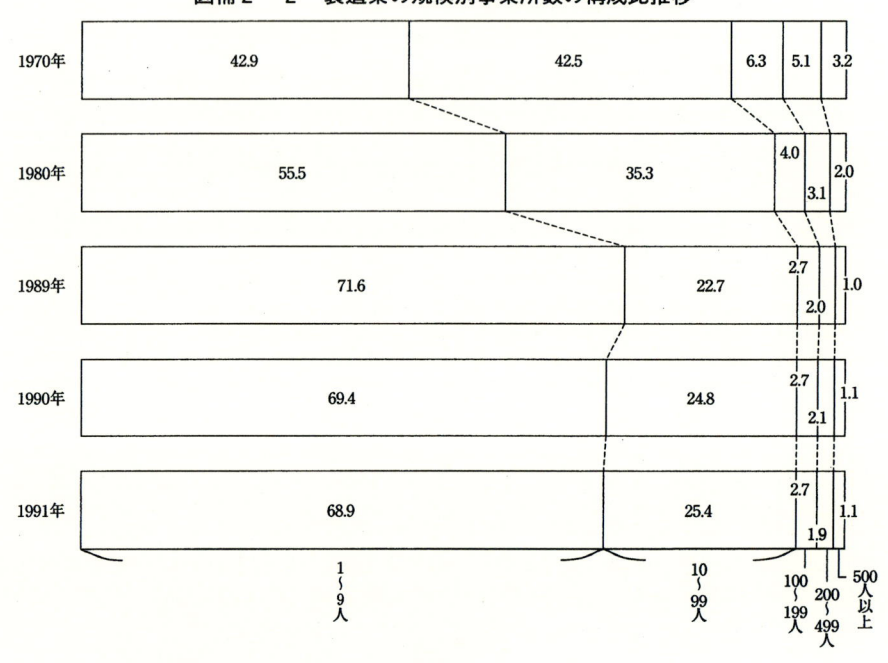

576　第Ⅴ部　中小企業政策の方向と国際比較

図補2―2　製造業の規模別事業所数の構成比推移

年	1～9人	10～99人	100～199人	200～499人	500人以上
1970年	42.9	42.5	6.3	5.1	3.2
1980年	55.5	35.3	4.0	3.1	2.0
1989年	71.6	22.7	2.7	2.0	1.0
1990年	69.4	24.8	2.7	2.1	1.1
1991年	68.9	25.4	2.7	1.9	1.1

注：1）1970年，1980年の1～9人層は1～10人の数字である。
　　2）1970年，1980年の10～99人層は11～99人の数字である。
　　3）四捨五入のため構成比が100％に一致しないことがある。
資料：表補2―12と同じ。

ることなくつづいている。

　2）**規模別従業者数の変化**　事業所数では小零細企業の増加があったが，従業者数ではどのような構造変化を示しているのであろうか。表補2―13と図補2―3は1970年から1991年までの従業者数の推移である。その変化は，事業所の動向とほぼ類似している。その特徴は，第1に，従業者数が450万人と大幅な減少をしていることである。第2にその減少の9割が200人以上の規模層で生じている。第3は大企業の雇用削減の中でも，1,000人以上層の大企業は，全体の57.9％の雇用減をもたらしている。第4は，したがって上位100社が従業者数に占める割合の減少も大きく，70年に35％であったのが90年には30％に低下している。この間上位100社で135万人の大量削減を生み出している。第5に

雇用増が生じているのは，1〜10人（ないし1〜9人）層においてのみである。しかし11〜99人層の内部では規模によって従業者数に増減がみられる。とくに「20〜49人」層では1985年以降一貫して雇用増が生じている。第6に89年以降の減少幅は大きく，僅か2年間に42万人の雇用減となっている。このような大幅な雇用減の中で，第7は中小企業の雇用に果たす役割が増大していることである。すなわち，70年に27.9％であったのが91年には41.4％を占めるに至っている。

以上のように製造業全体での従業者数の減少は著しく，全労働力人口（1991年＝2,855万人）に占める製造業従業者の割合は15.9％，そして雇用労働力（同＝2,625万）に占める割合は17.3％にすぎない。そして製造業内では中小企業の雇用に果たす役割が大きくなってきている。

3) **純生産額及び諸格差の推移** 規模別純生産額等とその構造比の推移をみたのが表補2—14と図補2—4である。1〜99人層は70年の13.6％から91年には23.7％へと順調にその比重を高めている。同様に100〜199人層は4.9％から10.3％へと比重を高め，伸び率では15.81倍の高い水準である。両者を合わせた中小企業の比重は，18.8％から34.0％へと15.2ポイントの上昇となっている。200〜499人層と500〜999人層のいずれもその伸び率は17.6倍，15.9倍へとその比重を高めている。これらに対して，1,000人以上層の大企業は，その構成比が66.7％から34.1％へとほぼ半減し，一貫して低下傾向にある。事業所数，従業者数そして純生産額のいずれにおいても大規模事業所がその存立を困難にし，役割を減じている。このような純生産額に示す規模構造の変化は，イギリス製造業における大企業の国際競争力の弱さを反映しており，その意味では，70年代の初期以降から明らかに規模の経済が有利に働かなくなっているのである。逆にいえば中小規模の規模の有利性を存立基盤とする中小企業へ規模構造が変化してきていることを示している。

ところが1人当り純生産額でみると，1,000人以上を100にした指数では，1970年以降総じて格差が拡大傾向にある。とくに1980年以前は縮小に向っていたのが，それ以降の格差拡大は著しい。91年には格差が縮小しているが，傾向的なこの格差拡大は，大企業における大量の雇用削減と設備更新投資を反映している。もちろん規模別の格差拡大が，必ずしもすべての業種に反映しているものでもなければ，また，同一業種においても，業種によってはその格差は異

第Ⅴ部　中小企業政策の方向と国際比較

表補2―13　製造業における従

	1970	1971	1973	1975	1978	1979	1980
1～ 10	222.8 (2.8)	196.0 (2.5)	238.2 (3.1)	259.0 (3.5)	277.2 (3.9)	278.4 (4.0)	278.6 (4.3)
11～ 19	11～24人 366.9 (4.6)	11～24人 381.7 (4.9)	228.2 (3.0)	241.9 (3.2)	244.3 (3.4)	245.4 (3.5)	255.7 (3.9)
20～ 49	25～99人 891.8 (11.1)	25～99人 859.6 (11.0)	399.2 (5.2)	447.1 (6.0)	426.0 (6.0)	414.2 (6.0)	426.6 (6.6)
50～ 99			523.0 (6.9)	521.2 (7.0)	487.2 (6.9)	472.2 (6.8)	487.8 (7.5)
100～199	760.1 (9.5)	748.8 (9.6)	701.4 (9.2)	691.2 (9.3)	668.3 (9.4)	654.7 (9.5)	620.3 (9.6)
200～299	1,411.1 (17.6)	1,325.0 (16.9)	522.7 (6.9)	1,193.3 (16.0)	1,132.0 (15.9)	1,117.4 (16.1)	1,050.1 (16.2)
300～399			392.0 (5.1)				
400～499			329.4 (4.3)				
500～749	1,116.1 (13.9)	1,099.0 (14.0)	600.8 (7.9)	992.8 (13.3)	931.3 (13.1)	911.2 (13.2)	874.9 (13.5)
750～999			459.0 (6.0)				
1,000人以上	3,264.3 (40.6)	3,220.3 (41.1)	3,221.9 (42.3)	3,120.4 (41.8)	2,939.7 (41.4)	2,832.2 (40.9)	2,500.9 (38.5)
1～199人	2,241.6 (27.9)	2,186.1 (27.9)	2,090.0 (27.4)	2,160.4 (28.9)	2,103.0 (29.6)	2,064.9 (29.8)	2,069.0 (31.9)
200人以上	5,791.5 (72.1)	5,644.3 (72.1)	5,525.8 (72.6)	5,306.5 (71.1)	5,003.0 (70.4)	4,860.8 (70.2)	4,425.9 (68.1)
合　　計	8,033.3 (100.0)	7,830.5 (100.0)	7,616.1 (100.0)	7,467.0 (100.0)	7,106.0 (100.0)	6,925.6 (100.0)	6,495.0 (100.0)
上位100社の実数 ％	2,800.7 (34.9)	2,780.6 (35.5)	2,759.8 (36.2)	―	2,456.2 (34.6)	2,416.0 (34.9)	2,270.4 (35.0)
その内外国企業 ％	―	―	276.3 (10.0)	―	303.9 (12.4)	297.2 (12.3)	287.9 (12.7)

注：表補2―12に同じ。
資料：表補2―12に同じ。

業者規模別従業者数

単位：1,000人，%

1982	1985	1987	1988	1989	1990	1991	1970～1991 増減	1989～1991 増減
	1～9人	1～9人						
260.7	323.7	306.1	306.5	311.0	285.4	267.5	44.7	-43.5
(4.9)	(6.5)	(6.3)	(6.2)	(6.3)	(5.9)	(5.9)		
	10～19人	10～19人						
274.8	253.4	223.5	212.3	211.8	209.8	207.2		-4.6
(5.1)	(5.1)	(4.6)	(4.3)	(4.3)	(4.3)	(4.6)		
400.5	379.6	397.8	420.9	432.9	464.4	453.7	-172.6	+20.8
(7.5)	(7.6)	(8.2)	(8.5)	(8.7)	(9.6)	(10.0)		
415.2	403.9	419.7	443.6	443.4	450.5	425.2		-18.2
(7.7)	(8.1)	(8.6)	(9.0)	(9.0)	(93.0)	(9.4)		
540.3	539.1	537.6	549.5	576.8	545.7	523.0	-237.1	-31.1
(10.1)	(10.9)	(11.0)	(11.1)	(11.6)	(11.3)	(11.5)		
		391.4	393.9	395.5	381.0	345.9		-49.6
		(8.0)	(8.0)	(8.0)	(7.9)	(7.6)		
875.8	878.5	289.0	301.6	303.5	288.4	262.0	-590.0	-41.5
(16.3)	(17.7)	(5.9)	(6.1)	(6.1)	(6.0)	(5.8)		
		226.0	230.7	230.9	230.7	212.2		-18.7
		(4.6)	(4.7)	(4.7)	(4.8)	(4.7)		
		393.3	408.8	399.4	398.9	365.4		-34.0
723.8	658.0	(8.1)	(8.3)	(8.1)	(8.2)	(8.1)	-520.5	
(13.5)	(13.2)	251.2	250.8	243.1	251.6	230.2		-12.9
		(5.2)	(5.1)	(4.9)	(5.2)	(5.1)		
1,869.4	1,539.5	1,438.7	1,413.6	1,404.7	1,333.3	1,236.9	-2,027.4	-167.8
(34.9)	(30.9)	(29.5)	(28.7)	(28.4)	(27.5)	(27.3)		
1,891.5	1,899.7	1,884.7	1,932.8	1,975.9	1,955.8	1,876.6	-365.0	-99.3
(35.3)	(38.2)	(38.7)	(39.2)	(39.9)	(40.4)	(41.4)		
3,469.0	3,076.0	2,989.6	2,999.4	2,977.1	2,883.9	2,652.6	-3,138.9	-324.5
(64.7)	(61.8)	(61.3)	(60.8)	(60.1)	(59.6)	(58.6)		
5,360.5	4,975.7	4,874.4	4,932.2	4,953.1	4,839.9	4,529.1	-3,504.2	-424.0
(100.0)	(100.0)	(100.0)	(100.0)	(100.0)	(100.0)	(100.0)		
1,868.6	1,608.7	1,450.0	1,506.9	1,479.8	1,445.8	－		
(34.9)	(32.3)	(29.7)	(30.6)	(29.9)	(29.9)			
215.4	152.7	157.9	142.3	179.9	212.3	－		
(11.5)	(9.5)	(10.8)	(9.4)	(12.1)	(14.6)			

表補2—14 従業者規模別純生産額

	純生産額							
							百万ポンド,%,倍	
	1970	1975	1980	1985	1990	1991	1970~91 増減	1970
1~99	2,479	6,154.7	14,098.8	22,001.1	32,109.4	32,095.5	29,616.5 倍	2,039
	13.9	16.7	20.6	23.3	23.0	23.7	12.95	83.4
100~199	880	3,147.5	6,035.7	9,381.8	13,876.6	13,913.4	13,033.4	2,052
	4.9	8.5	8.8	9.9	9.9	10.3	15.81	84.0
200~499	1,374	5,797.6	10,854.4	16,808.7	25,275.0	24,184.8	22,810.0	2,160
	7.7	15.7	15.6	17.8	18.1	17.9	17.6	88.4
500~999	1,192	5,276.3	9,425.1	12,726.6	19,722.1	18,994.3	17,802.3	2,289
	6.7	14.3	13.8	13.5	14.1	14.0	15.93	93.7
1,000人以上	11,857	16,571.9	28,060.8	33,466.9	48,631.0	46,159.4	34,302.4	2,443
	66.7	44.9	41.0	35.5	34.8	34.1	3.89	100.0
計	17,781	36,948.0	68,474.7	94,385.1	139,613.9	135,347.4	117,566.4	2,314
	100.0	100.0	100.0	100.0	100.0	100.0	7.61	94.7
上位100社の実数	6,692.3	—	24,984.8	33,436.1	50,677.6			
%	37.6		36.5	35.4	36.3			
その内外国企業		—	3,184.7	3,726.8	9,592.2			
%			12.7	11.1	18.9			

資料:Census of Prduction,各年版より作成。

なっているものと考えられる。問題は,この1人当り純生産額格差の拡大が,中小企業にとって競争力という視点からみるとより厳しい存立状況になってきていることである。

　最後に規模別賃金格差をみると,1970年から85年の期間では,200人未満の中小企業と1,000人以上の大企業との格差は拡大し,その後縮小するが,91年にはまた拡大している。そして200人から999人層では全体的に格差の縮小がみられる。また,1人当り賃金及び給与の伸び率はどの規模層もほぼ同程度である。中小企業と大企業との賃金格差は日本の賃金格差に較べて大きくはないが[36]),格差拡大傾向は,大企業における大量の雇用削減や失業者数の増大,自己雇用者の拡大と関連していると考えられる。とくに,中小企業においては,大企業から排出された労働者や比較的賃金水準の低い労働者のウェイトが高まったものと推測しえるのである。膨大な失業者の存在は,賃金水準を低位にとどめるばかりでなく,就業構造の変化をまねいている。

及び1人当り純生産額・賃金及び給与

	1人当り純生産額 ポンド，倍，1,000人以上=100						1人当り賃金及び給与（現業一般職） ポンド，倍，1,000人以上=100						
1975	1980	1985	1990	1991	1970～91増減	1970	1975	1980	1985	1990	1991	1970～91増減
4,142	9,732	16,170	22,771	23,712	21,673 倍	990	2,013	4,405	6,767	9,916	10,525	9,535 倍
80.2	87.1	75.0	62.4	65.2	11.6	85.6	79.0	83.1	80.5	83.9	80.8	10.6
4,554	9,730	17,403	25,427	26,603	24,551	975	2,096	4,340	6,872	10,038	10,701	9,726
88.1	87.1	80.8	69.7	73.1	13.0	84.3	82.3	81.9	81.8	84.9	82.1	11.0
4,858	10,336	19,134	28,341	29,816	27,656	1,000	2,234	4,617	7,251	10,632	11,467	10,467
94.0	92.5	88.8	77.7	81.9	13.8	86.4	87.7	87.1	86.3	90.0	88.0	11.5
5,314	10,772	19,341	30,650	31,783	29,494	1,028	2,365	4,817	7,630	11,101	12,076	11,048
102.9	96.4	89.7	84.0	87.4	13.9	88.9	92.8	90.9	90.8	93.9	92.6	11.7
5,166.5	11,177	21,551.5	36,473	36,384	33,941	1,157	2,548	5,300	8,402	11,818	13,034	11,877
100.0	100.0	100.0	100.0	100.0	14.9	100.0	100.0	100.0	100.0	100.0	100.0	11.3
4,948	10,543	18,969	28,846	29,884	27,570	1,103	2,357	4,862	7,513	10,778	11,583	10,480
95.8	94.3	88.0	79.1	82.1	12.9	95.3	92.5	91.7	89.4	91.2	88.9	10.5

4 結び――課題と方向――

　これまで，イギリス製造業の構造変化を中小企業に焦点をあて長期的分析を行ってきた。この考察から明白になったことは，小零細企業を除くあらゆる規模階層で企業数が一貫して減少しつづけていることである。事業所数，従業者数，純生産額のいずれの指標においても，大企業の相対的地位の低下に対して，中小企業とくに小零細層の役割の増大が生じている。それは70年代初期以前の少数の巨大企業への集中に対し，70年代以降は少数の巨大企業の支配体制がつづいているものの，その支配は徐々に減退してきていることを示している。
　このような製造業活動の中で中小企業に関連して検討すべきいくつかの課題

---

36)　日本での製造業の賃金格差は，1991年では500人以上を100にすると，5～29人層は56.2，30～99人層は63.7，100～499人層が78.2となっている。労働省『毎月勤労統計調査』より。

図補2—3　製造業の規模別従業者数の構成比推移

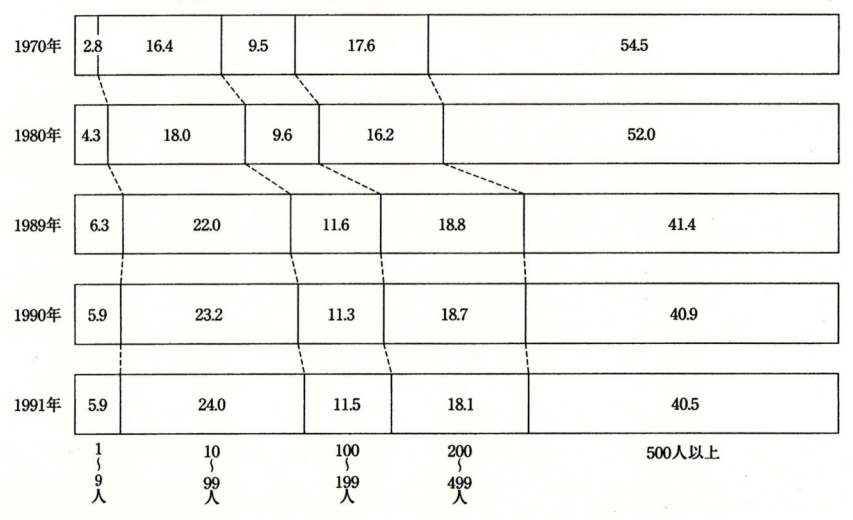

年	1～9人	10～99人	100～199人	200～499人	500人以上
1970年	2.8	16.4	9.5	17.6	54.5
1980年	4.3	18.0	9.6	16.2	52.0
1989年	6.3	22.0	11.6	18.8	41.4
1990年	5.9	23.2	11.3	18.7	40.9
1991年	5.9	24.0	11.5	18.1	40.5

注：表補2—12と同じ。
資料：表補2—12と同じ。

図補2—4　製造業の規模別純生産額の構成比推移

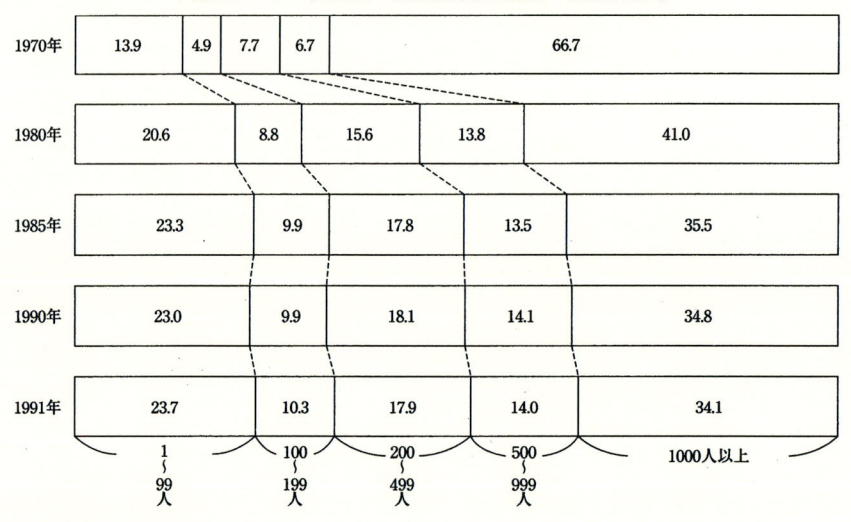

年	1～99人	100～199人	200～499人	500～999人	1000人以上
1970年	13.9	4.9	7.7	6.7	66.7
1980年	20.6	8.8	15.6	13.8	41.0
1985年	23.3	9.9	17.8	13.5	35.5
1990年	23.0	9.9	18.1	14.1	34.8
1991年	23.7	10.3	17.9	14.0	34.1

注：表補2—12と同じ。
資料：表補2—12と同じ。

を提示し，結びとしよう。注目すべきことの第1は，中小企業のうちでも，1～9人層の小零細企業が激増したことである。まさに1970年以前の過去の趨勢とは著しく異なった様相である。しかしこの増加は，景気変動にも影響を受けながらの開業と廃業の激しい企業交替の中でのものであり，また1989年以降は大量の減少・廃業が生じているのである。「雇用統計」による自己雇用者を考慮すると，開・廃業はもっと激しいものと推測しえる。ここでの興味ある問題は，単に統計上のカバリッジだけではなく，どうして企業数が増加し，また減少するかの理論的解明をすることである。すなわち新企業の開業（Birth）と廃業（Death）の理論である。企業の開・廃業は，製造業内でも各業種によって，また業種の発展度や景気変動への対応度，さらには各地域や各国によって異なるであろう。しかし，一般に経済学では企業の参入（entry）は，当該部門の参入後の利潤率，参入障壁——特に最低必要資本量と技術水準——，成長率，集中度の要因に依存し，規定されると考えられている。しかしながら，イギリスの80年代にみられたような（日本でも60年代以降から80年代中頃までみられた）小零細企業の増加は，明らかにこのような要因によるものとは異なっている。このような要因による企業参入ないし開業はむしろ大企業の行動様式であって，中小企業，ことに小零細企業の開業は最低必要資本量が小さいことが前提になるが，もっと別の要因によっているものと考えられるのである。それは労働市場とくに労働者の自己雇用化であり，失業率の上昇や賃金率とも関連しているのである。しかし，新企業の形成・開業がまた失業とのオルタナティブでないことも確かである。

　これに対して企業の廃業はどのように説明したらよいのであろうか。イギリスの製造業企業は小零細企業を除いた全規模層で減少しているのである。自由競争の下で，しかも規模の経済が支配している経済の中では，一般に小企業が大企業との競争に敗退し，減少していく。すなわち，長期的にみると，利潤を獲得できない赤字企業は閉鎖・廃業し，当該業種から退出（exit）していくのである。もちろん，黒字企業は存続しつづける。しかし，赤字企業であっても，生産費用を補填できるような企業は，平均利潤以下の利潤を得ることによって短期的には存続しえる。また，自己雇用者の場合には，自らの賃金を切り下げることによって存続できよう。したがって企業が廃業し，退出するのは，期待しえる利潤が，平均利潤率以下か，投下している資本額からえられるであろう利子率以下になった場合，さらには自己雇用者の場合は期待しえる所得が労働

者の賃金以下になった場合である。イギリスでの企業の廃業や企業数の減少は総じて競争の結果によるものであるとはいえ,なお労働者の平均賃金以下の所得しかえられない小零細企業・自己雇用者が多数存続しているのである。

　第2は,製造業における小零細企業の増大は,大企業の規模の経済に対する中小規模経営の有利性を示すものであるのかどうかである。たしかに,需要構造の変化や技術革新によるフレキシブルな生産方法は,規模の経済が有利に作用しない面を生み出し,中小規模の有利性をいかした分野を創出した。この中小規模の有利性は社会的分業の発達によるものであるのかどうかである。社会的分業が,多数の商品生産者の互いに独立していることを前提にした生産の社会的結合体系であるとするならば,中小規模の有利性の存在は,まさに生産の分業利益を示すと同時に中小企業独自の存立基盤を形成することを意味する。日本の生産構造は,支配・従属を伴った重層的下請生産構造が支配的であるが[37],イギリスの生産構造は,むしろ企業間の関係が対等で水平的でさえある。このようなイギリスの生産構造と中小規模の有利性の存在・拡大は,社会的分業の発達を指し示しているのであろうかが問われる。「正常な社会的分業」の発達が,中小企業の規模の有利性をいかした方向につながるからである。

　第3は,小零細企業の増大と政策支援との関係である。小零細層の増加は70年代初期から始まっているのに対し,積極的な中小企業支援政策,とくにスタートアップ施策がとられるのは80年前後からで両者の間には一定のタイム・ラグがあることである。しかし80年代中頃以降の小零細層の激増は,政策支援により助長・促進されたことは否定しがたい。問題は,政策効果が果してどの程度のものであったのかである。政策実施と政策効果は一定のタイム・ラグをともなうが,政策実施後の政策効果の測定をいかに客観的にするかが問題となる。

　最後に,イギリスの産業構造が変化する中での製造業の相対的地位低下ないし製造業の縮小に対する評価の問題である。製造業の縮小が単に「脱工業化社会の到来」だけでは済まされない問題を含んでいるからである。それはイギリスにみられるように,短期的かつ長期的にみても,雇用・失業の問題を発生させている。そしてこの失業の増大が部分的にせよ自己雇用者の増大とも関連し,就業構造を変化させているのである。問題は,製造業の縮小が進行する中で,

---

37)　福島久一「日本型下請生産構造と経済民主主義―問題性・効率性と閉鎖性・普遍性―」,『経済集志』第64巻第3号,日本大学経済学研究会,1994年10月を参照。

製造業内部での業種構造がどのような方向に変化し発展していくのか，そしてその業種構造が経済全体の成長・発展に与える影響である。日本に比較して，イギリスの製造業内の業種構造の変化は小さく，それだけに経済活力の低下が強調されている。しかしながら，業種構造に大きな変化がみられなかったものの，中小企業の潜在力が意識され，その役割が顕在化して大きくなってきているのも確かである。成熟したイギリス経済において，製造業の再生・復活は厳しい。しかし，大規模経済に対する中小規模の有利性をいかした中小企業の安定と成長の発展方向は，業種構造の高度化への大きな変化を与える可能性を含んでいるといえるのではないであろうか。

補論3： 米国と中国の中小企業の現状

1　21世紀のドリームを実現する中小企業

　市場経済化を原理にするグローバル経済の展開は，世界経済に雇用問題，所得格差・貧富差の拡大，地域間格差，文化問題や環境問題等多くの困難・問題と不安定性を醸成している。グローバリゼーション化の矛盾は，グローバリズムとナショナリズムの対立・対抗の局面，とくに生活の場である地域に最も鋭く現れ，まさにいかにして国内の社会経済を安定化させるかという厳しく困難な新たな課題を提起している。そして地域経済や自国経済の再生と活性化を図り，事態の問題解決を克服するための鍵として，世界各国では中小企業の果たす役割への期待と関心の高まりが起きている。

　20世紀が「規模の経済」，「大企業の時代」であったとするならば，21世紀は「情報・通信革命」といわれるほどに技術革新が激しく，社会経済生活全般をも大きく変化する「ネットワークの経済」，そして，中小企業が有利性を発揮する時代へと新しく動き始めている。ジョン・ネイスビッツは「世界経済が巨大化すればするほど、最末端の活動組織（パーツ）が強力になる」、「世界経済がより大きくなり、より開放的になれば、勝利を収めるのは中小企業である」（『大逆転潮流』佐和隆光訳、三笠書房、1994年）と指摘して、グローバル・パラドックス命題を掲げている。中小企業がグローバル経済の構築過程では最も重要な役割を担いうるというのである。

　中小企業は，確かに、地域社会に密着した経済活動を展開しており、国民経済における独占・寡占に対抗する競争の担い手，新産業，新技術を開拓する「苗床」，就業・雇用確保への拡大，創業・起業への挑戦といった経済的役割の他に，地域を存立の場としているがゆえにその社会的・文化的役割も果たしてきたのである。

　昔は小さな町工場であったソニーやホンダは，いまでは世界的企業として活躍しているが，日本ではキメの細かいサービスや生活の質を高める多様な財を

提供する高い専門性を備えた「小さな世界的企業」が無数に存在しているのである。もとより中小企業は「異質多元群」で，その経営は必ずしも安定的ではないが，競争メカニズムを通じて絶えざる革新性をめざす中小企業は，起業家や人々のドリームを実現する場であり，経済発展の原動力となり，時代の挑戦者，先覚者となることが期待されている。

明治維新以降，先進資本主義国より遅れて出発した日本資本主義は，いかに欧米先進国にキャッチアップするかをめざして近代化を推進してきたが，以下ではGDP世界第1位のアメリカ，そして急成長する中国の中小企業の現状を素描する。

2　アメリカの中小企業の現状

（1）　超大国アメリカの転機

戦後長く続いてきた「米ソ2大国の冷戦構造」が崩壊するに伴ってアメリカは，世界一の超大国となり，最も高度に発達した資本主義国として歩んでいる。1991年3月から2001年3月まで続く長期の安定成長は，ニュー・エコノミーを唱えるアメリカ経済の力強さを示すものであった。アメリカン・スタンダードといわれるグローバル・スタンダードは，まさに市場メカニズムオンリーで世界を制覇するかに見えた。ところが，ニュー・エコノミーの代表企業であった米国7位の多国籍企業であるエンロン・コーポレーションが，21世紀初頭に史上最大の倒産（2001年12月，負債総額1,000億ドル）に至った。このことは，たんに資金調達のために連結決算の対象外である特別目的会社（SPE）を利用したエンロンと会計制度の問題だけではなく，公正かつ自由競争を理念に掲げて発展してきたアメリカ資本主義経済の根底をも揺さぶるもので，資本主義経済に対する重大なる問題を提起している。つまり社会主義ソ聯も崩壊したが、資本主義アメリカも今や内部矛盾が露呈したといえる。経済のグローバル化のなかで，80年頃よりアメリカ多国籍企業の海外投資による製造業の空洞化が進行すると同時に，80年代後半からのアメリカへの外国多国籍企業の海外投資の増加と先進国，NIEs，途上国からのアメリカへの輸出拡大によって国際競争力を失った産業の再編成や大企業の雇用削減を促進している。しかし，こうした方向とは逆に，建国以来の理想である個人の自由を体現する中小企業が激増し，アメリカ経済に大きな転機を迫っている。「旧型資本主義」はやはり崩壊

したのであろう。そして、今や人類は世界規模で新しい世界を求めているのであろう。

（2） アメリカも小企業（small business）が再び台頭

アメリカでは「中小企業」という用語はあまり使われず、「小企業」（small business）が一般的である。「小企業」概念は20世紀初頭に「大企業」（big business）に対する反独占思想の中で形成され、意識化された。独占禁止の理念を最初に立法化した反トラスト法の一つであるシャーマン法は1890年、クレイトン法、連邦公正取引法が1914年に制定されたのである。しかし、小企業の統一的基準は第2次大戦前において定められていなかった。小企業の基準が定着したのは、1953年に「小企業法」（Small Business Act）の制定と中小企業庁（U. S. Small Business Administration, SBA）が設置されてからである。そしてこの小企業法は独占的大企業の排除を目的にしていることが注目される点である。

小企業法では「小企業」の定義を「質的規定」と「量的規定」の両面から行っている。質的規定での小企業とは、①独立自営（independently owned and operated）であること、②当該事業分野で「支配的でない」（not dominant in its fields of operation）企業であること、③小規模（small）であることである。独立自営とは、大企業の支配下にある関連会社は排除され、小企業が独立して所有・経営している規定であり、「非支配性」とは各産業における独占的企業が排除される規定である。この政策思想は、私企業を基礎とするアメリカ経済の本質が自由競争にあり、十分かつ自由な競争の存続とその拡大とによってのみ市場を自由にし、独占を防止するとの考えにある。したがって企業の自由な参入と中小企業の成長機会の確保が、アメリカ経済の繁栄の基礎をなすという考え方である。

（3） 1993年基準の量的規定

この質的規定に加えて量的規定を行っている。1993年基準では次の通りである。

1993年基準

1. 製造業　　461業種
　（1） 500人未満　344　　　　（2） 750人未満　56

(3) 1,000人未満　58　　　(4) 1,500人未満　3
2. 卸売業　　69業種　　　一律100人未満
3. 小売業　　65業種
　(1) 350万ドル未満　48　　(2) 450万ドル未満　8
　(3) 550万ドル未満　1　　 (4) 600万ドル未満　1
　(5) 650万ドル未満　1　　 (6) 1,000万ドル未満　1
　(7) 1,150万ドル未満　　　(8) 1,250万ドル未満　1
　(9) 1,350万ドル未満　2　 (10) 1,700万ドル未満　1
4. サービス業　154業種
　(1) 250万ドル未満　5　　 (2) 350万ドル未満　118
　(3) 400万ドル未満　1　　 (4) 600万ドル未満　2
　(5) 700万ドル未満　4　　 (6) 800万ドル未満　1
　(7) 900万ドル未満　1　　 (8) 1,250万ドル未満　4
　(9) 1,350万ドル未満　　　(10) 1,450万ドル未満　12
　(11) 500人未満　1　　　　(12) 1,000人未満　2
　(13) 1,500人未満　1

(資料) Small Business Size Standards, Code of Federal Regulations, 13, Washington, D.C, 1993.

　量的規定はこのように業種別に規定されていて日本とは異なっているが、アメリカでの"small business"は、日本での「中小企業」に相当する。

(4) 1996年時点でのアメリカの中小企業の実態——日本とアメリカの比較——

　1996年時点でのアメリカの国内総生産（GDP）は7兆5,800億ドル，前年比4.5％の成長率で，5年連続の成長を維持していた。納税企業数は年間に3.3％増加し，約2,330万社に達した。企業形態でみると，法人企業＝株式会社21.5％，パートナーシップ（営利目的の事業に関し，法律上の関係を締結する2人以上の当事者をいい，例えばジョイント・ベンチャー）6.9％，個人企業が71.5％である。従業員数別にみると，500人超の大企業は1万5000社にすぎず，残り99％以上が中小企業である。1981年には1,360万社であったから1996年の15年間に1.7倍，増加率は年率で4.7％である。すなわち80年代以降，新規開業企業は一貫して増加し続け，96年には84万2,357社の新記録となり，世界最大の新規開業企業の国になっている。他方，廃業率も高く，年間純増加率は

2.21%である。日本では開業率・廃業率ともに低く，しかも開業率が廃業率を下回っているのとは全く逆の事態である。

このように開業と廃業が高率であることがアメリカ経済の第1の特徴であるが，企業の参入や撤退が激しいことは，ダイナミックな経済であることを物語っている。

新規開業企業の第2の特徴は，小零細な個人企業（法人の proprietorship と非法人の sole proprietorship がある）の急増である。81年に935万社であったのが96年には1,666万社と1.78倍で，日本の中小事業所数643万件（96年）の2.6倍に達している。

第3の特徴は、新規個人企業の圧倒的多数が家族的色彩を持った中小企業であるが，新技術型企業（new technology-based firms）のいわゆるベンチャー企業も生まれ育っていることである。シリコンバレーやボストン郊外のルート128周辺の他に，テキサスのオースチン周辺，コロラドのデンバー周辺には新しい産業集積（cluster）が形成され，ベンチャー企業が輩出・簇生している。

第4の特徴は，女性所有企業（女性経営者・事業家）が急増し，個人企業の3分の1を占めていることである。女性所有企業は全企業売上額の2割を占め，アメリカの経済成長と雇用創造における推進力として大きな役割をはたしているのである。また複雑な人種問題のあるアメリカでマイノリティ所有企業が増加しているのも特徴である。

（5） アメリカンドリームの再現か

こうして96年に創出された雇用は244万人，そのうち64％が中小企業型産業（従業員500人未満の企業がその産業の雇用総数の60％以上を占める産業をいう）によるものである。大企業型産業，中間型産業それぞれが18％である。一方では大企業の腐敗と合理化があり，他方では独立開業志向の高まり，そして新規開業企業の多くが中小企業で，その中小企業が経済成長と雇用創出に大きな役割を果たしているのである。高度に発達したアメリカ資本主義の原動力は，もはや20世紀を代表した独占大企業ではなく，21世紀には個人の自由とアメリカンドリームを再現する中小企業に，ふたたび新しい希望が託されてきている。

3　中国の中小企業

（1）　社会主義市場経済の時代へ

　中華人民共和国（中国）は，1949年の建国以来，「一大二公」（一大とは，一つに規模が大きいことで大企業を，二公とは，二つに公有制すなわち国有・国営企業であることを意味する）は良いことである，という考えが続いてきた。改革・開放政策が始まるのは1978年頃からであり，92年の鄧小平の「南巡講話」を契機に，社会主義市場経済の確立が打ち出されたのであるが，依然として大企業・国有企業の優先が支配的であった。この思想は，国有・国営企業改革に対する「抓大放小」政策に反映し，その意味を，大企業は育成して小企業を放置すると理解する一部に間違えた解釈を生み，90年代末までみられた。この政策は，本来的には，国民経済の命運を左右するような大型企業グループは国家が主導権を握って重点的に関わり，それ以外の小企業については自由化・活性化しようとする内容のものであった。

（2）　個人企業，私営企業等非公有企業の急成長——民営経済化——

　しかし，改革・開放が大きく進展し，政治体制はともあれ，経済体制が市場経済を導入・移行するなかで，公有制企業の効率性の悪さが問題視されると共に，その伸びが相対的に低下している（工業生産総額に占める割合は78年の77.6％に対し98年には28.2％）のに対し，多くが中小企業である個人企業や私営企業等の非公有制企業が急速な成長を遂げていった。中国の市場経済化の進展は著しく，外国企業の対中投資が急増し，経済成長率も89年4.1％，90年3.8％であったのが，91年9.2％，92年14.2％，93年13.5％，2000年8.0％と90年代の平均では10.1％と極めて高い。この高成長を担ったのが農村部の集団所有制企業である郷鎮企業と私営企業・個人企業であり，まさに社会主義市場経済の原動力となっているのである。

　98年には国家経済貿易委員会に中小企業司が設置され，中国初の中小企業白書といわれる『中国中小企業の発展と予測』（1999年版，2000年版）が公刊され，そして2001年12月にはWTO（世界貿易機関）へ正式加盟をするに伴い，中小企業への関心が高まると同時に，中小企業を保護・育成する政策が重視されるようになってきている。さらに，中国共産党は，「最も幅広い人々の利

益」を代表する者に,「3つの代表」として従来の労働者・農民の他に,先進分子として私営企業家を同等に位置づけ,規程を改正した（02年11月施行）。こうして中国の経済発展は,「民営経済化」が加速化するに伴い,中小企業の重要性が認識され, 21世紀には「世界の工場」になるとさえいわれている。

（3） 中小企業に関連する法制整備

　中国では,従来「中小企業」という規模概念による区別・政策はみられなかった。公有制企業が優先され,国有企業,郷鎮企業,外資企業等の所有制形態や法律規定の違いでの区別であった。中小企業に関連する法律として『全人民所有制工業企業法』,『中外合弁経営企業法』,『中外合作経営企業法』,『外資企業法』,『私営企業法』,『郷鎮企業法』,『会社法』等があるが,これらは所有形態等の区別によるものであった。この所有制の違いから中小企業間で国有と私営とによって不平等な政策対応がなされてきていた。しかし,『中華人民共和国中小企業促進法』（2002年6月29日,全人代常務委員会第28回会議で採択, 2003年1月1日施行,日本の中小企業基本法に相当する）が公布された。

　中小企業促進法は,第1章　総則,第2章　資金支援,第3章　創業支援,第4章　技術革新,第5章　市場開拓,第6章　社会サービス,第7章　付則とする全体45条から構成されている。同法の第1条では,法の目的として「中小企業の経営環境を改善し,その健全な発展を図る」ことを理念に,「都市と農村部の雇用を促進し,中小企業が国民経済および社会発展における重大な役割を発揮することを目的」として制定したことを明記している。そして第2条では,「中小企業の区分基準は,国務院の企業管轄関連部門により,企業の従業員数や売上高,資産総額等を指標に,業界の特徴と合わせて策定する」ことになったのである。中小企業とは生産・経営規模が中小型に属する企業のことである。1995年時点での全工業事業所数（734万）の規模構成を見ると,小型企業は99.7%（工業生産総額の62.5%,従業員数の73.6%）,中型企業は0.2%（同11.0%,同11.0%）,大型企業は0.1%（同26.5%,同16.4%）であり,小型企業が圧倒的多数を占めている。この小型企業の所有制形態別では,私営企業と個人業者が75.9%を占め,次いで集団所有制企業が22.6%,国有企業が0.4%,その他類型1.1%である。私営企業と個人業者の量的比重が大きいのである。

(4) 私営企業・個人業者の急成長

中国経済における私営企業と個人業者の成長とその果たす役割が大きい。所有制形態別での工業生産総額に占める割合は，国有企業は78年＝77.6％，98年＝28.2％と激減し，集団所有制企業は22.4％と38.4％であった。これに対して個人業者とその他類型企業は，78年には統計に計上されていなかった（80年から計上）のが，98年には個人業者が17.1％，その他類型企業が22.1％で，国有企業の減少とは逆に成長が著しい。そこで私営企業と個人業者の増加を見ると，次表のようである。

私営企業及び個人商工業者の発展状況

	私営企業		個人商工業者	
	1989年	1999年	1989年	1999年
企業数（万社）	9	151	1,247	3,160
従業員数（万人）	164	2,022	1,941	6,241
生産額（億元）	97	7,686	559	7,063
小売販売額（億元）	34	4,191	1,147	12,015

出所：高久保 豊「中国の中小企業政策をめぐって」福島久一編『中小企業政策の国際比較』新評論，第4章，112ページ。

このように都市，農村両地域での私営企業と個人業者は、量的に急上昇している一方で、国有企業の地位が相対的に低下することになっている。私営企業と個人業者の大部分は中小企業であり、国民経済に果たす役割と社会主義市場経済の重要な構成部分を形成していくことへの期待が大きい。

(5) 壮大な実験としての社会主義市場経済

社会主義市場経済という世界のいずれの国も経験をしたことのない壮大なる実験に挑戦している中国は，WTO加盟に伴い関税率の引き下げや外資出資制限の撤廃による積極的な外資導入を図っている。巨大かつ成長力の高い市場の開放は，国内市場での内外企業の激烈な国際競争を引き起こし，競争力の弱い産業分野・企業に大きな影響を与えることが予想される。今後，中国経済がグローバル経済と一体化して展開していくに伴い、産業構造調整や国有企業改革を迫られ，雇用問題も深刻化せざるをえないであろう。それがために，民営経済の中心的存在である中小企業の役割がいっそう重要性を増し，中小企業の優位性を持つ産業分野、競争力のある存在に育成・発展させていく政策的体制作

りが最大の課題である。中国共産党は2002年11月8日第16次全国代表大会まで82年の歴史がある。1921年7月23日上海での第1次全国代表大会で50余名の共産党員からスタートし，2002年6月現在，6,635.5万名の党員を擁する巨大政党になり、「党規程」の改正とあいまって，新しい社会主義を目指している。

(参考文献)
(1) 全商連付属・中小商工業研究所『現代日本の中小商工業―国際比較と政策編―』新日本出版社，2000年4月，序章，第1部第2章を参照。
(2) 福島久一編『中小企業政策の国際比較』新評論，2002年4月，第4章，第9章。
(3) 寺岡寛著『アメリカ中小企業論（増補版）』信山社，1997年4月。
(4) 中小企業庁編『中小企業白書』(2002年版) ぎょうせい，2002年5月。
(5) （財）中小企業総合研究機構訳編『アメリカ中小企業白書1997』同友館，1999年10月。

あとがき

　本書は，私のこれまでの中小企業論に関する既発表論文や調査報告書の一部を基礎にしながら，若干の加筆・修正を加えて集成したものである。本書の目的は，中小企業の問題性と発展性の「二重性」とのかかわりの中で，現実の中小企業の存立とその変化・動態が，どのように展開されてきたのかを歴史的研究と理論的研究とによって検討をすることであった。わが国の中小企業の発展過程を，歴史的にどのように理解するかについては，研究対象である「中小企業」それ自体の把握の議論を必要とするであろう。中小企業が量的に膨大であり，多様性をもった存在であるからである。それだけに中小企業の発展と問題を解明するための独自の分析方法や分析視角を定めることは容易なことではない。しかし，どのような立場，視角に立つにせよ，日本資本主義の発達に果たしてきた中小企業の役割や国民経済に占める比重の大きさを考慮すると，中小企業の発展過程は，独占・大企業と中小企業との「競争と独占」の併存・交錯をくりひろげてきた「構造矛盾」の展開の歴史であると把握することができるであろう。この「構造矛盾」も20世紀の一国を枠組みにした「国民経済構造矛盾」から，21世紀には「グローバル経済構造矛盾」へと止揚した。それにもかかわらず，今日，経済のグローバル化が進行すればするほど，それと並んで情報・通信技術の高度化とその利用・進化は，長期的視点で見ると，大企業中心の企業内分業体制の優位性（規模の経済）が低下し，中小企業中心の市場（経済民主主義）を通じた社会的分業体制の有利性（ネットワークの経済）を高める方向へと変化し始めたといえる。

　中小企業論が提起する最大の課題・問題は何か。「古くて新しい問題」が絶えず提起され古い問題と新しい問題とが重畳化さえするのが中小企業問題であ

る。「中小企業は変わったのか」,「中小企業問題は何か, 問題のどこが変わり, どこが変わらなかったのか」,「問題解決の方策は何か」, 経済的社会的な条件と場, その方向性によって中小企業政策のあり方や中小企業論のあり方の論点も異なってくる。たしかに, 日本の経済学研究は, 欧米からの輸入学問であった。だがその中でも中小企業研究は, 前田正名の『興業意見』(1884年)に見られるように, 調査・研究の歴史も古い。日本資本主義の急速かつ特異な発達の鋭い矛盾として中小企業の問題性が早くから意識化され, 研究対象として日本独自の方法展開をとげながら, 戦前・戦後において単行本や研究論文, 調査書等の膨大な業績を蓄積し, その水準も国際的に極めて高いと言われている。しかし, 本書の「序」で明らかにしたように, 中小企業研究が一つの体系的で完結した独自の学問体系＝「中小企業学」を確立しているかと言えば, 必ずしもそうとはいえないのではないであろうか。本書は, 歴史研究ではないにもかかわらず, 戦前と戦後60年, とりわけ戦後の中小企業政策とその展開の課題を軸にして, 個別中小企業ではなく, 総体としての中小企業の本質論・存立論, 存立形態における問題性論そして政策論を体系的「中小企業論」と考え, 編成し追究した。私にとって, 以上のような問題意識と分析方法から, 中小企業の問題と発展の局面を全面的に解明し, 体系化して把握することの試みは無謀・無理とさえいえるし, しかも本書の編成が不十分であることを痛感しつつ, 一応の区切りをつける意味で上梓したが, 大方の読者の判断と忌憚のないご意見・ご批判を仰ぐことにしたい。本書の刊行を一里塚に, 今後さらに研究を深めるように努力したい。

　私の中小企業への関心は, 生家が製材・木材販売業を営んでいたことにある。働く両親の生活と営業をみながら, 自らも手伝いをしながら育った。その営為は, 朝の仕事の段取りと従業員との打ち合わせに始まり, 原木の仕入れ, 製材の仕方, 顧客との対応や市場への出荷, 自転車操業的な資金繰りと銀行通い, 月末の請求書作成と集金等々であったが, 多くの経営問題を抱えていた。私は生家の企業展開と重ね合わせながら, 身近な問題を課題として中小企業研究の生活に入った。中小企業は, 「人間の顔」をした生きた研究の宝庫でさえある。私を経済学研究の道に導いて下さり「自由なくして平和なし, 知なくして自由なし」を信条にしていた故迫間眞治郎教授（日本大学）, 中小企業問題の解明こそが日本経済の中心問題であるとして研究面と人間形成面の両面から教導して下さった故中山金治教授（日本大学）と故渡辺　睦教授（明治大学）をはじ

め，学内外の先学・同学・同僚の先生方に恵まれ，今日まで研究を続けてこられたことに心から感謝している。そして怠惰な私を，結婚以来忍耐強く支え，本書の第2章執筆中に逝去した妻・美沙に本書を捧げたい。

　最後に，本書の出版に際しては，日本大学経済学部から学術出版助成金が交付されたことに謝意を述べたい。そして本書の刊行は，今節の出版事情の厳しい中で，予定の頁数を超えた長さに寛容な態度を示され，出版構想当初より激励を寄せられた新評論・二瓶一郎前会長と，多くの図表や校正段階での訂正等を聞きいれて下さった編集部の吉住亜矢氏に負うところ大であり，多大のお世話になったこと，心からお礼を申し上げる次第である。

　　　2006年1月9日　成人の日に

　　　　　　　　　　　　　　　　　　　　　　　福　島　久　一

著者紹介

福島久一（ふくしま　ひさかず）
1941年，三重県に生まれる。
日本大学大学院経済学研究科修士課程修了。日本大学名誉教授。博士（経済学）。
日本大学の講義担当科目は「中小企業論」「経済政策論」。
主要著書：『中小企業政策の国際比較』（編著，新評論，2002年）。『90年代の中小企業問題』（編著，新評論，1991年）。『産業調整と地域経済』（編著，新評論，1992年）。『新中小企業論を学ぶ（新版）』（共著，有斐閣，1996年）。『現代日本の中小商工業』（共著，新日本出版社，2000年）。『経済政策論の基礎』（勁草書房，2007年）。Globalization, Regional Concentration and Clustering of Indstry (Editor), College of Economics, Nihon University, 2003.

現代中小企業の存立構造と動態

2006年3月5日　初版第1刷発行
2015年11月30日　初版第4刷発行

著　者　福　島　久　一
発行者　武　市　一　幸
発行所　株式会社　新　評　論

〒169-0051　東京都新宿区西早稲田3-16-28
電話　03（3202）7391番
振替　00160-1-113487番

定価はカバーに表示してあります
落丁　乱丁本はお取り替えします
印刷　神谷印刷
製本　手塚製本

©福島久一　2006　　ISBN 4-7948-0690-6　C3033
Printed in Japan